HISTOIRE ROMAINE

de

DION CASSIUS.

PARIS,
TYPOGRAPHIE DE FIRMIN DIDOT FRÈRES,
RUE JACOB, 56.

HISTOIRE ROMAINE

DE

DION CASSIUS,

TRADUITE EN FRANÇAIS,

AVEC DES NOTES CRITIQUES, HISTORIQUES, ETC.,
ET LE TEXTE EN REGARD,

COLLATIONNÉ SUR LES MEILLEURES ÉDITIONS
ET SUR LES MANUSCRITS DE ROME, FLORENCE, VENISE, TURIN,
MUNICH, HEIDELBERG, PARIS, TOURS, BESANÇON,

PAR E. GROS,

INSPECTEUR DE L'ACADÉMIE DE PARIS.

TOME DEUXIÈME

CONTENANT LES FRAGMENTS, DEPUIS L'AN DE ROME 545 JUSQU'A L'AN 687.

PARIS,

LIBRAIRIE DE FIRMIN DIDOT FRÈRES,
IMPRIMEURS DE L'INSTITUT,
RUE JACOB, 56.

1848.

AVERTISSEMENT.

Les fragments contenus dans ce volume forment trois séries distinctes : 1° les Fragments de Peiresc, de F. Orsini et de M. A. Mai; ils se rapportent à ce qui s'est passé depuis l'an de Rome 545 jusqu'à l'an 687 : 2° les Fragments trouvés par M. F. Haase, dans le manuscrit de la Bibliothèque nationale de Paris, n° 1397; Appendice I, p. 269-307 : 3° les Fragments publiés par Bekker dans ses *Anecdota Græca*, tom. I, p. 117-180, Berlin, 1814, d'après le manuscrit de la Bibliothèque nationale de Paris, n° 345, et quelques extraits tirés de divers Lexicographes; Appendice II, p. 309-343 (1).

Ire SÉRIE. Parmi les fragments de cette série, il en est seize qui offrent une grande ressemblance, ou plutôt une parfaite identité avec plusieurs passages de la Vie de Sylla par Plutarque : je les ai marqués d'un astérisque (2). Quelques lecteurs trouveront peut-être que ces fragments pouvant bien ne pas appartenir à Dion Cassius, il eût mieux valu les retrancher. Je dois faire connaître les raisons qui m'ont déterminé à ne point prendre ce parti.

---

(1) Tous les fragments, compris dans ces trois séries, appartiennent d'une manière incontestable aux trente-six premiers livres. Quant à ceux dont la place est incertaine, je les donnerai à la fin du dernier volume de cette édition, avec les fragments des autres livres.

(2) Ce sont les Fr. CCXCIII (Exc. Vat.), p. 128; CCXCIX (Exc. Peir.), p. 140; CCC (Exc. Peir.), p. 142; CCCI (Exc. Peir.), p. 144; CCCII (Exc. Peir.), p. 150; CCCIII (Exc. Vat.), p. 154; CCCV (Exc. Vat.), p. 154; CCCXI (Exc. Urs.), p. 164; CCCXII (Exc. Urs.), p. 168; CCCXIII (Exc. Urs.), p. 172; CCCXIV (Exc. Urs.), p. 174; CCCXV (Exc. Peir.), p. 176; CCCXXI (Exc. Peir.), p. 188; CCCXXIV (Exc. Vat.), p. 202; CCCXXV (Exc. Vat.), p. 204; CCCXXVI (Exc. Vat.), p. 204.

Il ne faut pas perdre de vue qu'ils se rapportent tous à Sylla. Leur ressemblance avec le texte de Plutarque ne m'a point semblé prouver que Dion se soit rendu coupable de plagiat, ou que le Compilateur lui ait attribué des extraits empruntés à Plutarque. On sait que ce biographe a écrit d'après les Mémoires de Sylla : or, ces Mémoires pouvaient bien exister encore du temps de Dion Cassius, et il est probable que notre historien puisa à cette source, comme Plutarque. N'a-t-il pas eu soin de nous apprendre lui-même avec quelle attention scrupuleuse, avec quelle infatigable ardeur il rassembla, pendant vingt-deux ans, les matériaux de son ouvrage; lisant et compulsant tous les écrits, interrogeant tous les monuments, etc. (1) ? Pourquoi aurait-il copié Plutarque, à l'occasion de Sylla; lui qui ne saurait être accusé de plagiat dans d'autres parties de son Histoire, où il aurait pu être tenté de reproduire le récit du Biographe de Chéronée? Je veux parler de l'expédition de Lucullus contre Mithridate (2), de la guerre de Pompée contre les pirates (3), de ses exploits dans le Pont, l'Albanie, l'Ibérie, la Syrie, la Phénicie et la Judée (4), de la conjuration de Catilina (5), de l'exil de Cicéron et de son retour à Rome (6), de la mort de Clodius et de la condamnation de Milon (7), du triumvirat

---

(1) Cf. Fr. I, tom. 1, p. 2 de cette édition, et ce qui a été dit sur la véracité historique de Dion Cassius dans l'Introduction, l. l., p. XI—XX.

(2) Pag. 219. — 267 de ce volume; Plutarque, Vie de Lucullus, VI—XXXVI.

(3) Dion Cassius, liv. XXXVI, 3—20 ; Plutarque, Vie de Pompée, XXIV—XXVIII.

(4) Dion Cassius, l. l., 26—37, et liv. XXXVII, 1—9; Plutarque, l. l., XXX—XXXIX.

(5) Dion Cassius, liv. XXXVII, 24—32 ; Plutarque, Vie de Cicéron, XIV—XXII.

(6) Dion Cassius, liv. XXXVIII, 9—30, et liv. XXXIX, 6—11 ; Plutarque, l. l. XXXI—XXXIII.

(7) Dion Cassius, liv. XL, 44—57 ; Plutarque, l. l., XXXIV—XXXV.

AVERTISSEMENT.

formé entre Pompée, César et Crassus (1), des expéditions de César en Helvétie, dans la Gaule Transalpine et en Bretagne (2), de la défaite de Crassus par les Parthes (3), de la lutte entre César et Pompée, terminée par la bataille de Pharsale (4), des exploits de César en Afrique et en Espagne (5), de sa mort (6), du second triumvirat (7); enfin de la lutte entre Octave et Antoine, terminée par la bataille d'Actium (8), et d'autres faits moins importants qu'il serait superflu d'énumérer ici. Sans doute Dion Cassius avait souvent lu et souvent médité les Vies de Lucullus, de Pompée, de Cicéron, de César, de M. Crassus et d'Antoine; mais lorsqu'on le compare avec Plutarque, ne reconnaît-on pas, à chaque instant, qu'il y a, entre ces deux écrivains, toute la distance qui sépare l'historien du biographe? Quant au style, Dion ne conserve-t-il point partout les qualités et les défauts qui forment pour ainsi dire sa physionomie? Dans le long récit des événements que je viens de rappeler, pourrait-on citer quelques passages qui offrent, avec Plutarque, cette ressemblance que j'ai dû signaler dans les seize fragments relatifs à Sylla? Non, sans doute; et, à mon avis, cela doit suffire pour conclure que dans ces fragments Dion n'a pas copié Plu-

---

(1) Dion Cassius, liv. XXXVII, 43—58; Plutarque, Vie de Pompée, LI; Vie de M. Crassus, XIV.

(2) Dion Cassius, liv. XXXVIII, 31—50; liv. XXXIX, 1—5; 47—54; liv. XL, 1—11; 31—43; Plutarque, Vie de César, XV; XVIII—XXVII.

(3) Dion Cassius, liv. XL, 12—30; Plutarque, Vie de M. Crassus, XVII—XXXI.

(4) Dion Cassius, liv. XL, 58—66; liv. XLI, 38—63; Plutarque, Vie de Pompée, LIII; LXV—LXXIII; Vie de César, XLII—XLVI.

(5) Dion Cassius, liv. XLII, 6—10; 34—56; liv. XLIII, 1—8; 28—45; Plutarque, Vie de César, LII—LVI.

(6) Dion Cassius, XLIV, 12—18; 19—53; Plutarque, Vie de César, LXII—LXVII.

(7) Dion Cassius, liv. XLVI, 50—56; Plutarque, Vie d'Antoine, XIX—XX.

(8) Dion Cassius, liv. L tout entier; Plutarque, Vie d'Antoine, LV—LXVII.

tarque; mais qu'à son exemple il écrivit sur Sylla, d'après les Mémoires de Sylla. Par ces motifs, j'ai cru pouvoir laisser à ces fragments une place dans le texte de Dion Cassius.

Mes devanciers ont regardé les deux fragments φείδεται. Δυναστείας τε ἐρῶν κτλ. (1), et καὶ ὅτι ἰσχυρᾷ τε τύχῃ κτλ. (2), comme faisant partie, le premier du livre XXXVI, le second du livre XXXV, et ils ont placé le second avant le premier. Selon moi, ils appartiennent l'un et l'autre au livre XXXVI, et le fragment φείδεται. Δυναστείας, etc. doit précéder le fragment καὶ ὅτι ἰσχυρᾷ, etc.

Dans les manuscrits, ils ne portent aucune indication de livre : les indications de ce genre ne commencent qu'au livre XXXVII. De plus, chacun de ces fragments est précédé et suivi d'une lacune qui semble annoncer qu'entre l'un et l'autre, le texte primitif contenait le récit d'autres événements. Cette conjecture paraît d'autant plus probable que, même dans celui des deux fragments qui présente le plus de suite, le récit est certainement tronqué (3).

L'ordre que j'adopte avait été déjà indiqué par Penzel (4) : il s'appuie d'ailleurs sur une autorité péremptoire ; je veux parler de la marche du récit dans Xiphilin. En comparant cet Abréviateur avec Dion Cassius, dans les parties de son Histoire encore intactes, on voit que Xiphilin résume souvent en quelques lignes des pages entières : souvent il laisse de côté des circonstances qu'avec plus de goût il aurait préférées à celles qu'il a conservées ; mais il ne lui arrive jamais d'intervertir l'ordre des faits. N'est-il pas permis de penser qu'il avait procédé partout de la même manière, et qu'il est notre meilleur guide, lorsqu'il s'agit de fixer la place qui doit être assignée à tels ou tels fragments de Dion Cassius ? Ceux qui nous occupent se rapportent, l'un à l'expédition de Métellus

---

(1) Pag. 214—218 de ce volume.
(2) Pag. 218—266 de ce volume.
(3) Cf. la note 8, p. 225 de ce volume.
(4) Cf. la note de Sturz, tom. I, p. 181 de son édition.

en Crète; l'autre à l'expédition de Lucullus contre Mithridate. Elles sont ainsi racontées dans Xiphilin (1) : « Les con-
« suls tirèrent au sort, et la guerre contre les Crétois échut
« en partage à Hortensius; mais comme il aimait le séjour de
« Rome et le barreau, où il éclipsait les orateurs de son
« temps à l'exception de Cicéron, il céda volontiers le com-
« mandement de l'armée à son collègue et resta à Rome.
« Métellus s'embarqua donc pour la Crète et fit la conquête
« de cette île; quoique Pompée le Grand, qui avait déjà le
« commandement sur la mer et dans l'intérieur des terres,
« jusqu'à une distance de trois jours de marche, lui suscitât
« des embarras et des obstacles, comme si les îles avaient été
« aussi sous son autorité. Métellus mena cette guerre à bonne
« fin, malgré Pompée : il obtint l'honneur du triomphe et
« fut surnommé *Creticus*. Vers la même époque, Lucius Lu-
« cullus, après avoir vaincu les rois d'Asie, Mithridate et
« l'Arménien Tigrane, et les avoir forcés à faire retraite,
« assiégea Tigranocerta. Les barbares lui firent beaucoup
« de mal avec leurs traits et avec la naphthe qu'ils versaient
« sur ses machines de guerre. C'est une matière bitumi-
« neuse, tellement inflammable qu'elle consume tout ce
« qu'elle touche et qu'on ne peut facilement l'éteindre avec
« aucune espèce de liquide. Le dommage essuyé par les Ro-
« mains rendit la confiance à Tigrane. Il marcha contre Lu-
« cullus avec des forces considérables et s'écria, dit-on,
« pour se moquer de l'armée qui assiégeait Tigranocerta :
« *Ils sont trop peu nombreux s'ils veulent faire la guerre, et
« trop nombreux s'ils viennent en ambassade*. Mais sa joie
« ne fut pas de longue durée : il apprit bientôt combien la
« valeur et l'art l'emportent sur le grand nombre. Il prit la
« fuite, et les soldats romains, ayant trouvé sa tiare et la
« bandelette qui l'entourait, les remirent à Lucullus. Tigrane,
« dans la crainte que ces ornements ne le fissent reconnaître

---

(1) Pag. 3—4, dans l'édition de R. Etienne; Paris, 1551.

« et ne missent sa liberté en danger, s'en était dépouillé et
« les avait jetés loin de lui. Lucullus s'empara ensuite de Ti-
« granocerta qu'il livra au pillage ; mais il mit les femmes à
« l'abri de tous les outrages et gagna ainsi l'amitié de leurs
« maris, qui fuyaient avec Tigrane. Instruit que Pacorus,
« roi des Parthes, devait fournir des secours à Tigrane,
« Lucullus lui adressa des lettres remplies de menaces ; mais
« Pacorus ne se déclara point pour les Romains, et ne secourut
« point non plus le roi d'Arménie. Lucullus s'empara aussi de
« Nisibis, qui appartenait à Tigrane : c'était un général des
« plus habiles. Le premier des Romains, il franchit le Tau-
« rus avec une armée, pour porter la guerre dans ces con-
« trées. Il vainquit deux rois puissants et pénétra bien avant
« dans l'Asie. Cependant ses soldats se montrèrent toujours
« indociles et finirent même par l'abandonner. C'est qu'il
« leur donnait ordres sur ordres : d'un accès difficile, exi-
« geant rigoureusement que chacun fît son devoir, pu-
« nissant avec une sévérité inflexible, il ne savait ni les
« subjuguer par de douces paroles, ni se les attacher par
« des largesses. Ce qui le prouve, c'est que ces mêmes sol-
« dats, sous les ordres de Pompée, ne songèrent pas même
« à se révolter ; tant un homme l'emporte sur un autre
« homme ! A cette même époque, les Romains eurent à sou-
« tenir la guerre contre les pirates ; guerre qui ne les ef-
« fraya pas moins qu'aucune autre. » Ainsi, expédition de
Métellus en Crète, expédition de Lucullus contre Mithridate
et contre Tigrane, prise de Tigranocerta et de Nisibis, séditions de l'armée romaine, expédition de Pompée contre
les pirates ; tel est l'ordre des événements dans Xiphilin.
— Expédition de Lucullus contre Mithridate et contre
Tigrane, prise de Tigranocerta et de Nisibis, séditions de
l'armée romaine, expédition de Métellus en Crète, expédition de Pompée contre les pirates ; telle est leur succession
d'après l'ordre adopté par mes devanciers. Les faits relatifs
à Mithridate et à Tigrane, la prise de Tigranocerta et de

Nisibis, les séditions de l'armée romaine, appartiennent aux années 685-687, tandis que l'expédition de Métellus en Crète se rapporte à l'an 686 ; mais on sait que Dion Cassius ne s'est pas toujours attaché scrupuleusement aux dates (1) : elles m'ont donc paru fournir un argument moins puissant que l'enchaînement des faits, tels qu'ils sont dans Xiphilin. Pour cette raison, j'ai mieux aimé suivre l'Abréviateur que l'ordre chronologique.

APPENDICE I. En 1839, M. F. Haase publia à Bonn une brochure intitulée : *Cassii Dionis librorum perditorum fragmenta Parisiensia*, 32 pages in-8°. Dans les treize premières, l'auteur raconte comment il découvrit dans le manuscrit n° 1397 de la Bibliothèque nationale de Paris, qui contient les neuf premiers livres de Strabon, divers fragments historiques, écrits sur des bandes de parchemin tirées d'autres manuscrits. Il décrit ensuite ce manuscrit et il en apprécie l'âge et la valeur. Enfin il expose les raisons qui l'ont déterminé à attribuer ces fragments à Dion Cassius. Les pages 14-21 sont consacrées au texte, et les pages 22-32 à des notes explicatives.

J'ai procédé à une nouvelle collation du manuscrit n° 1397. Les résultats de ce travail concordent avec celui de M. F. Haase, sauf quelques différences peu importantes que j'ai consignées dans mes notes.

Ce manuscrit est du dixième siècle : il se recommande par une grande correction et offre très-peu d'abréviations. Il est en parchemin, d'une écriture élégante, et se compose de 232 feuillets. Par un accident bien regrettable, les bords de plusieurs feuillets avaient été lacérés ; ce qui donna à un copiste du seizième siècle l'idée d'ajouter à chaque feuillet, ainsi endommagé, quelques bandes de parchemin. Sans entrer, à ce sujet, dans des détails qui se rapporteraient

---

(1) Cf. Ce qui été dit à ce sujet dans l'Introduction, tom. I, de cette édition, p. XVIII.

au texte de Strabon plutôt qu'à nos fragments, je me contenterai de dire que les bandes dont je viens de parler ont été ajoutées aux feuillets 212, 213, 214, 219, 220. Dans la brochure de M. F. Haase, ces fragments sont au nombre de quatorze : je les ai réduits à cinq, en réunissant dans le même paragraphe les passages relatifs aux mêmes événements.

Quant à l'auteur de ces fragments, M. F. Haase se demande s'il faut les attribuer à Polybe ou à Diodore de Sicile, à Appien ou à Dion Cassius. Suivant lui, il n'y a aucune analogie entre le style des fragments et la manière du grave et judicieux Polybe. On ne peut non plus les attribuer à Appien dont le plan est conçu de telle façon, que ces fragments ne peuvent trouver place ni dans l'Histoire des Carthaginois, ni dans celle de la Macédoine. Quant à Diodore de Sicile, il a coutume de marquer avec précision la date des événements, et de joindre aux noms des consuls ceux des archontes d'Athènes. Ici rien de semblable : pour cette raison, M. F. Haase n'admet pas que ces fragments puissent lui appartenir.

Reste Dion Cassius, que le savant éditeur regarde comme l'auteur de ces fragments. Il appuie son opinion sur deux conjectures; la première, c'est que les particules δὲ δή, si fréquemment usitées dans Dion, se rencontrent plusieurs fois dans ces fragments; la seconde, c'est qu'ils ont été presque littéralement reproduits par Zonaras, qui a souvent copié Dion en l'abrégeant.

L'emploi de δὲ δή est sans doute un des traits caractéristiques du style de Dion Cassius; mais il ne lui appartient pas en propre. Platon, Thucydide, Xénophon font très-souvent usage de ces particules ainsi rapprochées. C'est donc une probabilité plutôt qu'une preuve : quant à l'argument tiré de la ressemblance de ces fragments avec Zonaras, il est d'un grand poids. Toutefois il ne m'a point paru décisif; attendu que Dion Cassius n'est pas le seul historien que Zonaras ait

AVERTISSEMENT.

abrégé. Ses Annales, on le sait, ne sont composées que de lambeaux pris çà et là.

J'ai donc cru devoir rejeter ces fragments à la fin du volume, sous le titre d'*Appendice I*. Dans les notes placées au bas des pages, j'ai transcrit ou indiqué les passages de Polybe, de Diodore de Sicile, d'Appien et de Zonaras, propres à les éclaircir. De cette manière, le lecteur est constitué juge et il a sous les yeux les pièces qui peuvent le mettre à même de prononcer, en pleine connaissance de cause.

Quant à l'importance de ces fragments, ils ne sont pas à dédaigner, quoiqu'ils ne nous apprennent presque rien de nouveau. Comme on le verra par les notes, la plupart des faits qu'ils mentionnent étaient déjà connus, soit par les historiens grecs, soit par Tite-Live. Mais ces fragments donnent aux faits plus d'autorité; et si on les accepte comme des extraits de Dion Cassius, leur accord avec le récit des autres historiens sera une nouvelle preuve en faveur de sa véracité.

APPENDICE II. Parmi les fragments dont il se compose, neuf (p. 330-332) sont tirés de Suidas, de l'Etymolog. Magn. et des *Anecdota Parisiensia* de M. Cramer. Tous les autres appartiennent au traité d'un anonyme, intitulé : Περὶ συντάξεως, ποῖα τῶν ῥημάτων γενικῇ καὶ δοτικῇ καὶ αἰτιατικῇ συντάσσονται, publié par Bekker dans ses *Anecdota Græca*, tom. I, p. 117-180, Berlin, 1814, d'après le manuscrit de la Bibliothèque nationale de Paris, nᵒ 345. Ce manuscrit contient dix-neuf traités, à savoir :

1. Ἀπολλονίου σοφιστοῦ λεξικὸν καὶ στοιχεῖα τῆς τε Ἰλιάδος καὶ Ὀδυσσείας, fol. 1-46.

2. Ἐκ τῶν Φρυνίχου τοῦ Ἀῤῥαβίου τῆς σοφιστικῆς προπαρασκευῆς, fol. 47-64 recto, publié par Bekker, Anecd. Gr., tom. I, p. 1-74.

3. Συναγωγὴ λέξεων χρησίμων ἐκ διαφόρων σοφῶν τε καὶ ῥητόρων πολλῶν, fol. 64 verso-149, publié par Bekker, l. l., p. 319-476.

4. Τιμαίου σοφιστοῦ ἐκ τῶν τοῦ Πλάτωνος λέξεων, fol. 150—156 recto.

5. Ἄλλος ἀλφάβητος, fol. 156 recto — 165 verso.

6. Ἡροδότου λέξεις ἱστορίας, fol. 165 verso — 167 recto.

7. Μοίριδος Ἀττικιστοῦ, fol. 167 verso — 175 verso.

8. Διχῶν ὀνόματα κατὰ ἀλφάβητον, fol. 175 verso—178 verso, publié par Bekker, l. l., p. 181-194.

9. Συναγωγὴ λέξεων χρησίμων ἐκ τῶν τοῦ Λυκιανοῦ, fol. 178 verso — 186 recto. Les mots n'y sont point rangés dans l'ordre alphabétique.

10. Λέξεις ῥητορικαὶ, fol. 186 verso — 213, publié par Bekker, l. l., p. 195-318.

11. Λέξεις τῆς Ὀκτατεύχου, fol. 214 recto — 223 verso.

12. Λέξεις Ἀλεξάνδρας Λυκόφρονος καὶ ὑποθέσεις, fol. 225 recto — 253 verso. Les mots n'y sont pas rangés dans l'ordre alphabétique. A la fin du traité, on lit : Τέλος σὺν Θεῷ τοῦ λεξικοῦ Λυκόφρονος.

13. Λεξικὸν τῆς Γραμματικῆς, fol. 253 verso — 256 recto, avec ces mots à la fin : Τέλος σὺν Θεῷ τοῦ λεξικοῦ τῆς Γραμματικῆς.

14. Λέξεις ἐγκειμέναι τοῖς κανόσι κατὰ στοιχεῖα, fol. 256 recto — 257 recto, finissant par ces mots : Τέλος σὺν Θεῷ τοῦ λεξικοῦ τῶν κανόνων κατὰ ἀλφάβητον.

15. Ποῖα τῶν ῥημάτων γενικῇ καὶ δοτικῇ καὶ αἰτιατικῇ. En marge : περὶ συντάξεως. Un peu au-dessus du titre, une main moderne a écrit : Γενικὰ καὶ δοτικὰ καὶ αἰτιατικά, fol. 257 verso — 269 recto, publié par Bekker, l. l., p. 117-180. C'est le traité d'où sont tirés la plupart des fragments contenus dans l'*Appendice II*.

16. Ἕτερος ἀλφάβητος, ὅπως συντάσσεσθαι δεῖ τὰ ῥήματα, fol. 269 verso — 271 recto.

17. Ὅπως δεῖ κλίνειν εἰς τοὺς παρατατικοὺς τὰ ὑποτεταγμένα ῥήματα, fol. 271 recto — 272 recto.

18. Un fragment de onze lignes, intitulé : Περὶ συντάξεως τῶν ὀνομάτων, fol. 272 recto.

19. Un fragment d'une page et demie, intitulé : Περὶ τῆς καθόλου τῶν ὀνομάτων συντάξεως, fol. 272.

D'après le manuscrit n° 345, Bekker, dans ses *Anecdota Græca*, a suivi l'ordre alphabétique dans le traité περὶ συντάξεως. Comme Sturz, tom. I, p. 172-179 de son édition, j'ai réuni dans un même paragraphe les extraits qui appartiennent à chacun des trente-six premiers livres de Dion Cassius.

J'ai collationné de nouveau le manuscrit n° 345; mais j'ai eu très-peu de modifications à faire dans l'excellent texte de Bekker.

Je suis heureux de consigner ici l'expression de ma reconnaissance pour M. Ch. Müller, philologue distingué, dont les lecteurs de la *Bibliothèque grecque*, publiée par MM. Didot, ont depuis longtemps apprécié l'érudition solide et les connaissances variées. Il a bien voulu dérober quelques heures à ses importants travaux, pour lire une épreuve de chaque feuille; mais sa critique délicate et sûre est allée au delà de ce qu'il m'avait promis, et plus d'une fois j'ai pu faire servir ses judicieuses observations à l'amélioration du texte de Dion Cassius.

E. G-s.

Paris, le 12 avril 1848.

ΔΙΩΝΟΣ

ΡΩΜΑΙΚΗΣ ΙΣΤΟΡΙΑΣ

ΛΕΙΨΑΝΑ

ΕΚ ΤΩΝ ΠΡΟΤΕΡΩΝ ΒΙΒΛΙΩΝ Α-ΛϚ.

ΔΙΩΝΟΣ

ΡΩΜΑΙΚΗΣ ΙΣΤΟΡΙΑΣ

ΛΕΙΨΑΝΑ

ΕΚ ΤΩΝ ΠΡΟΤΕΡΩΝ ΒΙΒΛΙΩΝ Α–ΛϚ.

CCX. Ὅτι[1] ὁ Μασινίσσας ἄλλως μὲν ἐν τοῖς κρατίστοις ἀνὴρ ἦν, τά τε πολέμια καὶ τοῖς βουλεύμασι καὶ τῇ χειρὶ ἄριστα ἐξειργάζετο[2]· καὶ ἐς πίστιν οὐχ ὅτι τῶν ὁμοφύλων (ἄπιστοί τε[3] γὰρ οὗτοί γε[4] ὡς πλήθει εἰσίν), ἀλλὰ καὶ τῶν πάνυ μέγα ἐπ' αὐτῇ φρονούντων προέφερεν.

CCXI. Ὅτι[5] τῆς Σοφωνίδος[6] ἰσχυρῶς ἤρα Μασινίσσας, ἣ τὸ κάλλος ἐπιφανὲς εἶχε. Καὶ γὰρ τῇ συμμετρίᾳ τοῦ σώματος καὶ τῷ ἄνθει τῆς ὥρας ἤκμαζεν, καὶ παιδείᾳ

---

1. (Exc. Peïr. LX. R. p. 27.)
2. Zonaras, IX, 11, p. 435-436, éd. Du C. : Ὁ δὲ Μασινίσσας ἦν ἐν τοῖς κρατίστοις ἐξεταζόμενος· καὶ χειρὶ γὰρ καὶ βουλεύμασιν ἄριστος ἐτύγχανε τὰ πολέμια. **Polybe**, III, 5; XI, 21, etc.; **Diodore de Sic.**, XXVII, 7, 8, 10; **Appien**, VIII, 10, etc., l'appellent Μασσανάσσης.
3. Peut-être ἀπιστότατοι γάρ. Reiske propose de supprimer τέ. Cette particule se trouve dans le manuscrit de Tours : je l'ai maintenue ; mais je dois faire observer qu'elle semble indiquer ici quelque omission.
4. J'adopte la correction de H. de Valois, au lieu de οὕτω γε, leçon fautive dans le manuscrit de Tours. Reimarus, qui la mentionne d'après H. de

HISTOIRE ROMAINE

DE DION.

FRAGMENTS DES LIVRES I-XXXVI.

CCX. Masinissa joignait à un mérite éminent toutes les qualités qu'exige la guerre pour le conseil et pour l'exécution : quant à la bonne foi, il laissa loin de lui non-seulement ses compatriotes, qui ont pour la plupart un naturel perfide; mais encore les hommes qui se piquaient le plus de cette vertu. An de Rome 545.

CCXI. Masinissa était vivement épris de Sophonisbe, femme d'une beauté remarquable : à une juste proportion de toutes les parties du corps et à leur parfaite

---

Valois, se contente de dire : « Ms. τω. » Pour rendre la note claire, il aurait dû ajouter que cet éditeur se borne le plus souvent à citer la dernière syllabe du mot, lorsque c'est par cette syllabe seulement que la leçon du manuscrit diffère de celle qu'il donne lui-même. Ici, par exemple, lisant οὗτοι au lieu de οὕτω, il dit : Ms. τω.

5. (Exc. Peir. LXI. R. p. 27.)

6. Diodore de Sic., XXVII, 7, tom. II, p. 470 de la Collect. Didot, l'appelle Σοφόνϐα, et Appien, VIII, 27-28, Σοφονίϐα. Zonaras, qui entre dans quelques détails, l. l. p. 436, éd. Du C., lui donne le même nom que Dion : Πρὸς δὲ τοὺς Ῥωμαίους ἐκ τῶν Καρχηδονίων ἐξ αἰτίας τοιᾶσδε μετήνεκτο

πολλῇ καὶ γραμμάτων καὶ μουσικῆς ἤσκητο· ἀστεῖα τε καὶ αἱμύλος ἦν, καὶ τὸ σύμπαν οὕτως ἐπαφρόδιτος, ὥστε καὶ ὀφθεῖσα ἢ καὶ ἀκουσθεῖσα μόνον πάντα τινὰ, καὶ τὸν πάνυ δυσέρωτα, κατεργάσασθαι [1].

CCXII. Ὅτι [2] Λικίννιος Κράσσος ὑπό τε ἐπιεικείας καὶ κάλλους [3], πλούτου τε (ἀφ' οὗπερ καὶ πλούσιος ἐπωνομάσθη), ὅτι τε ἀρχιερεὺς ἦν, ἔμελλεν ἐν τῇ Ἰταλίᾳ ἀκλήρωτος μένειν [4].

CCXIII. Ὅτι [5] τοῦ Πυθίου κελεύσαντος τοῖς Ῥωμαίοις [6]

(lis. μετενήνεκτο, s.-ent. ὁ Μασινίσσας). Ὁ Ἀσδρούβας τοῦ Γίσγωνος, φίλος τε ἦν αὐτῷ, καὶ Σοφωνίδα τὴν ἑαυτοῦ θυγατέρα αὐτῷ ἐνηγγύησε. Τῷ Σύφακι δὲ συγγενόμενος, καὶ τὰ τῶν Ῥωμαίων αὐτὸν φρονοῦντα αἰσθόμενος, οὐκέτι τὰ ὡμολογημένα πρὸς τὸν Μασινίσσαν ἐφύλαξεν· ἀλλὰ θέλων τοῖς Καρχηδονίοις τὸν Σύφακα προσποιήσασθαι, οὐκ ἐλαχίστης δυνάμεως ἄρχοντα, τήν τε ἀρχὴν αὐτῷ συγκατέπραξεν, ἣ τῷ Μασινίσσᾳ προσῆκε, τοῦ πατρὸς αὐτοῦ τότε θανόντος, καὶ τὴν Σοφωνίδα συνῴκισεν. Cf. Polybe, XIV, 1 et 7; Diodore de Sic., l. l.; Appien, l. l., 10 et 27 ; Tite-Live, XXIX, 23.

1. Le passage ἢ τὸ κάλλος — κατεργάσασθαι a été copié par Zonaras, l. l.: Ἡ δὲ τό τε κάλλος ἐπιφανὴς ἦν, καὶ παιδείᾳ πολλῇ καὶ γραμμάτων καὶ μουσικῆς ἤσκητο· ἀστεῖα τε καὶ αἱμύλος ἦν, καὶ οὕτως ἐπαφρόδιτος, ὡς ὀφθεῖσα ἢ καὶ ἀκουσθεῖσα μόνον, καὶ τὸν πάνυ δυσέρωτα κατεργάσασθαι. Cf. dans Diodore de Sic., l. l., le portrait de Sophonisbe. Pour être exact, j'ai paraphrasé τῇ συμμετρίᾳ τοῦ σώματος, d'après le Thes. gr. ling. tom. II, p. 901 de l'ancienne édition.

2. (Exc. Peir. LXII. R. p. 27.)

3. Je n'ai point traduit ces deux mots, que je regarde comme altérés. Peut-être faudrait-il lire : κατὰ τοὺς ἄλλους, dans le sens de εἰς ou πρὸς τοὺς ἄλλους, καὶ πλούτου (ἀφ' οὗπερ, κτλ.) Cf. les Éclaircissements à la fin du vol.

4. Il avait été nommé consul avec P. Scipion ; Tite-Live, XXVIII, 38 : Comitia inde creandis consulibus habuit L. Veturius Philo; centuriæque omnes ingenti favore P. Scipionem consulem dixerunt ; collega additur ei P. Licinius Crassus, pontifex maximus.

Sa dignité de Grand Pontife ne lui permettant pas de sortir de l'Italie, Scipion eut la Sicile pour province et Crassus le Bruttium. Le sort ne fut point consulté; parce qu'à raison de ses fonctions, Crassus n'aurait pu accepter la Sicile, si elle lui était échue en partage. Tite-Live, l. l : Quarto-

harmonie elle unissait la fleur de la jeunesse, une connaissance approfondie des lettres et de la musique, un esprit plein d'urbanité et de grâce. En un mot, elle avait tant de charmes, qu'il lui suffisait de se montrer ou de proférer une parole, pour dompter les cœurs les plus rebelles.

CCXII. Licinius Crassus, à cause de sa douceur et de son opulence qui lui fit donner le surnom de riche, et parce qu'il était souverain pontife, devait rester en Italie, sans avoir consulté le sort pour le partage des provinces.

<small>An de Rome 549.</small>

CCXIII. Apollon Pythien avait ordonné aux Ro-

---

decimo anno punici belli, P. Cornelius Scipio et P. Licinius Crassus ut consulatum inierunt, nominatæ consulibus provinciæ sunt; Sicilia Scipioni *extra sortem*, concedente collega, quia sacrorum cura pontificem maximum in Italia retinebat; Brutii Crasso. Le même, l. l. 44 : Posse P. Licinium consulem...... qui, ne a sacris absit pontifex maximus, ideo in sortem tam longinquæ provinciæ non venit. Cf. Diod. de Sic., XXVII, 2; Plutarque, Fabius, Max., XXV.

5. (Exc. Peir. LXIII. R. p. 28.)

6. Tite-Live, XXIX, 10 : Civitatem, eo tempore, repens religio invaserat, invento carmine in libris Sibyllinis, propter crebrius eo anno de cœlo lapidatum inspectis. « Quando hostis alienigena terræ Italiæ bellum intu-« lisset, eum pelli Italia, vincique posse, si mater Idæa a Pessinunte Ro-« mam advecta foret. » Id carmen ab decemviris inventum eo magis patres movit, quod et legati, qui donum Delphos portaverant, referebant et sacrificantes ipsos Pythio Apollini litavisse, et responsum oraculo editum majorem multo victoriam quam cujus ex spoliis dona portarent adesse populo romano.

Le même, l. l. 14, ne se prononce pas sur les causes de la préférence accordée à Scipion : Haud parvæ rei judicium senatum tenebat qui vir optimus in civitate esset. Verum certe victoriam ejus rei sibi quisque mallet quam ulla imperia honoresve suffragio seu patrum, seu plebis delatos. P. Scipionem, Cn. filium ejus qui in Hispania ceciderat, adolescentem nondum quæstorium, judicaverunt in tota civitate virum bonorum optimum esse. Id quibus virtutibus inducti ita judicarint, sicut proditum a proximis memoriæ temporum illorum scriptoribus libens posteris traderem; ita meas opiniones, conjectando rem vetustate obru-

τῷ ἀρίστῳ τῶν πολιτῶν ἐπιτρέψαι τὴν θεὸν ἐκ Πεσινοῦν-
τος κομιζομένην [1] ἐς τὸ ἄστυ, Πούπλιον Σκηπίωνα [2] παῖδα
τοῦ Γναίου τοῦ ἐν τῇ Ἰβηρίᾳ τελευτήσαντος ὄντα, ἁπάντων
προέκριναν καὶ προετίμησαν. Αἴτιον δὲ, ὅτι ἄλλως τε [3] καὶ
εὐσεβὴς καὶ δίκαιος ἐνομίζετο· ὃς ταύτην τότε ἐς τὴν
πόλιν καὶ ἐς τὸ παλάτιον μετὰ τῶν ἐπιφανεστάτων γυναικῶν ἀνήγαγεν [4].

CCXIV. Ὅτι [5] πυθόμενοι τὰ τῶν Λοκρῶν οἱ Ῥωμαῖοι [6],
καὶ νομίσαντες αὐτὰ ὀλιγωρίᾳ τοῦ Σκηπίωνος συμβεβηκέ-
ναι [7], χαλεπῶς τε ἔφερον [8] καὶ ἐβουλεύσαντο εὐθὺς ὑπὸ
ὀργῆς τῆς τε ἡγεμονίας αὐτὸν παῦσαι, καὶ ἐπὶ δίκην ἀνα-

---

tam, non interponam. Cf. Appien, VII, 56; Valère-Maxime, VIII, 15, 3 ;
Ovide, Fastes, IV. 251 et suiv. ; Solin, ch. I, p. 8, et les notes de Saumaise,
Exercit. Plin. p. 37-38, éd. Utrecht, 1689; Sext. Aur. Victor, de Vir. Illustr.
ch. 44 et ch. 46, p. 192; 197, éd. Arntzen.

1. Sturz aimerait mieux lire κομίζειν. Toutefois, ce changement ne lui
paraît pas indispensable, et il conserve l'ancienne leçon κομιζομένην.
Elle est confirmée par le manuscrit de Tours; j'ai cru pouvoir l'inter-
préter, comme Sturz : *Civis optimi curæ ac fidei committere deam*,
dum veheretur. Cf. les Éclaircissements à la fin du volume.

2. Σκιπίωνα, dans Reimarus et dans Sturz. Sur l'écriture Σκηπίωνα que
j'adopte ici et partout ailleurs, cf. tom. I, p. 321, note 3 de cette édition.

3. Reiske propose deux conjectures : 1° ἁγνός τε — *purus, castus* ;
2° ἁπλοῦς τε — *simplex morum et insons*. La première est la plus probable ; mais comme le manuscrit de Tours ne fournit point de variante,
je maintiens l'ancienne leçon, en avertissant qu'il paraît manquer ici
quelque chose.

4. J'ai cru devoir me contenter de transcrire dans cette note un extrait
tiré des Scolies d'Isaac Tzetzès sur la Cassandre de Lycophron, v. 355
(cf. Eudoc., p. 322), et donné par Reimarus, p. 6 de son édition, d'après
H. de Valois (Exc. Val. XIII) : Τὸ Παλλάδιον δὲ τῆς Ἀθηνᾶς τοιοῦτο ἦν·
τρίπηχυ ξύλινον ἐξ οὐρανοῦ καταπεσὸν ἐν Πεσινοῦντι τῆς Φρυγίας, ὅθεν
Διόδωρος καὶ Δίων τὸν τόπον κληθῆναι φασίν. La simple mention de Dion
par le scoliaste ne m'a pas semblé un motif suffisant pour mettre ce
passage au nombre des fragments de notre Historien.

mains de confier à l'homme le plus vertueux de la République la Mère des Dieux, pendant qu'elle serait transportée de Pessinonte à Rome. Publius Scipion, fils de Cnæus qui avait péri en Espagne, fut préféré à tous les autres citoyens. Il dut surtout cet honneur à sa réputation de piété et de justice : escorté des femmes du rang le plus élevé, il introduisit la Déesse dans Rome et la déposa sur le mont Palatin.

CCXIV. Les Romains, instruits des excès commis à Locres et persuadés qu'ils devaient être imputés à la négligence de Scipion, furent indignés contre lui. Dans le premier feu de la colère, ils voulurent lui ôter le commandement et le citer en justice. Ils étaient d'ail-

Au de Rome 550.

---

ls. Tzetzès a confondu le *Palladium*, tombé du ciel à Ilion, avec la Mère des Dieux, tombée à Pessinonte. Cf. Wesseling, not. sur Diodore de Sic., tom. II, p. 640 de son édition.

5. (Exc. Peir. LXIV. R. p. 28.)

6. Appien, VII, 55, raconte en quelques lignes les excès commis à Locres par la garnison romaine, sous les ordres de Pleminius : Σκιπίων...... στρατὸν ἀγείρας τε καὶ γυμνάσας, ἐπέπλευσε Λοκροῖς ἄφνω τοῖς ἐν Ἰταλίᾳ, φρουρουμένοις ὑπὸ Ἀννίβου· καὶ τὴν φρουρὰν κατασφάξας τε καὶ παραδοὺς Πλημινίῳ τὴν πόλιν, αὐτὸς ἐς Λιβύην διέπλευσεν. Πλημίνιος δὲ, οὐδεμίαν ὕβριν ἢ ἀσέλγειαν ἢ ὠμότητα ἐς τοὺς Λοκροὺς ἐκλιπὼν, ἐσύλησε λήγων καὶ τὸ τῆς Φερσεφόνης ἱερόν. Καὶ τόνδε μὲν Ῥωμαῖοι, μετὰ τῶν συναμαρτόντων αὐτῷ φίλων, διέφθειραν ἐν τῷ δεσμωτηρίῳ, καὶ τὰς περιουσίας αὐτῶν ἔδοσαν Λοκροῖς ἐς τὸν θησαυρὸν τῆς Θεοῦ φέρειν· ὅσα τε ἄλλα ἐδύναντο τῶν ἀπολωλότων ἀνευρόντες, τὸ λεῖπον ἐκ τοῦ κοινοῦ σφῶν ταμιείου τῇ Θεῷ προσέθεσαν.

7. Tite-Live, XXIX, 16 : Omnes deinde alias curas una occupavit, postquam Locrensium clades, quæ ignoratæ ad eam diem fuerant, legatorum adventu vulgatæ sunt; nec tam Q. Pleminii scelus, quam Scipionis in eo *aut ambitio aut negligentia* iras hominum irritavit.

8. Cf. les plaintes de Q. Fabius dans Tite-Live, l. l. 19, et les Éclaircissements à la fin du volume.

καλέσαι· προσπαροξυνθέντες ὅτι τῇ τε ἑλληνικῇ διαίτῃ ἐχρῆτο, καὶ ὅτι ἱμάτιον ἀνεβάλλετο [1], ὅτι τε ἐς παλαίστραν παρέβαλλεν [2], ὅτι τε [3] τοῖς στρατιώταις ἁρπάζειν τὰ τῶν συμμάχων ἐπιτρέπειν ἐλέγετο, τόν τε πλοῦν τὸν ἐπὶ Καρχηδόνα διατρίβειν ἐπίτηδες, ὅπως ἐπιπλεῖον ἄρξειεν, ὑπωπτεύετο [4]. Μέγιστον δὲ [5], ἐναγόντων τῶν ἀπ' ἀρχῆς οἱ φθονούντων, μεταπέμψασθαι αὐτὸν ἤθελον. Καὶ τοῦτο μὲν διὰ τὸ πλῆθος μεγάλην εὔνοιαν αὐτοῦ [6] πρὸς τὰς ἐλπίδας ἔχον οὐκ ἐγένετο.

CCXV. Ὅτι [7] Σκηπίων [8] ναῦν Καρχηδονίαν λαβὼν ἀφῆκε μηδὲν ἀδικήσας, ἐπειδὴ ἐπὶ πρεσβείᾳ πρὸς αὐτὸν ἀφικνεῖσθαι ἐπλάσαντο. Ἤδει μὲν γὰρ ὅτι ἐπὶ τῇ τῶν ἑαλωκότων σωτηρίᾳ προεφασίσθη· προετίμησε δὲ τῆς καθ-

---

1. A la manière des athlètes : cet usage était regardé comme un signe de faste et de relâchement dans les mœurs. Dion le condamne dans Néron, LXIII, 9 : Καί τοι πῶς ἄν τις καὶ ἀκοῦσαι, μὴ ὅτι ἰδεῖν, ὑπομείνειεν αὐτοκράτορα Αὔγουστον.... ἱμάτιον ἀναβαλλόμενον ἐν τοῖς δρόμοις.
2. Le sens de παρέβαλλεν est expliqué dans le lexique d'un Anonyme, donné par Bekker, Anecdota, tom. 1, p. 75-116 : Παραβάλλεις εἰς τὸν τόπον—ἀντὶ τοῦ φοιτᾷς συνεχῶς.
3. Ou mieux ἔτι δέ, proposé par Reiske, pour éviter une nouvelle répétition de ὅτι et ὅτι τε.
4. Dans le manuscrit de Tours, ὑποπτεύετο : le copiste a négligé l'augment. Cf. M. Boissonade, not. sur Theophylacte Simocatta, p. 230, 265.
5. L'ancienne leçon μέγιστον δὲ ἐναγόντων τῶν κτλ. avait justement déplu à Reiske : il proposa de lire μάλιστα, au lieu de μέγιστον, ou de remplacer μέγιστον δὲ ἐναγόντων par μεγίστων δὲ ὄντων, ou mieux encore de ne rien changer au texte et de mettre tout simplement une virgule après δέ, en expliquant μέγιστον δέ comme τὸ δὲ μέγιστον ἦν, ou comme ὃ δὲ μέγιστον ἦν — *quod autem in hac re maximum erat.* C'est ce que j'ai fait avec Sturz.

leurs courroucés de ce qu'il avait adopté les mœurs grecques, de ce qu'il rejetait son manteau sur ses épaules et fréquentait le lieu consacré aux exercices gymnastiques. On disait aussi qu'il permettait à ses soldats de piller les alliés, et on le soupçonnait de différer à dessein son départ pour Carthage, dans la vue de conserver plus longtemps le commandement. Enfin, et c'était le coup le plus terrible, on voulait le rappeler à Rome, à l'instigation des envieux que sa gloire offusquait depuis longtemps ; mais ces menées furent déjouées par l'affection du peuple, qui avait conçu de lui de grandes espérances.

CCXV. Scipion venait de s'emparer d'un vaisseau carthaginois : les hommes, ainsi tombés en son pouvoir, imaginèrent de dire qu'ils se rendaient en ambassade auprès de lui, et Scipion les laissa repartir sains et saufs. C'était de leur part un prétexte pour assurer leur salut : Scipion le savait bien ; mais il aima mieux agir de manière à ne

An de Rome 551.

---

6. Αὐτοῦ doit s'entendre, comme s'il y avait πρὸς αὐτόν. Pour des sens analogues, qui se rencontrent fréquemment, cf. les passages cités par Sturz : il m'a paru superflu de les transcrire.

7. (Exc. Peir. LXV. R. p. 28.)

8. Zonaras, l. l. IX, 12, p. 438, éd. Du C., a copié Dion en l'abrégeant. Son résumé de ce passage est précédé de quelques détails qui complètent les faits : Ἐγκειμένων δὲ τῶν Ῥωμαίων τῇ χώρᾳ, Ἄννων ὁ Ἵππαρχος, υἱὸς ὢν τοῦ Ἀσδρούβου τοῦ Γίσγωνος, ἀνεπείσθη πρὸς τοῦ Μασινίσσου ἐπιθέσθαι αὐτοῖς. Ὁ οὖν Σκιπίων, ἱππέας πέμψας τινὰς, χωρία πρὸς καταδρομὴν ἐπιτήδεια ἐλῄζετο, ἵν᾽ ὑποφεύγοντες ἐπισπάσωνται τοὺς ἐπιδιώκοντας. Τῶν οὖν Καρχηδονίων ἐπισπομένων αὐτοῖς καὶ τὰ ξυγκείμενα τραπομένοις, ὁ Μασινίσσας τε κατὰ νώτου γενόμενος μετὰ τῶν ἀμφ᾽ αὐτὸν ἐπέθετο τοῖς διώκουσι, καὶ ὁ Σκιπίων ἐκ τοῦ λόχου ἐπεκδραμὼν προσέμιξεν αὐτοῖς. Καὶ πολλοὶ μὲν ἐφθάρησαν, πολλοὶ δὲ καὶ ἑάλωσαν, καὶ ὁ Ἄννων αὐτός. Διὸ ὁ Ἀσδρούβας τὴν μητέρα τοῦ Μασινίσσου συνέλαβε, καὶ ἀνταπεδόθησαν. Ὁ δὲ Σύραξ, τῆς πρὸς Ῥωμαίους φιλίας τὴν δόκησιν ἀπειπὼν, φανερῶς τοῖς Καρχηδονίοις συνήρατο. Οἱ δὲ Ῥωμαῖοι καὶ ἐλῄζοντο τὴν χώραν, καὶ συχνοὺς τῶν ἐκ τῆς Ἰταλίας ὑπὸ τοῦ Ἀννίβου πρὸς

ἕξεως αὐτῶν τὸ μηδ᾽ ὁτιοῦν διαβληθῆναί πως δυνάμενον ποιῆσαι [1]. Τοῦ τε Σύφακος καὶ τότε ἔτι συναλλάττοντος αὐτοὺς [2], ὡς τὸν Σκηπίωνα ἐκ τῆς Λιβύης, καὶ τὸν Ἀννίβαν ἐκ τῆς Ἰταλίας ἀπᾶραι, ἐδέξατο τὸν λόγον, οὐχ ὅτι ἐπίστευέν [3] οἱ, ἀλλ᾽ ἵνα αὐτὸν σφήλῃ.

CCXVI. Ὅτι [4] ἦλθον οἱ Ῥωμαῖοι πρὸς τὸν Σκηπίωνα, τά τε ἄλλα πολλὰ ἄγοντες καὶ τὸν Σύφακα. Καὶ ὃς ἰδὼν αὐτὸν δεδεμένον οὐκ ἤνεγκεν [5]· ἀλλὰ τῆς τε παρ᾽ αὐτῷ ξενίσεως μνημονεύσας, καὶ τὰ ἀνθρώπεια παθήματα ἀναλογισάμενος, ὅτι τε βασιλέα δυνάμεως οὐ σμικρᾶς, καὶ ὅτι ἀξιοσπούδαστον καὶ ἑαυτῷ γενόμενον, ἑώρα τότε οἰκτρῶς

τὴν Λιβύην πεμφθέντων ἀνεκομίσαντο, καὶ κατὰ χώραν ἐχείμασαν. Μετὰ δὲ ταῦτα, Γναίου Σκιπίωνος (lis. Καιπίωνος, suivant la remarque de Reimarus, cf. Tite-Live, XXX, 1, et Pighius Annal. Rom. tom. II, p. 222, éd. Schott.), καὶ Γαΐου Σερουιλίου ὑπατευσάντων, οἵ τε Καρχηδόνιοι ἐλαττωθέντες τῷ πολέμῳ, συμβῆναι ἐθέλησαν, καὶ ὁ Ἀννίβας καὶ ὁ Μάγων ἐκ τῆς Ἰταλίας ἐξέπεσον. Οἱ μὲν γὰρ ὕπατοι τῷ Ἀννίβᾳ καὶ τῷ Μάγωνι ἀντικαθίσταντο. Σκιπίων δὲ τήν τε Λιβύην ἐκάκου, καὶ ταῖς πόλεσι προσέβαλλε. Κἂν τούτῳ ναῦν Καρχηδονίαν λαβὼν, ἀφῆκεν, ἐπεὶ πρὸς αὐτὸν ἐπὶ πρεσβείᾳ ἀφικνεῖσθαι ἐπλάσαντο. Ἤδει μὲν γὰρ τὸ πλάσμα, προετίμησε δὲ τὸ μὴ διαβληθῆναι, ὡς πρέσβεις κατεσχηκώς. Καὶ τοῦ Σύφακος πράττοντος ἔτι διαλλαγὰς, ὥστε καὶ ἐκ τῆς Λιβύης μὲν τὸν Σκιπίωνα, τὸν δ᾽ Ἀννίβαν ἐκ τῆς Ἰταλίας ἀπᾶραι, ἐδέξατο τὸν λόγον, οὐχ ὡς πιστεύων αὐτῷ, ἵνα δὲ σφήλῃ αὐτόν.

1. Sturz explique ainsi le passage τὸ μηδ᾽ ὁτιοῦν — ποιῆσαι. « Cave « censeas quod in talibus temere statuunt viri docti nonnulli, par- « ticipium positum esse pro infinitivo. Immo sic ad verbum verte : « *id, quod* (eam rationem, quae) *efficere posset, ut nullo modo, ne tan- « tillum quidem, calumnia in ipsum conjiceretur.* »

2. Dans Silius Italicus, XVI, v. 220, Syphax dit à Scipion :
Tu Libya, tu te Ausonia cohibere memento.
Haud deformis erit vobis ad foedera versis
Pacator mediusque Syphax.

point mériter même le plus léger reproche, que de les retenir captifs. Syphax essaya encore de réconcilier les Romains et les Carthaginois, à condition que Scipion quitterait l'Afrique et Annibal l'Italie. Scipion prêta l'oreille à cette ouverture, non que Syphax lui inspirât de la confiance; mais afin de le surprendre.

CCXVI. Les soldats romains, chargés de butin, amenèrent auprès de leur général Syphax prisonnier. En le voyant enchaîné, Scipion ne put contenir sa douleur : il se rappela l'hospitalité qu'il avait reçue chez lui, et réfléchissant aux vicissitudes humaines qui faisaient alors paraître en sa présence, dans le plus triste état, un roi naguère investi d'une assez grande puissance et dont il avait cru devoir lui-même rechercher l'amitié,

---

3. Οὐχ ὅτι καὶ ἐπίστευεν, dans le manuscrit de Tours; leçon qui n'a pas été mentionnée par H. de Valois.
4. (Exc. Peir. LXVI. R. p. 29.)
5. Ici encore, Zonaras reproduit fidèlement Dion : comme plus haut (Fr. CCXV, not. 8, p. 9), j'ajoute au résumé de ce passage quelques lignes qui l'éclaircissent, l. l. 13, p. 439-440, éd. Du C. : Σύφαξ δὲ ἐπολέμει τοῖς περὶ τὸν Λαίλιον, καὶ χρόνον τινὰ ἀντέσχεν· εἶτα ὑπερέσχον οἱ Ῥωμαῖοι, καὶ πολλοὺς μὲν ἐφόνευσαν, πολλοὺς δὲ ἐζώγρησαν, καὶ τὸν Σύφακα εἷλον. Καὶ τὴν Κίρταν, τὰ βασίλεια αὐτοῦ, παρέλαβον ἀμάχως, τοῖς ἔνδον δεδεμένον αὐτὸν ἐπιδείξαντες. Ἦν δ' ἐκεῖ καὶ ἡ Σοφωνίς· καὶ πρὸς αὐτὴν ὁ Μασινίσσας εὐθὺς εἰσεπήδησε, καὶ περιλαβὼν αὐτήν· « Ἔχω μὲν Σύφακα τὸν ἀφαρπάσαντά σε, « ἔχω δὲ καὶ σέ. Ἀλλὰ μὴ δέδιθι· οὐδὲ γὰρ αἰχμάλωτος γέγονας, ἐμὲ σύμμαχον « ἔχουσα. » Ταῦτ' εἰπὼν, ἔγημεν αὐτὴν παραχρῆμα, προκαταλαβὼν τοὺς Ῥωμαίους, μή πως αὐτῆς ἁμάρτῃ, γενομένης ἐν τοῖς λαφύροις. Εἶτα καὶ τὰς ἄλλας πόλεις τοῦ Σύφακος προσεποιήσατο, καὶ πρὸς τὸν Σκιπίωνα ἦλθον, ἄγοντες τά τε λοιπὰ, καὶ τὸν Σύφακα. Καὶ ὃς ἰδὼν αὐτὸν δεδεμένον, οὐκ ἤνεγκεν· ἀλλὰ τῆς παρ' αὐτῷ μνημονεύσας ξενίας, καὶ τὰ ἀνθρώπεια ἀναλογισάμενος, ἀνεπήδησεν ἐκ τοῦ δίφρου· ἔλυσέ τε αὐτόν, καὶ ἐδεξιώσατο καὶ ἐντίμως ἦγε. Cf. Tite-Live, XXX, 12.

οὕτως ἔχοντα¹, ἀνεπήδησέ μὲν ἐκ τοῦ δίφρου, καὶ ἔλυσέ τε αὐτὸν καὶ ἐδεξιώσατο καὶ ἐν θεραπείᾳ πολλῇ ἦγε².

CCXVII. Ἐπικηρυκευσάμενοι³ οἱ Καρχηδόνιοι τῷ Σκηπίωνι⁴, τῶν τε ἐπιταχθέντων σφίσιν ὑπ' αὐτοῦ οὐδὲν ὅ τι οὐχ⁵ ὑποσχόμενοι, οἷα μηδὲν αὐτῶν παρέξειν⁶ μέλλοντες, χρήματα μὲν αὐτῷ εὐθὺς ἔδοσαν, καὶ τοὺς αἰχμαλώτους πάντας ἀπέδωκαν· ὑπὲρ δὲ τῶν ἄλλων ἐς τὴν Ῥώμην ἐπρεσβεύσαντο. Καὶ αὐτοὺς ἐκεῖνοι τότε οὐ προσεδέξαντο, λέγοντες οὐκ εἶναι σφίσι πάτριον, στρατοπέδων τισὶν ἐν τῇ

---

1. La captivité de Syphax inspire des réflexions analogues à Diodore de Sic., Exc. Vatic. p. 62, ou liv. XXVII, 6, tom. II, p. 469-470 de la Collect. Didot : Ὅτι Σκιπίων τὸν Σύφακα τὸν βασιλέα αἰχμάλωτον λαβὼν καὶ δεδεμένον λύσας, φιλανθρώπως ὡμίλει αὐτῷ· ᾤετο γὰρ δεῖν τὴν ἐπὶ τοῦ πολέμου ἔχθραν μέχρι τοῦ νικᾷν φυλάττειν, εἰς δὲ τύχην αἰχμαλώτου ἀνδρὸς βασιλέως γεγονότος μηδὲν ἐξαμαρτάνειν ἄνθρωπον ὄντα· ἐφορᾷ γὰρ, ὡς ἔοικε, τὸν ἀνθρώπινον βίον νέμεσίς τις θεοῦ, ἢ τοὺς ὑπὲρ ἄνθρωπον φρονοῦντας ταχὺ τῆς ἰδίας ἀσθενείας ὑπομιμνήσκει. Διὸ καὶ τὸν Σκιπίωνα τίς οὐκ ἂν ἐπαινέσειε θεωρῶν πρὸς τὸν κατὰ τῶν πολεμίων φόβον καταπληκτικὸν γενόμενον, ὑπὸ δὲ τοῦ πρὸς τοὺς ἡτυχηκότας ἐλέους τὴν ψυχὴν ἡττώμενον; Ὡς ἐπὶ πολὺ γὰρ εἰώθασιν οἱ πρὸς τοὺς ἀντιταττομένους φοβεροὶ πρὸς τοὺς ὑποπεσόντας ὑπάρχειν μέτριοι. Διὸ καὶ ταχὺ τοῦ Σύφακος ὁ Σκιπίων τῆς εἰς αὐτὸν ἐπιεικείας ἐκομίσατο χάριν.

Sur cette captivité de Syphax, sur son arrivée à Rome et sur sa mort, cf. Appien, VIII, 26-28 ; Polybe, XVI, 23.

2. Tite-Live, XXX, 13 : His sermonibus circumstantium celebratus, rex in prætorium ad Scipionem est perductus. Movit et Scipionem quum fortuna pristina viri præsenti fortunæ collata, tum recordatio hospitii dextræque datæ, et fœderis publice ac privatim juncti.

3. (Exc. Urs. ιδ'. CLIII. R. p. 65.)

Cet extrait se trouve dans le manuscrit de Munich n° 1 ; il manque dans le n° 3 et dans le manuscrit du Vatican, n° 1418.

Au lieu de ἐπικηρυκευσάμενοι, le Ms. de Munich n° 1 porte : ὅτι ἐπικηρυκευσάμενοι.

4. J'emprunte à Zonaras, l. I., 13, p. 440, éd. Du C., le résumé des événements qui déterminèrent les Carthaginois à envoyer cette première am-

il s'élança de son siége, brisa les fers du captif, lui tendit la main et le traita avec beaucoup d'égards.

CCXVII. Les Carthaginois envoyèrent des négociateurs à Scipion : bien décidés à ne tenir aucun engagement, ils promirent tout ce qu'il demanda. Ils lui comptèrent sur-le-champ une somme d'argent et lui rendirent tous les prisonniers. On envoya des députés à Rome pour les autres clauses du traité ; mais ils n'y furent point immédiatement reçus, parce qu'il n'était pas d'usage chez

---

bassade à Scipion : Καὶ ἡ μὲν (s.-ent. Σοφωνὶς) οὕτως ἀπέθανε. Σκιπίων δὲ τὸ ἔργον ἐθαύμασεν. Οἱ δ' ἐν τῇ Ῥώμῃ τοῦ Λαιλίου τὸν Σύφακα καὶ τὸν υἱὸν ἐκείνου Οὐερμίναν ἀγαγόντος ἐκεῖσε, καὶ τῶν ἄλλων τινὰς τῶν πρώτων, τὸν μὲν Σύφακα εἰς τὴν Ἄλβαν κατέθεντο, καὶ τελευτήσαντα δημοσίᾳ ἔθαψαν. Τῷ δὲ Οὐερμίνᾳ τὴν βασιλείαν τοῦ πατρὸς ἐπεκύρωσαν, καὶ τοὺς ζωγρηθέντας Νομάδας ἐχαρίσαντο. Οἱ δὲ Καρχηδόνιοι περὶ σπονδῶν ἐπικηρυκευσάμενοι τῷ Σκιπίωνι, κτλ. Pour les détails, cf. Appien, VIII, 30 ; Tite-Live, XXX, 21-22.

5. Je substitue, d'après Reiske, cette leçon à l'ancienne, οὐδὲν ὅτι οὖν, confirmée par le Ms. de Munich n° 1. Celle que j'adopte se retrouve plusieurs fois dans Dion ; cf. Fr. CCLXXXIV : οὐδὲν ὅ τι οὐκ εἶπεν. Fr. CCXCIV : οὐδὲν ὅ τι οὐ κατὰ γνώμην αὐτοῦ πράξειν ὑπέσχετο. Liv. XXXVIII, 15 : οὐδὲν ὅ τι οὐ κατὰ γνώμην αὐτοῦ ἐδόκει ποιήσειν. Liv. XLII, 42 : οὐδὲν ὅ τι οὐκ ἐδύνατο.

La correction de Reiske est exigée par le sens : les Carthaginois, en demandant la paix, ne voulaient que gagner du temps, et les promesses leur coûtaient d'autant moins qu'ils étaient résolus à ne point les tenir. Appien, VIII, 31 : Καρχηδόνιοι δ' ἐπὶ ταῖς κακοπραγίαις δυσφοροῦντες, αἱροῦνται στρατηγὸν αὐτοκράτορα, Ἀννίβαν. Τὸν δὲ ναύαρχον ἔπεμπον ἐπὶ νηῶν, ἐπισπέρχειν αὐτὸν ἐπὶ τὴν διάβασιν. Ἅμα δὲ ταῦτ' ἔπρασσον, καὶ ἐς τὸν Σκιπίωνα περὶ εἰρήνης ἐπρεσβεύοντο, ἡγούμενοι τούτοιν πάντως ἑνὸς τυχεῖν, ἢ τὴν εἰρήνην ἕξειν, ἢ χρόνον διατρίψειν, ἕως ἀφίκοιτο ὁ Ἀννίβας.

6. Reimarus lit αὐτῷ οὐ παρέξειν, avec cette note : « Οὐ male omittit textus « Ursini. » Mais, d'après Reiske dont j'adopte l'opinion, le célèbre éditeur de Dion se trompe : la négation οὐ serait contraire au sens ; nul doute qu'il ne faille lire οἷα μηδὲν αὐτῶν παρέξειν μέλλοντες — *utpote nihil*

14 ΔΙΩΝΟΣ ΤΟΥ ΚΑΣΣΙΟΥ ΛΕΙΨΑΝΑ. ΒΙΒΛ. Α-ΛϚ.

Ἰταλίᾳ ὄντων, ὑπὲρ εἰρήνης χρηματίζειν [1]. Ὕστερον δὲ ἀπάραντος τοῦ τε Ἀννίβου καὶ τοῦ Μάγωνος, λόγον αὐτοῖς ἔδωκαν [2]· καὶ ἦλθον μὲν εἰς ἀμφισβήτησιν πρὸς ἀλλήλους, ἐπ' ἀμφότερα ταῖς γνώμαις γενόμενοι· τέλος δὲ ἐψηφίσαντο τὰς σπονδὰς, ἐφ' οἷς ὁ Σκηπίων συνετίθετο.

CCXVIII. Οἱ Καρχηδόνιοι [3] τῷ Σκηπίωνι ἐπέθεντο καὶ κατὰ γῆν καὶ κατὰ θάλατταν. Τοῦ δὲ Σκηπίωνος ἀγανακτήσαντος ἐπὶ τούτῳ, καὶ ἔγκλημα ποιησαμένου [4], οὔτε τι μέτριον [5] τοῖς πρέσβεσιν ἀπεκρίναντο, καὶ προσέτι καὶ ἐπεβούλευσαν [6] αὐτοῖς ἀποπλεύσασιν· καὶ εἴγε μὴ ἄνεμος σφίσι κατὰ τύχην ἐπιγενόμενος ἐβοήθησεν, ἥλωσαν ἂν ἢ ἀπώλοντο [7]. Καὶ διὰ τοῦτο ὁ Σκηπίων, καίπερ ἐπελθόντων

---

eorum præstituri. Où ne se trouve pas dans le Ms. de Munich n° 1. Cette partie de la phrase manque dans Zonaras, qui se contente de dire, IX, 14, p. 440, éd. Du C. : Χρήματά τε εὐθὺς ἔδοσαν, καὶ τοὺς αἰχμαλώτους πάντας ἀπέδωκαν, καὶ ὑπὲρ τῶν λοιπῶν πρεσβείαν εἰς τὴν Ῥώμην ἀπέστειλαν.

1. Zonaras, l. l. : Τοὺς δέ γε πρέσβεις οἱ Ῥωμαῖοι τότε οὐ προσεδέξαντο, λέγοντες οὐκ εἶναι πάτριον σφίσι, στρατοπέδων ἐν τῇ Ἰταλίᾳ ὄντων τισὶ, πρεσβείαν προσίεσθαι ἐξ αὐτῶν, καὶ χρηματίζειν ὑπὲρ εἰρήνης, où il faut remarquer les mots πρεσβείαν προσίεσθαι ἐξ αὐτῶν, καὶ, tirés probablement de Dion, et que le Compilateur a omis.

Dans le texte de Dion, au lieu de στρατοπέδων, le Ms. de Munich n° 1 porte στρατόπεδον, faute du copiste.

2. Zonaras, l. l., est moins explicite : Ὕστερον δὲ ἀπάραντος τοῦ τε Ἀννίβου καὶ τοῦ Μάγωνος, λόγου σφίσιν μετέδωκαν, καὶ ἐψηφίσαντο τὰς σπονδάς.

Dans le Ms. de Munich n° 1, ἔδωσαν au lieu de ἔδωκαν, et γενόμενα au lieu de γενόμενοι, sont deux variantes fautives.

3. (Exc. Urs. ιε'. CLIV. R. p. 65.)

Cet extrait se trouve dans le manuscrit de Munich n° 1, qui porte ὅτι οἱ Καρχηδόνιοι ; mais il manque dans le n° 3 et dans le manuscrit du Vatican n° 1418.

J'emprunte à Zonaras, l. l., p. 440-441, éd. Du C., un passage qui lie ce

les Romains de s'occuper de la paix avec une nation dont l'armée était campée dans l'Italie. Plus tard, lorsque Annibal et Magon se furent embarqués, les Romains permirent aux députés de Carthage de s'expliquer. Une discussion s'engagea entre les deux parties, et les avis furent très-partagés : à la fin, la paix fut conclue aux conditions fixées par Scipion.

CCXVIII. Les Carthaginois attaquèrent Scipion sur terre et sur mer : il en fut indigné et porta plainte. Les Carthaginois, bien loin de lui faire une réponse convenable, tendirent des piéges à ses ambassadeurs, au moment où ils venaient de mettre à la voile : ils auraient été pris ou tués, si un vent favorable n'était par hasard venu à leur secours. Sur ces entrefaites, les députés arrivèrent de Rome avec

---

fragment au précédent : Ἐξεχώρησαν δὲ τῆς Ἰταλίας ὅ τε Ἀννίβας καὶ ὁ Μάγων, οὐ διὰ τὴν σύμβασιν, ἀλλὰ πρὸς τὸν οἴκοι πόλεμον ἐπειγόμενοι. Οἱ δ' ἐν τῇ Λιβύῃ Καρχηδόνιοι οὐδὲ πρότερον εἰρηναῖόν τι φρονοῦντες, καὶ περὶ σπονδῶν ἐπὶ τῇ τοῦ χρόνου τριβῇ διὰ τὴν τοῦ Ἀννίβου παρουσίαν ἐπικηρυκευσάμενοι, ὡς τὸν Ἀννίβαν πλησιάζοντα ἔμαθον, ἀνεθάρσησαν· καὶ ἐπέθεντο τῷ Σκιπίωνι κατὰ γῆν τε καὶ κατὰ θάλασσαν.

4. Dans Zonaras, l. l., p. 441, éd. Du C. : Κἀκείνου περὶ τούτου αὐτοῖς ἐγκαλέσαντος, au lieu de τοῦ δὲ Σκιπίωνος — ποιησαμένου.

5. Le même, l. l. : Οὔτε μέτριόν τι.

6. Ἐπιβούλευσαν, dans le manuscrit de Munich n° 1 : le copiste a négligé l'augment ; cf. p. 8, n. 4 de ce volume.

7. Zonaras, l. l. : Καὶ εἰ μὴ πνεῦμα τυχαίως συμβὰν αὐτοῖς ἐβοήθησεν, ἀπώλοντο ἄν.

Il ne sera pas inutile de rapprocher de ce récit, beaucoup trop abrégé, celui d'Appien, VIII, 34 : Καρχηδονίων δὲ ὁ δῆμος, ἄρτι τὰς συνθήκας πεποιημένοι, καὶ Σκιπίωνος ἔτι παρόντος, οὔπω τῶν ἰδίων πρέσβεων ἀπὸ Ῥώμης ἀπεστροφότων, ἀγορὰν Σκιπίωνος ὑπ' ἀνέμων κατενεχθεῖσαν ἐς Καρχηδόνα, διήρπασαν..... Οἱ δὲ καὶ τοὺς πρέσβεις αὐτοῦ κρατεῖν ἐπενόουν, ἕως ἀφίκοιντο αὐτοῖς οἱ ἀπὸ Ῥώμης· ἀλλὰ τούσδε μὲν Ἄννων τε ὁ Μέγας καὶ Ἀσδρούβας ὁ Ἔριφος ἐξείλοντο τοῦ πλήθους, καὶ προὔπεμπον δύο τριήρεσιν. Ἕτεροι δὲ Ἀσδρούβαν τὸν ναύαρχον ἔπεισαν, ὁρμοῦντα περὶ τὴν Ἀπόλλωνος ἄκραν, ὅταν

16 ΔΙΩΝΟΣ ΤΟΥ ΚΑΣΣΙΟΥ ΛΕΙΨΑΝΑ. ΒΙΒΛ. Α-ΔϚ.

ἐν τούτῳ τῶν τὴν εἰρήνην αὐτοῖς φερόντων, οὐκέτι αὐτὴν ἐποιήσατο [1].

CCXIX. Διεκηρυκεύσαντο [2] οἱ Καρχηδόνιοι τῷ Σκηπίωνι [3]. Ἦν δὲ τὰ διωμολογημένα [4] ὁμήρους τε σφᾶς δοῦναι [5], καὶ τοὺς αἰχμαλώτους τούς τε αὐτομόλους, ἤτοι τῶν Ῥωμαίων ἢ τῶν συμμάχων, ὧν εἶχον, ἀποδοῦναι· καὶ τοὺς ἐλέφαντας πάντας καὶ τὰς τριήρεις, πλὴν δέκα, παραδοῦναι [6]· καὶ τὸ λοιπὸν μὴ κεκτῆσθαι μήτε ἐλέφαντας μήτε ναῦς [μακρὰς πλείους τῶν δέκα [7]]· καὶ τῷ Μασινίσσᾳ πάντων, ὧν εἶχον αὐτοῦ, ἀποστῆναι καὶ ἐκείνῳ [8] δοῦναι [9]· τήν τε χώραν καὶ τὰς πόλεις, τὰς ἐν τῇ ἐπικρατείᾳ αὐτοῦ οὔσας, ἀφεῖναι· καὶ μήτε καταλόγους ποιεῖσθαι, μήτε μισ-

---

ἀποστῶσιν αἱ προπομποὶ τριήρεις, ἐπιθέσθαι τοῖς τοῦ Σκιπίωνος. Καὶ ὁ μὲν ἐπέθετο· καὶ τῶν πρέσβεών τινες ἐκ τοξευμάτων ἀπέθανον· οἱ δὲ λοιποὶ, τιτρωσκόμενοί τε καὶ ἐρέσσοντες, ἔφθασαν ἐς τὸν λιμένα τοῦ σφετέρου στρατοπέδου, καὶ ἐξήλαντο τῆς νεὼς ἤδη λαμβαγομένης· παρὰ τοσοῦτον ἦλθον αἰχμάλωτοι γενέσθαι. Pour plus de détails, cf. Polybe, XV, 2 ; Tite-Live, XXX, 24-25.

1. Οὐκέτ' αὐτήν, dans le manuscrit de Munich n° 1. Zonaras, l. l. : Ὅθεν καὶ ὁ Σκιπίων ἐν τούτῳ τῆς ψήφου τῆς περὶ τῆς εἰρήνης κομισθείσης, οὐκέτι αὐτὴν ἐποιήσατο.

2. (Exc. Urs. ιϚ'. CLV. R. p. 65.) Cet extrait se trouve dans le manuscrit de Munich n° 1, qui porte : Ὅτι διεκηρυκεύσαντο, mais il manque dans le n° 3 et dans le manuscrit du Vatican n° 1418.

3. Après la bataille de Zama, qui est longuement décrite dans Polybe, XV, 5-16 ; dans Tite-Live, XXX, 29-35, et dans Appien, VIII, 36-48. Ce dernier, l. l., 49, rapporte ainsi l'arrivée des députés Carthaginois auprès de Scipion : Καὶ οἱ Καρχηδόνιοι, τὴν ἧσσαν Ἀννίβου πυθόμενοι, πρέσβεις ἐπὶ κελητίου προσέπεμπον τῷ Σκιπίωνι, ὧν ἡγοῦντο Ἄννων τε, ὁ Μέγας λεγόμενος, καὶ Ἀσδρούβας ὁ Ἔριφος· οἳ τὸ κηρύκιον ὑψηλὸν ἔστησαν ἐπὶ τῆς πρώρας, καὶ τὰς χεῖρας ὤρεγον ἐς τὸν Σκιπίωνα, ἱκετῶν τρόπον. Ὁ δ' αὐτοὺς

un traité de paix ; mais, à cause de ce qui s'était passé, Scipion refusa de le signer.

CCXIX. Les Carthaginois envoyèrent des ambassadeurs à Scipion. Voici quelles étaient les conditions du traité : Carthage donnera des ôtages ; elle rendra les prisonniers et les transfuges qu'elle a en son pouvoir, qu'ils soient Romains ou alliés de Rome ; elle livrera tous ses éléphants et tous ses vaisseaux à trois rangs de rames, à l'exception de dix ; elle ne possédera désormais ni éléphants ni plus de dix vaisseaux longs ; elle abandonnera toutes les terres de Masinissa dont elle s'est emparée et les lui restituera ; elle renoncera au pays et aux villes soumis à la domination de ce roi ; elle ne fera point de levées de troupes, elle ne prendra point de mercenaires

An de Rome 553.

ἐκέλευσεν ἥκειν ἐς τὸ στρατόπεδον· καὶ ἐλθοῦσιν ἐφ' ὑψηλοῦ προκαθήμενος ἐχρημάτιζεν.

4. Zonaras, l. l. 14, p. 443, éd. Du C. : Ἦν δὲ τὰ ὡμολογημένα.

5. Le même, l. l. : Ὁμήρους τε παρὰ τῶν Καρχηδονίων καὶ τοὺς αἰχμαλώτους καὶ τοὺς αὐτομόλους δοθῆναι. Le texte de Dion est altéré dans le manuscrit de Munich n° 1, où on lit : Αὐτομόλους οὓς (né de la dernière syllabe d'αὐτομόλους) ᾔτει (pour ᾔτοι — οι et ει confondus) τῶν Ῥωμαίων ἢ τῶν συμμάχων ἐφ' ὧν εἶχον.

6. Zonaras, l. l. : Καὶ πάντας μὲν τοὺς ἐλέφαντας, τὰς δὲ τριήρεις πλὴν δέκα παρασχεθῆναι.

7. L'ancienne leçon μήτε ναῦς manque d'exactitude : j'ai ajouté μακρὰς πλείους τῶν δέκα, comme dans Zonaras, l. l. : Καὶ τοῦ λοιποῦ μήτε ἐλέφαντας, μήτε ναῦς μακρὰς πλείους τῶν δέκα ἔχειν. Cette addition était exigée par le texte des conventions entre Rome et Carthage; cf. Polybe, XV, 18; Tite-Live, XXX, 37; Appien, VIII, 54, et les Éclaircissements à la fin du volume.

8. Ἐκείνοις est une faute du copiste dans le manuscrit de Munich n° 1.

9. Cette leçon est dans les Ms. Reiske voulait avec raison supprimer δοῦναι et lire : Καὶ ἐκείνῳ τήν τε χώραν — ἀφεῖναι. La clause relative à Masinissa a été omise par Zonaras, l. l., ainsi que la suivante : Καὶ μήτε καταλόγους — χρῆσθαι.

T. II. 2

θοφόροις χρῆσθαι, μήτε πόλεμον πρὸς μηδένα ¹ παρὰ τὴν τῶν Ῥωμαίων γνώμην ἀναιρεῖσθαι ².

CCXX. Ἡ Καρχηδὼν ³ πολλοῖς Ῥωμαίων ⁴ ἐξαιρετέα ἐδόκει εἶναι, καὶ Κορνηλίῳ ὑπάτῳ ⁵· ὃς ἔλεγεν ⁶, ὅτι ἀδύνατόν ἐστι, συνεστώσης αὐτῆς, ἀδεεῖς σφᾶς εἶναι ⁷.

CCXXI. Πλεῖστοι ⁸ ὅσοι ἐστρατεύσαντο· ὥς που πολλὰ ἑκουσίως πολλοὶ ὧν ⁹ οὐδὲν ἂν ἀναγκαζόμενοι δράσειαν ποιοῦσι ¹⁰. Τὸ μὲν γὰρ προσταττόμενον σφίσιν ὡς καὶ βίαιον δυσχεραίνουσι· τὸ δ' αὐθαίρετον ὡς καὶ αὐτοκράτορες ἀγαπῶσι ¹¹.

---

1. Zonaras, l. l., p. 443, éd. Du C. : Καὶ μήτε πόλεμον παρὰ τὴν τῶν Ῥωμαίων γνώμην πρὸς μηδένα ποιεῖσθαι· καί τινα ἕτερα.

2. Il manque ici plusieurs clauses importantes, qui nous ont été transmises par Polybe, par Tite-Live et par Appien. Cf. les Éclaircissements à la fin du volume.

3. (Exc. Urs. ιζ'. CLVI. R. p. 66.)
Cet extrait ne se trouve ni dans le manuscrit du Vatican n° 1418, ni dans celui de Munich n° 3; mais il est dans le n° 1, où il commence ainsi : Ὅτι ἡ Καρχηδών, et dans Suidas, au mot ἐξαιρετέα.

4. Je conserve l'ancienne leçon; j'aimerais pourtant mieux πολλοῖς τῶν Ῥωμαίων.
On pourrait aussi lire πολλοῖς Ῥωμαίοις, d'après le Ms. de Munich n° 1.

5. Cn. Cornélius Lentulus, qui venait d'être élu consul avec P. Ælius Pætus. Tite-Live, XXX, 40, fait connaître les motifs de sa conduite : Cn. Lentulus consul cupiditate flagrabat provinciæ Africæ, seu bellum foret, facilem victoriam; seu jam finiretur, finiti tanti belli se consule gloriam petens. Le même ajoute, l. l., 43 : Inclinatis omnium ad pacem animis, Cn. Lentulus consul, cui classis provincia erat, senatusconsulto intercessit.

6. Καὶ ἔλεγεν, dans le manuscrit de Munich n° 1. Cf., dans Appien, VIII, 62-64, le discours prononcé par Lentulus, pour engager les Romains à ne pas accorder la paix à Carthage. Je me borne à transcrire le passage qui a un rapport frappant avec l'extrait de Dion : Οὐδεὶς δ' ἡμῖν καιρὸς ἐς τὸ λῦσαι τὸν ἀπὸ Καρχηδονίων φόβον ἐπιτηδειότερός ἐστι τοῦ παρόντος, ἐν ᾧ

à son service, elle ne fera la guerre à personne, contre la volonté du peuple romain.

CCXX. Plusieurs Romains pensaient qu'il fallait détruire Carthage; c'était aussi l'avis du consul Cornélius qui répétait : Nous ne pourrons être exempts de crainte, tant que cette ville subsistera.

CCXXI. Un très-grand nombre de citoyens prirent les armes : souvent les hommes font d'eux-mêmes bien des choses auxquelles la contrainte ne saurait les soumettre. Un acte commandé leur est odieux, parce qu'il paraît imposé par la force; mais ce qu'ils font volontairement leur plaît, parce qu'alors ils gardent leur indépendance.

πάντων εἰσὶν ἀσθενεῖς καὶ ἄποροι· πρὶν αὖθις αὐτὸν ἐς ἑκάτερον αὐξῆσαι, l. l., 62.

7. Comme dans F. Orsini, ou mieux ἀδεῶς σφᾶς ἔχειν, leçon proposée par Küster, dans Suidas, l. l., au lieu de l'ancienne ἀδεῶς σφᾶς εἶναι.

8. (Exc. Peir. LXVII. R. p. 29.)

La place de cet extrait est difficile à fixer : je l'ai mis ici, parce qu'il me paraît se rapporter aux levées de troupes qui eurent lieu à Rome, pour la guerre contre Philippe, roi de Macédoine. Un passage de Zonaras, l. l. 15, p. 444, éd. Du C., atteste qu'elles furent considérables : Ψηφισάμενοι δὲ τὸν πόλεμον, τά τε ἄλλα παρεσκευάσαντο εὖ, καὶ στρατηγὸν ἐπὶ τοῦ ναυτικοῦ Λούκιον Ἀπούστιον Σουλπικίῳ Γάλβᾳ δεδώκασι.... Ῥαΐσας δ' ἐκ τῆς νόσου ὁ Γάλβας πλείω παρεσκευάσατο δύναμιν, καὶ ἅμα ἔαρι εἰς τὴν Μακεδονίαν ἠπείγετο. Débarrassés de la guerre contre Carthage, les Romains entreprirent avec ardeur l'expédition contre Philippe; Tite-Live, XXXI, 1 : Vacuos deinde pace punica jam Romanos et infensos Philippo — preces Atheniensium, quos agro pervastato in urbem compulerat, excitaverunt ad renovandum bellum.

9. Ou mieux, suivant Reiske : Ὥς που πολλοὶ ἑκουσίως πολλὰ ὧν κτλ.

10. L'ancienne leçon est : Ὧν οὐδὲν ἀναγκαζόμενοι δράσειαν, ποιοῦσι. Reiske propose δράσειαν ἄν, ποιοῦσι. L'addition de ἄν était nécessaire : j'ajoute cette particule, en la plaçant après οὐδέν, comme Sturz.

11. Nous avons vu une pensée analogue, Fr. LXXXII, p. 146, tom. I de cette édition : Ὅτι τὸ μὲν αὐθαίρετον ὡς καὶ οἰκεῖόν που δόξει, τὸ δὲ ἐξ ἐπιτάγματος ὡς καὶ ἀνελεύθερον ἀπωθεῖται.

CCXXII. Ὁ Φίλιππος [1] ἡττηθεὶς [2] ἐπεκηρυκεύσατο τῷ Φλαμινίνῳ. Καὶ ὃς, εἰ καὶ τὰ μάλιστα καὶ τῆς Μακεδονίας [3] ἐγλίχετο, καὶ τῇ παρούσῃ οἱ εὐτυχίᾳ ἐπίπαν ἐπεξελθεῖν [4] ἐπεθύμει, ὅμως ἐσπείσατο [5]. Αἴτιον δὲ, ὅτι ἐφοβήθη μὴ οἵ τε Ἕλληνες, ὑπεξαιρεθέντος [6] αὐτοῦ, τό τε φρόνημα τὸ παλαιὸν ἀναλάβωσι, καὶ σφᾶς οὐκ ἔτι θεραπεύσωσι· καὶ οἱ Αἰτωλοὶ ἐν μεγάλῳ καὶ τότε αὐχήματι [7], ὅτι τὸ πλεῖστον τῆς νίκης κατειργάσαντο [8], ὄντες, ἐπαχθέστεροι σφίσι γένωνται [9]. ὅ τε Ἀντίοχος ἔς τε τὴν Εὐρώπην [10], ὥσπερ ἠγγέλλετο, ἔλθῃ καὶ τῷ Φιλίππῳ συμμαχήσῃ.

---

1. (Exc. Urs. ιη'. CLVII. R. p. 66.)
Cet extrait manque dans le manuscrit du Vatican n° 1418 et dans celui de Munich n° 3; mais il se trouve dans le n° 1 qui porte : Ὅτι ὁ Φίλιππος.

2. Dans la bataille de Cynoscéphales. Cf. Polybe, XVIII, 1-10; Plutarque, Flaminin., VII-IX; Tite-Live, XXXIII, 7-10; Justin, XXX, 4. Zonaras, l. l. 16, p. 446, éd. Du C., est plus explicite que le compilateur : Ἡττηθεὶς οὖν ὁ Φίλιππος καὶ φυγὼν, εἶτα μαθὼν τήν τε Λάρισσαν καὶ τὰς περὶ αὐτὴν πόλεις τὰ τοῦ νικήσαντος ᾑρημένας, ἐπεκηρυκεύσατο τῷ Φλαμινίῳ (lis. Φλαμινίνῳ, et à ce sujet, cf. la note de Reimarus, et celle de Dacier dans la traduction française de Plutarque, Vie de Titus Quintius *Flaminius*, p. 7-8, tom. V, éd. de Paris 1811, in-12).

3. D'après F. Orsini et le manuscrit de Munich n° 1, au lieu de l'ancienne leçon τὰ μάλιστα τῆς Μακεδονίας. Reiske, sans le secours des manuscrits, avait reconnu la nécessité de l'addition de καί : il traduit *etiam Macedoniam provinciam habere vehementer cupiebat*. Flamininus, qui commandait déjà en Grèce, voulait avoir *aussi* la Macédoine pour province.

4. Ἐξελθεῖν, dans F. Orsini et dans le même manuscrit : la première préposition a été omise par le copiste.

5. Sur la négociation entre Philippe et Flamininus, il faut lire Polybe, XVIII, 17-22; Appien, IX, 7; Tite-Live, XXXIII, 11-13. Polybe, l. l., 17, donne les noms des négociateurs envoyés par le roi de Macédoine : Ἧκον πρεσβευταὶ μετά τινας ἡμέρας παρὰ τοῦ Φιλίππου, Δημοσθένης καὶ Κυκλιάδας καὶ Λιμναῖος.

CCXXII. Philippe, après sa défaite, envoya des députés à Flamininus. Celui-ci, malgré son vif désir de conquérir aussi la Macédoine et de profiter complétement de la fortune qui lui était propice, consentit à la paix. Il agit ainsi dans la crainte que les Grecs ne reprissent leur ancien orgueil et ne cessassent de se montrer dévoués, après la déchéance de Philippe; que les Étoliens, alors très-fiers d'avoir puissamment contribué à la victoire, ne fussent encore moins bien disposés envers les Romains, ou qu'Antiochus ne passât en Europe et ne portât du secours à Philippe, comme on l'annonçait.

An de Rome 557.

Pour les clauses de la convention conclue entre Philippe et Flamininus, cf. les Éclaircissements à la fin du volume.

6. A la leçon vulgaire ἐξαιρεθέντος, je substitue celle de F. Orsini. Ὑπεξαιρεθέντες, dans le Ms. de Munich n° 1, est une faute née de la fréquente confusion d'ε et d'o. Cf. Schæfer, Meletem. Crit. p. 26, 90, et Not. sur Grégoire de Corinthe, De Dialect. p. 170, Leipzig, 1811.

7. Polybe, XVIII, 17 : Δυσχερῶς δ' ἔφερε καὶ τὴν ἀλαζονείαν αὐτῶν (s.-ent. τῶν Αἰτωλῶν), θεωρῶν ἀντεπιγραφομένους ἐπὶ τὸ νίκημα, καὶ πληροῦντας τὴν Ἑλλάδα τῆς αὑτῶν ἀνδραγαθίας.

8. Tite-Live, XXXIII, 7 : Principio a paucis procurrentibus lacessita pugna est, deinde subsidiis tuentium pulsos aucta; in qua quum haudquaquam pares Romani alios super alios nuncios ad ducem mitterent, premi sese; quingenti equites et duo millia peditum, maxime Ætolorum, cum duobus tribunis militum propere missa, rem inclinatam restituerunt. Zonaras est encore plus formel, l. l., p. 446, éd. Du C. : Καὶ μαχεσάμενοι τοῖς στρατεύμασιν ἅπασιν, ἰσοπαλεῖς ἂν ἀπηλλάγησαν, εἰ μὴ οἱ Αἰτωλοὶ ἐπικρατεστέρους τοὺς Ῥωμαίους ἐποίησαν.

9. La prévoyance de Flamininus fut impuissante ; Tite-Live, l. l., 13 : Hæc, quum omnium sociorum assensu dicta, Ætolis non in præsentia modo gravia audita, sed mox etiam belli causæ, magnarumque ex eo cladium, iis fuerunt. L'Historien latin a copié Polybe, l. l., 22 : Τοῖς μὲν οὖν ἄλλοις ὁ Τίτος ἤρεσκε, ταῦτα λέγων · οἱ δ' Αἰτωλοὶ βαρέως ἤκουον, καί τις οἷον ἀρχὴ κακῶν ἐγεννᾶτο μεγάλων. Ἐκ γὰρ ταύτης τῆς διαφορᾶς καὶ τούτου τοῦ σπινθῆρος μετ' ὀλίγον ὅ τε πρὸς Αἰτωλοὺς, ὅ τε πρὸς Ἀντίοχον ἐξεκαύθη πόλεμος.

10. Dion traduit presque littéralement Tite-Live, l. l. : Causa romano

CCXXIII. Νεανίσκοι¹ τινὲς² Καρχηδονίων πρέσβεις ἐς τὴν Ῥώμην ἐλθόντας³ ὑβρίσαντες, ἐπέμφθησαν μὲν ἐς τὴν Καρχηδόνα καὶ ἐξεδόθησαν σφίσιν· οὐκ ἔπαθον δὲ ὑπ' αὐτῶν δεινὸν οὐδὲν, ἀλλ' ἀφείθησαν.

CCXXIV. Ὅτι⁴ ὁ Ἀντίοχος καὶ οἱ στρατηγοὶ αὐτοῦ προσδιεφθάρησαν⁵. Τῇ τε γὰρ ἄλλῃ ῥᾳστώνῃ καὶ ἔρωτι κόρης τινὸς ἔς τε⁶ τὸ ἁβροδίαιτον ἐξώκειλε, καὶ ἀπολέμους καὶ τοὺς ἄλλους ἐποίησεν⁷.

CCXXV. Ὅτι⁸ ὁ Ἀντίοχος⁹ τὸν τοῦ Ἀφρικανοῦ υἱὸν διαπλέοντα ἐκ τῆς Ἑλλάδος λαβὼν ἐν θεραπείᾳ πολλῇ ἐπεποίητο. Ἀπολυτρῶσαι μὲν γὰρ, καίτοι τοῦ πατρὸς αὐτοῦ

---

imperatori non alia major fuisse dicitur pacis maturandæ, quam quod Antiochum bellum transitumque in Europam moliri constabat; tout comme Tite-Live a traduit Polybe, l. l. : τὸ δὲ συνέχον ἦν τῆς ὁρμῆς τῆς τοῦ Τίτου πρὸς τὰς διαλύσεις, ὅτι ἐπυνθάνετο τὸν Ἀντίοχον ἀπὸ Συρίας ἥκαι μετὰ δυνάμεως, ποιούμενον τὴν ὁρμὴν ἐπὶ τὴν Εὐρώπην.

1. (Exc. Urs. ιθ'. CLVIII. R. p. 66.)
Cet extrait manque dans le manuscrit du Vatican n° 1418 et dans celui de Munich n° 3; mais il se trouve dans le n° 1, qui porte : Ὅτι νεανίσκοι.

2. Tite-Live, XXXVIII, 42, donne leurs noms : Eo anno, L. Minucius Myrtilus et L. Manlius, quod legatos Carthaginienses pulsasse dicebantur, jussu M. Claudii prætoris urbis, per feciales traditi sunt legatis et Carthaginem avecti.

3. Correction proposée par Wesseling dans sa lettre à Reimarus, et approuvée par Reiske : comme Sturz, je la substitue à l'ancienne leçon ἐλθόντες, évidemment fautive.

4. (Exc. Peir. LXVIII. R. p. 29.)

5. Zonaras, IX, 19, p. 451, éd. Du C. : Καὶ ἐς τὴν Χαλκίδα διεχείμασεν, ὅθεν αὐτός τε, καὶ οἱ στρατηγοὶ, οἵ τε στρατιῶται αὐτοῦ τὰς γνώμας προδιεφθάρησαν (lis. προσδιεφθάρησαν).

6. Τέ manque dans Zonaras, l. l. Reiske propose : Ἔρωτι κόρης τινὸς αὐτός τε ἐς τὸ ἁβροδίαιτον ἐξώκειλε. J'aurais adopté cette leçon, si elle était confirmée par les manuscrits.

7. Zonaras, l. l. : Καὶ τοὺς ἄλλους ἀπολέμους ἐποίησεν. Appien rapporte

CCXXIII. Quelques jeunes gens avaient insulté des ambassadeurs Carthaginois, qui étaient venus à Rome. Ils furent envoyés à Carthage et livrés à ces ambassadeurs; mais ceux-ci ne leur firent aucun mal, et on les renvoya dans leur patrie.

CCXXIV. Chalcis corrompit Antiochus et ses généraux. L'oisiveté et son amour pour une jeune fille le jetèrent dans une vie efféminée, en même temps que son armée devint incapable de supporter les fatigues de la guerre.

An de Rome 563.

CCXXV. Le fils de Scipion l'Africain, au moment où il s'éloignait des côtes de la Grèce, fut pris par Antiochus qui lui témoigna de grands égards. A la vérité, il ne voulut point lui rendre la liberté moyennant une

An de Rome 564.

---

les mêmes faits, Hist. de la Syrie, 16 : Καὶ ὁ Ἀντίοχος..... ἐς Χαλκίδα παρῆλθεν. Ἔνθα κόρης εὐπρεποῦς ἔρωτι ἁλοὺς, ὑπὲρ ἔτη πεντήκοντα γεγονὼς, καὶ τόσονδε πόλεμον διαφέρων, ἔθυε γάμους καὶ πανηγύρεις ἦγε· καὶ τὴν δύναμιν ἐς πᾶσαν ἀργίαν καὶ τρυφὴν ἐπὶ τὸν χειμῶνα ὅλον ἀνῆκεν. Il a en partie copié Tite-Live, XXXVI, 11 : Rex Chalcidem a Demetriade profectus, amore captus virginis Chalcidensis Cleoptolemi filiæ..... tamquam in media pace nuptias celebrat; et reliquum hiemis, oblitus quantas simul duas res suscepisset, bellum romanum et Græciam liberandam, omissa omnium rerum cura, in conviviis et vinum sequentibus voluptatibus, ac deinde ex fatigatione magis quam satietate earum, in somno traduxit. Eadem omnes præfectos regios (qui ubique, ad Bœotiam maxime, præpositi hibernis erant) cepit luxuria; in eamdem et milites effusi sunt, etc. Cf. Sext. Aur. Victor, De Vir. Illustr. LIV, éd. Arntzen.

8. (Exc. Peir. LXIX. R. p. 29.)

9. H. de Valois, Reimarus et Sturz lisent : Σέλευκος ὁ τοῦ Ἀντιόχου, comme dans le manuscrit de Tours. Si cette leçon était exacte, Dion ferait honneur à Séleucus d'un trait de générosité que Polybe, XXI, 12; Diod. de Sic. XXIX, 8; Appien, Hist. de la Syrie, 29; Tite-Live, XXXVII, 34; Sext. Aur. Victor, De Vir. Illustr., LIV, attribuent à Antiochus son père. Cf. les Éclaircissements à la fin du volume. Je me suis déterminé, d'après ces autorités, à substituer ὁ Ἀντίοχος à l'ancienne leçon, qui est probablement l'ouvrage du compilateur. Reimarus dit qu'elle a été suivie par Zonaras : il

πολλὰ δεηθέντος, οὐκ ἠθέλησεν· οὐ μέν τοι καὶ κακόν τι εἰργάσατο, ἀλλὰ καὶ τοὐναντίον ἰσχυρῶς περιεῖπε· καὶ τέλος, καίπερ τῶν σπονδῶν ἁμαρτὼν, ἀφῆκεν ἄνευ λύτρων[1].

CCXXVI. Ὅτι[2] ἐφθόνουν [τῇ εὐημερίᾳ τῶν Σκηπιώνων[3]] πολλοί, ὅτι δύω ἀδελφοὶ, γένους τε καὶ ἀρετῆς εὖ ἥκοντες[4], τά τε ἄλλα κατέπραξαν, ὥσπερ εἴρηται, καὶ ἐπικλήσεις τοιαύτας ἔλαβον[5]. Ἐπεὶ ὅτι γε[6] οὐδὲν ἠδίκουν δηλοῦται μὲν καὶ τοῖς εἰρημένοις· ἀπεδείχθη δὲ ἔτι μᾶλλον τῇ τε τοῦ Ἀσιατικοῦ δημεύσει τῆς οὐσίας ἐν ᾗ μηδὲν πλέον τῶν προϋ-

---

ne peut avoir en vue que ce passage, l. l. 20, p. 452, éd. Du C. : Καὶ τὸν υἱὸν Σέλευκον ἀπὸ τῆς Λυσιμαχίας ἀπαγαγεῖν· ὃν ἐπανελθόντα, σὺν δυνάμει ἐπὶ τὸν Πέργαμον ἔπεμψεν. Ὡς δὲ προσεδρεύσας τῇ πόλει οὐδὲν ἐπέρανε, καὶ οἱ Σκιπίωνες ἐπῆλθον, εὐθὺς αὐτοῖς ἐπεκηρυκεύσατο, προσδοκήσας τεύξεσθαι τῆς εἰρήνης, ὅτι τὸν Ἀφρικανοῦ υἱὸν συλλαβὼν ἐν θεραπείᾳ εἶχε πολλῇ, κτλ.

J'oserai m'écarter de l'opinion du célèbre éditeur : nul doute que ἐπέρανε ne soit dit de Séleucus envoyé contre Pergame, où il n'eut aucun succès; mais devant ἐπεκηρυκεύσατο et εἶχε, c'est ὁ Ἀντίοχος qu'il faut sous-entendre. Et, en effet, c'est Antiochus qui envoya des députés aux Scipion; c'est lui qui espéra obtenir la paix en récompense de ses bons procédés envers le fils de l'Africain. Reimarus en aurait été convaincu, s'il eût fait attention à deux autres passages de Zonaras. Dans le premier, il est dit que Scipion l'Africain fut plein de bienveillance pour Antiochus et lui accorda une trêve, afin de reconnaître sa générosité envers son fils : Μετὰ δὲ ταῦτα ἀνακωχή τις ἐπικηρυκευσαμένου τοῦ Ἀντιόχου ἐσπείσθη· ὅ τε γὰρ Ἀφρικανὸς εὐνοϊκῶς οἱ διὰ τὸν υἱὸν εἶχε, l. l., p. 453. Dans le second, le même annaliste rapporte que Scipion fut condamné pour s'être montré trop facile dans son traité avec Antiochus, en considération de la conduite de ce roi à l'égard de son fils : Ἀφρικανὸς δὲ (s.-ent. κατεψηφίσθη), ὡς ἐπιεικεστέρας τὰς συνθήκας διὰ τὸν υἱὸν ποιησάμενος, l. l., p. 454.

1. Ἄνευ λύτρων ἀφῆκεν αὐτόν, dans Zonaras, l. l., p. 452, qui a omis le passage ἀπολυτρῶσαι μὲν — ἰσχυρῶς περιεῖπε.

2. (Exc. Peir. LXX. R. p. 29-30.)

3. Reimarus a maintenu l'ancienne leçon ἐφθόνουν τοῦ Σκιπίωνος, confirmée par le manuscrit de Tours; mais en faisant observer qu'il faudrait

rançon, malgré les vives instances de son père; mais il l'entoura de soins, bien loin de lui faire le moindre mal. Enfin il le renvoya sans rançon, quoiqu'il n'eût pas obtenu la paix.

CCXXVI. L'envie s'acharna contre l'heureuse destinée des Scipion, non moins distingués par leur mérite que par leur naissance; tous deux, comme je l'ai dit, illustrés par leurs exploits et décorés de glorieux surnoms. Leur innocence était invinciblement démontrée par les faits que j'ai rapportés : elle fut mise dans un jour plus grand encore par la confiscation qui prouva que les biens de Scipion l'Asiatique n'étaient pas plus considérables qu'auparavant, et par la retraite de Scipion l'Africain

An de Rome 567.

écrire τῶν Σκιπιώνων, parce qu'il s'agit de P. et de L. Scipion. Peut-être le compilateur a-t-il mis le singulier, sous l'influence de la tradition qu'a suivie Appien, qui se borne, l. l. 40, à mentionner l'accusation dirigée contre P. Scipion : Καί τινες τὸν Σκιπίωνα ἐπανελθόντα διέβαλλον ἐπὶ τῷδε · καὶ δήμαρχοι δύο δωροδοκίας αὐτὸν ἐγράψαντο καὶ προδοσίας; mais le fragment de Dion se rapporte aux deux Scipion, et le pluriel est indispensable. La correction de Reimarus est donc fondée pour le nombre; pour le cas, elle formerait un solécisme : aussi Reiske propose-t-il d'ajouter τῇ εὐημερίᾳ, ou telle autre expression semblable. J'ai adopté τῇ εὐημερίᾳ τῶν Σκηπιώνων, leçon qui satisfait tout à la fois aux exigences de l'histoire et à celles de la grammaire.

4. Sur cette locution, cf. l'*Index* de Reimarus, au mot ἥκω, et les notes de Wesseling sur Hérodote, I. 149.

5. Zonaras, l. l. 20, p, 454, éd. Du C. : Σκιπίων δὲ Λούκιος ἐπῃνεῖτο ἐπὶ τῇ νίκῃ, καὶ τὴν τοῦ Ἀσιατικοῦ ἐπωνυμίαν δι' αὐτὴν ἔσχεν, ὥσπερ ὁ ἀδελφὸς αὐτοῦ Ἀφρικανὸς ἐπεκλήθη τῆς Καρχηδόνος κρατήσας, μέγιστον ἐν τῇ Ἀφρικῇ δυνηθείσης. Τοιοῦτοι δ' οὖν ἄνδρες οὗτοι γενόμενοι, καὶ ἐπὶ τοσοῦτον δόξης ἐλθόντες ἐξ ἀρετῆς, δικαστηρίῳ καὶ τῷ δήμῳ οὐ πολλῷ ὕστερον παρεδόθησαν· καὶ ὁ μὲν Λούκιος κατεψηφίσθη, ὡς τάχα πολλὰ ἐκ τῆς λείας σφετερισάμενος· Ἀφρικανὸς δὲ, ὡς ἐπιεικεστέρας τὰς συνθήκας διὰ τὸν υἱὸν ποιησάμενος· τὸ δ' ἀληθὲς, διὰ φθόνον.

6. Sur la locution ἐπεὶ ὅτι γε, cf. les notes sur Viger. De Gr. Idiotism., p. 403, éd. Hermann.

παρχόντων οἱ εὑρέθη¹· καὶ τῇ γοῦν ² Ἀφρικανοῦ ἐς Λίτερνον ἀναχωρήσει ³, κἀνταῦθα μέχρι τῆς τοῦ βίου τελευτῆς ἀδείᾳ ⁴. Τὴν μὲν γὰρ πρώτην ⁵ ἀπήντησε, νομίζων τῇ τῆς ἀρετῆς ἀληθείᾳ περιέσεσθαι.

CCXXVII. Ὅτι ⁶ οἱ Ῥωμαῖοι τῆς τρυφῆς τῆς Ἀσιανῆς ⁷ γευσάμενοι, καὶ μετὰ τῆς τῶν λαφύρων περιουσίας, τῆς τε παρὰ τῶν ὅπλων ἐξουσίας, ἐν τοῖς τῶν ἡττηθέντων κτήμασιν ἐγχρονίσαντες, [καὶ ⁸] τήν τε ἀσωτίαν αὐτῶν διὰ βραχέος ἐζήλωσαν ⁹, καὶ τὰ πάτρια ἤθη οὐ διὰ μακροῦ κατεπάτησαν. Οὕτω τὸ δεινὸν τοῦτ' ἐκεῖθεν ἀρξάμενον καὶ ἐς τὸ ἄστυ ἔπεσε ¹⁰.

CCXXVIII. Ὅτι ¹¹ ὁ Γράκχος ¹² ἄλλως μὲν ἔκ τε ¹³ τοῦ

---

1. Tite-Live, XXXVIII, 60 : In bona deinde L. Scipionis possessum publice quæstores prætor misit: neque in iis non modo vestigium ullum comparuit pecuniæ regiæ, sed nequaquam tantum redactum est, quantæ summæ damnatus erat. Collata pecunia a cognatis amicisque et clientibus est L. Scipioni ; ut, si acciperet eam, completior aliquanto esset, quam ante calamitatem fuerat. Nihil accepit.

2. Reiske propose de remplacer γοῦν par τοῦ. Sa correction me paraît nécessaire : je l'aurais admise sans hésitation, si elle était confirmée par les manuscrits.

3. Cf. Tite-Live, l. l., 52-53.

4. Le passage μέχρι τῆς — ἀδείᾳ déplaisait à Reiske, qui l'a commenté ainsi : μέχρι τῆς — ἀδεεῖ καὶ ἀνυπευθύνῳ διατριβῇ καὶ μονῇ. Voici le résumé de Zonaras, l. l., p. 454, éd. Du C. : Ὅτι δ' οὐδὲν ἠδίκουν, δηλοῦται μὲν καὶ ἄλλοθεν· οὐχ ἥκιστα δὲ, ὅτι καὶ τῆς οὐσίας τοῦ Ἀσιατικοῦ δημευθείσης, οὐδὲν πλέον τῶν αὐτῷ προϋπαρχόντων εὑρέθη· ὅτι δὲ τοῦ Ἀφρικανοῦ ἐς τὸ Λίτερνον πρὸ ψήφου ἀναχωρήσαντος, καὶ μέχρι τελευτῆς ἐκεῖ καταμείναντος, οὐδεὶς αὐτοῦ ἔτι κατεψηφίσατο.

5. Τὴν πρώτην est employé adverbialement, avec l'ellipse de εἰς, ou de ἐπί, ou de πρός, dont l'addition paraît nécessaire à Jacques Le Paulmier de Grentemesnil, p. 266 de ses *Exercitationes in Optim. Auctor. Græc.*, Leyde, 1668. Dion se sert souvent de cette locution, sans aucune préposition. Je me contente de quelques exemples; liv. XLIII, 33 : Παρεῖδε

à Liternum, où il passa le reste de ses jours à l'abri de toute crainte; après avoir d'abord comparu en justice, certain que la pureté de sa vie triompherait de ses ennemis.

CCXXVII. Enrichis de dépouilles, vivant au sein de la licence des armes, et depuis quelque temps en possession des biens des nations vaincues, les Romains eurent à peine goûté les délices de l'Asie qu'ils rivalisèrent de dissolution avec ses habitants et foulèrent bientôt aux pieds les mœurs de leurs ancêtres. Partie de cette source, la corruption pénétra ainsi jusqu'à Rome.

CCXXVIII. Né dans les rangs du peuple, Gracchus se

καὶ οὐκ ἐπήμυνεν αὐτοῖς τήν γε πρώτην. Liv. XLIV, 28 : Ἵνα μὴ τὸν Κίνναν, μηδὲ τὸν Κάρβωνα, μηδὲ τοὺς ἄλλους τοὺς διὰ μέσου καταλέγω, δυνηθεὶς τὴν πρώτην, κτλ. Liv. XLV, 3 : Καὶ προσέτι καὶ ὁ δῆμος ὁμονοῶν ἐπὶ τῷ γεγονότι ἠγγέλλετο τὴν πρώτην. Liv. XLVIII, 5 : Ὡς καὶ συγγενεῖς καὶ κοινωνοὶ τῆς ἡγεμονίας αὐτῷ ὄντες, ἡσύχασαν τήν γε πρώτην.

6. (Exc. Peir. LXXI. R. p. 30.)

7. Τῆς Ἀσινῆς, dans le manuscrit de Tours, est une faute du copiste.

8. Comme Sturz, je place entre crochets la conjonction καί qui a pu être ajoutée par les copistes, cf. p. 121, n. 4. Reiske propose de la supprimer.

9. Tite-Live, XXXIX, 6 : Luxuriæ enim peregrinæ origo ab exercitu Asiatico invecta in urbem est. Ii primum lectos æratos, vestem stragulam pretiosam, plagulas et alia textilia, et quæ tunc magnificæ supellectilis habebantur, monopodia et abacos Romam advexerunt; tunc psaltriæ sambucistriæque, et convivalia ludionum oblectamenta addita epulis.

10. Je conserve cette leçon, d'après le manuscrit de Tours ; mais j'aimerais mieux ἐπέπεσε ou ἐνέπεσε, proposés par Reiske : la préposition a été, selon toute apparence, omise par le copiste, comme il arrive très-fréquemment dans les mots composés. Sturz adopte ἐνέπεσε.

11. (Exc. Peir. LXXII. R. 30.)

12. Le père de Tibérius et de Caïus Gracchus.

13. L'ancienne leçon ἄλλως τε καὶ ἐκ τοῦ πλήθους ἦν a été changée par Sturz en ἄλλως τε ἐκ τοῦ πλήθους ἦν : il s'est contenté de supprimer καί.

28 ΔΙΩΝΟΣ ΤΟΥ ΚΑΣΣΙΟΥ ΛΕΙΨΑΝΑ. ΒΙΒΛ. Α-ΛϚ.

πλήθους ἦν, καὶ ἐδημηγόρει δεινότατα· οὐ μέντοι καὶ ὡμοιώθη Κάτωνι· ἀλλὰ, καίπερ παλαιάν τινα πρὸς τοὺς Σκηπίωνας ἔχθραν ἔχων, οὐκ ἤνεγκε τὸ γιγνόμενον [1]· ἀλλ' ὑπὲρ τοῦ Ἀφρικανοῦ καὶ ἀπελογήσατο, ἐρήμην κατηγορηθέντος· ὅπως τε μηδεμίαν κηλίδα λάβοι διεσπούδαστο [2]· τόν τε Ἀσιατικὸν ἐκώλυσεν ἐς τὸ οἴκημα ἐμβληθῆναι. Καὶ διὰ ταῦτα αὐτῷ οἱ Σκηπίωνες τήν τε ἔχθραν κατέλυσαν καὶ κῆδος συνῆψαν· τὴν γὰρ θυγατέρα τὴν ἑαυτοῦ ὁ Ἀφρικανὸς συνῴκισεν [3].

CCXXIX. Ὅτι [4] ὁ Περσεὺς παντελῶς τοὺς Ῥωμαίους ἐκ τῆς Ἑλλάδος ἐκβαλεῖν ἤλπισεν, τῇ δὲ πολλῇ καὶ ἀκαίρῳ φειδωλίᾳ, καὶ τῇ δι' αὐτὴν τῶν συμμάχων ὀλιγωρίᾳ ἀσθενὴς αὖθις ἐγένετο [5]. Ἐπειδὴ γὰρ τά τε τῶν Ῥωμαίων ὑπεδίδου καὶ τὰ ἐκείνου [6] ἐπηύξετο, κατεφρόνησεν ὡς οὐδὲν ἔτι τῶν συμμάχων δεόμενος, ἀλλ' ἤτοι καὶ προῖκά οἱ

Celle que je donne d'après le manuscrit de Tours, et qui a été négligée par H. de Valois, me semble indubitable : *Gracchus était d'ailleurs éloquent, comme Caton, et, comme lui, né dans les rangs du peuple; mais il différa de Caton, en ce que celui-ci resta l'ennemi des Scipion; tandis que Gracchus prit leur défense.*

Caton était un homme *nouveau*, et il se donnait lui-même cette qualification ; Plutarque, M. Cat. Maj., I : Εἰωθότων δὲ τῶν Ῥωμαίων τοὺς ἀπὸ γένους δόξαν οὐκ ἔχοντας, ἀρχομένους δὲ γνωρίζεσθαι δι' αὑτῶν, καινοὺς προσαγορεύειν ἀνθρώπους, ὥσπερ καὶ τὸν Κάτωνα προσηγόρευον, αὐτὸς ἔλεγε καινὸς εἶναι πρὸς ἀρχὴν καὶ δόξαν, κτλ. Quant à Gracchus, il dut sa célébrité à lui-même; Plutarque, Tib. Gracchus, I : Οὗτοι Τιβερίου Γράκχου παῖδες ἦσαν· ᾧ τιμητῇ τε Ῥωμαίων γενομένῳ καὶ δὶς ὑπατεύσαντι καὶ θριάμβους δύο καταγαγόντι, λαμπρότερον ἦν τὸ ἀπὸ τῆς ἀρετῆς ἀξίωμα.

1. Cf. les Eclaircissements à la fin du volume.
2. Δι' ἃ ἐσπούδατο, variante fautive dans le manuscrit de Tours.
3. Συνῴκησεν, dans le même manuscrit, par la confusion d'η et d'ι.

distingua par une éloquence véhémente : du reste, il ne ressemblait pas à Caton. Malgré son ancienne haine pour les Scipion, il fut révolté de l'accusation dirigée contre eux : il défendit l'Africain, qui était alors absent, fit tous ses efforts pour qu'aucune tache ne fût imprimée à son nom et empêcha que l'Asiatique ne fût jeté en prison. Aussi les Scipion renoncèrent-ils à leur inimitié pour Gracchus et le firent-ils entrer dans leur famille : l'Africain lui donna la main de sa fille.

CCXXIX. Persée espérait chasser entièrement les Romains de la Grèce; mais une avarice sordide et hors de saison lui fit négliger ses alliés et fut cause que ses forces furent affaiblies de nouveau : voyant décliner la puissance des Romains et la sienne grandir, il méprisa les alliés. On eût dit qu'il n'avait plus besoin de leur concours, ou qu'ils devaient le lui prêter

An de Rome 586.

---

4. (Exc. Peir. LXXIII. R. p. 30-31.)

5. Les faits auxquels ce fragment se rapporte sont indiqués par Zonaras, l. l. 22, p. 457, éd. Du C. : Θαρσήσας δὲ διὰ ταῦτα ὁ Φίλιππος, διὰ μέσων ὀρῶν ὑπερέβαλε, καί τινα τοῦ Περσέως κατέσχε. Προϊὼν δ' ἐπὶ τῆς Πύδνης, τῶν ἐπιτηδείων ἐσπάνισε, καὶ εἰς τὴν Θεσσαλίαν ἀνέστρεψε. Καὶ αὖθις ὁ Περσεὺς ἀνεθάρσησε, καὶ ἃ κατέσχεν ὁ Φίλιππος ἀνεκτήσατο, καὶ τῷ ναυτικῷ συχνὰ τοὺς Ῥωμαίους ἐλύπει, συμμάχους τε προσηγάγετο, καὶ πάντη τοὺς Ῥωμαίους ἐκ τῆς Ἑλλάδος ἤλπισεν ἐκβαλεῖν. Le reste comme dans Dion, sauf de légères différences.

6. A l'ancienne leçon ἐκείνων, confirmée par le manuscrit de Tours, mais repoussée par le sens, je substitue ἐκείνου (s.-ent. Περσέως), d'après Zonaras, l. l. : Ὡς γὰρ τὰ τῶν Ῥωμαίων ὑπεδίδου, τὰ δ' ἐκείνου ἐπηύξετο, κατεφρόνησεν ὡς οὐδὲν ἔτι τῶν συμμάχων δεόμενος. Sur la confusion des finales ων et ου, cf. tom. I, p. 175, not. 6, et tom. II, p. 123, not. 10 de cette édition. D'après ce passage, j'adopte aussi συμμάχων, au lieu de συμμαχικῶν, donné par H. de Valois, par Reimarus et par Sturz.

30 ΔΙΩΝΟΣ ΤΟΥ ΚΑΣΣΙΟΥ ΛΕΙΨΑΝΑ. ΒΙΒΛ. Α-ΛϚ.

αὐτῶν βοηθησόντων, ἢ καὶ καθ' ἑαυτὸν κρατήσων. Καὶ οὔτε τῷ Εὐμένει[1], οὔτε τῷ Γεντίῳ[2] τὰ χρήματα[3] ἃ ὑπέσχετο ἀπέδωκε[4], νομίσας οἰκείαν αὐτοὺς αἰτίαν ἔχθρας πρὸς Ῥωμαίους ἔχειν. Τούτων τε οὖν καὶ τῶν Θρακῶν (οὐδὲ γὰρ οὐδ' ἐκεῖνοι[5] ἐντελῆ τὸν μισθὸν ἐλάμβανον) ἀπροθύμων[6] γενομένων, ἐς τοσοῦτο αὖθις ἀπογνώσεως ἀφίκετο, ὥστε καὶ σπονδῶν δεηθῆναι[7].

CCXXX. Ὁ Περσεὺς[8] σπονδῶν ἐδεήθη παρὰ [τοῖς[9]] Ῥωμαίοις, κἂν ἔτυχεν αὐτῶν, εἰ μὴ οἱ Ῥόδιοι συνεπρέσβευσαν αὐτῷ[10], δέει τοῦ μὴ [τοῖς] Ῥωμαίοις τὸν ἀντίπαλον

1. « Εὐμένει, dit Sturz, pro Εὐμενεῖ scribere me jussit nominum propriorum ratio. »
2. Ou bien Γενθίῳ, d'après l'écriture adoptée dans les meilleures éditions de Polybe, XXVIII, 8 et suiv., de Plutarque, Æmil. Paul., XIII ; d'Appien, Hist. de l'Illyrie, IX, et liv. IX, 16. Celle que je suis, d'après Tite-Live, XLIII, 20 et suiv. ; XLIV, 23 et suiv., se trouve aussi dans Diodore de Sic., XXX, 9, tom. II. p. 486 de la Collect. Didot.
3. Appien, IX, 16 : Γένθιος.... Περσεῖ συμμαχῶν ἐπὶ τριακοσίοις ταλάντοις ὧν τι καὶ προειλήφει, ἐσέβαλεν ἐς τὴν ὑπὸ Ῥωμαίοις Ἰλλυρίδα, καὶ πρέσβεις περὶ τούτων πρὸς αὐτὸν ἐλθόντας, Περπένναν καὶ Πετίλιον, ἔδησεν. Ὢν ὁ Περσεὺς αἰσθόμενος, οὐκέτι τὰ λοιπὰ τῶν χρημάτων ἔπεμπεν, ὡς ἤδη καὶ δι' αὐτὸν Ῥωμαίοις πεπολεμωμένον. Cf. Plutarque, l. l., XIII.
4. Zonaras, l. l. p. 457, éd. Du C., abrége trop : Καὶ οὐκ ἐδίδου χρήματα σφίσιν ἃ ἐπηγγείλατο.
5. Ἐκείνων est une faute du copiste dans le manuscrit de Tours, qui porte aussi ἐντελεῖ, au lieu de ἐντελῆ, par la confusion d'ει et d'η.
6. Reimarus lit ἀπροθύμως, d'après H. de Valois ; mais il dit dans ses Addenda qu'il aimerait mieux ἀπροθύμων. Sturz adopte cette correction. Je la donne, comme lui, parce qu'elle est confirmée par le manuscrit de Tours.
7. Zonaras, l. l., p. 457, éd. Du C. : Τῶν μὲν οὖν ἀμβλυθέντων τὸ πρόθυμον, τῶν δὲ καὶ τέλεον αὐτὸν ἐκλιπόντων, τοσοῦτον ἀπέγνω, ὥστε καὶ σπονδῶν δεηθῆναι.
Le même ajoute : Κἂν ἔτυχε τούτων..... εἰ μὴ καὶ Ῥόδιοι συνεπρέσβευσαν. Ὑπερηφάνως γὰρ οὗτοι τοῖς Ῥωμαίοις διαλεχθέντες, τυχεῖν αὐτὸν

gratuitement, ou même qu'il était sûr de vaincre avec ses propres forces. Il ne donna ni à Eumène ni à Gentius l'argent qu'il leur avait promis, pensant qu'ils trouveraient en eux-mêmes des motifs de haine contre les Romains. Leur zèle se refroidit, ainsi que celui des Thraces, qui, eux aussi, ne recevaient point entièrement leur solde; et Persée retomba dans un tel désespoir, qu'il sollicita la paix.

CCXXX. Persée demanda la paix aux Romains : il l'aurait obtenue, si les Rhodiens, dans la crainte que Rome ne fût délivrée d'un ennemi puissant, n'avaient pas envoyé des députés avec ceux du roi de

ἐκώλυσαν τῶν σπονδῶν. Ce passage de Zonaras se rapporte à l'intervention des Rhodiens auprès du sénat romain, en faveur de Persée. Cf. le Fr. CCXXX. L'Annaliste l'a confondue avec les tentatives de Persée auprès de Paul-Émile pour obtenir la paix; tentatives qu'il raconte lui-même, l. l. 23, p. 458, éd. Du C. : Διαφυγὼν οὖν εἰς Ἀμφίπολιν ὁ Περσεὺς, ὡς τούς τε περιλειπεῖς ἀναληψόμενος καὶ συστήσων αὖθις τὰ πράγματα, ἐπεὶ οὔτ' ἦλθόν τινες πρὸς αὐτὸν πλὴν μισθοφόρων Κρητῶν, καὶ τὴν Πύδναν ἄλλας τε πόλεις τὰ τῶν Ῥωμαίων ᾑρῆσθαι ἔμαθε, κἀκεῖθεν μετέστη, καὶ εἰς πλοῖα τὰ χρήματα ὅσα ἐπήγετο θέμενος, νυκτὸς ἐς Σαμοθράκην ἀπέπλευσε. Καὶ πυθόμενος οὐ πολλῷ ὕστερον τὸν Ὀκταούιον, ὃς τοῦ ναυτικοῦ προΐστατο, προσπλέοντα, καὶ τὸν Παῦλον ἐς Ἀμφίπολιν παρόντα, ἐπέστειλεν αὐτῷ, συμβῆναι δεόμενος. Καὶ ἐπεὶ βασιλέα ἑαυτὸν ἐν τῇ ἐπιστολῇ ὠνόμασεν, οὐδ' ἀποκρίσεως ἔτυχεν. Ὕστερον δὲ, ἄνευ τινὸς τοιαύτης προσρήσεως ἐπιστείλαντος, προσεδέξατο μὲν τὸν ὑπὲρ τῶν σπονδῶν λόγον · οὐκ ἄλλως μέντοι συμβήσεσθαι ἔφη, εἰ μὴ καὶ ἑαυτὸν καὶ τὰ ἑαυτοῦ πάντα τοῖς Ῥωμαίοις ἐπιτρέψειε. Καὶ διὰ ταῦτα οὐ συνέβησαν.

8. (Exc. Urs. x'. CLIX. R. p. 66-67.)
Cet extrait ne se trouve ni dans le manuscrit du Vatican n° 1418, ni dans celui de Munich n° 3. Dans le n° 1, il commence ainsi : Ὅτι ὁ Περσεύς.

9. J'aimerais beaucoup mieux παρὰ τῶν Ῥωμαίων. L'article τοῖς manque dans l'ancienne leçon et dans le Ms. de Munich n° 1 : je l'ajoute entre crochets, comme dans le passage δέει τοῦ μὴ [τοῖς] Ῥωμαίοις, lig. 10, pour lequel ce Ms. le donne.

10. Sur les événements qui déterminèrent Persée à solliciter la paix par l'intermédiaire de Prusias et des Rhodiens, cf. Tite-Live, XLIV, 3-13. Ils ont été résumés par Pighius, Annal. Rom. tom. II, p. 373, éd. Schott. :

ὑπεξαιρεθῆναι [1]. Μέτριον μὲν γὰρ οὐδὲν, οἷα δεομένους εἰκὸς ἦν εἰπεῖν, ἔλεξαν [2]. καὶ τῆς εἰρήνης οὐκ αἰτηταὶ [3] μᾶλλον τῷ Περσεῖ ἢ δόται ὄντες, ἄλλα τε πολλὰ ὑπερήφανα διελέχθησαν, καὶ τέλος ἠπείλησαν, τοῖς αἰτίοις τοῦ μὴ συμβῆναι σφᾶς γενομένοις μετὰ τῶν ἑτέρων πολεμήσειν. Κἀκ τούτου οὐδὲ τὸ πρὶν ἀνύποπτοι τοῖς Ῥωμαίοις ὄντες, μᾶλλον διεβλήθησαν, καὶ τὸν Περσέα τῶν σπονδῶν τυχεῖν ἐκώλυσαν.

CCXXXI. Ὅτι ὁ Περσεὺς ἐν Σαμοθράκῃ [5] ὢν ἐν τῷ ἱερῷ, καὶ ἐξαιτηθεὶς Εὔανδρόν τινα γένος μὲν Κρῆτα, πιστότατον δὲ ὄντα, καὶ ἄλλα τε πολλὰ αὐτῷ [6] κατὰ τῶν Ῥωμαίων ὑπουργηκότα [7], καὶ τὴν τοῦ Εὐμένους ἐπιβουλὴν τὴν ἐν τοῖς Δελφοῖς [8] γενομένην συνεσκευακότα [9], οὐκ ἐξ-

« Q. Marcius consul, initio æstatis, exercitum ex Thessalia in Macedo-
« niam per juga fere montium, difficili et periculoso itinere, traduxit,
« regemque securum et nil tale timentem adeo terruit, ut Pellæ gazam
« in mare jusserit demergi, classem Thessalonicæ incendi. Heracleam in-
« terea cepit Q. Marcius Cos. et in Macedonia hibernavit. Interea Perseus,
« nulla omissa paciscendi occasione, per Prusiam, Bithyniæ regem, et
« Rhodios denuo pacem tentavit. Eam fortassis impetrasset, nisi Rho-
« diorum legati nimis superba in Senatu oratione Romanorum animos
« alienassent. »

1. Ὑπεξερεθῆναι, dans le manuscrit de Munich nº 1, par la confusion d'αι et d'ε. J'aurai souvent occasion d'en parler.

2. Tite-Live, XLIV, 14 : Rhodii, superbe commemoratis erga populum romanum beneficiis, et pæne victoriæ, utique de Antiocho rege, majore parte ad se vindicata, adjecerunt : « Quum pax inter Macedonas Roma-
« nosque esset, sibi amicitiam cum rege Perseo cœptam; eam se invitos,
« nullo ejus in se merito, quoniam ita Romanis visum sit in societatem se
« belli trahere, interrupisse. Tertium se annum multa ejus incommoda
« belli sentire; mari intercluso, inopia insulam premi, amissis maritimis
« vectigalibus atque commeatibus. Quum id ultra pati non possent, legatos
« alios ad Persea in Macedoniam misisse, qui ei denuntiarent, Rhodiis

Macédoine. Loin de garder la modération qui convenait à des suppliants, les ambassadeurs de Rhodes parlèrent avec orgueil : on eût dit qu'ils accordaient la paix, et non pas qu'ils la sollicitaient pour Persée. Ils allèrent enfin jusqu'à menacer de faire la guerre avec l'un des deux peuples contre celui qui aurait empêché la conclusion du traité. Déjà suspects aux Romains, ils le devinrent alors bien davantage, et ils furent cause que Persée n'obtint pas la paix.

CCXXXI. Persée se trouvait dans un temple de Samothrace, lorsque les Romains lui demandèrent de mettre à leur discrétion un crétois, nommé Évandre, tout dévoué à sa personne et qui lui avait été souvent utile contre eux-mêmes : ce fut de concert avec lui qu'il tendit des embûches à Eumène dans la ville de Delphes. Persée ne

---

« placere pacem eum componere cum Romanis : se Romam eadem nuntia-
« tum missos. Per quos stetisset, quo minus belli finis fieret, adversus eos
« quid sibi faciendum esset, Rhodios consideraturos esse. »

3. Ἐκτηταί, dans le manuscrit de Munich n° 1 : le copiste a confondu α avec ε : de plus, il a pris le premier ι pour un κ. Cf. Suidas au mot αἰτηταί.

4. (Exc. Peir. LXXIV. R. p. 31.)

5. Ἐν Σαμοθράκην, dans le manuscrit de Tours. Le copiste a pris pour un ν l'ι final, dont on a fait plus tard l'ι souscrit. Cf. une faute semblable et la note à ce sujet, tom. I, p. 193, note 5.

6. A l'ancienne leçon ἑαυτῷ, j'ai dû substituer αὐτῷ, correction exigée par le sens et conseillée par Sturz.

7. Zonaras, l. l. 23, p. 458-459 : Μετὰ τοῦτο δὲ ἐξαιτηθεὶς παρὰ τῶν Ῥωμαίων Εὔανδρόν τινα Κρῆτα, πολλὰ κατ' αὐτῶν ὑπουργηκότα καὶ πιστότατον αὐτῷ, οὐκ ἐξέδωκε.

8. Ἀδελφοῖς, dans le manuscrit de Tours, où l'orthographe des noms propres est souvent altérée. Cf. tom. I, l'introduction, p. LX de cette édition.

9. Cf. Tite-Live, XLII, 15; XLV, 5, et les Éclaircissements à la fin du volume.

ἔδωκε¹, φοβηθεὶς μὴ κατείπῃ ὅσα αὐτῷ συνῄδει. Λάθρα δὲ ἀποκτείνας διέδωκε λόγον ὅτι ἑαυτὸν προαπεχρήσατο· οἱ δὲ συνόντες αὐτῷ², φοβηθέντες τὴν ἀπιστίαν αὐτοῦ καὶ τὴν μιαιφονίαν, μεθίστασθαι ἤρξαντο.

CCXXXII. Ὅτι³ Περσεὺς, ὕστατος βασιλεὺς Μακεδονίας, καταλιμπανόμενος ἐν τῷ πρὸς Ῥωμαίους πολέμῳ ὑπὸ τῶν οἰκείων, ἀπογνοὺς, φέρων ἐνεχείρισεν⁴ ἑαυτὸν Αἰμιλίῳ Παύλῳ· ὁ δὲ πεσεῖν βουληθέντα πρὸς τοῖς γόνασιν αὐτοῦ ἀναστήσας καὶ ἐπειπὼν⁵· « Ἄνθρωπε, τί μου καθαιρεῖς τὸ κατόρθωμα⁶; » ἐπί τινος βασιλικοῦ θρόνου πάρεδρον αὐτῷ κατεστήσατο.

CCXXXIII. Ὅτι⁷ ὁ Περσεὺς ἐθελοντὴς εὑρέθη⁸, καὶ αὐτὸν ἐς τὴν Ἀμφίπολιν ἀχθέντα ὁ Παῦλος οὐδὲν, οὔτε ἔργῳ, οὔτε λόγῳ, δεινὸν ἔδρασεν· ἀλλὰ καὶ προσιόντι οἱ ὑπαναστὰς τά τε ἄλλα ἐδεξιώσατο, καὶ ὁμόσιτον ἐποιήσατο, ἔν τε φυλακῇ ἀδέσμῳ καὶ ἐν θεραπείᾳ πολλῇ ἦγε.

---

1. Δέδωκε, dans le manuscrit de Tours. Le passage φοβηθεὶς — προαπεχρήσατο est reproduit dans Zonaras, l. l., p. 459, éd. Du C., avec quelques variantes sans importance.
2. Dans l'ancienne leçon, συνόντες οἱ, Reiske voulait supprimer οἱ. Sturz propose de conserver ce mot, en lui donnant le sens de αὐτῷ : il m'a paru plus naturel de lire συνόντες αὐτῷ, d'après Zonaras, l. l. : Τότε μὲν οὖν οἱ συνόντες αὐτῷ, φοβηθέντες τὴν ἀπιστίαν αὐτοῦ (οὐ γὰρ ἠγνόησαν τὸ γινόμενον), μεθίστασθαι ἤρξαντο.
3. (Exc. Vat. A. M. p. 546, éd. Rom.)
4. Ἐνεχείρησεν, dans M. A. Mai, par la confusion d'η et d'ι. Le sens exige la leçon que j'adopte.
5. Plutarque, Æmil. Paul. XXVI, donne plus de détails : Δεηθεὶς γὰρ ἀχθῆναι πρὸς τὸν Αἰμίλιον, ὁ μὲν ὡς ἀνδρὶ μεγάλῳ, πεπτωκότι πτῶμα νεμεσητὸν καὶ δυστυχὲς, ἐξαναστὰς ὑπήντα μετὰ τῶν φίλων δεδακρυμένων. Ὁ δ',

livra point Évandre, dans la crainte qu'il ne divulguât les crimes dont il avait été le complice : il le tua secrètement et fit courir le bruit qu'il s'était suicidé. Les amis du roi, épouvantés de cette perfidie et de cette cruauté, commencèrent à se détacher de lui.

CCXXXII. Persée, le dernier roi de Macédoine, abandonné des siens dans la guerre contre les Romains, tomba dans le désespoir et se livra volontairement à Paul-Émile. Il voulut se jeter aux genoux du général romain, qui le releva et lui dit : « O homme, « pourquoi détruire ma victoire! » En même temps, il l'engagea à prendre place à ses côtés sur un siége royal.

CCXXXIII. Persée se mit, de lui-même, à la merci des Romains et fut conduit à Amphipolis. Paul-Émile ne fit et ne dit rien qui pût le blesser : bien loin de là, au moment où Persée s'avança vers lui, Paul-Émile se leva et lui tendit la main. Il l'admit à sa table, lui donna la ville pour prison et le traita avec de grands égards.

αἴσχιστον θέαμα, προϐαλὼν αὑτὸν ἐπὶ στόμα, καὶ γονάτων ὀρεξάμενος, ἀνεϐάλλετο φωνὰς ἀγεννεῖς καὶ δεήσεις, ἃς οὐχ ὑπέμεινεν οὐδ' ἤκουσεν ὁ Αἰμίλιος· ἀλλὰ προσϐλέψας αὐτὸν ἀλγοῦντι καὶ λελυπημένῳ τῷ προσώπῳ, κτλ.

6. Plutarque, l. l. : Τί τῆς τύχης, εἶπεν, ὦ ταλαίπωρε, τὸ μέγιστον ἀφαιρεῖς τῶν ἐγκλημάτων, ταῦτα πράττων ἀφ' ὧν δόξεις οὐ παρ' ἀξίαν ἀτυχεῖν, οὐδὲ τοῦ νῦν, ἀλλὰ τοῦ πάλαι δαίμονος ἀνάξιος γεγονέναι; Τί δέ μου καταϐάλλεις τὴν νίκην, καὶ τὸ κατόρθωμα ποιεῖς μικρόν, ἐνδεικνύμενος σεαυτὸν οὐ γενναῖον, οὐδὲ πρέποντα Ῥωμαίων ἀνταγωνιστήν. Cf. Zonaras, qui abrége Plutarque, l. l. 23, p. 459, éd. Du C.

7. (Exc. Peir. LXXV. R. p. 31.)

8. Ce fragment se trouve littéralement dans Zonaras, l. l., où il est précédé de quelques détails qui l'éclaircissent : Κἀκεῖνος (c'est-à-dire ὁ Περσεὺς) δείσας μὴ τοῖς Ῥωμαίοις παραδοθῇ, ἐκδρᾶναι νυκτὸς ἐπεχείρησε. Καὶ ἔλαθεν ἂν πρὸς Κότυν Θρᾷκα δυνάστην κομισθείς, εἰ μὴ οἱ Κρῆτες ἐγκατ-

CCXXXIV. Ὅτι [1] Περσεὺς ναῦν τἄλλα τε μεγαλοπρεπῶς καὶ πέρα τοῦ συνήθους ἐξήσκησε, τὴν εἰρεσίαν ἐπὶ ἑκκαίδεκα στίχους ποιήσας [2].

CCXXXV. Ὅτι [3] ὁ Παῦλος οὐ στρατηγῆσαι μόνον ἦν ἀγαθός, ἀλλὰ καὶ χρημάτων ἀδωρότατος [4]. Τεκμήριον δὲ, δεύτερον τότε ὑπατεύσας καὶ λαφύρων ἀμυθήτων κρατήσας, ἐν τοσαύτῃ πενίᾳ διεβίω, ὥστε χαλεπῶς τῇ γυναικὶ αὐτοῦ τὴν προῖκα τελευτήσαντος ἀποδοθῆναι [5]. Τοιοῦτος μὲν οὖν ἦν καὶ τοιαῦτα ἔπραξεν.

Τοῦτο δὲ μόνον ὥσπερ τινὰ κηλῖδα [ἐν [6]] τῷ τούτου βίῳ προστετρῖφθαι νομίζουσι, τὸ διαρπάσαι τοῖς στρατιώταις τὰ χρήματα ἐπιτρέψαι [7], τἄλλα οὐκ ἄμοιρον χαρίτων ἄνδρα γενόμενον, καὶ μέτριον μὲν ἐν ταῖς εὐπραγίαις [8], εὐτυχέστατον δὲ ἅμα καὶ εὐβουλότατον ἐν τοῖς

ἔλιπον. Ἐνθέμενοι γὰρ τὰ χρήματα εἰς τὰ πλοῖα οἴκαδε ἀπῇραν. Ὁ δὲ ἡμέρας μέν τινας αὐτοῦ μετὰ Φιλίππου, ἑνὸς τῶν υἱέων, κρυπτόμενος ἔλαθεν. Ἐπεὶ δὲ τοὺς ἄλλους παῖδας καὶ τὴν θεραπείαν ἔγνω κατεσχηκότα τὸν Ὀκταούϊον, εὑρέθη ἐθελοντής, κτλ. Cf. Plutarque, Æmil. Paul. XXVI.

1. (Exc. Vat. A. M. p. 546, éd. Rom.)
2. Polybe parle de vaisseaux semblables, XVIII, 27 : Ὁμοίως δὲ καὶ τὰς καταφράκτους ναῦς, πλὴν πέντε σκαφῶν καὶ τῆς ἑκκαιδεκήρους. Et, liv. XXXVI, 3 : Συνεκλείσθησαν ὁμοῦ πάντες· εἰς τὸ τῆς ἑκκαιδεκήρους νεώριον.

C'est ce même vaisseau qui transporta en Italie Paul-Émile, vainqueur de Persée; Plutarque, Æmil. Paul., XXX : Αἰμίλιος.... εἰς Ὠρικὸν κατέβη κἀκεῖθεν εἰς Ἰταλίαν μετὰ τῶν δυνάμεων περαιωθείς, ἀνέπλει τὸν Θύβριν ποταμὸν ἐπὶ τῆς βασιλικῆς ἑκκαιδεκήρους, κατεσκευασμένης εἰς κόσμον ὅπλοις αἰχμαλώτοις, κτλ.
3. (Exc. Peir. LXXVI. R. p. 31-32.)
4. Ἀδορώτατος, faute du copiste, dans le manuscrit de Tours. Zonaras, l. l., 24, p. 460, éd. Du C. : Ἦν δ' οὐ στρατηγῆσαι μόνον ἀγαθός, ἀλλὰ καὶ ὑπερόπτης χρημάτων. Dion est d'accord avec Plutarque, l. l. XXVIII : Οὐδενὸς δ' ἧττον, αὐτοῦ τὴν ἐλευθεριότητα καὶ τὴν μεγαλοψυχίαν ἐπῄνουν

CCXXXIV. Persée fit construire un magnifique vaisseau d'une grandeur extraordinaire et qui était garni de seize rangs de rames.

CCXXXV. Paul-Émile ne fut pas seulement un grand général : il se distingua aussi par une rare intégrité. En voici la preuve : revêtu du consulat pour la seconde fois, il avait eu à sa disposition un immense butin ; et pourtant il resta si pauvre qu'à sa mort sa femme put difficilement recouvrer sa dot. Tels furent son caractère et ses actions.

Une seule tache sembla flétrir une si belle vie, le jour où il permit à ses soldats de piller les richesses des peuples vaincus. Doué d'un esprit qui ne manquait pas de grâce, modeste dans la prospérité, il parut faire la

---

οἱ ἄνθρωποι, πολὺ μὲν ἀργύριον, πολὺ δὲ χρυσίον ἐκ τῶν βασιλικῶν ἤθροισμένον οὐδ' ἰδεῖν ἐθελήσαντος, ἀλλὰ τοῖς ταμίαις εἰς τὸ δημόσιον παραδόντος. Cf. Polybe, XVIII, 18.

5. Le passage τεκμήριον δὲ — ἀποδοθῆναι est fidèlement reproduit dans Zonaras, l. l. Au lieu de l'ancienne leçon ἀποδοῦναι, qui se trouve dans H. de Valois, Reimarus donne ἀποδοθῆναι : il dit qu'il emprunte cette leçon à Zonaras. Je l'adopte pour cette raison, et parce qu'elle est confirmée par le manuscrit de Tours.

Le même fait est rapporté par Sext. Aurel. Victor, De Vir. Illustr., ch. LVI, éd. Arntzen. : Post mortem ejus, dos uxori, nisi venditis possessionibus, non potuit exsolvi. Cf. Polybe, XVIII, 18.

6. Je place entre deux crochets la préposition ἐν, que Reiske propose de supprimer. Sturz signale avec raison la locution προστρίβειν τι ἔν τινι, comme peu grecque.

7. L'addition de ce verbe, qui manque dans le manuscrit de Tours, est indispensable pour le sens : comme Reimarus et Sturz, je l'insère dans le texte, d'après H. de Valois.

8. Paul-Émile craignait l'excès de sa prospérité : on se souvient de

πολεμίοις ὀφθέντα. Μαρτύριον δὲ, τὸ μήτε πρὸς τὸν Περσέα ὑπέρογκον καὶ ἀλαζόνα δειχθῆναι, μήτε τὸν πρὸς αὐτὸν πόλεμον κακῶς καὶ ἀπροβούλως ἀγωνίσασθαι.

CCXXXVI. Οἱ Ῥόδιοι [1] φρόνημα πολὺ πρότερον σχόντες [2], ὡς καὶ αὐτοὶ τόν τε Φίλιππον καὶ τὸν Ἀντίοχον νενικηκότες, τῶν τε Ῥωμαίων κρείττους ὄντες, ἐς τοσοῦτον δέους ἀφίκοντο, ὥστε καὶ πρεσβευτὴν πρὸς τὸν [3] Ἀντίοχον, τὸν τῆς Συρίας βασιλέα, σταλέντα Ποπίλλιον [4] μεταπέμψασθαι, καὶ παρόντος αὐτοῦ καταψηφίσασθαι πάντων τῶν τἀναντία τοῖς Ῥωμαίοις φρονησάντων, τούς τε συλληφθέντας αὐτῶν ἐπὶ τιμωρίαν πέμψαι.

CCXXXVII. Οἱ αὐτοὶ [5] πρεσβευσάμενοι πρὸς αὐτοὺς πολλάκις, ὥς που καὶ ἐδέοντό τινος, οὐδὲν ἔτ' αὐτοῖς προσέφερον ὥσπερ καὶ πρότερον· ἀλλ' ὅσα ἐς τὸ παραιτήσασθαι μὴ μνησικακεῖν [6] σφίσιν αὐτοὺς χρήσιμα ἐξ ὧν ὑπούργησάν ποτε αὐτοῖς λαβεῖν ἐδύναντο, μόνα [7] ἔλεγον.

son vœu; Tite-Live, XLV, 41 : Illud optavi, ut quum ex summo retro volvi fortuna consuesset, mutationem ejus domus mea potius quam respublica sentiret. Cf. Zonaras, l. l. 24, p. 460, éd. Du C.

1. (Exc. Urs. κα'. CLX. R. p. 67.)
Cet extrait manque dans le manuscrit du Vatican n° 1418 et dans celui de Munich n° 3. Il se trouve dans le n° 1, qui porte : Ὅτι οἱ Ῥόδιοι.

2. Ἔχοντες, dans Suidas au mot φρόνημα, où ce passage est reproduit.

3. D'après F. Orsini et le Ms. de Munich n° 1. Leunclavius, Reimarus et Sturz ont omis cet article, qui n'est pas absolument nécessaire.

4. Πόπλιον, dans F. Orsini et dans le manuscrit de Munich n° 1 : c'est une faute du copiste. Plus loin, Fr. CCXLVII, p. 58, le même manuscrit porte Ποπίλιος. L'écriture que j'adopte est fondée sur Polybe, XXIX, 11; XXX, 9 et 11; sur Diodore de Sic., XXXI, 2, et sur Appien, Hist. de la Syrie, ch. 66. Reimarus et Sturz ont conservé Πόπλιον.

guerre avec autant de bonheur que de sagesse : témoin sa conduite envers Persée toujours exempte d'orgueil et de forfanterie, et son expédition contre ce roi, qui ne fut marquée par aucun revers ni par aucune imprudence.

CCXXXVI. Les Rhodiens s'étaient montrés auparavant pleins d'arrogance, comme s'ils avaient eux-mêmes vaincu Philippe et Antiochus; comme s'ils avaient été supérieurs aux Romains. En ce moment, au contraire, frappés de crainte, ils mandèrent Popilius, alors en ambassade auprès d'Antiochus, roi de Syrie, rendirent en sa présence un décret contre les citoyens qui avaient embrassé le parti opposé aux Romains, et firent conduire au supplice tous ceux qui purent être arrêtés.

CCXXXVII. Les Rhodiens envoyaient des députés à Rome, aussi souvent qu'ils avaient quelque chose à demander; mais, loin d'agir comme auparavant, ils se bornaient à faire valoir les services qu'ils avaient rendus aux Romains et qui semblaient devoir les mettre à l'abri de tout ressentiment. Naguère ils

---

5. (Exc. Urs. κβ'. CLXI. R. p. 67-68.)
Cet extrait ne se trouve ni dans le manuscrit du Vatican n° 1418, ni dans celui de Munich n° 3. Dans le n° 1, il commence ainsi : Ὅτι οἱ Ῥόδιοι.

6. Le manuscrit de Munich n° 1 porte μνησῖ κἀκεινο (sic) : le copiste a mal coupé les mots et pris pour un o le premier ς de σφίσιν. Le passage οὐδὲν ἔτ' αὐτοῖς — αὐτοὺς est ainsi résumé dans Zonaras, l. l., p. 460, éd. Du C. : Οἱ δέ γε Ῥόδιοι μετὰ φρονήματος πρώην τοῖς Ῥωμαίοις προσφερόμενοι, τότε μὴ μνησικακεῖν αὐτοῖς ἠξίουν.

7. Dans le manuscrit de Munich n° 1 : μόναι. La correction μόνοι serait contraire au sens : quant à la leçon μόναι, elle provient de la fréquente confusion de α et αι, à la fin des mots : cf. Schæfer, not. sur Grégoire de Corinthe, De Dialect., p. 190-191; 223, et Bast, Comment. palæographic., p. 705, 884.

Καὶ τήν γε πρόσρησιν τῆς συμμαχίας τῆς πρὸς αὐτοὺς μὴ προσδεχόμενοι [1] πρόσθεν (ἵνα καὶ ὡς [2] μετατάξασθαί ποτε ἀπ' αὐτῶν ἐκ τοῦ μηδεμίαν [3] ἔνορκον ἀνάγκην φιλίας ἔχειν, δυνάμενοι, φοβεροί τε αὐτοῖς ὦσι καὶ πρὸς τῶν ἀεὶ πολεμούντων σφίσιν ἐπιθεραπεύωνται [4]), τότε καὶ πάνυ προσθέσθαι ἐσπούδαζον, τήν τε παρὰ τῶν Ῥωμαίων εὔνοιαν ἅμα βεβαιούμενοι, καὶ τιμὴν ἐκ τούτου καὶ παρὰ τῶν ἄλλων θηρώμενοι.

CCXXXVIII. Ὁ Προυσίας [5] αὐτός τε ἐς τὴν Ῥώμην καὶ ἐς τὸ βουλευτήριον ἐσελθὼν [6], τόν τε οὐδὸν αὐτοῦ κατεφίλησε, καὶ τοὺς βουλευτὰς θεοὺς ἐπωνόμασε καὶ προσεκύνησεν· ἐξ οὗπερ καὶ ἠλεήθη ὅτι μάλιστα, καίτοι καὶ τῷ Ἀττάλῳ παρὰ τὴν τῶν Ῥωμαίων γνώμην πολεμήσας. Ἐλέγετο γὰρ καὶ οἴκοι τοὺς πρέσβεις αὐτῶν, ὁσάκις ἀφίκοιντό τινες, προσκυνεῖν· ἀπελεύθερόν τε ἑαυτὸν τοῦ δήμου ἐπεκάλει [7], καὶ πῖλον [8] πολλάκις ἐπετίθετο [9].

---

1. Ou mieux προσδεξάμενοι, d'après Reiske. Dion suit Tite-Live, XLV, 20 : Rhodios non ita meritos eo bello, ut amicorum sociorumve numero habendi sint.

2. Cette leçon doit être maintenue ; la variante du manuscrit de Munich n° 1, ἵνα ὡς καί, est repoussée par le sens.

3. La leçon du même manuscrit, μηδὲ μίαν, peut être également admise ; mais ἔνοργρον qu'il donne, au lieu de ἔνορχον, est une énorme faute du copiste.

4. Ou bien ἐκθεραπεύωνται, d'après Reiske.

5. (Exc. Urs. κγ'. CLXII. R. p. 68.)
Dans le Ms. de Munich n° 1, cet extrait commence ainsi : "Ὅτι ὁ Προυσίας. Il manque dans le n° 3 et dans le manuscrit du Vatican n° 1418.
Il est question ici de Prusias, surnommé *le Chasseur*; Appien, Mithrid., II : Προυσίας ἦν, ὁ Κυνηγὸς ἐπίκλησιν.

6. Εἰσελθών, dans le manuscrit de Munich n° 1.

avaient refusé le titre d'alliés des Romains : ils s'imaginaient que, libres de les abandonner, parce qu'aucun serment ne les obligerait à leur être fidèles, ils leur paraîtraient redoutables, en même temps qu'ils seraient plus considérés par les peuples qui étaient continuellement en guerre avec Rome. Maintenant, au contraire, ils faisaient tout pour obtenir ce titre, dans l'espoir de consolider ainsi les bonnes dispositions des Romains à leur égard et d'être par cela même plus recherchés par les autres peuples.

CCXXXVIII. Prusias vint lui-même à Rome : introduit dans le palais du sénat, il en baisa le seuil, donna le nom de dieux aux sénateurs et se prosterna avec respect. Ce fut par là surtout qu'il excita la pitié des Romains, quoiqu'il eût fait la guerre à Attale malgré eux. On disait que, même dans son pays, toutes les fois qu'il recevait quelques ambassadeurs de Rome, il se prosternait à leurs pieds et se proclamait l'affranchi du peuple romain : souvent il portait le bonnet des affranchis.

7. Ἐκάλει, dans F. Orsini : Reiske ne blâme point cette leçon.

8. Πίλιον, dans F. Orsini. Le copiste du manuscrit de Munich n° 1, par une étrange distraction, a vu ici le reste d'un nom propre, et il a écrit : πο πίλιον (sic). Reimarus donne πίλεον, comme dans Diodore de Sic., XXXI, 15. Sturz aimerait mieux πῖλον, d'après Dion, LIX, 7 : Καὶ πίλους σφίσι τὸν Θετταλικὸν τρόπον ἐς τὰ θέατρα φορεῖν..... ἐπετράπη. J'adopte la leçon πῖλον, avec l'accentuation suivie dans les meilleures éditions d'Appien. Cf. la note suivante.

9. Diodore de Sicile, 1. 1., place cette scène au moment où des ambassadeurs romains parurent devant Prusias : Καί ποτε Ῥωμαίων πρὸς αὐτὸν παραγενομένων πρεσβευτῶν, τὰ μὲν τῆς βασιλείας σύμβολα, τό τε διάδημα καὶ τὴν πορφύραν, ἀπέθετο· μιμησάμενος δὲ τὴν τῶν προσφάτως ἀπελευθερουμένων παρὰ Ῥωμαίοις τάξιν, ἀπήντησεν ἐξυρημένος τὴν κεφαλὴν καὶ πίλεον ἔχων λευκὸν, ἔτι δὲ φορῶν τήβενναν καὶ κάντιλον· ἀσπασάμενος δὲ τοὺς πρεσβευτὰς, ἀπέφαινεν ἑαυτὸν ἀπελεύθερον εἶναι Ῥωμαίων.

Suivant Appien, elle eut lieu, lorsque Prusias se rendit auprès des géné-

CCXXXIX. Ὅτι [1] ὁ Σκηπίων ὁ νέος [2], δ' καὶ κ' ἐτῶν ὢν [3], ἐστρατήγησεν.

CCXL. Τίς γάρ [4] ποτε καὶ ὅρος ἡλικίας τοῖς γε [5] ἅπαξ ἐκ μειρακίων ἐξελθοῦσι πρὸς τὸ τὰ δέοντα φρονεῖν ἔπεστι; τίς ἀριθμὸς ἐτῶν πρὸς τὸ τὰ προσήκοντα πράττειν [6] ἀποδέδεικται; οὐχ ὅσοι μὲν ἂν τῇ τε φύσει καὶ τῇ τύχῃ

---

raux romains : le ridicule dont il se couvrit l'accompagna jusqu'à Rome, l. l., II : Περσέως δ' ἁλόντος, ἀπήντησε τοῖς Ῥωμαίων στρατηγοῖς, εἱμά τε Ῥωμαϊκὸν ἀμπεχόμενος, ὃ καλοῦσι τήβεννον, καὶ ὑποδήματα ἔχων Ἰταλικὰ, τὴν κεφαλὴν ἐξυρημένος, καὶ πῖλον ἐπικείμενος (ᾧ τρόπῳ τινὲς προΐασι τῶν ἐν διαθήκαις ἐλευθερωθέντων), αἰσχρὸς ὢν καὶ τἆλλα ὀφθῆναι, καὶ βραχύς. Ἐντυχὼν δ' αὐτοῖς, ἔφη Ῥωμαϊστὶ τῷ ῥήματι· Ῥωμαίων εἰμὶ λίβερτος· ὅπερ ἐστὶν ἀπελεύθερος. Γέλωτα δὲ παρασχὼν, ἐς Ῥώμην ἐπέμφθη· καὶ φανεὶς γελοῖος, ἔτυχε συγγνώμης.

1. (Exc. Vat. A. M. p. 546, éd. Rom.)
2. Je rétablis, d'après les manuscrits du Vatican, l'article que M. A. Mai a cru devoir supprimer : « Codices Planudei ὁ νέος, dit-il; quare expli-« candum esset *Scipio minor*, intelligendusque *Æmilianus*. Atqui sine « dubio heic agitur de Majore Scipione, teste Livio, XXVI. 18 : *P. Corne-« lius, Publii, qui in Hispania ceciderat, filius, quatuor et viginti « fere annos natus, professus se petere*, etc.... Ea vero res anno urbis « contigit DXLIII. Quare vel Dio erravit, scribens eam post bellum Persei « tribuensque Scipioni minori (namque hos duos Scipiones sæpe ab histo-« ricis fuisse confusos valde exploratum est); vel hoc certe loco Planudea « excerpta sunt perturbata, interpolatumque fuit ὁ νέος pro νέος. »

A mon avis, il n'y a point d'erreur dans Dion : il s'agit ici de P. Cornelius Scipion Æmilianus, le second Africain, qui, bien jeune encore, annonça, par ses vertus et par sa valeur, ce qu'il devait être un jour. Cf. Polybe, XXXII, 8 et suiv.; Florus, II, 15; l'*Epitome* de Tite-Live, liv. XLVIII, et Sext. Aur. Victor, De Vir. Illustr. LVIII, éd. Arntzen. Ἐστρατήγησεν fait probablement allusion au grade dont Scipion était revêtu lorsqu'il se couvrit de gloire en Espagne, et particulièrement sous les murs d'Intercatie. Cf. les mêmes et Appien, VI, 53; Valère-Maxime, III, 2, 6. Ces faits se passaient trois ans avant que Scipion ne fût désigné consul : il était donc âgé alors de 24 ans, puisqu'il en avait 27 l'an de Rome 605; époque où, briguant l'édilité, il fut nommé consul pour l'année suivante, avant l'âge fixé par les lois. Cf. Appien, VIII, 112; Zonaras, l. l. 29, p. 467, éd. Du C.

CCXXXIX. Scipion le jeune eut le commandement de l'armée, à vingt-quatre ans.

An de Rome 602.

CCXL. Quel est l'âge assigné comme limite, pour que l'homme, une fois sorti de l'adolescence, puisse avoir des sentiments dignes d'un bon citoyen? Quel nombre d'années doit-il compter, pour se recommander par des actions honorables? Les hommes, favorisés par la fortune et par la nature, ne se montrent-ils pas tout

---

3. δ' καὶ κ' ἐτῶν, dans le Ms. du Vatican, probablement pour ἐτῶν ὤν. Cf. Platon, Loix, IV, 11, tom, VIII, éd. Bekk. Lond. p. 125 : Γαμεῖν δὲ ἐπειδὰν ἐτῶν ᾖ τις τριάκοντα, κτλ.

4. (Exc. Vat. A. M. p. 546-547, éd. Rom.)

Ce fragment forme deux extraits dans M. A. Mai : je les ai réunis en un seul, comme dans le manuscrit de Florence, Pluteus, VIII, Cod. XXII, fol. 75. R°. Cf. La Notice des manuscrits, tom. I, p. XXXIX de cette édition.

Suivant l'illustre Cardinal, ce sont des extraits d'un discours adressé au peuple par P. Corn. Scipion, au moment où le commandement de l'armée lui fut confié. Je crois plutôt qu'ils sont tirés de la harangue prononcée en faveur de Scipion Æmilianus par un tribun du peuple, et à laquelle Appien fait allusion, VIII, 112 : Ἐνειστήκει δ' ἀρχαιρέσια· καὶ ὁ Σκιπίων (οὐ γάρ πω δι' ἡλικίαν αὐτῷ συνεχώρουν ὑπατεύειν οἱ νόμοι) ἀγορανομίαν μετῄει, καὶ ὁ δῆμος αὐτὸν ὕπατον ᾑρεῖτο. Παρανόμου δ' ὄντος, καὶ τῶν ὑπάτων προφερόντων αὐτοῖς τὸν νόμον, ἐλιπάρουν καὶ ἐνέκειντο· καὶ ἐκεκράγεσαν, ἐκ τῶν Τυλλίου καὶ Ῥωμύλου νόμων τὸν δῆμον εἶναι κύριον τῶν ἀρχαιρεσίων, καὶ τῶν περὶ αὐτῶν νόμων ἀκυροῦν ἢ κυροῦν ὃν ἐθέλοιεν. Τέλος δὲ τῶν δημάρχων τις ἔφη, τοὺς ὑπάτους ἀφαιρήσεσθαι τὴν χειροτονίαν, εἰ μὴ συνθεῖντο τῷ δήμῳ. Καὶ ἡ Βουλὴ τοῖς δημάρχοις ἐπείθετο, λῦσαι τὸν νόμον τόνδε, καὶ μετὰ ἔτος ἓν αὖθις ἀναγράψαι.

M. Charles-Félix Halm a donné une grande partie de ces deux extraits, dans une dissertation intitulée : *Lectiones Stobenses*, Heidelberg, 1841-1842, ch. VIII, p. 58, d'après le texte du Stobée de Gaisford, tom. IV. Cf. mon Introduction, l. l. J'examinerai ses conjectures dans les notes suivantes.

5. Τοῖς γ' ἅπαξ, dans M. Ch.-Fél. Halm, l. l. Le manuscrit de Florence porte à tort : τοῖς δέ.

6. L'article τὸ manque devant τὰ δέοντα φρονεῖν et devant τὰ προσήκοντα πράττειν, dans le manuscrit de Florence. M. Ch.-Fél. Halm conseille de l'ajouter : ce qu'il proposait comme une simple conjecture,

44 ΔΙΩΝΟΣ ΤΟΥ ΚΑΣΣΙΟΥ ΛΕΙΨΑΝΑ. ΒΙΒΛ. Α–ΑϚ

χρηστῇ χρήσωνται, πάντα ἀπ' ἀρχῆς εὐθὺς ἃ δεῖ καὶ φρονοῦσι καὶ πράττουσιν; οἱ δὲ ἐν τῇδε τῇ ἡλικίᾳ βραχὺν νοῦν ἔχοντες, οὐδ' ἂν αὖθίς ποτε, οὐδ' εἰ πολλὰ ἔτη διέλθοι [1], φρονιμώτεροι γένοιντο· ἀμείνων μὲν γὰρ ἄν τις αὐτὸς ἑαυτοῦ προϊούσης τῆς ἡλικίας ὑπάρξειε, ἔννους δὲ ἐξ ἀνοήτου, καὶ ἔμφρων ἐξ ἄφρονος οὐδ' ἂν εἷς ἐκβαίη [2].

Μὴ [3] μέντοι τοὺς νέους εἰς ἀθυμίαν [4], ὡς κατεγνωσμένους [5] τῷ μηδὲν τῶν δεόντων πράττειν δύνασθαι, ἐμβάλητε [6]· πᾶν γὰρ τοὐναντίον προτρέπεσθαι αὐτοὺς ὀφείλετε [7] πάντα τὰ προσήκοντα αὐτοῖς προθύμως ποιεῖν ἀσκεῖν, ὡς καὶ τιμὰς καὶ ἀρχὰς καὶ πρὸ τοῦ γήρως ληψομένους· ἐκ γὰρ τούτου καὶ τοὺς πρεσβυτέρους [8] βελτίους ποιήσετε· πρῶτον [9] μὲν ἀνταγωνιστὰς πολλοὺς ἀποδείξαντες, ἔπειτ' ἐνδειξάμενοι ὡς καὶ τἆλλα πάντα καὶ τὰς

---

serait devenu une certitude pour lui, s'il avait consulté le texte donné par M. A. Mai, d'après le *Florileg. Vatic.*

1. Ce passage n'est pas satisfaisant dans le manuscrit de Florence, qui porte : Οὐδ' ἂν αὖθίς ποτε ἔτη διέλθοι. Jacobs a proposé οὐδ' ἂν αὖ δὶς τόσα ἔτη διέλθοι. La conjecture de M. Ch.-Fél. Halm, Οὐδ' ἂν, εἰ αὐτοῖς ποτε ἔτη διέλθοι, serait plus plausible; mais la véritable leçon est celle que je donne d'après le *Florileg. Vatic.*, comme M. A. Mai.

2. Ἔννους δὲ ἐξ ἀνοήτου, ἔμφρων ἐξ ἄφρονος οὐδ' ἂν εἷς ἐκβαίη, dans le manuscrit de Florence.

3. Ici commence le second paragraphe dans M. A. Mai, l. l.

4. Ἐς ἀθυμίαν, dans le manuscrit de Florence.

5. M. A. Mai lit : Ὡς καὶ κατεγνωσμένους. D'après le manuscrit de Florence, je supprime καί, qui était inutile et gênait la marche de la phrase. Sur l'addition de καί par les copistes, cf. p. 104, n. 1.

6. Comme dans le manuscrit de Florence. M. Ch.-Félix Halm dit

d'abord sages dans leurs pensées, comme dans leurs actions? Au contraire, ceux dont la jeunesse révèle un esprit borné, n'auront jamais une plus grande intelligence, alors même que plusieurs années se seront écoulées. Chacun de nous, à mesure qu'il avance dans la vie, peut faire un pas vers la vertu; mais le temps ne saurait donner le bon sens à celui qui n'est point raisonnable, ni la prudence à l'insensé. Ne jetez donc pas les jeunes gens dans le découragement, en les déclarant incapables de bien faire. Bien loin de là, vous devez les exhorter à s'appliquer avec ardeur à remplir tous leurs devoirs, dans l'espoir d'obtenir, avant la vieillesse, les dignités et les honneurs. De cette manière, vous rendrez les vieillards eux-mêmes meilleurs, en leur suscitant de nombreux rivaux, et en vous montrant résolus à décerner à tous les citoyens les magistratures publiques et surtout le com-

---

à tort que ce manuscrit porte ἐμϐαλέτω, qu'il voudrait remplacer par ἐμϐάλλετε, l. l.

7. Le même manuscrit donne cette leçon; mais par une abréviation qui peut être prise pour ὀφείλετε, ou pour ὀφείλει. M. Ch.-Félix Halm, l. l., tient cet ὀφείλει pour douteux, et se demande s'il doit être regardé comme synonyme de δεῖ, ou s'il faut lui substituer ὀφείλετε. D'après les exigences de la langue et le manuscrit de Florence, j'admets la seconde leçon : M. Ch.-Félix Halm pouvait facilement en trouver la confirmation dans le texte de M. A. Mai.

8. Πρακτικωτέρους, dans le manuscrit de Florence; variante digne d'être remarquée : je maintiens pourtant la leçon donnée par M. A. Mai, d'après le *Florileg. Vatic.* M. Ch.-Félix Halm, l. l., ne la mentionne pas et se contente de la leçon du manuscrit de Florence.

9. D'après le même manuscrit : πρῶτοι, dans M. A. Mai ne peut être qu'une faute d'impression.

ἡγεμονίας μάλιστα[1] οὐκ ἐξ ἀριθμοῦ ἐτῶν, ἀλλ' ἐξ ἀρετῆς ἐμφύτου πᾶσι τοῖς πολίταις δώσετε[2].

CCXLI. Ὅτι[3] Σκηπίων ὁ Ἀφρικανὸς ἄριστος[4] μὲν ἦν ἐκ πλείονος τὸ δέον ἐκφροντίσαι, ἄριστος δὲ καὶ ἐκ τοῦ παραχρῆμα τὸ κατεπεῖγον ἐρευνῆσαι, ἔν τε τῷ προσήκοντι καιρῷ ἑκατέρῳ αὐτῶν χρήσασθαι [ἦν[5]]· τά τε πρακτέα ἐν τῷ θαρσοῦντι διεσκόπει, καὶ τὴν διαχείρισιν[6] αὐτῶν ὡς καὶ δεδιὼς ἐποιεῖτο. Ὅθεν περ τῇ τοῦ λογισμοῦ ἀδεεῖ διασκέψει πάντα ἀκριβῶς τὰ καθήκοντα ἐνενόει, καὶ τῇ περὶ τοῦ ἀσταθμήτου φροντίδι ἀσφαλῶς αὐτὰ ἔπραττε. Καὶ διὰ τοῦτ', εἴ ποτε καὶ ἐς ἀπροβουλίας ἀνάγκην (οἷα ἔν τε τοῖς τοῦ πολέμου παραλόγοις καὶ ἐν ταῖς τῆς τύχης ῥοπαῖς συμβαίνειν εἴωθε[7]) προήχθη, οὐδὲ τότε τῶν προσηκόντων ἡμάρτανε. Ὑπὸ γὰρ τοῦ ἔθους τοῦ τῇ[8] ψυχῇ πρὸς μηδὲν ἀλογίστως χρῆσθαι, οὐδὲ ἐς τὴν τοῦ ἐξαπιναίου προσκοπὴν ἀπαράσκευος ἦν[9]· ἀλλὰ καὶ τοῖς αἰφνιδίοις[10], ὑπὸ τοῦ

---

1. Μέν, dans le manuscrit de Florence : M. Ch.-Félix Halm, l. l., a placé cette variante entre deux crochets; sans doute pour indiquer qu'elle lui paraissait suspecte. J'ai dû adopter la leçon de M. A. Mai.

2. M. Ch.-Félix Halm, l. l., donne βελτίους ποιήσεται et τοῖς πολίταις δώσεται, qu'il propose de remplacer par βελτίους ποιήσετε — δώσετε. La collation qu'il a suivie (cf. mon Introduction, tom. I, p. XXXIX) est probablement fautive ici : j'ai lu ποιήσετε et δώσετε dans le manuscrit de Florence.

3. (Exc. Peir. LXXVII. R. p. 32-33.)

4. Ὅτι οὗτος ἄριστος, dans le manuscrit de Tours; parce qu'avant le passage extrait par le compilateur il était vraisemblablement question de Scipion, dans le texte de Dion.

5. L'un des deux ἦν paraît justement superflu à Sturz : j'ai placé le second entre deux crochets.

6. Διαχείρησιν, dans le manuscrit de Tours, au lieu de διαχείρισιν, par

mandement des armées, non pas d'après leur âge, mais d'après le mérite qu'ils ont reçu de la nature.

CCXLI. Scipion l'Africain savait préparer longtemps d'avance ce qu'il fallait faire, ou trouver sur-le-champ le parti qu'il devait prendre, et il procédait habilement de l'une ou de l'autre manière, suivant les circonstances. Plein de confiance dans le conseil, timide dans l'exécution, délibérant avec un calme qui lui permettait de s'arrêter aux mesures les plus convenables, toujours préoccupé de l'incertitude des événements, il ne faisait jamais de faux pas. Était-il forcé d'agir sans avoir pu délibérer, comme il arrive souvent au milieu des hasards de la guerre et des vicissitudes de la fortune ; alors même sa sagesse n'était pas en défaut. Habitué à ne point suivre inconsidérément les élans de son âme, il ne fut jamais hors d'état de prendre, même subitement, une bonne détermination.

---

la confusion d'*η* et d'*ι*, et un peu plus loin ἐποιῆτο, au lieu de ἐποιεῖτο, par la confusion d'*η* et d'*ει*.

7. D'après Reimarus, au lieu d'εἰώθει, donné par H. de Valois. Les mots συμβαίνειν εἴωθε, προήχθη ont été détruits par l'humidité dans le Ms. de Tours.

8. Τοῦ τε τῇ, dans l'ancienne leçon : j'ai supprimé τέ. « Sæpius vocula « hæc, dit Krüger (Dion. Hal. Historiog., p. 90), e sequenti τ orta. »

9. Le même manuscrit porte : Οὐδὲ ἔς τι τοῦ ἐξαπιναίου προσκοπὴν ἀπαράσκευος ἦν, d'où H. de Valois a tiré : Οὐδὲ ἔς τι τοῦ ἐξαπιναίου πρὸς σκοπὴν ἀπαράσκευος ἦν — *nunquam in repentino ullo casu imparatus ad consulendum erat*, leçon et sens maintenus par Reimarus ; mais Reiske, peu content de ce texte, propose : Οὐδέποτε ἐς τὴν τοῦ ἐξαπιναίου προσκοπήν, κτλ. Je pense, comme Sturz, que la locution ἔς τι τοῦ ἐξαπιναίου est d'une très-bonne grécité ; je l'aime même mieux que ἔς τι τῶν ἐξαπιναίων, variante de Sturz. Toutefois la conjecture de Reiske, en partie confirmée par le manuscrit de Tours, m'a paru mériter la préférence : je l'ai adoptée, sauf οὐδέποτε, parce qu'elle diffère peu du manuscrit. Je lis donc : Οὐδὲ ἐς τὴν τοῦ ἐξαπιναίου προσκοπὴν ἀπαράσκευος ἦν ; mais j'aimerais pourtant mieux προσκόπησιν.

10. Αἰδενιδίοις, dans le Ms. de Tours : le copiste a fait du φ un δ et un ε.

μηδέποτε ἀτρεμίζειν [1], ὡς καὶ ἐκ πολλοῦ αὐτὰ προνενοηκὼς ἐχρῆτο.

Τολμητής τε ἐκ τούτων, ἐν οἷς ἐπεπιστεύκει ὀρθῶς ἔχειν, καὶ κινδυνευτὴς ἐν οἷς ἐθάρσει, ἰσχυρῶς ἐγίγνετο. Καὶ γὰρ τὸ σῶμα ἴσα τοῖς πάνυ τῶν στρατιωτῶν ἔρρωτο. Καὶ διὰ τοῦτο καὶ τὰ μάλιστα ἄν τις αὐτοῦ θαυμάσειε· προεβούλευέ τε τὰ κράτιστα ὡς καὶ ἑτέροις ἐπιτάξων, καὶ ἐν τῷ ἔργῳ αὐτὰ ὡς καὶ ἀφ' ἑτέρων κεκελευσμένα ἐχειρούργει. Τῇ τε οὖν ἄλλῃ ἀρετῇ ἀσφαλὴς ἦν· καὶ τὴν πιστότητα [2] οὐχ ὅπως πρὸς τοὺς πολίτας τούς τε χρωμένους οἱ, ἀλλὰ καὶ πρὸς τὸ ὀθνεῖον τό τε πολεμιώτατον ἀκριβῆ ἐκέκτητο. Καὶ αὐτῷ κατὰ τοῦτο πολλοὶ μὲν ἰδιῶται, πολλαὶ δὲ καὶ πόλεις προσεχώρησαν. Ἅτε γὰρ μηδὲν ἀλογίστως μηδὲ ἐξ ὀργῆς ἢ καὶ δέους ποιῶν ἢ καὶ λέγων, ἀλλ' ἐκ τοῦ βεβαίου τῶν λογισμῶν πρὸς πάντα τὰ καίρια ἕτοιμος ὢν, καὶ τὰ ἀνθρώπινα ἱκανῶς ἐκλογιζόμενος, καὶ μήτε τι ἀνέλπιστον ποιούμενος, καὶ πάντα πρὸς τὴν τῶν πραγμάτων φύσιν προδιασκοπῶν, ῥᾷστά τε τὰ πρακτέα, πρὶν καὶ δεηθῆναι αὐτῶν ἐπενόει, καὶ ἐς βεβαιότητα [3] αὐτοῖς ἐχρῆτο.

Τοιγαροῦν μόνος ἀνθρώπων ἢ καὶ μάλιστα διά τε ταῦτα, καὶ διὰ τὴν μετριότητα τήν τε ἐπιείκειαν, οὔτε ὑπὸ τῶν ὁμοτίμων, οὔθ' ὑπ' ἄλλου τινὸς ἐφθονήθη. Ἴσος μὲν γὰρ τοῖς ὑποδεεστέροις, οὐκ ἀμείνων δὲ τῶν ὁμοίων, ἀσθενέσ-

---

1. Ἀρτεμίζειν, dans le manuscrit de Tours.
2. Πιστότιτα, dans le même manuscrit, par la confusion d'η et d'ι, et un peu plus loin ἠδιῶται, au lieu de ἰδιῶται, par la même confusion.
3. Βεβαιώτητα, dans le même manuscrit, par la confusion d'ω et d'o.

Toujours sur ses gardes, il se tirait des événements les plus imprévus, aussi bien que s'il les eût connus depuis longtemps.

Hardi, lorsqu'il croyait avoir adopté une sage résolution, ne reculant devant aucun danger, lorsqu'il agissait avec confiance; aussi robuste que le soldat le plus vigoureux; digne surtout d'être admiré, parce qu'après avoir pris les meilleures mesures, comme général, on eût dit, dans l'exécution, qu'il ne faisait que suivre les ordres d'un autre. Outre tant de qualités qui le préservaient de tous les faux pas, il montra envers les étrangers et les plus implacables ennemis de Rome, comme envers ses concitoyens et ses amis, une bonne foi sévère qui lui concilia l'affection d'un grand nombre de simples particuliers et de plusieurs cités. Exempt d'imprudence, de colère et de crainte, dans ses actions et dans ses paroles; profitant de toutes les circonstances avec une raison sûre, tenant convenablement compte de la mobilité des choses humaines, croyant qu'il n'est rien dont on doive désespérer, jugeant de tout d'après la réalité, il prévoyait facilement, avant d'avoir à agir, ce qu'il devait faire, et il agissait ensuite avec une inébranlable fermeté.

Seul entre tous les hommes, ou du moins plus que personne, Scipion, grâce à ces avantages, à sa modération et à sa douceur, échappa à la jalousie de ses égaux et des autres citoyens. Traitant ses inférieurs

---

On peut rapprocher du passage καὶ μήτε — ποιούμενος, lig. 16-17, Isocrate, Disc. à Phil. § 41 : Ὁρῶ γάρ σε τῶν τοῖς ἄλλοις ἀνελπίστων δοκούντων εἶναι καὶ παραδόξων πολλὰ διαπεπραγμένον. Quant à ποιούμενος dans le sens de *judicans — existimans*, cf. Thes. gr. ling. t. VI, p. 1292, éd. Didot. Reimarus me paraît s'être écarté de sa véritable acception en traduisant par *neque quicquam ageret insperatum*. Il a été suivi par Wagner et par M. Tafel, qui traduit *unternahm er nichts verzweifeltes*. Un peu plus loin,

τερος δὲ τῶν μειζόνων ἀξιῶν εἶναι, κρείττων καὶ τοῦ φθόνου, τοῦ μόνου τοὺς ἀρίστους ἄνδρας λυμαινομένου, ἐγένετο.

CCXLII. Ὅτι [1] Οὐϊρίαθος [2], ἀνὴρ Λυσιτανὸς, ἀφανέστατος [3] μὲν γένος, ὥς γέ τισι δοκεῖ, ὤν, περιβοητότατα δὲ ταῖς πράξεσι χρησάμενος· λῃστής τε γὰρ [a] ἐκ ποιμένος, καὶ μετὰ τοῦτο καὶ στρατηγός. Ἐπεφύκει γὰρ καὶ ἤσκητο τάχιστος μὲν διῶξαί [5] τε καὶ φυγεῖν, ἰσχυρότατος [6] δὲ ἐν σταδίᾳ μάχῃ [7] εἶναι· καὶ τήν τε τροφὴν τὴν ἀεὶ παροῦσαν καὶ τὸ ποτὸν τὸ προστυχὸν ἥδιστα ἐλάμβανεν· ὑπαίθριός τε τὸν πλείω τοῦ βίου χρόνον διῃτᾶτο, καὶ ταῖς αὐτοφυέσι στρωμναῖς ἠρκεῖτο. Καὶ διὰ ταῦτα παντὸς μὲν καύματος, παντὸς δὲ ψύχους κρείσσων ἦν· καὶ οὔθ' ὑπὸ λιμοῦ ποτε ἐπόνησεν, οὔθ' ὑπὸ ἄλλης τινὸς ἀηδίας ἐταλαιπώρησεν, ἅτε καὶ πάντων τῶν ἀναγκαίων ἐκ τῶν ἀεὶ παρόντων, ὡς καὶ ἀρίστων, ἀπολαύων ἱκανώτατα.

Τοιούτου δ' αὐτῷ τοῦ σώματος καὶ ἐκ τῆς φύσεως καὶ ἐκ τῆς ἀσκήσεως ὄντος, πολὺ ταῖς τῆς ψυχῆς ἀρεταῖς ὑπερ-

---

l. 22, je substitue, d'après Reiske, ὑπ' ἄλλου τινὸς à l'ancienne leçon ὑπό τινος.

1. (Exc. Peir. LXXVIII. R. p. 33-34.)

2. Ici le Ms. de Tours confirme cette écriture ; mais dans les extraits de Diodore de Sic., il donne tantôt Ὑρίαθος, liv. XXXIII, 1, tom. 2, p. 522 de la Collect. Didot ; tantôt Οὐρίατθος, l. l. 7, p. 524. Dans un autre Fr., l. l. 22, p. 529, le copiste a écrit Ἀριάτθου, au lieu de Οὐριάτθου, par la confusion de α et de ου. Cf. Schæfer, Melet. p. 93. Les meilleures éditions d'Appien, VI, 60-76, portent toujours Οὐρίατθος. Suidas l'appelle Βορίανθος, aux mots Βορίανθος et ἐπιβουλή. Sur les variantes de ce nom, en latin, cf. Arntzen, dans son édition de Sext. Aurel. Victor, De Vir. Illustr. ch. LXXI, not. 1, p. 261.

3. Ἀφανέστατον, leçon fautive dans le manuscrit de Tours.

comme ses égaux, ne cherchant jamais à éclipser ses égaux, cédant le pas à ceux qui étaient au-dessus de lui, il triompha même de l'envie, qui seule perd souvent les hommes les plus éminents.

CCXLII. Le Lusitanien Viriathe, né, comme plusieurs le croient, dans la condition la plus obscure, se couvrit d'éclat par ses exploits : il fut d'abord berger, puis brigand et général. La nature et l'exercice l'avaient rendu très-agile, soit qu'il fallût poursuivre un ennemi, soit qu'il fallût fuir : sa force se déployait surtout dans les combats de pied ferme. Toujours content de la nourriture et de la boisson que lui offrait le hasard, passant la plus grande partie de sa vie en plein air, sans autre couverture que celle que lui fournissait la nature, il parvint ainsi à triompher de la chaleur et du froid. Jamais la faim et les autres privations ne furent un mal pour lui ; parce que les premières ressources qui se rencontraient incessamment sous sa main, suffisaient à tous ses besoins, comme si elles n'avaient rien laissé à désirer.

Tels sont les avantages physiques qu'il dut à la nature et à l'exercice : il fut beaucoup mieux partagé encore pour les qualités de l'esprit. Prompt à concevoir

An de Rome 605.

---

4. Reiske voudrait remplacer γάρ par γέγονεν. On peut se contenter de sous-entendre ce verbe et conserver l'ancienne leçon.

5. Διώξε, dans le manuscrit de Tours, par la confusion d'αι et d'ε : par une confusion semblable, le même manuscrit donne un peu plus loin ὑπέθριος, au lieu de ὑπαίθριος, et πρακταίον, au lieu de πρακτέον.

6. Comme dans le Ms. de Tours. Ἰσχυρώτατος est une faute dans H. de Valois, Reimarus et Sturz. Cf. Fr. CCLV, et la not. 5, p. 72 de ce volume.

7. Souvent μάχη est sous-entendu, et alors σταδία (Ion. σταδίη) s'emploie comme substantif et a le même sens. Cf. Lambert Bos, Ellips. gr., p. 265-266, éd. Schæfer, Leipzig, 1808.

ἔφερε. Ταχὺς μὲν γὰρ πᾶν τὸ δέον ἐννοῆσαι [1] καὶ ποιῆσαι ἦν. Τό τε γὰρ πρακτέον ἅμα ἐγίγνωσκε, καὶ τὸν καιρὸν αὐτοῦ ἠπίστατο. Δεινὸς δὲ [2] τά τε ἐμφανέστατα ἀγνοεῖν, καὶ τὰ ἀφανέστατα εἰδέναι προσποιήσασθαι. Πρὸς δ' ἔτι, καὶ στρατηγὸς καὶ ὑπηρέτης αὐτὸς ἑαυτοῦ ἐς πάντα ὁμοίως γιγνόμενος, οὔτε ταπεινός, οὔτε ἐπαχθὴς ἑωρᾶτο· ἀλλ' οὕτω πρός τε τὴν τοῦ γένους ἀσθένειαν, καὶ πρὸς τὴν τῆς ἰσχύος ἀξίωσιν [3] ἐκέκρατο, ὥστε μήτε χείρων τινός, μήτε κρείσσων δοκεῖν εἶναι. Τό τε σύμπαν εἰπεῖν, οὔτε πλεονεξίας, οὔτε δυναστείας ἢ καὶ ὀργῆς ἕνεκα, τὸν πόλεμον, ἀλλὰ δι' αὐτὰ τὰ ἔργα αὐτοῦ ἐποιεῖτο. Κἀκ τούτου τὰ μάλιστα καὶ φιλοπόλεμος καὶ εὐπόλεμος ἐλογίσθη.

CCXLIII. Ἤρξαντο [4] τῆς διαφορᾶς [5] οἱ Ἀχαιοί, τοῖς Λακεδαιμονίοις ἐγκαλοῦντες (διηνέχθησαν γὰρ ἀλλήλοις), ὡς τῶν συμβεβηκότων σφίσιν αἰτίοις γεγονόσι [6], Διαίου [7]

---

1. D'après Sturz, au lieu de l'ancienne leçon ἐκνοῆσαι, confirmée par le manuscrit de Tours et maintenue par Reimarus.

2. A cause de ταχὺς μέν, j'adopte, d'après Reiske, δεινὸς δέ, au lieu de l'ancienne leçon δεινὸς γάρ.

3. Reiske propose τὴν τῆς ἀξιώσεως ἰσχύν, leçon qui correspondrait mieux à τὴν τοῦ γένους ἀσθένειαν.

4. (Exc. Urs. κς'. CLXV. R. p. 69-70.)

Cet extrait se trouve dans le manuscrit du Vatican n° 1418 et dans celui de Munich n° 3, qui portent ὅτι ἤρξαν (sic) : il manque dans le n° 1.

Zonaras, l. l. 31, p. 470, éd. Du C., entre dans plus de détails : Τότε δὲ καὶ ἡ Κόρινθος κατεσκάφη. Ἐπεὶ γὰρ τῶν Ἑλλήνων οἱ κορυφαιότατοι ὑπὸ τοῦ Παύλου Αἰμιλίου μετῳκίσθησαν εἰς τὴν Ἰταλίαν, οἱ λοιποὶ τὸ μὲν πρῶτον πρεσβείαις τοὺς ἄνδρας ἀπῄτουν· ὡς δ' οὐκ ἔτυχον, καί τινες ἐκείνων τὴν οἴκαδε ἀπογνόντες ἐπάνοδον, ἑαυτοὺς διεχρήσαντο, χαλεπῶς διέκειντο, καὶ πένθος δημόσιον ἐποιήσαντο, τοῖς τε τὰ Ῥωμαίων φρονοῦσι παρὰ σφίσιν ὀργίζοντο· οὐ μέντοι καὶ πολεμίον τι ἐπεδείξαντο, μέχρις οὗ τοὺς περιλιπεῖς

FRAGM. DE DION CASSIUS, L. I.—XXXVI. 53

et à exécuter les mesures exigées par les circonstances, parce qu'il prévoyait avec la même justesse et ce qu'il devait faire et le moment d'agir ; possédant au suprême degré l'art de paraître ignorer les choses les plus connues et connaître les choses les plus cachées ; tout à la fois son général et son ministre, jamais trop humble, jamais à charge, il sut si bien tempérer, l'une par l'autre, l'obscurité de sa naissance et la position où sa bravoure l'avait placé, qu'il ne sembla jamais être ni au-dessous ni au-dessus de personne. Pour tout dire en un mot, il n'entreprit la guerre ni par cupidité, ni par amour du pouvoir, ni par colère, mais pour la guerre elle-même ; et c'est pour cela surtout qu'il fut regardé comme un homme qui l'aimait avec passion et qui la faisait avec habileté.

CCXLIII. Les Achéens donnèrent le signal de la discorde : des différends existaient entre les Lacédémoniens et ce peuple, qui les accusait d'avoir été la cause

An de Rome 606.

τῶν ἀνδρῶν ἐκείνων ἐκομίσαντο. Τότε δὲ διενεχθέντες ἀλλήλοις οἵ τ' ἠδικημένοι καὶ οἱ τὰ ἀλλότρια ἔχοντες, ἐπολέμησαν. Ἤρξαντο δὲ τῆς διαφορᾶς οἱ Ἀχαιοί, κτλ.

5. Τῆςδε φόρας, dans le manuscrit du Vatican n° 1418 et dans celui de Munich n° 3. F. Orsini a écrit φθορᾶς, en marge du premier. Sur une confusion analogue, cf. p. 85, n. 4. La véritable leçon est celle que je donne, comme Reimarus et Sturz, d'après Zonaras. Cf. la note 4.

6. Zonaras, l. l. : Τοῖς Λακεδαιμονίοις ἐγκαλοῦντες, ὡς αἰτίοις τῶν συμβεβηκότων αὐτοῖς. Sur les démêlés des Lacédémoniens et des Achéens, cf. les Éclaircissements à la fin du volume.

7. J'adopte Διαίου, d'après Reimarus et Sturz, au lieu de Διογένους donné par le manuscrit du Vatican n° 1418, ou de διάγουσι, qui se trouve dans celui de Munich n° 3. La correction de Reimarus est indubitable : Diæus succéda à Critolaüs ; Polybe, XL, 2 : Τοῦ Κριτολάου τοῦ στρατηγοῦ τῶν Ἀχαιῶν μετηλλαχότος, καὶ τοῦ νόμου κελεύοντος, ἐπὰν συμβῇ τι περὶ τὸν ἐνεστῶτα στρατηγὸν, τὸν προγεγονότα διαδέχεσθαι τὴν ἀρχὴν, ἕως ἂν ἡ καθήκουσα

ὅτι [1] μάλιστα τοῦ στρατηγοῦ αὐτοὺς [2] ἐνάγοντος. Καὶ τῶν γε Ῥωμαίων διαλλακτὰς [3] αὐτοῖς πολλάκις πεμψάντων, οὐκ ἐπείσθησαν· ἀλλὰ καὶ τοὺς πρέσβεις οὓς ἐκεῖνοι, διασπᾶσαί πη τὸ ἑλληνικὸν [4] (ὅπως ἀσθενέστεροι ὦσιν) ἐθελήσαντες, ἔπεμψαν, πρόφασιν τοῦ μὴ δεῖν [5] τὰς πόλεις τὰς τοῦ Φιλίππου γενομένας, ὧν καὶ Κόρινθος ἦν ἔς τε τὰ ἄλλα ἀνθοῦσα καὶ ἐν τῷ συνεδρίῳ κρατιστεύουσα, μετέχειν αὐτοῦ ποιησάμενοι, παρ' ὀλίγον ἦλθον ἀποκτεῖναι ἢ φυγῇ δοῦναι [6]· αὐτῶν ἐκ τοῦ Ἀκροκορίνθου, ἐν ᾧ ἦσαν [7], προαποχωρησάντων [8].

Ἐπρεσβεύσαντο μέντοι [9] ἐς τὴν Ῥώμην, ἀπολογούμενοι ὑπὲρ τοῦ γεγονότος. Οὐ γὰρ ἐπ' ἐκείνους, ἀλλ' ἐπὶ τοὺς Λακεδαιμονίους, τοὺς μετ' αὐτῶν ὄντας, ὁρμῆσαι ἔφασκον. Τῶν δὲ Ῥωμαίων τὴν μὲν σκῆψιν αὐτῶν οὐκ ἐλεγξάντων (τοῖς τε γὰρ Καρχηδονίοις ἔτι ἐπολέμουν, καὶ τὰ τῶν Μακεδόνων οὐδέπω καλῶς βέβαια εἶχον), ἄνδρας δὲ στει-

σύνοδος γένηται τῶν Ἀχαιῶν· ἐπέβαλε τῷ Διαίῳ χειρίζειν καὶ προεστάναι τῶν κοινῶν πραγμάτων. Cf. Pausanias, VII, 12; Zonaras, l. l.; l'Épitome de Tite-Live, LII. Sur les altérations du nom de Diæus, changé en Dracus, Dienus, Diacuus, Dieucus, Dioneus, cf. Pighius, Annal. Rom. tom. II, p. 457, éd. Schott.

1. Ce mot manque dans le manuscrit du Vatican n° 1418 et dans celui de Munich n° 3.

2. Αὐτόν, dans le manuscrit du Vatican n° 1418, où αὐτούς a été plus tard écrit en marge.

3. Καταλλακτάς, dans le même manuscrit et dans celui de Munich n° 3. Sur διαλλακτής et καταλλακτής, cf. Thes. gr. l. tom. II, p. 1221, éd. Didot.

4. Ἐπὶ τὸ Ἑλληνικόν, dans le Ms. de Munich n° 3; variante fautive. Le copiste, trompé par la prononciation moderne, a écrit comme s'il y avait ΔΙΑΣΠΑΣ' ΕΠΙ.

5. Τὸ μὴ δεῖν, dans le manuscrit du Vatican n° 1418 et dans celui de Munich n° 3; mais celui du Vatican porte τοῦ en marge.

de tous ses maux, à l'instigation du stratége Diæus. Souvent les Romains avaient interposé leur médiation pour les réconcilier; mais ils ne purent y parvenir. A la fin, ils envoyèrent des ambassadeurs en Grèce, pour affaiblir la ligue achéenne, en la divisant; mais sous prétexte que les villes qui avaient appartenu à Philippe ne devaient pas y être incorporées. De ce nombre était Corinthe, cité florissante et qui exerçait sur la ligue une grande influence. Les Achéens auraient tué ou chassé ces ambassadeurs, s'ils ne s'étaient pas échappés de la citadelle, où ils se trouvaient alors.

Ils envoyèrent néanmoins une députation à Rome, pour se justifier de ce qui était arrivé, en déclarant que leurs attaques n'avaient pas été dirigées contre les ambassadeurs, mais contre les Lacédémoniens qui étaient avec eux. Les Romains, encore en guerre avec Carthage et dont la puissance n'était pas consolidée en Macédoine, ne réfutèrent pas cette excuse. Ils envoyèrent aux Achéens des députés chargés de leur

---

6. Ἡ manque dans les mêmes manuscrits : je l'ajoute d'après Leunclavius, comme Reimarus et Sturz. Reiske ne croit pas que cette addition soit suffisante, et il propose de sous-entendre, avant αὐτῶν, les mots εἰ μὴ ἐκωλύθησαν, — προκατελήφθησαν, — ὑστέρησαν. Ces trois conjectures aboutissent au même sens : je m'en suis rapproché dans la traduction, tout en conservant l'ancienne leçon, quoiqu'elle soit altérée.

7. Ἐνόησαν est une énorme faute du copiste dans le manuscrit de Munich n° 3.

8. Προαποχωρισάντων, dans le même manuscrit, par la confusion d'ι et d'η.

9. Ἐπρεσβεύσαντο μὲν ἐς τὴν Ῥώμην, dans le même manuscrit et dans le texte de F. Orsini. Reiske aimerait mieux ἐπρεσβεύοντο μὲν οὖν, κτλ. et Sturz μὲν δή. L'ancienne leçon m'a paru satisfaisante : je l'ai maintenue.

λάντων¹, καὶ τὴν ἄδειαν αὐτοῖς, ἂν μηδὲν ἔτι νεωτερίσωσι, δώσειν ὑποσχομένων· τὸ συνέδριον αὐτοῖς οὐ παρέσχον, ἀλλ' εἰς ἕτερον² σφᾶς σύλλογον, ὃς μεθ' ἔκμηνον³ ἔμελλεν⁴ ἔσεσθαι, ἀνεβάλλοντο.

CCXLIV. Ὅ τε Φαμέας, ἀπογνοὺς τὰ τῶν Καρχηδονίων πράγματα⁵........

CCXLV. Ὅτι⁶ ὁ Κλαύδιος⁷ ὁ συνάρχων Μετέλλου, πρός τε τὸ γένος⁸ ὠγκωμένος καὶ τῷ Μετέλλῳ φθονῶν, ἔτυχεν ἐν τῇ Ἰταλίᾳ λαχὼν ἄρχειν, καὶ πολέμιον οὐδὲν ἀποδεδειγμένον εἶχε. Καὶ ἐπεθύμησε πάντως τινὰ ἐπινικίων πρόφασιν λαβεῖν· καὶ Σαλασσοὺς Γαλάτας, μὴ ἐγκαλουμένους τι ἐξεπολέμωσε τοῖς Ῥωμαίοις. Ἐπέμφθη γὰρ ὡς συμβιβάσων αὐτοὺς τοῖς ὁμοχώροις περὶ τοῦ ὕδατος τοῦ ἐς τὰ

---

1. Correction de Leunclavius, adoptée par Reimarus et Sturz, au lieu de στείλαντες, qui se trouve dans le texte de F. Orsini et dans le manuscrit de Munich n° 3.
2. Ἀλλ' ἐς ἕτερον, dans le même manuscrit.
3. Le même manuscrit et celui du Vatican n° 1418 donnent μεθέγμιον, leçon évidemment altérée. F. Orsini propose de la remplacer par μεταίχμιον, pris dans un sens figuré et signifiant *un intervalle*. La durée de cet intervalle est déterminée par Polybe, XL, 10 : Ταῦτα δὲ διοικήσαντες ἐν ἓξ μησὶν οἱ δέκα, καὶ τῆς ἐαρινῆς ὥρας ἐνισταμένης, κτλ. Cf. Pausanias, VII, 14. J'adopte donc μεθ' ἔκμηνον, d'après Leunclavius, comme Reimarus et Sturz.
4. Ἔμελλον, dans le manuscrit de Munich n° 3, par la confusion d'ε et d'ο. Celui du Vatican n° 1418 porte ἔμεˢλλον.
5. J'emprunte ce petit fragment aux Anecdota de Bekker, tom. I, p. 124, 9, où nous apprenons qu'il est extrait du XXIᵉ livre de l'Histoire de Dion : Ἀπογινώσκω· αἰτιατική. Δίωνος εἰκοστῷ πρώτῳ βιβλίῳ· « ὅ τε Φαμέας, κτλ. »
Les faits auxquels il se rapporte sont assez difficiles à préciser, à cause de son extrême brièveté : je ne doute pourtant pas qu'il ne s'agisse ici du parti que prit Phaméas de passer du côté des Romains avec deux mille deux

promettre qu'ils n'auraient rien à craindre, s'ils ne tentaient pas de nouvelle attaque ; mais les Achéens ne les reçurent point dans leur sénat et les ajournèrent jusqu'à la réunion qui devait avoir lieu six mois après.

CCXLIV. Phaméas, désespérant des affaires des Carthaginois.........

CCXLV. Claudius, fier de sa naissance et jaloux de Métellus, son collègue, eut l'Italie en partage ; mais il n'y rencontra point d'ennemi à combattre. Cependant, désirant avoir à tout prix une occasion d'obtenir les honneurs du triomphe, il souleva contre Rome, par une attaque sans motif, les Salasses, peuple de la Gaule. Chargé de terminer leur différend avec

An de Rome 611.

---

cents cavaliers; Appien, VIII, 108 : Ὁ γάρ τοι Φαμαίας, ὡς ἧκεν ἐς τὸ συγκείμενον, περὶ μὲν σωτηρίας ἔφη πιστεύειν δεξιουμένῳ Σκιπίωνι, τὰς δὲ χάριτας Ῥωμαίοις ἐπιτρέπειν... Καὶ προπηδήσας μετὰ τῶν ἰλαρχῶν ἐς τὸ μεσαίχμιον, ὡς ἐπί τινα σκέψιν ἑτέραν, εἶπεν· Εἰ μέν ἐστιν ἔτι τῇ πατρίδι βοηθεῖν, ἕτοιμός εἰμι μεθ' ὑμῶν· εἰ δ' ἔχει τὰ ἐκείνης ὡς ἔχει, ἐμοὶ μὲν δοκεῖ τῆς ἰδίας σωτηρίας προνοεῖν· καὶ πίστιν ἔλαβον ἐπί τε ἐμαυτῷ, καὶ ὅσους πείσαιμι ὑμῶν. Καιρὸς δὲ, καὶ ὑμᾶς ἐπιλέγεσθαι τὰ συνοίσοντα. Ὁ μὲν οὕτως εἶπε. Τῶν δ' ἰλαρχῶν οἱ μὲν σὺν τοῖς αὐτῶν ηὐτομόλησαν, καὶ ἐγένοντο πάντες ἐς διακοσίους καὶ δισχιλίους ἱππέας.

Bientôt après, Manilius, instruit qu'il était remplacé par L. Calpurnius Pison, envoya Scipion à Rome avec Phaméas, l'an de 606 ; date qui détermine la place de ce fragment. Cf. Appien, l. l. 109, et Pighius, Annal. Rom., tom. II, p. 452, éd. Schott.

6. (Exc. Peir. LXXIX. R. p. 34.)

7. Appius Claudius Pulcher, qui fut consul, l'an de Rome 611, avec Q. Cæcilius Métellus, le Macédonique.

8. Γεγονώς, faute du copiste, dans le manuscrit de Tours ; ainsi que Συλάσσους, adopté un peu plus loin par H. de Valois. Reimarus donne Σαλάσσους, d'après Dion, XLIX, 34 ; 38 ; LIII, 25. Je suis cette leçon ; mais avec l'accentuation adoptée par Sturz, comme dans Strabon, IV, p. 141-142, éd. de Casaubon, Paris, 1587.

58 ΔΙΩΝΟΣ ΤΟΥ ΚΑΣΣΙΟΥ ΛΕΙΨΑΝΑ. ΒΙΒΛ. Α-ΛϚ.

χρυσεῖα [1] ἀναγκαίου διαφερομένους· καὶ τήν τε χώραν αὐτῶν πᾶσαν κατέδραμεν. Ἔπεμψαν δὲ αὐτῷ οἱ Ῥωμαῖοι ἐκ τῶν δέκα ἱερέων δύο [2].

CCXLVI. Ὅτι [3] Κλαύδιος, εἰ καὶ τὰ μάλιστα ἀκριβῶς ἠπίστατο, ὅτι οὐκ ἐνενικήκει, ἀλλ' οὖν καὶ τότε τοσαύτῃ ὑπερηφανίᾳ [4] ἐχρήσατο, ὥσθ' ὑπὲρ μὲν τῶν ἐπινικίων μηδένα λόγον, μήτε ἐν τῇ βουλῇ, μήτε ἐν τῷ δήμῳ ποιήσασθαι· καθάπερ δὲ ὑπαρχόντων οἱ πάντως αὐτῶν, κἂν μηδεὶς ψηφίσηται, τὰ ἐς αὐτὰ ἀναλώματα [5] αἰτῆσαι.

CCXLVII. Ὁ Ποπίλλιος [6] οὕτω κατεφόϐησε τὸν Οὐϊρίαθον, ὥστε καὶ ὑπὲρ σπονδῶν οἱ εὐθὺς, πρὶν καὶ μάχης

---

1. Strabon, l. l. IV, p. 141-142 : Ἔχει δὲ χρυσεῖα ἡ τῶν Σαλασσῶν, ἃ κατεῖχον ἰσχύοντες οἱ Σαλασσοὶ πρότερον, καθάπερ καὶ τῶν παρόδων ἦσαν κύριοι. Προσελάμϐανε δὲ πλεῖστον εἰς τὴν μεταλλείαν αὐτοῖς ὁ Δουρίας ποταμὸς εἰς τὰ χρυσοπλύσια· διόπερ ἐπὶ πολλοὺς τόπους σχίζοντες εἰς τὰς ἐξοχετείας τὸ ὕδωρ, τὸ κοινὸν ῥεῖθρον ἐξεκένουν. Τοῦτο δὲ ἐκείνοις μὲν συνέφερε πρὸς τὴν τοῦ χρυσοῦ θήραν, τοὺς δὲ γεωργοῦντας τὰ ὑπ' αὐτοῖς πεδία, τῆς ἀρδείας στερουμένους ἐλύπει, τοῦ ποταμοῦ μὴ δυναμένου ποτίζειν τὴν χώραν, διὰ τὸ ὑπερδέξιον ἔχειν τὸ ῥεῖθρον. Ἐκ δὲ ταύτης τῆς αἰτίας πόλεμοι συνεχεῖς ἦσαν ἀμφοτέροις τοῖς ἔθνεσι πρὸς ἀλλήλους. Κρατησάντων δὲ τῶν Ῥωμαίων, τῶν μὲν χρυσουργείων ἐξέπεσον καὶ τῆς χώρας οἱ Σαλασσοί· τὰ δ' ὄρη κατέχοντες ἀκμὴν τὸ ὕδωρ ἐπώλουν τοῖς δημοσιώναις τοῖς ἐργολαϐήσασι τὰ χρυσεῖα. Καὶ πρὸς τούτους δ' ἦσαν ἀεὶ διαφοραὶ διὰ τὴν πλεονεξίαν τῶν δημοσιωνῶν· οὕτω δὲ συνέϐαινε τοὺς στρατηγιῶντας ἀεὶ τῶν Ῥωμαίων καὶ πεμπομένους ἐπὶ τοὺς τόπους εὐπορεῖν προφάσεων, ἀφ' ὧν πολεμήσουσι.

2. Julius Obsequens, de Prodig., LXXX : Quum a Salassis illata clades esset Romanis, Decemviri pronuntiaverunt se invenisse in Sibyllinis, quoties bellum Gallis illaturi essent, sacrificari in eorum finibus oportere. Sur le droit qu'avaient les Décemvirs, préposés aux sacrifices, de consulter les livres sibyllins dans les circonstances critiques, cf. Alexandr. ab Alexandr., lib. III, 16. Quant à cet usage d'offrir un sacrifice sur les frontières des Gaulois, voici la note de Scheffer sur J. Obsequens, l. l. :

une nation voisine, au sujet de l'eau nécessaire pour l'exploitation des mines d'or, il dévasta tout leur territoire : les Romains lui envoyèrent deux des décemvirs préposés aux sacrifices.

CCXLVI. Claudius savait bien qu'il n'avait remporté aucune victoire : tel était néanmoins son orgueil que, sans avoir sollicité les honneurs du triomphe, ni dans le sénat, ni auprès du peuple, il demanda une somme d'argent pour les frais de cette solennité, comme si elle devait avoir lieu; quoique aucun décret ne l'eût autorisée.

An de Rome 612.

CCXLVII. Popilius remplit Viriathe d'un tel effroi, qu'il demanda incontinent la paix, même avant d'avoir

---

« De hac lege non recordor apud alios me quidpiam observare. Ac for-
« tassis ejus notitia Nostro soli accepta est ferenda. »

3. (Exc. Peir. LXXX. R. p. 34.)

4. Ὑπερυφανία, dans le manuscrit de Tours, par la confusion d'η et d'ι.

5. Ἐς αὐτὰ αὐτὰ ἀναλώματα, dans le même manuscrit : le second αὐτά provient d'une distraction du copiste.

6. (Exc. Urs. κδ'. CLXIII. R. p. 68-69.)

Dans le manuscrit de Munich n° 1 : Ὅτι ὁ Ποπίλιος : cet extrait manque dans le n° 3 et dans le manuscrit du Vatican n° 1418.

Le texte de Dion est fautif, ainsi que celui de Florus dans les éditions qui portent, II, 17 : Sed a successore Pompilio violata victoria est ; quippe qui conficiendæ rei cupidus, fractum ducem et extrema deditionis agitantem, per fraudem et insidias et domesticos percussores aggressus, hanc hosti gloriam dedit, ut videretur aliter vinci non potuisse. La véritable leçon est *a successore Servilio*. Cf. éd. Lemaire.

Le personnage dont il s'agit ici est désigné plus bas par le nom de sa dignité ὁ ὕπατος, et M. Popilius Lænas ne fut consul que l'an de Rome 615 : Viriathe avait été assassiné deux ans auparavant, sous le consulat de Q. Servilius Cæpion. La même erreur est dans Diod. de Sic., XXXIII, 21 de la Coll. Didot, et dans Sext. Aur. Victor, De Vir. Illustr., LXXI, où Arntzen a remplacé *a Popilio* par *a populo*. Cf. ses notes et les Eclaircissements à la fin du volume. Sur l'écriture Ποπίλλιος, cf. p. 38, not. 4.

τινὸς πειραθῆναι, προσπέμψαι· τούς τε κορυφαίους τῶν ἀποστάντων [1] ~~ἀπὸ~~ τῶν Ῥωμαίων ἐξαιτηθέντα, τοὺς μὲν ἀποκτεῖναι, ἐν οἷς καὶ ὁ κηδεστὴς αὐτοῦ [2], καίπερ ἰδίαν δύναμιν ἔχων, ἐφονεύθη· τοὺς δὲ καὶ ἐκδοῦναι, ὧν πάντων ὁ ὕπατος τὰς χεῖρας ἀπέκοψε. Κἂν παντελῶς κατελύσατο, εἰ μὴ καὶ τὰ ὅπλα ᾐτήθη· τοῦτο γὰρ οὔτ' αὐτὸν [3], οὔτε τὸ λοιπὸν πλῆθος ὑπομεῖναι [ἔφησεν] [4].

CCXLVIII. Ὅτι [5] Μόμμιος [6] καὶ ὁ Ἀφρικανὸς παμπληθὲς ἀλλήλων τοῖς τρόποις ἐς πάντα [7] διέφερον. Ὁ μὲν γὰρ ἐπί τε τὸ σωφρονέστατον καὶ μετὰ ἀκριβείας [8], μηδενὸς μηδὲν προτιμῶν, ἦρξε· καὶ [9] πολλοὺς μὲν ἐκ τῆς βουλῆς, πολλοὺς δὲ καὶ ἐκ τῶν ἱππέων, τῶν τε ἄλλων ὡς

---

1. Ἀποστατῶν dans F. Orsini. Sturz dit que le manuscrit de Munich n° 1 porte ἀπόστα (sic) τῶν. Il a pris pour un esprit rude le signe destiné, dans le manuscrit, à signaler cette leçon comme corrompue. L'ancienne est correcte.

2. J'adopte cette leçon avec Reimarus et Sturz : F. Orsini et le manuscrit de Munich n° 1 donnent ὁ κηδεστὴς ἦν αὐτοῦ.

3. Je conserve l'ancienne leçon, comme Reimarus et Sturz. F. Orsini lit οὔτ' αὐτός, d'après le manuscrit de Munich n° 1, qui d'ailleurs omet, à tort, l'article devant λοιπὸν et donne ὑπομῆναι, au lieu de ὑπομεῖναι, par la confusion d'η et d'ει.

4. Quoique le manuscrit de Munich n° 1 confirme l'ancienne leçon ἐποίησεν, qui paraissait justement suspecte à F. Orsini, je me décide, avec Reiske, à admettre dans le texte ἔφησεν, que je place entre deux crochets. Cette correction est nécessaire pour arriver à un sens plausible.

5. (Exc. Peir. LXXXI. R. p. 34-35.)

6. Le manuscrit de Tours donne Κλαύδιος au lieu de Μόμμιος : le copiste, par distraction, a écrit au commencement de ce fragment le même nom propre qu'en tête du fragment qui le précède dans le manuscrit. Ἀφρικνός, pour Ἀφρικανός, est une autre faute du copiste dans le même manuscrit.

risqué une bataille. Les Romains exigèrent qu'il mît à leur discrétion les hommes les plus marquants parmi ceux qui avaient déserté leur cause. Viriathe en fit périr plusieurs : dans ce nombre fut compris son gendre, quoiqu'il eût sous ses ordres un corps d'armée à part. Tous les autres furent livrés au consul, qui leur coupa les mains. La guerre eût été terminée en ce moment, si les Romains n'avaient pas demandé au chef Lusitanien qu'il leur remît même les armes : il déclara que ni lui ni ses soldats ne pouvaient se résigner à cette humiliation.

CCXLVIII. Mummius et Scipion l'Africain avaient un caractère tout à fait opposé. Modéré et d'une probité rigide, l'Africain ne fit acception de personne dans l'exercice de son autorité : il soumit à une enquête sévère beaucoup de sénateurs, beaucoup de chevaliers, et

---

7. Ou mieux, ἐς τὰ πάντα, proposé par Reiske. L'ancienne leçon, que je conserve, est confirmée par le manuscrit de Tours.

8. Reiske voudrait ajouter 1° ἀποκλίνας ou ῥέψας après ἀκριβείας, 2° πολιτευόμενος après πρὸς τὸ ἀνθρωπινώτερον, p. 62, lig. 2. Ces additions rendraient la phrase plus claire; mais elles ne sont pas indispensables : ἦρξε exprime l'autorité censoriale dont Scipion était revêtu. La préposition ἐπί avec l'accusatif, marquant le mouvement, la tendance vers une chose, la locution ἐπὶ τὸ.... ἦρξε me paraît très-suffisante pour signifier que Scipion donnait à l'exercice de son autorité telle ou telle direction : en d'autres termes, ἐπί avec l'accusatif renferme implicitement l'idée d'ἀποκλίνας ou de ῥέψας. Quant à πολιτευόμενος, il ne me semble nullement nécessaire de l'ajouter : il suffit de sous-entendre ἦρξε après πρὸς τὸ ἀνθρωπινώτερον, en appliquant à πρός ce que je viens de dire à propos d'ἐπί.

9. Ἦρξεν · καί, dans le manuscrit de Tours, où le ν paragogique est souvent ajouté devant les mots qui commencent par κ. Cf. tom. I, p. 247, not. 4 de cette édition.

ἑκάστους¹ εὔθυνεν· ὁ δὲ δὴ Μόμμιος πρός τε τὸ δημοτικώτερον καὶ πρὸς τὸ ἀνθρωπινώτερον²· οὔτ' αὐτός τινι κηλῖδα³ προσέθηκε, καὶ συχνὰ τῶν ὑπ' ἐκείνου πραχθέντων, ὅσα γε καὶ ἐνεδέχετο, κατέλυσεν. Ἐς τοσοῦτον γὰρ ἐπιεικείας φύσει προήκων ἦν, ὥστε καὶ τῷ Λουκούλλῳ χρῆσαί τε ἀγάλματα πρὸς τὴν τοῦ Τυχαίου⁴, ὃ ἐκ τοῦ Ἰϐηρικοῦ πολέμου κατεσκεύασε, καθιέρωσιν, καὶ μὴ βουληθέντος αὐτὰ ὡς καὶ ἱερὰ ἐκ τῆς ἀναθέσεως γεγονότα ἀποδοῦναι, μηδεμίαν ὀργὴν ποιήσασθαι· ἀλλ' ἐπὶ τῷ ἐκείνου ὀνόματι τὰ ἑαυτοῦ λάφυρα περιιδεῖν ἀνακείμενα⁵.

CCXLIX. Ὅτι⁶ Πομπήϊος⁷ πολλὰ⁸ καὶ ἐσφάλη, καὶ αἰσχύνην δεινὴν ὦφλεν. Ποταμὸν γάρ τινα διὰ τῆς τῶν Νουμαντίνων χώρας ῥέοντα βουληθεὶς ἐκ τῆς ἀρχαίας δι-

1. Sturz propose de remplacer ὡς ἑκάστους par ὡς πλείστους : la locution ὡς ἑκάστους est très-fréquente dans Thucydide, cf. I, 107, 113; III, 90, 107; IV, 25; V, 4, 57, etc., et dans Dion; cf. liv. XL, 4; XLII, 48; XLIV, 29; LIII, 18 : j'ai cru devoir la conserver; mais dans la traduction, j'ai suivi la conjecture de Sturz, qui s'accorde mieux avec l'enchaînement des idées. Sur la locution ὡς ἑκάστους, cf. Schæfer, sur les Ellipses grecques de Lambert Bos, p. 602, et le Thes. gr. ling. tom. III, p. 354-355, éd. Didot.
2. Scipion s'en plaignait en termes énergiques; Sext. Aur. Victor, De Vir. Illustr., LVIII, éd. Arntzen : Censor, Mummio collega segniore, in Senatu ait : *Utinam mihi collegam dedissetis, aut non dedissetis!*
3. Κιλίδα, dans le manuscrit de Tours, par la confusion d'η et d'ι.
4. H. de Valois aimerait mieux Εὐτυχαίου, à cause de τὸ τῆς Εὐτυχίας ἱερόν, qui se trouve dans le passage de Strabon, où ce fait est rapporté; cf. la note suivante. J'ai maintenu l'ancienne leçon, d'après le texte de Dion lui-même, XLIII, 21 : Ὁ γὰρ ἄξων τοῦ ἅρματος τοῦ πομπικοῦ, παρ' αὐτῷ τῷ Τυχαίῳ τῷ ὑπὸ τοῦ Λουκούλλου οἰκοδομηθέντι συνετρίβη, κτλ. La leçon τῷ Τυχαίῳ est confirmée par tous les manuscrits de Dion, dans ce passage.

un très-grand nombre de plébéiens. Mummius, au contraire, courant après la popularité et se piquant de philanthropie, n'imprima de flétrissure à personne et annula les actes de son collègue, toutes les fois qu'il en trouva l'occasion. Il était d'une excessive longanimité : en voici la preuve. Lucullus lui avait emprunté des statues pour la dédicace du temple qu'il avait élevé à la Fortune après la guerre d'Espagne ; mais il refusa de les lui rendre sous prétexte qu'elles étaient devenues saintes par cette cérémonie. Mummius ne témoigna aucun mécontentement, et vit, sans s'émouvoir, des dépouilles qui lui appartenaient, consacrées à la déesse au nom de Lucullus.

CCXLIX. Pompée commit plusieurs fautes qui le couvrirent de honte : il entreprit de changer le cours d'un fleuve du pays des Numantins et de verser ses

An de Rome 614.

---

5. Strabon, VIII, p. 263, éd. de Casaub., Paris, 1587 : Λεύκουλλος δὲ, κατασκευάσας τὸ τῆς Εὐτυχίας ἱερὸν καὶ στοάν τινα, χρῆσιν ᾐτήσατο ὧν εἶχεν ἀνδριάντων ὁ Μόμμιος, ὡς κοσμήσων τὸ ἱερὸν μέχρι ἀναδείξεως, εἶτ' ἀποδώσων· οὐκ ἀπέδωκε δὲ, ἀλλ' ἀνέθηκε, κελεύσας αἴρειν, εἰ βούλεται· πράως δ' ἤνεγκεν ἐκεῖνος, οὐ φροντίσας οὐδὲν, ὥστ' ηὐδοκίμει τοῦ ἀναθέντος μᾶλλον.

6. (Exc. Peir. LXXXII. R. p. 35.)

7. Reimarus, dans ses notes, l'appelle Q. Pompéius Rufus; mais on n'est pas sûr de son surnom; Pighius, Annal. Rom. t. II, p. 479, éd. Schott. : « Cn. Cæpionem et Q. Pompeium consules produnt Cassiodorus et Ma- « rianus Scotus ; Cæpionem et Papæum tabulæ græcæ, sed mendose ; « Cuspiniani vero tabulæ Cæpionem et Nepotem afferunt. Unde colligi « potest huic Pompeio Rufi cognomen non fuisse in Fastis additum, quod « nec in antiquis ejus denariis reperitur. » Velleius Paterculus, II, 1 ; et Florus, II, 18, l'appellent simplement *Pompeius*. Dans le manuscrit de Tours, Πομπήιος a été omis ; probablement parce qu'il se trouvait dans le texte de Dion, avant l'extrait donné par le Compilateur.

8. Reiske aimerait mieux : Πολλὰ πονήσας καὶ κτλ. Au lieu d'ajouter ce participe, il serait plus simple de supprimer καί, qui n'est point nécessaire.

ἐξόδου παρατρέψαι, ἐπὶ δὲ τοὺς ἀγροὺς αὐτῶν ἐφεῖναι [1], τοῦτο μὲν ἰσχυρῶς πονηθεὶς ἐξειργάσατο· πολλοὺς δὲ στρατιώτας ἀποβαλὼν, οὔτε τοῖς Ῥωμαίοις ὄφελος ἐκ τῆς παρεκτροπῆς γενέσθαι, οὔτε ἐκείνοις βλάβος [ἐποίησε [2]].

CCL. Ὅτι [3] Καιπίων [4] τοὺς μὲν πολεμίους οὐδὲν ὅ τι καὶ ἄξιον εἰπεῖν, τοὺς δὲ οἰκείους πολλὰ καὶ δεινὰ ἔδρασεν, ὥστε καὶ κινδυνεῦσαι ὑπ' αὐτῶν ἀπολέσθαι. Χαλεπῶς τε γὰρ αὐτοῦ καὶ τραχέως τοῖς τε ἄλλοις, καὶ μάλιστα τοῖς ἱππεῦσι χρωμένου, πολλοὶ πολλὰ καὶ ἄτοπα ταῖς νυξὶν ὅτι μάλιστα διέσκωπτον καὶ διεθρόουν, καὶ ἐφ' ὅσον γε ἐκεῖνος διὰ τοῦτ' ἠγανάκτει, ἐπὶ πλεῖον ἐτώθαζον, ὅπως ἐξοργίζοιτο. Ὡς οὖν τὸ πραττόμενον ἔνδηλον ἦν, ὑπεύθυνος δὲ οὐδεὶς εὑρίσκετο, ὑποτοπήσας ὑπὸ τῶν ἱππέων αὐτὸ γίγνεσθαι, καὶ ἐς οὐδένα τρέψαι δυνηθεὶς τὴν αἰτίαν, πᾶσιν αὐτοῖς τὴν ὀργὴν ἔφερεν [5]· καὶ ἐκέλευσεν αὐτοὺς ἑξακοσίους ὄντας τὸν ποταμὸν, παρ' ᾧ ἐστρατοπεδεύοντο, μετὰ μόνων [τῶν [6]] ἱπποκόμων διαβῆναι, καὶ ἐκ τοῦ ὄρους, ἐφ' ᾧ [7] ὁ Οὐϊρίαθος ηὐλίζετο ξυλίσασθαι.

Προὔπτου δὲ δὴ τοῦ κινδύνου πᾶσιν ὄντος, οἱ χιλίαρ-

---

1. Ἐφῆναι, et un peu plus loin ἐξηργάσατο, dans le manuscrit de Tours, par la confusion d'ει et d'η.

2. L'ancienne leçon, οὔτε τοῖς Ῥωμαίοις ὄφελος ἐκ τῆς παρεκτροπῆς γενέσθαι, οὔτε ἐκείνοις βλάβος, maintenue par Reimarus, est tronquée : à l'exemple de Sturz, j'ajoute ἐποίησε, proposé par Reiske; mais je le place entre deux crochets.

3. (Exc. Peir. LXXXIII. R. 35-36.)

4. Καπίων, dans le manuscrit de Tours, où les noms propres sont souvent altérés : H. de Valois a conservé cette leçon. La véritable est Καιπίων. Cf. Fr. CCLXXII. Dion, liv. LIV, 3; Appien, VI, 70 : Ὁ γὰρ

eaux dans leurs campagnes. Il y parvint après de grandes fatigues qui coûtèrent la vie à plusieurs soldats; mais le fleuve, ainsi détourné de son lit, ne procura aucun avantage aux Romains et ne causa point de dommage aux Numantins.

CCL. Cæpion ne fit essuyer aux ennemis aucune défaite qui mérite d'être citée; mais ses soldats eurent souvent à se plaindre beaucoup de lui : aussi fut-il bien près de périr par leurs mains. Morose, acariâtre envers tous, et plus encore envers la cavalerie, il se vit fréquemment en butte, surtout la nuit, à des propos offensants et à des sarcasmes : plus il s'en montrait blessé, plus on cherchait à faire éclater sa colère par de nouvelles attaques. L'insulte était évidente; mais les coupables restaient inconnus : ses soupçons se portèrent sur les cavaliers. Ne sachant qui accuser, il fit retomber son courroux sur tous : ils étaient au nombre de six cents. Cæpion leur ordonna de traverser, avec les palefreniers seulement, le fleuve voisin du camp et d'aller couper du bois sur la montagne, où Viriathe avait dressé sa tente.

Le danger était manifeste pour tous : les tribuns des

ἀδελφὸς Σερουϊλιανοῦ, τοῦ ταῦτα συνθεμένου, Καιπίων, διάδοχος αὐτῷ τῆς στρατηγίας γενόμενος, διέϐαλλε τὰς συνθήκας, καὶ ἀπέστειλε Ῥωμαίοις ἀπρεπεστάτας εἶναι κτλ.

5. Ou ἐπέφερεν, proposé par Reiske. Le copiste a bien pu omettre la préposition, comme il arrive souvent pour les mots composés ; mais la correction de Reiske n'est pas indispensable.

6. L'article m'a paru nécessaire : je l'ajoute d'après Reiske ; mais en le plaçant entre crochets.

7. Le manuscrit de Tours donne ἐφ' ὅ, variante qui peut se défendre. Sur ἐπί suivi de l'accusatif avec un verbe exprimant le repos, cf. Viger, De gr. Idiotism. p. 626, éd. Hermann.

χοι καὶ οἱ ὑποστράτηγοι ἐδέοντο αὐτοῦ μὴ ἀπολέσαι σφᾶς. Οἱ δὲ ἱππεῖς ὀλίγον ἐπισχόντες, ὡς καὶ ἐκείνων αὐτοῦ ἀκούσοντος, ἐπειδὴ [1] μηδὲν ἐνεδίδου, ἱκετεῦσαι μὲν αὐτὸν ἀπηξίωσαν, οὖπέρ που καὶ τὰ μάλιστα ἐγλίχετο· διολέσθαι δὲ μᾶλλον ἤ τι ἐπιεικὲς φθέγξασθαι πρὸς αὐτὸν ἑλόμενοι, ὥρμησαν ἐπὶ τὸ τεταγμένον· καὶ αὐτοῖς τό τε τῶν συμμάχων ἱππικὸν, καὶ ἄλλοι ἐθελονταὶ συνεξῆλθον. Καὶ τόν τε ποταμὸν διέβησαν, καὶ τὴν ὕλην ταμόντες, περὶ τὸ στρατήγιον [2] αὐτοῦ παρενέβαλον, ὡς καὶ καταπρήσοντες αὐτόν· κἂν κατεκαύθη, εἰ μὴ προεξέφυγεν.

CCLI. Ὅτι [3] Καιπίωνος μαχομένου τοῖς Ἴβηρσιν, οἱ βάρβαροι τοῦτον δείσαντες ἀποκτείνουσι τὸν αὐτῶν βασιλέα Οὐιρίαθον [4]· ὧν ἀφικόμενοί τινες πρὸς Καιπίωνα ἆθλα

---

1. Ἐπεὶ δέ, dans le manuscrit de Tours. A propos d'un passage analogue, où M. Boissonade préfère ἐπεὶ δέ ou ἐπειδὴ δὲ à l'ancienne leçon ἐπειδή (Anecdota Græca, t. II, p. 202), cf. sa note sur la permutation d'ἐπεὶ δὲ et ἐπειδὴ δέ.

2. Je lis στρατήγιον, comme dans Dion, LXXVI, 14 : Ἀλλ' ἀναβὰς ἐπὶ τὸ βῆμα, καὶ τελέσας ὅσα ἐχρῆν, ἐς τὸ στρατήγιον ἐπανῆλθε, leçon confirmée par les manuscrits de Xiphilin. H. de Valois et Reimarus donnent στρατηγεῖον, qui se trouve dans le manuscrit de Tours. Sturz a conservé cette leçon, tout en déclarant dans une note qu'il aimerait mieux στρατήγιον.

Quant au sens, H. de Valois traduit : *Igitur, trajecto amne, quum ligna cecidissent, reversi, facto impetu, prætorium ejus circumdedere, eo consilio vivum ut illum incenderent.* Reimarus a très-légèrement modifié cette version : *Sed, amne trajecto, quum ligna cecidissent, reversi, in prætorium ejus impetum fecere, vivum eum crematuri.* A l'appui de cette interprétation de παρενέβαλον, on peut citer Plutarque, Syll., XVII : Γάλβας δὲ καὶ Ὁρτήσιος, οἱ πρεσβευταί, σπείρας ἐπιτάκτους ἔχοντες ἔσχατοι, παρενέβαλον ἐπὶ τῶν ἄκρων φύλακες πρὸς τὰς κυκλώσεις. — Ἐνέβαλλον a le même sens dans Dion, L, 32 : Καὶ ἐνέβαλλον πεφραγμένοι πάντῃ. J'adopte néanmoins l'interprétation de Wagner pour le passage qui nous

soldats et les lieutenants conjurèrent Cæpion de ne pas les envoyer à la mort. Les cavaliers attendirent un moment, dans l'espoir qu'il écouterait leurs chefs ; mais voyant qu'il restait inflexible, ils ne voulurent point lui adresser eux-mêmes des prières ; ce qu'il désirait par-dessus tout. Ils aimèrent mieux mourir que de lui parler avec modération, et ils coururent exécuter ses ordres. Ils sortirent donc du camp suivis de la cavalerie des alliés et de quelques volontaires : ils franchirent le fleuve, et après avoir coupé du bois, ils allèrent l'entasser autour de la tente de Cæpion ; bien résolus à le faire périr dans les flammes. Il aurait été brûlé vif, s'il ne les avait prévenus par la fuite.

CCLI. Pendant que Cæpion faisait la guerre aux Espagnols, ceux-ci, redoutant sa colère, tuèrent Viriathe leur chef. Quelques-uns de ces barbares se rendirent ensuite

---

occupe : *Und nun setzten sie über den Fluss, fällten das Holz*, und trugen es um sein Zelt zusammen, *um ihn zu verbrennen*. M. Tafel donne le même sens : *Sie gingen über den Fluss, fällten das Holz*, und häuften es rings um das Feldherrnzelt, *um ihn zu verbrennen*. Pour que παρενέβαλον signifie *trugen es, häuften es*, il faut le prendre activement et sous-entendre ταύτην τὴν ὕλην.

3. (Exc. Vat. A. M. p. 547, éd. Rom.)

M. A. Mai dit à propos de cet extrait : « Fragmenti hujus partem poste-« riorem sumtam ex Suida, voc. ἐπιβουλή, transtulerat falso ad Polybium « Casaubonus ; partem vero priorem observaverat Gronovius apud eum-« dem Suidam, voc. Βορίανθος. Denique Schweighæuserus retulerat inter « historica Polybii fragmenta, t. V. p. 74 ; monens tamen lectores tum in « adnotationibus, tum in indice, non videri id Polybii scriptum. Mihi « nunc denique contigit, ut Dionem fragmenti auctorem sine dubitatione « detegerem. » Cf. les Éclaircissements à la fin du volume.

4. Βορίανθον, dans M. A. Mai. J'ai déjà parlé de cette écriture, à propos des variantes relatives au nom de Viriathe, p. 50, not. 2. Suidas, l. l. : Ὅτι βάρβαροί τινες κτείνουσι Βορίανθον τυραννήσαντα, ταύτῃ προσάγεσθαι τὸν τῶν Ῥωμαίων στρατηγὸν ἡγούμενοι εἰς εὔνοιαν.

5.

παρ' αὐτοῦ τῶν πεπραγμένων λαβεῖν ἠξίουν [1]· ὁ δὲ ἀποκρίνεται μηδαμῶς εἶναι Ῥωμαίοις ἔννομον, ἐν ἐπαίνῳ ποιεῖσθαι τὰς κατὰ τῶν στρατηγῶν τοῖς ἀρχομένοις ἐπιχειρουμένας ἐπιβουλάς [2].

CCLII. Ἐλθόντων Νουμαντίνων [3] πρέσβεων, οἱ Ῥωμαῖοι ἔξω τοῦ τείχους ἐδέξαντο αὐτοὺς [4], ἵνα μὴ καὶ βεβαιοῦν ἐκ τούτου [5] τὰς σπονδὰς δόξωσι. Ξένια μέντοι σφίσι [6] καὶ ὣς [7] ἐξέπεμψαν, μὴ βουληθέντες πω [8] τὴν ἐλπίδα αὐτῶν, ὡς καὶ συναλλαγησομένων, ἀφελέσθαι. Ἔλεγον δὲ οἱ μὲν περὶ τὸν Μαγκῖνον τήν τε ἀνάγκην τῶν ὡμολογημένων καὶ τὸ πλῆθος τῶν σεσωσμένων [9]· ὅτι τε πάνθ' ὅσα καὶ πρότερον ἐν τῇ Ἰβηρίᾳ ἐκέκτηντο, εἶχον· ἠξίουν τ' αὐτοὺς μὴ πρὸς τὴν παροῦσαν σφῶν ἄδειαν, ἀλλὰ πρὸς τὸν τότε περιστάντα τοὺς στρατιώτας κίνδυνον ἐκλογίζεσθαι, οὐχ ὅσα ἔδει γεγονέναι, ἀλλ' ὅσα ἐνεδέχετο πραχθῆναι. Οἱ δὲ Νουμαντῖνοι πολλὰ μὲν περὶ τῆς προτέρας σφῶν εἰς αὐτοὺς εὐνοίας, πολλὰ δὲ καὶ περὶ τῆς ἐκείνων μετὰ ταῦτα ἀδι-

---

1. Suidas, l. l.: Καὶ δὴ ἀφικόμενοι τῶν τοῦ Βοριάνθου αὐθεντῶν τινὲς, ἆθλα τῶν περὶ τὸν ἄνδρα πεπραγμένων ἠξίουν παρὰ Σκηπίωνος κομίζεσθαι.

2. Le passage ὁ δὲ ἀποκρίνεται — ἐπιβουλάς est fidèlement reproduit dans Suidas, où il commence ainsi : Ὁ δὲ Σκηπίων ἀποκρίνεται κτλ.

3. (Exc. Urs. κε'. CLXIV. R. p. 69.)

Dans le manuscrit de Munich n° 1, cet extrait commence ainsi: Ὅτι ἐλθόντων ουμαντίνων, pour Νουμαντίνων, par l'omission de la lettre initiale; ce qui a souvent lieu, surtout dans les noms propres. Il manque dans le n° 3 et dans le manuscrit du Vatican n° 1418. M. Tafel, p. 172, le place sous la date de l'an de Rome 614 ; mais c'est, je crois, une erreur. La convention entre Mancinus et les Numantins fut conclue l'an 617 (ou 616 d'après la supputation de Pighius) : ce fut l'année suivante que les consuls proposèrent au Sénat de ne pas la sanctionner, et de livrer aux Numantins

auprès de Cæpion, dans l'espoir de recevoir de lui la récompense de leur crime. Il répondit qu'il n'était point d'usage chez les Romains d'approuver les attentats commis contre la vie d'un général par ses soldats.

CCLII. Des députés de Numance s'étaient rendus à Rome ; mais ils furent reçus hors des murs : en les admettant dans la ville, les Romains auraient craint de paraître ratifier la convention. Ils leur envoyèrent néanmoins les présents des hôtes, pour ne pas leur ôter tout espoir d'obtenir la paix. Les amis de Mancinus insistèrent sur la nécessité qui l'avait forcé d'accepter cette convention, sur le grand nombre de soldats dont elle avait assuré le salut, et sur ce que la République avait conservé toutes ses conquêtes en Espagne. Ils supplièrent leurs concitoyens d'apprécier, moins d'après leur sécurité présente que d'après le danger où l'armée s'était alors trouvée, ce qui avait été possible, et non pas ce qui aurait dû être fait. Les Numantins, à leur tour, par-

An de Rome 618.

Mancinus, Tib. Gracchus et les autres auteurs de cette convention. Cf. Pighius, Ann. Rom., t. II, p. 495-499, éd. Schott.

4. Comme c'était l'usage, à Rome, pour les députés d'un peuple ennemi. Cf. tom. I, p. 248, not. 5, et p. 319, not. 9, de cette édition.

5. J'ai dû paraphraser ἐκ τούτου, pour être clair.

6. Μὲν τοῖς σφίσι, faute du copiste dans le manuscrit de Munich n° 1.

7. Ὥσπερ, dans le même manuscrit : le sens exige καὶ ὥς.

8. Πως, dans le même manuscrit, et un peu plus loin ὁμολογημένων, que j'adopte, en rétablissant l'augment souvent négligé ; cf. p. 8, n. 4 ; p. 15, n. 6. Reimarus et Sturz maintiennent l'ancienne leçon ὁμολογησαμένων : elle ne s'accorde pas aussi bien avec σεσωσμένων.

9. Plutarque, Tib. Gracch., V, en porte le nombre à vingt mille : Οὕτω δὴ πεμφθεὶς ὁ Τιβέριος, καὶ συγγενόμενος τοῖς ἀνδράσι, καὶ τὰ μὲν πείσας, τὰ δὲ δεξάμενος ἐσπείσατο, καὶ δισμυρίους ἔσωσε περιφανῶς Ῥωμαίων πολίτας κτλ.

κίας [1], ὑφ' ἧς ἐς τὸν πόλεμον κατέστησαν, τήν τε τοῦ Πομπηίου [2] ψευδορκίαν προέφερον, καὶ τῆς τοῦ Μαγκίνου καὶ τῶν ἄλλων σωτηρίας εὐεργεσίαν [3] ἀπῄτουν. Οἱ δὲ Ῥωμαῖοι [4] καὶ τὰς σπονδὰς ἔλυσαν, καὶ τὸν Μαγκῖνον ἐκδοθῆναι τοῖς Νουμαντίνοις ἔγνωσαν [5].

CCLIII. Ὅτι [6] ὁ Κλαύδιος [7] πολλὰ ἂν καὶ ἄτοπα ὑπὸ τραχύτητος εἰργάσατο, εἰ μήπερ ὁ συνάρχων αὐτοῦ Κύϊντος [8] ἐκώλυσεν. Ἐπιεικὴς γὰρ ὢν καὶ ἐναντιωτάτην αὐτῷ φύσιν ἔχων, ὀργῇ μὲν οὐδέν οἱ ἀντέπραξεν· ἐνδιδοὺς δέ πη καὶ πράως πως αὐτῷ χρώμενος οὕτως αὐτὸν μετεχειρίσατο [9], ὥστε ἐλάχιστα πικρανᾶσθαι.

CCLIV. Ὅτι [10] ὁ Φούριος [11] ἐξήγαγεν ἐν τοῖς ὑποστρατήγοις τὸν Πομπήϊον καὶ τὸν Μέτελλον, καίπερ καὶ ἑαυτῷ καὶ ἀλλήλοις ἐχθροὺς ὄντας [12], ὅπως ὡς καὶ μέγα τι πράξων τόν τε ἔλεγχον τῶν ἔργων ἀκριβῆ ποιήσηται, καὶ τὴν μαρτυρίαν τῆς ἀρετῆς καὶ παρὰ ἀκόντων σφῶν λάβῃ.

1. Cf. Florus, II, 18.
2. Je suis le texte de F. Orsini, comme Reimarus et Sturz. Leunclavius avait omis ἐς devant τὸν πόλεμον, et τοῦ devant Πομπηίου. — Τέ manque dans le manuscrit de Munich n° 1.
3. Ce passage n'offre aucune difficulté en donnant à εὐεργεσίαν la signification d'ἀντίχαριν — *accepti beneficii gratiam*. Cf. le Scoliaste de Thucydide, I, 137, et le Thes. gr. ling., tom. III, p. 2247, éd. Didot.
4. L'absence des mots οἱ δὲ Ῥωμαῖοι, dans F. Orsini et dans le manuscrit de Munich n° 1, rendait la phrase inintelligible. Reimarus et Sturz les ajoutent, d'après Leunclavius : j'ai suivi leur exemple.
5. Appien, VI, 83 : Μαγκῖνον δ' ἔγνωσαν ἐκδοῦναι τοῖς Νομαντίνοις, ἄνευ σφῶν αἰσχρὰς συνθήκας πεποιημένον.
6. (Exc. Peir. LXXXIV. R. p. 36.)
7. Appius Claudius Pulcher. Cf. Pighius, l. l., tom. II, p. 499, éd. Schott.
8. Q. Fulvius Nobilior. Cf. le même, l. l.

lèrent longuement de leur ancien dévouement pour Rome, des injustices qui les avaient ensuite réduits à faire la guerre, et du parjure de Pompée. Enfin ils demandèrent qu'on les récompensât d'avoir sauvé Mancinus et ses compagnons; mais les Romains annulèrent la convention, et décretèrent que Mancinus serait livré aux Numantins.

CCLIII. L'humeur brusque de Claudius lui aurait fait souvent commettre de grandes fautes, si Quintus, son collègue, ne les avait prévenues. Plein de modération, et d'un caractère tout à fait opposé à celui de Claudius, il ne lui résistait jamais avec colère. Il cédait même quelquefois, et il parvint si bien à le dompter par sa douceur, que Claudius s'abandonna très-rarement à ses emportements.

CCLIV. Furius prit pour lieutenants Pompée et Métellus, malgré la haine qu'ils lui portaient et quoiqu'ils fussent ennemis l'un de l'autre : espérant s'illustrer par quelques actions d'éclat, il voulut pouvoir en fournir des preuves irréfragables et forcer ses ennemis à rendre eux-mêmes hommage à sa valeur.

9. Μετεχειρήσατο, dans le manuscrit de Tours, par la confusion d'η et d'ι.
10. (Exc. Peir. LXXXV. R. p. 36.)
11. Ὁ Φρούριος, dans le manuscrit de Tours, où les noms propres sont souvent altérés, comme je l'ai déjà fait remarquer. Il est question de Publius Furius Philus, qui fut consul avec Sextus Atilius Serranus. Cf. Pighius, l. l.
12. Valère Maxime, III, 7, 5 : P. Furius Philus. .... Q. enim Metellum Quintumque Pompeium, consulares viros, vehementes inimicos suos, cupitam sibi profectionem in provinciam Hispaniam, quam sortitus erat, identidem exprobrantes, legatos secum illuc ire coegit. O fiduciam non solum fortem, sed pæne etiam temerariam! quæ duobus acerrimis odiis latera sua cingere ausa est, usumque ministerii vix tutum in amicis, e sinu inimicorum petere sustinuit.

CCLV. Ὅτι [1] ὁ Γράκχος ὁ Τιβέριος ἐτάραξε τὰ τῶν Ῥωμαίων, καίπερ καὶ γένους ἐς τὰ πρῶτα [2] πρὸς τὸν πάππον τὸν Ἀφρικανὸν [3] ἀνήκων, καὶ φύσει ἀξία αὐτοῦ χρώμενος, τά τε τῆς παιδείας [4] ἔργα ἐν τοῖς μάλιστα ἀσκήσας, καὶ φρόνημα μέγα ἔχων. Ὅσῳ γὰρ πλείω καὶ ἰσχυρότερα [5] ταῦτα ἐκέκτητο [6], μᾶλλον ἔς τε φιλοτιμίαν ἀπ' αὐτῶν προήχθη· καὶ, ἐπειδὴ ἅπαξ ἔξω τοῦ βελτίστου παρετράπη, καὶ ἄκων ἐς τὸ κάκιστον ἐξώκειλεν [7].

Ἐπειδὴ γὰρ αὐτῷ [8] τὰ τῶν Νουμαντίνων ἐπινίκια ἀπεψηφίσθη, καὶ αὐτὸς τιμηθήσεσθαι πρότερον [9], ἅτε καὶ πρυτανεύσας αὐτὰ [10], ἐλπίσας, οὐχ ὅπως τοιούτου τινὸς

---

1. (Exc. Peir. LXXXVI. R. p. 36-37.)
2. Dion affectionne la locution ἐς τὰ πρῶτα ἀνήκειν. Je me borne à quelques exemples; liv. XXXVIII, 22 : Καὶ σωφροσύνης ἐς τὰ πρῶτα ἀνήκεις. Liv. LXXIII, 16 : Ἀξιώσει μὲν ἐς τὰ πρῶτα ἀνήκων. Ces deux passages, et celui qui nous occupe, prouvent que H. Étienne avait raison de proposer τῆς τε συμπάσης ἀρετῆς ἐς τὰ πρῶτα ἀνήκοντες, liv. LXII, 26, au lieu de τῆς τε συμπάσης ἀρετῆς τὰ πρῶτα ἀνήκοντες.
3. Reiske voulait lire πρὸς τοῦ πάππου τοῦ Ἀφρικανοῦ. Sturz rejette cette conjecture, par la raison que πρός est souvent employé dans le sens de διά. Les exemples auxquels il se réfère, cf. p. 82-83, tom. I, de son édition, m'ont paru décisifs. Je maintiens donc l'ancienne leçon, et je traduis d'après l'interprétation de Sturz : *quia avus ejus erat Africanus.*
4. Cf. Cicéron, Brutus, XXVII.
5. Ἰσχυρώτερα, dans Reimarus. La même faute se trouve dans son édition, liv. XLVIII, 17 : Καὶ ναυτικὸν ἰσχυρώτατον συνήγαγε; mais elle porte ἰσχυροτέραν, XL, 40, et ἰσχυρότερα, L, 7, qui sont les seules formes correctes. M. Boissonade, Anecd. Gr. IV, p. 60, not. 6, dit à ce sujet : « In Constan- « tini libro de Cerimon. p. 239 B, ἰσχυρώτατοι relinquere non debuit Rei- « skius, e cujus nota patet vocis ἰσχυρός quantitatem quæ sit ignorasse « virum circa talia negligentem, cetera egregium. » Cf. le même, not. sur Babrius, p. 42, n. 4.
6. Ἐκέκτηντο est une faute du copiste dans le Ms. de Tours : il porte ensuite ἔς τε φιλοτιμίαν, que je substitue à l'ancienne leçon ἐς φιλοτιμίαν.

CCLV. Tibérius Gracchus troubla la République, malgré son illustre naissance qui lui avait donné Scipion l'Africain pour aïeul, et quoiqu'il joignît à un naturel digne de cette origine une grande instruction et une âme élevée. Plus ces avantages étaient éminents chez lui, plus ils allumèrent son ambition : une fois sorti du droit chemin, il fut involontairement entraîné aux entreprises les plus blâmables.

Le consul n'avait pas obtenu le triomphe pour la pacification des Numantins. Tib. Gracchus, qui avait négocié la convention faite avec ce peuple, loin d'en retirer quelque honneur, comme il l'avait d'abord espéré, fut

7. Ἐξώκειλε, dans le même manuscrit. Sur le ν paragogique omis à la fin des phrases, cf. l'Introduction, tom. I, p. LIX, de cette édition.

8. Suivant H. de Valois, αὐτῷ devrait être remplacé par Αὔλῳ, qui serait le prénom de Mancinus. Reimarus répond qu'Aulus n'est point le véritable prénom de Mancinus, quoiqu'il lui soit donné par Sext. Aurel. Victor, De Viris Illustr. LIX, où il faut lire Caius Mancinus, comme le prouve Arntzen dans ses notes, l. l. Cf. Plutarque, Tib. Gracchus, V : Ἔλαχε .... Γαΐῳ Μαγκίνῳ συστρατεύειν κτλ. Au lieu de αὐτῷ, Reimarus propose ὑπάτῳ, ou τῷ ὑπάτῳ. Mais il n'y a ici aucun changement à faire : αὐτῷ peut être maintenu, et doit s'entendre de Mancinus dont il venait probablement d'être question dans un passage de Dion, omis par le compilateur. Cf. les Éclaircissements à la fin du volume.

9. Reiske aimerait mieux λαμπρότερον, ou προθυμότερον, ou bien προχειρότερον. Ces trois conjectures sont également ingénieuses ; mais l'ancienne leçon m'a paru pouvoir être conservée.

10. Plutarque, l. l. : Ἀπογνοὺς τὴν ἐκ τοῦ βιάζεσθαι σωτηρίαν ὁ Μαγκῖνος, ἐπεκηρυκεύετο περὶ σπονδῶν καὶ διαλύσεων πρὸς αὐτούς · οἱ δὲ πιστεύειν ἔφασαν οὐδενὶ, πλὴν μόνῳ Τιβερίῳ, καὶ τοῦτον ἐκέλευον ἀποστέλλειν πρὸς αὐτούς. Ἐπεπόνθεσαν δὲ τοῦτο καὶ δι' αὐτὸν τὸν νεανίσκον · ἦν γὰρ αὐτοῦ πλεῖστος λόγος ἐπὶ στρατιᾶς ..... Οὕτω δὴ πεμφθεὶς κτλ. Cf. Appien, VI, 79-83.

ἔτυχεν, ἀλλὰ καὶ προσεκινδύνευσεν ἐκδοθῆναι, [καὶ¹] ἔγνω τὰ πράγματα, οὐκ ἀπ' ἀρετῆς, οὐδὲ ἀπ' ἀληθείας ², ἀλλ' ὥς που καὶ ἔτυχεν, ἐξεταζόμενα· ταύτην μὲν τὴν ὁδὸν τῆς δόξης ὡς οὐκ ἀσφαλῆ ἀφῆκε· τρόπον δέ τινα πρωτεῦσαι πάντως ἐπιθυμήσας, καὶ τοῦτο διὰ τοῦ ὁμίλου μᾶλλον ἢ τῆς βουλῆς ἐξεργάσασθαι προσδοκήσας, ἐκείνῳ προσέθετο.

CCLVI. Ὅτι ³ Μάρκος ⁴ Ὀκταούϊος τῷ Γράκχῳ διὰ φιλονεικίαν συγγενικὴν ⁵ ἑκὼν ⁶ ἀντηγωνίζετο ⁷. Καὶ ἐκ τούτου οὐδὲν μέτριον ἐπράττετο· ἀλλ' ἀντιφιλονεικοῦντες περιγενέσθαι μᾶλλον ἀλλήλων, ἢ τὸ κοινὸν ὠφελῆσαι, πολλὰ μὲν καὶ βίαια, ὥσπερ ἐν δυναστείᾳ τινί, ἀλλ' οὐ δημοκρατίᾳ, ἔπραξαν· πολλὰ δὲ καὶ ἄτοπα, ὥσπερ ἐν πολέμῳ τινί, ἀλλ' οὐκ εἰρήνῃ ἔπαθον. Τοῦτο μὲν γὰρ εἷς πρὸς ἕνα, τοῦτο δὲ πολλοὶ κατὰ συστάσεις ⁸, λοιδορίας τε ἐπαχθεῖς καὶ μάχας, οὐχ ὅτι κατὰ τὴν ἄλλην πόλιν, ἀλλὰ καὶ ἐν αὐτῷ τῷ βουλευτηρίῳ τῇ τε ἐκκλησίᾳ ἐποιοῦντο· τῇ μὲν [γὰρ] προφάσει τῇ τοῦ νόμου χρώμενοι ⁹, τῷ δὲ ἔργῳ καὶ

---

1. Je place entre crochets la conjonction καί, qui embarrasse la phrase. Reimarus conseille de lire καὶ ἔγνω, au lieu de l'ancienne leçon ἔγνω καί : c'est ce que je fais.

2. Ἐπ' ἀληθείας, dans le manuscrit de Tours : sur la confusion d'ἀπό et ἐπί, cf. M. Boissonade, Notices des manuscrits, tom. X, p. 150, 170.

3. (Exc. Peir. LXXXVII. R. p. 37.)

4. De même dans Plutarque, l. l., X, et dans Appien, Guer. Civ., I, 12. Cnœus est une faute dans Florus, III, 14.

5. Plutarque, l. l., l'appelle ἑταῖρον τοῦ Τιβερίου καὶ συνήθη. Reimarus conclut d'un passage de la vie de C. Gracchus, IV, qu'à la prière de sa mère, C. Gracchus renonça à sa proposition contre Octavius. Le voici : Τὸν δ' ἕτερον νόμον Γάϊος αὐτὸς ἐπανείλετο, φήσας, τῇ μητρὶ Κορνηλίᾳ δεηθείσῃ χαρίζεσθαι τὸν Ὀκταούϊον.

sur le point d'être livré aux Numantins : il comprit alors que les choses sont jugées non pas d'après la vérité et la vertu, mais sans règle et sans raison, et il abandonna une route peu sûre pour arriver à la gloire. Avide de monter au premier rang, n'importe par quel moyen, et se flattant d'y parvenir plutôt avec l'appui du peuple qu'avec celui du Sénat, il se voua tout entier aux plébéiens.

CCLVI. Par une rivalité de famille, M. Octavius s'était volontairement fait l'antagoniste de Gracchus : dès lors ils ne gardèrent plus de mesure. Dans cette lutte, chacun cherchant à supplanter son rival plutôt qu'à servir la patrie, ils se portèrent souvent à des actes de violence plus dignes d'un gouvernement despotique que d'un gouvernement démocratique, et ils eurent autant à souffrir que si l'on avait été en guerre, et non en pleine paix. Les citoyens, tantôt combattant l'un contre l'autre, tantôt réunis en groupes séditieux, excitèrent des rixes affligeantes et des combats, non-seulement dans les divers quartiers de la ville, mais jusque dans le sénat et dans l'assemblée du peuple. La loi tribunitienne ser-

An de Rome 621.

---

6. Reiske propose de remplacer ἑκών par ἐχθρὸς ὤν. J'ai maintenu l'ancienne leçon, d'après le manuscrit de Tours : elle donne un sens très-plausible.

7. Ἀντιγωνίζετο, dans le même manuscrit, par la confusion d'η et d'ι.

8. A l'ancienne leçon στάσεις je substitue συστάσεις, d'après la conjecture de Reiske. Elle est confirmée par Dion, XLVIII, 31 : Τὸ μὲν πρῶτον κατὰ συστάσεις γιγνόμενοι. La préposition a pu être omise par le copiste. Cf. Plutarque, Tib. Gracch., XVI.

9. Dans Reimarus : ἐποιοῦντο. Τῇ μὲν γὰρ προφάσει τῇ τοῦ νόμου χρώμενοι, τῷ δὲ ἔργῳ καὶ ἐς τὰ ἄλλα πάντα διασπευδόμενοι. Sturz conserve cette ponctuation et substitue γε à γάρ que Reiske voulait supprimer ; mais

ἐς τὰ ἄλλα πάντα διασπευδόμενοι [1], ὥστε ἐν μηδενὶ ἀλλήλων ἐλαττοῦσθαι. Κἀκ τούτου οὔτ' ἄλλο τι τῶν εἰθισμένων ἐν κόσμῳ συνέβαινεν, οὔθ' αἱ [2] ἀρχαὶ τὰ νενομισμένα ἔπρασσον [3]. Τὰ δὲ δικαστήρια ἐπέπαυτο, καὶ συμβόλαιον οὐδὲν ἐγίγνετο· ἀλλ' ἥ τε ταραχὴ καὶ ἡ ἀκρισία πανταχοῦ πολλὴ ἦν· καὶ ὄνομα πόλεως ἔφερον, στρατοπέδου δὲ οὐδὲν ἀπεῖχον [4].

CCLVII. Ὅτι [5] ὁ Γράκχος τοῖς στρατευομένοις ἐκ τοῦ ὁμίλου νόμους [6] τινὰς ἐπικουροῦντας ἔγραφε, καὶ τὰ δικαστήρια ἀπὸ τῆς βουλῆς ἐπὶ τοὺς ἱππέας μετῆγε [7], φύρων καὶ ταράσσων πάντα τὰ καθεστηκότα, ὅπως ἔκ γε τούτου ἀσφαλείας τινὸς ἐπιλάβηται. Καὶ ὡς οὐδὲν οὐδὲ ἐνταῦθα αὐτῷ προεχώρει, ἀλλὰ καὶ ἐπ' ἐξόδῳ τῆς ἀρχῆς ἦν, καὶ ἔμελλεν ἀπαλλαγεὶς αὐτῆς αὐτίκα τοῖς ἐχθροῖς ὑποβληθή-

---

il est choqué de l'agglomération des participes. « Sane, dit-il, participia vix possunt posita putari pro temporibus finitis. » Au lieu du point final après ἐποιοῦντο, j'ai mis le point en haut, comme dans le manuscrit de Tours et dans H. de Valois, et j'ai placé γάρ entre crochets, comme un mot douteux : de cette manière, la phrase n'a rien que de régulier.

1. Reiske dit, à propos de ce participe : *Est verbum Cassio proprium, solœcum*. Sa remarque est réfutée par un passage d'Harpocration : Διεσπευσάμην· ἀντὶ τοῦ διὰ σπουδῆς ἐπονησάμην, ἢ ἀντὶ τοῦ διεπραξάμην· Ἰσαῖος ἐν τῷ πρὸς Ἕρμωνα περὶ ἐγγύης. Cf. Thes. gr. ling., tom. II, p. 1320, éd. Didot, et Dion, liv. LII, 7 : Τούτοις δ' ἂν μὲν ἑτέρους δικαστὰς καθίζῃς, ἀπολύοιντό τε ἂν διασπευδόμενοι, καὶ μάλιστα ὅσους ἂν ἐχθραίνειν νομίσῃς.

2. Οὔτ' αἱ, faute du copiste dans le manuscrit de Tours.

3. Plutarque, Tib. Gracch., X : Οὐκ ἀνασχομένου δὲ τοῦ Ὀκταουίου, διαγράμματι τὰς ἄλλας ἀρχὰς ἁπάσας ἐκώλυσε χρηματίζειν, ἄχρις ἂν ἡ περὶ τοῦ νόμου διενεχθῇ ψῆφος· τῷ δὲ τοῦ Κρόνου ναῷ σφραγῖδας ἰδίας ἐπέβαλεν, ὅπως οἱ ταμίαι μηδὲν ἐξ αὐτοῦ λαμβάνοιεν, μηδ' εἰσφέροιεν. Καὶ τοῖς ἀπειθήσασι τῶν στρατηγῶν ζημίαν ἐπεκήρυξεν, ὥστε πάντας ὑποδείσαντας ἀφεῖναι τὴν ἑκάστῳ

vait de prétexte ; mais en réalité, chacun faisait tous ses efforts pour ne pas être au-dessous du parti contraire. Au milieu de ces dissensions, les magistrats ne remplissaient plus leur devoir, l'ordre public était bouleversé, l'action de la justice suspendue, le commerce arrêté. Partout régnaient le trouble et la confusion : Rome conservait le nom de ville ; mais elle ne différait en rien d'un camp.

CCLVII. Tib. Gracchus proposa plusieurs lois en faveur des plébéiens qui étaient sous les drapeaux, et transporta du sénat aux chevaliers le droit de rendre la justice. Il troubla et bouleversa toute la constitution, dans le but de trouver ainsi quelque sécurité ; mais ses efforts furent impuissants. Cependant il touchait à la fin de son tribunat : prévoyant que, du moment où il ne serait plus revêtu de cette charge, il se verrait en butte à la haine de

---

προσήκουσαν οἰκονομίαν. Ἐντεῦθεν οἱ κτηματικοὶ τὰς μὲν ἐσθῆτας μετέβαλον, καὶ περιῄεσαν οἰκτροὶ καὶ ταπεινοὶ κατὰ τὴν ἀγοράν· ἐπεβούλευον δὲ τῷ Τιβερίῳ κρύφα, καὶ συνίστασαν ἐπ' αὐτὸν τοὺς ἀναιρήσοντας κτλ.

4. Εἶχον, dans le manuscrit de Tours, par l'omission de la préposition, suivant l'usage des copistes. Reiske propose trois conjectures : 1° στρατοπέδου δ' ἰδέαν εἶχον, 2° στρατοπέδου δ' οὐδὲν διέφερον, 3° στρατοπέδου δ' οὐδὲν (s.-ent. ἦν) ὃ οὐκ εἶχον. Sturz n'était pas éloigné d'admettre la première ; mais, comme il le dit, aucun changement n'est nécessaire : « Quum tamen ἀπεῖχον recte reddi possit *aberant*, nempe Romani, « nihil mutandum duxi. »

5. (Exc. Peir. LXXXVIII. R. p. 37-38.)

6. Νόμου, variante fautive dans le manuscrit de Tours.

7. Plutarque, l. l. , XVI : Αὖθις ἄλλοις νόμοις ἀνελάμβανε τὸ πλῆθος, τούς τε χρόνους τῶν στρατειῶν ἀφαιρῶν, καὶ διδοὺς ἐπικαλεῖσθαι τὸν δῆμον ἀπὸ τῶν δικαστῶν, καὶ τοῖς κρίνουσι τότε, συγκλητικοῖς οὖσι, καταμιγνὺς ἐκ τῶν ἱππέων τὸν ἴσον ἀριθμὸν, καὶ πάντα τρόπον ἤδη τῆς βουλῆς τὴν ἰσχὺν κολούων κτλ.

σεσθαι, ἐπεχείρησε καὶ ἐς τὸ ἐπιὸν ἔτος μετὰ τοῦ ἀδελφοῦ δημαρχῆσαι, καὶ τὸν πενθερὸν [1] ὕπατον ἀποδεῖξαι, μηδὲν μήτ' εἰπεῖν, μήθ' ὑποσχέσθαι τισὶν ὀκνῶν [2]. Καὶ πενθίμην ἐσθῆτα πολλάκις ἐνεδύετο [3], τήν τε μητέρα καὶ τὰ παιδία ἐς τὸ πλῆθος παρῆγε συνδεδεμένα.

CCLVIII. Ὅτι [4] Σκηπίων ὁ [5] Ἀφρικανὸς φιλοτιμίᾳ πλείονι παρὰ τὸ προσῆκον τό τε ἁρμόζον τῇ ἄλλῃ αὐτοῦ ἀρετῇ ἐχρῆτο. Οὔκουν οὐδὲ τῶν ἀντιστασιαστῶν τις αὐτῷ θανόντι ἐφήσθη [6]· ἀλλὰ καὶ ἐκεῖνοι, καίπερ βαρύτατον αὐτὸν σφίσι νομίζοντες εἶναι, ἐπόθησαν. Χρήσιμόν τε γὰρ πρὸς τὰ κοινὰ ἑώρων, καὶ δεινὸν οὐδὲν οὐδ' [7] ἂν σφεῖς παθεῖν ἀπ' αὐτοῦ προσεδόκων. Ὑπεξαιρεθέντος δὲ τούτου, πάντα αὖθις τὰ τῶν δυνατῶν ἠλαττώθη, ὥστε ἐπ' ἀδείας τοὺς γεωνόμους πᾶσαν, ὡς εἰπεῖν, τὴν Ἰταλίαν πορθῆσαι.

Καί μοι ἐς τοῦτο ὅτι μάλιστα ἀποσκῆψαι δοκεῖ τό τε

---

1. C'est-à-dire, Appius Claudius, qui avait été chargé de procéder au partage des terres avec Tib. et C. Gracchus; Appien, Guer. Civ. 1, 13 : Διανέμειν τε αὐτὴν (s.-ent. τὴν γῆν) ἐχεχειροτόνηντο πρῶτοι, Γράκχος αὐτὸς, ὁ νομοθέτης, καὶ ἀδελφὸς ὁμώνυμος ἐκείνου, καὶ ὃς ἐκήδευε τῷ νομοθέτῃ Κλαύδιος Ἄππιος.

2. Dion emploie la même locution, Fr. CCLXV, p. 92, en parlant de Marius : Καὶ γὰρ εἰπεῖν τι καὶ ὑποσχέσθαι καὶ ψεύσασθαι, καὶ ἐπιορκῆσαι, ἐν ᾧ πλεονεκτήσειν ἤλπιζεν, ἑτοιμότατα ἐτόλμα.

3. Appien, l. l., 14 : Ἔριδος δὲ καὶ ἐπὶ τῷδε πολλῆς γενομένης, ὁ Γράκχος ἐλαττούμενος, τὴν μὲν χειροτονίαν ἐς τὴν ἐπιοῦσαν ἡμέραν ἀνέθετο. Πάντα δ' ἀπογνοὺς ἐμελανειμόνει τε ἔτι ὢν ἔναρχος, καὶ τὸ λοιπὸν τῆς ἡμέρας ἐν ἀγορᾷ τὸν υἱὸν ἐπάγων ἑκάστοις συνίστη καὶ παρετίθετο, ὡς αὐτὸς ὑπὸ τῶν ἐχθρῶν αὐτίκα ἀπολούμενος.

4. (Exc. Peir. LXXXIX. R. p. 38.)

5. Cet article manque dans H. de Valois, dans Reimarus et dans Sturz : je l'ajoute d'après le manuscrit de Tours.

ses ennemis, il chercha à se faire nommer tribun pour l'année suivante avec son frère et à obtenir le consulat pour son beau-père. Il ne recula devant aucune flatterie, ni devant aucune promesse : souvent même il paraissait au milieu de la multitude, en habits de deuil et accompagné de sa mère et de ses enfants, qui unissaient leurs prières aux siennes.

CCLVIII. Scipion l'Africain eut une ambition démesurée et qui s'accordait mal avec ses vertus. Cependant aucun de ses adversaires ne se réjouit de sa mort : elle leur causa même des regrets, quoiqu'ils le regardassent comme l'antagoniste le plus redoutable; tant ils étaient persuadés qu'il était utile à la République, et qu'ils n'auraient eu eux-mêmes aucun mauvais traitement à essuyer de sa part. A peine fut-il mort que la puissance des patriciens se trouva affaiblie, et les fauteurs du partage des terres purent sans crainte porter le ravage, pour ainsi dire, dans toute l'Italie.

An de Rome 625.

Une grande quantité de pierres, tombées du ciel sur

---

6. Appien, l. l., 20 : Ὁ Σκιπίων. ... νεκρὸς ἄνευ τραύματος εὑρέθη· εἴτε Κορνηλίας αὐτῷ, τῆς Γράκχου μητρὸς, ἐπιθεμένης, ἵνα μὴ ὁ νόμος ὁ Γράκχου λυθείη, καὶ συλλαβούσης εἰς τοῦτο Σεμπρωνίας τῆς θυγατρὸς, ἢ τῷ Σκιπίωνι γαμουμένη, διὰ δυσμορφίαν καὶ ἀπαιδίαν, οὔτ᾽ ἐστέργετο οὔτ᾽ ἔστεργεν· εἴθ᾽, ὡς ἔνιοι δοκοῦσιν, ἑκὼν ἀπέθανε, συνιδὼν ὅτι οὐκ ἔσοιτο δυνατὸς κατασχεῖν ὧν ὑπόσχοιτο. Εἰσὶ δ᾽ οἳ βασανιζομένους φασὶ θεράποντας εἰπεῖν, ὅτι αὐτὸν ξένοι δι᾽ ὀπισθοδόμου νυκτὸς ἐπεισαχθέντες ἀποπνίξαιεν, καὶ οἱ πυθόμενοι ὀκνήσαιεν ἐξενεγκεῖν διὰ τὸν δῆμον ὀργιζόμενον ἔτι καὶ τῷ θανάτῳ συνηδόμενον. Σκιπίων μὲν δὴ τεθνήκει, καὶ οὐδὲ δημοσίας ταφῆς ἠξιοῦτο, μέγιστα δὴ τὴν ἡγεμονίαν ὠφελήσας. Οὕτως ἡ παραυτίκα ὀργὴ τῆς ποτὲ χάριτος ἐπικρατεῖ. Cf. Plutarque, C. Gracch., X; Velleius Paterculus, II, 4; Sext. Aur. Victor, De Vir. Illustr. LVIII, et les notes d'Arntzen.

7. Suivant Sturz, οὐδ᾽ provient probablement de οὐδέν, qui précède. Il propose de le supprimer ou de lire : οὐδ᾽ ἂν οὐδέν. Je doute que cet arrangement des mots soit préférable : j'ai donc maintenu l'ancienne leçon, qui est confirmée par le manuscrit de Tours et par Dion, Fr. CCLVII, p. 76 : καὶ ὡς οὐδὲν οὐδὲ ἐνταῦθα αὐτῷ προεχώρει.

80 ΔΙΩΝΟΣ ΤΟΥ ΚΑΣΣΙΟΥ ΛΕΙΨΑΝΑ. ΒΙΒΛ. Α-ΛϚ.

πλῆθος τῶν λίθων, τῶν ἐκ τοῦ οὐρανοῦ κατενεχθέντων καὶ ἐς ναούς γέ τινας ἐμπεσόντων, καὶ ἀνθρώπους ἀποκτεινάντων, καὶ τὰ δάκρυα τοῦ Ἀπόλλωνος. Ἔκλαυσε γὰρ [1], ἔκλαυσεν ἐπὶ τρεῖς ἡμέρας [2]· ὥστε τοὺς Ῥωμαίους κατακόψαι τε τὸ βρέτας καὶ καταποντῶσαι, ἐκ συμβουλῆς μάντεων, ψηφισθῆναι.

CCLIX. Ὅτι [3] ὁ Γράκχος τὴν μὲν γνώμην ὁμοίαν τῷ ἀδελφῷ εἶχεν [4], πλὴν καθόσον ἐκεῖνος μὲν [5] ἀπ' ἀρετῆς ἐς φιλοτιμίαν, καὶ ἐξ αὐτῆς ἐς κακίαν ἐξώκειλεν, οὗτος δὲ ταραχώδης τε φύσει ἦν καὶ ἑκὼν ἐπονηρεύετο [6]. Τῇ δὲ δὴ παρασκευῇ τῶν λόγων πολὺ αὐτοῦ προέφερε [7]. Καὶ διὰ ταῦτα ταῖς τε ἐπινοίαις κακοτροπωτέραις [8], καὶ ταῖς τόλμαις προχειροτέραις, τῇ τε αὐθαδείᾳ πλείονι πρὸς πάντα

1. Ἔκλαυσεν γάρ, dans le manuscrit de Tours, où l'addition du ν paragogique, devant un mot qui commence par un γ, doit être remarquée.
2. Ou même pendant *quatre jours*, suivant J. Obsequens, De Prodig. LXXXVII: Apollinis simulacrum lacrymavit per *quatriduum*. Ce prodige arriva sous le consulat d'Appius Claudius et de M. Perpenna, l'année qui précéda la mort de P. Scipion, le second Africain.
3. (Exc. Peir. XC. R. p. 38-39.)
4. Cf. Velleius Paterculus, II, 6.
5. Μέν, qui est nécessaire à cause de οὗτος δέ, manque dans le manuscrit de Tours, et dans celui de Paris n° 2550 dont il est question, tom. I, Introduction, p. LIV, de cette édition. La particule μέν a été souvent omise. Cf. M. Boissonade, Anecd. Gr. t. I, p. 334, n. 1, et t. II, p. 356, n. 3, où est cité un passage de Photius, Epist. 170, dans lequel se trouve une faute semblable à celle qui nous occupe : Καὶ τῆς γνώμης οὐ μέμφομαι, τὸν καιρὸν δ' ὁρῶ παρελάσαντα. Le manuscrit de Paris 2720 porte : Καὶ τῆς μὲν γνώμης οὐ μέμφομαι κτλ.
6. Plutarque le juge tout autrement, C. Gracch. I : Γάϊος δὲ Γράκχος, ἐν ἀρχῇ μέν, ἢ δεδιὼς τοὺς ἐχθρούς, ἢ φθόνον συνάγων ἐπ' αὐτούς, ὑπεξέστη τε τῆς ἀγορᾶς καὶ καθ' ἑαυτὸν ἡσυχίαν ἔχων διέτριβεν.... Καί τοι κρατεῖ δόξα πολλὴ τοῦτον ἄκρατον γενέσθαι δημαγωγόν, καὶ πολὺ τοῦ Τιβερίου λαμπρότερον πρὸς τὴν ἀπὸ τῶν ὄχλων δόξαν. Οὐκ ἔχει δ' οὕτω τὸ ἀληθές· ἀλλ' ἔοικεν ὑπ'

plusieurs temples et qui tuèrent quelques citoyens, les larmes de la statue d'Apollon avaient été, à mon avis, un présage certain de la mort de Scipion. Oui, cette statue pleura; elle pleura même pendant trois jours : les Romains, d'après l'avis des devins, décrétèrent qu'elle serait mise en pièces, et que ses débris seraient jetés dans la mer.

CCLIX. C. Gracchus eut les mêmes principes politiques que son frère : seulement Tibérius déserta la vertu par ambition, et l'ambition le précipita dans des entreprises condamnables. Caïus, au contraire, était d'un naturel turbulent et se plaisait à faire le mal. Plus richement pourvu des ressources de l'éloquence, et par cela même plus pervers dans ses projets, plus audacieux, plus téméraire et

ἀνάγκης τινὸς μᾶλλον οὗτος ἢ προαιρέσεως, ἐμπεσεῖν εἰς τὴν πολιτείαν. Cf. Appien, Guer. Civ., I, 21.

7. Plutarque, Tib. Gracch., II, met les deux frères en parallèle ; je transcris les traits les plus saillants : Πρῶτον μὲν οὖν ἰδέᾳ προσώπου καὶ βλέμματι καὶ κινήματι πρᾴῳ καὶ καταστηματικὸς ἦν ὁ Τιβέριος· ἔντονος δὲ καὶ σφοδρὸς ὁ Γάϊος, ὥστε καὶ δημηγορεῖν, τὸν μὲν ἐν μιᾷ χώρᾳ βεβηκότα κοσμίως, τὸν δὲ Ῥωμαίων πρῶτον ἐπὶ τοῦ βήματος περιπάτῳ τε χρήσασθαι, καὶ περισπάσαι τὴν τήβεννον ἐξ ὤμου λέγοντα, καθαπερεὶ Κλέωνα τὸν Ἀθηναῖον ἱστόρηται λῦσαί τε τὴν περιβολὴν, καὶ τὸν μηρὸν πατάξαι πρῶτον τῶν δημηγορούντων. Ἔπειτα ὁ λόγος τοῦ μὲν Γαΐου φοβερὸς καὶ περιπαθὴς εἰς δείνωσιν, ἡδίων δ' ὁ τοῦ Τιβερίου, καὶ μᾶλλον ἐπαγωγὸς οἴκτου· τῇ δὲ λέξει καθαρὸς καὶ διαπεπονημένος ἀκριβῶς ἐκεῖνος, ὁ δὲ Γαΐου πιθανὸς καὶ γεγανωμένος κτλ.

Sur le caractère de l'éloquence de C. Gracchus, cf. Cic. Brut., XXXIII.

8. Κακοτροποπέραις, dans le Ms. de Tours, par la permutation 1° de ο avec ω, 2° de τ avec π. Nous avons déjà parlé de la première; voici un exemple de la seconde. Denys d'Hal., Jug. sur Thucyd., XLIV : Ἀφανὲς γὰρ ἀνθρώπῳ τὸ μέλλον· καὶ πρὸς τὰ παρόντα, τὰς περὶ τῶν ἐσομένων γνώμας αἱ τύχαι τρέπουσι : le Ms. de la Bibl. du roi n° 1657 porte πρέπουσι. Pour d'autres exemples, cf. Bast, Comment. pal., p. 731 ; Schæfer, Meletem., p. 128; M. Boissonade, not. sur Planude, p. 31 et sur Théoph. Sim., p. 179; 200.

ὁμοίως ἐχρῆτο. Πρῶτός τε ¹ ἐν τοῖς συλλόγοις μεταξὺ δημηγοριῶν ἐβάδιζε, καὶ τὸν βραχίονα πρῶτος ἀπεγύμνωσεν ², ὥστε μηδέτερον ³ αὐτῶν κακὸν ⁴ ἐξ ἐκείνου νομισθῆναι. Καὶ ἐπειδή γε πολλῇ μὲν πυκνότητι ἐνθυμημάτων, πολλῇ δὲ καὶ σφοδρότητι ὀνομάτων ἐπίπαν ἐδημηγόρει, καὶ ἐκ τούτου οὔτε κατέχειν ῥᾳδίως ἑαυτὸν ἠδύνατο ⁵, καὶ ἐπειδὴ ⁶ πολλάκις ἐς ἃ οὐκ ἤθελεν εἰπεῖν ἐξεφέρετο, αὐλητὴν ἐπήγετο. Καὶ παρ᾽ ἐκείνου ὑπαυλοῦντός οἱ ἐρρυθμίζετο καὶ ἐμετρίαζεν· ἢ ⁷ καὶ εἴ πη καὶ ὡς ἐξέπιπτεν, καθίστατο ⁸.

Τοιοῦτος οὖν δή τις ὢν τῇ τε πολιτείᾳ ἐπέθετο. Καὶ οὐδὲν ἀπώμοτον οὔτ᾽ εἰπεῖν οὔτε πρᾶξαι προσποιούμενος ⁹, μέγιστος δι᾽ ἐλαχίστου παρά τε τῷ ὁμίλῳ καὶ τοῖς ἱππεῦσιν ἐγένετο. Τό τε γενναῖον καὶ τὸ βουλεῦον πᾶν [κατέλυσεν ἂν ¹⁰], εἰ ἐπὶ πλεῖον ἐβεβιώκει· νῦν δ᾽ ὑπὸ τῆς πολλῆς δυναστείας ἐπίφθονος καὶ τοῖς στασιώταις γενόμενος, ταῖς ἑαυτοῦ τέχναις ἐσφάλη.

1. Πρῶτος δέ, dans le manuscrit de Paris n° 2550. L'ancienne leçon est confirmée par celui de Tours : je l'ai maintenue. Sur la confusion de τέ et de δέ, cf. M. Boissonade, Anecd. Gr., t. I, p. 365, n. 1, et Poppo, Thucyd., I, 141.
2. Cf. le passage de Plutarque, cité p. 81, not. 7.
3. Μηδ᾽ ἕτερον, dans le manuscrit de Tours et dans celui de Paris n° 2550.
4. D'après le manuscrit de Paris n° 2550, au lieu de κακὸν αὐτῶν.
5. D'après le même manuscrit, au lieu d'ἐδύνατο donné par H. de Valois, par Reimarus et par Sturz.
6. Reiske propose de remplacer ἐπειδὴ par σπουδῇ, et de supprimer ἢ après ἐμετρίαζεν, lig. 9. Sturz rejette avec raison ces deux conjectures.
7. Ἢ est une faute du copiste dans le manuscrit de Tours et dans celui de Paris n° 2550.

plus arrogant que Tibérius dans toutes les circonstances, il fut le premier qui marcha et qui montra son bras nu, en parlant dans l'assemblée du peuple : personne dès lors ne regarda comme un mal d'en faire autant. Doué d'une logique pressante, d'une diction abondante et rapide, il ne lui était pas facile de se maîtriser : souvent il se laissait entraîner jusqu'à dire plus qu'il ne voulait. Aussi avait-il coutume d'emmener avec lui un joueur de flûte, dont l'instrument réglait et modérait sa voix. Si, malgré cela, il lui arrivait encore de s'écarter du ton convenable, il se contenait aussitôt.

Tel était l'homme qui essaya de bouleverser la République : feignant de ne rien dire et de ne rien faire contre les lois, il devint bientôt très-puissant auprès du peuple et des chevaliers. Il aurait détruit la noblesse et le sénat, s'il eût plus longtemps vécu ; mais un pouvoir excessif le rendit odieux même à ses partisans, et il périt victime de ses propres machinations.

An de Rome 633.

---

8. Plutarque, Tib. Gracch., II : Ὅθεν καὶ βοήθημα τῆς ἐκτροπῆς ταύτης ἐποιήσατο τὸν Λικίννιον, οἰκέτην οὐκ ἀνόητον, ὃς ἔχων φωνασκικὸν ὄργανον, ᾧ τοὺς φθόγγους ἀναβιβάζουσιν, ὄπισθεν ἑστὼς τοῦ Γαΐου λέγοντος, ὁπηνίκα τραχυνόμενον αἴσθοιτο τῇ φωνῇ καὶ παραρρηγνύμενον δι' ὀργὴν, ἐνεδίδου τόνον μαλακὸν, ᾧ τὸ σφοδρὸν ἐκεῖνος εὐθὺς ἅμα τοῦ πάθους καὶ τῆς φωνῆς ἀνιεὶς ἐπραΰνετο, καὶ παρεῖχεν ἑαυτὸν εὐανάκλητον. Cf. Cic. De Orat., III, 60.

9. Ποιούμενος, dans le manuscrit de Tours et dans celui de Paris n° 2550 : la préposition a été omise, suivant l'usage des copistes.

10. H. de Valois donne : Τό τε γενναῖον καὶ τὸ βουλεῦον πᾶν, εἰ ἐπὶ πλεῖον ἐβεβαιώκει· νῦν δ' ὑπὸ κτλ. Sa leçon est confirmée par les mêmes manuscrits. Reimarus et Sturz ont remplacé ἐβεβαιώκει par ἐβεβιώκει avec un astérisque, pour indiquer qu'il y a une lacune après ce mot.

La conjecture de Reimarus me paraît fort probable : entre ἐβεβιώκει et

CCLX. Ὅτι [1] τὸ μετὰ τὸν πρῶτον τῆς Ῥώμης συνοικισμὸν ἑξακοσιοστὸν τριακοστὸν πέμπτον ἔτος ἐπὶ τῆς ἑκατοστῆς ἑξηκοστῆς τετάρτης ἦν Ὀλυμπιάδος.

CCLXI. Ὅτι [2] αἱ ἱέρειαι τὸ [μὲν] πλεῖστον αὐταὶ τοῦ [3] τε ὀλέθρου καὶ τῆς αἰσχύνης ὦφλον· συχνοῖς δὲ δὴ καὶ ἄλλοις μεγάλων κακῶν αἴτιαι ἐγένοντο. Ἥ τε πόλις ἅπασα ἀπ᾽ αὐτῶν ἐταράχθη· ἐκλογιζόμενοι γὰρ ὅτι τὰ ὑπὸ τοῦ νόμου ἄχραντα, καὶ τὰ ὑπὸ τῆς θρησκείας ἅγια, ἔκ τε τοῦ φόβου [4] τῆς τιμωρίας κόσμια, ἐλυμάνθη, οὐδὲν ὅ τι οὐχ ὑπετόπουν τῶν αἰσχίστων καὶ ἀνοσιωτάτων δύνασθαι γενέσθαι. Καὶ διὰ τοῦτο καὶ τὰς κολάσεις οὐ μόνον [5] τῶν ἐλεγχθέντων, ἀλλὰ καὶ τῶν ἄλλων πάντων τῶν [6] αἰτια-

---

ἐδεδιώκει, la confusion est facile; cf. D'Orville sur Chariton, p. 315, et Bast, Comment. Palæogr., p. 752. Quant à la lacune, Reiske propose de la combler en ajoutant κατέλυσεν ἄν, ou ἐταπείνωσεν ἄν, ou bien ἠλάττωσεν ἄν. J'ai adopté la première de ces conjectures, d'après Plutarque, C. Gracch., V : Τῶν δὲ νόμων, οὓς εἰσέφερε τῷ δήμῳ χαριζόμενος καὶ καταλύων τὴν σύγκλητον κτλ. On pourrait aussi lire ἄν καθῃρήκει, d'après ce passage d'Appien, Guer. Civ., I, 22 : Φασὶ δὲ, κυρωθέντος μὲν ἄρτι τοῦ νόμου, τὸν Γράκχον εἰπεῖν ὅτι ἀθρόως τὴν βουλὴν καθῃρήκοι. Le texte de Dion m'a donc paru pouvoir être ainsi reconstitué : Τό τε γενναῖον καὶ τὸ βουλεῦον πᾶν [κατέλυσεν ἄν], εἰ ἐπὶ πλεῖον ἐδεδιώκει.

J'avais d'abord pensé à remplacer ἐδεδιώκει par ἐδεδήκει, qui s'accorde très-bien avec l'enchaînement des idées : Caïus Gracchus, à peine investi du tribunat, obtint, avec le concours de Fulvius Flaccus, son collègue, que des distributions de blé seraient faites, tous les mois, aux dépens du trésor public; Appien, l. l. 21. Par là, il se concilia l'affection des plébéiens, et le tribunat lui fut accordé pour l'année suivante; Appien, l. l. Maître du peuple, il gagna les chevaliers, en transférant à leur ordre le droit de rendre la justice; Appien, l. l. 22. Il n'avait qu'un pas à faire pour anéantir la puissance du sénat : il tenta de la détruire en excitant les Latins à demander tous les droits de citoyen romain, et les autres alliés à demander le droit de suffrage; Appien, l. l. 23. S'il avait fait ce pas de plus

FRAGM. DE DION CASSIUS, L. I–XXXVI.   85

CCLX. C'était la 635ᵉ année depuis la fondation de Rome, et la CLXIVᵉ Olympiade.

An de Rome 635.

CCLXI. Ce fut principalement sur les Vestales elles-mêmes que retombèrent la peine et le déshonneur de leur crime ; mais elles causèrent aussi de grands maux à beaucoup de citoyens et portèrent le trouble dans l'État tout entier. Les Romains, considérant que ces fautes étaient une profanation d'un vœu placé sous la sauve-garde des lois, consacré par la religion et que la crainte des châtiments doit rendre inviolable, supposaient que les attentats les plus honteux et les plus impurs seraient désormais possibles. Pleins d'indignation pour ce qui venait d'arriver, ils punirent non-seulement ceux dont la culpabilité avait été démontrée, mais encore tous

An de Rome 640.

(εἰ ἐπὶ πλεῖον ἐβεβήκει), rien dans Rome n'aurait pu lui résister. De là, les alarmes du sénat et le parti qu'il prit d'opposer Drusus à Caïus Gracchus, pour renverser la popularité de celui-ci et pour le réduire à passer en Afrique ; le même, l. l. 24 : Ὁ δὲ, τοῦ δημοκοπήματος ἐκπεσὼν, ἐς Λιβύην, ἅμα Φουλβίῳ Φλάκκῳ, κἀκείνῳ μεθ' ὑπατείαν διὰ τάδε δημαρχεῖν ἑλομένῳ, διέπλευσεν. Cf. Plutarque, C. Gracchus, V.

1. (Exc. Vat. A. M. p. 548, éd. Rom.) Ἑξακοστῆς est une faute d'impression dans M. A. Mai et dans l'édition de Leipzig.

2. (Exc. Peir. XCI. R. p. 39.)

3. Reiske corrige ainsi ce passage : Τὸ μὲν πλεῖστον αὐταὶ αὑταῖς τοῦ κτλ. A cause du δέ qui se trouve après συχνοῖς, le μέν m'a paru nécessaire dans le premier membre de la phrase : je l'ai inséré entre crochets. Quant à l'addition d'αὐταῖς, rien ne l'exige.

4. Φθόνου, dans le Ms. de Tours et dans celui de Paris n° 2550. Sur la confusion des mots qui commencent par φθο φο, cf. M. Boissonade, not. sur Théophyl. Simoc., p. 209 ; M. Hase, Lydus de Ostent., 82, B ; 314, C.

5. D'après le manuscrit de Paris n° 2550, à cause de ἀλλὰ καί, je préfère οὐ μόνον à l'ancienne leçon οὐ μόνων, donnée par H. de Valois, Reimarus, Sturz, et confirmée par le manuscrit de Tours.

6. Cet article manque dans le manuscrit de Paris n° 2550. Les copistes ont souvent omis l'article. Cf. p. 124, not. 4.

θέντων, μίσει τοῦ συμβεβηκότος, ἐποιήσαντο · ὅθεν οὐκ ἐκ γυναικείας αἰτίας [ἀλγεῖν], ἀλλ' ἐκ δαιμονίας τινὸς ὀργῆς σύμπαντα [τὰ] κατ' αὐτὰς συμβῆναι ἔδοξεν [1].

CCLXII. Ὅτι [2] τρεῖς ἅμα ἠνδρώθησαν [3] · καὶ αὐτῶν Μαρκία μὲν αὐτή τε καθ' αὑτὴν [4] καὶ πρὸς ἕνα τινὰ ἱππέα ᾐσχύνθη. Κἂν διέλαθεν [5], εἰ μήπερ ἡ ζήτησις ἐπὶ τῶν ἄλλων, ἐπὶ πλεῖον ἀρθεῖσα, καὶ ἐκείνην προσκατέλαβεν. Αἰμιλία δὲ καὶ Λικιννία πλῆθος ἐραστῶν ἔσχον, καὶ δι' ἀλλήλων ὑβρίζοντο. Τὸ μὲν γὰρ πρῶτον ὀλίγοις τισὶν ἰδίᾳ [6] καὶ δι' ἀπορρήτων, ὡς καὶ μόνῳ ἑκάστῳ, συνεγίγνοντο · ἔπειτα αὐταί τε πάντα τὸν καὶ ὑποπτεῦσαι μηνύσαι τέ τι δυνάμενον ἐς σιωπὴν ἀναγκαίαν μισθῷ τῆς ὁμιλίας προκατελάμβανον. Καὶ οἱ προδιειλεγμένοι σφίσι ταῦθ' ὁρῶντες ἔφερον, ἵνα μὴ κατάφωροι τῇ ἀγανακτήσει γένωνται [7] · ὥστε καὶ καθ' ἕνα καὶ κατὰ πολλοὺς, τοῦτο μὲν ἰδίᾳ, τοῦτο δὲ καὶ κοινῇ, τοῖς τε ἄλλοις ὁμιλεῖν, καὶ τῷ μὲν τῆς Αἰμιλίας ἀδελφῷ τὴν Λικιννίαν, τῷ δὲ ταύτης τὴν Αἰμιλίαν συνεῖναι.

---

1. H. de Valois lit, comme dans le Ms. de Tours : Ὅθεν οὐκ ἐκ γυναικείας αἰτίας ἀλγεῖν, ἀλλ' ἐκ δαιμονίας τινὸς ὀργῆς σύμπαντα κατ' αὐτὰς συμβῆναι ἔδοξεν — *adeo ut non muliebri flagitio commoveri, sed deorum ira cuncta hæc accidisse viderentur.* Reimarus a reproduit cette leçon, en modifiant légèrement la traduction ; mais il est clair, par la structure de la phrase, que οὐκ ἐκ — ἀλλ' ἐκ dépendent de σ. τ. κ. α. συμβῆναι ἔδοξεν. Reiske a très-bien senti qu'il faut rapporter οὐκ ἐκ — ἀλλ' ἐκ à συμβῆναι ἔδοξεν : de plus, il propose de remplacer αἰτίας ἀλγεῖν par λαγνείας. Et, en effet, ἀλγεῖν embarrasse la phrase ; peut-être est-il né de ἀλλ' ἐκ : entre ΑΛΓΕΙΝ et ΑΛΛΕΚ, la confusion est facile, par la permutation du λ avec γ (cf. Bast, Comm. Pal., p. 802), et par celle du κ avec εν ou ειν (Ibid., p. 722, 726). Je place donc ἀλγεῖν entre crochets : j'aimerais même mieux le supprimer. On pourrait aussi insérer avant γυναικείας l'article τοῦ, se rapportant à ἀλγεῖν, et donner pour complément à ce verbe le génitif γυναικείας αἰτίας : pour des exemples de cette construction, cf. Eschyle, Agam., v. 571, et Euripide,

les accusés. Aussi tout ce qui se fit contre les Vestales parut-il inspiré moins par la faute de quelques femmes, que par une sorte de colère divine.

CCLXII. Trois Vestales violèrent en même temps le vœu de chasteté. Marcia, l'une d'elles, entretenait séparément, avec un seul chevalier, un commerce qui aurait été ignoré, si l'enquête, dirigée contre les autres, ne s'était agrandie et étendue jusqu'à elle. Au contraire, Æmilia et Licinia comptaient de nombreux adorateurs, auxquels elles s'abandonnaient tour à tour. Dans le principe, chacune, de son côté, avait avec quelques hommes des liaisons secrètes qui semblaient n'exister qu'avec un seul : plus tard, pour réduire d'avance au silence quiconque aurait pu se douter de leur inconduite et la dévoiler, elles accordèrent leurs faveurs comme prix de la discrétion. Ceux qui les avaient obtenues auparavant, témoins de ces désordres, les supportaient sans se plaindre : ils auraient craint de se trahir par leur indignation. Ainsi, tantôt à part l'une de l'autre et tantôt en commun, elles se livraient quelquefois à un seul homme et quelquefois à plusieurs : Licinia avait pour amant le frère d'Æmilia, et celle-ci le frère de Licinia.

Hec., v. 1255, dans la Coll. Didot. Comme Reiske, j'ajoute après σύμπαντα, l'article τά, exigé par le sens. J'ai traduit sans tenir compte d'ἀλγεῖν.

2. (Exc. Peir. XCII. R. p. 39-40.)

3. Suidas, à ce mot : Ἠνδρώθησαν· ἀνδράσιν ὡμίλησαν. Οὕτως Δίων πολλάκις ἐχρήσατο. Cf. le Lexique de Zonaras, p. 997, et celui de Photius, p. 71.

4. D'après Reimarus et Sturz. L'ancienne leçon τῇ τε καθ' αὑτήν (ou καθ' ἑαυτήν, comme dans les Ms. et dans Dion, L, 29) ne pourrait se défendre que par l'ellipse de μερίδι. Cf. Viger, De gr. Idiotism, p. 10, not. 13.

5. Καὶ διέλαθεν, dans le Ms. de Paris n° 2550, par la confusion de καί avec κἄν. Cf. Schæfer, sur Den. d'Hal., π. συνθ., p. 112; M. Hase, Lydus, De Ost., 178, B; 186, D. Le même Ms. porte ἐπὶ πλεῖστον, au lieu d'ἐπὶ πλεῖον.

6. Τισὶ ἰδίᾳ, dans le manuscrit de Tours. Cf. l'Introd., tom. I, p. LIX.

7. Γένονται, dans les mêmes manuscrits, par la confusion d'ο et d'ω.

88 ΔΙΩΝΟΣ ΤΟΥ ΚΑΣΣΙΟΥ ΛΕΙΨΑΝΑ. ΒΙΒΛ. Α-ΛϚ.

Καὶ ταῦτα μὲν νῦν οὖν [1] γιγνόμενα ἐπὶ πλεῖστον ἔλαθεν. Καὶ πολλῶν μὲν ἀνδρῶν, πολλῶν δὲ καὶ γυναικῶν καὶ ἐλευθέρων καὶ δούλων συγγιγνωσκόντων [2], ὅμως ὅπως ἐπὶ μακρότατον ἔλαθε· πρὶν δὴ Μάνιός τις [3], ὅσπερ που καὶ τοῦ παντὸς κακοῦ πρῶτος καὶ ὑπηρέτης καὶ συνεργὸς ἐγεγόνει, κατεμήνυσεν αὐτό, ὅτι μήτε ἐλευθερίας, μήτ' ἄλλου μηδενὸς ὧν ἤλπισεν ἔτυχε [4]. Καὶ ἦν γὰρ οὐ προσαγορεῦσαι [5] μόνον, ἀλλὰ καὶ διαβαλεῖν συγκροῦσαί τέ τινας δεινότατος.

CCLXIII. Ὅτι [6] τῷ Μάρκῳ Δρούσῳ ἦν μέν που καθ' αὑτὰ ταῦτα [7] δόξαν φέροντα [8]. Πρὸς δὲ δὴ τὴν τοῦ Κάτωνος συμφορὰν [9], καὶ ὅτι καὶ ἐπιεικεία πολλῇ πρὸς τοὺς

---

1. Οὐ est une faute du copiste dans le manuscrit de Tours; celui de Paris n° 2550, où elle se trouve aussi, porte οὖν en marge.
2. Συγγινωσκόντων, dans le manuscrit de Paris n° 2550.
3. Plutarque rapporte ce fait, sans donner le nom du révélateur, Quest. Rom., LXXXIII : Ἐμήνυσε βαρβάρου τινὸς ἱππικοῦ θεράπων τρεῖς παρθένους τῶν ἑστιάδων, Αἰμιλίαν καὶ Λικινίαν καὶ Μαρτίαν, ὑπὸ τὸ αὐτὸ διεφθαρμένας, καὶ συνούσας πολὺν χρόνον ἀνδράσιν, ὧν εἷς ἦν Βουτέτιος βάρβαρος τοῦ μηνυτοῦ δεσπότης. Le passage de Dion est altéré dans le manuscrit de Tours, qui porte πρὶν δὴ Μανιόστης, pour Μάνιός τις. Outre la confusion d'ι et d'η, le copiste a réuni Μάνιος et τίς. J'aurai à reparler de fautes semblables. Pour le moment, je me contente d'un exemple tiré de Platon, Philèbe, § 3, t. V, p. 418, éd. Bekk. Lond. : Ταῦθ' οὕτως ὁμολογούμενά, φατε, ἢ πῶς; trois manuscrits donnent ὁμολογοῦμεν ἅ φατε, variante qui altère la pensée. Stalbaum, l. l. : « Sensus verborum hic est : πότερόν φατε ἡμᾶς περὶ τούτων ὁμολογεῖν. Cf. Heind. ad Hipp. Maj., § 53. »
4. Ἔτυχεν. Καί, dans le manuscrit de Tours et dans celui de Paris n° 2550. Un peu plus haut, ce dernier donne ἔλαθεν πρίν. Sur ces ν paragogiques, cf. tom. I, p. 247, not. 4, de cette édition.
5. H. de Valois propose προαγγεῦσαι, et Reiske approuve cette correction. Je maintiens l'ancienne leçon, qui est confirmée par les ma-

Ces infamies restèrent inconnues pendant bien longtemps. Beaucoup d'hommes, beaucoup de femmes, de citoyens libres et d'esclaves y étaient associés : néanmoins rien ne transpira, jusqu'au jour où un certain Manius, qui le premier en avait été l'instrument et le complice, les démasqua; parce qu'il n'avait obtenu ni la liberté, ni rien de ce qu'il avait espéré. Ce Manius n'avait pas moins d'habileté pour solliciter au vice, que pour semer la calomnie et la discorde.

CCLXIII. Cette expédition était par elle-même honorable pour M. Drusus : comparée à la défaite de Caton et rehaussée par l'excessive douceur de Drusus envers ses

An de Rome 642.

---

nuscrits et pleinement satisfaisante pour le sens. Προσαγορεῦσαι signifie *compellare de stupro ;* Valère-Maxime, VI, I, 12 : Hoc movit C. Marium imperatorem tum, quum C. Luscium, sororis suæ filium, tribunum militum, a C. Plotio, manipulario milite, jure cæsum pronuntiavit, quia eum de stupro compellare ausus fuerat. Hygin, Fab. LVII, emploie *compellare* seul, dans le même sens. Cf. Forcellini Lexic., à ce mot.

6. (Exc. Peir. XCIII. R. p. 40.)

7. C'est-à-dire, la victoire remportée sur les Scordisques; Florus, III, 4 : Didius vagos et libera populatione diffusos (s.-ent. Scordiscos), intra suam repulit Thraciam. Drusus ulterius egit et vetuit transire Danubium.

8. Dans H. de Valois, comme dans le Ms. de Tours et dans celui de Paris n° 2550, δόξαν αὐτῷ φέροντα. Reimarus et Sturz ont conservé cette leçon. Reiske propose de supprimer αὐτῷ, ou bien de lui substituer αἰώνιον ou ἀένναον. Suivant Sturz, αὐτῷ se trouvait probablement dans Dion; mais il est inutile dans l'extrait tel que l'a donné le compilateur, qui, après avoir ajouté au texte les mots Μάρκῳ Δρούσῳ pour faire connaître le personnage dont il allait être question, n'en a pas moins laissé subsister αὐτῷ. J'ai donc cru pouvoir le retrancher.

9. Florus, l. l. Dans l'Epitome de Tite-Live, liv. LXIII : C. Porcius consul in Thracia male adversus Scordiscos pugnavit.

στρατιώτας έχρήσατο, τήν τε κατόρθωσιν επί πλεΐον της αληθείας πεποιήσθαι έδοξε, και [1] εύκλειαν μείζω των έργων έκτήσατο [2].

CCLXIV. Τῷ [3] Ἰουγούρθᾳ ὁ Μέτελλος, προσπέμψαντί οἱ ὑπὲρ τῆς εἰρήνης, πολλὰ καθ' ἓν ἕκαστον, ὡς καὶ μόνον, ἐπέταξε. Καὶ οὕτως ὁμήρους τε παρ' αὐτοῦ, καὶ ὅπλα, τούς τε ἐλέφαντας, καὶ τοὺς αἰχμαλώτους, τούς τε αὐτομόλους ἔλαβε· καὶ τούτους μὲν πάντας ἀπέκτεινεν, οὐ κατελύσατο δὲ, ὅτι ὁ Ἰουγούρθας οὐκ ἠβουλήθη πρὸς αὐτὸν, ἵνα μὴ συλληφθῇ, ἐλθεῖν· καὶ ὁ Μάριος, ὅ τε Γναῖος [4] ἐνεπόδισαν.

CCLXV. Ὅτι [5] ὁ Μάριος [καὶ τὴν δίαιταν ἄλλως ἄγροικος ἦν [6]], καὶ στασιώδης καὶ ταραχώδης, καὶ παντὸς

---

1. Ἔδοξεν, καί, dans le manuscrit de Tours et dans celui de Paris n° 2550. Cf. Fr. CCLXII, not. 4, p. 88, de ce volume.
2. Dans l'Epitome de Tite-Live, l. l. : Livius Drusus consul adversus Scordiscos, gentem a Gallis oriundam, in Thracia feliciter pugnavit, magnumque honorem tulit.
3. (Exc. Urs. xη'. CLXVII. R. p. 71.)
Ce fragment commence ainsi : ὅτι τῷ Ἰουγούρθᾳ, dans le manuscrit de Munich n° 1; mais il manque dans le n° 3 et dans le manuscrit du Vatican n° 1458.
4. Le personnage désigné ici par le prénom de Cnæus offre quelque incertitude. Cf. les Eclaircissements à la fin du volume.
5. (Exc. Peir. XCIV. R. p. 40.)
6. H. de Valois donne : Ἦν μὲν γὰρ καὶ τηνάλλως καὶ στασιώδης κτλ.; mais il n'est pas satisfait de cette leçon, et il propose dans ses notes : ἦν γὰρ ἄλλως καὶ κτλ. La leçon de H. de Valois a été reproduite par Reimarus et par Sturz : ce dernier serait pourtant assez porté à adopter la correction de Reiske : ἦν μὲν καὶ τηνάλλως στασιώδης κτλ., en prenant τηνάλλως dans le sens d'alioquin. Il propose ensuite une autre conjecture :

soldats, elle parut au-dessus de ce qu'elle était réellement, et lui procura plus de gloire que n'en méritait un tel succès.

CCLXIV. Jugurtha avait envoyé des députés à Métellus pour négocier la paix : le général romain fixa plusieurs conditions ; mais successivement, et comme si chacune eût toujours été la seule qu'il dût imposer. C'est ainsi qu'il obtint des otages, des armes, les éléphants, les prisonniers et les transfuges. Métellus tua tous les transfuges ; mais il n'accorda point la paix, parce que Jugurtha ne voulut pas se rendre auprès de lui, dans la crainte d'être arrêté. Marius et Cnæus mirent aussi des obstacles à la conclusion du traité.

CCLXV. Marius joignait à des mœurs grossières un naturel factieux et turbulent : ami des plébéiens,

An de Rome 646.

ἦν μιαρὸς καὶ στασιώδης. Le Ms. de Tours porte : ἦν μὲν γὰρ καὶ τὴν ἄλλως.

Au milieu de ces incertitudes, j'ai eu recours à Plutarque, Marius, III : Ὀψέ ποτε πόλιν εἶδε, καὶ τῶν ἐν πόλει διατριβῶν ἐγεύσατο, τὸν δ' ἄλλον χρόνον ἐν κώμῃ Κερεατινῶν (Κιρραιάτωνι, dans la Collect. Didot.) τῆς Ἀρπίνης δίαιταν εἶχε, πρὸς μὲν ἀστεῖον καὶ γλαφυρὸν βίον ἀγροικοτέραν, σώφρονα δὲ, καὶ ταῖς πάλαι Ῥωμαίων τροφαῖς ἐοικυῖαν. D'après ce passage, et en séparant τήν de ἄλλως, comme dans le Ms. de Tours, j'ai ajouté δίαιταν avant cet adverbe et ἄγροικος après : de plus, j'ai supprimé les mots μέν et γάρ, que Sturz voulait élaguer ; le premier, parce qu'il laisse le sens suspendu ; le second, parce qu'il n'est pas à sa place. Enfin, j'ai rejeté ἦν après ἄγροικος, pour rendre la marche de la phrase plus facile. Je propose donc : Ὅτι ὁ Μάριος [καὶ τὴν δίαιταν ἄλλως, ou τὴν ἄλλην δίαιταν ἀγροικος ἦν] κτλ. Sur ἄγροικος et ἀγροῖκος, cf. Th. gr. l. tom. 1, p. 493-496, éd. Didot. Comme cette correction n'est qu'une conjecture, je l'enferme entre crochets. Elle est confirmée par Velléius Paterculus, II, 11 : C. Marius..... natus agresti loco, hirtus atque horridus. Peut-être, suivant une remarque que je dois au savant M. Ch. Müller, les mots ὁ Μάριος ont-ils été ajoutés par le Compilateur, pour désigner la personne dont il allait être question. Alors il faudrait lire : Ἦν μὲν γὰρ [ὁ Μάριος] καὶ τηνάλλως στασιώδης κτλ.

92   ΔΙΩΝΟΣ ΤΟΥ ΚΑΣΣΙΟΥ ΛΕΙΨΑΝΑ. ΒΙΒΛ. Α-ΛϚ.

μὲν τοῦ συρφετώδους, ἀφ' οὕπερ καὶ ἐπεφύκει [1], φίλος· παντὸς δὲ τοῦ γενναίου καθαιρέτης. Καὶ γὰρ εἰπεῖν τι καὶ ὑποσχέσθαι καὶ ψεύσασθαι καὶ ἐπιορκῆσαι, ἐν ᾧ πλεονεκτήσειν ἤλπιζεν, ἑτοιμότατα ἐτόλμα. Τό τε συκοφαντῆσαί [2] τινα τῶν ἀρίστων, καὶ τὸ ἐπαινέσαι αὖ τῶν [3] κακίστων ἐν παιδιᾷ ἐτίθετο. Καί μοι μηδεὶς θαυμάσῃ εἰ τοιοῦτός τις ὢν ἐπὶ πλεῖστον ἔλαθεν ἐν οἷς [4] ἐκακούργει. Ἔκ τε γὰρ [5] τῆς περιτεχνήσεως, καὶ ἐκ τῆς τύχης ᾗ παρὰ πάντα τὰ πρῶτα [6] ἀγαθῇ ἐχρήσατο, καὶ ἀρετῆς δόξαν ἐκτήσατο.

CCLXVI. Ὅτι [7] τὸν Μέτελλον καὶ δι' ἐκεῖνο ῥᾷον διαβαλεῖν [8] ὁ Μάριος ἠδυνήθη, ὅτι ὁ μὲν ἔν τε τοῖς εὐπατρίδαις ἐξητάζετο [9], καὶ τὰ τοῦ πολέμου ἄριστα διεχείριζεν [10]· αὐτὸς δὲ [11] ἐξ ἀφανεστάτου καὶ ἀδηλοτάτου [12] ἐς τὸ μέσον [13] παριέναι ἤρχετο [14]. (Οἱ γὰρ πολλοὶ ἑτοίμως τὸν μὲν ὑπὸ τοῦ

1. Plutarque, Marius, l. l. : Γενόμενος δὲ γονέων παντάπασιν ἀδόξων, αὐτουργῶν τε καὶ πενήτων, πατρὸς μὲν ὁμωνύμου, μητρὸς δὲ Φουλκινίας κτλ. Cf. Salluste, Jugurth., LXIII.
2. Τοῦ τε συκοφαντῆσαι, faute du copiste dans le manuscrit de Tours et dans celui de Paris n° 2550.
3. Αὐτῶν, dans le manuscrit de Tours : le copiste a mal à propos réuni les deux mots. De même dans Platon, Philèbe, l. l. p. 443 : Ἔν τε ταῖς κινήσεσιν αὖ τοῦ σώματος, un manuscrit donne αὐτοῦ. Cf. Platon, l. l. p. 468, § 42 ; p. 609, § 151.
4. A l'ancienne leçon ἐφ' οἷς, je substitue, d'après la remarque de Sturz, ἐν οἷς, comme dans ce passage de Dion : Τοῦτο δὲ, καὶ κατοχνῶν δημοσιεύειν ἐν οἷς ἐκακούργει, ἔπραττεν, Fr. XXIII, p. 50, tom. I, de cette édition.
5. Cette conjonction manque dans le manuscrit de Paris n° 2550. Elle a été souvent omise par les copistes. Dans Denys d'Hal., Diss. sur Isée, IX : Τὸ γὰρ Ἠβουλόμην μέν, κτλ., les Ms. n° 1657 et 1742 de la bibliothèque du roi portent · Τὸ Ἠβουλόμην κτλ.
6. J'emprunte cette leçon au manuscrit de Tours et à celui de Paris

parce qu'il était né dans leurs rangs, il soupirait après la ruine de la noblesse. Prêt à tout dire, à tout promettre, à mentir et à se parjurer pour le plus mince avantage, il se faisait un jeu de calomnier les citoyens les plus recommandables et de louer les plus pervers. Qu'on ne s'étonne pas qu'un tel homme ait pu très-longtemps cacher ce qu'il y avait de mauvais en lui : pétri d'artifice et secondé par la fortune, qui, dans le principe, lui fut partout propice, il parvint même à se faire regarder comme vertueux.

CCLXVI. Il fut d'autant plus facile à Marius de calomnier Métellus, que celui-ci appartenait à l'ordre des patriciens et était déjà un grand capitaine : lui, au contraire, jusqu'alors sans éclat et tout à fait inconnu, commençait à se produire. La multitude était donc portée par l'envie à abaisser Métellus, en même

---

n° 2550 : Reiske, qui ne les connaissait pas, avait deviné qu'elle doit être substituée à l'ancienne, παράπαν τὰ πρῶτα.

7. (Exc. Peir. XCV. R. p. 41.)

8. Διαλαβών, dans le manuscrit de Tours et dans celui de Paris n° 2550. Sur la confusion de ces deux verbes, cf. M. Boissonade, not. sur Planude, Métam., p. 164, 203, etc. ; M. Hase, Lydus, De Mens., n. 316, A.

9. Cf. Velléius Paterculus, II, 11.

10. Διαχειρίζειν, faute du copiste dans les mêmes manuscrits.

11. Αὐτός τε, dans le manuscrit de Tours. Sur la confusion de τέ et δέ, cf. Schæfer, not. sur Denys d'Hal., π. συνθ., ch. XVII, p. 228.

12. Ἀδιλοτάτου, dans le manuscrit de Tours, par la confusion d'η et d'ι.

13. Εἰς τὸ μέσον, dans le manuscrit de Paris n° 2550.

14. Les désavantages de cette position lui sont durement reprochés par Métellus, dans Salluste, Jugurth., LXIV : Itaque, primum commotus insolita re, mirari ejus consilium, et quasi per amicitiam monere, « ne « tam prava inciperet, neu super fortunam animum gereret; non omnia « omnibus cupiunda esse; debere illi res suas satis placere : postremo « caveret id petere a populo romano quod illi jure negaretur. »

φθόνου καθήρουν, τὸν δὲ πρὸς τὰς ἐπαγγελίας [1] ηὔξουν [2]) καὶ μάλισθ' ὅτι ἐλογοποιήθη, τὸν Μέτελλον παριεμένῳ τότε πρὸς τὰς ἀρχαιρεσίας τῷ Μαρίῳ εἰπεῖν [3], ὅτι ἀγαπᾶν ὀφείλεις, ἂν μετὰ τοῦ υἱέος μου (μειράκιον δὲ ἐκεῖνο ἦν [4]) ὑπατεύσῃς [5].

CCLXVII. Ὅτι [6] τῷ Μετέλλῳ ἤχθετο ὁ Γαύδας [7], ὅτι μήτε τοὺς αὐτομόλους, μήτε φρουρὰν στρατιωτῶν Ῥωμαίων αἰτήσας παρ' αὐτοῦ ἔλαβεν, ἢ καὶ ὅτι ἐγγὺς αὐτοῦ οὐκ ἐκαθέζετο [8]· ὅπερ, ὡς πλήθει, τοῖς τε βασιλεῦσι καὶ τοῖς δυνάσταις παρὰ τῶν ὑπάτων ἐδίδοτο.

CCLXVIII. Τῆς Κίρτας [9] καθ' ὁμολογίαν ἁλούσης, ὁ

---

1. Cf. Fr. CLXXXVII, tom. 1, p. 304 de cette édition, et les Eclaircissements à la fin du volume.
2. Cf. Salluste, l. l., LXXIII, et LXV, à la fin.
3. Le même, l. l., LXIV : Ac postea sæpius eadem postulanti fertur dixisse, « ne festinaret abire; satis mature illum cum filio suo consulatum « petiturum. » Plutarque, Marius, VIII : Σὺ δὴ καταλιπὼν ἡμᾶς, ὦ γενναῖε, πλεῖν ἐπ' οἴκου διανοῇ καὶ παραγγέλλειν ὑπατείαν; Οὐ γὰρ ἀγαπήσεις, ἂν τῷ ἐμῷ (τῷμῷ dans la Coll. Didot) παιδὶ τούτῳ συνυπατεύσῃς;
4. Dion reste dans le vague, comme Plutarque, l. l. : Ἦν δὲ ὁ παῖς τότε τοῦ Μετέλλου παντάπασι μειράκιον. Salluste, qu'ils suivent l'un et l'autre, est plus précis, l. l. : Is, eo tempore, contubernio patris ibidem militabat, annos natus circiter XX.
5. L'ancienne leçon ὑπατεύσεις, donnée par H. de Valois, par Reimarus et par Sturz, peut à la rigueur se défendre; cf. M. Boissonade, Notices des manuscrits, tom. X, p. 284, not. I; Anecd. Gr., t. II, p. 12, n. 3; Anecd. Nov., tom. I, p. 75, n. 2; Schæfer, sur Grégoire de Corinthe, p. 66. Cependant les meilleurs écrivains mettent de préférence le subjonctif ou l'optatif, dans les cas analogues; cf. Ast. not. sur la Rép. de Platon, liv. I, § 6, l. l. t. VI, p. 274-275. J'adopte ὑπατεύσῃς, d'après le passage de Plutarque cité un peu plus haut, note 3. Cette leçon est d'ailleurs

temps qu'elle travaillait à l'élévation de Marius à cause de ses promesses, et surtout parce que Métellus avait, disait-on, adressé ces paroles à Marius, en lui accordant un congé pour aller briguer le consulat : « Tu devras « t'estimer heureux, si tu es consul avec mon fils. » Ce fils était alors fort jeune.

CCLXVII. Gauda haïssait Métellus, parce que, malgré ses instances, il n'avait voulu ni lui rendre les transfuges, ni lui donner une garnison romaine, ni même lui permettre de s'asseoir à ses côtés ; honneur que les consuls accordaient d'ordinaire aux rois et aux princes.

CCLXVIII. Après la capitulation de Cirta, Bocchus

An de Rome 647.

confirmée par le manuscrit de Tours et par celui de Paris n° 2550.
6. (Exc. Peir. XCVI. R. p. 41.)
7. H. de Valois lit ὁ Μάριος, comme dans le manuscrit de Tours; mais en avertissant, dans ses notes, qu'il faut ὁ Γαύδας. J'adopte cette correction avec Reimarus et Sturz. Ce Gauda était fils de Manastabal et petit-fils de Masinissa ; Salluste, Jugurth., LXV : Erat præterea in exercitu nostro Numida quidam nomine Gauda, Manastabalis filius, Masinissæ nepos, quem Micipsa testamento secundum hæredem scripserat.
8. Salluste, l. l., fait connaître les motifs du refus de Métellus; peut-être Dion les indiquait-il dans quelque passage que le compilateur n'a pas jugé à propos de transcrire. De son côté, l'historien latin a négligé de dire que les ressentiments de Gauda contre Métellus venaient, en partie, de ce que celui-ci avait refusé de rendre les transfuges numides. Il m'a paru utile de rapprocher l'historien latin de l'historien grec : Cui Metellus petenti, more regum, uti sellam juxta poneret; item postea, custodiæ causa, turmam equitum romanorum, utrumque negaverat : honorem, quod eorum modo foret quos populus romanus reges appellavisset; præsidium, quod contumeliosum in eos foret, si equites romani satellites Numidæ traderentur.
9. (Exc. Urs. κθ'. CLXVIII. R. p. 71-72.)
Cet extrait manque dans le manuscrit du Vatican n° 1418 et dans celui de Munich n° 3 ; mais il se trouve dans le n° 1, qui porte : Ὅτι τῆς Σκίρτας (et non pas Σκίρθας, comme le dit Sturz). Le premier ς dans Σκίρτας provient

Βόκχος ἐπεκηρυκεύσατο τῷ Μαρίῳ [1]. Καὶ τὰ μὲν πρῶτα τὴν τοῦ Ἰουγούρθου ἀρχὴν, μισθὸν τῆς μεταστάσεως, ᾔτει· ἔπειτα μὴ τυχὼν αὐτῆς [2], ἁπλῶς ἠξίωσε συμβῆναι. Καὶ ὁ μὲν πρέσβεις ἐς τὴν Ῥώμην ἔπεμψεν [3]· ὁ δὲ Ἰουγούρθας, τούτων γινομένων, ἀπεχώρησεν ἐς τὰ ἐρημότατα τῆς ἑαυτοῦ γῆς.

CCLXIX. Ὁ Μάριος [4], πρέσβεις τοῦ Βόκχου κομισάμενος [5], οὐκ ἔφη αὐτῷ συνθήσεσθαι, εἰ μὴ τὸν Ἰουγούρθαν ἔκδοτον παρ' αὐτοῦ λάβοι· ὃ καὶ γέγονεν [6].

CCLXX. Ὅτι [7] Τόλοσσαν [8] πρότερον μὲν ἔνσπονδον οὖσαν τοῖς Ῥωμαίοις, στασιάσασαν δὲ πρὸς τὰς τῶν Κίμ-

---

du ς final de τῆς. J'en ai déjà parlé, Fr. VIII, p. 12, not. 4, tom. I, de cette édition.

1. Salluste, l. l., CII : Post ea loci consul, haud dubie jam victor, pervenit in oppidum Cirtam, quo initio profectus intenderat. Eo post diem quintum quam iterum barbari male pugnaverant, legati a Boccho veniunt, qui regis verbis ab Mario petivere « duo quam fidissumos ad eum mitteret; « velle de se et de populi romani commodo cum is disserere. » Ille statim L. Sullam et A. Manlium ire jubet.

2. Μὴ τυχόντα αὐτῆς est une faute du copiste dans le manuscrit de Munich n° 1. Sturz a tort de dire qu'il porte μὴ τυχόν.

3. Suivant Salluste, les ambassadeurs de Bocchus ne purent se rendre à Rome qu'avec la permission du consul, l. l., CIII : Ex omni copia necessariorum quinque delegit, quorum et fides cognita, et ingenia validissuma erant. Eos ad Marium, ac dein, si placeat, Romam legatos ire jubet; agendarum rerum, et quocumque modo belli componendi licentiam ipsis permittit. Le même, l. l., CIV : Marius..... mandata Bocchi cognoscit; in quibus legatis potestas eundi Romam fit, et ab consule interea induciæ postulabantur..... Ceterum Mauri, impetratis omnibus rebus, tres Romam profecti cum Cn. Octavio Rufo. J'ai donc traduit comme s'il y avait τοὺς πρέσβεις, ainsi que l'a fait M. Tafel : *Marius schickte die Gesandten nach Rom.*

4. (Exc. Urs. λ'. CLXIX. R. p. 72.)

Dans le manuscrit de Munich n° 1, ce fragment commence ainsi : Ὅτι

envoya des députés à Marius. D'abord il demanda les états de Jugurtha, comme récompense du parti qu'il avait pris de se déclarer pour les Romains : ne les ayant pas obtenus, il demanda simplement la paix. Marius envoya les ambassadeurs à Rome : pendant cette négociation, Jugurtha se retira dans les contrées les plus désertes de son royaume.

CCLXIX. Marius, ayant reçu des députés de Bocchus, déclara qu'il ne traiterait pas avec lui, à moins qu'il ne lui livrât Jugurtha ; ce qui eut lieu en effet.

An de Rome 648.

CCLXX. Les habitants de Toulouse, auparavant alliés de Rome, furent entraînés par les promesses des

---

ὁ Μάριος. Il manque dans le n° 3 et dans le manuscrit du Vatican n° 1418.

5. D'après Salluste, Jugurth., CV, Bocchus écrivit à Marius, pour demander que Sylla lui fût envoyé comme arbitre de leurs intérêts communs. Sylla partit avec une escorte composée de cavaliers, de fantassins, de frondeurs, d'archers et d'une cohorte de Péligniens. Après divers incidents, CVI-CVIII, Bocchus déclara qu'il était prêt à faire tout ce que demanderait le peuple romain, et fit prier Sylla de fixer lui-même le jour, le lieu et le moment d'une entrevue. Dans cette entrevue, l. l., CXI, Sylla dit au roi numide que ses promesses ne toucheraient ni le sénat ni le peuple ; qu'il devait faire quelque chose qui parût être tout à fait dans l'intérêt des Romains ; qu'il le pouvait, en livrant Jugurtha, et qu'alors l'amitié de Rome, son alliance et une partie de la Numidie, lui seraient assurées sur-le-champ. Cf. Plutarque, Marius, X.

6. Jugurtha fut livré par Bocchus à Sylla ; Salluste, l. l., CXIII : Ubi dies advenit — Jugurtha Sullæ vinctus traditur, et ab eo ad Marium deductus. Cf. Plutarque, l. l.

7. (Exc. Peir. XCVII. R. p. 41.)

8. Τόλοσσα, dans le manuscrit de Tours, par la confusion de α avec αν, comme dans Platon, Phèdre, § 32, t. I, p. 43-44, éd. Bekk. Lond. : Καὶ ὑπ' αὖ τῶν ἑαυτῆς συγγενῶν ἐπιθυμιῶν ἐπὶ σωμάτων κάλλος, ἐῤῥωμένως ῥωθεῖσα, κτλ. Trois Ms. portent ῥωθεῖσαν, ainsi que celui de la bibliothèque du roi n° 1745, qui contient le traité de Denys d'Hal. II. τ. λεκτ. Δημοσθένους δεινότητος, où le passage de Platon est cité, § VII.

T. II. 7

ὃρων ἐλπίδας, ὡς καὶ τοὺς φρουροὺς δεθῆναι, προκατέσχον νυκτὸς ἐξαπίνης ὑπὸ τῶν ἐπιτηδείων ἐσαχθέντες, καὶ τὰ ἱερὰ διήρπασαν, καὶ ἄλλα χωρὶς χρήματα πολλὰ ἔλαβον [1]· τὸ γὰρ χωρίον ἄλλως τε παλαιόπλουτον ἦν, καὶ τὰ ἀναθήματα ἅ ποτε οἱ Γαλάται οἱ μετὰ Βρέννου στρατεύσαντες ἐκ τῶν Δελφῶν ἐσύλησαν εἶχεν. Οὐ μέντοι καὶ ἀξιόλογόν τι [2] ἀπ' αὐτῶν τοῖς οἴκοι Ῥωμαίοις περιεγένετο, ἀλλ' αὐτοὶ ἐκεῖνοι τὰ πλείω ἐσφετερίσαντο. Καὶ ἐπὶ τούτῳ συχνοὶ εὐθύνθησαν.

CCLXXI. Ὅτι [3] ὁ Σερουΐλιος [4] ὑπὸ τοῦ πρὸς τὸν συνάρχοντα [5] φθόνου (τὰ μὲν ἄλλα ἐξ ἴσου οἱ ἐπετέτραπτο, τῷ δὲ δὴ ἀξιώματι οἷα ὑπατεύοντος αὐτοῦ ἠλαττοῦτο) πολλῶν καὶ κακῶν αἴτιος τῷ στρατεύματι ἐγένετο [6]. Καὶ [γὰρ ὁ Μάλλιος] μετὰ [7] θάνατον Σκαύρου [8] τὸν Σερουΐλιον

---

1. Strabon, IV, p. 130, éd. Casaub., Paris, 1587 : Καὶ τοὺς Τεκτοσάγας δέ φασι μετασχεῖν τῆς ἐπὶ Δελφοὺς στρατείας, καὶ τούς τε θησαυροὺς τοὺς εὑρεθέντας παρ' αὐτοῖς ὑπὸ Καιπίωνος τοῦ στρατηγοῦ τῶν Ῥωμαίων ἐν πόλει Τολώσσῃ, τῶν ἐκεῖθεν χρημάτων μέρος εἶναί φασι κτλ. Cf. Justin, XXXII, 3 ; Sext. Aurel. Victor, De Vir. Illustr., LXXIII, et les notes d'Arntzen, p. 269 de son édition; Orose, V, 15, à la fin.

De là le proverbe rapporté par Aulu-Gelle, III, 9 : *Aurum Tholosanum*. Nam quum oppidum Tholosanum in terra Gallia Q. Cæpio consul diripuisset, multumque auri in ejus oppidi templis fuisset, quisquis ex ea direptione aurum attigit, misero cruciabilique exitu periit.

2. D'après le manuscrit de Tours et celui de Paris nº 2550, au lieu de οὐ μέν τοι ἀξιόλογόν τι, donné par H. de Valois et maintenu par Reimarus et par Sturz.

3. (Exc. Peir. XCVIII. R. p. 41-42.)

4. Q. Servilius Cæpion, qui avait été consul l'année précédente avec C. Atilius Serranus, et dont les pouvoirs furent prorogés dans la Gaule. Cf. Pighius, Annal. Rom., tom. III, p. 146, éd. Schott.

Cimbres, se revoltèrent et mirent aux fers la garnison romaine. Introduits dans cette ville par leurs amis, pendant la nuit et à l'improviste, les Romains s'en rendent maîtres, pillent les temples et s'emparent en outre d'immenses richesses. Toulouse, d'ailleurs opulente depuis longtemps, renfermait les offrandes que les Gaulois emportèrent jadis de Delphes, sous la conduite de Brennus. Cependant ses dépouilles n'enrichirent pas beaucoup le trésor public de Rome; elles devinrent presque totalement la propriété de ceux qui les avaient enlevées : plusieurs furent cités en justice pour rendre compte de leur conduite.

CCLXXI. Servilius fit beaucoup de mal à l'armée par sa jalousie envers son collègue, dont il était l'égal dans tout le reste, mais que la dignité de consul plaçait au-dessus de lui. A la mort de Scaurus, Manlius engagea Servilius à se rendre auprès de lui ; mais celui-

An de Rome 649.

---

5. Cn. Manlius Maximus. Sur ce consul, cf. les Éclaircissements à la fin du volume.

6. D'après le Ms. de Tours et celui de Paris n° 2550, au lieu de l'ancienne leçon πολλῶν δὲ κακῶν, maintenue par Reimarus et par Sturz. Dion emploie très-souvent πολλῶν, joint par καί à un autre adjectif; cf. l'*Index* de Reimarus, t. II, p. 1616 de son édition. Je ne cite qu'un passage, presque identique, Liv. LXXVIII, 9 : Πολλὰ καὶ κακὰ ὑπὸ πάντων ἤκουεν ἀεί. Cf. aussi, Fr. CCLXXIII, p. 102 de ce volume. Afin de rendre la phrase plus nette, je place entre parenthèses τὰ μὲν ἄλλα — ἠλαττοῦτο. Les mots ὑπὸ τοῦ φθόνου dépendent évidemment de αἴτιος .... ἐγένετο. Justin, XXXII, 3 . Quod sacrilegium causa excidii Cæploni exercituique ejus postea fuit : Romanos quoque Cimbrici belli tumultus, velut ultor sacræ pecuniæ insecutus est.

7. Pour plus de clarté, à l'ancienne leçon καὶ μετά, confirmée par le manuscrit de Tours et maintenue par H. de Valois, par Reimarus et par Sturz, j'ajoute, d'après la conjecture de Reiske, γὰρ ὁ Μάλλιος ; mais je place ces mots entre crochets.

8. Orose, l. l. : Dum inter se gravissima invidia et contentione discep-

μετεπέμψατο¹. Ὁ δὲ ἀπεκρίνατο τὴν ἑαυτοῦ ἑκάτερον δεῖν φυλάττειν· εἶτα ἐλπίσας τὸν Μάλλιον καθ' ἑαυτόν τι κατορθώσειν, ἐφθόνησεν αὐτῷ μὴ μόνος εὐδοκιμήσῃ.

Καὶ ἦλθε μὲν πρὸς αὐτόν, οὔτε δὲ ἐν τῷ αὐτῷ χωρίῳ ηὐλίσατο, οὔτε τι βούλευμα κοινὸν ἐποιήσατο· ἀλλ' ὡς καὶ πρότερος αὐτοῦ τοῖς Κίμβροις² συμμίξων, τήν τε δόξαν τοῦ πολέμου πᾶσαν ἀποισόμενος ἐν μέσῳ ἱδρύθη. Καὶ τὸ μὲν³ πρῶτον φοβεροὶ⁴ καὶ ὡς τοῖς πολεμίοις, μέχρις οὗ⁵ ἡ διαφορὰ αὐτῶν ἐλάνθανεν, ἐγίγνοντο, ὡς καὶ ἐς ἐπιθυμίαν σπονδῶν αὐτοὺς προαγαγεῖν. Ὡς δὲ πρὸς Μάλλιον ὑπατεύοντα διεκηρυκεύσαντο, ὁ Σερουΐλιος ἠγανάκτησεν, ὅτι μὴ πρὸς ἑαυτὸν ἐπρεσβεύσαντο· καὶ οὔτε τι συμβατικὸν ἀπεκρίνατο, ὀλίγου τε καὶ τοὺς πρεσβευτὰς διέφθειρεν.

CCLXXII. Ὅτι⁶ οἱ στρατιῶται τὸν Σερουΐλιον ἠνάγκασαν πρὸς Μάλλιον ἐλθεῖν, καὶ μετ' αὐτοῦ βουλεύσασθαι περὶ τῶν παρόντων. Τοσούτου δὲ ὁμοφρονῆσαι ἐδέησαν, ὥστε καὶ ἐχθίους ἢ πρόσθεν ἦσαν ἐκ τῆς συνουσίας ἐγένοντο.

---

tant, cum magna ignominia et periculo romani nominis victi sunt : si quidem in ea pugna M. Aurelius consularis captus atque interfectus est. Cf. Pighius, Ann. Rom., tom. III, p. 146, éd. Schott. Le nom de Scaurus est altéré, comme beaucoup de noms propres, dans le Ms. de Tours, qui porte Σκάρου, par la confusion d'α et d'αυ. Cf. Bast, l. l. p. 705; 736; 914.

1. Le Rhône séparait les provinces placées sous l'autorité de ces deux généraux; Orose, V, 16.

2. Τοῖς Κίμβρων, faute du copiste, dans le manuscrit de Tours et dans celui de Paris n° 2550.

3. Μέν manque dans le manuscrit de Tours. Sur l'omission de cette conjonction par les copistes, cf. p. 80, n. 5.

4. Le même manuscrit et celui de Paris n° 2550 donnent φουπεροί. L'al-

ci répondit que chacun devait veiller sur son département. Plus tard il craignit que Manlius ne réussît sans son concours, et il ne voulut point lui laisser l'occasion de s'illustrer seul.

Il se rapprocha donc de son collègue; mais il ne campa point dans le même lieu et ne se concerta jamais avec lui. Bien plus, afin de pouvoir attaquer les Cimbres avant Manlius, et d'avoir toute la gloire du succès dans cette guerre, il plaça son camp entre ces barbares et le consul. Malgré ces divisions, l'armée romaine, tant qu'elles restèrent inconnues, inspira d'abord une si grande terreur aux ennemis, qu'ils furent amenés à désirer la paix; mais les Cimbres ayant envoyé leurs députés à Manlius à cause de sa dignité, Servilius, courroucé de ce qu'ils ne s'étaient pas adressés à lui, ne répondit rien de favorable à un arrangement : peu s'en fallut même qu'il ne fît mettre à mort les députés.

CCLXXII. Les soldats forcèrent Servilius à s'aboucher avec Manlius et à s'entendre avec lui sur les mesures exigées par les circonstances. Loin de rétablir la bonne intelligence, cette entrevue rendit leur haine plus vio-

---

tération s'explique par la ressemblance du β et de l'υ dans les manuscrits; cf. Schæfer et Koen, sur Grégoire de Corinthe, p. 218, 354, 505, édition de Schæfer : cette confusion a amené l'insertion du π après l'υ.

5. L'ancienne leçon μέχρι οὗ est confirmée par le Ms. de Tours : elle a été maintenue par H. de Valois et par Reimarus. Sturz lit μέχρις οὗ, d'après Jacobs, sur Achill. Tat., 1, 17, p. 23, 4, qui recommande d'écrire μέχρις devant les mots commençant par une voyelle : la plupart des manuscrits de Dion donnent μέχρις οὗ. Je les suis ici et ailleurs; mais, comme le dit Krüger, Dion. Hal. Histor. p. 107-108 : Cave in ejusmodi rebus veteres sibi constitisse credas. Lobeck, in Phrynich., p. 14-15, exprime la même opinion que Krüger.

6. (Exc. Peir. XCIX. R. p. 42.)

Ἔς τε γὰρ φιλονεικίαν καὶ λοιδορίας προαχθέντες [1], αἰσχρῶς διελύθησαν.

CCLXXIII. Ὅτι [2] Γναῖος Δομίτιος δίκην τῷ Σκαύρῳ λαχὼν [3], ἔπειτα ἐπειδὴ τῶν οἰκετῶν τις προσελθὼν αὐτῷ πολλὰ καὶ χαλεπὰ κατὰ τοῦ δεσπότου μηνύσειν ὑπέσχετο, οὐκ ἐπολυπραγμόνησε, καὶ [4] προσέτι συλλαβὼν αὐτὸν παρέδωκε τῷ Σκαύρῳ.

CCLXXIV. Ὅτι [5] Πούπλιος Λικίννιος Νερούας στρατηγῶν ἐν τῇ νήσῳ, καὶ μαθὼν ὅτι οὐκ ἐν δίκῃ τινὰ περὶ τοὺς δούλους γίγνοιτο, ἢ καὶ λημμάτων ἀφορμὰς ζητῶν (καὶ γὰρ ἦν οὐκ ἄδωρος), περιήγγειλεν ἀφικνεῖσθαι πρὸς ἑαυτὸν πάντας τοὺς αἰτιωμένους τι τοὺς δεσπότας σφῶν, ὡς καὶ βοηθήσων αὐτοῖς [6]. Ἐξ οὖν τούτου ἐκείνων τε πολλοὶ συν-

---

1. La correction de Sturz, qui conseille de substituer προαχθέντες à l'ancienne leçon προσαχθέντες, est nécessaire ici, comme dans le liv. XXXIX, 37 : Ἐπεχείρησαν μὲν γὰρ καὶ τὰ ἀναλώματα τὴν δίαιταν ἐπὶ μακρότατον προσηγμένα συστεῖλαι, οὗ Leunclavius propose avec raison προηγμένα. Sur la fréquente confusion de πρός et de πρό par les copistes, cf. Montfaucon, Palæogr., liv. V, 1, p. 344 ; D'Orville, sur Chariton, p. 286-287 ; Bast, Comment. Palæogr., p. 789, à la suite de Grégoire de Corinthe, De Dialect. J'ai donc abandonné l'ancienne leçon, quoiqu'elle s'appuie sur l'autorité des manuscrits.

2. (Exc. Peir. C. R. p. 42.)

3. Cicéron, Disc. pour le roi Déjotarus, XI : O tempora ! O mores ! Cn. Domitius ille quem nos pueri consulem, censorem, pontificem maximum vidimus, quum tribunus plebis M. Scaurum, principem civitatis, in judicium populi vocasset, Scaurique servus ad eum clam domum venisset, et crimina in dominum delaturum se esse dixisset ; prehendi hominem jussit, ad Scaurumque deduct. Vide quid intersit : etsi inique Castorem cum Domitio comparo etc. Cf. Valère-Maxime, VI, 5, 5.

4. Ἐπολυπραγμόνησεν, καὶ κτλ., dans le manuscrit de Tours et dans celui de Paris n° 2550. Cf. tom. I, p. 247, not. 4, de cette édition.

lente qu'auparavant : ils se séparèrent, après s'être honteusement emportés jusqu'à la dispute et jusqu'à l'injure.

CCLXXIII. Cnæus Domitius avait cité Scaurus en justice : sur ces entrefaites, un esclave de l'accusé vint lui proposer de faire contre son maître de graves révélations. Domitius, loin d'attacher de l'importance à cette délation, fit arrêter l'esclave et le livra à Scaurus. An de Rome 650.

CCLXXIV. Publius Licinius Nerva, préteur en Sicile, instruit que les esclaves étaient maltraités, ou peut-être cherchant un moyen de s'enrichir (car il n'était pas incorruptible), invita par un édit tous ceux qui avaient à se plaindre de leurs maîtres à se rendre auprès de lui, et leur promit son appui. Aussitôt un grand nombre d'esclaves s'attroupent :

---

5. (Exc. Peir. Cl. R. p. 42.)
6. Diodore de Sic., XXXVI, 3, raconte ainsi cet événement : Κατὰ τὴν ἐπὶ τοὺς Κίμβρους τοῦ Μαρίου στρατείαν ἔδωκεν ἡ σύγκλητος ἐξουσίαν τῷ Μαρίῳ ἐκ τῶν πέραν θαλάττης ἐθνῶν μεταπέμπεσθαι συμμαχίαν. Ὁ μὲν οὖν Μάριος ἐξέπεμψε πρὸς Νικομήδην, τὸν τῆς Βιθυνίας βασιλέα, περὶ βοηθείας· ὁ δὲ ἀπόκρισιν ἔδωκε τοὺς πλείους τῶν Βιθυνῶν ὑπὸ τῶν δημοσιωνῶν διαρπαγέντας δουλεύειν ἐν ταῖς ἐπαρχίαις. Τῆς δὲ συγκλήτου ψηφισαμένης ὅπως μηδεὶς σύμμαχος ἐλεύθερος ἐν ἐπαρχίᾳ δουλεύῃ καὶ τῆς τούτων ἐλευθερώσεως οἱ στρατηγοὶ πρόνοιαν ποιῶνται, τότε κατὰ τὴν Σικελίαν ὢν Λικίνιος Νερούας, ἀκολούθως τῷ δόγματι, συχνοὺς τῶν δούλων ἠλευθέρωσε, κρίσεις προθείς, ὡς ἐν ὀλίγαις ἡμέραις πλείους τῶν ὀκτακοσίων τυχεῖν τῆς ἐλευθερίας. Καὶ ἦσαν πάντες οἱ κατὰ τὴν νῆσον δουλεύοντες μετέωροι πρὸς τὴν ἐλευθερίαν. Οἱ δ' ἐν ἀξιώμασι συνδραμόντες παρεκάλουν τὸν στρατηγὸν ἀποστῆναι ταύτης τῆς ἐπιβολῆς. Ὁ δ' εἴτε χρήμασι πεισθεὶς, εἴτε χάριτι δουλεύσας, τῆς μὲν τῶν κριτηρίων τούτων σπουδῆς ἀπέστη, καὶ τοὺς προσιόντας ἐπὶ τῷ τυχεῖν τῆς ἐλευθερίας ἐπιπλήττων ἐπὶ τοὺς ἰδίους κυρίους προσέταττεν ἐπαναστρέφειν. Οἱ δὲ δοῦλοι συστραφέντες, καὶ τῶν Συρακουσῶν ἀπαλλαγέντες, καὶ καταφυγόντες εἰς τὸ τῶν Παλικῶν τέμενος, διελάλουν πρὸς ἀλλήλους ὑπὲρ ἀποστάσεως.

ἱστάμενοι [1], οἱ μὲν ἀδικεῖσθαί τι ἔλεγον, οἱ δὲ καὶ ἄλλο τι τοῖς δεσπόταις ἐνεκάλουν· νομίζοντες [καιρὸν [2]] εἰληφέναι τοῦ πάντα ὅσα ἐβούλοντο αὐτοὺς [3] ἀναιμωτὶ [4] διαπράξασθαι· καὶ οἱ ἐλεύθεροι συμφρονήσαντες ἀνθίσταντο σφίσι, καὶ οὐδαμοῦ ὑφίεντο [5].

Φοβηθεὶς οὖν ὁ Λικίννιος τὴν σύστασιν αὐτῶν ἑκατέρων, μὴ καὶ μέγα τι δεινὸν ὑπὸ τῶν ἐλαττωθέντων γένηται, οὐδένα τῶν δούλων προσεδέξατο [6] · ἀλλ' ἀπέπεμψεν [7] αὐτοὺς ὡς μηδὲν κακὸν πεισομένους, ἢ μηδέν γ' [8] ἔτι ταράξαι τῷ διασκεδασθῆναι δυνησομένους. Οἱ δὲ δείσαντες τοὺς δεσπότας, ὅτι καὶ τὴν ἀρχὴν ἐπικαλέσαι τι αὐτοῖς ἐτόλμησαν, συνεστράφησαν καὶ κοινολογησάμενοι πρὸς λῃστείας ἐτράποντο.

CCLXXV. Ὅτι [9] οἱ Μεσσήνιοι νομίσαντες μηδὲν δεινὸν πείσεσθαι, πάντα τὰ πλείστου ἄξια καὶ τιμιώτατα ἐκεῖσε [10]

---

1. L'ancienne leçon porte : Καὶ ἐκείνων τε πολλοὶ συνιστάμενοι κτλ. Ou il manque ici quelque chose, comme l'a cru Sturz, ou bien καί doit être supprimé, ainsi que le voulait Reiske : j'ai retranché cette conjonction, quoiqu'elle se trouve dans le manuscrit de Tours et dans celui de Paris n° 2550. Souvent elle a été ajoutée par les copistes : ainsi, dans Denys d'Hal., Jug. sur Lysias, III, ἑτέραν δὲ οὐδὲν ἐλάττω ταύτης κτλ., le Ms. n° 1742 de la bibliothèque du roi porte ἑτέραν δὲ καὶ οὐδὲν ἐλάττω.

2. Le mot καιρόν n'est donné ni par le manuscrit de Tours, ni par celui de Paris n° 2550. H. de Valois l'a ajouté, pour compléter l'ancienne leçon, νομίζοντες εἰληφέναι τοῦ κτλ. Comme Reimarus et Sturz, j'adopte cette addition, mais en plaçant καιρόν entre crochets.

3. Ou mieux, αὑτοῖς — *sibimet ipsis*, conjecture de Reiske qui ne déplaît pas à Sturz, et que j'aurais adoptée, si elle était confirmée par les manuscrits.

4. Malgré ma remarque, Fr. LXXXIV, not. 6, p. 151-152, tom. I, de cette édition, je substitue ἀναιμωτί à l'ancienne leçon ἀναιμωτεί, par la

les uns prétendent avoir éprouvé des injustices, les autres font entendre contre leurs maîtres diverses accusations : ils se flattent que le moment est enfin venu d'obtenir tout ce qu'ils voudront, sans verser leur sang. Les hommes libres se concertent aussi pour leur tenir tête, et ne cèdent rien.

Cette double ligue fait craindre à Licinius que les vaincus ne se portent à quelque extrémité dangereuse, et il n'écoute aucune plainte des esclaves. Il les congédie même, sous prétexte qu'ils n'auront désormais rien à souffrir, dans l'espoir qu'une fois dispersés, ils ne pourront plus exciter aucun trouble. Les esclaves, redoutant leurs maîtres qu'ils ont osé hautement accuser, entrent en pourparlers, se coalisent et se jettent dans le brigandage.

CCLXXV. Les Mamertins crurent qu'ils n'auraient aucun malheur à craindre, s'ils renfermaient dans Mes-

An de Rome 651.

---

raison que la première écriture se retrouve très-souvent dans Dion. Cf. liv. XXXVII, 40; XLIV, 27; LV, 1, 21; LVI, 13, 21.

5. Ἡφίεντο, dans le Ms. de Tours, dans H. de Valois et dans Reimarus. L'η et l'υ étant perpétuellement confondus, j'adopte, comme Sturz, la correction de Reiske, ὑφίεντο, beaucoup plus satisfaisante pour le sens.

6. Προσεδέξαντο, dans le Ms. de Tours et dans celui de Paris n° 2550, par la confusion de α et de αν; cf. p. 97, not. 8, de ce volume.

7. Dans le manuscrit de Tours, qui porte ἀλλὰ πέπεμψεν, la véritable leçon est facile à rétablir, en écrivant ἀλλ' ἀπέπεμψεν. Le copiste a mal coupé les mots.

8. Γε ἔτι, dans le même manuscrit et dans celui de Paris n° 2550.

9. (Exc. Peir. CIV. R. p. 43.)

10. C'est-à-dire à Messine. Cette ville fut à l'abri des troubles causés par le soulèvement des esclaves; cf. Orose, V, 6.

ὑπεξέθεντο. Μαθὼν δὲ τοῦτο Ἀθηνίων (ὅσπερ που τὸ μέγιστον κράτος τῶν λῃστευόντων Κίλιξ ὧν εἶχεν), ἐπέθετο αὐτοῖς δημοτελῆ τινα ἑορτὴν ἐν τῷ προαστείῳ ἄγουσι [1]. καὶ ἐκείνων τε πολλοὺς σκεδασθέντας ἀπέκτεινε, καὶ [2] τὴν πόλιν ὀλίγου κατὰ κράτος εἷλεν. Χωρίον δέ τι Μάκελλαν εὐερκὲς [3] τειχισάμενος ἰσχυρῶς τὴν γῆν ἐκακούργει.

CCLXXVI. Ὅτι [4] τῶν βαρβάρων ἡττημένων, καὶ συχνῶν ἐν τῇ μάχῃ πεσόντων, ὀλίγοι διεσώθησαν [5]. ἐφ᾽ ᾧπερ ὁ Μάριος, τούτους [6] παραμυθούμενός τε ἅμα καὶ ἀμειβόμενος, πᾶσαν αὐτοῖς τὴν λείαν ἐπευωνίσας ἀπέδοτο, ὅπως μηδὲν δόξῃ προῖκά τινι [7] κεχαρίσθαι. Καὶ ἀπ᾽ αὐτῶν ὁ Μάριος, καίπερ ἐν τῷ πλήθει μόνῳ πρότερον, ὅτι ἐξ αὐτοῦ

---

1. Il m'a paru nécessaire d'ajouter à l'extrait de Dion quelques détails empruntés à Florus, III, 19 : Quis crederet Siciliam multo cruentius servili quam Punico bello esse vastatam?.... Syrus quidam nomine Eunus (magnitudo cladium facit, ut meminerimus), fanatico furore simulato, dum Syriæ deæ comas jactat, ad libertatem et arma servos, quasi numinum imperio, concitavit. L'historien latin raconte comment les esclaves, au nombre de plus de soixante mille, parvinrent à battre une armée régulière, à s'emparer du camp de Manilius, de Lentulus, de Pison, d'Hypsæus, et comment ils furent punis de leur audace par Perpenna. Puis il ajoute : Vix dum respiraverat insula, quum statim a servis et a Syro reditur ad Cilicem. Athenio pastor, interfecto domino, familiam ergastulo liberatam sub signis ordinat. Ipse, veste purpurea, argenteoque baculo, et regium in morem fronte redimita, non minorem quam ille fanaticus prior conflat exercitum etc.

Appien, Mithridat., LIX, fait allusion à ces événements : Καὶ ὁ στρατὸς ὁ τοῦ Σύλλα, σὺν ὀργῇ καὶ καταφρονήσει περιστάντες τὸ τοῦ Φιμβρίου χαράκωμα, κατελοιδόρουν αὐτὸν, καὶ Ἀθηνίωνα ἐκάλουν· ὃς δραπετῶν τῶν ἐν Σικελίᾳ ποτὲ ἀποστάντων ὀλιγήμερος γεγένητο βασιλεύς.

2. Ἀπέκτεινεν, καί, dans le manuscrit de Tours. Cf. tom. 1, p. 247, not. 4, de cette édition.

3. Correction de Reimarus, au lieu de ἐνερκές, leçon donnée par H. de

sine tout ce qu'ils possédaient de plus précieux. Instruit de leur résolution, le Cilicien Athénion, qui avait la plus grande autorité sur les brigands, attaqua les Mamertins, au moment où ils célébraient une fête publique dans le faubourg de la ville. Il les dispersa et en fit un grand massacre : peu s'en fallut même qu'il ne prît la ville de force. Il se retrancha ensuite dans un château appelé Macella, qui était très-bien fortifié, et de là il porta la dévastation dans la campagne.

CCLXXVI. Les barbares furent vaincus, et plusieurs restèrent sur le champ de bataille : à peine un petit nombre trouva-t-il son salut dans la fuite. Marius, pour consoler ses soldats et pour les récompenser, leur vendit tout le butin à vil prix : il ne voulut point paraître le distribuer gratuitement. Jusqu'à ce moment, il n'avait été en faveur qu'auprès des plébéiens, au milieu

An de Rome 652.

Valois et qui se trouve aussi dans le manuscrit de Tours. Le ν et l'υ ont été souvent confondus par les copistes. Cf. Bast, Comment. palæogr., p. 727, 735-736, à la suite de Grégoire de Corinthe.

4. (Exc. Peir. CII. R. p. 43.)

5. Plutarque donne des détails qui complètent cet extrait, Marius, XXVII : Τὸ μὲν οὖν πλεῖστον μέρος καὶ μαχιμώτατον τῶν πολεμίων αὐτοῦ κατεκόπη. Καὶ γὰρ ἦσαν, ὑπὲρ τοῦ μὴ διασπᾶσθαι τὴν τάξιν, οἱ πρόμαχοι μακραῖς ἁλύσεσι πρὸς ἀλλήλους συνεχόμενοι, διὰ τῶν ζωστήρων ἀναδεδεμέναις. Τοὺς δὲ φεύγοντας, ὥσαντες πρὸς τὸ χαράκωμα, τραγικωτάτοις ἐνετύγχανον πάθεσιν. Αἱ γὰρ γυναῖκες, ἐπὶ τῶν ἁμαξῶν μελανείμονες ἐφεστῶσαι, τούς τε φεύγοντας ἔκτεινον, αἱ μὲν ἄνδρας, αἱ δ' ἀδελφοὺς, αἱ δὲ πατέρας, καὶ τὰ νήπια τῶν τέκνων, ἀπάγχουσαι ταῖς χερσὶν, ἐρρίπτουν ὑπὸ τοὺς τροχοὺς καὶ τοὺς πόδας τῶν ὑποζυγίων· αὐτὰς δ' ἀπέσφαττον. Μίαν δέ φασιν ἐξ ἄκρου ῥυμοῦ κρεμαμένην, τὰ παιδία τῶν αὐτῆς σφυρῶν ἀφημμένα βρόχοις ἑκατέρωθεν ἠρτῆσθαι. Τοὺς δ' ἄνδρας ἀπορίᾳ δένδρων, τοῖς κέρασι τῶν βοῶν, τοὺς δὲ τοῖς σκέλεσι προσδεῖν τοὺς αὐτῶν τραχήλους· εἶτα κέντρα προσφέροντας, ἐξαλλομένων τῶν βοῶν, ἐφελκομένους καὶ πατουμένους ἀπόλλυσθαι.

6. Τούτους doit s'entendre des soldats de Marius.

7. J'ajoute τινί, d'après le manuscrit de Tours. L'ancienne leçon porte προῖκα κεχαρίσθαι.

108 ΔΙΩΝΟΣ ΤΟΥ ΚΑΣΣΙΟΥ ΛΕΙΨΑΝΑ. ΒΙΒΛ. Α-ΛϚ.

γεγονὼς ἦν [1] καὶ ὅτι ὑπ' αὐτοῦ ηὔξητο, εὖ φερόμενος, τότε καὶ τοὺς εὐπατρίδας ὑφ' ὧν ἐμισεῖτο ἐξενίκησεν, ὥστε πρὸς πάντων ὁμοίως καὶ ἐπαινεῖσθαι [2]. Τήν τε ἀρχὴν καὶ ἐς τὸ ἐπιὸν ἔτος, ὅπως καὶ τὰ λοιπὰ προσκατεργάσηται, παρ' ἑκόντων καὶ ὁμογνωμονούντων αὐτῶν ἔλαβεν [3].

CCLXXVII. Ὅτι [4] ὡς ἅπαξ ἐπέσχον, πολὺ τοῦ θυμοῦ οἱ Κίμβροι παρελύθησαν, κἀκ τούτου καὶ ἀμβλύτεροι, καὶ ἀσθενέστεροι, καὶ ταῖς ψυχαῖς καὶ τοῖς σώμασιν ἐγένοντο. Αἴτιον δὲ, ὅτι ἔν τε οἰκίαις ἐκ τῆς πρόσθεν ὑπαιθρίου διαίτης κατέλυον, καὶ λουτροῖς θερμοῖς [5] ἀντὶ τῆς πρόσθεν ψυχρολουσίας [6] ἐχρῶντο, καρυκείας τε καὶ ἡδυσμάτων ἐπιχωρίων [7] διεπίμπλαντο [8], κρέα πρότερον ὠμὰ σιτούμενοι, καὶ τῷ οἴνῳ τῇ τε μέθῃ κατακορεῖς παρὰ τὸ ἔθος ἐγίγνοντο. Ταῦτα γὰρ τό τε θυμοειδὲς αὐτῶν πᾶν ἐξέκοψε, καὶ τὰ σώματα ἐθήλυνεν, ὥστε μήτε τοὺς πόνους ἔτι, μήτε τὰς ταλαιπωρίας, μὴ καῦμα, μὴ ψύχος, μὴ ἀγρυπνίαν φέρειν.

CCLXXVIII. Ὅτι [9] ὁ υἱὸς ὁ τοῦ Μετέλλου οὕτω καὶ

---

1. Nous avons vu la même pensée en d'autres termes, Fr. CCLXV : Ὅτι ὁ Μάριος...... καὶ παντὸς μὲν τοῦ συρφετώδους, ἀφ' οὗ περ καὶ ἐπεφύκει, φίλος.
2. Les Romains allèrent jusqu'à proclamer Marius le troisième fondateur de Rome; cf. Plutarque, l. l., et Tite-Live, Épitome, liv. LXVIII : Primores civitatis, qui aliquandiu ut novo homini ad tantos honores evecto inviderant, conservatam ab eo Rempublicam fatebantur.
3. Il n'est pas inutile de comparer ici Dion avec Plutarque, l. l., XXVIII. Cf. les Éclaircissements, à la fin du volume.
4. (Exc. Peir. CIII. R. p. 43.)
5. L'usage des bains chauds était regardé comme un indice de mollesse. De là, le proverbe Ἁπαλοὶ θερμολουσίαις, Ἁβροὶ μαλθακευνίαις · ἐπὶ τῶν ὑπὸ

desquels il était né et qui avaient fait sa fortune ; mais alors il triompha même de la haine des patriciens, et il eut également l'estime de tous les citoyens. Tous, spontanément et d'une voix unanime, lui décernèrent le consulat pour l'année suivante, afin qu'il pût terminer la guerre.

CCLXXVII. Les Cimbres, une fois qu'ils se furent relâchés, perdirent beaucoup de leur ardeur et devinrent mous, énervés, au moral et au physique. La cause de ce changement fut celle-ci : ils logeaient dans des maisons, au lieu de coucher en plein air, comme auparavant : ils avaient remplacé les bains froids par les bains chauds : ils faisaient immodérément usage des mêmes mets et des mêmes friandises que les habitants du pays où ils se trouvaient, eux qui jusqu'alors s'étaient nourris de viandes crues : enfin, contre leur habitude, ils se plongeaient dans le vin et dans l'ivresse. Par là, toute la vigueur de leurs âmes fut émoussée, et leurs corps efféminés ne purent plus supporter ni les travaux, ni les fatigues, ni la chaleur, ni le froid, ni les veilles.

CCLXXVIII. Le fils de Métellus sollicita auprès de

An de Rome 655.

τρυφῆς καὶ ἁβρότητος διαρρεόντων. Bekker, Anecd., I, p. 4. Cf. le même, l. l. p. 415.

6. De même, dans Dion, LIII, 30. Sur la désinence σία, et sur la forme θερμολουτία dans Hippocr., De Insomn., VII, p. 87, au lieu de θερμολουσία, cf. Lobeck, in Phrynich., p. 507.

7. H. de Valois traduit ainsi ce passage : *Ad hæc condimentis se et scitamentis peregrinis explebant;* interprétation conservée par Reimarus et par Sturz; mais ἐπιχωρίων ne saurait signifier *peregrinis.* Wagner et Tafel l'ont bien entendu; le premier traduit *Wie sie hier zu Lande üblich waren*, et le second : *Wie man sie hier zu Lande genoss.*

8. Διεπίπλαντο, dans le manuscrit de Tours. Sur πίπλημι et πίμπλημι, cf. Duncan, Lexic. Homer.-Pindar., éd. de Rost, Leipzig, 1835, p. 943.

9. (Exc. Peir. CVIII. R. p. 44-45.)

ἰδίᾳ καὶ δημοσίᾳ πάντας ὑπὲρ τοῦ τὸν πατέρα κατελθεῖν [1] ἱκέτευεν, ὥστε καὶ Πῖος, τοῦτ' ἔστιν, εὐσεβὴς ἐπονομασθῆναι [2].

CCLXXIX. Ὅτι [3] ὁ Φούριος [4] ἔχθραν τῷ Μετέλλῳ οὕτως ἔσχεν, ὅτι τὸν ἵππον αὐτοῦ τιμητεύων ἀφείλετο.

CCLXXX. Ὅτι [5] Πούπλιον Φούριον γραφέντα ἐφ' οἷς δημαρχήσας ἐπεποιήκει [6], ἀπέκτειναν ἐν αὐτῇ τῇ ἐκκλησίᾳ οἱ Ῥωμαῖοι, ἀξιώτατον μέν που ἀπολέσθαι ὄντα (καὶ γὰρ ταραχώδης ἦν, καὶ τῷ Σατουρνίνῳ καὶ τῷ [7] Γλαυκίᾳ [8] πρώτοις [9] συστὰς μετεβάλετο, καὶ πρὸς τοὺς ἀντιστασιώτας αὐτῶν αὐτομολήσας [10] σφίσι συνεπέθετο)· οὐ μέντοι καὶ

---

1. Appien, Guer. civ., I, 29-32, raconte l'exil de Métellus : Ἐξηλάθη δὲ καὶ Μέτελλος ὑπ' αὐτῶν (c'est-à-dire par Glaucia et par Apuléius Saturninus), προσλαβόντων Γάϊον Μάριον, ἕκτην ἀρχοντα ὑπατείαν, ἐχθρὸν ἀφανῆ τοῦ Μετέλλου κτλ.
2. Le même, l. l., XXXIII, rend hommage à la piété filiale du jeune Métellus : Ἀναιρεθέντων δὲ τῶν ἀμφὶ τὸν Ἀπουλήϊον, ἡ μὲν βουλὴ καὶ ὁ δῆμος ἐκεκράγεσαν κατακαλεῖν Μέτελλον. Πούπλιος δὲ Φούριος δήμαρχος, οὐδ' ἐλευθέρου πατρός, ἀλλ' ἐξελευθέρου, θρασέως ἐνίστατο αὐτοῖς· καὶ οὐδὲ Μετέλλου, τοῦ Μετέλλου παιδός, ἱκετεύοντος ἐν ὄψει τοῦ δήμου, καὶ δακρύοντος, καὶ τοῖς ποσὶ προσπίπτοντος, ἐνεκλάσθη· ἀλλ' ὁ μὲν παῖς ἐκ τῆσδε τῆς ὄψεως Εὐσεβὴς ἐς τὸ ἔπειτα ἐκλήθη.
3. (Exc. Peir. CIX. R. p. 45.)
Dans H. de Valois, dans Reimarus et dans Sturz, ce petit extrait est le commencement du Fr. CIX. Comme M. Tafel, j'en ai fait un fragment à part, ainsi que le conseillait H. de Valois : De hoc eodem Furio, dit-il dans une note sur le Frag. qui porte le n° CCLXXX dans cette édition, accipienda esse opinor quæ paulo post leguntur in his Dionis excerptis, ὅτι ὁ Φούριος, usque ad ἀφείλετο. Ac transposita hic esse fragmenta suspicor, quæ suo loco sic restituenda sunt, si caput illud, cujus initium est ὅτι ὁ υἱός, et illud quod proxime sequitur (n° CCLXXVIII et n° CCLXXIX de cette édition), usque ad verbum ἀφείλετο, collocentur ante illud ὅτι τοῦ Ῥουτιλίου (n° CCLXXXIII de cette édition), quod ipsa historiæ series re-

FRAGM. DE DION CASSIUS, L. I-XXXVI. 111

tous les citoyens le retour de son père avec tant d'instances, en public et en particulier, qu'il fut surnommé Pius, c'est-à-dire, le pieux.

CCLXXIX. La haine de Furius contre Métellus venait de ce que celui-ci, pendant sa censure, l'avait privé du cheval fourni par l'État.

CCLXXX. P, Furius fut mis en accusation pour sa conduite pendant le tribunat, et massacré par les Romains dans le lieu même de l'assemblée du peuple. Il avait bien mérité la mort; car c'était un factieux qui, après avoir fait cause commune avec Saturninus et Glaucia, les persécuta quand il eut embrassé le parti con-

---

quirit. Metellus enim Numidicus aliquot annis ante damnationem Rutilii est restitutus.

4. Ὁ Φρούριος, dans le manuscrit de Tours, où les noms propres sont souvent altérés. Cf. tom. I, Introduction, p. LX, de cette édition.

5. (Exc. Peir. CV. R. p. 43-44.)

6. Surtout à cause de sa dureté envers le fils de Métellus; Appien, l. l., XXXIII : Τοῦ δ' ἐπιόντος ἔτους, Φούριον μὲν ἐπὶ τῷδε ἐς δίκην Γάϊος Κανουλήϊος δήμαρχος ὑπῆγε· καὶ ὁ δῆμος, οὐδὲ τοὺς λόγους ὑπομείνας, διέσπασε τὸν Φούριον.

7. Τῷ τε, dans le manuscrit de Tours.

8. L'ancienne leçon Γλαυκίῳ, maintenue par H. de Valois et par Reimarus, se trouve dans le manuscrit de Tours et dans celui de Paris n° 2550. Les copistes ont été amenés par le génitif Γλαυκίου à donner Γλαυκίῳ pour le datif, et liv. XLIV, 25, Γλαύκιον pour l'accusatif. Le nominatif étant Γλαυκίας, cf. Appien, Guer. civ., I, 28, 32, il faut lire Γλαυκίᾳ au datif, et Γλαυκίαν à l'accusatif; cf. le même Appien, l. l., et Sturz, qui conserve pourtant Γλαυκίῳ. Xylander a adopté Γλαυκίαν pour le passage de Dion, liv. XLIV, 25.

9. Cette leçon, donnée par H. de Valois et par Reimarus, est confirmée par le manuscrit de Tours et par celui de Paris n° 2550. Sturz adopte πρῶτον, que j'aurais préféré, si sa correction s'appuyait sur les manuscrits.

10. Αὐτομολίσας, dans le manuscrit de Tours, par la confusion d'η et d'ι.

προσήκοντα τούτῳ τῷ τρόπῳ φθαρῆναι. Καὶ τοῦτο [1] μὲν ἐν δίκῃ δή τινι γεγονέναι ἔδοξεν.

CCLXXXI. Ἦσαν [2] γὰρ καὶ ἄλλοι τινὲς στασίαρχοι· τὸ δὲ δὴ πλεῖστον κράτος τῶν μὲν Μάρκος, τῶν δὲ Κύϊντος [3] εἶχον, δυναστείας τε ἐπιθυμηταὶ, καὶ φιλοτιμίας ἄπληστοι [4], καὶ ἀπ' αὐτῶν καὶ ἐς τὸ φιλόνεικον προπετέστατοι ὄντες. Καὶ ταῦτα μὲν ἐκ τοῦ ὁμοίου ἐκέκτηντο. Προέφερε [5] δὲ Δροῦσος μὲν τῷ γένει καὶ τῷ πλούτῳ, τῇ τε ἐς τοὺς ἀεὶ δεομένους αὐτοῦ ἀφειδῶς ἀναλώσει· ὁ δὲ [Κύϊντος [6]] τῷ τε θράσει πολλῷ καὶ τῇ τόλμῃ, ταῖς τε προεπιβουλαῖς, καὶ ταῖς ὑπ' αὐτὰ τὰ πράγματα κακοηθείαις. Ὅθεν οὐκ ἀπεικότως τὰ μὲν ἐκ τῶν ὁμοίων, τὰ δὲ ἐκ τῶν διαφόρων ἀντίρροποι τρόπον τινὰ ἀλλήλοις ὄντες, τὴν στάσιν ἐπὶ πλεῖστον ἤγειραν, ὥστε αὐτὴν καὶ ἀποθανόντων αὐτῶν μεῖναι.

CCLXXXII. Ὅτι [7] ὁ Δροῦσος καὶ ὁ Καιπίων [8] ἰδίαν

---

1. Comme dans le Ms. de Tours et dans celui de Paris n° 2550, au lieu de l'ancienne leçon τούτῳ, reproduite par Reimarus et par Sturz, d'après H. de Valois, qui avait pressenti la véritable; puisqu'il traduit: *Atque id quidem ei viro merito utique contigisse videbatur.*

2. (Exc. Peir. CIX. R. p. 45.)
C'est de ce fragment que j'ai détaché le passage Ὅτι ὁ Φούριος — ἀφείλετο, pour en former un extrait à part. Cf. p. 110, not. 3.

3. Il s'agit de M. Livius Drusus et de Q. Servilius Cæpio. Au lieu de Κύϊντος, le manuscrit de Tours porte Κόϊντος, faute du copiste, conservée dans H. de Valois. Par τῶν μέν il faut entendre les sénateurs, et par τῶν δέ, les chevaliers; Florus, III, 17 : In hoc statu rerum pares opibus, animis, dignitate (unde et nata Livio Druso æmulatio accesserat), Equitem Servilius Cæpio, Senatum Livius Drusus asserere. Signa et aquilæ et vexilla aderant : ceterum sic urbe in una, quasi in binis castris dissidebatur.

traire ; mais il n'aurait pas dû périr ainsi. Cependant sa mort parut juste jusqu'à un certain point.

CCLXXXI. Il y avait encore d'autres chefs de sédition : les plus puissants étaient Marcus d'un côté et Quintus de l'autre ; tous deux avides de pouvoir, d'une ambition insatiable, et par cela même très-portés à se jeter dans les luttes des partis. A ce point de vue, ils étaient sur la même ligne ; mais Drusus l'emportait par l'éclat de la naissance, par les richesses, par une libéralité inépuisable pour ceux qui recouraient incessamment à lui ; Quintus, par la présomption, par l'audace, par l'habileté à tendre des piéges longtemps d'avance, par la finesse et la ruse dans l'action même : semblables sous certains rapports, différents sous certains autres, ils se faisaient en quelque sorte équilibre ; et il n'est pas étonnant qu'ils aient excité de longs troubles, qui se perpétuèrent même après leur mort.

CCLXXXII. Drusus et Cæpion, qui étaient beaux-

---

4. Ἄπλιστοι, dans le manuscrit de Tours ; mais il portait ἄπληστοι. On a gratté l'η pour en former un ι. Un peu plus loin, προεπιβουλαῖς a le même sens que προεπιβουλεύειν dans Thucyd., 1, 33 : Καὶ προεπιβουλεύειν αὐτοῖς μᾶλλον ἢ ἀντεπιβουλεύειν. Grég. de Corinthe, sur Hermog., p. 921 : Τὸ μὲν προεπιβουλεύειν δηλοῖ τὸ φθάνειν τὴν ἐπιβούλην, τὸ δὲ ἀντεπιβουλεύειν τὸ κατόπιν ἐλθόντα τῆς ἐπιβουλῆς ἀμύνασθαι τοὺς λυπήσαντας. Cf. Poppo, not. in Thucyd., p. 111, tom. I, p. 253, où il rend προεπιβουλεύειν par *illis priores potius insidiemini*, qui est le véritable sens.

5. Προέφερεν, dans H. de Valois ; je lis προέφερε, comme Reimarus et Sturz : προέφερον, dans le Ms. de Tours, sans doute à cause des deux sujets.

6. Reiske propose avec raison d'ajouter ici Κύϊντος.

7. (Exc. Peir. CX. R. p. 45.)

8. Ὁ Καπίων, par la confusion de α avec αι (cf. Bast, l. l. p. 705, 884), dans le Ms. de Tours, où les noms propres sont souvent altérés. Cf. tom. I, p. LX.

ἀλλήλοις ἔχθραν ἐκ φιλίας πολλῆς καὶ γάμων ἐπαλλαγῆς [1] ποιησάμενοι, καὶ ἐς τὰ πολιτικὰ αὐτὴν [2] προήγαγον.

CCLXXXIII. Ὅτι [3] τοῦ Ῥουτιλίου ἀγαθοῦ ὄντος ἀνδρὸς ἀδικώτατα κατεψηφίσαντο [4]. Ἐσήχθη γὰρ ἐς δικαστήριον ἐκ κατασκευασμοῦ τῶν ἱππέων ὡς δωροδοκήσας [5] Κυΐντῳ Μουκίῳ, καὶ ἐζημιώθη ὑπ' αὐτῶν χρήμασι. Ταῦτα δὲ [6] ἐποίησαν θυμῷ φέροντες, ὅτι πολλὰ περὶ τὰς τελωνείας [7] πλημμελοῦντας ἐπέσχεν [8].

CCLXXXIV. Ὅτι [9] ὁ Ῥουτίλιος ἀπελογήσατο μὲν γενναιότατα [10], καὶ οὐδὲν ὅ τι οὐκ εἶπεν, ὧν ἀνὴρ ἀγαθὸς συκοφαντούμενος, καὶ πολὺ πλεῖον τὰ τῶν κοινῶν ἢ τὰ ἑαυτοῦ ὀδυρόμενος, φθέγξαιτο· ἑάλω δὲ, καὶ τῆς γε οὐσίας

---

1. Suivant H. de Valois, les mots γάμων ἐπαλλαγῆς peuvent signifier que Drusus épousa la sœur de Cæpion et Cæpion la sœur de Drusus; ou bien que Drusus céda sa femme à Cæpion qui, de son côté, céda la sienne à Drusus. La première interprétation lui paraît la plus vraisemblable; quoique la seconde puisse être justifiée par des faits historiques; témoin M. Caton, qui céda sa femme à Hortensius; Plutarque, Cat. Min., XXV : Ἐκεῖνος (s.-ent. ὁ Ὁρτήσιος) οὐκ ὤκνησεν ἀποκαλυψάμενος αἰτεῖν τὴν αὐτοῦ γυναῖκα Κάτωνος, νέαν μὲν οὖσαν ἔτι πρὸς τὸ τίκτειν, ἔχοντος δὲ τοῦ Κάτωνος ἀποχρῶσαν διαδοχήν. . . . . Ὁ δ' οὖν Κάτων, ὁρῶν τὴν τοῦ Ὁρτησίου σπουδὴν καὶ προθυμίαν, οὐκ ἀντεῖπεν, κτλ. Strabon, qui raconte le même fait, liv. XI, p. 354, éd. Casaub. Paris, 1587, ajoute que Caton agissait ainsi, d'après un ancien usage : κατὰ παλαιὸν Ῥωμαίων ἔθος.
2. Pline fait connaître l'origine de cette inimitié, Hist. Nat., XXXIII, 6 : Inter Cæpionem quoque et Drusum ex annulo, in auctione venali, inimicitiæ cœpere : unde origo socialis belli et exitia rerum.
3. (Exc. Peir. CVI. R. p. 44.)
4. L'Epitome de Tite-Live, liv. LXX, atteste que Dion suit ici l'historien latin : P. Rutilius, vir summæ innocentiæ, quoniam legatus C. Mucii proconsulis, a publicanorum injuriis Asiam defenderat, invisus equestri ordini, penes quem judicia erant, repetundarum damnatus, in exsilium missus est. Cf. Orose, V, 17.

frères, avaient d'abord vécu dans une étroite amitié : plus tard elle fit place à une haine qu'ils portèrent dans les affaires publiques.

CCLXXXIII. Une condamnation des plus injustes frappa Rutilius, citoyen d'une intégrité parfaite. Il fut traduit en justice par les menées des chevaliers, qui l'accusèrent d'avoir accepté de l'argent pour Quintus Mucius, et le condamnèrent à une amende. Ils agirent ainsi pour satisfaire leur ressentiment contre Rutilius, qui avait souvent réprimé leurs exactions.

CCLXXXIV. Rutilius se défendit avec noblesse : son langage fut celui d'un honnête homme en butte à la calomnie, et beaucoup plus affligé des maux de la patrie que de son propre malheur. Il fut néanmoins condamné et fit sur-le-champ l'abandon de ses biens : par là l'in-

An de Rome 661.

---

5. Ce mot est étrangement altéré dans le manuscrit de Tours, qui porte δωροδοκήην (sic).

6. Δέ manque dans le même manuscrit et dans celui de Paris n° 2550. Cette particule a été souvent omise par les copistes; cf. M. Boissonade, Anecd. Nov., tom. I, p. 213, n. 4. Dans Denys d'Hal., Jug. sur Isocr., § VI, au lieu de ὑπεριδόντα δὲ τῆς περὶ τὰ μικρὰ φιλοτιμίας, les deux Ms. de la Bibliothèque du roi, n° 1657 et n° 1742, portent ὑπεριδόντα τῆς π. τ. μ. φ.

7. Τελονίας, dans le manuscrit de Tours, par la confusion d'ω avec ο, et d'ει avec ι. Celui de Paris n° 2550, qui porte τελωνίας, n'est fautif qu'à la troisième syllabe.

8. A l'ancienne leçon ἐπέσχον, donnée par H. de Valois et confirmée par le manuscrit de Tours, Reimarus substitue ἐπέσχεν, avec cette remarque : « Apud Valesium legitur ἐπέσχον. Ipse tamen vertit *coercuerat*; unde « typographi errore arbitror irrepsisse. Nam durius fuerit ad Mucium « Procos. simul et Rutilium, ejus legatum, referre. » J'ai d'autant moins hésité à adopter sa correction, que l'ε et l'ο sont très-souvent confondus par les copistes.

9. (Exc. Peir. CVII. R. p. 44.)

10. Cf. Valère-Maxime, VI, 4, 4 ; Cicéron, Brutus, XXX; Orose, V, 17.

8.

εὐθὺς ἐξέστη. Ἐξ οὗπερ οὐχ ἥκιστα ἐφωράθη[1] μηδὲν οἱ προσήκουσαν καταδίκην ὀφλήσας. Πολλῷ τε γὰρ σμικρότερα κεκτημένος εὑρέθη, ἢ οἱ κατήγοροι ἐκ τῆς Ἀσίας αὐτὸν ἐσφετερίσθαι ἐπεκάλουν· καὶ πάντα ἐκεῖνα ἐς δικαίας καὶ νομίμους ἀρχὰς τῆς κτήσεως ἀνήγαγεν.

Οὕτω μὲν ἐπηρεάσθη· καί τινα ὁ Μάριος αἰτίαν τῆς ἁλώσεως αὐτοῦ ἔσχεν. Ἀρίστῳ γὰρ καὶ εὐδοκιμωτάτῳ αὐτῷ ὄντι ἐβαρύνετο. Διόπερ καὶ ἐκεῖνος τῶν τε πραττομένων ἐν τῇ πόλει καταγνοὺς, καὶ ἀπαξιώσας τοιούτῳ ἔτι ἀνθρώπῳ συζῆσαι, ἐξεχώρησε μηδενὸς ἀναγκάζοντος[2], καὶ ἐς αὐτήν γε τὴν Ἀσίαν ἐλθὼν, τέως μὲν ἐν Μιτυλήνῃ[3] διῆγεν. Ἔπειτα ἐκείνης ἐν τῷ Μιτριδατικῷ πολέμῳ κακωθείσης, ἐς Σμύρναν[4] μετῳκίσθη· κἀνταῦθα κατεβίω, οὐδὲ ἠθέλησεν ἐπανελθεῖν οἴκαδε[5]. Καὶ οὐδέν γε παρὰ τοῦτο ἧττον, οὔτε ἐν εὐκλείᾳ, οὔτε ἐν περιουσίᾳ ἐγένετο. Πολλὰ μὲν γὰρ αὐτῷ καὶ ὁ Μούκιος, πλεῖστα δὲ καὶ δῆμοι καὶ βασιλεῖς ὅσοι ποτὲ ἐπεπείραντο αὐτοῦ ἐχαρίσαντο, ὥστε πολὺ πλείω αὐτὸν τῆς ἀρχαίας οὐσίας ἔχειν.

---

1. Ἐφοράθη, dans le manuscrit de Tours, par la confusion d'o avec ω.
2. Dion s'écarte de l'Epitome de Tite-Live, où il est dit : *repetundarum damnatus*, in exsilium missus est. Cf. la note 4, p. 114.
3. C'est là que, pour échapper à la cruauté de Mithridate, il quitta la toge romaine, prit le manteau grec et des brodequins ; Cicéron, Disc. pour C. Rabirius Postumus, X.
4. Ἐσμάρνα, dans le manuscrit de Tours ; leçon tout à fait corrompue. Sur Rutilius, devenu citoyen de Smyrne, cf. Cicéron, disc. pour L. C. Balbus, XI ; et le passage d'Ovide cité dans la note suivante. Orose, V, 17 : Quum evidenti oppugnaretur calumnia, et opinione bonorum omnium jure absol-

justice de sa condamnation parut dans tout son jour. On reconnut que sa fortune était bien au-dessous des richesses que ses accusateurs lui reprochaient de s'être appropriées en Asie, et il prouva qu'elle avait une origine légitime et sans tache.

Rutilius fut ainsi victime d'une calomnie : sa condamnation retomba jusqu'à un certain point sur Marius qu'offusquait la réputation de cet excellent citoyen. Rutilius, désapprouvant ce qui se passait dans Rome, ne voulut plus vivre avec un tel homme : il s'exila volontairement, se retira en Asie et demeura quelque temps à Mitylène. Plus tard, cette ville ayant été saccagée pendant la guerre contre Mithridate, il se transporta à Smyrne où il passa le reste de ses jours, sans vouloir rentrer dans sa patrie. Malgré la sentence qui l'avait frappé, il vécut entouré de gloire et dans l'opulence. Mucius, ainsi que tous les peuples et tous les rois qui avaient été jadis à même de l'apprécier, le comblèrent de présents, et il fut beaucoup plus riche qu'auparavant.

---

vendus putaretur, perjurio judicum condemnatus est : qui, Smyrnam commigrans, litterarum studiis intentus consenuit.

5. Valère-Maxime, VI, 4 : Atque etiam, quum ei reditum in patriam Syllana victoria præstaret, in exsilio, ne quid adversum leges faceret, remansit. Quapropter *Felicitatis* cognomen justius quis moribus gravissimi viri quam impotentis armis assignaverit : quod quidem Sylla rapuit, Rutilius meruit.

Le témoignage d'Ovide n'est ni moins formel, ni moins honorable pour Rutilius, Pontiq., liv. I, Epit. III, v. 63 et suiv. :

    Et grave magnanimi robur mirare Rutili,
      Non usi reditus conditione dati.
    Smyrna virum tenuit.

CCLXXXV. Ὅτι [1] ὁ Λοῦππος [2] τοὺς εὐπατρίδας τοὺς συστρατευομένους οἱ, ὡς καὶ τὰ βουλεύματα αὐτοῦ τοῖς ἐναντίοις ἐξαγγέλλοντας, ὑποπτεύσας, ἐπέστειλε περὶ αὐτῶν τῇ βουλῇ, πρίν τι [ἀκριβῶσαι [3]]· κἀκ τούτου οὐδ' ἄλλως [εὐνοϊκῶς πρὸς ἀλλήλους] σφᾶς ὑπὸ τῆς στάσεως ἔχοντας, ἔτι καὶ μᾶλλον συνέβαλε [4]. Κἂν ἐπὶ πλεῖον ἐταράχθησαν, εἰ μή τινες τῶν Μαρσῶν ἐφωράθησαν [5] ἀναμιγνύμενοί τε τοῖς προνομεύουσι τῶν Ῥωμαίων, καὶ ἐς τὸ τάφρευμα [6] ὡς καὶ σύμμαχοι σφῶν συνεισιόντες, καὶ πολυπραγμονοῦντες τὰ ἐν αὐτῷ καὶ λεγόμενα καὶ δρώμενα, καὶ τοῖς σφετέροις ἐξαγγέλλοντες. Καὶ οὕτως ὀργιζόμενοι τοῖς εὐπατρίδαις ἐπαύσαντο.

CCLXXXVI. Ὅτι [7] ὁ Μάριος ὑποπτεύσας τὸν Λοῦπ-

---

1. (Exc. Peir. CXI. R. p. 45.)
2. P. Rutilius Lupus. Appien, Guer. Civ., I, 40 : Ἡγοῦντο δὲ Ῥωμαίων μὲν ὕπατοι Σέξτος τε Ἰούλιος Καῖσαρ, καὶ Πόπλιος Ῥουτίλιος Λοῦπος. Reimarus reproche à H. de Valois d'avoir donné, dans sa version, le prénom de Quintus à ce Rutilius. Cette critique n'est point fondée ; la version de H. de Valois porte, p. 640 : *P. Rutilius Lupus consul*, etc.
3. Il y a ici une lacune dans H. de Valois, dans Reimarus et dans Sturz. Ils lisent : Πρίν τι ἀ... κἀκ. Sturz affirme que Wagner a traduit d'après la conjecture de H. de Valois πρίν τι ἀκριβῶς ἐξοιδέναι : la traduction de Wagner, *Ohne die Sache genau untersucht zu haben*, est calquée non pas sur une conjecture de H. de Valois, qui n'en propose aucune ; mais sur sa version : *priusquam de ea re quidquam certius inquisiisset*.

Quant à la lacune, Reiske voudrait lire, pour la remplir : πρίν τι ἀνήκεστον παθεῖν, ἐπιζητεῖν ou ἀποκαλεῖν κελεύων. Ces conjectures s'éloignent trop du texte primitif. J'ai mieux aimé adopter πρίν τι ἀκριβῶσαι, en plaçant ce verbe entre crochets. M. Tafel traduit, d'après la même conjecture : *Ohne etwas [Gewisses erfahren zu haben]*.

4. H. de Valois lit : Κἀκ τούτου οὐδ' ἄλλως σφᾶς ὑπὸ τῆς στάσεως ἔχοντας

CCLXXXV. Lupus soupçonna les patriciens qui étaient dans son armée de révéler ses projets à l'ennemi, et les dénonça au sénat, avant d'avoir rien approfondi : par là, il irrita encore davantage des hommes, d'ailleurs mal disposés les uns envers les autres, à cause des dissensions qui agitaient Rome. De plus grands troubles auraient éclaté, si l'on n'avait surpris quelques Marses qui, se mêlant aux fourrageurs, pénétraient dans les retranchements des Romains, comme s'ils eussent été leurs alliés, et épiaient avec soin ce qui se disait et ce qui se faisait, pour en informer leurs compatriotes. Cet incident coupa court à tous les ressentiments contre les patriciens.

CCLXXXVI. Marius était parent de Lupus ; mais

An de Rome 664.

ἔτι καὶ μᾶλλον συνέβαλε, et il traduit : *Quo facto illos, qui alioqui ob seditiones urbanas œgris mentibus erant, concitavit.* Il faudrait *magis etiam concitavit*, à cause de ἔτι καὶ μᾶλλον. Reimarus et Sturz ont reproduit la leçon et l'interprétation de H. de Valois, qui a senti qu'il manque ici quelque chose; car, pour arriver à un sens complet, il a ajouté *œgris mentibus erant*; mais il n'a pas tenu compte de οὐδ'. Reiske propose d'insérer ὑγιῶς, ou bien εὐνοϊκῶς πρὸς ἀλλήλους. J'adopte la seconde conjecture, d'après un passage analogue de Dion, L, 16 : Ὥστε μήτ' ἄλλως εὐνοϊκῶς σφᾶς αὐτοῖς ἔχειν καὶ προσέτι καὶ ἐκ τοῦ φανεροῦ στασιάζειν. Cf. le même, XLIX, 17.

Wagner se borne à dire qu'il manque ici un adverbe qui devrait se joindre à ἔχοντας; mais il n'en propose aucun, et il traduit comme si le texte portait κἀκ τούτου ἄλλως σφᾶς κτλ. — *Dadurch hetzt' er sie, die ohnedem in Factionen getrennt waren, nur noch mehr zusammen.* M. Tafel a fait de même : *Dadurch reizte er sie ohnediess von Parteisucht Entflammten noch mehr gegen einander auf.*

5. Ἐφοράθησαν, dans le même Ms., par la confusion d'ω avec ο

6. Ἐς τὸ φρεύμα, est une faute du copiste dans le même manuscrit.

7. (Exc. Peir. CXII R. p. 46.)

πον¹ καίπερ συγγενῆ ὄντα, φθόνῳ τε καὶ ἐλπίδι τοῦ καὶ ὕπατον ἕβδομον, ὡς καὶ μόνον ἂν τὰ παρόντα κατορθώσοντα², ἀποδειχθῆναι, τρίβειν³ ἐκέλευε. Σφᾶς μὲν γὰρ τὰ ἐπιτήδεια⁴ ἕξειν ἔλεγεν, ἐκείνους δὲ οὐ δυνήσεσθαι ἐπὶ πλεῖον, ἅτε τοῦ πολέμου ἐν τῇ χώρᾳ αὐτῶν ὄντος, ἀνταρκέσαι.

CCLXXXVII. Ὅτι⁵ οἱ Πικέντες τοὺς μὴ συναποστάντας σφίσιν ἐχειρώσαντο, καὶ τούτοις ἐν ἐπόψει τῶν φίλων ἐνύβριζον⁶, καὶ τῶν γυναικῶν τὰς κόμας σὺν τῷ δέρματι ἐκ τῶν κεφαλῶν ἀπέσπασαν⁷.

1. H. de Valois croit qu'il faudrait lire : Ὅτι ὁ Λοῦππος ὑποπτεύσας τὸν Μάριον, et il invoque, en faveur de ce changement, un passage d'Orose, V, 18 : Rutilius Cos. Marium propinquum suum legatum sibi legit : quem assidue submonentem moram bello utilem fore, et paulisper in castris exerceri militem oportere tironem, dolo id eum agere ratus contemsit, seseque in insidias Marsorum et universum agmen exercitus sui incautus injecit. Mais, comme le fait observer Reimarus, ce changement n'est pas justifié par ce qui suit : τρίβειν ἐκέλευε. Et, en effet, d'après la correction de H. de Valois, ce serait P. Rutilius Lupus qui aurait conseillé à Marius de temporiser; tandis que c'est Marius qui donnait ce conseil. Par ce motif, elle n'est pas admissible.

D'après l'ancienne leçon, Marius éprouvait un sentiment d'envie contre Rutilius. Il craignait, en outre, que le crédit de Rutilius ne l'empêchât d'arriver au 7ᵉ consulat qu'il espérait obtenir bientôt ; et cette envie et cet espoir mêlé d'inquiétude lui rendaient Rutilius également suspect : ici tout concorde. J'ai donc maintenu cette leçon, qui est confirmée par le manuscrit de Tours.

M. Tafel, d'après Lorenz, traduit : *Marius rieth dem Lupus, der ihm, obgleich er mit ihm verwandt war, nicht recht traute*, etc., comme si le texte portait ὑποπτεύσαντα, au lieu d'ὑποπτεύσας; (ὑποπλεύσας et ὑποπλεύσαντα sont des fautes d'impression dans la note de sa traduction, p. 189). La leçon ὑποπτεύσαντα est ingénieuse : je l'aurais adoptée volontiers, si elle s'appuyait sur les manuscrits.

2. Le manuscrit de Tours porte κατορθώσαντα : j'adopte κατορθώσοντα, proposé par Sturz, qui pourtant conserve l'ancienne leçon. L'enchaînement des idées exige ce changement.

la jalousie et l'espoir d'arriver à un septième consulat, comme s'il avait été seul capable de conduire cette guerre à une heureuse fin, le lui rendaient suspect. Il l'engageait donc à temporiser et répétait que les Romains ne manqueraient point de vivres; tandis que les ennemis ne pourraient longtemps tenir ferme dans une guerre dont leur propre territoire était le théâtre.

CCLXXXVII. Les Picentins subjuguèrent tous ceux qui n'avaient pas fait défection avec eux et les insultèrent en présence de leurs amis : ils allèrent même jusqu'à arracher aux femmes les cheveux avec la peau de la tête.

---

3. Reiske propose τὸν πόλεμον τρίβειν, et Sturz adopte cette conjecture; mais en plaçant les mots τὸν πόλεμον entre crochets. D'après le manuscrit de Tours, je conserve l'ancienne leçon τρίβειν, avec la signification de *cunctari*, très-bonne ici. Ce verbe est employé dans le même sens par Dion lui-même, liv. LV, 31 : Μαθὼν οὖν τοῦτο ὁ Αὔγουστος, καὶ ὑποπτεύσας ἐς τὸν Τιβέριον ὡς δυνηθέντα μὲν ἂν διαταχέων αὐτοὺς κρατῆσαι, τρίβοντα δὲ ἐξεπίτηδες κτλ. Toutefois j'aimerais mieux διατρίβειν : la préposition a pu être omise par le copiste, comme il arrive souvent dans les mots composés.

4. Dans l'ancienne leçon καὶ τὰ ἐπιτήδεια, la conjonction καί est superflue, ou bien elle indique qu'il manque ici quelque chose. Je l'ai supprimée, d'après Reiske, quoiqu'elle se trouve dans le manuscrit de Tours. Cette conjonction a été souvent ajoutée par les copistes, ainsi que je l'ai déjà dit, p. 104, n. 1. D'autres fois, elle a été supprimée. Cf. M. Boissonade, notes sur Théophylacte Simocatta, p. 298, n. 5; 178, n. 9 et 183, n. 6.

5. (Exc. Peir. CXIII. R. p. 46.)

6. Ἐνύβριζων, dans le manuscrit de Tours, par la confusion d'ο avec ω.

7. Τὰς κόμας — ἀπέσπασαν. Cette périphrase a le même sens que ἐσκύθισαν — ἀπεσκύθισαν, comme on le voit par l'*Etymolog. Magn.*, p. 125, 55 : Ἀποσκυθίσαι· κυρίως τὸ περιτεμεῖν τὸ ἐπὶ κεφαλῆς δέρμα σὺν ταῖς θριξί· καταχρηστικῶς δέ, τὸ ἀποκεῖραι. Cf. les autorités mentionnées dans la note de Sturz.

ΔΙΩΝΟΣ ΤΟΥ ΚΑΣΣΙΟΥ ΛΕΙΨΑΝΑ. ΒΙΒΛ. Α-ΛϚ.

CCLXXXVIII. Ὁ[1] Μιθριδάτης[2], πρέσβεων[3] παρόντων[4] Ῥωμαίων, οὐδὲν ἐκίνησεν, ἀλλ' ἀνταιτιασάμενός[5] τινα, καὶ προαποδείξας[6] τοῖς πρέσβεσι τὸ πλῆθος τῶν χρημάτων, ὧν[7] κοινῇ [τε] καὶ ἰδίᾳ τισὶν ἀνάλωκει, ἡσυχίαν ἔσχεν. Ὁ δὲ Νικομήδης, τῇ συμμαχίᾳ αὐτῶν ἐπαρθεὶς, καὶ[8] χρημάτων δεηθεὶς, ἐσέβαλεν[9] ἐς τὴν χώραν αὐτοῦ[10].

CCLXXXIX. Ὁ Μιθριδάτης[11] πρέσβεις ἀπέστειλεν ἐς τὴν Ῥώμην[12], ἀξιῶν, εἰ μὲν φίλον τὸν Νικομήδην νομίζουσι, πεῖσαι αὐτὸν, ἢ καταναγκάσαι[13], τὰ δίκαιά οἱ ποιῆσαι· εἰ

---

1. (Exc. Urs. λα'. CLXX. R. p. 72.)
Cet extrait manque dans le manuscrit du Vatican n° 1418 et dans celui de Munich n° 3. Dans le n° 1, il commence ainsi : Ὅτι ὁ Μιθριδάτης.

2. Leunclavius aimerait mieux Μιθραδάτης, d'après les médailles. Et, en effet, celles qui sont citées par Mionnet (Description des médailles antiques grecques et romaines, tom. II, p. 370, 359, 360, 361 et 362) confirment cette écriture. Une seule, tom. IV, p. 456, porte ΜΙΘΡΙΔΑΤΟΥ. Cf. Ez. Spanheim, De Usu Numismatum, p. 84, et Arntzen, not. sur Sext. Aurel. Victor, De Vir. Illustr., p. 259-260. Je conserve l'ancienne leçon d'après la note de Reimarus, tom. I, p. 79 de son édition : « In nummis est *Mithradates*; sed non ideo statim cum Leun-« clavio *Mithridatis* appellatio rejicienda, quam in latinis græcisque scri-« ptoribus innumeri codices confirmant. »

3. Appien, Mithrid., X à la fin, et XI : Τοῦ δ' αὐτοῦ χρόνου, Μιθράας καὶ Βαγώας Ἀριοβαρζάνην τόνδε τὸν ὑπὸ Ῥωμαίων κατηγμένον ἐς τὴν Καππαδοκίαν ἐκβαλόντες, Ἀριαράθην κατήγαγον ἐς αὐτήν. Ῥωμαῖοι δὲ Νικομήδην ὁμοῦ καὶ Ἀριοβαρζάνην ἐπανῆγον ἐς τὴν οἰκείαν ἑκάτερον· πρέσβεις τέ τινας αὐτοῖς ἐς τοῦτο συνέπεμψαν, ὧν Μάνιος Ἀκύλιος ἡγεῖτο κτλ.

4. Ὄντων, dans le texte de F. Orsini et dans le manuscrit de Munich n° 1 : la préposition a été omise par le copiste.

5. Appien, l. l., XI, fait connaître les motifs de la conduite de Mithridate dans cette circonstance : Ἀλλ' ὁ μὲν, αὐτῆς τε Καππαδοκίας οὕνεκα Ῥωμαίοις ἐπιμεμφόμενος, καὶ Φρυγίαν ἔναγχος ὑπ' αὐτῶν ἀφῃρημένος (ὡς διὰ τῆς Ἑλληνικῆς γραφῆς δεδήλωται), οὐ συνέπραττε.

6. Ou mieux προσαποδείξας, proposé par Reiske.

7. Reiske propose de remplacer τότε par τε, dans l'ancienne leçon τότε κοινῇ καὶ ἰδίᾳ; mais alors, dit Sturz, il faut lire ὧν κοινῇ τε καὶ κτλ.

CCLXXXVIII. Mithridate ne s'émut point de la présence des ambassadeurs romains. Il répondit à leurs plaintes par divers griefs, énuméra les sommes considérables qu'il avait dépensées pour la République et pour quelques généraux en particulier, et se tint tranquille. Nicomède, au contraire, fier de son alliance avec Rome et pressé par le besoin d'argent, envahit les états de Mithridate.

CCLXXXIX. Mithridate envoya une ambassade aux Romains, pour les prier d'engager ou de contraindre Nicomède, s'ils le regardaient comme leur ami, à se montrer juste envers lui; ou du moins de lui permettre, s'il en était autrement, de se venger lui-même de son

Au lieu de κοινῇ, le Ms. de Munich n° 1 porte κοινῷ, variante fautive : j'adopte la conjecture de Reiske, en donnant à τέ la place indiquée par Sturz, et en mettant cette particule entre crochets.

8. Καί manque dans F. Orsini. Cf. p. 121, not. 4.

9. Εἰς ἔβαλεν, dans le manuscrit de Munich n° 1.

10. Αὐτῶν, dans le même manuscrit et dans le texte de F. Orsini. Sur la confusion des désinences ου et ων, cf. Bast, Comment. Palæogr., p. 774, 778. En voici un exemple, tiré des manuscrits de Denys d'Hal., 2ᵉ lettre à Ammæus, § XIV : Λέγεται δὲ ὑπὸ τοῦ Κορινθίου πρεσβευτοῦ. Le n° 1736 de la bibliothèque du roi porte : Λέγεται δὲ ὑπὸ τοῦ Κορινθίων πρεσβευτοῦ.

Appien, l. l., confirme le récit de Dion : Ἐγκειμένων δὲ τῶν πρέσβεων ὁ Νικομήδης, πολλὰ μὲν ἐπὶ τῆς ἐπικουρίας τοῖς στρατηγοῖς καὶ τοῖς πρέσβεσιν ὡμολογηκὼς χρήματα δώσειν, καὶ ἔτι ὄφλων, πολλὰ δ' ἄλλα παρὰ τῶν ἑπομένων Ῥωμαίων δεδανεισμένος, καὶ ὀχλούμενος, ἄκων ἐσέβαλεν ἐς τὴν Μιθριδάτου γῆν· καὶ ἐλεηλάτησεν, ἐπὶ πόλιν Ἄμαστριν, οὐδενὸς οὔτε κωλύοντος αὐτὸν, οὔτε ἀπαντῶντος.

11. (Exc. Urs. λβ'. CLXXI. R. 72.)

Cet extrait commence ainsi dans le manuscrit de Munich n° 1 : Ὅτι ὁ Μιθριδάτης. Il manque dans le n° 3 et dans le manuscrit du Vatican n° 1418.

12. Appien, l. l., XII, ne parle que d'un ambassadeur, Pélopidas, et dit qu'il fut envoyé non pas à Rome, mais bien aux généraux et aux députés romains qui se trouvaient alors en Asie.

13. J'adopte la correction de Leunclavius. F. Orsini lit καὶ καταναγκάσαι, au lieu de ἀεὶ καταναγκάσαι que lui donnait son manuscrit ; mais πεῖσαι et

δὲ μὴ, αὐτῷ γε ἐπιτρέψαι [1] τὸν ἐχθρὸν ἀμύνασθαι. Οἱ δὲ οὐχ ὅτι τι ἔπραξαν ὧν ἤθελεν, ἀλλὰ καὶ ἐπηπείλησαν αὐτῷ, ἂν μὴ τῷ Ἀριοβαρζάνῃ τὴν Καππαδοκίαν ἀποδῷ, καὶ πρὸς τὸν Νικομήδην εἰρήνην ἄγῃ· τούς τε πρέσβεις αὐτοῦ αὐθημερὸν ἀπέπεμψαν, καὶ προσαπηγόρευσαν αὐτῷ, μηκέτι μηδένα ἄλλον, ἂν μὴ πειθαρχῇ σφίσι, πέμψαι.

CCXC. Ὅτι [2] ὁ Κάτων [3] τὸ [4] ἀστικὸν καὶ ἀφηλικέστερον τὸ πλεῖον [5] τοῦ στρατοῦ ἔχων, ἐς τὰ ἄλλα [6] ἧττον ἔρρωτο· καί ποτε ἐπιτιμῆσαι [7] σφίσιν, ὅτι μήτε πονεῖν, μήτε τὰ παραγγελλόμενα προθύμως ποιεῖν ἤθελον [8], ἐπιτολμήσας, ὀλίγου [9] κατεχώσθη [10] βληθεὶς ὑπ' αὐτῶν, καὶ ἐτεθνήκει γ' ἄν, εἰ λίθων εὐπορήκεσαν. Ἐπειδὴ δὲ [11] τὸ χωρίον, ἐν ᾧ συνειλέχατο, ἐγεώργητο, καὶ δίυγρον κατὰ τύχην

καὶ καταναγκάσαι impliquent contradiction. Aussi propose-t-il, en marge, μὴ καταναγκάσαι, conjecture beaucoup moins satisfaisante que celle de Leunclavius.

1. Ἐπιστρέψαι, variante fautive dans le manuscrit de F. Orsini.
2. (Exc. Peir. CXIV. R. p. 46.)
3. Κάτων, sans article, dans le manuscrit de Tours et dans celui de Paris n° 2550.
4. Cet article ne se trouve pas dans les mêmes Ms. Je le donne d'après H. de Valois, Reimarus et Sturz. L'article a été souvent omis par les copistes : ainsi le texte de Platon, Banquet, § VI, t. V, p. 19-20, éd. Bekk. Lond., porte : Ὁ γὰρ χρὴ ἀνθρώποις ἡγεῖσθαι παντὸς τοῦ βίου; mais τοῦ manque dans plusieurs Ms. « Articulis, dit M. Boissonade, not. in Theophyl. Simoc. « p. 225, sic sæpe ipsorum tenuitas nocet, effugiuntque calamum et ocu- « los. » Pour d'autres exemples, cf. le même, l. l. p. 256; 298-299 ; Anecd. Gr., t. I, p. 370, n. 2; Anecd. Nov., t. I, p. 186, n. 2.
5. Τό τε πλεῖον, dans les mêmes manuscrits. L'ancienne leçon doit être maintenue.
6. Εἰς τὰ ἄλλα, dans le manuscrit de Paris n° 2550.
7. Ἐπιτιμῆσαι ἐπιτιμῆσαι, l. l., provient d'une distraction du copiste.
8. H. de Valois lit : Ὅτι μήτε τὰ παραγγελλόμενα προθύμως ἤθελον, mais

FRAGM. DE DION CASSIUS, L. I-XXXVI.   125

ennemi. Les Romains, loin d'accéder à ses désirs, le menacèrent de leur vengeance, s'il ne rendait pas la Cappadoce à Ariobarzane et s'il ne vivait pas en paix avec Nicomède. Ils congédièrent ses ambassadeurs le jour même, et lui défendirent d'en envoyer d'autres, avant de s'être soumis à leur volonté.

CCXC. Caton, dont l'armée se composait en grande partie d'habitants de Rome et d'hommes affaiblis par l'âge, avait d'ailleurs peu d'autorité. Un jour, il osa reprocher à ses soldats de ne point savoir supporter les fatigues et de se montrer sans ardeur pour l'exécution de ses ordres : peu s'en fallut qu'ils ne l'ensevelissent sous une grêle de mottes de terre. Il aurait péri, s'ils avaient eu des pierres à leur disposition ; mais comme le champ où ils étaient rassemblés venait d'être labouré et se trouvait par hasard humide, les mottes lancées sur Caton

An de Rome 665.

---

sa version porte : quod *nec laborem militarem ferrent*, nec alacriter imperata facerent. Les mots en italiques n'ont point de correspondants dans son texte. Suivant Reimarus, il y a dans ce texte quelque omission, qui doit être imputée aux imprimeurs. Il n'est point vraisemblable que H. de Valois ait ajouté plusieurs mots, sans en avertir le lecteur. Reiske propose d'insérer ποιεῖν avant ἤθελον, mais cette addition paraît insuffisante à Sturz : « Ne sic quidem, dit-il, locus est sanatus. Manet la « cuna ab Reimaro monstrata. »

Les manuscrits m'ont fourni le moyen de combler la lacune. Celui de Tours porte : Ὅτι μήτε πονεῖν, μήτε τὰ παραγγελλόμενα προθύμως ἤθελον, et celui de Paris n° 2550 : Ὅτι μήτε πονεῖν, μήτε τὰ παραγγελλόμενα ποιεῖν ἤθελον.

9. Ὀλίγον, dans le manuscrit de Tours, par la confusion de ν avec υ; cf. Bast, Comment. Palæogr., p. 727, 735-736.

10. Κατεχόσθη, dans le même Ms., par la confusion d'ω avec ο.

11. Ἐπεὶ δέ, dans le manuscrit de Tours et dans celui de Paris n° 2550 : sur la confusion de ἐπεὶ δέ avec ἐπειδὴ δέ, cf. p. 66, n. 1.

ἦν, οὐδὲν ὑπὸ βώλων [1] ἔπαθεν. Συνελήφθη δὲ ὁ τῆς στάσεως ἄρξας Γάϊος Τίτιος, ἀνὴρ ἀγοραῖος καὶ ἐκ δικαστηρίων τὸν βίον ποιούμενος, τῇ τε παρρησίᾳ μετὰ ἀναισχυντίας κατακορεῖ χρώμενος. Καὶ ἐς τὸ ἄστυ ἐς τοὺς δημάρχους ἐπέμφθη, οὐκ ἐκολάσθη δέ.

CCXCI. Ὅτι [2] πάντες τοὺς Ῥωμαίους ἐφόνευον, κελεύσαντος Μιθριδάτου, οἱ Ἀσιανοί [3]· πλὴν καθόσον Τραλλιανοὶ οὐδένα ἀπέκτειναν, Θεόφιλον δέ τινα Παφλαγόνα ἐμισθώσαντο [4], ὥσπερ που ἧττον σφῶν ἀπόλλυσθαι μελλόντων, ἢ καὶ διαφέρον αὐτοῖς ὑφ' ὅτου σφαγήσοιντο.

CCXCII. Ὅτι [5] οἱ Θρᾷκες ἀναπεισθέντες ὑπὸ τοῦ Μιθριδάτου τήν τε Ἤπειρον καὶ τἆλλα τὰ μέχρι τῆς Δωδώνης κατέδραμον, ὥστε καὶ τὸ τοῦ Διὸς ἱερὸν συλῆσαι.

---

1. Le manuscrit de Tours donne βόλων que H. de Valois accentue ainsi βολῶν, parce qu'il vient de βολή. Comme Reimarus, je préfère βώλων — *glebarum*, .d'après Dion, liv. XL, 47 : Καὶ πολλοὶ μὲν κεραυνοὶ, πολλοὶ δὲ καὶ βῶλοι, λίθοι τε καὶ ὄστρακα, καὶ αἷμα, διὰ τοῦ ἀέρος ἠνέχθη.

2. (Exc. Peir. CXV. R. p. 46.)

3. Appien, Mithrid., XXII, rapporte l'ordre de Mithridate : Ἐν τούτῳ δ' ὁ Μιθριδάτης..... καὶ σατράπαις ἅπασι καὶ πόλεων ἄρχουσι δι' ἀπορρήτων ἔγραφε, τριακοστὴν ἡμέραν φυλάξαντας, ὁμοῦ πάντας ἐπιθέσθαι τοῖς παρὰ σφίσι Ῥωμαίοις καὶ Ἰταλοῖς, αὐτοῖς τε καὶ γυναιξὶν αὐτῶν, καὶ παισὶ, καὶ ἐλευθέροις ὅσοι γένους Ἰταλικοῦ · κτείναντάς τε, ἀτάφους ἀπορρῖψαι, καὶ τὰ ὄντα αὐτοῖς μερίσασθαι πρὸς βασιλέα Μιθριδάτην.

Reimarus reproche à H. de Valois d'avoir traduit *omnes cives Romani ab Asianis ...... interfecti sunt*, comme s'il y avait πάντας τοὺς Ῥωμαίους ἐφόνευον. H. de Valois a traduit d'après ce qui est dit dans le Fr. CCCXXI de cette édition : Πάντας τοὺς ἐν Ἀσίᾳ Ῥωμαίους ἐν μιᾷ ἡμέρᾳ ἀπέκτεινεν, et dans l'Epitome de Tite-Live, liv. LXXVIII : jussuque ejus, quidquid civium Romanorum in Asia fuit, uno die trucidatum est. L'ancienne leçon, πάντες ...... οἱ Ἀσιανοί, πλὴν καθόσον Τραλλιανοὶ,

ne lui firent aucun mal. Le chef de cette émeute, C. Titius, orateur obscur qui gagnait sa vie en défendant au forum quelques causes et qui poussait jusqu'à l'impudence la liberté du langage, fut arrêté, envoyé à Rome et livré aux tribuns; mais on ne lui infligea aucune peine.

CCXCI. D'après un ordre de Mithridate, tous les peuples de l'Asie massacrèrent les Romains. Seuls, les habitants de Tralles n'en tuèrent aucun eux-mêmes : ils eurent recours à un mercenaire Paphlagonien, appelé Théophile; comme si, en agissant ainsi, ils devaient être moins exposés à de sanglantes représailles, ou comme s'il importait aux Romains d'être égorgés par telle main plutôt que par telle autre. {An de Rome 666.}

CCXCII. A l'instigation de Mithridate, les Thraces dévastèrent l'Épire et les autres contrées, jusqu'à Dodone : ils pillèrent même le temple de Jupiter.

κτλ., est confirmée par les manuscrits : je l'ai maintenue. Cf. les Éclaircissements à la fin du volume.

Appien, l. l., XXIII, donne sur l'exécution de l'ordre de Mithridate des détails qui manquent ici : Ἐφέσιοι τοὺς ἐς τὸ Ἀρτεμίσιον καταφυγόντας, συμπλεκομένους τοῖς ἀγάλμασιν, ἐξέλκοντες ἔκτεινον. Περγαμηνοὶ τοὺς ἐς τὸ Ἀσκληπιεῖον συμφυγόντας, οὐκ ἀφισταμένους, ἐτόξευον τοῖς ξοάνοις συμπλεκομένους. Ἀδραμυττηνοὶ τοὺς ἐκνέοντας, ἐσβαίνοντες ἐς τὴν θάλασσαν ἀνήρουν, καὶ τὰ βρέφη κατεπόντουν. Καύνιοι, Ῥοδίοις ὑποτελεῖς ἐπὶ τῷ Ἀντιόχου πολέμῳ γενόμενοι, καὶ ὑπὸ Ῥωμαίων ἀφεθέντες οὐ πρὸ πολλοῦ, τοὺς Ἰταλοὺς ἐς τὴν Βουλαίαν Ἑστίαν καταφυγόντας, ἕλκοντες ἀπὸ τῆς Ἑστίας, τὰ βρέφη σφῶν πρῶτα ἔκτεινον ἐν ὄψει τῶν μητέρων, αὐτάς τε καὶ τοὺς ἄνδρας.

4. Appien, l. l. : Τραλλιανοὶ δ', αὐθένται τοῦ κακοῦ φυλαξάμενοι γενέσθαι, Παφλαγόνα Θεόφιλον, ἄγριον ἄνδρα, ἐς τὸ ἔργον ἐμισθώσαντο. Καὶ ὁ Θεόφιλος, αὐτοὺς συναγαγὼν ἐπὶ τὸν τῆς Ὁμονοίας νεών, ἥπτετο τοῦ φόνου· καί τινων τοῖς ἀγάλμασι συμπλεκομένων τὰς χεῖρας ἀπέκοπτε.

5. (Exc. Peir. CXVI. R. p. 47.)

128 ΔΙΩΝΟΣ ΤΟΥ ΚΑΣΣΙΟΥ ΛΕΙΨΑΝΑ. ΒΙΒΛ. Α–ΛϚ.

CCXCIII. *Ὅτι¹ μέλλοντος ² ἐν Ῥώμῃ τοῦ ἐμφυλίου ἐγείρεσθαι πολέμου, ἄλλα τε πολλὰ Λίβιος καὶ Διόδωρος ἱστόρησαν, καὶ ἐξ ἀνεφέλου τοῦ ἀέρος καὶ αἰθρίας πολλῆς ἦχον ἀκουσθῆναι σάλπιγγος ³ ὀξὺν ἀποτεινούσης ⁴ καὶ θρηνώδη τὸν ⁵ φθόγγον· καὶ τοὺς μὲν ἀκούσαντας ἅπαντας ἔκφρονας ὑπὸ τοῦ δέους γενέσθαι ⁶, τοὺς δὲ Τυρρηνῶν μάντεις μεταβολὴν τοῦ γένους καὶ μετακόσμησιν ἀποφήνασθαι σημαίνειν τὸ τέρας ⁷· εἶναι μὲν γὰρ ἀνθρώπων ὀκτὼ γένη, διαφερόντων ⁸ τοῖς ἤθεσιν ἀλλήλων· ἑκάστῳ δ' ἀφωρίσθαι ⁹ χρόνον ὑπὸ τοῦ θεοῦ συμπεραινόμενον ἐνιαυτοῦ μεγάλου περιόδῳ· τῆς γοῦν ¹⁰ προτέρας περιόδου τελευτώσης καὶ ἑτέρας ἐνισταμένης κινεῖσθαί τι σημεῖον ἐκ γῆς

---

1. (Exc. Vat. A. M. p. 548-549, éd. Rom.)
Ce fragment a une grande ressemblance avec Plutarque, Syll. VII. Je le marque d'un astérisque, d'après ce qui a été dit dans l'Avertissement, en tête de ce volume.

M. Tafel donne à cet extrait la date de 663, année qui fut, en effet, signalée par des prodiges. Cf. Pighius, Ann. Rom., tom. III, p. 216, éd. Schott (An 662 de sa supputation), et J. Obsequens, Prodig. Libell., CXIV. Avec cette date, les prodiges dont il est ici question se rapporteraient à la guerre sociale.

Comme M. A. Mai, j'adopte la date 666, année marquée par les prodiges qui annoncèrent la guerre civile du temps de Sylla; cf. Pighius, l. l. p. 231, et J. Obsequens, l. l., CXVI. Je m'y détermine d'après Plutarque, l. l., et Suidas, au mot Σύλλας, où les mêmes faits sont rapportés.

2. Suidas, l. l. : Ὅτι ἐπὶ τοῦ Σύλλα τοῦ ὑπάτου ὁ ἐμφύλιος Ῥωμαίων ἀνήφθη πόλεμος· ἐπισημῆναι δὲ τὴν τῶν μελλόντων κακῶν φορὰν Λίβιός φησι καὶ Διόδωρος ἐξ ἀνεφέλου τοῦ ἀέρος.

3. Plutarque, l. l. : Ἐξ ἀνεφέλου καὶ διαίθρου τοῦ περιέχοντος ἤχησε φωνὴ σάλπιγγος.

4. Ἀποκτεινούσης, variante fautive dans le manuscrit du Vatican. La leçon que je donne avec l'Éditeur de Leipzig est confirmée par Diod. de Sic., XXXVIII, 5; par Suidas, l. l., et par le texte de Plutarque, l. l. : Ὀξὺν ἀποτείνουσα καὶ θρηνώδη φθόγγον.

CCXCIII. La guerre civile, au moment où elle allait éclater à Rome, fut annoncée par divers prodiges, comme le rapportent Tite-Live et Diodore. Le ciel était sans nuage, lorsque, au milieu d'une grande sérénité, retentirent les sons aigus et lamentables d'une trompette : tous ceux qui les entendirent furent frappés d'épouvante et d'effroi. Les devins étrusques déclarèrent que c'était le présage d'un changement dans l'espèce humaine et d'un nouvel âge du monde; car il y a huit générations d'hommes, qui diffèrent les uns des autres par leurs mœurs. Dieu a fixé à chacune une durée renfermée dans la révolution de la grande année : lorsqu'un âge est fini et qu'un autre commence, un signe merveilleux apparaît sur la terre ou dans le ciel. A l'instant, les sages, versés dans la

---

5. Cet article manque dans Plutarque et dans Suidas, l. l. Je le donne comme M. A. Mai, d'après le manuscrit du Vatican. Un peu plus bas, j'ajoute aussi l'article τοῦ omis par Suidas, avant δέους. Sur l'omission de l'article par les copistes, cf. n. 4, p. 124 de ce volume.

6. Plutarque, l. l. : Ὥστε πάντας ἔκφρονας γενέσθαι καὶ καταπτῆξαι τὸ μέγεθος.

7. Le même, l. l. : Τυρρηνῶν δ' οἱ λόγιοι μεταβολὴν ἑτέρου γένους ἀπεφαίνοντο καὶ μετακόσμησιν ἀποσημαίνειν τὸ τέρας.

8. Διαφέροντα, dans Suidas, l. l., comme dans Plutarque, l. l. : Εἶναι μὲν γὰρ ὀκτὼ τὰ σύμπαντα γένη, διαφέροντα τοῖς βίοις καὶ τοῖς ἤθεσιν ἀλλήλων.

9. Suidas, l. l. : Ἑκάστῳ δὲ ἀφωρίσθαι.

10. Comme dans Suidas, l. l. M. A. Mai lit τῆς δ' οὖν d'après le manuscrit du Vatican. La leçon que je préfère est justifiée par la note de Goeller sur un passage analogue de Thucydide, III, 84 : Ἐν δ' οὖν τῇ Κερκύρᾳ τὰ πολλὰ αὐτῶν προετολμήθη κτλ. : « Statim in limine, dit le savant « éditeur, ἐν δ' οὖν falso positum videtur, quia nihil contrarii præcessit.... « Frustra compares, I, 3, ubi præmissa, ut fieri solet, apodosi per parti- « culam δέ incipiente repetuntur; nec I, 63, ἔδοξε δ' οὖν, ubi δέ ad præce- « dens μέν refertur. Aliis locis nunc rectius γ' οὖν legitur, velut I, 10, etc. » Je transcris le passage : Πρὸς τὰς μεγίστας γοῦν καὶ ἐλαχίστας ναῦς τὸ μέσον

T. II. 9

ἢ οὐρανοῦ θαυμάσιον ¹· ὡς ² δῆλον εὐθὺς τοῖς τὰ αὐτὰ σοφοῖς γίγνεσθαι, ὅτι καὶ τρόποις ἄλλοις καὶ βίοις ἄνθρωποι γεγόνασι χρώμενοι ³ καὶ θεοῖς ἧττον ἢ μᾶλλον τῶν προτέρων μέλονται ⁴.

CCXCIV. Ὅτι ⁵ ὁ Κίννας, ἐπειδὴ τάχιστα τὴν ἀρχὴν παρέλαβεν, οὐδὲν οὕτω τῶν πάντων ἐσπούδασεν, ὡς καὶ τὸν Σύλλαν ἐκ τῆς Ἰταλίας ἐκβαλεῖν, πρόφασιν μὲν ⁶ τὸν Μιθριδάτην ποιησάμενος, ἔργῳ δὲ ἐπιθυμήσας αὐτὸν ἀπαρτῆσαί οἱ, ὅπως μὴ ἐγγύθεν ἐφεδρεύων ἐμποδὼν πρὸς ἃ ἔπραττε γένηται· καίτοι τοῦ Σύλλου σπουδῇ ⁷ ἀπεδέδεικτο, καὶ οὐδὲν ὅ τι οὐ κατὰ γνώμην αὐτοῦ πράξειν ὑπέσχετο ⁸.

Ὁ γὰρ Σύλλας τήν τε ἀνάγκην τοῦ πολέμου ὁρῶν καὶ

σκοποῦντι κτλ. Sur la confusion de γοῦν avec δ' οὖν dans Platon, Rép. I, 5, éd. Bekker, Lond. tom. VI, p. 270, cf. la note d'Ast.

1. Plutarque, l. l. : Καὶ ὅταν αὕτη σχῇ τέλος, ἑτέρας ἐνισταμένης, κινεῖσθαί τι σημεῖον ἐκ γῆς ἢ οὐρανοῦ θαυμάσιον. Je substitue donc ἐνισταμένης à ἀνισταμένης, adopté par M. A. Mai. Cf. Suidas l. l.

2. Au lieu de ἢ donné par M. A. Mai, ou de ὅ fourni par Suidas, l. l., je lis ὡς d'après Plutarque, l. l. : Ὡς δῆλον εἶναι τοῖς πεφροντικόσι τὰ τοιαῦτα καὶ μεμαθηκόσιν εὐθὺς κτλ. Pour s'éloigner le moins possible de la leçon des manuscrits, on peut aussi changer ἢ ou ὅ en ᾖ ou en ᾧ, comme le proposent M. Dindorf, Diod. de Sic., tom. II, p. 573, Coll. Didot, et M. Bernhardy dans la nouvelle édition de Suidas, p. 944, au mot Σύλλας.

3. Χρώμενοι γεγόνασι, dans Plutarque et dans Suidas, l. l.

4. J'ajoute, d'après Plutarque, l. l., les mots ἢ μᾶλλον, qui manquent dans Suidas, l. l., et dans M. A. Mai. L'illustre cardinal a trouvé dans un de ses Ms. μέλοντες, au lieu de μέλονται donné par Plutarque : sur les mots écrits par deux λ, quand il n'en faudrait qu'un, et réciproquement, cf. tom. I, p. 14, not. 5 de cette édition. J'adopte μέλονται, d'après Suidas et un autre Ms. de M. A. Mai; cf. p. 564, éd. Rom. L'Éditeur de Leipzig donne aussi μέλονται. Suidas, l. l., ajoute : Ταῦτα μὲν οὖν εἴτε οὕτως εἴτε ἄλλως πως ἔχει σκοπεῖν παρίημι. Cette réflexion, probablement tirée du texte de notre historien, prouve, ainsi que je l'ai dit, t. 1, p. XXVIII,

science de ces phénomènes, reconnaissent qu'il est né des hommes ayant d'autres mœurs, un autre genre de vie, et dont les Dieux s'occupent plus ou moins que de leurs devanciers.

CCXCIV. A peine revêtu du consulat, Cinna n'eut rien tant à cœur que d'éloigner Sylla de l'Italie : il mettait Mithridate en avant; mais en réalité il voulait être séparé de Sylla, pour que celui-ci ne pût épier de près ses projets, ni les traverser. Cependant Cinna avait été nommé consul par les efforts de Sylla, et il avait promis de ne rien faire contre sa volonté.

An de Rome 667.

La guerre contre Mithridate était inévitable aux yeux

---

qu'en racontant les prodiges, il cédait plutôt à un respect traditionnel qu'à une véritable conviction. Dans le passage rapporté par Suidas, Dion se sert d'une formule de doute, comme après avoir raconté le dévouement de Décius, Fr. LXXVIII, t. I, p. 140 de cette édition : Καὶ ταῦτα μὲν ὅπη ποτὲ καὶ δι' ἃς αἰτίας οὕτως ἔχει ζητεῖν ἄλλοις μελήσει.

5. (Exc. Peir. CXVII. R. p. 47.)

6. Πρόφασι μέν, dans le manuscrit de Tours et dans celui de Paris, n° 2556 : les copistes ont omis le ν final. Cf. l'Introduction, tom. I, p. LIX de cette édition.

Dion met souvent en opposition πρόφασιν μέν et ἔργῳ δέ. Liv. XL, 1 : Πρόφασιν μὲν ὅτι.... ἔργῳ δὲ δεινῶς τῆς νήσου ἐφιέμενος. — Liv. XLIV, 5 : Πρόφασιν μὲν τοῦ..... ἔργῳ δὲ, ὅπως μήτε ἐν ἐκείνῳ τὸ τοῦ Σύλλου ὄνομα σώζοιτο. Cf. Liv. XLVI, 32; liv. XLVIII, 22.

7. Reiske propose τῇ τοῦ Σύλλου σπουδῇ, leçon que j'aurais adoptée, si elle était confirmée par les manuscrits. Toutefois, comme le dit Sturz, l'article τῇ n'est pas absolument nécessaire : j'ai maintenu l'ancienne leçon.

8. Plutarque, Sylla, X : Ὕπατον κατέστησεν ἀπὸ τῆς ἐναντίας στάσεως Λεύκιον Κίνναν, ἀραῖς καὶ ὅρκοις καταλαβὼν εὐνοήσειν τοῖς ἑαυτοῦ πράγμασιν. Ὁ δ' ἀναβὰς εἰς τὸ Καπιτώλιον, ἔχων ἐν τῇ χειρὶ λίθον, ὤμνυεν, εἶτα ἐπαρασάμενος ἑαυτῷ μὴ φυλάττοντι τὴν πρὸς ἐκεῖνον εὔνοιαν, ἐκπεσεῖν τῆς πόλεως, ὥσπερ ὁ λίθος διὰ τῆς χειρὸς, κατέβαλε χαμᾶζε τὸν λίθον, οὐκ ὀλίγων παρόντων. Παραλαβὼν δὲ τὴν ἀρχὴν, εὐθὺς ἐπεχείρει τὰ καθεστῶτα κινεῖν κτλ.

9.

132 ΔΙΩΝΟΣ ΤΟΥ ΚΑΣΣΙΟΥ ΛΕΙΨΑΝΑ. ΒΙΒΛ. Α-ΛϚ.

τῆς δόξης αὐτοῦ γλιχόμενος, τά τε ἄλλα τὰ οἴκοι πρὸς τὸ ἐπιτηδειότατον ἑαυτῷ πρὶν ἐξορμηθῆναι κατεστήσατο [1], καὶ τὸν Κίνναν, Γναῖόν τέ τινα Ὀκταούϊον [2] διαδόχους ἀπέφηνεν, ἐλπίσας μάλιστα ἂν οὕτω καὶ ἀπὼν ἰσχύσαι. Τοῦτον μὲν γὰρ ἐπί τε ἐπιεικείᾳ ἐπαινούμενον ἠπίστατο, καὶ οὐδὲν παρακινήσειν ἐνόμιζεν· ἐκεῖνον δὲ εὖ μὲν ᾔδει κακὸν ἄνδρα ὄντα, οὐκ ἠθέλησε δὲ ἐκπολεμῶσαι, δυνάμενόν τέ τι καὶ αὐτὸν ἤδη, καὶ ἑτοίμως, ὥς γε [3] καὶ ἔλεγε καὶ ὤμνυεν, ἔχοντα πᾶν ὁτιοῦν ὑπουργῆσαι. Αὐτός τε οὖν καίτοι δεινότατος ὢν τάς τε γνώμας τῶν ἀνθρώπων συνιδεῖν, καὶ τὰς φύσεις τῶν πραγμάτων συλλογίσασθαι, πάνυ ἐν τούτῳ διεσφάλη, καὶ πόλεμον τῇ πόλει μέγαν κατέλιπεν [4].

CCXCV. Ὅτι [5] Ὀκταούϊος φύσει βραδὺς ἦν πρὸς τὰ πολιτικά [6].

---

1. Plutarque, l. l., fait connaître dans quelles circonstances Sylla quitta Rome, pour marcher contre Mithridate : Καὶ δίκην ἐπὶ τὸν Σύλλαν παρεσκεύασε (s.-ent. Λεύκιος Κίννας), καὶ κατηγορεῖν ἐπέστησεν Οὐεργίνιον, ἕνα τῶν δημάρχων, ὃν ἐκεῖνος ἅμα τῷ δικαστηρίῳ χαίρειν ἐάσας ἐπὶ Μιθριδάτην ἀπῆρε.

2. Sur Cn. Octavius, cf. Plutarque, Marius, XLII ; Appien, Guer. Civ. I, 64 ; 68-71 ; l'Epitome de Tite-Live, liv. LXXIX ; Cicéron, Brutus, XLVII ; Sextus Aur. Victor, De Vir. Illustr., LXIX, éd. Arntzen. Son prénom est altéré dans le manuscrit de Tours et dans celui de Paris n° 2550, qui portent γενναῖόν τέ τινα.

3. Comme Sturz, j'adopte cette leçon d'après Reiske, au lieu de l'ancienne, ὥστε. Rien n'est plus fréquent que la confusion de τέ avec γέ ; cf. Bast, Comment. Palæogr., p. 710 ; Porson, Adversaria, p. 120 ; M. Boissonade, Anecd. Gr. t. II, p. 200. n° 1. Il serait superflu de citer des exemples.

4. Reimarus conserve l'ancienne leçon κατέλειπεν, avec cette remarque : « Forte rectius κατέλιπεν. » Le manuscrit de Tours portant κατέληπεν, par

de Sylla ; et comme il aspirait à la gloire d'être chargé de la conduite de cette guerre, il mit, avant de partir, les affaires de Rome sur le pied le plus favorable à ses intérêts. Il désigna donc pour ses successeurs Cinna et un certain Cnæus Octavius, dans l'espoir de conserver ainsi son autorité, même pendant son absence. Sylla savait qu'Octavius était fort estimé pour sa modération, et il se flattait qu'il n'exciterait aucun trouble. Quant à Cinna, il lui était bien connu comme un mauvais citoyen; mais il avait déjà du crédit, et Sylla ne voulut point s'en faire un ennemi : d'ailleurs, Cinna répétait et assurait même avec serment qu'il serait toujours prêt à agir dans l'intérêt de Sylla. Ainsi, malgré une rare sagacité pour pénétrer les pensées des hommes et pour apprécier avec justesse la nature des choses, Sylla se trompa complétement dans cette circonstance et légua à sa patrie une guerre terrible.

CCXCV. La nature avait refusé à Octavius l'activité nécessaire dans la vie politique.

---

la confusion d'η avec ει et ι, rien n'empêche de lire κατέλιπεν, au lieu de κατέλειπεν. Telle est d'ailleurs la variante fournie par le manuscrit de Paris n° 2550 : je l'ai adoptée. Les deux formes sont confondues dans Platon, Rép. I, § 4, t. VI, p. 269, éd. Bekker, Lond. : Ἐγὼ δὲ ἀγαπῶ, ἐὰν μὴ ἐλάττω καταλίπω τουτοισὶ, ἀλλὰ βραχεῖ γέ τινι πλείω ἢ παρέλαβον. On lit καταλείπω dans deux manuscrits.

5. (Exc. Peir. CXVIII. R. p. 47.)

6. Dion paraît avoir suivi Tite-Live, autant que nous pouvons en juger par l'Epitome de l'historien latin, liv. LXXIX : Consulis segnitie confirmati Cinna et Marius, quatuor exercitibus, quorum duo Q. Sertorio et Carboni dati sunt, urbem circumsederunt. Plutarque, Marius, XLII, est moins sévère envers Cn. Octavius : Ἄρας δὲ τῷ στρατῷ, πρὸς τὴν πόλιν ἐχώρει καὶ τὸ καλούμενον Ἰανοῦκλον ὄρος κατέσχεν· οὐ τοσοῦτον ἀπειρίᾳ τοῦ Ὀκταβίου τὰ πράγματα βλάπτοντος, ὅσον ἀκριβείᾳ τῶν δικαίων πραϊεμένου τὰ χρειώδη, παρὰ τὸ συμφέρον.

ΔΙΩΝΟΣ ΤΟΥ ΚΑΣΣΙΟΥ ΛΕΙΨΑΝΑ. ΒΙΒΛ. Α-ΛϚ.

CCXCVI. Οἱ Ῥωμαῖοι[1], τοῦ ἐμφυλίου πολέμου ἐνεστηκότος, τὸν Μέτελλον μετεπέμψαντο, κελεύσαντες βοηθεῖν.

Οἱ Ῥωμαῖοι στασιάσαντες πρὸς ἀλλήλους, τὸν Μέτελλον μετεπέμψαντο, κελεύσαντες αὐτῷ πρὸς τοὺς Σαυνίτας[2], ὅπως ποτ' ἂν δύνηται, συμβῆναι. Οὗτοι γὰρ ἔτι τότε μόνοι τὴν Καμπανίαν, καὶ τὴν ἐπέκεινα αὐτῆς, ἐκακούργουν. Ὁ δὲ τούτοις οὐκ ἐσπείσατο[3]· τήν τε γὰρ πολιτείαν ἠξίουν[4] οὐχ ἑαυτοῖς μόνον, ἀλλὰ καὶ τοῖς ηὐτομοληκόσι πρὸς σφᾶς, δοθῆναι· καὶ οὔτε τι τῆς λείας, ἣν εἶχον, ἀποδοθῆναι[5] ἤθελον, καὶ τοὺς αἰχμαλώτους τούς τε αὐτομόλους[6] σφῶν πάντας ἀπῄτουν· ὥστε μηδὲ τοὺς βουλευτὰς τὴν εἰρήνην ἔτι τὴν πρὸς αὐτοὺς ἐπὶ τούτοις ἑλέσθαι.

CCXCVII. Ὅτι[7] ἐπειδὴ ὁ Κίννας τὸν νόμον τὸν περὶ τῆς καθόδου τῶν φυγάδων ἀνενεώσατο, ὁ Μάριος οἵ τε ἄλλοι οἱ σὺν αὐτῷ ἐκπεσόντες ἐσεπήδησαν ἐς τὴν πόλιν μετὰ τοῦ λοιποῦ στρατοῦ κατὰ πάσας ἅμα τὰς πύλας[8].

1. (Exc. Urs. λγ'. CLXXII et κζ'. CLXVI. R. p. 72, à la fin, et p. 70-71.) J'ai réuni ces deux fragments; parce que le n° CLXXII n'est que la répétition des premières lignes du n° CLXVI : il y a ici quelque perturbation, comme le dit Reimarus : « Patet Dionem hic reverti ad tempora mo- « tuum Marianorum quibus haud scio quare alia inseruerat ; nisi vitium « est quædam turbantium librariorum. »
Ils manquent l'un et l'autre dans le manuscrit du Vatican n° 1418. Le premier ne se trouve que dans le manuscrit de Munich n° 1 où il commence par les mots ὅτι οἱ Ῥωμαῖοι, et le second n'est donné que par le n° 3, qui porte ὅτι οἱ Ῥωμαῖοι στασιάσαντες κτλ.

2. Appien, Guer. Civ. I, 68 : Οἱ δὲ ὕπατοι, δεδιότες, καὶ στρατιᾶς ἄλλης δεόμενοι, Σύλλαν μὲν οὐκ εἶχον καλεῖν, ἐς τὴν Ἀσίαν ἤδη πεπερακότα· Καικίλιον δὲ Μέτελλον, τὰ λείψανα τοῦ συμμαχικοῦ πολέμου πρὸς Σαυνίτας διατιθέμενον, ἐκέλευον ὅπῃ δύναιτο εὐπρεπῶς διαλυσάμενον, ἐπικουρεῖν τῇ πατρίδι πολιορκουμένῃ. Οὐ συμβαίνοντος δὲ Σαυνίταις ἐς ἃ ᾔτουν τοῦ Μετέλλου, ὁ Μάριος αἰσθόμενος, συνέθετο τοῖς Σαυνίταις ἐπὶ πᾶσιν

CCXCVI. Les Romains, au moment où la guerre civile était imminente, mandèrent Métellus à Rome, et lui ordonnèrent de venir à leur secours.

Livrés à des dissensions intestines, les Romains mandèrent Métellus à Rome et le chargèrent de traiter, n'importe à quelles conditions, avec les Samnites, qui, seuls alors, ravageaient encore la Campanie et le pays limitrophe. Métellus ne consentit point à faire la paix, parce qu'ils exigeaient le droit de cité pour eux-mêmes et pour ceux qui s'étaient réfugiés auprès d'eux : ils ne voulaient restituer aucune partie du butin dont ils s'étaient emparés, et demandaient que les Romains leur rendissent les prisonniers et les transfuges. Aussi le sénat lui-même ne voulut-il plus leur accorder la paix à ces conditions.

CCXCVII. A peine Cinna eut-il renouvelé la proposition relative au retour des exilés, que Marius et les autres bannis, avec les restes de l'armée, s'élancèrent dans Rome par toutes les portes à la fois. Ils les fer-

---

οἷς ᾔτουν παρὰ τοῦ Μετέλλου. Ὧδε μὲν δὴ καὶ Σαυνῖται Μαρίῳ συνεμάχουν.

3. Ἐπείσατο, dans le Ms de Munich n° 3 et dans F. Orsini : les copistes négligent souvent le ς joint au π. Cf. Bast, Comment. Palæogr. p. 733.

4. Appien, l. l. LIII : Καὶ τάδε μὲν ἦν περὶ τὴν Ἰταλίαν ἀμφὶ τὸν συμμαχικὸν πόλεμον· ἀκμάσαντα δὴ μάλιστα μέχρι τῶνδε, ἕως Ἰταλία πᾶσα προσεχώρησεν ἐς τὴν Ῥωμαίων πολιτείαν, χωρίς γε Λευκανῶν καὶ Σαυνιτῶν τότε· δοκοῦσι γάρ μοι καὶ οἵδε τυχεῖν ὧν ἔχρῃζον ὕστερον.

5. Reimarus aimerait mieux ἀποδιδόναι, ou bien ἀποδοῦναι. Je conserve la leçon de F. Orsini, très-bonne pour le sens : elle est confirmée par les manuscrits.

6. Les mots τούς τε αὐτομόλους ont été omis par le copiste dans le manuscrit de Munich n° 3.

7. (Exc. Peir. CXIX. R. p. 47-48.)

8. Cf. Appien, Guer. Civ. I, 70. J'extrais les passages les plus importants : Ἡ δὲ βουλὴ..... ὑπὸ τῶν συμφορῶν αὖθις ἐς τὸν Κίνναν τοὺς πρέσβεις ἔπεμπεν, ὡς πρὸς ὕπατον. Οὐδέν τε χρηστὸν ἔτι προσδοκῶντες, τοῦτο

136 ΔΙΩΝΟΣ ΤΟΥ ΚΑΣΣΙΟΥ ΛΕΙΨΑΝΑ. ΒΙΒΛ. Α-ΛϚ.

καὶ ἐκείνας τε ἔκλεισαν, ὥστε μηδένα διαδρᾶναι, καὶ πάντας τοὺς ἐντυγχάνοντας σφίσιν ἐξειργάσαντο [1], μηδένα αὐτῶν ἀποκρίνοντες, ἀλλὰ πᾶσιν αὐτοῖς [2] ὁμοίως ὡς πολεμίοις χρώμενοι· μάλιστα δὲ τούς τι ἔχοντας ἐπιθυμίᾳ χρημάτων ἔφθειρον [3], καὶ τούς τε παῖδας καὶ τὰς γυναῖκας σφῶν ὕβριζον, ὥσπερ τινὰ ἀλλοτρίαν πόλιν ἠνδραποδισμένοι· καὶ τὰς κεφαλὰς τῶν ἐλλογιμωτάτων ἐπὶ τὸ βῆμα ἀνετίθεσαν [4]. Καὶ ἦν τό γε [5] θέαμα οὐδέν τι τοῦ ὀλέθρου αὐτῶν [6] πραότερον· τά τε γὰρ ἄλλα καὶ τοῖς ὁρῶσι προσπαρίστη νομίζειν [7], ὅτι ὅσα [8] πολεμίων ἀκροστολίοις οἱ

μόνον ᾔτουν ἐπομόσαι σφίσι τὸν Κίνναν, φόνον οὐκ ἐργάσασθαι. Ὁ δὲ ὀμόσαι μὲν οὐκ ἠξίωσεν, ὑπέσχετο δὲ καὶ ὧδε, ἑκὼν οὐδενὶ σφαγῆς αἴτιος ἔσεσθαι. Ὀκταούιον δ᾽, ἤδη περιοδεύσαντα καὶ κατ᾽ ἄλλας πύλας ἐς τὴν πόλιν ἐσελθόντα, ἐκέλευσεν ἐκστῆναι τοῦ μέσου, μή τι καὶ ἄκοντος αὐτοῦ πάθοι. Ὁ μὲν δὴ ταῦτ᾽ ἐπὶ βήματος ὑψηλοῦ, καθάπερ ὕπατος, τοῖς πρέσβεσιν ἄνωθεν ἀπεκρίνατο. Μάριος δ᾽ αὐτῷ παρεστὼς παρὰ τὸν θρόνον, ἡσύχαζε μέν· ἐδήλου δὲ τῇ δριμύτητι τοῦ προσώπου, πόσον ἐργάσεται φόνον. Δεξαμένης δὲ ταῦτα τῆς βουλῆς, καὶ καλούσης ἐσελθεῖν Κίνναν τε καὶ Μάριον (ᾔσθοντο γὰρ δὴ Μαρίου μὲν εἶναι τὰ ἔργα τάδε πάντα, Κίνναν δ᾽ αὐτοῖς ἐπιγράφεσθαι), σὺν εἰρωνείᾳ σφόδρα ὁ Μάριος· ἐπιμειδιῶν εἶπεν, οὐκ εἶναι φυγάσιν εἰσόδους. Καὶ εὐθὺς οἱ δήμαρχοι τὴν φυγὴν αὐτῷ τε, καὶ ὅσοι ἄλλοι κατὰ Σύλλαν ὕπατον ἐξελήλαντο, ἐψηφίσαντο λελύσθαι. Cf. Plutarque, Marius, XLIII.

1. Σφίσι ἐξειργάσαντο, dans le manuscrit de Tours, où le v final manque souvent devant les mots qui commencent par une voyelle. Cf. l'Introduction, tom. I, p. LIX de cette édition.

2. Ce mot est omis dans le manuscrit de Paris n° 2550.

3. Appien, l. l., 71 : Καὶ τὰ τῶν ἀντιπρᾶξαι σφίσι δοκούντων ἀκωλύτως πάντα διηρπάζετο. Velleius Paterculus, II, 22 : Id quoque accessit, ut sævitiæ causam avaritia præberet, et modus culpæ ex pecuniæ modo constitueretur, et, qui fuisset locuples, fieret nocens, sui quisque periculi merces foret; nec quidquam videretur turpe, quod esset quæstuosum.

4. La tête du consul Octavius y fut suspendue la première; Appien, l.l. 71: Ἐπιθέοντος δ᾽ αὐτῷ (s.-ent. Ὀκταουίῳ) μετά τινων ἱππέων Κηνσωρίνου, καὶ πάλιν τῶν φίλων αὐτὸν καὶ τῆς παρεστώσης στρατιᾶς φυγεῖν παρακαλούντων, καὶ τὸν ἵππον αὐτῷ προσαγαγόντων, οὐκ ἀνασχόμενος οὐδὲ ὑπαναστῆσαι,

mèrent aussitôt, afin que personne ne pût s'échapper, et massacrèrent indistinctement tous ceux qui tombèrent dans leurs mains, comme s'ils avaient eu affaire à un peuple ennemi. Ils égorgèrent surtout les riches pour s'emparer de leur or, et prodiguèrent les outrages à leurs femmes et à leurs enfants : on eût dit qu'ils avaient réduit en servitude une ville étrangère. Enfin ils suspendirent à la tribune aux harangues les têtes des hommes les plus illustres, spectacle non moins douloureux que le massacre même; car elles faisaient naître dans l'esprit de ceux qui les voyaient diverses réflexions; mais surtout

---

τὴν σφαγὴν περιέμενεν. Ὁ δὲ Κηνσωρῖνος, αὐτοῦ τὴν κεφαλὴν ἐκτεμὼν, ἐκόμισεν ἐς Κίνναν, καὶ ἐκρεμάσθη πρὸ τῶν ἐμβόλων ἐν ἀγορᾷ, πρώτου τοῦδε ὑπάτου. Μετὰ δ' αὐτὸν καὶ τῶν ἄλλων ἀναιρουμένων ἐκρήμναντο αἱ κεφαλαί. Καὶ οὐ διέλιπεν ἔτι καὶ τόδε τὸ μῦσος, ἀρξάμενόν τε ἀπὸ Ὀκταουΐου, καὶ εἰς τοὺς ἔπειτα ὑπὸ τῶν ἐχθρῶν ἀναιρουμένους περιιόν. Ζητηταὶ δ' ἐπὶ τοὺς ἐχθροὺς αὐτίκα ἐξέθεον, τούς τε ἀπὸ τῆς βουλῆς καὶ τῶν καλουμένων ἱππέων. Καὶ τῶν μὲν ἱππέων ἀναιρουμένων λόγος οὐδεὶς ἔτι μετὰ τὴν ἀναίρεσιν ἐγίγνετο· αἱ δὲ τῶν βουλευτῶν κεφαλαὶ πᾶσαι προὐτίθεντο πρὸ τῶν ἐμβόλων. Cf. Florus, III, 21.

5. Reiske propose de substituer τὸ τότε à l'ancienne leçon τότε. J'ai adopté la correction de Sturz : elle m'a paru préférable à la conjecture de Reiske, parce qu'elle n'exige que le changement de τέ en γέ. Sur la confusion de ces deux mots, cf. p. 132, n. 3.

6. Ou mieux αὐτοῦ — *ipsa cæde*, suivant Reiske.

7. Reiske propose de remplacer νομίζειν par ἐννοεῖσθαι, et de sous-entendre ἐνεποίει τοῦτο τὸ θέαμα après les mots τά τε γὰρ ἄλλα. Reimarus a conservé l'ancienne leçon, ainsi que la version de H. de Valois : *Quum spectatores præter cetera id secum animo reputarent;* mais dans son *Index*, p. 1621, tom. II de son édition, il traduit προσπαρίστη νομίζειν par *subiit animum;* interprétation justement critiquée par Sturz, qui explique ainsi ce passage : « Ponendum erat, dit-il *in eam opinionem ad-« duxit, hanc opinionem movit.* Ad προσπαρίστη enim intelligi debet « nominativus τὸ θέαμα, sed τὰ ἄλλα, ut νομίζειν, in accusativo ac- « cipienda sunt. »

8. Il n'est pas nécessaire de remplacer ὅσα par ἅ, comme le voulait

προπάτορες σφῶν ἐκεκοσμήκεσαν, ταῦτα τότε ταῖς τῶν πολιτῶν κεφαλαῖς ἀπεκοσμεῖτο.

Τοσαύτη γὰρ ἑνὶ λόγῳ [1] ἥ τε ἐπιθυμία, καὶ ἡ ἀπληστία τῶν φόνων τὸν Μάριον κατέσχεν [2], ὥστε ἐπειδὴ τὸ πλεῖστον τῶν ἐχθρῶν ἀπεκτόνει, καὶ οὐκέτ᾽ οὐδεὶς ὧν ἐξολέσαι ἐγλίχετο, ἐπὶ τὸν νοῦν ἅτε ἐν τοσαύτῃ ταραχῇ ἐπῄει, σύνθημα τοῖς στρατιώταις δοῦναι, σφάττειν πάντας ἑξῆς [3] οἷς ἂν τῶν προσιόντων μὴ ὀρέξῃ τὴν χεῖρα [4]. Πρὸς γὰρ τοῦτο τὰ τῶν Ῥωμαίων πράγματα ἀφίκετο, ὥστε μὴ μόνον ἀκρίτως μηδ᾽ ἀπ᾽ ἔχθρας [5], ἀλλὰ καὶ πρὸς τὴν οὐκ ἔκτασιν τῆς ἐκείνου χειρὸς [6] ἀπόλλυσθαι. Καὶ (ἦν γὰρ ὥσπερ εἰκὸς ἔν τε ὄχλῳ καὶ ἐν θορύβῳ τοσούτῳ οὐδ᾽ αὐτῷ τῷ Μαρίῳ ἐπιμελὲς, ἀλλ᾽ οὐδὲ δυνατὸν, οὐδ᾽ εἰ πάνυ ἐβούλετο, κατὰ γνώμην τῇ χειρὶ χρῆσθαι), πολλοὶ κἀκ τούτου μάτην ἀπέθανον, οὓς οὐδαμῇ οὐδαμῶς ἀποκτεῖναι ἐδεῖτο. Τὸ μὲν οὖν σύμπαν τῶν τότε παραποθανόντων [7] ἀνεξεύρετόν ἐστι.

Reiske. On trouve de nombreux exemples d'ὅσα se rapportant à ταῦτα. Cf. Lexic. Xenoph. tom. III, p. 341.

1. Ἐν ὀλίγῳ dans le manuscrit de Paris n° 2550, est une faute du copiste. Pour la confusion d'ἐν ὀλίγῳ avec ἑνὶ λόγῳ, cf. mes notes sur la Rhétorique de Philodème, p. 98-99, Paris, 1840; Krüger, Dionys. Hal. Historiograph., p. 172 et les auteurs qu'il cite.

2. Plutarque, Marius, XLIII : Κτεινομένων δὲ πολλῶν, Κίννας μὲν ἀμβλὺς ἦν καὶ μεστὸς ἤδη τοῦ φονεύειν· Μάριος δὲ καθ᾽ ἑκάστην ἡμέραν ἀκμάζοντι τῷ θυμῷ καὶ διψῶντι διὰ πάντων ἐχώρει τῶν ὁπωσοῦν ἐν ὑποψίᾳ γεγονότων.

3. Ἑξῆι, dans le manuscrit de Tours. « Nec minus, dit Schæfer, Meletem., p. 112-113, τὸ προσγεγραμμένον ι et ς librarii commutaverunt. « Sic τῇ Λιβύῃ et τῆς Λιβύης confusa in Herodoto, p. 111, 65. ταύτῃ et « ταύτης in Strabone, t. I, p. 6, ed. Lips. » Pour d'autres exemples de cette confusion, cf. ses notes, l. l.

la pensée que cette tribune, ornée par leurs ancêtres des proues ennemies, était alors souillée par les têtes des citoyens!

En un mot, Marius était dévoré d'une soif du sang tellement insatiable, qu'après avoir fait mourir la plupart de ses ennemis, sa pensée, au milieu de tant de confusion, ne se portant plus sur personne dont il pût souhaiter la mort, il donna pour mot d'ordre à ses soldats d'égorger sans interruption tous ceux auxquels il ne tendrait point la main, au moment où ils s'approcheraient de lui. Rome était réduite à voir ses enfants périr sans jugement, non pas sous le coup de la haine, mais parce que Marius ne leur avait point tendu la main! Et comme, dans un pareil tumulte et dans un si grand désordre, il ne songea probablement pas toujours à la tendre; comme il ne l'aurait pas toujours pu, suivant sa pensée, alors même qu'il l'aurait voulu, plusieurs furent tués au hasard, sans que leur mort importât le moins du

4. C'est ainsi qu'Ancharius fut mis à mort; Florus, III, 21, et Plutarque, l. l. : Καὶ τέλος Ἀγχάριον, ἄνδρα βουλευτὴν καὶ στρατηγικὸν, ἐντυγχάνοντα τῷ Μαρίῳ καὶ μὴ προσαγορευθέντα, καταβάλλουσιν ἔμπροσθεν αὐτοῦ ταῖς μαχαίραις τύπτοντες. Ἐκ δὲ τούτου καὶ τῶν ἄλλων ὅσους ἀσπασαμένους μὴ προσαγορεύσειε μηδὲ ἀντασπάσοιτο, τοῦτο αὐτὸ σύμβολον ἦν ἀποσφάττειν εὐθὺς ἐν ταῖς ὁδοῖς · ὥστε καὶ τῶν φίλων ἕκαστον ἀγωνίας μεστὸν εἶναι καὶ φρίκης, ὁσάκις ἀσπασόμενοι τῷ Μαρίῳ πελάζοιεν.

5. Ou mieux οὔτ' ἀπ' ἔχθρας, suivant Sturz.

6. Πρὸς τὴν οὐκ ἔκτασι τῆς κτλ., dans le manuscrit de Tours : le v a été omis devant un mot commençant par un τ. Cf. l'Introduction, tom. I, p. LIX de cette édition. Sur l'emploi de μή ou de οὐ, placés entre l'article et le nom, pour faire de ce dernier une espèce de composé négatif, cf. la note de Sturz sur ce passage, et Burnouf, Méth. grecq., p. 291.

7. Dans l'ancienne leçon τῶν τε γὰρ ἀποθανόντων, confirmée par le manuscrit de Tours, Reimarus propose d'effacer γάρ, qui lui paraît em-

140 ΔΙΩΝΟΣ ΤΟΥ ΚΑΣΣΙΟΥ ΛΕΙΨΑΝΑ. ΒΙΒΛ. Α-ΛϚ.

Πέντε γὰρ ὅλαις ἡμέραις καὶ νυξὶν ἴσαις αἱ σφαγαὶ ἐγένοντο.

CCXCVIII. Ὅτι [1] θυόντων τῶν Ῥωμαίων ἱσταμένου τοῦ ἔτους τὰ εἰσιτήρια [2], καὶ τῇ ἡγεμονίᾳ τὰς ἀρχὰς κατὰ τὰ πάτρια ποιουμένων [3], ὁ υἱὸς Μαρίου δήμαρχόν τινα αὐθεντείᾳ ἀποκτείνας, τὴν κεφαλὴν αὐτοῦ τοῖς ὑπάτοις ἔπεμψε, καὶ ἄλλον ἀπὸ τοῦ Καπιτωλίου κατεκρήμνισεν (ὅπερ οὐδεὶς ἄλλος ἐπεπόνθει) καὶ δύο στρατηγοὺς [καὶ] [4] πυρὸς καὶ ὕδατος εἶρξεν.

CCXCIX. *Ὅτι [5] τοῦ Σύλλου τὸν Πειραιᾶ πολιορκοῦντος [6], ἐπιλειπούσης δὲ [7] τῆς ὕλης, διὰ τὸ κόπτεσθαι τὰ

---

barrasser la phrase. Reiske refait ainsi ce passage : Τὸ μὲν οὖν σύμπαν πλῆθος τῶν τότε παραποθανόντων — *eorum qui sic temere, levi de causa perirent*. Παραπόλλυσθαι est employé dans le même sens, Fr. CCCXX, p. 188 de ce volume. Sturz adopte la conjecture de Reiske, moins πλῆθος dont l'addition n'est point nécessaire : je l'ai imité. La correction de Reiske me paraît indubitable; car entre ΓΑΡΑΠΟΘΑΝΟΝΤΩΝ et ΠΑΡΑΠΟΘΑΝΟΝΤΩΝ, la confusion est facile. Sur la permutation du Γ et du Π, cf. Bast, l. l., p. 710, 803 et 916.

1. (Exc. Peir. CXX. R. p. 49.)
2. Sturz adopte ἐσιτήρια et dit à cette occasion : « Ἐσιτήρια scripsi ob « reliquos Dionis locos. » Or, on lit ἐσιτήρια, liv. XLV, 17, éd. de Reimarus; et εἰσιτήρια, liv. LXXIII, 14, l. l. A cause de cette variante, j'ai cru pouvoir maintenir l'ancienne leçon, d'après le Ms. de Tours. Sur les différentes acceptions de ce mot, cf. Thes. gr. ling. tom. III, p. 322, éd. Didot. Pour le passage qui nous occupe, je choisis la troisième : *Sacra quæ initio anni fiebant, ut felix totius anni auspicium foret; Romæ Calendis Januariis; Athenis* νουμηνίᾳ τοῦ Ἑκατομβαιῶνος.
3. H. de Valois propose de remplacer τὰς ἀρχάς par τὰς ἀπαρχάς. Reiske aimerait mieux τὰς εὐχάς — *vota pro salute magistratuum*; conjecture ingénieuse et qui ne manque pas de probabilité. Dans les sacrifices appelés εἰσιτήρια, des vœux pour les magistrats se joignaient à ceux qu'on faisait pour obtenir une année heureuse; cf. les autorités citées par Reimarus dans ses notes. J'ai cru néanmoins devoir conserver l'ancienne

monde à Marius. On ne peut fixer le nombre des citoyens qui furent alors massacrés; car cette boucherie dura cinq jours et tout autant de nuits.

CCXCVIII. Pendant que les Romains offraient des sacrifices pour l'année qui commençait et pour l'inauguration des magistrats, suivant l'usage établi par leurs ancêtres, le fils de Marius tua lui-même un tribun du peuple et envoya sa tête aux consuls. Il en précipita un autre de la roche Tarpéïenne, supplice qu'aucun tribun n'avait encore subi, et il priva deux préteurs du feu et de l'eau.

An de Rome 668.

CCXCIX. Pendant que Sylla assiégeait le Pirée, la plupart de ses machines de guerre se brisèrent sous leur

---

leçon, qui est confirmée par le manuscrit de Tours, et m'attacher au sens littéral, comme Wagner et M. Tafel. Le premier traduit ainsi : *Während dass die Römer im ersten Jahrestage um ein glückliches Jahr opferten*, und die neuen obrigkeitlichen Personen, nach hergebrachtem Gebrauch ihr Amt antraten, etc.; et le second : *Als die Römer am ersten Tage des Jahrs das Neujahrsopfer feierten*, und die Obrigkeiten nach hergebrachter Sitte ihre Aemter antraten, etc.

4. Reiske voudrait retrancher cette conjonction : Sturz est favorable à cette suppression. Par respect pour les manuscrits, je conserve καί; mais je place ce mot entre crochets : il a été souvent ajouté par les copistes. Cf. p. 104, not. 1, et p. 121, not. 5 de ce volume.

5. (Exc. Peir. CXXI. R. p. 49.)
D'après ce qui a été dit p. 128, note 1, je marque ce fragment d'un astérisque.

6. Le Compilateur a trop abrégé; j'emprunte quelques détails à Plutarque, Syll., XII : Καὶ τὸν Πειραιᾶ περιλαβὼν ἐπολιόρκει, μηχανήν τε πᾶσαν ἐφιστὰς, καὶ μάχας παντοδαπὰς ποιούμενος. Καί τοι χρόνον οὐ πολὺν ἀνασχομένῳ παρῆν ἀκινδύνως ἑλεῖν τὴν ἄνω πόλιν ὑπὸ λιμοῦ συνηγμένην ἤδη τῇ χρείᾳ τῶν ἀναγκαίων εἰς τὸν ἔσχατον καιρόν· ἀλλ' ἐπειγόμενος εἰς Ῥώμην, καὶ δεδιὼς τὸν ἐκεῖ νεωτερισμόν, πολλοῖς μὲν κινδύνοις, πολλαῖς δὲ μάχαις, μεγάλαις δὲ δαπάναις κατέσπευδε τὸν πόλεμον, ᾧ γε δίχα τῆς ἄλλης παρασκευῆς, ἡ περὶ τὰ μηχανήματα πραγματεία ζεύγεσι μυρίοις ὀρικοῖς ἐχορηγεῖτο καθ' ἡμέραν ἐνεργοῖς οὖσι πρὸς τὴν ὑπηρεσίαν.

7. D'après Plutarque, l. l., au lieu d' ἐπιλειποῦς δέ, donné par H. de

πολλὰ τῶν ἔργων [1] περικλώμενα τοῖς αὐτῶν βρίθεσι, καὶ πυρπολεῖσθαι βαλλόμενα συνεχῶς ὑπὸ τῶν πολεμίων, ἐπεχείρησε τοῖς ἱεροῖς ἄλσεσι. Καὶ τήν τ' Ἀκαδημίαν [2] ἔκειρε δενδροφορωτάτην τῶν προαστείων οὖσαν, καὶ τὸ Λύκειον [3].

CCC. *Ὅτι [4] ἐπεὶ καὶ χρημάτων ἐδεῖτο [5] πολλῶν ἐκίνει τὰ τῆς Ἑλλάδος ἄσυλα, τοῦτο μὲν ἐξ Ἐπιδαύρου, τοῦτο δὲ ἐκ τῆς Ὀλυμπίας τὰ κάλλιστα καὶ πολυτελέστατα τῶν ἀναθημάτων μεταπεμπόμενος [6]. Ὅτι καὶ [7] Ἀμφικτύοσιν [8] ἔγραψεν ἐς Δελφοὺς, ὅτι τὰ χρήματα τοῦ Θεοῦ βέλτιον εἴη

Valois, comme dans le manuscrit de Tours. Reiske adopte ἐπιλειπούσης τῆς, en omettant δέ. Sturz voudrait supprimer δέ, ou le remplacer par τέ. Cependant il conserve δέ, parce qu'il est dans Plutarque : je l'ai maintenu par la même raison.

1. Δένδρων, dans le Ms. de Tours et dans celui de Paris n° 2550. Comme H. de Valois, Reimarus et Sturz, j'emprunte ἔργων à Plutarque, l. l.

2. Cf. Plutarque, l. l. : il a été suivi par Sturz; mais H. de Valois et Reimarus donnent καὶ τὴν Ἀκαδημίαν, comme les manuscrits. Appien, Mithridat., XXX : Ὕλην δὲ ἐκ τῆς Ἀκαδημίας ἔκοπτε, καὶ μηχανὰς εἰργάζετο μεγίστας.

3. Τὸ Λύκιον, dans les mêmes manuscrits, par la confusion d'ει avec ι.

4. (Exc. Peir. CXXII. R. p. 49.) D'après la note 1, p. 128, je marque ce fragment d'un astérisque.

5. Préférable à ἔδει donné par Plutarque, l. l., où après πολλῶν on lit πρὸς τὸν πόλεμον, mots qui complètent la pensée.

6. H. de Valois traduit le passage ἐκίνει — μεταπεμπόμενος de cette manière : *sacros atque intactos Græciæ thesauros* spoliavit, *et — pulcherrima atque pretiosissima donaria deferri ad se jussit.* Pour conserver à ἐκίνει sa véritable signification, on pourrait remplacer *spoliavit* par *loco suo movit, in proprios usus convertit,* d'après Thucydide, II, 24 : Ἤν δέ τις εἴπῃ ἢ ἐπιψηφίσῃ κινεῖν τὰ χρήματα ταῦτα ἐς ἄλλο τι. Le même, I, 143 : Εἴ τε καὶ κινήσαντες τῶν Ὀλυμπίασιν ἢ Δελφοῖς χρημάτων κτλ. ; VI, 70 : Δείσαντες μὴ οἱ Ἀθηναῖοι τῶν χρημάτων ἃ ἦν αὐτόθι κινήσωσιν, καὶ οἱ λοιποὶ ἐπανεχώρησαν ἐς τὴν πόλιν. Appien, Guer. Civ., II, 41, emploie cette expression dans le même sens : Τῶν τε ἀψαύστων ἐκίνει χρημάτων, ἅ φασιν ἐπὶ Κελτοῖς πάλαι σὺν ἀρᾷ δημοσίᾳ τεθῆναι, οὗ ἀψαύστων a la même signification que ἄσυλα (s.-ent. χρήματα) dans Dion, très-bien rendu par *intactos the-*

propre poids, ou furent consumées par le feu que les ennemis lançaient sans cesse. Les matériaux commençant à manquer pour en construire d'autres, Sylla porta la main sur les bois sacrés. Il coupa les arbres de l'Académie, qui de tous les jardins des faubourgs était le plus riche en arbres, et fit abattre aussi ceux du Lycée.

CCC. Sylla, pressé par le besoin d'argent, enleva les trésors les plus saints de la Grèce et se fit apporter d'Épidaure et d'Olympie les offrandes les plus belles et les plus précieuses. Il écrivit aussi aux Amphictyons de Delphes qu'il serait bon que les trésors d'Apollon lui fussent envoyés, parce qu'ils seraient plus en sûreté

---

sauros dans H. de Valois. Amyot traduit ainsi : *Et pour ce qu'il lui falloit un grand argent à l'entretenement de ceste guerre, il toucha aussi aux plus saincts temples de la Grece, se faisant apporter, tant de celuy d'Epidaure que de celuy d'Olympe, les plus riches et les plus precieux joyaux qui y fussent.* Il a été suivi par M. Tafel : *Plünderte er die Tempel Griechenlands.* Wagner s'est tenu plus près du sens littéral : *Erhob er die heiligsten Schätze Griechenlands.* Cf. Appien, Mithrid., LIV. Il faut remarquer dans Plutarque, l. l., ἐξ Ὀλυμπίας, au lieu de ἐκ τῆς Ὀλυμπίας.

7. La leçon ὅτε καὶ, donnée par H. de Valois, par Reimarus et par Sturz, n'est pas admissible, d'après le sens. J'adopte ὅτι καὶ, avec le manuscrit de Tours et celui de Paris n° 2550. Pour lier le fait qui suit avec celui qui précède, le compilateur a ajouté ces deux mots qui ne sont pas dans Plutarque, l. l. : Ἔγραψε δὲ καὶ τοῖς Ἀμφικτύοσιν. Sur la confusion de ὅτι avec ὅτε, cf. M. Boissonade, not. sur Planude, Métamorph., p. 72, n° 1 ; M. Hase, Lydus, De Ostent., 206, C. Je n'ajoute qu'un exemple tiré de Platon, Phileb. t. V, p. 265, éd. Bekk. Lond. : Ἦ που χαλεπῶς ἂν τοὺς ἄλλους πείσαιμι ἀνθρώπους ὡς οὐ ξυμφορὰν ἡγοῦμαι τὴν παροῦσαν τύχην, ὅτε γε μηδ' ὑμᾶς δύναμαι πείθειν, ἀλλὰ φοβεῖσθε μὴ δυσκολώτερόν τι νῦν διάκειμαι ἢ ἐν τῷ πρόσθεν βίῳ. Plusieurs manuscrits portent ὅτι γε κτλ.

8. Ἀμφικτίοσιν, dans le Ms de Paris n° 2550 : c'est probablement l'orthographe primitive; cf. Androtion, dans Pausanias, X, 8, et Anaximène, dans Harpocration, au mot Ἀμφικτύονες. — Ἀμφικτοιόσιν, dans celui de Tours,

κομισθῆναι πρὸς αὐτόν· ἢ γὰρ φυλάξειν ἀσφαλέστερον, ἢ χρησάμενος [1] ἀποδώσειν οὐκ ἐλάττω.

CCCI. * Ὅτι [2] τὸν ἀργυροῦν πίθον, ὃς ἦν ὑπόλοιπος [3], διὰ βάρος καὶ μέγεθος οὐ δυναμένων ἀναλαβεῖν τῶν ὑποζυγίων, ἀναγκαζόμενοι κατακόπτειν τοῦτον [4] οἱ Ἀμφικτύονες ἐς μνήμην ἐβάλοντο, τοῦτο μὲν Τίτον [5] Φλαμινῖνον [6] καὶ Μάνιον Ἀκύλιον, τοῦτο δὲ Αἰμίλιον Παῦλον· ὧν ὁ μὲν Ἀντίοχον ἐξελάσας τῆς Ἑλλάδος, οἱ δὲ τοὺς Μακεδόνων βασιλεῖς καταπολεμήσαντες οὐ μόνον ἀπέσχοντο τῶν ἱερῶν τῶν Ἑλληνικῶν, ἀλλὰ καὶ δῶρα καὶ τιμὴν αὐτοῖς καὶ σεμνότητα πολλὴν προσέθεσαν.

Ἀλλ' ἐκεῖνοι μὲν ἀνδρῶν σωφρόνων [7], καὶ μεμαθηκότων σιωπῇ τοῖς ἄρχουσι παρέχειν τὰς χεῖρας [8], ἡγούμενοι κατὰ νόμον, αὐτοί τε ταῖς ψυχαῖς βασιλικοί, καὶ ταῖς διαίταις

---

provient de la fréquente permutation d'οι avec υ. Cf. Boissonade, Notic. des Ms., tom. V, p. 468-469.

1. Plutarque, l. l. : Ἀποχρησάμενος.
2. (Exc. Peir. CXXIII. p. 49-50.) D'après la note 1, p. 128, je marque ce fragment d'un astérisque. Pour plus de clarté, j'ajoute ici, d'après Plutarque, Syll. XII, quelques mots omis par le compilateur : Τὰ μὲν οὖν ἄλλα διέλαθε τούς γε πολλοὺς Ἕλληνας ἐκπεμπόμενα, τὸν δὲ κτλ.
3. Le même, l. l. : Ὃς ἦν ὑπόλοιπος ἔτι τῶν βασιλικῶν.
4. Au lieu de τοῦτον, le manuscrit de Paris n° 2550 porte τούτων, par la confusion d'ο avec ω; cf. Porson, Adversaria, p. 218, 219; M. Boissonade, notes sur Theophylacte Simocatta, pages 210, 246, 257, etc.; Anecd. Gr. t. I, p. 25; t. II, p. 12, 133, 181, etc. Ici, c'est l'ω qui a pris la place de l'ο; le contraire a eu lieu dans Denys d'Hal., Lettre à Pompée, § II : Ἡ δὲ δὴ Πλατωνικὴ διάλεκτος βούλεται μὲν εἶναι καὶ αὐτὴ δεῖγμα ἑκατέρων τῶν χαρακτήρων : le manuscrit de la bibliothèque du roi n° 1657 porte ἑκάτερον. Le n° 1742 donne ἑκατέρου, par la fréquente confusion des syllabes ου et ων à la fin des mots.

sous sa garde, ou qu'il les rembourserait intégralement, s'il en faisait usage.

CCCI. Quant au tonneau d'argent qui restait encore, les bêtes de somme ne pouvaient le transporter à cause de son poids et de sa grandeur. Les Amphictyons, forcés de le mettre en pièces, rappelaient tantôt le souvenir de Titus Flamininus et de Manius Aquilius, tantôt celui de Paul-Émile. Le premier chassa Antiochus de la Grèce, et les deux autres battirent les rois de Macédoine. Cependant ils s'abstinrent de porter sur les temples une main sacrilége : ils y déposèrent même de nouvelles offrandes, et ils en rehaussèrent l'éclat et la majesté.

Mais ces généraux commandaient à des hommes bien disciplinés et qui avaient appris à exécuter en silence les ordres de leurs chefs. La loi était leur règle : avec une âme royale, simples dans leur vie, renfermant leurs dé-

---

5. « Corrigendus hinc Plutarchus, dit Reimarus, apud quem perperam τοῦτο μέν τοι τὸν Φλαμινῖνον. » L'édition de Tauchnitz et la Collect. Didot portent τοῦτο μὲν Τῖτον. La leçon, justement réprouvée par Reimarus, provient de ce que le copiste a été amené par la permutation de τι avec τοι à une mauvaise division des mots MEN TOI TON = MEN TITON. Des erreurs semblables ont souvent produit de graves altérations. Dans Platon, Phileb. § 152, t. V, p. 610-611, éd. Bekker, Lond. : Ἄλλας δὲ ἡδονὰς ἀληθεῖς καὶ καθαρὰς ἃς εἶπες, σχεδὸν οἰκείας ἡμῖν νόμιζε, καὶ πρὸς ταύταις τὰς μεθ' ὑγιείας καὶ τοῦ σωφρονεῖν, καὶ δὴ καὶ ξυμπάσης ἀρετῆς ὁπόσαι καθάπερ Θεοῦ ὀπαδοὶ γιγνόμεναι αὐτῇ ξυνακολουθοῦσι πάντῃ, ταύτας μίγνυντας δ' ἀεὶ κτλ., la leçon ταύτας μιγνύντας δ' ἀεί, confirmée par les manuscrits, a été une torture pour les éditeurs et les interprètes. La conjecture de Van Heusde, ταύτας μίγνυ· τὰς δ' ἀεὶ κτλ., a dissipé tous les nuages. Cf. les notes de Stallbaum, l. l.

6. Plutarque, l. l. Reimarus et Sturz ont aussi substitué cette leçon à Φλαμίνιον donné par H. de Valois, d'après le Ms. de Tours.

7. Ἀνδρῶν τε σωφρόνων dans Plutarque, l. l.

8. Comme dans Plutarque, l. l. Le manuscrit de Tours porte τὰς χρείας.

146 ΔΙΩΝΟΣ ΤΟΥ ΚΑΣΣΙΟΥ ΛΕΙΨΑΝΑ. ΒΙΒΛ. Α-ΛϚ.

εὐσταλεῖς, μετρίοις ἐχρῶντο [καὶ τεταγμένοις ἀναλώμασι, τὸ] κολακεύειν[1] τοὺς στρατιώτας αἴσχιον ἡγούμενοι τοῦ δεδιέναι τοὺς πολεμίους. Οἱ δὲ τότε στρατηγοὶ βίᾳ τὸ πρωτεῖον, οὐκ ἀρετῇ[2], κτώμενοι[3], καὶ μᾶλλον ἐπ' ἀλλήλους δεόμενοι τῶν ὅπλων ἢ ἐπὶ τοὺς πολεμίους, ἠναγκάζοντο δημαγωγεῖν[4]· καὶ ἐν τῷ στρατηγεῖν τοῖς στρατευομένοις ἐς τὰς ἡδυπαθείας ἀνήλισκον, ὠνούμενοι τοὺς

1. H. de Valois, Reimarus et Sturz adoptent : Καὶ ταῖς διαίταις εὐσταλεῖς [ὄντες] μετρίοις ἐχρῶντο [καὶ τεταγμένοις ἀναλώμασι, τὸ] κολακεύειν κτλ. Les mots placés entre crochets sont empruntés à Plutarque, Syll. XII, où on lit, ταῖς δαπάναις εὐτελεῖς, au lieu de ταῖς διαίταις εὐσταλεῖς. L'expression de Dion doit être maintenue. « Εὐσταλής..... frugi homo est, qui administrandæ rei œconomicæ et familiaris peritus est, ὁ ἀκριβῶς διαιτώμενος, « ἀκριβὴς τὰ περὶ τὴν δίαιταν, κτλ. », dit Budée dans le Th. gr. l. t. III, p. 2451, éd. Didot, où est cité le passage de Dion qui nous occupe, et celui de Plutarque, Cat. Maj. XVIII, dans lequel se trouve la même expression : Προσετίμησε τρεῖς χαλκοῦς τοῖς χιλίοις, ὅπως βαρυνόμενοι ταῖς ἐπιβολαῖς καὶ τοὺς εὐσταλεῖς καὶ λιτοὺς ὁρῶντες ἀπὸ τῶν ἴσων ἐλάττονα τελοῦντας κτλ.

Dans Plutarque, Syll. l. l., les mots ταῖς δαπάναις εὐτελεῖς ὄντες et μετρίοις ἐχρῶντο καὶ τεταγμένοις ἀναλώμασι forment une tautologie qui fait soupçonner ici quelque altération. Εὐτελεῖς a probablement pris la place d'εὐσταλεῖς : la confusion entre ευ et ες s'explique par la ressemblance de l'écriture pour ces deux syllabes dans les manuscrits, et par la ressemblance de la prononciation, cf. Bast, Comment. palæogr. p. 765. Quant à la permutation entre ε et α, elle est très-ordinaire; cf. Schæfer, not. sur Denys d'Hal., π. συνθ., p. 209, et Meletem. p. 86-87. D'ailleurs, avec εὐτελεῖς, δαπάναις serait inutile. « Ἔτι δὲ, dit Eustathe, Comment. sur l'Iliade, p. 892. 40, τέλος καὶ ἡ δαπάνη, ὅθεν καὶ τελεῖν τὸ δαπανᾶν, καὶ πολυτελεῖς οἱ πολλὰ ἀναλίσκοντες, καὶ εὐτελεῖς οἱ ὀλίγα. Le même, l. l. 881. 27 : « Εὐτελὴς ὁ φειδωλός, φασι, καὶ ὀλιγοδάπανος, ὡς πολυτελὴς ὁ πολυδάπανος. Le Th. gr. ling. l. l., p. 2471, éd. Didot, donne des exemples d'εὐτελής seul, dans le sens de φειδωλός — ὀλιγοδάπανος. Je croirais donc volontiers que les mots ταῖς δαπάναις εὐτελεῖς ὄντες sont une glose de μετρίοις ἐχρῶντο καὶ τεταγμένοις ἀναλώμασι, et que ces mots ont été introduits dans le texte. Des interpolations de ce genre sont fréquentes. Platon, Philèbe, l. l., p. 573, § 127 : Φρονεῖν δ' ἦν [δυνατὸν], ὡς οἷόν τε καθαρώτατα. « Vocem, dit Stallbaum, δυνατὸν utpote vitii suspectam, uncis inclusi præeunte Bekkero.

penses dans les limites raisonnables qui leur étaient assignées, ils regardaient comme plus honteux de flatter les soldats que de craindre les ennemis. Du temps de Sylla, au contraire, les généraux, redevables du premier rang à la violence et non au mérite, forcés de tourner leurs armes les uns contre les autres plutôt que contre les ennemis, étaient réduits à courir après la popularité. Chargés du commandement, ils prodiguaient l'or pour procurer des jouissances à une armée

videtur ea e glossemate sequentium verborum enata esse. » De même plus loin, p. 620-621, § 159 : Πέμπτας τοίνυν, ἃς ἡδονὰς ἔθεμεν ἀλύπους ὁρισάμενοι, καθαρὰς ἐπονομάσαντες τῆς ψυχῆς αὐτῆς ἐπιστήμας, ταῖς δὲ αἰσθήσεσιν ἑπομένας. « Denuo, dit Stallbaum, in glossematis suspicionem deveni... Locus olim ita scriptus fuisse videtur : Πέμπτας τοίνυν, ἃς ἡδονὰς ἔθεμεν, ἀλύπους ὁρισάμενοι, καθαρὰς ἐπονομάσαντες, ταῖς δὲ αἰσθήσεσιν ἑπομένας. Ista autem τῆς ψυχῆς αὐτῆς ἐπιστήμας a sciolo quodam adjecta sunt, etc. »

H. de Valois, Reimarus et Sturz ajoutent, ainsi qu'on l'a vu plus haut, ὄντες, d'après Plutarque. Je n'admets point ce mot dans mon texte ; parce qu'il n'est pas nécessaire et ne se trouve pas dans le manuscrit de Tours ; mais, comme mes devanciers, je place entre crochets μετρίοις ἐχῶντο καὶ τεταγμένοις ἀναλώμασι τὸ, pour rendre la phrase plus pleine et le sens plus net. Peut-être, avec le même Ms., pourrait-on se contenter de μετρίοις ἐχρῶντο, comme dans un passage de Démosthène, où μέτρια est employé seul, Disc. contre Apaturius, IV : Οὔπω δ' ἔτη ἐστὶν ἑπτὰ ἀφ' οὗ τὸ μὲν πλεῖν καταλέλυκα· μέτρια δ' ἔχων, τούτοις πειρῶμαι ναυτικοῖς ἐργάζεσθαι.

2. « Male apud Plutarchum καὶ ἀρετή, dit Reimarus. » Ici encore, les deux éditions de Plutarque que j'ai sous la main, cf. p. 145, not. 5, donnent οὐκ ἀρετῇ. Amyot a traduit d'après cette leçon : *non pas par vertu*.

3. Κτόμενοι, au lieu de κτώμενοι, et un peu plus loin ὄνιον, au lieu de ὤνιον, par la confusion d'ο avec ω, dans le Ms. de Tours.

4. Le texte de Plutarque, l. l., offre des différences qui méritent d'être remarquées : Ἠναγκάζοντο δημαγωγεῖν ἐν τῷ στρατηγεῖν, εἶθ' ὧν εἰς τὰς ἡδυπαθείας τοῖς στρατευομένοις ἀνήλισκον ὠνούμενοι τοὺς πόνους αὐτῶν, ἔλαθον ὤνιον ὅλην τὴν πατρίδα ποιήσαντες ἑαυτούς τε δούλους τῶν κακίστων ἐπὶ τῷ τῶν βελτίστων ἄρχειν. Amyot traduit : « Les capitaines du temps de « Sylla..... estoyent contraincts de caresser et flatter ceulx à qui ilz de- « voyent commander, en acheptant les peines de leurs soudards par les « grandes despenses qu'ilz faisoyent à les tenir bien aises et les contenter : « en quoi faisant, ilz ne se donnèrent de garde qu'ilz rendirent leur pais

πόνους αὐτῶν. Καὶ ἔλαθον ὤνιον τὴν πατρίδα ποιήσαντες ὅλην, ἑαυτοὺς δὲ δούλους τῶν κακίστων ἐπὶ τῷ τῶν βελτιόνων ἄρχειν. Ταῦτα ἐξήλαυνε Μάριον, εἶτ' αὖθις ἐπὶ Σύλλαν κατήγαγε [1]· ταῦτα Ὀκταουΐου τοὺς περὶ Κίνναν, ταῦτα Βάκκου τοὺς περὶ Φιμβρίαν [2] αὐτόχειρας ἐποίησεν.

Ὧν οὐχ ἥκιστα Σύλλας ἐνέδωκε τὰς ἀρχὰς [3], ἐπὶ τῷ διαφθείρειν καὶ μετακαλεῖν τοὺς ὑπ' ἄλλοις ταττομένους [4], αὐτὸς [5] καταχορηγῶν ἐς τοὺς ὑφ' αὑτῷ [6] καὶ δαπανώμενος· [ὥστε [7]] ἅμα τοὺς ἄλλους μὲν ἐς προδοσίαν, τοὺς δὲ ὑφ' αὑτῷ [ἐς ἀσωτίαν] διαφθείρων [8], χρημάτων δεῖσθαι

« serf, et se feirent eulx mesmes esclaves des plus meschans hommes du
« monde, en cherchant par tout moyen de commander à ceulx qui valoyent
« mieux que eulx. »

1. H. de Valois lit : Ταῦτα ἐξήλαυνε Μάριον, εἶτ' αὖθις τοὺς περὶ Σύλλαν κατήγαγε, qu'il rend de cette manière : *Hæc res Marium patria expulit, eadem Syllam reduxit*. Cette leçon, donnée par le manuscrit de Tours, n'est pas justifiée par l'histoire. Aussi Reimarus, tout en la maintenant, a-t-il modifié de cette manière l'interprétation de H. de Valois : *Hæc res Marium patria expulit, eadem contra Syllam reduxit*, d'après Plutarque, l. l.; Ταῦτ' ἐξήλαυνε Μάριον, εἶτ' αὖθις ἐπὶ Σύλλαν κατήγε. Wagner a adopté le même sens : *Dies war es, was den Marius aus Rom verbannte, aber auch zurückbrachte, um ihn dem Sylla entgegen stellen zu können*. M. Tafel a suivi la leçon et l'interprétation de H. de Valois : *Dies vertrieb den Marius, führte den Sylla zurück*.

D'après Plutarque, j'ai remplacé τοὺς περὶ Σύλλαν par ἐπὶ Σύλλαν. Au lieu de κατήγαγε· ταῦτα κτλ., le manuscrit de Tours et celui de Paris n° 2550 donnent κατήγαγεν· ταῦτα κτλ. Cf. ce qui a été dit sur les ν paragogiques, tom. I, p. 247, not. 4 de cette édition.

2. Φαβρίαν (sic), dans le manuscrit de Tours, où les noms propres sont souvent altérés. Cf. l'Introduction, tom. I, p. LX de cette édition.

3. Reimarus et Sturz lisent ἔδωκεν ἀρχάς. Reiske préférait ἐνέδωκε τὰς ἀρχάς. J'adopte cette leçon, tirée de Plutarque, d'après l'édition de Tauchnitz et la Collect. Didot.

Le manuscrit de Tours donne ἔδωκεν. La préposition a été omise par le copiste.

dont ils payaient cher les fatigues : ils rendaient leur patrie vénale, sans y prendre garde, et se faisaient eux-mêmes les esclaves des hommes les plus pervers, pour soumettre à leur autorité ceux qui valaient mieux qu'eux. Voilà ce qui chassa Marius de Rome et ce qui l'y ramena contre Sylla ; voilà ce qui fit de Cinna le meurtrier d'Octavius, et de Fimbria le meurtrier de Flaccus.

Sylla fut la principale cause de ces maux ; lui qui, pour séduire les soldats enrôlés sous d'autres chefs et les attirer sous ses drapeaux, répandit l'or à pleines mains dans son armée. Aussi eut-il besoin de sommes

---

4. Τοὺς ὑπ' ἄλλους ταττομένοις, dans le manuscrit de Tours, par la confusion des désinences ους et οις. Cf. un autre exemple de cette confusion, p. 154-155, not. 5 de ce volume.

5. Dans le même Ms., les mots αὐτῷ καταχορηγῶν ne présentent aucun sens ; H. de Valois a donc eu raison de lire αὐτὸς καταχορηγῶν. On peut même se contenter de καταχορηγῶν, comme dans Plutarque, l. l.

6. D'après le même manuscrit, ici et un peu plus loin, au lieu de ὑπ' αὐτῷ qui se trouve deux fois dans Plutarque, l. l. Ὑφ' αὐτῷ dans H. de Valois est une faute d'impression.

7. Comme H. de Valois, Reimarus et Sturz, j'insère ὥστε entre crochets, d'après Plutarque, l. l. Cette conjonction est indispensable pour l'enchaînement des idées.

8. H. de Valois a ajouté ἐς ἀσωτίαν, entre crochets, avant διαφθείρων, d'après Plutarque l. l. : Τοὺς ἄλλους μὲν ἐς προδοσίαν, τοὺς δὲ ὑφ' αὐτῷ [ἐς ἀσωτίαν] διαφθείρων. Avec Reimarus et Sturz, je reproduis cette leçon. La locution ἐς προδοσίαν — ἐς ἀσωτίαν διαφθείρων ne me semble pourtant pas complétement satisfaisante. H. de Valois a rendu la pensée, plutôt que la valeur exacte de διαφθείρων, en traduisant : *quum et alienos ad proditionem et suos ad luxuriam instrueret*.

Le manuscrit de Paris n° 2550 porte : Τοὺς ἄλλους μὲν εἰς προδοσίαν, τοὺς δὲ ὑφ' αὑτῷ παρασκευάζων. En substituant, d'après ce manuscrit, παρασκευάζων à διαφθείρων, la leçon τοὺς ἄλλους μὲν εἰς προδοσίαν, τοὺς δὲ ὑφ' αὑτῷ εἰς ἀσωτίαν παρασκευάζων, serait préférable à la leçon vulgaire : j'ose la recommander aux futurs éditeurs de Plutarque.

D'un autre côté, on lit dans le manuscrit de Tours : Τοὺς ἄλλους μὲν εἰς

150 ΔΙΩΝΟΣ ΤΟΥ ΚΑΣΣΙΟΥ ΛΕΙΨΑΝΑ. ΒΙΒΛ. Α–ΛϚ.

πολλῶν, καὶ μάλιστα [1] ἐς τὴν πολιορκίαν τοῦ Πειραιέως.

CCCII. *Ὅτι [2] ὁ [3] Ἀριστίων, ὁ τὰς Ἀθήνας φρουρῶν [4], ἄνθρωπος ἦν ἐξ ἀσελγείας ὁμοῦ καὶ ὠμότητος ἔχων συγκειμένην τὴν ψυχὴν, καὶ τὰ χείριστα τῶν Μιθριδατικῶν συνερρυηκότα νοσημάτων καὶ παθῶν ἐς ἑαυτὸν [5] ἀνειληφώς, καὶ τῇ [6] πόλει, μυρίους μὲν πολέμους, πολλὰς δὲ τυραννίδας καὶ στάσεις διαπεφευγυίᾳ [7] πρότερον, ὥσπερ νόσημα θανατηφόρον ἐν τοῖς ἐσχάτοις καιροῖς ἐπιγενόμενος [8]. Ὃς χιλίων δραχμῶν ὠνίου τοῦ μεδίμνου τῶν πυρῶν ὄντος

προδοσίαν, τοὺς δὲ ὑφ' αὑτῷ διαφθείρων καὶ παρασκευάζων. Cette variante m'a paru mettre sur la voie de la véritable leçon. Je me contenterais donc de transporter παρασκευάζων après ἐς προδοσίαν, et je lirais volontiers : Τοὺς ἄλλους μὲν ἐς προδοσίαν παρασκευάζων, τοὺς δὲ ὑφ' αὑτῷ διαφθείρων κτλ. De cette manière, la grécité deviendrait irréprochable, et l'addition de ἐς ἀσωτίαν ne serait plus nécessaire.

1. Καὶ μάλιστα καὶ ἐς τὴν πολιορκίαν τοῦ Πειραιέως, dans le manuscrit de Tours, leçon reproduite par H. de Valois et par Reimarus. Reiske et Sturz, après lui, ont supprimé le second καί, qui n'est pas dans Plutarque, Syll., t. I. Cette conjonction a pu être ajoutée par les copistes, cf. p. 104, n° 1, et p. 121, n° 5, de ce volume.

2. (Exc. Peir. CXXIV. R. p. 50-51.) Je marque ce fragment d'un astérisque d'après la note 1 de la p. 128.

3. Cet article est omis dans le manuscrit de Paris n° 2550.

4. Appien, Mithrid. XXVIII : Ἀρχέλαος.... τά τε χρήματα αὐτοῖς (s.-ent. τοῖς Ἀθηναίοις) τὰ ἱερὰ ἔπεμπεν ἐκ Δήλου, δι' Ἀριστίωνος, ἀνδρὸς Ἀθηναίου, συμπέμψας φυλακὴν τῶν χρημάτων ἐς δισχιλίους ἄνδρας. Οἷς ὁ Ἀριστίων συγχρώμενος ἐτυράννησε τῆς πατρίδος, καὶ τῶν Ἀθηναίων τοὺς μὲν εὐθὺς ἔκτεινε Ῥωματίζοντας, τοὺς δ' ἀνέπεμψεν ἐς Μιθριδάτην.

5. Εἰς ἑαυτόν, dans Plutarque, l. l.

6. Cet article manque dans le manuscrit de Tours, dans H. de Valois, dans Reimarus et dans Sturz. Je l'ajoute d'après Plutarque, l. l. Sur l'omission de l'article par les copistes, cf. p. 124, n° 4 de ce volume. Ainsi, l'article se trouve dans Thucydide, I, 1 : Τεκμαιρόμενος ὅτι ἀκμάζοντές τε ἦσαν ἐς αὐτὸν ἀμφοτέροις παρασκευῇ τῇ πάσῃ ; mais le manuscrit de la biblio-

considérables pour entraîner à la trahison les soldats des autres et pour corrompre les siens ; mais surtout pour assiéger le Pirée.

CCCII. Aristion, chargé de la défense d'Athènes, était un composé de corruption et de cruauté : tous les vices et toutes les mauvaises qualités de Mithridate s'étaient réunis et confondus dans son âme. Dans cette crise suprême, il fut comme un fléau mortel pour une ville qui avait auparavant échappé à mille guerres, à mille tyrannies, à mille séditions. Le médimne de blé s'y vendait alors mille drachmes, les assiégés avaient pour toute

---

thèque du Roi n° 1657, contenant le Jug. de Denys d'Hal. sur Thucydide, où ce passage est cité, § XX, porte παρασκευῇ πάσῃ.

7. H. de Valois avait adopté, par distraction, διαπεφευγυίῃ, leçon du manuscrit de Tours : elle a été reproduite par Reimarus et par Sturz. Le manuscrit de Paris n° 2550 donne διαπεφευγήῃ, par l'omission de l'υ et par la permutation d'η avec ι. Cette omission s'explique par l'agglomération de trois lettres qui, dans la prononciation moderne, ont le son de l'ι. C'est par une faute analogue qu'au lieu de δεδυῖαν, trois manuscrits de Platon portent δεδυῖαν, dans un passage du Phèdre, § LXXVIII, t. 1, p. 117, éd. Bekk. Lond. : Ὥστε ξυμβαίνει τότ' ἤδη τὴν τοῦ ἐραστοῦ ψυχὴν τοῖς παιδικοῖς αἰδουμένην τε καὶ δεδιυῖαν ἕπεσθαι. Cette leçon, donnée par Bekker est la seule correcte, comme le prouve un passage de ses Anecd. Gr. t. 1, p. 90 : Δεδιὼς ὄντος· τοῦ ἀρσενικοῦ, δεδιυῖα τὸ θηλυκόν· Εὔβουλος. La même faute se trouve dans le manuscrit du Vatican, Fr. XXVIII, t. 1, p. 62 de cette édition, où, à la place de la leçon de M. A. Mai : Ἐπεὶ δὲ καὶ ἐφθέγξατό ποτε, σμικρᾷ καὶ δεδυίᾳ τῇ φωνῇ ὑποτρέμων εἶπεν, il faut mettre σμικρᾷ καὶ δεδιυίᾳ τῇ φωνῇ κτλ.

8. Ἐπιγενόμενον, dans le manuscrit de Paris n° 2550 par la confusion des désinences ος et ον. De même dans Denys d'Hal. Jug. sur Thucyd. § XXI : Ἔπειτα δηλῶσαι..... τίνα μέρη πρῶτος (le Ms. 1745 de la bibliothèque du Roi donne πρῶτον) ἁπάντων ἐκαίνωσεν, εἴτ' ἐπὶ κρεῖττον, εἴτ' ἐπὶ τὸ χεῖρον, μηδὲν ἀποκρυψάμενον (ἀποκρυψάμενος, dans les Ms. 1657 et 1745 de la même bibliothèque).

Au lieu de τῇ πόλει — ἐπιγενόμενος, une édition de Plutarque, citée par Reimarus, porte : Τὴν πόλιν — εἰς τοὺς ἐσχάτους καιροὺς ἐπιτιθέμενος.

ἐν ἄστει τότε, τῶν δὲ¹ ἀνθρώπων σιτουμένων τὸ περὶ τὴν ἀκρόπολιν [φυόμενον²] παρθένιον³, ὑποδήματά τε⁴ καὶ ληκύθους ἐφθὰς⁵ ἐσθιόντων, αὐτὸς ἐνδελεχῶς πότοις μεθ᾽ ἡμερινοῖς καὶ κώμοις χρώμενος, καὶ γεφυρίζων καὶ γελωτοποιῶν⁶ πρὸς τοὺς πολεμίους, τὸν μὲν ἱερὸν τῆς Θεοῦ⁷ λύχνον ἀπεσβηκότα διὰ σπάνιν⁸ ἐλαίου περιεῖδε, τῇ δὲ ἱεροφάντιδι πυρῶν ἡμίεκτον προσαιτούσῃ, πεπέρεως ἔπεμψε· τοὺς δὲ βουλευτὰς καὶ ἱερεῖς ἱκετεύοντας οἰκτεῖραι τὴν πόλιν, καὶ διαλύσασθαι πρὸς τὸν Σύλλαν⁹, τοξεύμασι βάλλων διεσκέδασεν.

---

1. Τῶν ἀνθρώπων, dans Plutarque, l. l.
2. Ce participe manque dans le manuscrit de Tours et dans celui de Paris n° 2550. Comme H. de Valois et Reimarus, je l'emprunte à Plutarque, l. l.; mais je le place entre crochets.
3. Pline, H. N. XXII, 20 : Perdicium, sive Parthenium (nam sideritis alia est) a nostris herba urceolaris vocatur, ab aliis astericum, folio similis ocimo, nigrior tantum, nascens in tegulis, parietinisque. Medetur cum mica salis trita iisdem omnibus quibus lamium et eodem modo; item vomicæ, calfacto succo pota.......... Pline raconte ensuite le même fait que Plutarque, Péricl. XIII : Verna, carus Pericli Atheniensium principi, quum is in arce templum ædificaret, repsissetque super altitudinem fastigii et inde cecidisset, hac herba dicitur sanatus monstrata Pericli somnio a Minerva. Quare Parthenium vocari cœpta est, assignaturque ei deæ. Hic est vernula cujus effigies ex ære fusa est, et nobilis ille splanchnoptes. Cf. Dioscorid. III, 155.
4. Ὑποδήματα δέ, dans Plutarque, l. l. Sur la permutation de δέ avec τέ, cf. M. Boissonade, Anecd. Gr. t. I, p. 178, note 1, et M. Hase, Lydus, De Ostent., 14, B; 170, A.
5. Je suis l'interprétation de Wagner *ledernen Oelflaschen*, qui rend exactement ληκύθους. Elle est justifiée par Festus, au mot *Rubidus*: Scorteæ ampullæ vetustate rugosæ et coloris ejusdem, Rubidæ dici solent. M. Tafel traduit *Gesottene Oehlschläuche assen*, interprétation qui n'est applicable qu'à des huiliers ou à des vases en cuir. La version latine de Plutarque, *utres elixos*, confirme mon sens; puisque

nourriture le parthénium qui croissait autour de la citadelle, leurs chaussures ou quelques huiliers en cuir, ramollis dans l'eau bouillante; et Aristion passait les journées entières à boire et à manger, lançant des sarcasmes et des plaisanteries contre les ennemis. Il vit avec indifférence la lampe consacrée à Minerve s'éteindre faute d'huile, et envoya un demi-setier de poivre à la prêtresse qui lui demandait un demi-setier de blé. Enfin il dispersa à coups de flèches les sénateurs et les prêtres, qui le suppliaient d'avoir pitié d'Athènes et de traiter avec Sylla.

les outres étaient en cuir; mais *utres* dit beaucoup plus que ληκύθους. Amyot a paraphrasé plutôt que traduit : *Et faisoyent bouillir de vieux souliers et de vieilles burettes pour en tirer quelque saveur qu'ils mangeaient.*

Ἔφθασον, au lieu de ἐφθὰς, est un barbarisme dans le manuscrit de Tours et dans celui de Paris n° 2550.

6. H. de Valois et Reimarus lisent : Πυῤῥιχίζων καὶ γελωτοποιῶν, comme dans le manuscrit de Tours, dans celui de Paris n° 2550 et dans Plutarque, l. l. Cependant Sturz a substitué γεφυρίζων à πυῤῥιχίζων, d'après Ruhnkenius, not. in Plutarch. de Ser. Num. Vind. p. 71, éd. Wyttenb. : j'adopte la même leçon que Sturz. Γεφυρίζων se trouve dans les premières lignes du ch. XIII de Plutarque, Syll. : Εἴτε θυμῷ τὰ σκώμματα φέροντα καὶ τὰς βωμολοχίας, αἷς αὐτόν τε καὶ τὴν Μετέλλαν ἀπὸ τῶν τειχῶν ἑκάστοτε γεφυρίζων καὶ κατορχούμενος ἐξηρέθιζεν ὁ τύραννος Ἀριστίων κτλ. Il est probable que, préoccupé de ce passage où κατορχεῖσθαι n'a pas son sens propre, mais bien le sens figuré de *insultare*, comme dans Hérodote, III, 151, Οἱ Βαβυλώνιοι κατωρχέοντο καὶ κατέσκωπτον Δαρεῖον, le copiste aura cru qu'il s'agissait d'une danse, et il aura écrit πυῤῥιχίζων.

7. Τοῦ Θεοῦ, variante fautive dans le manuscrit de Paris n° 2550.

8. Σπάνην, dans le même manuscrit et dans celui de Tours, par la confusion de ι avec η.

9. Πρὸς Σύλλαν, dans le manuscrit de Paris n° 2550.

CCCIII. *Ὅτι¹ τοὺς Ἀθηναίους τὰ Μιθριδάτου φρονήσαντας Σύλλας πολιορκίᾳ παραστησάμενος πᾶσαν ἐδέησε μικροῦ πανωλεθρίᾳ διαφθεῖραι τὴν πόλιν ² διὰ τὰς εἰς αὐτὸν ἐν τῷ τῆς πολιορκίας χρόνῳ γιγνομένας ὑπ' αὐτῶν ὕβρεις. εἰ μή τινες Ἀθηναίων φυγάδες ³ καὶ οἱ συστρατευόμενοι Ῥωμαίων⁴ ἔπεισαν αὐτὸν στῆσαι τὸν φόνον· καὶ ὃς ἐγκώμιόν τι τῶν πάλαι Ἀθηναίων διεξελθών, [τούτους] ἐκείνοις ἔφη χαρίζεσθαι· πολλοὺς μὲν ὀλίγοις, ζῶντας δὲ τεθνηκόσιν⁵.

CCCIV. Ὅτι⁶ Ὁρτήσιος στρατηγικὸς ἀνὴρ καὶ πολεμικὰ⁷ ἠσκημένος.

CCCV. *Ὅτι⁸ Ῥωμαῖοι κατὰ τὴν πρὸς τὴν Μιθριδάτου στρατιὰν μάχην εἰς φυγὴν ἐτράπησαν⁹· ὁ δὲ Σύλλας

---

1. (Exc. Vat. A. M. p. 549 éd. Rom.)
Je marque ce fragment d'un astérisque, d'après ce qui a été dit, n. 1, p. 198.

2. Plutarque, 1. 1 XIV : Αὐτὸς δὲ Σύλλας τὸ μεταξὺ τῆς Πειραϊκῆς πύλης καὶ τῆς ἱερᾶς κατασκάψας καὶ συνομαλύνας, περὶ μέσας νυκτὰς ἐσήλαυνε φρικώδης ὑπό τε σάλπιγξι καὶ κέρασι πολλοῖς, ἀλαλαγμῷ καὶ κραυγῇ τῆς δυνάμεως ἐφ' ἁρπαγὴν καὶ φόνον ἀφειμένης ὑπ' αὐτοῦ, καὶ φερομένης διὰ στενωπῶν ἐσπασμένοις τοῖς ξίφεσιν· ὥστε ἀριθμὸν μηδένα γενέσθαι τῶν ἀποσφαγέντων, ἀλλὰ τῷ τόπῳ τοῦ ῥυέντος αἵματος ἔτι νῦν μετρεῖσθαι τὸ πλῆθος.

3. Plutarque, l.1., fait connaître leurs noms : Τῶν οὕτως ἀποθανόντων, τοσούτων γενομένων, οὐκ ἐλάσσονες ἦσαν οἱ σφᾶς αὐτοὺς διαφθείραντες.... Τοῦτο γὰρ ἀπογνῶναι καὶ φοβηθῆναι τὴν σωτηρίαν ἐποίησε τοὺς βελτίστους, οὐδὲν ἐν τῷ Σύλλα φιλάνθρωπον οὐδὲ μέτριον ἐλπίσαντας. Ἀλλὰ γὰρ τοῦτο μὲν Μειδίου καὶ Καλλιφῶντος, τῶν φυγάδων, δεομένων καὶ προκυλινδουμένων αὐτοῦ κτλ.

4. La leçon καὶ οἱ συστρατευόμενοι Ῥωμαίων (lis. τῶν Ῥωμαίων), donnée par M. A. Mai, d'après le Ms. du Vatican, n'est pas satisfaisante pour le sens : *tum etiam qui in Syllæ exercitu versabantur Romani*. Je l'ai pourtant respectée; mais j'ai traduit en me rapprochant de Plutarque, l. l. Τοῦτο δὲ τῶν συγκλητικῶν, ὅσοι συνεστράτευον, ἐξαιτουμένων τὴν πόλιν κτλ.

5. M. A. Mai lit, d'après son Ms. : Ἐκείνοις ἔφη χαρίζεσθαι, πολλοῖς μὲν ὀλίγους, ζῶντας δὲ τεθνηκόσιν. D'abord, l'enchaînement des idées exige πολλοὺς μὲν ὀλίγοις κτλ., comme dans Plutarque, l. l. Les désinences οις et ους

CCCIII. Sylla avait assiégé et subjugué les Athéniens, qui s'étaient déclarés pour Mithridate : peu s'en fallut qu'il ne détruisît leur ville de fond en comble, pour se venger des affronts qu'il avait reçus pendant le siége ; mais quelques bannis d'Athènes et les sénateurs romains qui étaient dans son camp, le déterminèrent à arrêter le carnage. Après quelques mots d'éloge en l'honneur des Athéniens d'autrefois, il dit qu'il faisait grâce à ceux de son temps en faveur de leurs pères, au grand nombre en faveur du petit et aux vivants en faveur des morts.

CCCIV. Hortensius était un général éminent et très-versé dans l'art de la guerre.

CCCV. Dans le combat contre l'armée de Mithridate, les Romains furent mis en fuite. Sylla des-

ont été confondues par le copiste : j'ai déjà parlé de cette permutation, p. 149, not. 4. En voici un autre exemple. Denys d'Hal , Jug. sur Thuc. § VI, dit : Ἕνα δὲ προχειρισάμενος πόλεμον, ὃν ἐπόλεμησαν Ἀθηναῖοι καὶ Πελοποννήσιοι πρὸς ἀλλήλους. Le Ms. de la bibliothèque du roi n° 1745, porte πρὸς ἀλλήλοις.

Mais revenons à ἐκείνοις ἔφη χαρίζεσθαι. M. A. Mai traduit : *se priscis illis hos largiri,* multis paucos, viventes mortuis. Ἐκείνοις ne se trouve pas dans Plutarque, l. l. : ἔφη χαρίζεσθαι πολλοὺς μὲν ὀλίγοις, κτλ. Cependant le traducteur latin dit *multos se paucis istis* atque *vivos mortuos condonare dixit :* il a sous-entendu ἐκείνοις. L'antithèse est plus vive dans le texte de l'illustre Cardinal. Pour rendre le sens plus net, j'insère, entre crochets , τούτους, *les Athéniens contemporains de Sylla*, en opposition avec ἐκείνοις, *les Athéniens d'autrefois;* comme πολλοὺς est opposé à ὀλίγοις et ζῶντας à τεθνηκόσιν.

6. (Exc. Peir. CXXV. R. p. 51.)

7. Πολεμικός, dans le manuscrit de Tours et dans celui de Paris n° 2550, par la confusion d'α avec ο;. Cf. Schæfer, Meletem. Crit. p. 52, 112; ses notes sur Grégoire de Corinthe, p. 413, 458, 498, 592, 584, et Bast, Comment. Palæogr. p. 773, 852.

8. (Exc. Vat. A. M. p. 549, éd. Rom.) Je marque ce fragment d'un astérisque. Cf. p. 128, n. 1.

9. Il m'a paru indispensable de compléter les faits par quelques détails

156 ΔΙΩΝΟΣ ΤΟΥ ΚΑΣΣΙΟΥ ΛΕΙΨΑΝΑ. ΒΙΒΛ. Ά-ΛϚ.

ἀποβὰς τοῦ ἵππου καὶ σημεῖον στρατιωτικὸν ἁρπάσας ὠθεῖτο διὰ τῶν φευγόντων εἰς τοὺς πολεμίους βοῶν [1], ὡς ἐγὼ μὲν ἄπειμι ζωῆς ἐπονειδίστου καὶ φυγῆς εὐκλεῆ θάνατον ἀλλαξόμενος [2]· ὑμεῖς δέ, ὦ συστρατιῶται, ἢν ἔρηταί τις, ποῦ τὸν Σύλλαν ἀπολελοίπατε, φράζειν μεμνημένοι [3], ὡς ἐν Ὀρχομένῳ [4]· τούτου ῥηθέντος ἀνέστρεψαν μετ᾽ αἰδοῦς καὶ τῆς ἐς τὸν στρατηγὸν εὐλαβείας, καὶ τῶν πολεμίων ἐκράτησαν [5].

CCCVI. Ὅτι [6] ὁ ὑποστράτηγος Φλάκκου [7] Φιμβρίας [8]

---

tirés de Plutarque, l. l., XXI : Ἐπεὶ δ᾽ ἐγγὺς κατεστρατοπέδευσαν, ὁ μὲν Ἀρχέλαος ἡσύχαζεν, ὁ δὲ Σύλλας ὤρυττε τάφρους ἑκατέρωθεν, ὅπως, εἰ δύναιτο, τῶν στερεῶν καὶ ἱππασίμων ἀποτεμόμενος τοὺς πολεμίους ὤσειεν εἰς τὰ Ἕλη. Τῶν δὲ οὐκ ἀνασχομένων, ἀλλ᾽ ὡς ἀφείθησαν ὑπὸ τῶν στρατηγῶν, ἐντόνως καὶ ῥύδην ἐλαυνόντων, οὐ μόνον οἱ περὶ τὰ ἔργα τοῦ Σύλλα διεσκεδάσθησαν, ἀλλὰ καὶ τοῦ παρατεταγμένου συνεχύθη τὸ πλεῖστον φυγόντος.

1. Plutarque, l. l. : Ἔνθα δὴ Σύλλας αὐτὸς ἀποπηδήσας τοῦ ἵππου καὶ σημεῖον ἀναρπάσας ὠθεῖτο διὰ τῶν φευγόντων εἰς τοὺς πολεμίους βοῶν κτλ.

2. J'adopte la correction proposée par l'Éditeur de Leipzig : elle est exigée par le sens. M. A. Mai lit ἀλλαξάμενος, d'après le manuscrit du Vatican. Les copistes confondent souvent le futur et l'aoriste. Dans Platon, Rep. § 1, t. VI, p. 253, éd. Bekker, Lond. : Κατέβην χθὲς εἰς Πειραιᾶ μετὰ Γλαύκωνος τοῦ Ἀρίστωνος, προσευξόμενός τε τῇ Θεῷ κτλ. : un manuscrit porte προσευξάμενος.

3. M. A. Mai lit aussi μεμνημένοι, comme dans Plutarque ; mais en faisant observer que les manuscrits semblent porter μεμνημένους. La leçon μεμνημένοι doit être maintenue.

4. Ἐν Ὀρχομένῳ dans le même éditeur. J'ajoute ὡς, avec l'ellipse de ἀπολελοίπατε, ou bien de προδεδώκατε, comme dans Plutarque, l. l., où sont rapportées les paroles de Sylla : Ἐμοὶ μὲν ἐνταῦθά που καλὸν, ὦ Ῥωμαῖοι, τελευτᾶν· ὑμεῖς δὲ τοῖς πυνθανομένοις, Ποῦ προδεδώκατε τὸν αὐτοκράτορα, μεμνημένοι φράζειν, ὡς ἐν Ὀρχομένῳ.

5. Ce résumé est sec; cf. Plutarque, l. l., auquel j'emprunte les détails les plus importants : Τούτους τε δὴ τὸ ῥηθὲν ἐπέστρεψε, καὶ τῶν ἐπὶ τοῦ δεξιοῦ κέρως σπειρῶν δύο προσεβοήθησαν, ἃς ἐπαγαγὼν τρέπεται τοὺς πολεμίους. Ἀναγαγὼν δὲ μικρὸν ὀπίσω καὶ δοὺς ἄριστον αὐτοῖς, αὖθις ἀπετάφρευε τὸν χάρακα τῶν πολεμίων. Οἱ δ᾽ αὖθις ἐν τάξει μᾶλλον ἢ πρότερον

cendit de cheval, saisit un étendard et s'élança sur l'ennemi, à travers les fuyards, en s'écriant : « Je vais échanger une fuite et une vie honteuses contre un glorieux trépas. Quant à vous, mes compagnons d'armes, si quelqu'un vous demande où vous avez abandonné Sylla, souvenez-vous de répondre : à Orchomène. » A ces mots, par un sentiment de honte et par la crainte de leur général, les soldats revinrent sur leurs pas et battirent l'ennemi.

CCCVI. A l'arrivée de Flaccus à Byzance, Fimbria,

προσεφέροντο ...... Οἱ δὲ τοξόται, τῶν Ῥωμαίων ἐκβιαζομένων, οὐκ ἔχοντες ἀναστροφὴν, ἀθρόοις τοῖς ὀϊστοῖς ἐκ χειρὸς, ὥσπερ ξίφεσι, παίοντες ἀνέκοπτον αὐτούς· τέλος δὲ, κατακλεισθέντες εἰς τὸν χάρακα, μοχθηρῶς ὑπὸ τραυμάτων καὶ φόνου διενυκτέρευσαν. Ἡμέρας δὲ πάλιν τῷ χάρακι τοὺς στρατιώτας προσαγαγὼν ὁ Σύλλας ἀπετάφρευεν. Ἐξελθόντας δὲ τοὺς πολλοὺς ὡς ἐπὶ μάχην, συμβαλὼν τρέπεται, καὶ, πρὸς τὸν ἐκείνων φόβον οὐδενὸς μένοντος, αἱρεῖ κατὰ κράτος τὸ στρατόπεδον. Καὶ κατέπλησαν ἀποθνήσκοντες αἵματος τὰ ἕλη, καὶ νεκρῶν τὴν λίμνην κτλ.

6. (Exc. Peir. CXXVII. R. p. 51.)

7. De même dans l'Epitome de Tite-Live, liv. LXXXII : L. Val. Flaccus consul, collega Cinnæ, missus ut Sullæ succederet, propter avaritiam invisus exercitui suo, a C. Fimbria, *legato ipsius*, ultimæ audaciæ homine occisus est, et imperium ad Fimbriam translatum. Sext. Aur. Victor, De Vir. Illustr. LXX, éd. Arntzen, dit aussi que Fimbria était lieutenant de Flaccus. C'est donc à tort que Strabon prétend qu'il fut son questeur, XIII, p. 409, éd. Casaub. Paris 1587 : Συνεπέμφθη δὲ ὁ Φιμβρίας ὑπάτῳ Οὐαλερίῳ Φλάκκῳ ταμίας, προχειρισθέντι ἐπὶ τὸν Μιθριδάτην. Cf. le commencement du fragment suivant. Sur le caractère de Flaccus et de Fimbria, et sur le meurtre de Flaccus par Fimbria, il faut lire Appien, Mithridat., LI—LIII.

8. H. de Valois, Reimarus et Sturz donnent pour ce passage et pour les extraits suivants Φιβρίας, écriture confirmée ici par le manuscrit de Tours et par celui de Paris n° 2550 ; mais ces mêmes manuscrits, comme on le verra, Fr. CCCIX, p. 162, not. 5, confirment l'écriture Φιμβρίας, suivie par Plutarque, Sylla, XII ; par Diodore de Sic., XXXVIII, 8 et 9 ; par Appien, l. l. ; par Strabon, l. l., et par les auteurs latins. Outre ceux que j'ai cités, not. 7, cf. Velleius Paterculus, 11, 24.

ἐς Βυζάντιον ἐλθόντι αὐτῷ ἐστασίασεν. Ἦν γὰρ ἐς πάντα δὴ τολμηρότατος καὶ προπετέστατος, δόξης τε ὁποιασοῦν ἐραστής, καὶ παντὸς τοῦ ἀμείνονος [1] ὀλίγωρος. Ἐξ ὧν που καὶ τότε, ἀφ᾽ οὗπερ ἀπῆρεν ἀπὸ τῆς Ῥώμης, ἀρετήν τε ἐς χρήματα καὶ σπουδὴν περὶ τοὺς στρατιώτας προσποιησάμενος, ἀνηρτήσατό τε αὐτούς, καὶ τῷ Φλάκκῳ συνέκρουσεν. Ἠδυνήθη δὲ τοῦτο ποιῆσαι, ὅτι ἐκεῖνος χρημάτων τε ἄπληστος ἦν, καὶ οὐκ ἠγάπα τὰ περιγιγνόμενα [2] σφετεριζόμενος· ἀλλὰ καὶ ἐξ αὐτῆς τῆς τῶν στρατιωτῶν τροφῆς, ἔκ τε τῆς λείας, ἣν ἰδίαν ἑκάστοτε ἐνόμιζεν εἶναι, ἐχρηματίζετο [3].

CCCVII. Ὅτι [4] ἐπεὶ πρὸς τὸ Βυζάντιον ἀφίκοντο Φλάκκος καὶ Φιμβρίας, [καὶ[5]] ὁ Φλάκκος ἔξω τοῦ τείχους αὐτοὺς [6] αὐλίσασθαι κελεύσας, ἐς τὴν πόλιν ἐσῆλθε. Παραλαβὼν δὲ τοῦτο ὁ Φιμβρίας, χρήματα τε αὐτὸν εἰληφέναι κατῃτιᾶτο, καὶ διέβαλλε λέγων, ὡς ἐκεῖνος [7] μὲν ἔνδον τρυ-

---

1. Ἀμίνονος est une faute du copiste dans le manuscrit de Tours, par la confusion d'ει avec ι. Appien, l. l. LI, caractérise Fimbria en quelques mots : Ἀπειροπολέμῳ δ᾽ ὄντι τῷ Φλάκκῳ συνεξῆλθεν ἑκὼν ἀπὸ τῆς βουλῆς ἀνὴρ πιθανὸς ἐς στρατηγίαν, ὄνομα Φιμβρίας..... Στρατηγικώτερος τοῦ Φλάκκου φαινόμενος αὐτοῖς (sous-entendu τοῖς στρατιώταις) καὶ φιλανθρωπότερος.

2. Reiske aimerait mieux τὰ γιγνόμενα, dans le sens de τὰ τακτὰ καὶ προσήκοντα — *ea quæ imperatori debebantur*. A l'appui de cette conjecture il invoque de nombreux passages transcrits par Sturz, qui conserve pourtant l'ancienne leçon : « Conjectura τὰ γιγνόμενα, dit-il, « sane, nisi σφετεριζόμενος assensum retineri juberet, probanda esset. » Le même scrupule m'a déterminé à ne rien changer; j'ai adopté le même sens que M. Tafel :*Und sich nicht damit begnügte, sich die Nebenvortheile zuzueignen.*

3. Appien, l. l., est d'accord avec Dion : Μοχθηρὸν δ᾽ ὄντα τὸν Φλάκκον,

son lieutenant, excita une révolte contre lui : c'était un homme prêt à tout oser, d'une témérité excessive, avide d'acquérir de la renommée, n'importe à quel prix, et détracteur de tous ceux qui valaient mieux que lui. Aussi, affectant alors, comme depuis son départ de Rome, un grand désintéressement et beaucoup de dévouement pour les soldats, il se concilia leur affection et les indisposa contre Flaccus. Il y parvint sans peine; parce que Flaccus, dont la cupidité était insatiable, peu content de s'approprier divers avantages accidentels, cherchait à gagner même sur la nourriture des soldats et détournait à son profit le butin, qu'il regardait toujours comme son bien.

CCCVII. Flaccus, arrivé auprès de Byzance avec Fimbria, lui ordonna, ainsi qu'aux soldats, de camper hors des murs et entra seul dans la ville. Fimbria saisit cette occasion pour l'accuser d'avoir reçu de l'argent des Byzantins. Il le décriait et répétait souvent que Flaccus mènerait dans Byzance une vie de délices,

καὶ σκαιὸν ἐν ταῖς κολάσεσι, καὶ φιλοκερδῆ, ὁ στρατὸς ἅπας ἀπεστρέφετο. Καὶ μέρος αὐτῶν τι, προπεμφθὲν ἐς Θεσσαλίαν, ἐς τὸν Σύλλαν μετεστρατεύσαντο, κτλ.

4. (Exc. Peir. CXXVIII. R. p. 51-52.)
5. Cette conjonction gêne la phrase : je l'ai placée entre crochets.
6. C'est-à-dire τὸν Φιμβρίαν καὶ τοὺς στρατιώτας.
7. La leçon ὡς ἐκεῖνος μὲν ἐνδὸν τρυφῶν, σφεῖς δὲ ὑπὸ σκηναῖς ἐν χειμῶνι ταλαιπωροῖντο du Ms. de Tours a été reproduite par H. de Valois, par Reimarus et par Sturz : je l'ai conservée aussi. Pour la rendre tout à fait claire, il faut sous-entendre εἴη avant τρυφῶν, qui laisse le sens suspendu. J'aimerais même mieux remplacer ce participe par l'optatif attique τρυφῴη, exigé par la syntaxe et par l'enchaînement des idées : l'η et le ν ont été souvent confondus par les copistes; surtout à la fin des mots. Cf. Bast, Comment. Palæogr. p. 715, 726.

φῶν, σφεῖς δὲ ὑπὸ σκηναῖς ἐν χειμῶνι ταλαιπωροῖντο. Οἱ δὲ στρατιῶται ἔς τε τὸ ἄστυ θυμῷ ἔπεσον [1], καί τινας τῶν ἐμπεσόντων [2] σφίσιν ἀποκτείναντες ἐς τὰς οἰκίας ἐσκεδάσθησαν.

CCCVIII. Ὅτι [3] διαφορᾶς τινος τῷ Φιμβρίᾳ πρὸς τὸν ταμίαν γενομένης, ἠπείλησεν αὐτῷ ὁ Φλάκκος ἄκοντα ἐς Ῥώμην ἀποπέμψειν [4]· λοιδορησάμενόν τέ τι διὰ τοῦτο αὐτῷ τὴν ἡγεμονίαν ἀφείλετο [5]. Ὁ δὲ Φιμβρίας ἐς τὴν ἀποπορείαν δῆθεν [6] ἐπαχθέστατα στειλάμενος, πρὸς τοὺς στρατιώτας τοὺς ἐν Βυζαντίῳ ἀφίκετο, καὶ ὡς ἐπὶ τῇ ἀφόδῳ αὐτοὺς ἠσπάζετο, γράμματά τε ᾔτει, καὶ ἑαυτὸν ὡς καὶ ἀνάξια πεπονθὼς ὠδύρετο· μεμνῆσθαί τε σφίσιν ὧν ὑπουργήκει [7], καὶ φυλακὴν σφῶν ποιεῖσθαι, αἰνιττόμενος ἐς τὸν Φλάκκον ὡς καὶ ἐπιβουλεύσοντα [8] αὐτοῖς, παρῄνει.

---

1. Reiske propose : Ἐνέπεσον, καί τοί τινας τῶν ἀντιστάντων. Sturz désapprouve avec raison καί τοι, mais il adopte ἐνέπεσον qui me paraît fort probable : le copiste a bien pu omettre la préposition. Cependant j'ai maintenu l'ancienne leçon : elle est confirmée par les manuscrits et suffisamment correcte.

2. Reiske, comme on vient de le voir, voulait remplacer τῶν ἐμπεσόντων par τῶν ἀντιστάντων. Ce changement n'est pas nécessaire ; l'ancienne leçon donne un très-bon sens : seulement ἐμπίπτειν ne signifie pas ici *obviam fieri*, ainsi que l'ont cru H. de Valois et Reimarus ; mais *irruere, invadere*, comme προσβάλλω et ἐπέρχομαι, acception donnée par Budée et justifiée par Xénophon, Hipparch. VIII, 25 : Εἰ δὲ καὶ λαθεῖν δύναιτο ἀπὸ τῆς τάξεως ἑκάστης καταλιπὼν [ἢ] τέτταρας ἢ πέντε τῶν κρατίστων ἵππων τε καὶ ἀνδρῶν, πολὺ ἂν προέχοιεν εἰς τὸ ἐπαναστρεφομένοις τοῖς πολεμίοις ἐμπίπτειν. Cf. Th. gr. ling., t. III, p. 881-882, éd. Didot.

3. (Exc. Peir. CXXIX. R. p. 52.)

4. Appien, Mithr., LII, dit au contraire que c'est Fimbria qui menaça Flaccus de retourner à Rome : Ὡς δ', ἔν τινι καταγωγῇ περὶ ξενίας ἔριδος αὐτῷ καὶ τῷ ταμίᾳ γενομένης, ὁ Φλάκκος διαιτῶν οὐδὲν ἐς τιμὴν ὑπεσήμηνε

tandis que lui et les soldats resteraient sous les tentes, exposés aux rigueurs de l'hiver. Les soldats courroucés s'élancent dans la ville, tuent plusieurs habitants qui leur opposent de la résistance, et se dispersent dans les maisons.

CCCVIII. Flaccus menaça Fimbria, à la suite d'un différend que celui-ci avait eu avec le questeur, de le renvoyer à Rome malgré lui. Fimbria irrité lança quelques sarcasmes contre Flaccus, qui lui ôta le commandement. Forcé de partir, à son très-grand regret, il se rendit auprès des soldats campés autour de Byzance, comme pour faire ses adieux, leur demanda des lettres pour Rome et se plaignit d'être indignement traité. En même temps, il les engagea à se souvenir de ce qu'il avait fait pour eux et à se tenir sur leurs gardes ; donnant ainsi à entendre que Flaccus leur tendait des piéges. Quand il vit que ses paroles étaient bien accueillies, que les soldats

---

τοῦ Φιμβρίου, χαλεπήνας ὁ Φιμβρίας ἠπείλησεν εἰς Ῥώμην ἐπανελεύσεσθαι.

5. Appien, l. l. : Καὶ τοῦ Φλάκκου δόντος αὐτῷ διάδοχον ἐς ἃ τότε διώκει· φυλάξας αὐτὸν ὁ Φιμβρίας ἐς Χαλκηδόνα διαπλέοντα, πρῶτα μὲν Θέρμον τὰς ῥάβδους ἀφείλετο, τὸν ἀντιστράτηγον ὑπὸ τοῦ Φλάκκου καταλελειμμένον, ὡς οἱ τοῦ στρατοῦ τὴν στρατηγίαν περιθέντος, κτλ.

6. Δείθεν, dans le manuscrit de Paris n° 2550, par la perpétuelle confusion d'ει avec η.

7. Σφίσι ὦν ὑπουργήκει, dans le même manuscrit et dans celui de Tours. Sur l'omission du ν final devant les mots qui commencent par une voyelle, cf. l'Introduction, tom. I, p. LIX de cette édition. Sturz place, comme Reiske le conseille, une virgule après μεμνῆσθαί τε : je ne la crois pas nécessaire. De plus, ce critique semble préférer ὧν σφίσιν à l'ancienne leçon σφίσιν ὧν, qui est confirmée par les manuscrits : ce nouvel arrangement des mots aurait l'avantage de placer ὧν à côté du verbe dont il est le complément.

8. Ἐπιβουλεύοντα dans Sturz, d'après Reiske. Je ne vois pas de motif suffisant pour changer l'ancienne leçon qui se trouve dans les manuscrits.

Καὶ μαθὼν τὰ λεγόμενα δεχομένους, καὶ ἑαυτῷ εὔνοιαν ἔχοντας, καὶ ἐς ἐκεῖνον ὑποπτεύοντας, ἀνέβη ἐπὶ μετέωρον, καὶ προσπαρώξυνε σφᾶς [1], ἄλλα τέ τινα τοῦ Φλάκκου κατηγορήσας, καὶ ὅτι προδώσει αὐτοὺς ὑπὸ χρημάτων [2]· ὥστε τοὺς στρατιώτας Θέρμον τὸν ἐπιτεταγμένον σφίσιν ἀπελάσαι [3].

CCCIX. Ὅτι [4] ὁ Φιμβρίας [5] ἄνδρας πολλοὺς οὐ πρὸς τὸ δικαιότατον, οὐδὲ πρὸς τὸ τῇ Ῥώμῃ συμφορώτατον, ἀλλ' ὀργῇ καὶ ἐπιθυμίᾳ φόνων [6] ἀπώλλυεν. Τεκμήριον δὲ, σταυρούς ποτε πολλοὺς, οἷς προσδέων αὐτοὺς καὶ αἰκιζόμενος διεχρῆτο, γενέσθαι προστάξας, ἔπειτ' [7] ἐπειδὴ πολὺ πλείους τῶν θανατωθησομένων εὑρέθησαν ὄντες, ἐκέλευσεν ἐκ τῶν περιεστηκότων τινὰς συλληφθῆναι, καὶ πρὸς τοὺς λοιποὺς προσδεθῆναι, ἵνα μὴ μάτην δόξωσι γεγονέναι.

---

1. Προσπαρώξυνεν σφᾶς dans le manuscrit de Tours et dans celui de Paris n° 2550.

2. Ou mieux, ὑπὲρ χρημάτων, suivant Sturz, qui conserve pourtant l'ancienne leçon.

3. Σφίσι ἀπελάσαι, dans le Ms. de Tours et dans celui de Paris n° 2550. Sur l'omission du ν paragogique devant une voyelle, cf. l'Introd., t. I, p. LIX.

4. (Exc. Peir. CXXX. R. p. 52.)

5. Ici, le manuscrit de Tours et celui de Paris n° 2550 portent ὁ Φιμβρίας. Cf. p. 157, not. 8.

6. Φθόνων, dans les mêmes manuscrits. Sur la confusion des mots qui commencent par la syllabe φθο ou φο, cf. d'Orville sur Chariton, p. 430 ; M. Hase, Lydus, De Ostent. p. 82 et 314 ; M. Boissonade, sur Théophylacte Simocatta, p. 209 : je cite en partie sa note, parce qu'elle donne une explication fort plausible d'un passage d'Eschyle, Eumén. v. 782-784, dans la Coll. Didot :

Ἰὸν ἰὸν ἀντιπαθῆ
μεθεῖσα καρδίας σταλαγμὸν
χθονιαφόρον........

se montraient pleins de dévouement pour lui et de défiance envers Flaccus, il monta sur un lieu élevé, les aigrit encore davantage par diverses accusations contre Flaccus, et alla jusqu'à dire qu'il les trahirait pour de l'argent : aussi chassèrent-ils Thermus, qui leur avait été imposé pour chef.

CCCIX. Fimbria fit périr beaucoup de citoyens, non pour une cause juste ou dans l'intérêt de Rome; mais par colère et par cruauté. En voici la preuve : un jour il avait fait dresser plusieurs pieux pour y attacher ceux qui devaient être mis à mort, après avoir été battus de verges. Le nombre des pieux fut beaucoup plus grand que celui des hommes condamnés à mourir : Fimbria donna l'ordre d'arrêter quelques-uns des spectateurs et de les attacher aux pieux qui n'étaient pas encore occupés, afin qu'aucun ne parût inutile.

« Loco difficili parum accessit facilitatis, dit le célèbre helléniste, ex « conjectura χθονιαφθόρον. Potest servari χθονιαφόρον, non eo quem « præbent scholia sensu, τὸν εἰς τὴν γῆν φερόμενον, sed activo τὸν τὰ χθόνια, « τὰ ἐκ τῆς γῆς γενόμενα, φέροντα καὶ ἀφανίζοντα. » Dans la Coll. Didot, χθονιαφόρον a été remplacé par χθονὶ ἄφορον — *terræ intolerabilem*, d'après Hermann, Schütz, Wellauer et Odfr. Müller; leçon préférable à l'ancienne, même avec l'interprétation de M. Boissonade.

7. Reiske voulait supprimer ἔπειτ'; mais à tort. La rencontre des mots ἔπειτ' ἐπειδή n'avait rien de désagréable pour l'oreille des Grecs; témoin Thucydide, VIII, 67 : Ἔπειτα ἐπειδὴ ἡ ἡμέρα ἐφῆκεν, ξυνέκλῃσαν τὴν ἐκκλησίαν ἐς τὸν Κολωνόν; Aristophane, Guêpes, v. 1322, dans la Coll. Didot : ἔπειτ' ἐπειδὴ 'μέθυεν, οἴκαδ' ἔρχεται. Le même, Plutus, v. 695 : ἔπειτ' ἐπειδὴ μεστὸς ἦν, ἀνεπαυόμην. Pour d'autres exemples, cf. Krüger, Dionys. Hal. Historiogr., p. 376, n. 59; et Dion lui-même, Fr. CCLXXIII, p. 102 de ce volume.

CCCX. Ὅτι [1] ὁ αὐτὸς τὸ Ἴλιον λαβών, τοὺς ἀνθρώπους ὅσους ἠδυνήθη μηδενὸς φεισάμενος κατεχρήσατο, καὶ τὴν πόλιν πᾶσαν ὀλίγου κατέπρησε [2]. Εἷλε δὲ αὐτοὺς οὐ κατὰ τὸ ἰσχυρόν, ἀλλ᾽ ἀπατήσας. Ἔπαινον γάρ τινα αὐτῶν ἐπὶ τῇ πρεσβείᾳ τῇ πρὸς τὸν Σύλλαν πεμφθείσῃ ποιησάμενος, καὶ διαφέρειν μηδέν, εἰ ὁποτέρῳ σπείσονται [3] (ἀμφοτέρους γὰρ σφᾶς Ῥωμαίους εἶναι), εἰπών [4]· ἔπειτα ὡς παρὰ φίλους αὐτοὺς ἐσῆλθε, καὶ ἐξειργάσατο ταῦτα.

CCCXI. *Ὁ Ἀρχέλαος [5] παρεκάλει τὸν Σύλλαν, διαλλαγῆναι πρὸς τὸν Μιθριδάτην [6]. Δεξαμένου δὲ τούτου τὴν πρόκλησιν, ἐγένοντο συνθῆκαι· Μιθριδάτην μὲν τὴν [7] Ἀσίαν ἀφεῖναι καὶ Παφλαγονίαν, ἐκστῆναι δὲ Βιθυνίας Νικομή-

---

1. (Exc. Peir. CXXXI. R. p. 52.)
2. Appien donne plus de détails, l. l. LIII : Ἰλιεῖς δὲ, πολιορκούμενοι πρὸς αὐτοῦ, κατέφυγον μὲν ἐπὶ Σύλλαν. Σύλλα δὲ φήσαντος αὐτοῖς ἥξειν, καὶ κελεύσαντος ἐν τοσῷδε Φιμβρίᾳ φράζειν, ὅτι σφᾶς ἐπιτετρόφασι τῷ Σύλλᾳ, πυθόμενος ὁ Φιμβρίας, ἐπήνεσε μὲν, ὡς ἤδη Ῥωμαίων φίλους· ἐκέλευσε δὲ καὶ αὐτὸν, ὄντα Ῥωμαῖον, εἴσω δέχεσθαι· κατειρωνευσάμενός τι καὶ τῆς συγγενείας τῆς οὔσης ἐς Ῥωμαίους Ἰλιεῦσιν. Ἐσελθὼν δὲ, τοὺς ἐν ποσὶ πάντας ἔκτεινε, καὶ πάντα ἐνεπίμπρη· καὶ τοὺς πρεσβεύσαντας ἐς τὸν Σύλλαν ἐλυμαίνετο ποικίλως· οὔτε τῶν ἱερῶν φειδόμενος, οὔτε τῶν ἐς τὸν νεὼν τῆς Ἀθηνᾶς καταφυγόντων, οὓς αὐτῷ νεῴ κατέπρησε. Κατέσκαπτε δὲ καὶ τὰ τείχη· καὶ τῆς ἐπιούσης ἡρεύνα, περιιών, μή τι συνέστηκε τῆς πόλεως ἔτι.
3. D'après le manuscrit de Tours et celui de Paris n° 2550. Euripide, Troyennes, V. 1248-1249, offre une construction analogue : Δοκῶ δὲ τοῖς θανοῦσι διαφέρειν βραχύ, Εἰ πλουσίων τις τεύξεται κτερισμάτων. L'ancienne leçon εἰ ..... σπείσωνται, suivie par H. de Valois, par Reimarus et par Sturz, est très-douteuse, cf. Thes. gr. ling. t. III, p. 185-186, éd. Didot; Hermann sur Viger, De Gr. Idiotism. p. 831, éd. Leipzig, et les raisons que Bast fait valoir en faveur de εἰ et le subjonctif; mais seulement avec les ῥήματα αὐθυπότακτα, dans sa lettre à M. Boissonade, p.

CCCX. Après s'être emparé d'Ilion, le même Fimbria massacra autant de citoyens qu'il put, sans épargner personne, et livra presque toute la ville aux flammes. Cependant il s'en était rendu maître, non de vive force, mais par un subterfuge. Après avoir loué les habitants au sujet de la députation qu'ils avaient envoyée à Sylla, il leur dit qu'ils pouvaient traiter avec ce général aussi bien qu'avec lui-même, attendu qu'ils étaient romains l'un et l'autre; puis reçu dans la ville, comme chez des amis, il commit les excès que j'ai racontés.

CCCXI. Archélaüs engageait Sylla à faire la paix avec Mithridate. Sylla se rendit à ses instances ; les clauses du traité furent celles-ci : Mithridate abandonnera l'Asie et la Paphlagonie ; il cèdera la Bithynie à

An de Rome 669.

89-92. Reiske propose de supprimer εἰ, ou de lire εἰ, ὁποτέρῳ βούλοιντο, σπείσωνται.

4. Reiske voudrait aussi retrancher γάρ ou εἰπών, sans aucun motif : εἰπών est nécessaire à cause de l'infinitif διαφέρειν, et γάρ donne la raison de ce qui précède, διαφέρειν μηδέν. Cette conjonction ne pourrait paraître inutile qu'en faisant rapporter εἰπών à εἶναι ; mais telle n'est pas la véritable construction. M. Tafel l'a bien senti, puisqu'il traduit : *Und aüsserte dass es einerlei sey mit welchem von beiden sie sich vertrügen, da ja sie beide Römer wären*. Ἀμφοτέρων est une faute du copiste dans le manuscrit de Tours.

5. (Exc. Urs. λδ'. CLXXIII. R. p. 73.)

Ce fragment manque dans le manuscrit du Vatican n° 1418 et dans celui de Munich n° 3 ; mais il se trouve dans le n° 1, où il commence ainsi : Ὅτι ὁ Ἀρχέλαος.

Je le marque d'un astérisque, d'après la note 1, page 128.

6. Plutarque, Sylla, XXII : Ἐκ τούτου μεταβαλὼν ὁ Ἀρχέλαος, καὶ προσκυνήσας, ἐδεῖτο παύσασθαι τοῦ πολέμου καὶ διαλλαγῆναι πρὸς τὸν Μιθριδάτην.

7. Cet article manque dans Plutarque, l. l.

δει [1], καὶ Καππαδοκίας Ἀριοβαρζάνῃ [2]· καταβαλεῖν δὲ Ῥωμαίοις δισχίλια τάλαντα, καὶ δοῦναι ναῦς ἑβδομήκοντα χαλκήρεις μετὰ τῆς οἰκείας παρασκευῆς· Σύλλαν δὲ ἐκείνῳ τήν τε ἄλλην [3] ἀρχὴν βεβαιοῦν, καὶ σύμμαχον Ῥωμαίων ψηφίζεσθαι [4].

Ταῦτα οὕτως ὡμολογήθη. Καὶ ἐβάδιζεν ὁ Σύλλας διὰ Θεσσαλίας καὶ Μακεδονίας [5] ἐπὶ τὸν Ἑλλήσποντον, ἔχων [6] μεθ' ἑαυτοῦ [7] τὸν Ἀρχέλαον ἐν τιμῇ. Καὶ νοσήσαντος αὐτοῦ [8] ἐπισφαλῶς περὶ Λάρισσαν [9], ἐπιστήσας τὴν πορείαν ὡς ἑνὸς τῶν ὑπ' αὐτὸν ἡγεμόνων καὶ στρατηγῶν [10] ἐπεμελήθη. Ταῦτα δὲ διέβαλλε τὸ περὶ Χαιρώνειαν ἔργον, ὡς οὐχὶ καθαρῶς ἀγωνισθέν [11]· καὶ ὅτι τοὺς ἄλλους Μιθριδά-

---

1. Comme Sturz, je donne Νικομήδει, au lieu de Νικομήδῃ que Reimarus avait d'abord adopté; mais qu'il remplaça plus tard, dans ses *Addenda*, par Νικομήδει, d'après Suidas, au mot ἐκστῆναι, et d'après Dion, XLIII, 20 : Καὶ τὴν παρὰ τῷ Νικομήδει τῷ τῆς Βιθυνίας βασιλεύσαντι διατριβήν, κτλ. En faveur de cette écriture, je citerai encore Appien, Mithridat., XIII : Νικομήδους δὲ πρέσβεις ἐς ἀντιλογίαν αὐτῷ παρόντες ἔφασαν· Νικομήδει μὲν ἐκ πολλοῦ Μιθριδάτης ἐπιβουλεύων, κτλ.

Le manuscrit de Munich n° 1 porte Νικομηδείας, leçon fautive; mais favorable à celle que j'adopte. Elle montre que le copiste avait Νικομήδει sous les yeux : par ignorance il a changé un nom d'homme en un nom de pays, pour le substituer à Καππαδοκίας dans la phrase suivante. Toutefois, l'ancienne leçon Νικομήδη est admissible, à cause du génitif Νικομήδου qui se trouve dans plusieurs médailles. Cf. Mionnet, l. l. tom. III, p. 503-504; 509-511.

2. Ἀριοβαρζάνει, dans le manuscrit de Munich n° 1, par la confusion d'η avec ει. Je lis Ἀριοβαρζάνῃ, comme dans Plutarque, l. l. XXII, et dans Appien, Mithrid. X, XIII, LXIV, CXIV, à cause du génitif Ἀριοβαρζάνου. Cf. Appien, Hist. de Syr. XLVIII, etc.; Diodore de Sicile, XVII, 17; Mionnet, l. l. t. IV, p. 448-452.

3. De même dans Plutarque, l. l., Collect. Didot.

Nicomède et la Cappadoce à Ariobarzane ; il payera deux mille talents aux Romains et leur livrera soixante et dix vaisseaux garnis d'airain, complétement armés. Sylla, de son côté, assurera à Mithridate la possession du reste de ses États et le proclamera l'allié du peuple romain.

Après cette convention, Sylla traversa la Thessalie et la Macédoine pour gagner l'Hellespont, emmenant avec lui Archelaüs qu'il entourait d'égards. Celui-ci étant tombé dangereusement malade auprès de Larisse, Sylla suspendit sa marche et le soigna, comme si Archélaüs avait été un de ses officiers ou un des généraux romains. Ces bons procédés le firent accuser de n'avoir point loyalement combattu à Chéronée : d'autres soupçons s'élevèrent contre lui, parce qu'ayant rendu la liberté aux amis de Mithridate, qui étaient ses

4. Ψηφίσασθαι, dans le manuscrit de Munich n° 1.
5. Plutarque, l. l. XXIII : Τούτων ὁμολογηθέντων, ἀναστρέψας ἐβάδιζε διὰ Θετταλίας καὶ Μακεδονίας.
6. Ἔλαβε, dans le manuscrit de Munich n° 1.
7. Μεθ' αὑτοῦ, dans Plutarque, l. l.
8. Ce mot manque dans Plutarque, l. l., et dans le manuscrit de Munich n° 1. « Αὐτοῦ facile patiar abesse, dit Reiske. »
9. Λαρίσον, dans le même Ms. Beaucoup de mots, nous l'avons déjà vu, ont été écrits avec une consonne, lorsqu'il en faut deux, et réciproquement : quant à la confusion de α avec ο, cf. Bast, l. l., p. 906.
10. Cf. Plutarque, l. l. : Ὡς ἑνὸς τῶν — ἡγεμόνων καὶ συστρατήγων. Dans le manuscrit de Munich n° 1, ὑφ' αὐτόν, au lieu de ὑπ' αὐτόν, est une faute du copiste : elle se trouve aussi dans le texte de F. Orsini.
11. Plutarque, l. l. : Ταῦτά τε δὴ διέβαλε τὸ περὶ Χαιρώνειαν ἔργον, ὡς οὐχὶ καθαρῶς ἀγωνισθέν, κτλ. La conjonction ὡς, qui manquait dans Plutarque (cf. l'édition de Tauchnitz et celle qui est citée par Reimarus), est rétablie dans la collection Didot : elle a été souvent omise par les copistes. Platon, Rep. I, § 1, t. VI, p. 257, éd. Bekk. Lond. : Καὶ ὀλίγῳ ὕστερον ὅ τε Πολέμαρχος ἧκε καὶ Ἀδείμαντος ὁ τοῦ Γλαύκωνος ἀδελφὸς καὶ Νικήρατος ὁ Νικίου καὶ ἄλλοι τινές, ὡς ἀπὸ τῆς πομπῆς. — Ὡς, nécessaire pour le sens

του ¹ φίλους, οὓς εἶχεν αἰχμαλώτους, ἀποδοὺς ² ὁ Σύλλας, Ἀριστίωνα μόνον ἀνεῖλεν ³, Ἀρχελάῳ διάφορον ὄντα· μάλιστα δὲ ἡ δοθεῖσα γῆ ⁴ τῷ Καππάδοκι ⁵ μυρίων πλέθρων ἐν Εὐβοίᾳ ⁶, καὶ τὸ ⁷ Ῥωμαίων φίλον αὐτὸν καὶ σύμμαχον ὑπὸ Σύλλου ⁸ ἀναγραφῆναι ⁹.

CCCXII. *Πρεσβευτῶν ¹⁰ παραγενομένων παρὰ τοῦ Μιθριδάτου πρὸς Σύλλαν, καὶ τὰ μὲν ἄλλα φασκόντων δέχεσθαι, Παφλαγονίαν δὲ ἀξιούντων ¹¹ μὴ ἀφαιρεθῆναι, τὰς δὲ ναῦς οὐδὲ ὅλως ὁμολογηθῆναι· χαλεπήνας ὁ Σύλλας·

manque dans trois Ms. Pour des exemples de la confusion de τέ avec δέ, cf. Thucyd. I, 141, éd. Poppo, et M. Dübner, Annot. Crit. in Arrian. p. VHI, IX, de la Collect. Didot.

Dans l'extrait de Dion, le manuscrit de Munich n° 1 et le texte de F. Orsini portent : Διεβάλλετο περὶ Χαιρώνειαν· ἔργον ὡς οὐχὶ, κτλ. Cette ponctuation est vicieuse; de plus, le copiste a joint l'article τό au verbe : διεβάλλετο = διέβαλλε τό. Les altérations proviennent souvent de mots réunis mal à propos, ou de mots maladroitement séparés, comme dans Platon, Phileb., § 18, t. V, p. 437, éd. Bekk. Lond. : Πάντα γὰρ ὅσα τέχνης ἐχόμενα ἀνευρέθη πώποτε, διὰ ταύτης φανερὰ γέγονε. « Editiones veteres, dit « Stallbaum, vitiose ἂν εὑρεθῇ. Nos genuinam lectionem cum Bœckhio in « Legg. p. 159 et Bekk. restituimus. Eodem vitio laborat Xenoph. Hellen. « I, 6, 20, ubi scribendum τὴν μὲν οὖν ἡμέραν οὕτως ἀνεῖχον pro ἂν εἶχον, « quod jam Stephanus viderat. »

1. Μιθριδάτῃ dans Plutarque, l. l.·Ce datif peut se défendre, en prenant φίλους adjectivement.
2. Ἀποδιδούς, dans le même, l. l.
3. Plutarque, l. l. : Ἀριστίωνα μόνον τὸν τύραννον ἀνεῖλε διὰ φαρμάκων.
4. Ce passage est altéré dans le manuscrit de Munich n° 1, qui porte : Μάλιστα δεηθεῖσα = δὲ ἡ θεῖσα, mot tronqué, au lieu de ἡ δοθεῖσα. Leunclavius propose μάλιστα διὰ τὴν δοθεῖσαν γῆν; mais, ainsi que Sturz le fait observer, cette correction n'est pas nécessaire. Il suffit de sous-entendre διέβαλλε τὸ — ἔργον, après ἡ δοθεῖσα γῆ.
5. Τῷ Καππαδόκῃ, dans Plutarque, l. l. Les deux leçons sont admissibles. Τὸ ἐθνικόν, dit Étienne de Byzance, Καππάδοξ καὶ Καππαδόκος καὶ Καππαδόκης. Cf. Thes. gr. ling. tom. IV, p. 951, éd. Didot, au mot Καππαδοκία.
6. Sturz dit à tort que le manuscrit de Munich n° 1 donne ἐν βοίῳ.

prisonniers, il n'avait fait mourir qu'Aristion, l'ennemi d'Archélaüs; mais surtout, parce qu'il avait donné dix mille plèthres de terre, dans l'île d'Eubée, à ce Cappadocien et l'avait inscrit au nombre des amis et des alliés du peuple romain.

CCCXII. Les députés de Mithridate, arrivés auprès de Sylla, annoncèrent qu'il acceptait les autres conditions; mais ils demandèrent que la Paphlagonie ne lui fût point enlevée : quant aux vaisseaux, ils soutinrent qu'il n'avait pris aucun engagement. « Que dites-vous,

Ce manuscrit porte ἐνυϐίᾳ = ἐν υϐίᾳ, d'où l'on arrive facilement à la véritable leçon, en rétablissant 'E devant υ, et en écrivant οι au lieu d'ι, avec lequel le copiste l'a confondu.

7. Τῇ est une faute dans le même manuscrit.

8. Reimarus, d'après Plutarque, l. l., ajoute ὑπὸ Σύλλα, mots qui rendent le sens plus clair : ils manquent dans le manuscrit de Munich n° 1. J'ai fait la même addition que Reimarus; mais en écrivant ὑπὸ Σύλλου, comme dans le Fr. CCCXII, p. 170, et dans le Fr. CCCXV, p. 176.

9. Ἀπογραφῆναι, dans le manuscrit de Munich n° 1.

Bekker, dans ses Anecdota, tom. I, p. 133-134, et p. 166, cite deux petits extraits de Dion relatifs, l'un à Nicomède, l'autre à Mithridate. Comme il serait très-difficile d'en déterminer la place, je les transcris dans cette note : 1° Δημοσιῶ· ἀντὶ τοῦ ἀπέκτεινεν αἰτιατικῇ. Δίωνος τριακοστῷ πρώτῳ βιϐλίῳ· « Κἀνταῦθα ἀπογνοὺς μηδέν οἱ τὸν Θεὸν ἐπαρκέσειν, Νικομήδην ἀπέκτεινεν. » 2° Προστάσσω· δοτικῇ. Δίων τριακοστῷ πρώτῳ βιϐλίῳ : « Καὶ τῷ Μιθραδάτῃ αὐτὸς πρός τε τοῦ δήμου καὶ πρὸς τῆς βουλῆς προστετάχθαι. » Nous apprenons par ces deux passages que Dion avait raconté dans le XXXI° livre de son histoire, les différends survenus entre Mithridate et Nicomède.

10. (Exc. Urs. λε'· CLXXIV. R. p. 73-74.) D'après la note 1 de la p. 128, je marque ce fragment d'un astérisque. Il ne se trouve ni dans le manuscrit du Vatican n° 1418, ni dans celui de Munich n° 3. Le n° 1 porte : Ὅτι πρεσϐευτῶν παραγενομένων.

11. Plutarque, Syll. XXIII : Τότε δὲ πρεσϐευτῶν παρὰ τοῦ Μιθριδάτου παραγενομένων. Cf. Appien, Mithrid. LVI.

Τί φατέ; εἶπεν [1]· Μιθριδάτης Παφλαγονίας ἀντιποιεῖται, καὶ περὶ τῶν νεῶν [2] ἔξαρνος ἐστίν; ὃν ἐγὼ προσκυνήσειν ἐνόμιζον, εἰ τὴν δεξιὰν αὐτῷ καταλείποιμι χεῖρα, δι' ἧς τοσούτους Ῥωμαίων ἀνεῖλεν [3]. Ἑτέρας μέν τοι φωνὰς [4] ἀφήσει [5], διαβάντος μου ἐς τὴν Ἀσίαν [6]. Νῦν δὲ ἐν Περγάμῳ καθήμενος, ὃν οὐχ ἑώρακε διαστρατηγείτω [7] πόλεμον. Οἱ μὲν οὖν [πρέσβεις] φοβηθέντες [8] ἡσύχαζον [9]. Ὁ δὲ Ἀρχέλαος [10] ἐδεῖτο τοῦ Σύλλου [11], καὶ κατεπράϋνε τὴν ὀργὴν, ἁπτόμενος τῆς δεξιᾶς αὐτοῦ, καὶ δακρύων· καὶ ἔπεισεν ἀποσταλῆναι [αὐτὸς] πρὸς Μιθριδάτην [12]. διαπράξεσθαι

1. Sur ce ν paragogique, cf. tom. 1, p. 247, not. 4; M. Boissonade, notes sur Théophylacte Simoc., p. 226 ; M. Hase, préf. sur Lydus, XIV, C. Le texte de Plutarque ne le donne pas.

2. Cf. Plutarque, l. l.

3. Ἀνῆλεν dans le manuscrit de Munich n° 1, par la confusion d'η avec ει. Ce souvenir des Romains et des Italiens, mis à mort par l'ordre de Mithridate, est plusieurs fois rappelé dans Appien. Ἐπὶ δὲ ἡμῖν, dit Sylla à Archélaüs, Mithrid. LIV, καὶ φύσεως ἔχθραν μᾶλλον ἢ πολέμου χρείαν ἐπεδείξατο, παντοίαις ἰδέαις κακῶν τοὺς περὶ τὴν Ἀσίαν Ἰταλιώτας, σὺν γυναιξὶ καὶ παισὶ, καὶ θεράπουσι τοῖς οὖσι γένους Ἰταλικοῦ, λυμηνάμενός τε καὶ κτείνας. Ailleurs, l. l. LVIII, Sylla reproche ce massacre à Mithridate lui-même : Ἦ τὸ τῶν Ἰταλιωτῶν γένος, οὓς μιᾶς ἡμέρας σὺν βρέφεσι καὶ μητράσιν ἐκτείνας τε καὶ κατεπόντωσας, οὐκ ἀποσχόμενος οὐδὲ τῶν ἐς τὰ ἱερὰ συμφυγόντων.

4. Plutarque, l. l. : Μέντοι τάχα φωνάς.

5. D'après le même, l. l. ; correction proposée par F. Orsini et adoptée par Reimarus et par Sturz, au lieu de l'ancienne leçon ἀφίησι, qui se trouve dans le manuscrit de Munich n° 1.

6. Plutarque, l. l. : Διαβάντος εἰς Ἀσίαν ἐμοῦ.

7. Διαστρατηγεῖ, dans le manuscrit de Munich n° 1, leçon maintenue par F. Orsini et par Leunclavius. J'adopte celle que fournit Plutarque, l. l., d'après la remarque de Sturz : « Διαστρατηγείτω .... minantis est, et procul dubio rectius quam διαστρατηγεῖ. » Amyot avait probablement διαστρατηγεῖ dans son exemplaire, puisqu'il a traduit : « maintenant qu'il est de « séjour dans la ville de Pergame, il parle bien à son aise de cette guerre

« s'écria Sylla indigné? Mithridate revendique la Pa« phlagonie et me refuse ses vaisseaux, lui que je croyais
« devoir tomber à mes genoux, si je lui laissais la main
« droite qui a fait périr tant de Romains. Certes il
« tiendra un tout autre langage, lorsque je serai arrivé
« en Asie : maintenant, inactif à Pergame, il peut par« ler tout à son aise de cette guerre qu'il n'a pas vue. »
Les ambassadeurs, saisis de crainte, gardèrent le silence; mais Archélaüs adressa des prières à Sylla, lui
prit la main et versa des larmes, pour adoucir sa
colère. Enfin il obtint d'être envoyé à Mithridate, en

« qu'il n'a pas vue. » La version de Wagner manque de netteté : *Müssig sitzt er dort in Pergamus, er mag aber immer auf einen Krieg denken, wie er noch nie einen erlebte.* Celle de M. Tafel est plus exacte : *Ietzt aber mag er in Pergamus sitzen und den Krieg, den er noch nicht gesehen hat,* [mit Worten] *abmachen.* L'addition des mots *mit Worten* est justifiée par un passage de Plutarque, où λόγῳ est joint à διαστρατηγεῖν, Æmil. Paul. XIII : Ὁ δὲ ..... τὸν στρατὸν ὁρῶν δυσανασχετοῦντα καὶ λόγῳ πολλὰ διαστρατηγοῦντα τῶν ἀπράκτων, κτλ. Le même, Pyrrh. XVI : Ὑπὲρ τῶν πραγμάτων λόγῳ διεστρατήγουν. Cf. Polyb. XVI, 37, 1. Plutarque, Marcell. XXIX, se sert du même verbe, dans le même sens; mais sans l'addition de λόγῳ.

8. Οἱ μὲν οὖν φοβηθέντες, dans F. Orsini, dans Reimarus et dans Sturz : j'ajoute πρέσβεις entre crochets, d'après Plutarque, l. l.

9. Le récit d'Appien, l. l. LVI, est moins dramatique : Ἐλθόντων δὲ τῶν Μιθριδάτου πρέσβεων, οἳ τοῖς μὲν ἄλλοις συνετίθεντο, μόνην δ' ἐξαιρούμενοι Παφλαγονίαν, ἐπεῖπον ὅτι πλεόνων ἂν ἔτυχε Μιθριδάτης, εἰ πρὸς τὸν ἕτερον ὑμῶν στρατηγὸν διελύετο Φιμβρίαν· δυσχεράνας ὁ Σύλλας τῇ παραβολῇ, καὶ Φιμβρίαν ἔφη δώσειν δίκην, καὶ αὐτὸς ἐν Ἀσίᾳ γενόμενος αἰσθέσθαι, πότερα συνθηκῶν ἢ πολέμου δεῖται Μιθριδάτης.

10. Cf. Plutarque, l. l.

11. Sturz adopte τοῦ Σύλλα, comme Reimarus, d'après Plutarque, l. l. Je préfère τοῦ Σύλλου, cf. Fr. CCCXI, pag. 169, not. 8.

12. Plutarque, l. l. : Τέλος δ' ἔπεισεν ἀποσταλῆναι αὐτὸς πρὸς τὸν Μιθριδάτην. D'après ce passage, j'ajoute αὐτός, qui ne se trouve pas dans l'ancienne leçon; mais je place ce mot entre crochets.

γὰρ, ἐφ' οἷς βούλεται, τὴν εἰρήνην· εἰ δὲ μὴ πείσοι, κτενεῖν αὐτὸς ἑαυτόν [1].

CCCXIII. *Συνῆλθεν [2] ὁ Σύλλας τῷ Μιθριδάτῃ ἐν Δαρδάνῳ τῆς Τρωάδος [3], ἔχοντι ναῦς διακοσίας ἐνήρεις, καὶ τῆς πεζῆς δυνάμεως ὁπλίτας μὲν δισμυρίους, ἱππεῖς δὲ ἑξακισχιλίους [4]· Σύλλας δὲ τέσσαρας σπείρας, καὶ διακοσίους ἱππεῖς. Ἀπαντήσαντος δὲ τοῦ Μιθριδάτου, καὶ τὴν δεξιὰν

---

1. Reimarus et Sturz lisent : Εἰ δὲ μὴ πείσοι, κτενεῖν αὐτὸς αὐτὸν ἐπὶ τούτοις. Je conserve l'ancienne leçon, qui est à peu près conforme au texte de Plutarque, tel qu'il se trouve dans l'édition de la vie de Sylla, par Léopold, Leipzig, 1795, ch. XXIII, et dans celle de Tauchnitz, l. l. : Εἰ δὲ μὴ πείθοι, κτενεῖν αὐτὸς ἑαυτόν. Entre ΠΕΙΘΟΙ et ΠΕΙϹΟΙ, la confusion est facile. Leunclavius a modifié ainsi cette leçon : Εἰ δὲ μὴ πείσοι, κτενεῖν αὐτὸς « αὐτόν. Non enim, dit-il, se ipsum Archelaus, sed Mithridatem interfectu« rus erat, ni pacem fecisset. Hostis Mithridatis mors utilis; Archelai, amici « et socii regis, noxia Romanis. » Cette raison a déterminé Reimarus et Sturz à adopter la correction de Leunclavius, qui a été récemment admise dans le Plutarque de la collection Didot. Wagner l'a suivie : Oder den Mithridat mit eigener hand zu ermorden. M. Tafel est resté fidèle à l'ancienne leçon : Oder, wenn er ihn nicht dazu bringe, sich selbst entleiben : j'ai fait comme lui. Elle est la plus plausible : Archélaüs promet d'amener Mithridate à accepter toutes les conditions, et pour garant de cette promesse, il jure de se donner la mort s'il échoue dans la négociation. C'est le sens adopté par Amyot.

Le Ms. de Munich n° 1 ne porte point πίσαοι, comme le dit Sturz; mais bien πείσαιοι = ΠΕΙϹΑΙΙΟ = ΠΕΙϹΕΙΕ, par la confusion de αι avec ε et de ο avec ε : cette variante n'est pas à dédaigner. Cependant le futur πείσοι est préférable, parce qu'il ajoute à l'idée du fait celle de la durée ; tandis que l'aoriste n'exprimerait que le fait une fois accompli. Cf. Poppo sur Thucydide, I, 137, 11ᵉ partie, tom. I, p. 242 de son édition. Πείσαιοι peut peut provenir aussi de la réunion des deux leçons πείσαι.

Enfin, quoique les mots ἐπὶ τούτοις se trouvent dans le texte de F. Orsini et dans le manuscrit de Munich n° 1, je les efface; parce que dans Plutarque, l. l., ils appartiennent à la phrase suivante : Ἐπὶ τούτοις ἐκπέμψας ἐκεῖνον, αὐτὸς εἰς τὴν Μαιδικὴν ἐνέβαλε. Waguer et M. Tafel ont eu raison de ne pas les traduire.

2. Exc. Urs. λϛ'. CLXXV. R p. 74.) Ce fragment commence par les mots

s'engageant à le faire souscrire à toutes les conditions : s'il n'y parvenait pas, il se donnerait la mort.

CCCXIII. Sylla eut une entrevue avec Mithridate à Dardanum, dans la Troade. Le roi du Pont avait amené avec lui deux cents vaisseaux garnis de rames, vingt mille fantassins pesamment armés et six mille cavaliers : Sylla n'avait que quatre cohortes et deux cents cavaliers. Au moment où Mithridate s'avança vers lui et lui offrit la main, Sylla lui demanda, s'il voulait terminer la

---

ὅτι συνῆλθεν dans le manuscrit de Munich n° 1 : il manque dans le n° 3 et dans le manuscrit du Vatican n° 1418. Je le marque d'un astérisque, d'après la note 1, p. 128.

3. Plutarque, l. l. XXIII, fait connaître les motifs qui déterminèrent Mithridate à demander une entrevue à Sylla : Αἴτιος δ' ἦν μάλιστα Φιμβρίας, ὃς τὸν ἀπὸ τῆς ἑτέρας στάσεως ἄρχοντα Φλάκκον ἀνελὼν καὶ τῶν Μιθριδατικῶν στρατηγῶν κρατήσας ἐπ' αὐτὸν ἐκεῖνον ἐβάδιζε. Ταῦτα γὰρ δείσας ὁ Μιθριδάτης μᾶλλον εἵλετο τῷ Σύλλᾳ φίλος γενέσθαι.

4. Plutarque, l. l..XXIV : Συνῆλθον οὖν τῆς Τρωάδας ἐν Δαρδάνῳ, Μιθριδάτης μὲν ἔχων ναῦς αὐτόθι διακοσίας ἐνήρεις, καὶ τῆς πεζῆς δυνάμεως ὁπλίτας μὲν δυσμυρίους, ἱππεῖς δὲ ἑξακισχιλίους, καὶ συχνὰ τῶν δρεπανηφόρων.

On lit dans le Thes. gr. l., tom. III, p. 1078, éd. Didot : « Ἐνήρης — « *navis remigio instructa;* affertur autem ἐνήρης et *pro navi uniremi* « e Pachymerio; sed tum scribendum fuerit ἐνήρης cum aspero. » Le passage auquel cette remarque se rapporte est cité par M. Boissonade, Anecdota Nova, t. I, p. 1, not. 1 : « Theodorus esse videtur Manuelites, qui « a. 1284 Arsenii Patriarchæ cadaver ex Proconneso Constantinopolim « asportandum præcipue curavit. Testimonium habemus Pachymeris Andr. « I, 21 : Εὐθὺς ταχυναυτοῦντες ἐν ἐνήρει οἱ ἀμφὶ τὸν Μανουηλίτην Θεόδωρον « ἡτοιμάζοντο, κτλ. Quæ sic latine convertuntur etiam in nupera editione « quam recognovit vir in his litteris præcipuus : *Expediunt strenue cum* « *instructissima remigio triremi Theodorum Manuelitem.* . . . . . . Est « ταχυναυτεῖν verbum neutrum, et ταχυναυτεῖ idem Manuelites, qui Con-« stantinopolim paucis post diebus appellit. Sensus est scilicet : *Conscensa* « *statim triremi Theodorum Manuelitem iter acceleravisse.* » Puis, le célèbre helléniste réfute la remarque des savants éditeurs de H. Étienne : « Ἐνήρει servandum est; nam non potuit Manuelites uniremi navicula ad « tale iter, etsi non longum, uti, præsertim quum esset cum debita pompa « ac justa veneratione transportandum Arsenii cadaver. »

προτείναντος ¹, ἠρώτησεν αὐτὸν, εἰ καταλύσει ² τὸν πόλεμον, ἐφ' οἷς ὡμολόγησεν Ἀρχέλαος ³.

CCCXIV. *Τὰς συνθήκας ⁴ ποιήσαντες Σύλλας καὶ Μιθριδάτης, Ἀριοβαρζάνην καὶ Νικομήδην τοὺς βασιλεῖς διήλλαξαν ⁵. Καὶ ὁ μὲν Μιθριδάτης ⁶ ἑβδομήκοντα ναῦς παραδοὺς καὶ τοξότας ὡς πλείστους ἐν αὐταῖς, εἰς τὸν Πόντον ἀποπλεῖν ἔμελλεν ⁷. Ὁ δὲ Σύλλας ἀχθομένους ἰδὼν ⁸ τοὺς στρατιώτας τῇ διαλύσει, (τὸν γὰρ ἔχθιστον τῶν βασιλέων, καὶ πεντεκαίδεκα ⁹ μυριάδας ἐν μιᾷ ἡμέρᾳ

---

1. Reimarus et Sturz maintiennent l'ancienne leçon προτείνοντος. Celle que j'adopte concorde mieux avec l'aoriste ἀπαντήσαντος, outre qu'elle est confirmée par Plutarque, l. l.

2. Καταλύσοι dans le manuscrit de Munich n° 1. Je maintiens l'indicatif, comme Reimarus et Sturz, d'après Plutarque qui se sert du moyen, l. l. : εἰ καταλύσεται τὸν πόλεμον.

3. Le sens est suspendu : pour le compléter, je transcris ici un passage de Plutarque, l. l. : Σιωπῶντος δὲ τοῦ βασιλέως, ὁ Σύλλας· '« Ἀλλὰ μὴν, ἔφη, τῶν δεομένων ἐστὶ τὸ προτέρους λέγειν· τοῖς δὲ νικῶσιν ἐξαρκεῖ τὸ σιωπᾷν. »

4. (Exc. Urs. λζ'. CLXXVI. R. p. 74.)
Ce fragment ne se trouve ni dans le manuscrit de Munich n° 3, ni dans celui du Vatican n° 1418. Le manuscrit de Munich n° 1 porte ὅτι τὰς συνθήκας. Je le marque d'un astérisque, d'après la note 1, p. 128.

5. « Apud Plut. διήλλαξεν, qui de solo Sylla loquitur, dit Reimarus. » Voici le passage auquel il fait allusion, Plut. Syll. XXIV : Φήσαντος δὲ ποιεῖν (s.-ent. τοῦ Μιθριδάτου), οὕτως ἠσπάσατο καὶ περιλαβὼν ἐφίλησεν αὐτόν· Ἀριοβαρζάνην δὲ αὖθις καὶ Νικομήδην τοὺς βασιλεῖς προσαγαγὼν διήλλαξεν. En le rapprochant de celui-ci, Fr. CCCXI, Μιθριδάτην .... ἐκστῆναι δὲ Βιθυνίας Νικομήδει, καὶ Καππαδοκίας Ἀριοβαρζάνῃ, on peut conclure que Mithridate, après avoir traité avec Sylla, abandonna la Bithynie à Nicomède, la Cappadoce à Ariobarzane, et qu'il parvint ainsi à se réconcilier avec ces deux rois.

Avec le texte du compilateur de Dion, il faudrait dire que Mithridate et Sylla, après avoir fait la paix, terminèrent par un traité le différend qui existait entre le roi du Pont, Nicomède et Ariobarzane. Les faits sont plus nettement présentés dans Plutarque. Aussi Wagner a-t-il fra-

guerre aux conditions qu'Archélaüs lui avait communiquées.

CCCXXIV. Après avoir fait la paix avec Mithridate, Sylla le réconcilia avec les rois Nicomède et Ariobarzane. Mithridate livra soixante et dix vaisseaux et un grand nombre d'archers ; puis il se disposa à faire voile vers le Pont ; mais la paix conclue par Sylla irrita ses soldats. Ils s'indignaient de voir un roi, qui leur était odieux plus que tout autre et qui avait fait périr en un seul jour cent cinquante mille de leurs concitoyens en Asie, quitter, tout chargé d'or et de dépouilles, une

duit d'après ce biographe, plutôt que d'après Dion : *Mit Mithridates hatte Sylla den Frieden abgeschlossen, und nun versöhnt'er ihn auch mit den Königen Ariobarzanes und Nikomedes.* M. Tafel croit qu'il y a ici une lacune. Il lit διήλλαξεν d'après Plutarque, l. l., et il traduit : *Nachdem Sylla und Mithridates den Frieden abgeschlossen, söhnte er ihn auch mit den Königen Ariobarzanes und Nicomedes aus*, comme s'il y avait : τὰς συνθήκας ποιησάντων τοῦ Σύλλου καὶ τοῦ Μιθριδάτου, — Ἀριοβαρζάνην καὶ Νικομήδην διήλλαξεν ὁ Σύλλας.

J'ai respecté le texte du compilateur ; mais dans la traduction, j'ai adopté le sens de Wagner.

6. Ὁ μὲν οὖν Μιθριδάτης, dans Plutarque, l. l.

7. Reimarus a adopté la conjecture de Leunclavius : Καὶ τοξότας ὡς πλείστους, ἐν ταῖς λοιπαῖς εἰς τὸν Πόντον ἀποπλεῖν ἔμελλεν. Sturz, dans une note, tom. I, p. 166 de son édition, cite l'ancienne leçon ἐν αὐταῖς, avec cette remarque : « Forte conjungenda hæc : Καὶ τοξότας ὡς πλείστους ἐν αὐταῖς. » C'est la leçon du manuscrit de Munich n° 1 et de F. Orsini : elle fournit un sens raisonnable ; je l'ai donc maintenue. Wagner et M. Tafel traduisent d'après la conjecture de Leunclavius. Au lieu de ὡς πλείστους, Plutarque, l. l., donne des nombres précis : Ἑβδομήκοντα ναῦς παραδοὺς καὶ τοξότας πεντακοσίους εἰς Πόντον ἀπέπλευσεν.

D'après Leunclavius, j'adopte ἔμελλεν, au lieu de ἔμελλον, leçon fautive dans F. Orsini, par la confusion d'o avec ε ; cf. Koen., dans Grégoire de Corinthe, De Dialect. p. 170 ; Schæfer, l. l. p. 1010, éd. de Leipzig, 1811, et mes notes sur la Rhét. de Philodème, p. 109, 128 ; Paris, 1840.

8. Plutarque, l. l. : Αἰσθόμενος ἀχθομένους.

9. Le même, l. l. : Καὶ δεκαπέντε μυριάδας ἡμέρᾳ μιᾷ.

176 ΔΙΩΝΟΣ ΤΟΥ ΚΑΣΣΙΟΥ ΛΕΙΨΑΝΑ. ΒΙΒΛ. Α-ΛϚ´.

τῶν ἐν Ἀσίᾳ Ῥωμαίων ἀποσφαγῆναι [1] παρασκευάσαντα, δεινὸν ἡγοῦντο μετὰ πλούτου καὶ λαφύρων ὁρᾶν ἐκπλέοντα τῆς Ἀσίας, ἣν ἔτη τέσσαρα λεηλατῶν καὶ φορολογῶν διετέλεσεν,) ἀπελογεῖτο, ὡς [2] οὐκ ἂν ἅμα Φιμβρίᾳ καὶ Μιθριδάτῃ πολεμεῖν, εἰ συσταίησαν, δυνηθείς [3].

CCCXV. *Ὅτι [4] Κίννα καὶ Κάρβωνος [5] ἐν Ῥώμῃ τοῖς ἐπιφανεστάτοις ἀνδράσι χρωμένων παρανόμως καὶ βιαίως, πολλοὶ τὴν τυραννίδα φεύγοντες ὥσπερ ἐπὶ λιμένα [6] τὸ τοῦ Σύλλου στρατόπεδον [7] κατεφέροντο. Καὶ περὶ αὐτὸν ὀλίγου χρόνου σχῆμα βουλῆς ἐγένετο [8].

CCCXVI. Ὅτι [9] ὁ Μέτελλος ὑπὸ Κίννου ἡττηθεὶς [10] ἐς τὸν Σύλλαν ἧκε, καὶ πλεῖστα αὐτῷ συνήρατο [11]. Πρὸς γάρ τοι τὴν δόξαν τῆς τε δικαιοσύνης αὐτοῦ καὶ τῆς εὐσεβείας, οὐκ ὀλίγοι καὶ τῶν τἀναντία τῷ Σύλλᾳ πραττόντων, νομίσαντες αὐτὸν οὐκ ἀκρίτως οἱ συνεῖναι, ἀλλὰ τά [12] τε

---

1. Plutarque, l. l. : Κατασφαγῆναι.
2. Ὁ δὲ ἀπελογεῖτο, ὡς dans le manuscrit de Munich n° 1 ; ἀπελογεῖτο πρὸς αὐτοὺς, ὡς dans Plutarque, l. l.
3. Le manuscrit de Munich n° 1 porte : Οὐκ ἦν Φλάκκῳ καὶ Μιθριδάτῃ πολεμεῖν, εἰ συσταίησαν, δυνηθεῖεν, variante fautive : Φλάκκῳ doit être remplacé par Φιμβρίᾳ, et ἦν par ἄν. Quant à δυνηθεῖεν, il faut lui substituer δυνηθείη, si l'on veut conserver l'optatif : alors on aura le même sens qu'avec δυνηθείς. Plutarque, l. l. : Οὐκ ἂν ἅμα Φιμβρίᾳ καὶ Μιθριδάτῃ πολεμεῖν, εἰ συνέστησαν ἀμφότεροι κατ' αὐτοῦ, δυνηθείς. Sur la leçon Φιμβρίᾳ, au lieu de Φιβρίᾳ, conservée par Reimarus, cf. Fr. CCCVI, p. 156, et not. 8, p. 157, de ce volume.
4. (Exc. Peir. CXXVI. R. p. 51.) Je marque ce fragment d'un astérisque, d'après la note 1 de la page 128.
5. Plutarque, l. l. XXII : Κίννα δὲ καὶ Κάρβωνος.
6. Comme dans H. de Valois, Reimarus et Sturz, d'après le manuscrit

contrée qu'il avait pillée et accablée d'impôts pendant quatre ans. Sylla remarqua leur mécontentement et dit, pour se justifier, qu'il n'aurait pu soutenir simultanément la guerre contre Fimbria et contre Mithridate, s'ils s'étaient réunis.

CCCXV. A Rome Cinna et Carbon méconnaissaient toutes les lois, et se montraient pleins de violence contre les citoyens les plus illustres : pour échapper à cette tyrannie, plusieurs se retirèrent dans le camp de Sylla, comme dans un port. Bientôt il y eut autour de lui une apparence de sénat romain.

CCCXVI. Vaincu par Cinna, Métellus se déclara pour Sylla et lui fut très-utile : comme il avait une grande réputation de piété et de justice, plusieurs citoyens, même du parti contraire, persuadés que Métellus ne s'était pas rallié à Sylla inconsidérément, mais parce que sa cause était réellement la plus juste et la

---

de Tours et d'après celui de Paris n° 2550. Plutarque, l. l., donne εἰς λιμένα.

7. Plutarque, l. l. : Τοῦ Σύλλα τὸ στρατόπεδον.

8. Le même, l. l. : Ἐγεγόνει.

9. (Exc. Peir. CXXXII. R. p. 52-53.)

10. Cette défaite est mentionnée dans l'Epitome de Tite-Live, liv. LXXXIV : Q. Metellus Pius, qui partes optimatium secutus erat, quum in Africa bellum moliretur, a C. Fabio prætore pulsus est.

11. Appien, Guer. Civ. 1, 80 : Καὶ αὐτῷ (s.-ent. τῷ Σύλλα) Μέτελλος Καικίλιος ὁ Εὐσεβής, ἐκ πολλοῦ τε ᾑρημένος ἐς τὰ λοιπὰ τοῦ συμμαχικοῦ πολέμου, καὶ διὰ Κίνναν καὶ Μάριον ἐς τὴν πόλιν οὐκ ἐσελθών, ἀλλὰ ἐν τῇ Λιγυστίδι τὸ μέλλον περιορῶν, αὐτόκλητος σύμμαχος ἀπήντα μεθ' ἧς εἶχε συμμαχίας, ἀνθύπατος ἔτι ὤν. Ἔστι γὰρ εἶναι τοῖς αἱρεθεῖσιν, ἔστε ἐπανέλθοιεν ἐς Ῥώμην.

12. Cet article ne se trouve pas dans le Ms. de Paris n° 2550. Sur l'omission de l'article par les copistes, cf. n. 4, p. 124 de ce volume.

178 ΔΙΩΝΟΣ ΤΟΥ ΚΑΣΣΙΟΥ ΛΕΙΨΑΝΑ. ΒΙΒΛ. Α–ΛϚ.

δικαιότερα καὶ τὰ τῇ πατρίδι συμφορώτερα ὄντως [1] αἱρεῖσθαι, προσεχώρησαν σφίσιν [2].

CCCXVII. Ὅτι [3] κεραυνοῦ ἐπὶ τὸ Καπιτώλιον ἐνεχθέντος, ἄλλα τε πολλὰ καὶ οἱ τῶν Σιβυλλείων χρησμοὶ διεφθάρησαν [4].

CCCXVIII. Ὅτι [5] ὁ Πομπήϊος υἱὸς ἦν τοῦ Στράβωνος· συνεκρίθη δὲ ὑπὸ Πλουτάρχου Ἀγησιλάῳ τῷ Λακεδαιμονίῳ [6]. Ἀχθόμενος δὲ τοῖς τὴν πόλιν ἔχουσι [7] ἐξωρμήθη ἐς τὸ Πικηνὸν αὐτὸς ἐφ' ἑαυτοῦ, οὐδὲ ἐς ἄνδρας πω πάνυ [8] τελῶν [9]. Καὶ παρ' ἐκείνων χεῖρά τινα παρὰ [10] τὴν τοῦ πατρὸς

1. Cet adverbe manque dans le manuscrit de Paris n° 2350.
2. Σφίσι, dans le même manuscrit et dans celui de Tours. Sur la suppression du ν paragogique, à la fin des phrases, cf. l'Introduction, tom. I, p. LIX.
3. (Exc. Vat. A. M. p. 551, éd. Rom.)
4. Denys d'Hal. A. R., IV, 62, fait allusion à cet événement : Μετὰ δὲ τὴν τρίτην ἐπὶ ταῖς ἑβδομήκοντα καὶ ἑκατὸν ὀλυμπιάσιν ἐμπρησθέντος τοῦ ναοῦ, εἴτ' ἐξ ἐπιβουλῆς, ὥς οἴονταί τινες, εἴτ' ἀπὸ ταὐτομάτου, σὺν τοῖς ἄλλοις ἀναθήμασι τοῦ θεοῦ καὶ οὗτοι (les oracles Sibyllins) διεφθάρησαν ὑπὸ τοῦ πυρός. Si l'on tient compte de la différence de deux années, provenant de la date adoptée par Denys pour l'époque de la fondation de Rome, son récit concorde avec la supputation de M. A. Mai, qui place cet événement l'an de Rome 671.
Dion attribue l'incendie du Capitole au feu du ciel : on vient de voir que Denys ne se prononce pas sur la cause de ce désastre. Appien, Guer. Civ. I, n'ose rien affirmer. Après avoir dit, l. l. 83 : Τό τε Καπιτώλιον, ὑπὸ τῶν βασιλέων τετρακοσίοις που πρόσθεν ἔτεσι γενόμενον, ἐνεπρήσθη, καὶ τὴν αἰτίαν οὐδεὶς ἐπενόει, il ajoute, l. l., 86 : Αἷς ἡμέραις καὶ τὸ Καπιτώλιον ἐνεπίμπρατο· καὶ τὸ ἔργον τινὲς ἐλογοποίουν Κάρβωνος, ἢ τῶν ὑπάτων, ἢ Σύλλα πέμψαντος, εἶναι. Τὸ δ' ἀκριβὲς ἄδηλον ἦν, καὶ οὐκ ἔχω τὴν αἰτίαν ἐγὼ συμβαλεῖν, δι' ἣν ἂν οὕτως ἐγένετο.
5. (Exc. Peir. CXXXIII. R. p. 53.)
6. Cf. Ce parallèle, à la suite de la Vie de Pompée.
7. Plutarque, Pompée, I, après avoir mis en opposition l'amour des Romains pour Pompée et leur haine pour son père, fait connaître les

plus favorable aux intérêts de la patrie, se réunirent à Sylla et à Métellus.

CCCXVII. La foudre étant tombée sur le Capitole, les oracles Sibyllins furent consumés, ainsi que beaucoup d'autres objets.

An de Rome 671.

CCCXVIII. Pompée était fils de Strabon : Plutarque l'a mis en parallèle avec Agésilas de Lacédémone. Ne pouvant supporter le joug des hommes qui gouvernaient Rome, il se rendit dans le Picenum, de sa propre autorité; quoiqu'il n'eût pas tout à fait l'âge viril. Protégé par le souvenir de son père, qui avait exercé le commandement dans ce pays, il rassembla un corps

---

causes de cette haine : Αἰτία δὲ τοῦ μὲν μίσους ἐκείνῳ μία, χρημάτων ἄπληστος ἐπιθυμία· τούτῳ δὲ πολλαὶ τοῦ ἀγαπᾶσθαι, σωφροσύνη περὶ δίαιταν, ἄσκησις ἐν ὅπλοις, πιθανότης λόγου, πίστις ἤθους, εὐαρμοστία πρὸς ἔντευξιν, ὡς μηδενὸς ἀλυπότερον δεηθῆναι, μηδ᾽ ἥδιον ὑπουργῆσαι δεομένῳ. Προσῆν γὰρ αὐτοῦ ταῖς χάρισι καὶ τὸ ἀνεπαχθὲς διδόντος, καὶ τὸ σεμνὸν λαμβάνοντος.

8. Cet adverbe est omis dans le manuscrit de Paris n° 2550.

9. Le Compilateur a beaucoup trop abrégé Dion; j'emprunte à Plutarque, l. l. VI, quelques détails : Τότε οὖν ὁ Πομπήιος ἐν τῇ Πικηνίδι τῆς Ἰταλίας διέτριβεν, ἔχων μὲν αὐτόθι καὶ χωρία, τὸ δὲ πλέον ταῖς πόλεσιν ἡδόμενος, οἰκείως καὶ φιλικῶς πατρόθεν ἐχούσαις πρὸς αὐτόν. Ὁρῶν δὲ τοὺς ἐπιφανεστάτους καὶ βελτίστους τῶν πολιτῶν ἀπολείποντας τὰ οἰκεῖα, καὶ πανταχόθεν εἰς τὸ Σύλλα στρατόπεδον, ὥσπερ εἰς λιμένα, καταθέοντας, αὐτὸς οὐκ ἠξίωσεν ἀποδρὰς, οὐδὲ ἀσύμβολος, οὐδὲ χρῄζων βοηθείας, ἀλλ᾽ ὑπάρξας τινὸς χάριτος, ἐνδόξως καὶ μετὰ δυνάμεως ἐλθεῖν πρὸς αὐτόν. Ὅθεν ἐκίνει τοὺς Πικηνοὺς ἀποπειρώμενος. Οἱ δὲ ὑπήκουον αὐτῷ προθύμως, καὶ τοῖς παρὰ Κάρβωνος ἥκουσιν οὐ προσεῖχον. Οὐηδίου δέ τινος εἰπόντος ὅτι δημαγωγὸς αὐτοῖς ἐκ παιδαγωγείου παραπεπήδηκεν ὁ Πομπήιος, οὕτως ἠγανάκτησαν, ὥστε εὐθὺς ἀνελεῖν προσπεσόντες τὸν Οὐήδιον. Cf. l'Epitome de Tite-Live, liv. LXXXV

Appien, Guer. Civ. I, 80, est presque aussi succinct que le Compilateur de Dion : Γναῖος Πομπήιος ..... ἦλθε καὶ τέλος ἤγαγεν ἐκ τῆς Πικηνίτιδος, κατὰ κλέος τοῦ πατρὸς ἰσχύσαντος ἐν αὐτῇ μάλιστα, ἀγείρας. Μετὰ δ᾽ οὐ πολὺ καὶ δύο ἄλλα συνέλεξε καὶ χρησιμώτατος ἐν τοῖς μάλιστα ὅδε ὁ ἀνὴρ ἐγένετο τῷ Σύλλᾳ.

10. H. de Valois propose, sans nécessité, de remplacer παρὰ par διά. Pour des exemples de παρὰ, dans le sens de *propter*, cf. Thes. gr. ling., t. VI, p. 198-199, éd. Didot.

ἡγεμονίαν ἀθροίσας, δυναστείαν ἰδίαν συνίστη, καὶ ᾠήθη ἐλλόγιμόν τι πρᾶξαι καθ' ἑαυτόν· καὶ τῷ Σύλλᾳ προσεχώρησε, καὶ ὁ μὲν [ἀπὸ] τούτων ἀρξάμενος [1] οὐδὲν μείων ἐκείνου ἐγένετο· ἀλλ', ὥσπερ που καὶ ἡ ἐπίκλησις αὐτῷ προσετέθη, μέγας ηὐξήθη [2].

CCCXIX. Ὅτι [3] ὁ Σύλλας τὸ στράτευμα παρέδωκεν ἀνδρὶ [4] [μήτ' ἐν στρατηγίᾳ,] μήτ' ἄλλως [5] ἐπαινουμένῳ, καίπερ πολλοὺς ἐκ τῶν ἀπ' ἀρχῆς συγγενομένων οἱ [6] ἔχων, καὶ ἐμπειρίᾳ καὶ πράξει προφέροντας, οἷς [7] που καὶ ἐς ἐκεῖνο τοῦ χρόνου πρὸς πάντα τὰ ἀναγκαῖα ὡς καὶ πιστοτάτοις ἐκέχρητο. Καὶ πρὶν μὲν νικήσῃ [8] ἐδεῖτό τε αὐτῶν, καὶ ταῖς ἀπ' αὐτῶν

---

1. L'ancienne leçon τούτων ἀρξάμενος est confirmée par le manuscrit de Tours et par celui de Paris n° 2250. Il paraît manquer une préposition avant τούτων : j'ai ajouté ἀπό d'après Reiske; mais en mettant ce mot entre crochets.

2. H. de Valois donne ainsi ce passage : Ἀλλ' ὥσπερ που καὶ ἡ ἐπίκλησις αὐτοῦ προσετέθη μέγας ηὐξήθη. Reimarus a reproduit cette leçon, sans aucune remarque; Reiske la regarde comme tronquée et propose d'ajouter, après ἐπίκλησις αὐτοῦ, les mots δηλοῖ ἢ ὕστερον. Enfin Sturz a cru satisfaire aux exigences du sens, en ponctuant de cette manière : Ἀλλ', ὥσπερ που καὶ ἡ ἐπίκλησις αὐτοῦ προσετέθη, μέγας, ηὐξήθη, mais il ajoute qu'on pourrait aussi lire μέγας ηὐξήθη.

J'ai remplacé αὐτοῦ par αὐτῷ, d'après le manuscrit de Tours et celui de Paris n° 2550. Avec cette correction, il suffit de mettre une virgule avant ὥσπερ et une autre après προσετέθη. Sur la confusion des désinences ῳ et ου; cf. Bast, Comment. pal., p. 774-778. Dans ce passage de Thucydide, V, 103, ἐλπὶς δὲ κινδύνῳ παραμύθιον οὖσα τοὺς μὲν ἀπὸ περιουσίας χρωμένους αὐτῇ, κἂν βλάψῃ, οὐ καθεῖλεν, cité par Denys d'Halic., Jug. sur Thucydide, § XL, le manuscrit de la bibliothèque du roi, n° 1657, contenant ce traité, porte κινδύνου, génitif justifié par Sophocle, Électre, v. 130, de la Coll. Didot : ἥκετ' ἐμῶν καμάτων παραμύθιον, à moins qu'on n'aime mieux lire ἐμῷ καμάτῳ, à cause de la fréquente permutation des désinences ῳ et ων; cf. p. 191, not. 8, de ce volume.

3. (Exc. Peir. CXXXIV. R. p. 53.)

de troupes, se créa une puissance indépendante, et il espérait s'illustrer avec ses seules ressources; mais il se réunit à Sylla, et, quelque modestes qu'eussent été ses débuts, il ne lui resta pas inférieur : bien loin de là, sa gloire prit un grand accroissement, comme l'atteste le surnom qui lui fut décerné.

CCCXIX. Sylla confia son armée à un chef qui ne s'était distingué, ni comme général, ni d'aucune autre manière. Il avait pourtant auprès de lui une foule d'hommes d'une expérience et d'une habileté consommées, qui avaient embrassé sa cause dès le principe et qu'il avait trouvés jusqu'alors d'une fidélité à toute épreuve, dans les circonstances les plus critiques. Avant ses victoires, il recherchait leur concours et savait mettre

An de Rome 672.

4. Lucretius Ofella, que Sylla chargea du siége de Préneste. Cf. Plutarque, Syll. XXXIII; Appien, Guer. Civ. I, 88 et 101 ; Velleius Paterculus, 11, 27.

5. Il y a une lacune dans l'ancienne leçon ἀνδρὶ, μήτ' ἄλλως ἐπαινουμένῳ. Reiske propose deux conjectures pour la remplir : 1° ἀνδρὶ μήτ' ἐπιφανεῖ, 2° ἀνδρὶ μήτ' ἐν στρατηγίᾳ. Je préfère la seconde, comme Sturz, et j'insère μήτ' ἐν στρατηγίᾳ dans le texte; mais en plaçant ces mots entre crochets.

6. Lucretius Ofella, au contraire, avait été d'abord du parti de Marius. Velleius Paterculus, l. l. : Oppugnationi autem Prænestis ac Marii præfuerat Ofella Lucretius; qui, quum ante Marianarum fuisset partium fautor, ad Sullam transfugerat. J'emprunte *fautor* à l'édition de Deux-Ponts : plusieurs critiques adoptent *prætor* ou *proditor*.

Au lieu de ἀπ' ἀρχῆς, le manuscrit de Tours porte ἀπαρχῆς. C'est ainsi qu'on trouve dans les manuscrits ὅτιμεγίστη et ὅτι μεγίστη, — ὅτιμάλιστα et ὅτι μάλιστα, — προμιχροῦ et πρὸ μιχροῦ, — ταμάλιστα et τὰ μάλιστα, — ἐπιμήχιστον et ἐπὶ μήχιστον, etc.

7. Ὥς est une faute du copiste dans le manuscrit de Paris n° 2550 : par une confusion analogue, ὥς a été substitué à οὕς dans le manuscrit de la bibliothèque du roi, n° 1657, contenant la 1ʳᵉ lettre de Denys d'Hal. à Ammæus, § XI : Ὅτι δὲ δώδεκα τούτους ἅπαντας τοὺς λόγους ὡς κατηρίθμημαι (lis. οὓς κατηρίθμημαι), πρὸ τῆς ἐκδόσεως τῶν Ἀριστοτέλους τεχνῶν ἀπήγγειλεν ὁ Δημοσθένης, κτλ.

8. Reiske préférerait νικῆσαι : quoique les désinences η et αι soient

ὠφελείαις ἀπεχρῆτο. Ἐπεὶ δὲ ἐγγυτέρω τῆς ἐλπίδος τοῦ παντελῶς κρατήσειν ἐγένετο, οὐδένα αὐτῶν ἔτι λόγον ἐποιεῖτο· τοῖς δὲ κακίστοις, καὶ μήτε ἐν περιφανείᾳ γένους, μήτε ἐν δόξῃ ἀρετῆς οὖσι, μᾶλλον ἐπίστευσεν.

Αἴτιον δὲ, ὅτι τοὺς μὲν τοιούτους πρὸς πάντα αὐτῷ καὶ τὰ χείριστα ἑτοίμους ὄντας ὑπουργεῖν ἑώρα, καὶ χάριν τε ἑαυτῷ πλείστην, κἂν ἐλαχίστου τινὸς τύχωσιν, ὀφειλήσειν, καὶ μήθ' ὑπερφρονήσειν ποτὲ, μήτε τῶν ἔργων ἢ τῶν βουλευμάτων ἀντιποιήσεσθαι [1] ἐνόμιζεν· τὸ δ' ἀρετὴν ἔχον οὔτε συγκακουργεῖν οἱ ἐθελήσειν, ἀλλὰ καὶ ἑαυτῷ ἐπιτιμήσειν, καὶ τὰ γέρα τῶν εὐεργετημάτων κατ' ἀξίαν ἀπαιτήσειν, καὶ μηδεμίαν χάριν ἐπ' αὐτοῖς, ἅτε καὶ ὀφειλόμενα σφίσιν ἀπολαμβάνοντας, ἕξειν [2]· τάς τε πράξεις καὶ τὰς συμβουλίας ὡς καὶ ἑαυτῶν οὔσας προσποιήσεσθαι.

CCCXX. Ὅτι [3] ὁ Σύλλας νικήσας τοὺς Σαυνίτας [4], μέχρι μὲν δὴ οὖν τῆς ἡμέρας ἐκείνης διαπρεπὴς ἦν, καὶ

---

souvent confondues, je ne vois aucune raison de modifier l'ancienne leçon. Reiske la défend par un passage analogue de Dion, XL, 46 : Δόγμα τε ἐποιήσατο μηδένα μήτε στρατηγήσαντα, μήθ' ὑπατεύσαντα τὰς ἔξω ἡγεμονίας, πρὶν ἂν πέντε ἔτη διέλθῃ, λαμβάνειν, où l'on remarquera l'addition de ἂν après πρίν. Ast, Lex. Platon. tom. III, p. 171 : « Πρίν.... cum particula ἂν et conjunctivo (negatione vel antecedente vel sequente); Phædr. 228 C : Οὐδαμῶς,..... ἀφήσειν πρὶν ἂν εἴπω ἀμωσγέπως. — 242, A : μή πώ γε ..... πρὶν ἂν τὸ καῦμα παρέλθῃ.

1. Ἀντιποιήσασθαι, dans le manuscrit de Tours. Le futur et l'aoriste ont été souvent confondus par les copistes. Dans Platon, Alcibiad. Ier, § IV, p. 47-48, tom. VI, éd. Bekk. Lond. : Ἡγεῖ, ἐὰν θᾶττον εἰς τὸν Ἀθηναίων δῆμον παρέλθῃς, τοῦτο δὲ ἔσεσθαι μάλα ὀλίγων ἡμερῶν, παρελθὼν δὲ ἐνδείξασθαι Ἀθηναίοις ὅτι ἄξιος εἶ τιμᾶσθαι, κτλ., trois Ms. portent ἐνδείξεσθαι, leçon préférée à tort par H. Etienne. « Steph. scribi malebat ἐνδείξεσθαι, falso ; dit Ast : solet enim aoristus præteriti ita poni ut actionem

à profit leurs services ; mais lorsque son espérance de gouverner en maître fut près de se réaliser, il ne fit plus d'eux aucun cas, et aima mieux accorder sa confiance à des hommes pervers qui ne se recommandaient ni par l'éclat de la naissance, ni par aucun mérite.

Sylla agissait ainsi dans la persuasion que de tels hommes seraient prêts à seconder tous ses desseins, même les plus blâmables : il pensait qu'ils se montreraient fort reconnaissants pour le moindre bienfait et ne s'attribueraient jamais aucune action ni aucune résolution. Les citoyens de mérite, au contraire, loin de s'associer à ses entreprises, les condamneraient : ils exigeraient des récompenses proportionnées à leurs services, les recevraient comme une chose due, sans témoigner aucune reconnaissance, et revendiqueraient, comme leur propre ouvrage, toutes les actions et toutes les résolutions.

CCCXX. Sylla vainquit les Samnites : couvert de gloire jusqu'à ce jour, la renommée de ses exploits et la sa-

---

« vel rem significet quoad tempus quidem indefinitam, per se vero defini-
« tam (quasi jam præteritam), h. e. indubitatam. Vulgaris quidem opi-
« nio, aoristum pro futuro poni posse, recte ab Hermanno (de Emend. Rat.
« Græc. Grammat. p. 189) refutata est. »
Dans la citation tirée de Platon, il faut remarquer δέ dans le sens de *igitur, ergo*; cf. Abresch. Diluc. Thucyd. VIII, 70, p. 780. Aussi un Ms. de Venise porte-t-il οὖν, cité par Bekker et adopté par Nürnberger.

2. Dion met une pensée analogue dans la bouche d'Agrippa, LII, 12 : Οἱ μὲν γὰρ, ὡς καὶ ὀφειλόμενόν τι λαμβάνοντες, οὔτ' ἄλλως μεγάλην οἴονται δεῖν τῷ διδόντι αὐτὸ χάριν ἔχειν, ἅτε μηδὲν παρὰ δόξαν εὑρισκόμενοι, κτλ.

3. (Exc. Peir. CXXXV. R. p. 53-54.)

4. Epitome de Tite-Live, LXXXVIII : Sulla Carbonem, exercitu ejus ad Clusium, ad Faventiam, Fidentiamque cæso, Italia expulit; cum Samnitibus, qui soli Italicorum populorum nondum arma posuerant, juxta urbem Romam, ante portam Collinam debellavit. Pour plus de détails, cf. les Éclaircissements, à la fin du volume.

ὄνομα ἀπό τε τῶν στρατηγημάτων καὶ ἀπὸ τῶν βουλευμάτων μέγιστον ἔσχε, φιλανθρωπίᾳ τε καὶ εὐσεβείᾳ πολὺ προέχειν ἐνομίζετο [1], ὥστε καὶ τὴν τύχην σύμμαχον ἀπὸ τῆς ἀρετῆς πάντας ἔχειν αὐτὸν ἡγεῖσθαι. Μετὰ δὲ δὴ τοῦτο, τοσαύτην μεταβολὴν ἐποιήσατο, ὥστε μηδὲ τοῦ αὐτοῦ τινα φάναι ταῦτά τε καὶ τὰ ἔπειτα εἶναι. Οὕτως, ὡς [2] ἔοικεν, οὐκ ἤνεγκεν εὐτυχήσας [3]. Καὶ γὰρ ἐκεῖνα, ἃ ἕως ἀσθενὴς ἦν ἄλλοις ἐπεκάλει, καὶ ἕτερα πλείω, καὶ ἀτοπώτερα ἔπραξε· βουλόμενος μέν που καὶ ἀεὶ αὐτὰ, ἐλεγχθεὶς δὲ ἐν τῇ ἐξουσίᾳ· ἀφ' οὗπερ καὶ τὰ μάλιστα ἔδοξέ τισιν ἡ κακοπραγία μέρος οὐκ ἐλάχιστον ἔχειν [4].

1. Plutarque, Syll. XXX : Σύλλας δὲ, μετρίως τὰ πρῶτα καὶ πολιτικῶς ὁμιλήσας τῇ τύχῃ καὶ δόξαν ἀριστοκρατικοῦ καὶ δημωφελοῦς ἡγεμόνος παρασχών, ἔτι δὲ καὶ φιλόγελως ἐκ νέου γενόμενος, καὶ πρὸς οἶκτον ὑγρὸς, ὥστε ῥᾳδίως ἐπιδακρύειν, εἰκότως προσετρίψατο ταῖς μεγάλαις ἐξουσίαις διαβολὴν, ὡς τὰ ἤθη μένειν οὐκ ἐώσαις ἐπὶ τῶν ἐξ ἀρχῆς τρόπων, ἀλλ' ἔμπληκτα καὶ χαῦνα καὶ ἀπάνθρωπα ποιούσαις.

2. Ὡς manque dans le Ms. de Tours et dans celui de Paris n° 2550 : la ressemblance de ce mot avec la désinence de celui qui le précède, est sans doute la cause de cette omission. Sur des fautes analogues, cf. M. Boissonade, Anecd. Gr., tom. V, p. 20, n. 3.

3. Dion paraît avoir emprunté cette pensée à Plutarque, l. l. : Τοῦτο μὲν οὖν, εἴτε κίνησίς ἐστι καὶ μεταβολὴ φύσεως ὑπὸ τύχης, εἴτε μᾶλλον ὑποκειμένης ἀποκάλυψις ἐν ἐξουσίᾳ κακίας, ἑτέρα τις ἂν διόρισειε πραγματεία.

4. D'après le manuscrit de Tours : cette leçon se trouve également dans celui de Paris n° 2550. H. de Valois l'a rendue ainsi : *Unde etiam nonnullis hæc* (s.-ent. *dominatio*) *potius infelicitas ejus esse visa est.* Reimarus a conservé la même leçon ; mais afin de traduire les mots μέρος οὐκ ἐλάχιστον, négligés par H. de Valois, il a refait la version latine de cette manière : *Unde etiam nonnullis hæc* (s.-ent. *dominatio*) *præcipua infelicitatis ejus visa est causa.* Sturz a reproduit la leçon et l'interprétation de Reimarus.

La signification donnée par H. de Valois et par Reimarus à κακοπραγία est la plus ordinaire : elle est d'ailleurs justifiée par divers passages de

gesse de ses résolutions, son humanité, sa piété envers les Dieux l'élevaient bien au-dessus de tous les Romains. Chacun reconnaissait que son mérite lui avait donné la Fortune pour auxiliaire; mais après cette victoire, il s'opéra chez lui un tel changement, qu'on ne saurait dire s'il faut attribuer au même homme les actions qui la précédèrent et celles qui la suivirent : tant il est vrai, à mon avis, qu'il ne put supporter son bonheur. Il se permit ce qu'il avait reproché aux autres pendant qu'il était faible; il alla même plus loin, et fit des actions plus barbares. Sans doute il avait toujours eu le désir de les commettre; mais ce désir se révéla dès que Sylla fut puissant : aussi plusieurs pensèrent-ils que le pouvoir suprême fut la principale cause de sa méchanceté.

Dion, LII, 2 : Δικαίαν κακοπραγίαν εἰληφέναι δοκεῖ. Même liv. 3 : Τὸ γάρ τοι τῶν τε παρόντων νικᾶσθαι καὶ μήτε ἑαυτοὺς κατέχειν, τοῖς τε παρὰ τῆς τύχης δοθεῖσι μὴ καλῶς χρῆσθαι, πολὺ χεῖρόν ἐστι τοῦ ἐκ κακοπραγίας ἀδικεῖν τινα. Thucyd. II, 60 : Ταῖς κατ' οἶκον κακοπραγίαις ἐκπεπληγμένοι τοῦ κοινοῦ τῆς σωτηρίας ἀφίεσθε. Wagner et M. Tafel ont adopté le même sens.

Malgré ces autorités, il m'est resté ici quelques doutes sur la signification de κακοπραγία; parce que rien, dans l'histoire de Sylla, ne prouve que l'abus de la puissance fût pour lui une cause de malheur, à moins qu'on ne veuille voir dans ce passage de Dion une allusion aux craintes qui poussèrent Sylla à se donner la mort; s'il faut en croire notre Historien, LII, 17 : Τεκμήριον δὲ, ὅτι καὶ ὁ Πομπήϊος, ἐκστὰς τῆς δυναστείας, καὶ κατεφρονήθη καὶ ἐπεβουλεύθη · κἀκ τούτου μηκέτ' αὐτὴν ἀναλαβεῖν δυνηθεὶς, ἐφθάρη..... Πάντως δ' ἂν καὶ ὁ Μάριος καὶ ὁ Σύλλας ὅμοια αὐτοῖς ἐπεπόνθεσαν, εἰ μὴ προετεθνήκεσαν· καίτοι τὸν Σύλλαν φασί τινες αὐτὸ τοῦτο φοβηθέντα φθῆναι καὶ ἑαυτὸν ἀναχρήσασθαι. Mais cette assertion manque de probabilité; cf. les notes de Reimarus, t. I, p. 672-673 de son édition.

J'ai donc cru pouvoir donner, dans ce passage, à κακοπραγία le sens de κακουργία — πανουργία, dont on trouve des exemples incontestables; cf. Thes. gr. ling., tom. IV, p. 838, éd. Didot. Avec cette interprétation, tout concorde : jusqu'à la victoire remportée sur les Samnites, Sylla se montra doux et humain. A peine la victoire eut-elle mis le souverain pouvoir entre ses mains, que sa méchanceté naturelle, jusqu'alors contenue,

Ὁ γὰρ Σύλλας τάχιστα ὡς τῶν Σαυνιτῶν ἐκράτησε, καὶ τέλος τῷ πολέμῳ ἐπιτεθεικέναι ἐνόμισε, (τὰ γὰρ δὴ [1] λοιπὰ ἐν οὐδενὶ λόγῳ ἐποιεῖτο) μετεβάλετο. Καὶ ἑαυτὸν μὲν ἔξω τε τῶν τειχῶν, τρόπον τινὰ, καὶ ἐν τῇ μάχῃ κατέλιπεν, τὸν δὲ δὴ Κίνναν καὶ τὸν Μάριον, ἄλλους τε τοὺς μετ᾽ αὐτὸν [2] γενομένους πάντας ἅμα ὑπερέβαλεν. Ὅσα γὰρ μηδένα τῶν δήμων τῶν ὀθνείων ἀντιπολεμησάντων οἱ ἔδρασε, ταῦτα τότε τὴν πατρίδα, καθάπερ καὶ ἐκείνην νικήσας, ἐξειργάσατο [3].

Τοῦτο μὲν γὰρ αὐθημερὸν τὰς κεφαλὰς τοῦ τε Δαμασίππου καὶ τῶν συνεξετασθέντων αὐτῷ πρὸς τὸ Πραινέστε [4] πέμψας ἀνεσκολόπισε, καὶ τῶν παραδόντων σφᾶς ἐθελοντὰς συχνοὺς ὡς καὶ ἄκοντας ἑλὼν ἀπέκτεινεν. Καὶ τῇ ὑστεραίᾳ τοῖς τε βουλευταῖς ἐς τὸ Ἐνυεῖον [5], ὡς καὶ ἀπολογούμενός τι αὐτοῖς, καὶ τοῖς ζωγρηθεῖσιν ἐς τὸν ἀγρὸν τὸν δημόσιον [6] καλούμενον ὡς καὶ ἐς τὸν κατάλογον αὐτοὺς ἐσγράψων συνελθεῖν κελεύσας, τούτους ἅμα δι᾽ ἑτέρων ἐφό-

---

apparut au grand jour. De là, l'opinion que le souverain pouvoir fut la cause principale de cette méchanceté. Reiske trouve une lacune dans l'ancienne leçon et propose : Ἀφ᾽ οὗπερ — ἡ κακοπραγία μέρος οὐκ ἐλάχιστον εἰς ἀρετῆς δόξαν, ou bien εἰς εὐδαιμονίαν ἔχειν — *quo factum maxime fuit, ut essent qui statuerent adversam fortunam non minimum ad parandam homini laudem virtutis (vel felicitatem) conferre.* Cette conjecture est trop hardie et trop éloignée de la pensée de l'auteur.

1. Δή manque dans le manuscrit de Paris n° 2550.
2. J'aimerais mieux αὐτῶν, comme Reiske. Le même critique voudrait ajouter ὠμότητι, ou bien μιαιφονίᾳ, après ἅμα. Cette addition rendrait la phrase plus claire.
3. Ἐξειργάσατο dans le manuscrit de Tours, par la confusion d'ει avec ι.
4. Πρένεστε, dans le même manuscrit et dans celui de Paris n° 2550. Sur la confusion de αι avec ε dont nous avons déjà vu plusieurs exemples,

A peine eut-il vaincu les Samnites et crut-il avoir mis fin à la guerre (ce qui restait à faire n'était rien à ses yeux), qu'il se montra tout à fait différent de lui-même. Il laissa en quelque sorte Sylla hors des murs, sur le champ de bataille, et fut plus cruel que Cinna, que Marius et que tous ceux qui vinrent après lui. Jamais il ne traita aucun des peuples étrangers qui lui avaient fait la guerre, comme il traita alors sa patrie : on eût dit qu'elle aussi avait été soumise par ses armes.

Ce jour même, il envoya à Préneste les têtes de Damasippe et de ses complices, avec ordre de les attacher à des poteaux, et fit mettre à mort, comme s'il les avait domptés par la force, un grand nombre d'hommes qui s'étaient rendus volontairement. Le lendemain, il convoqua le sénat dans le temple de Bellone, comme s'il eût voulu lui présenter l'apologie de quelques-uns de ses actes, et il ordonna aux prisonniers de se réunir dans la ferme publique, comme s'il avait eu l'intention de les inscrire sur les rôles de l'armée; puis il fit massacrer tous ces prisonniers à la fois par d'autres soldats.

---

cf. Wesseling, Diod. de Sic., IV, 2; M. Boissonade, not. sur Planude, Métamorph., p. 31 etc.; M. Hase, Lydus, De Ostent., p. 184 C.

5. Plutarque, Syll., XXX : Οἱ δὲ πιστεύσαντες ἐπέθεντο τοῖς λοιποῖς, καὶ πολλοὶ κατεκόπησαν ὑπ' ἀλλήλων. Οὐ μὴν ἀλλὰ καὶ τούτους καὶ τῶν ἄλλων τοὺς περιγενομένους εἰς ἑξακισχιλίους, ἀθροίσας παρὰ τὸν ἱππόδρομον, ἐκάλει τὴν σύγκλητον εἰς τὸ τῆς Ἐννοῦς ἱερόν. Ἅμα δ' αὐτός τε λέγειν ἐνήρχετο, καὶ κατέκοπτον οἱ τεταγμένοι τοὺς ἑξακισχιλίους, κτλ.

6. Valère Maxime résume ces faits, IX, 2, 1 : Quatuor legiones contrariæ partis, fidem suam secutas, in publica villa quæ in Martio campo erat, nequidquam fallacis dextræ misericordiam implorantes, obtruncari jussit. Quarum lamentabiles quiritatus trepidæ civitatis aures receperunt; lacerata ferro corpora Tiberis impatiens tanti oneris cruentatis aquis vehere coactus est. Quinque millia Prænestinorum, spe salutis per P. Cethegum data, extra mœnia municipii evocata, quum abjectis armis humi corpora prostravissent, interficienda, protinusque per agros dispergenda curavit.

νευσε· καὶ πολλοὶ τῶν ἐκ τῆς πόλεως ἀνθρώπων ἀναμιχθέντες σφίσι παραπώλοντο [1]· καὶ ἐκείνοις αὐτὸς [2] πικρότατα διελέξατο.

CCCXXI. *Ὅτι [3] ὁ φόνος τῶν ἑαλωκότων καὶ τότε οὐδὲν ἧττον ὑπὸ τοῦ Σύλλου ἐγίγνετο. Καὶ αὐτῶν ἅτε ἐγγὺς τοῦ ναοῦ θνησκόντων, πολὺς μὲν θόρυβος, πολὺς δὲ καὶ θρῆνος, οἰμωγαί τε [4] καὶ ὀδυρμοὶ ἐς τὸ συνέδριον συνέπιπτον [5], ὥστε τὴν γερουσίαν ἀμφοτέρωθεν ἐκταράττεσθαι. Καὶ γὰρ οὐδὲ πόρρω ἔτι τοῦ τι καὶ αὐτοὶ δεινὸν πείσεσθαι προσδοκᾶν ἦσαν, οὕτως ἀνόσια αὐτοῦ καὶ λέγοντος ἅμα καὶ πράττοντος· καὶ διὰ τοῦτο πολλοί, ἅτε ἐπ' ἀμφοτέροις [6] ἐν ταυτῷ περιαλγοῦντες, ἐπεθύμουν τῶν ἔξω καὶ αὐτοὶ τῶν ἤδη [7] ἀπολλυμένων εἶναι, ἵνα παύσωνταί ποτε φοβούμενοι [8]· ἀλλ' αὐτοὶ μὲν ἀνεβέβληντο, οἱ δ' ἄλλοι κατεσφά-

---

Cf. Florus, III, 21; Sext. Aur. Victor, De Vir. Illustr., LXXV, éd. Arntzen; Orose, V, 21.

Varron, De Re Rustic., III, 2, parle aussi de cette ferme publique : Præterea, quum ad Rempublicam administrandam hæc villa sit utilis, ubi cohortes ad dilectum consuli adductæ consistant ; ubi arma ostendant ; ubi censores censu admittant populum, etc.

1. Παραπόλοντο, dans le manuscrit de Tours et dans celui de Paris n° 2550 : les copistes ont négligé l'augment ; cf. p. 8, not. 4, et p. 15, not. 6 de ce volume.

2. Je n'ai pas hésité à remplacer l'ancienne leçon αὐτοῖς par αὐτός, comme le veut Reiske. « Αὐτός, haud dubie vere, dit Sturz : opponitur « enim præcedentibus δι' ἑτέρων, ut ἐκείνοις et τούτους invicem sibi respon- « dent. »

3. (Exc. Peir. CXXXVI. R. p. 55.) D'après la note 1, p. 128, je marque ce fragment d'un astérisque.

4. Οἰμωγέται, dans le Ms. de Tours : outre la confusion de αι avec ε et celle de ε avec αι, le copiste a mal à propos réuni les deux mots : j'ai déjà signalé des fautes analogues ; cf p 88, not. 3 de ce volume. Le lecteur me-

Plusieurs habitants de Rome, qui se trouvèrent mêlés avec eux, eurent le même sort : quant aux sénateurs, Sylla leur adressa lui-même les paroles les plus amères.

CCCXXI. Le massacre des prisonniers ne poursuivait pas moins alors son cours par l'ordre de Sylla. Comme il s'exécutait près du temple de Bellone, un bruit confus, de longues lamentations, des gémissements, des voix plaintives arrivaient jusqu'au palais du sénat. Les Pères conscrits étaient livrés à une vive inquiétude, causée par la barbarie de Sylla dans ses paroles et dans ses actions : ils pressentaient qu'ils n'étaient plus loin d'être frappés eux-mêmes. En proie à une double douleur dans le même moment, le désir d'être enfin affranchis de tant d'alarmes faisait envier à plusieurs le sort de ceux qui déjà périssaient hors du temple; mais la mort des sénateurs fut ajournée : on égorgea tout le reste, et les cadavres furent jetés dans le Tibre. La cruauté de

---

permettra d'en citer un nouvel exemple, qui a fourni à M. Boissonade une correction des plus ingénieuses, Anecd. gr., tom. II, p. 315. not. 1 : « Ibidem (h. e. in Choricii Declam. de Tyrannicida), p. 58 : Φέρε σοι δείξο-« μαι μετὰ κινδύνου πραχθὲν ἐμοὶ τὸ πρᾶγμα. Ait Villoisonus se μετὰ scri-« psisse pro τά quod est in codice. Est in codice φέρε σοι δείξωμαι τὰ κ. : « unde fit facillime δείξω μετὰ κινδύνου. »

5. Plutarque, Syll. XXX : Κραυγῆς δὲ, ὡς εἰκὸς, ἐν χωρίῳ μικρῷ τοσούτων σφαττομένων φερομένης, καὶ τῶν συγκλητικῶν ἐκπλαγέντων, ὥσπερ ἐτύγχανε λέγων ἀτρέπτῳ καὶ καθεστηκότι τῷ προσώπῳ προσέχειν ἐκέλευσεν αὑτοῦ τῷ λόγῳ, τὰ δ' ἔξω γινόμενα μὴ πολυπραγμονεῖν· νουτεθεῖσθαι γὰρ, αὐτοῦ κελεύσαντος, ἐνίους τῶν πονηρῶν.

6. Reiske interprète ἐπ' ἀμφοτέροις par *ob impia dicta et facinora*.
7. Ce mot a été omis dans le manuscrit de Paris n° 2550.
8. Plutarque, l. l. XXXI, rapporte la question adressée par C. Métellus à Sylla, en plein sénat : Τί πέρας ἔσται τῶν κακῶν, καὶ ποῖ προελθόντος αὐτοῦ, δεῖ πεπαύσεσθαι (πεπαῦσθαι dans la Coll. Didot) τὰ γίνομενα προσδοκᾷν; « Παραιτούμεθα γάρ, εἶπεν, οὐχ οὓς σὺ ἔγνωκας ἀναιρεῖν τῆς τιμωρίας, ἀλλὰ τῆς ἀμφιβολίας, οὓς ἔγνωκας σώζειν. »

γησαν, καὶ ἐς τὸν ποταμὸν ἐρρίφησαν· ὥστε τὸ τοῦ Μιθριδάτου πολὺ δεινὸν νομισθὲν, ὅτι ποτὲ πάντας τοὺς ἐν τῇ Ἀσίᾳ Ῥωμαίους ἐν μιᾷ ἡμέρᾳ ἀπέκτεινεν, ἐν βραχεῖ πρός τε τὸ [1] πλῆθος καὶ πρὸς τὸν τρόπον [2] τῶν τότε φονευθέντων νομισθῆναι.

Οὐδὲ ἐνταῦθα τὸ δεινὸν ἔστη, ἀλλ' ὥσπερ ἀπὸ φρυκτωρίας τινὸς ἐκεῖθεν αἱ σφραγαὶ ἀρξάμεναι, καὶ ἐν τῷ ἄστει, καὶ ἐν τῇ χώρᾳ, ταῖς τε πόλεσι ταῖς ἐν τῇ Ἰταλίᾳ πάσαις [3] ἐγένοντο [4]. Πολλοὺς μὲν γὰρ αὐτὸς ὁ Σύλλας, πολλοὺς δὲ καὶ οἱ ἑταῖροι αὐτοῦ, οἱ μὲν ἐπ' ἀληθείας, οἱ δὲ καὶ προσποιούμενοι, ἐμίσουν· ὅπως ἐκ τῆς τῶν ἔργων ὁμοιότητος τό τε ὁμόηθές οἱ ἐνδεικνύοντες [5], καὶ τὴν φιλίαν βεβαιοῦντες [6], μὴ [7] ἐκ τοῦ διαφόρου αὐτῶν ὑποπτευθῶσί τε καὶ καταγινώσκειν [8] τι αὐτοῦ, καὶ διὰ τοῦτο κινδυνεύσωσιν. Ἔσφαζον δὲ καὶ ὅσους πλουτοῦντας ἢ καὶ ἄλλως πως ὑπερέχοντας σφῶν ἑώρων, τοὺς μὲν φθόνῳ, τοὺς δὲ διὰ τὰ

---

1. Comme Sturz, j'ajoute, d'après Reiske, l'article τό qui manque dans l'ancienne leçon. Sur l'omission de l'article par les copistes, cf. p. 188, n. 1 de ce volume.

2. D'après le Ms. de Tours et d'après celui de Paris n° 2550, au lieu de καὶ τὸν τρόπον, leçon donnée par H. de Valois, par Reimarus et par Sturz.

3. Cf. Plutarque, l. l.; Appien, Guer. Civ., I, 95 et 96.

4. Ἐγένετο, faute du copiste dans le manuscrit de Tours.

5. Ἐνδεικνύωντες, dans le même manuscrit, par la confusion d'ω avec ο.

6. Βεβαιῶντες, faute du copiste dans le Ms. de Tours et dans celui de Paris n° 2550; les syllabes ου et ων ont été souvent confondues, même dans le corps des mots. Thucydide, I, 37 : Ὅπως ἐν ᾧ μὲν ἂν κρατῶσι βιάζωνται, οὐ δ' ἂν λάθωσι πλέον ἔχωσιν, ἢν δέ πού τι προσλάβωσιν, ἀναισχυντῶσιν, κτλ. : plusieurs manuscrits portent ἀναισχυντοῦσιν ou ἀναισχυντοῦσι. Cf. Poppo, p. 11, tom. I, p. 242.

7. Cette négation manque dans le manuscrit de Tours : c'est un de

Mithridate, qui fit massacrer en un seul jour tous les Romains dispersés en Asie, avait paru affreuse : elle n'était presque plus rien, quand on la comparait avec le nombre des victimes immolées alors par Sylla, et avec le genre de leur mort.

Là ne s'arrêta pas le mal : semblables aux feux qui servent de signaux pendant la nuit, ces massacres en provoquèrent d'autres à Rome, dans la campagne et dans toutes les villes de l'Italie. Sylla lui-même et ses partisans poursuivaient de leur haine un grand nombre de citoyens; mais cette haine, vraie chez les uns, était simulée chez les autres. Ils voulaient, en imitant sa cruauté, prouver qu'ils lui ressemblaient et rendre son amitié plus stable. En se montrant différents de leur maître, ils auraient craint qu'il ne les soupçonnât de condamner ses actes, et par là de s'exposer à quelque danger. Ils égorgeaient les riches et tous ceux qu'ils voyaient avoir sur eux quelque supériorité ; ceux-ci par

---

ces petits mots que les copistes négligent souvent. Isocrate, Trapezit. § 6 : Οὕτω γὰρ οἰκείως πρὸς αὐτὸν διεκείμην, ὥστε μὴ μόνον περὶ χρημάτων, ἀλλὰ καὶ περὶ τῶν ἄλλων τούτῳ μάλιστα πιστεύειν. La négation μή est omise dans les deux Ms. de la bibliothèque du roi n° 1657 et 1742, contenant le Jugement de Denys d'Halic. sur Isocrate, où ce passage est cité, § XIX.

8. Reiske propose de remplacer αὐτῶν par αὐτῷ, qui serait le complément de ὑποπτευθῶσι, et de supprimer καί devant καταγινώσκειν. Ces conjectures me paraissent fort probables, la permutation des désinences ῳ et ων étant très-fréquente. Je me borne à un exemple tiré de Platon, Banquet, § 35, tom. V, p. 90, éd. Bekk. Lond. : Τεκόντι δὲ ἀρετὴν ἀληθῆ καὶ θρεψαμένῳ ὑπάρχει θεοφιλεῖ γενέσθαι, καὶ εἴ πέρ τῳ ἄλλῳ ἀνθρώπων, ἀθανάτῳ κἀκείνῳ. Plusieurs manuscrits portent ἄλλων au lieu de ἄλλῳ et ἀνθρώπων au lieu de ἀνθρώπῳ. Quant à καί, nous avons déjà parlé de l'addition de cette conjonction par les copistes; cf. p. 104, not. 1 de ce volume. Par respect pour l'autorité des manuscrits, j'ai maintenu l'ancienne leçon ; mais dans la traduction je suis la leçon proposée par Reiske.

χρήματα¹· πλεῖστοι γὰρ ἐν τῷ τοιούτῳ καὶ τῶν μέσων, κἂν μηδὲ ἑτέρας [στάσεως] ὦσι ², ἴδιόν τι ἔγκλημα τὸ κατ' ἀρετὴν ἢ καὶ γένει πλούτῳ τέ τινος προέχειν λαμβάνοντες ³· καὶ ἀσφάλεια οὐδεμία οὐδενὶ πρὸς τοὺς ἐν κράτει τινὶ ἀδικεῖν βουλομένους εὑρίσκετο.

CCCXXII. Ὅτι⁴ τοιαῦται συμφοραὶ τὴν Ῥώμην περιέσχον. Τί γὰρ ἄν τις τὰς τῶν ζώντων ὕβρεις λέγοι ; αἱ πολλαὶ μὲν περὶ τὰς γυναῖκας, πολλαὶ δὲ περὶ τοὺς παῖδας τοὺς εὐγενεστάτους καὶ ἐλλογιμωτάτους⁵, καθάπερ αἰχμαλώτους, ἐγίγνοντο· οὐ μὴν ἀλλὰ ἐκεῖνα, καίπερ χαλεπώτατα ὄντα, τῷ γοῦν ὁμοιοτρόπῳ τῶν ἤδη σφίσι συμβεβηκότων οἰστὰ τοῖς γε ἐκτὸς τούτων οὖσιν ἐδόκει εἶναι. Ὡς δὲ οὐκ ἐξήρκει τῷ Σύλλᾳ, οὐδ' ἠγάπα τὰ αὐτὰ ἑτέροις δρῶν, ἀλλά τις αὐτῷ πόθος εἰσῄει καὶ ἐν τῇ πολυτροπίᾳ τῶν φόνων πολὺ πάντων περιεῖναι, ὥσπερ τινὰ ἀρετὴν οὖσαν, τὸ μηδὲ ἐν ταῖς μιαιφονίαις τινὸς ἡττᾶσθαι, τινὰ

---

1. Plutarque, l. l. : Καὶ λέγειν ἐπῄει τοῖς κολάζουσιν, ὡς τόνδε μὲν ἀνῄρηκεν οἰκία μεγάλη, τόνδε κῆπος, ἄλλον ὕδατα θερμά. Cf. Appien, l. l., 95.

2. H. de Valois donne : Κἂν μηδὲ ἑτέροις ὦσι συναίροντες, et il cite en marge la leçon κἂν μηδὲ ἑτέρας εἰ (sic) συναίροντες, donnée par le Ms. de Tours et par celui de Paris n° 2550. La leçon de H. de Valois a été reproduite par Reimarus et par Sturz, qui pourtant la regarde comme fort altérée : « Omnino, dit-il, totus locus vitiosus videtur esse. Certe « verba κἂν — συναίροντες deleverim, tanquam glossema τῶν μέσων, et « uncinis inclusi. » Συναίρειν dans le sens de *opitulari*, *adjuvare* est inadmissible; c'est συναίρεσθαι qu'il faut employer; cf. Fr. CCCXVI, p. 176, et Thes. gr. ling., tom. I, p. 915 de l'ancienne édition.

La leçon des manuscrits, quoique fautive, me paraît mettre sur la voi

envie, ceux-là à cause de leurs richesses. Dans ce nombre furent même compris beaucoup de citoyens qui n'avaient jamais embrassé aucun parti, et dont le seul crime était de se distinguer par leur mérite, par leur naissance ou par leur fortune. Il n'y eut plus de sauvegarde pour personne contre les hommes revêtus de quelque pouvoir et résolus à fouler aux pieds la justice.

CCCXXII. Voilà de quels malheurs Rome était accablée. Qui pourrait raconter les violences et les outrages prodigués aux vivants? Les femmes, les enfants des familles les plus nobles et les plus considérées furent souvent traités comme des prisonniers de guerre. Ces violences étaient révoltantes; cependant ceux qui n'en étaient pas alors atteints les trouvaient supportables, à cause de leur ressemblance avec ce qu'ils avaient déjà souffert eux-mêmes. Elles ne suffirent point à Sylla, qui ne pouvait se contenter de ce que d'autres avaient fait. Il se laissa donc entraîner par le désir de ne point connaître d'égal dans l'art de varier le meurtre, comme s'il

An de Rome 673.

de la véritable : je propose 1° de remplacer ἑτέροις par ἑτέρας du Ms. de Tours, à cause de la fréquente confusion d'οι avec α; cf. Bast, Comment. palæogr., p. 769; Schæfer, Meletem. Crit., p. 69; 2° d'insérer στάσεως, entre crochets, et de le mettre après ἑτέρας, la confusion entre στασεΩCΩCI et στασέΩCEI étant facile à concevoir; 3° de supprimer συναίροντες qui n'est probablement qu'une glose. Je lis donc : κἂν μηδὲ ἑτέρας [στάσεως] ὦσι, à peu près comme dans le Fr. CCCXXV, p. 204 de ce volume : Λέγεται γοῦν Κόϊντον ἄνδρα ἐπιφανῆ, ἐπιεικῆ τε καὶ σώφρονα, οὐδετέρας μὲν γεγονότα στάσεως.

3. Reiske croit qu'il manque ici un verbe, παραπώλλυντο, par exemple : il suffit de sous-entendre ἦσαν, comme Sturz le conseille, sans rien ajouter.

4. (Exc. Peir. CXXXVII. R. p. 56-57.)

5. J'ajoute les mots καὶ ἐλλογιμωτάτους, d'après le manuscrit de Tours,

καινότητα [1] ἐξέθηκε λελευκωμένον πίνακα, ἐς ὃν ἐνέγραφε τὰ ὀνόματα [2].

Οὐ μέντοι γε ἧττον πάντα ὅσα καὶ πρὶν ἐγίγνετο [3]· οὐδ' ἐν τῷ [4] ἀσφαλεῖ [5] οἱ μὴ ἐς τὰ λευκώματα ἐγγεγραμμένοι ἦσαν. Πολλοὶ μὲν γὰρ οἱ μὲν ζῶντες, οἱ δὲ καὶ τεθνηκότες ἐπ' ἀδείᾳ τῶν ἀποκτεινάντων σφᾶς προσενεγράφοντο, ὥστε ἐν τούτῳ μηδὲν διενεγκεῖν τὸ πρᾶγμα [6]· τῇ τε δεινότητι τῇ τε ἀτοπίᾳ αὐτοῦ πάνυ πάντας χαλεπανθῆναι. Τά τε γὰρ πινάκια ὥσπερ τις ἀναγραφὴ βουλευτῶν ἢ κατάλογός στρατιωτῶν νομιζομένων [7] ἐξετίθετο. Καὶ συνέθεον ἐπ' αὐτὰ [8] πάντες οἱ ἀεὶ παρόντες σπουδῇ, καθάπερ τινὰ χρηστὴν ἐπαγγελίαν ἔχοντα· καὶ πολλοὶ μὲν συγγενεῖς, ἤδη δέ [9] τινες καὶ ἑαυτοὺς εὕρισκον ἐγγεγραμμέ-

---

ils manquent dans tous mes devanciers. Un peu plus bas, lig. 14, εἰσίει, au lieu d'εἰσήει dans le même manuscrit et dans celui de Paris n° 2550, provient de la confusion de η avec ει.

1. Cf. Velleius Paterculus, II, 28; Appien, Guer. Civ. I, 95. Suivant Reiske, il faut sous-entendre la préposition κατά, ou le participe ἐπιτηδεύων, avant τινὰ καινότητα. On peut regarder ces deux mots comme une apposition de λελευκωμένον πίνακα, et ne rien sous-entendre. Je conserve l'ancienne leçon, comme H. de Valois, Reimarus et Sturz.

2. Reiske pense qu'il manque ici quelque chose, par exemple, τῶν θανατοῦσθαι μελλόντων. Ce complément de la pensée est implicitement renfermé dans ἐνέγραφε τὰ ὀνόματα.

3. Cette leçon, adoptée par H. de Valois, par Reimarus et par Sturz, fournit un sens très-satisfaisant : *sed nihilo secius eadem quæ prius actitabantur*. Wagner et M. Tafel l'ont suivie. Reiske suppose gratuitement qu'il faut insérer ici un verbe ; par exemple, ἠρευνᾶτο, — ἐζητεῖτο, — ἐξητάζετο. Le manuscrit de Tours et celui de Paris n° 2550 portent γίγνεται, au lieu de ἐγίνετο. Cette leçon ne peut se concilier avec l'imparfait ἦσαν: j'ai maintenu celle de H. de Valois.

4. Οὐδὲ ἐν τῷ, dans le manuscrit de Tours.

5. Reiske conseille, sans nécessité, d'ajouter μᾶλλον après ἀσφαλεῖ.

y avait quelque mérite à ne le céder à personne, même en cruauté; et, chose jusqu'alors sans exemple, il afficha sur un album les noms de ses victimes.

Rien, du reste, ne fut changé à ce qui se faisait auparavant : ceux qui n'étaient pas portés sur cet album ne furent point pour cela hors de danger. Sylla y inscrivit un grand nombre de vivants; il y inscrivit aussi beaucoup de morts, pour tranquilliser leurs bourreaux. Ainsi, ce genre de proscription ne différait en rien de l'ancien, et il révoltait tous les cœurs par sa cruauté et par son étrange nouveauté. Les tables fatales étaient exposées, comme l'album sénatorial, ou comme le catalogue officiel de l'armée. Tous ceux qui venaient incessamment dans la place publique, accouraient vers ces tables et les lisaient avec avidité, dans l'espoir de recueillir quelque bonne nouvelle; mais les uns trouvaient leurs parents au nombre des proscrits; quelques autres

---

6. H. de Valois traduit : *Adeo ut nullum prioribus malis remedium ea proscriptio afferret*. Reimarus, peu content de cette version, l'a refaite de cette manière : *Adeo ut nulla in re prioribus malis præstaret proscriptio hæc*. Reiske conseille d'ajouter τῆς βουλήσεως après τὸ πρᾶγμα — *Adeo ut nihil differret aliquem occidere et occidisse voluisse;* version moins satisfaisante que les deux autres. Sturz propose timidement un tout autre sens, qui me paraît peu probable : *Adeo ut nihil differret, vivere adhuc et jam occidisse*. Je m'en tiens au sens littéral, comme les traducteurs allemands. Wagner dit : *Und so war diese neue Methode um nichts milder*, et M. Tafel : *So dasz sich die Sache von dem früheren in nichts unterschied*.

7. « Νομιζόμενοι, dit Reimarus, *in numerum relati et quasi legi-* « *timi, justi milites*. » Reiske voudrait substituer νομιζόμενα (s.-ent. τὰ πινάκια) à νομιζομένων. Sa conjecture n'est point fondée.

8. Reimarus avait reconnu la nécessité de substituer cette leçon à l'ancienne ἐπ' αὐτό, donnée par H. de Valois. Cette correction est confirmée par le manuscrit de Tours.

9. Τέ dans le manuscrit de Paris n° 2550, par la confusion de δέ avec τέ. Cf. p. 82, not. 1 de ce volume. En voici un autre exemple; Thucydide,

νους κτείνεσθαι· κἀκ τούτου τὸ πάθος οἷα ἐξαπιναίῳ κακῷ φοβερὸν σφᾶς κατελάμβανεν· καὶ συχνοὶ καὶ ἀπ' αὐτοῦ τούτου γνωριζόμενοι διώλλυντο.

Καὶ ἦν οὐδενὶ ἔξω τῶν ἐκ τῆς ἑταιρείας ἀσφαλὲς οὐδέν. Εἴτε γὰρ προσίοι τις λευκώμασιν, αἰτίαν ὡς καὶ πολυπραγμονῶν τι εἶχεν· εἴτε μὴ προσίοι, δυσχεραίνειν ἐδόκει. Καὶ ὅ τε ἀναλεγόμενος ἢ καὶ ἐπερωτῶν τινα τὰ ἐγγεγραμμένα, ὕποπτος, ὡς καὶ περὶ ἑαυτοῦ τι τῶν τε ἑταίρων ζητῶν, ἐγίγνετο· καὶ ὁ μὴ ἀναγινώσκων, μηδὲ πυνθανόμενος [1], ἄχθεσθαί τε αὐτοῖς ὑπωπτεύετο, καὶ διὰ τοῦτο καὶ ἐμισεῖτο. Τό τε δακρῦσαι ἢ καὶ γελάσαι θανάσιμον παραχρῆμα [2] ἐγίγνετο. Καὶ διὰ τοῦτο καὶ πολλοί, οὐχ ὅτι καὶ εἶπόν τι ἢ καὶ ἔπραξαν ὧν ἀπείρητο, ἀλλ' ὅτι καὶ ἐσκυθρώπασαν ἢ καὶ ἐμειδίασαν, ἐφθείροντο. Οὕτω καὶ τὰ σχήματα αὐτῶν ἀκριβῶς ἐτηρεῖτο· καὶ οὐκ ἐξῆν οὐδενὶ οὔτε ἐπὶ φίλων [3] ὀδύρασθαι [4], οὔτε ἐπ' ἐχθρῷ ἐφησθῆναι· ἀλλὰ καὶ ἐκεῖνοι ὡς καὶ χλευάζοντές τινα ἐσφάζοντο. Καὶ προσέτι καὶ ἐπικλήσεις [5] συχνοῖς πράγματα παρεῖχον· ἀγνο-

---

V, 105 : Οὐδὲν γὰρ ἔξω τῆς ἀνθρωπείας, τῶν μὲν ἐς τὸ θεῖον νομίσεως, τῶν δ' ἐς σφᾶς αὐτοὺς βουλήσεως, δικαιοῦμεν ἢ πράσσομεν. Les deux Ms. de la bibliothèque du roi, n° 1657 et 1745, contenant le Jug. de Denys d'Hal., où ce passage est cité, § XL, portent τῶν τε.

1. Μήτε πυνθανόμενος, dans le Ms. de Tours.

2. Τὸ παραχρῆμα, dans le même manuscrit. Sur cet adverbe, employé tantôt avec l'article et tantôt sans article, cf. Thes. gr. ling., tom. V, p. 443, éd. Didot.

3. Reiske aimerait mieux ἐπὶ φιλῷ, variante qui ne manque pas de probabilité, surtout à cause de ἐπ' ἐχθρῷ : les désinences ῳ et ων sont souvent confondues. Cf. p. 190, not. 8 de ce volume; M. Boissonade, not.

s'y trouvaient eux-mêmes. Alors ils étaient frappés de terreur, comme il arrive dans un malheur imprévu : plusieurs, trahis par leur émotion, furent mis à mort.

Personne, excepté les amis de Sylla, ne fut plus en sûreté. Approchait-on de l'album, c'était une curiosité coupable ; n'en approchait-on pas, c'était une marque de mécontentement. Lisait-on les listes, ou demandait-on quels noms y étaient inscrits, c'était assez pour être soupçonné de chercher des renseignements pour soi-même ou pour ses amis : ne les lisait-on point, ne demandait-on aucun renseignement, c'était s'exposer à être regardé comme un ennemi de Sylla et de ses partisans, et par là encourir leur haine. Les larmes, le rire étaient sur-le-champ traduits en crime capital : beaucoup de citoyens perdirent la vie, non pour une parole ou pour une action défendues par Sylla ; mais parce qu'ils avaient l'air triste, ou pour avoir souri. Ainsi les physionomies étaient curieusement épiées : il n'était permis à personne de pleurer un ami, ou de se réjouir du malheur d'un ennemi : l'oser, c'était une insulte punie de mort. Les surnoms eux-mêmes causèrent à plusieurs de grands embarras ; car ceux qui ne connaissaient pas les proscrits

---

sur Theophyl. Simoc. p. 315 ; Denys d'Hal. Περὶ τ. λ. Δημοσθέν. δεινοτ., § XVI : Ὅσα δ' ἐνέλιπεν ἐκείνων ἑκάτερος, ταῦτα Δημοσθένην ἐξειργασμένον ἐπιδείξειν ὑποσχόμενος, ἐπὶ τοῦτ' ἤδη πορεύσομαι, τὰς ἄριστα δοκούσας ἔχειν παρ' ἑκατέρῳ τῶν ἀνδρῶν λέξεις προχειρισάμενος κτλ. Le Ms. de la bibliothèque du roi n° 1745 porte ἑκατέρων. Cf. une faute semblable dans le manuscrit n° 1742, l. I., § XVII, qui donne τοσούτων δὲ καὶ χείρους ἔσμεν τῶν προγόνων, au lieu de τοσούτῳ δὲ κ. χ. ἔ. τ. π.

4. D'après le manuscrit de Tours, au présent ὀδύρεσθαι donné par l'ancienne leçon, je préfère l'aoriste, à cause de ἐφησθῆναι.

5. Mieux, αἱ ἐπικλήσεις, leçon proposée par Reiske, et que j'aurais adoptée, si elle était confirmée par les manuscrits.

οὖντες γάρ τινες τοὺς ἐπικεκηρυγμένους, ἐπὶ πάντας οὓς ἐβούλοντο τὰς ἐπωνυμίας αὐτῶν ἦγον· καὶ πολλοὶ διὰ τοῦτ' ἀνθ' ἑτέρων ἀπέθανον· ὥστε καὶ ἐν τούτῳ ταραχὴν, τῶν μὲν, ὅπως ποτὲ ἐβούλοντο, [τινὰς] τῶν προστυχόντων [1] ὀνομαζόντων, τῶν δὲ ἀρνουμένων μὴ οὕτω καλεῖσθαι, γίγνεσθαι.

Ἐφονεύοντο δὲ οἱ μὲν ἀγνοοῦντες ὅτι τελευτήσουσιν, οἱ δὲ καὶ προειδότες, πανταχοῦ ὅπου περ ἐτύγχανον ὄντες· καὶ οὐδὲν ἦν αὐτοῖς χωρίον οὐχ ὅσιον, οὐχ ἱερόν [2], οὔτ' ἀσφαλὲς οὔτ' ἄσυλον. Οὐ μὴν ἀλλ' οἱ [3] μὲν ἐξαίφνης, πρὶν μαθεῖν τὴν [4] ἐπικρεμαμένην συμφορὰν, ἢ καὶ ἅμα τῇ πύστει αὐτῆς, διαφθειρόμενοι, τῇ γοῦν εὐτυχίᾳ [5] τῆς μὴ προεκφοβήσεως ἐπεκουφίζοντο [6]· οἱ δὲ δὴ προαισθόμενοι τοῦ δεινοῦ καὶ κατακρυπτόμενοι, χαλεπώτατα ἀπήλλασ-

---

1. L'ancienne leçon ἐβούλοντο τῶν προστυχόντων, confirmée par le manuscrit de Tours et par celui de Paris n° 2550, a été maintenue par H. de Valois, par Reimarus et par Sturz. Elle est évidemment fautive. Reiske propose deux conjectures : τὸν προστυχόντα, ou bien τινὰ τῶν προστυχόντων. Je préfère τινὰς, à cause de τῶν δὲ, et je place ce mot entre crochets.

2. H. de Valois, Reimarus et Sturz lisent χωρίον οὐχ ἱερόν. Reiske, qui croyait ce passage tronqué, propose d'ajouter οὐ δημόσιον, — οὐ κοινόν, avant οὐχ ἱερόν. La leçon que je donne, d'après les manuscrits de Tours et de Paris n° 2550, me paraît indubitable. Quant à la différence entre ὅσιον et ἱερόν, Ammonius l'explique, De Simil. et Differ. Vocab. : Ὅσια μὲν γάρ ἐστι τὰ ἰδιωτικὰ ὧν ἐφίεται καὶ ἔξεστι προσάψασθαι· Ἱερὰ δὲ, τὰ τῶν Θεῶν, ὧν οὐκ ἔξεστι προσάψασθαι. Δημοσθένης ἐν τῷ κατὰ Τιμοκράτους λέγει· Ὥστε τίθησι τοῦτον τὸν νόμον, δι' οὗ τῶν μὲν ἱερῶν χρημάτων τοὺς Θεοὺς, τῶν ὁσίων δὲ τὴν πόλιν ὑποστερεῖ. Cf. les auteurs mentionnés par H. Étienne, Thes. gr. ling., tom. II de l'ancienne édition. Ὅσια· τὰ ἰδιωτικὰ καὶ μὴ ἱερά, dit Timée, Λέξ. Πλατωνικαί. Cf. Ruhnken, dans Platon, éd. Bekk. Lond., tom. IX, p. 104-105.

appliquaient leurs surnoms à qui ils voulaient, et un grand nombre de citoyens furent ainsi mis à mort pour d'autres. De là une grande confusion; parce que les uns donnaient au hasard le premier nom venu à ceux qu'ils rencontraient; tandis que les autres soutenaient qu'ils ne s'appelaient pas ainsi.

Ceux-ci périssaient, sans savoir qu'ils étaient condamnés à mourir; ceux-là le sachant. La mort les atteignait partout : point de lieu profane, point de lieu sacré, qui offrît un abri ou un asile. Cependant ceux qui étaient tués sur-le-champ, avant de connaître l'arrêt suspendu sur leur tête, ou en même temps qu'ils en avaient connaissance, trouvaient du moins un allégement dans le bonheur de n'avoir pas eu à trembler d'avance. Ceux, au contraire, qui connaissaient d'avance

---

3. Οὐ μὴν ἄλλοι, dans le manuscrit de Paris n° 2550 : le copiste a lu ἄλλοι, au lieu de ἀλλ' οἱ.

4. Cet article a été omis dans le même manuscrit. Cf. p. 124, not. 4 de ce volume.

5. Ἀτυχία, dans le même manuscrit et dans celui de Tours, par la confusion des syllades initiales α et ευ, cf. Montfaucon, Palæogr. gr., p. 343; Bast, Comment. palæogr., p. 706, 765; M. Hase, not. sur Lydus, De Ostent. p. 142, B; p. 154, A, etc.; D'Orville, in Charit. p. 227, 346; M. Boissonade, not. sur Planud. Métamorph. p. 412, 553; le même, not. sur Théophylacte Simoc., p. 244, 269, 310 et 313. Je me contente d'un exemple emprunté à ce dernier ouvrage : « sæpe α et ευ sunt confusa. « Ἀξίθεος, persona dialogi Æneæ Gazæi, mutetur in Εὐξίθεος ex auctoritate « codicum quos vidi. Uxori Joannis Palæologi ὄψις fuit, Ducas ait Hist. « p. 55, B, καὶ χείλη καὶ ῥινὸς κατάστασις καὶ ὀφθαλμῶν καὶ ὀφρύων σύνθεσις « εὐειδεστάτη : imo, ut Bekkerus edidit, narrationis vi ductus, ἀειδεστάτη : « estque ἀειδεστάτη in codice. »

6. Ἐπικουρίζοντο, dans le manuscrit de Tours : le copiste a négligé l'augment. Cf. p. 8, not. 4 de ce volume.

ΔΙΩΝΟΣ ΤΟΥ ΚΑΣΣΙΟΥ ΛΕΙΨΑΝΑ. ΒΙΒΛ. Α-ΛϚ.

σον· οὐ γὰρ ἀποχωρῆσαι μὴ φωραθεῖεν ἐτόλμων, οὔτ' αὖ [1] κατὰ χώραν μένειν, μὴ καὶ [2] προδοθεῖεν, ὑπέμενον. Πλεῖστοι δὲ καὶ ὑπὸ τῶν συνόντων καὶ φιλτάτων σφίσι προεδόθησαν, καὶ ἀπώλοντο. Κἀκ τούτου, [τῇ προσδοκίᾳ] οὐχ οἱ ἐς τὰ πινάκια ἐγγεγραμμένοι μόνον, ἀλλὰ καὶ οἱ λοιποὶ ὁμοίως ἔπασχον [3].

CCCXXIII. Ὅτι [4] πάντων τῶν σφαζομένων ὁπουδὰν αἱ κεφαλαὶ ἐς τὴν τῶν Ῥωμαίων ἀγορὰν ἐκομίζοντο, καὶ ἐπὶ τοῦ βήματος ἐξετίθεντο, ὥσθ' ὅσα περὶ τὰς προγραφὰς συνέβαινε, ταῦτα [5] καὶ περὶ ἐκείνας γίγνεσθαι.

---

1. H. de Valois, tout en conservant ἄν donné par les manuscrits, conseille de lire αὖ que j'adopte comme Sturz. Reimarus a maintenu l'ancienne leçon. La confusion de ἄν avec αὖ est très-fréquente.

2. Au lieu de καὶ μή. L'arrangement que j'adopte avec Sturz est indiqué comme préférable par Reimarus.

3. Le manuscrit de Tours et celui de Paris n° 2550 portent : Κἀκ τούτου τῇ προσδοκίᾳ τὸ ἀεὶ τὸν θάνατον προσδέχεσθαι· ὅτι οὐχ οἱ ἐς τὰ πινάκια ἐγγεγραμμένοι μόνον, ἀλλὰ καὶ οἱ λοιποὶ ὁμοίως ἔπασχον. H. de Valois crut devoir faire un paragraphe nouveau pour le passage ὅτι οὐχ οἱ — ἔπασχον. Cette division a été suivie par Reimarus et par Sturz.

Le texte offre de graves difficultés. Reimarus propose : 1° Προσεδόθησαν. Καὶ ἀπώλοντο ἐκ τούτου τῇ προσδοκίᾳ, τῷ ἀεὶ τὸν θάνατον προσδέχεσθαι. 2° Προσεδόθησαν καὶ ἀπώλοντο. Κἀκ τούτου τῇ προσδοκίᾳ, τῷ ἀεὶ τὸν θάνατον προσδέχεσθαι, οὐχ οἱ ἐς τὰ πινάκια — ὁμοίως ἔπασχον. Dans cette seconde conjecture, il abandonne la division adoptée par H. de Valois, et il supprime ὅτι. Reiske va plus loin : il retranche non-seulement ὅτι, mais encore τὸ ἀεὶ τὸν θάνατον προσδέχεσθαι. Sturz renferme entre crochets tous les mots que Reiske a supprimés.

Nul doute que les mots τὸ (lis. τῷ, d'après Reimarus) ἀεὶ τὸν θάνατον προσδέχεσθαι ne soient, suivant la remarque de Reiske, une glose de τῇ προσδοκίᾳ. Dans le Ms. de Tours, les scolies ont quelquefois envahi le texte des auteurs. Je me borne à deux exemples tirés des extraits de Thucydide, I, 138. Le texte porte : Ἦν γὰρ ὁ Θεμιστοκλῆς βεβαιότατα δὴ φύσεως ἰσχὺν δηλώσας κτλ. Dans le manuscrit, on lit : Ἦν γὰρ δὴ βεβαιότατα [τῆς κοινῆς

leur malheur et se cachaient, avaient mille maux à souffrir : ils n'osaient sortir de leur retraite dans la crainte d'être arrêtés, ni s'y tenir renfermés, de peur d'être trahis. La plupart furent livrés par leurs proches ou par leurs amis les plus intimes, et mis à mort. Ainsi donc, l'attente tourmentait non-seulement ceux qui étaient inscrits sur l'album fatal; mais encore tous les autres citoyens.

CCCXXIII. Les têtes de tous ceux qui avaient été mis à mort, n'importe en quel endroit, étaient transportées dans le forum de Rome et exposées à la tribune aux harangues : alors, autour de ces têtes, se passaient les mêmes scènes que devant les tables de proscription.

τῶν ἀνθρώπων ὅσον δύναται] φύσεως ἰσχὺν δηλώσας κτλ. Les mots que je mets entre crochets appartiennent au Scoliaste; cf. le Thucydide de la Collect. Didot, Scol. p. 38, § CXXXVIII, col. 2. On trouve ensuite dans le même historien : Καὶ διαφερόντως τι ἐς αὐτὸ μᾶλλον ἑτέρου. Le même manuscrit porte : Καὶ διαφερόντως τι ἐς αὐτὸ [τὰ εἰς τὴν φύσιν] μᾶλλον ἑτέρου κτλ. Ici encore, les mots renfermés entre crochets sont une glose. Ailleurs, la confusion est plus frappante. Liv. II, 15, le passage ἐπειδὴ δὲ Θησεὺς ἐβασίλευσε, γενόμενος μετὰ τοῦ ξυνετοῦ καὶ δυνατός, a été ainsi résumé par le compilateur : Ὅτι ὁ Θησεὺς μετὰ τοῦ δυνατοῦ καὶ ξυνετὸς ἦν. Puis le copiste donne, comme appartenant à Thucydide, un extrait de plusieurs lignes : ὅτι ποτε οἱ Λακεδαιμόνιοι — νομίζοντες εἶναι, qui est tiré du Scoliaste, liv. II, 36, l. l., p. 45, col. I, lig. 29-34.

Je n'hésite donc pas à supprimer 1° les mots τῷ ἀεὶ τὸν θάνατον προσδέχεσθαι, qui sont une véritable glose; 2° le conjonctif ὅτι, ajouté par le copiste, pour indiquer le commencement d'un nouveau fragment : enfin je ne fais point de nouveau paragraphe. A l'aide de ces changements, le texte κἀκ τούτου, τῇ προσδοκίᾳ οὐχ οἱ ἐς τὰ πινάκια ἐγγεγραμμένοι μόνον, ἀλλὰ καὶ οἱ λοιποὶ ὁμοίως ἔπαθον, fournit un sens très-plausible.

4. (Exc. Peir. CXXXIX. R. p. 57.)

5. Συνέβαινεν, ταῦτα κτλ., dans le manuscrit de Tours et dans celui de Paris n° 2550. Sur le ν paragogique, ajouté devant les mots commençant par un τ, cf. tom. I, p. 247, not. 4.

CCCXXIV. *Ὅτι¹ Σύλλας ἑαυτὸν εὐτυχῆ προσαγορεύειν διεκελεύσατο²· καί ποτε θέας οὔσης, τὴν Ὁρτησίου φασὶ τοῦ ῥήτορος ἀδελφὴν Οὐαλερίαν³ ἐξόπισθε τοῦ Σύλλου πορευομένην ἐπιβαλεῖν τὴν χεῖρα⁴ καὶ κροκύδα⁵ τοῦ ἱματίου σπᾶσαι. Τοῦ δὲ ἐπιστραφέντος· Οὐδὲν δεινόν, εἰπεῖν, αὐτοκράτορ, ἀλλὰ βούλομαι κἀγὼ μικρὸν τῆς σῆς εὐτυχίας μεταλαβεῖν⁶. Τὸν δ' ὑπερησθῆναί τε⁷ τῷ ῥηθέντι, καὶ μετὰ μικρὸν ἀγαγέσθαι τὴν γυναῖκα πρὸς γάμον⁸, τῆς Μετέλλης ἤδη τεθνηκυίας⁹.

1. (Exc. Vat. A. M. p. 550, éd. Rom.)
Dans ce fragment et dans les deux suivants, le texte ressemble beaucoup à celui de Plutarque, Syll. XXXIV et suiv. Pour cette raison, je les marque d'un astérisque, d'après la note 1, p. 128. Suidas rapporte les mêmes faits au mot Σύλλας.

2. Plutarque, l. l. : Καὶ πέρας ἐκέλευσεν ἑαυτὸν ἐπὶ τούτοις Εὐτυχῆ προσαγορεύεσθαι. Dans Suidas, l. l., Sylla se décerne lui-même le surnom d'*Heureux* : Σύλλας ὁ ὕπατος ἐπιλογισμὸν τῶν ἑαυτοῦ πράξεων ποιήσας εὐτυχῆ ἑαυτὸν ἐκάλει καὶ ἔγραφε.

Suivant Appien, ce surnom fut gravé sur le piédestal de la statue érigée en l'honneur de Sylla, Guer. Civ. I, 97 : Οἳ καὶ πάντα, ὅσα διῴκησεν ὁ Σύλλας ὑπατεύων τε καὶ ἀνθυπατεύων, βέβαια καὶ ἀνεύθυνα ἐψηφίζοντο εἶναι, εἰκόνα τε αὐτοῦ ἐπίχρυσον ἐπὶ ἵππου πρὸ τῶν ἐμβόλων ἀνέθεσαν, καὶ ὑπέγραψαν· ΚΟΡΝΗΛΙΟΥ ΣΥΛΛΑ ΗΓΕΜΟΝΟΣ ΕΥΤΥΧΟΥΣ.

3. Βαλλερίαν, dans M. A. Mai, d'après les manuscrits du Vatican. Sur la substitution du B à la diphthongue ου, cf. tom. I, Fr. II, not. 6, p. 4-5 de cette édition, et sur les deux λλ, au lieu d'un seul, cf. M. Boissonade, Notices des Manuscrits, tom. X et XI, et ses notes sur Nicétas, p. 384.

4. Plutarque, l. l. XXXV : Ἦν μὲν θέα μονομάχων· οὔπω δὲ τῶν τόπων διακεκριμένων, ἀλλ' ἔτι τοῦ θεάτρου συμμιγοῦς ἀνδράσι καὶ γυναιξὶν ὄντος, ἔτυχε πλησίον τοῦ Σύλλα καθεζομένη γυνὴ τὴν ὄψιν εὐπρεπὴς καὶ γένους λαμπροῦ. Μεσσάλα γὰρ ἦν θυγάτηρ, Ὁρτησίου δὲ τοῦ ῥήτορος ἀδελφή, Οὐαλερία (Οὐαλλερία, dans la Collect. Didot) δὲ τοὔνομα. Le nom de cette femme est altéré dans Suidas, l. l. : Καί ποτε Λαβερία, Ῥωμαία γυνὴ οὐκ ἀφανής, ἐξόπισθεν τοῦ Σύλλου πορευομένη ἐπιβάλλει τὴν χεῖρα καὶ κροκίδα (sic) τοῦ ἱματίου σπᾷ.

5. Κροχίδος est une faute d'impression dans M. A. Mai. Sur l'écriture

CCCXXIV. Sylla ordonna qu'on lui donnât le surnom d'Heureux. On raconte qu'un jour, pendant un combat de gladiateurs, la sœur de l'orateur Hortensius, Valérie, passant derrière Sylla, appuya sa main sur lui et enleva un léger flocon de sa robe. Sylla s'étant retourné : « Ne craignez rien, général, lui dit-elle ; « seulement je veux, moi aussi, avoir une petite « part de votre bonheur. » Il fut si charmé de ces paroles, qu'il l'épousa peu de temps après : Métella était déjà morte.

κροκίδα et κροκύδα, cf. Thes. gr. l., tom. IV, p. 1992, éd. Didot. J'adopte κροκύδα, comme dans Plutarque, Syll. XXXV, Coll. Didot : Αὕτη παρὰ τὸν Σύλλαν ἐξόπισθεν παραπορευομένη τήν τε χεῖρα πρὸς αὐτὸν ἀπηρείσατο καὶ κροκύδα τοῦ ἱματίου σπάσασα, παρῆλθεν ἐπὶ τὴν ἑαυτῆς χώραν. Je propose en outre de substituer κροκύδος à κροκίδος dans le même auteur, Banquet, liv. VI, Quest. VI : Διὰ τὴν τραχύτητα καὶ ξηρότητα τῆς κροκύδος (κροκίδος, dans la Coll. Didot), οὐκ ἐώσης ἐπιπεσεῖν βαρὺ τὸ ἱμάτιον. Cette correction est confirmée par Lucien, Fugit. 28 : Ἀπέκειρε γὰρ ἐν τῷ γναφείῳ καθήμενος ὁπόσον περιττὸν τοῖς ἱματίοις τῶν κροκύδων ἐπανθεῖ, et par un fragment d'Aristophane ; cf. Pollux, VI, 64, et Aristophane, dans la Coll. Didot, p. 515.

C'était, de la part de Valérie, un acte de flatterie pour plaire à Sylla ; Phrynichus, dans Bekker, Anecd. t. I, p. 4, 27 : Ἀφαιρεῖν κροκύδας· λίαν ἠττίκισται, καὶ τίθεται ἐπὶ τῶν πάντα ποιούντων διὰ κολακείαν· ὥστε καὶ παρεπομένους ἀφαιρεῖν κροκύδας τῆς ἐσθῆτος ἢ κάρφος τι τῆς κεφαλῆς ἢ τοῦ γενείου. Cf. l. l. p. 468, 19, et Théophraste, Charact. II. Sur la flatterie : Καὶ ἄλλα τοιαῦτα λέγων ἀπὸ τοῦ ἱματίου ἀφελεῖν κροκύδα.

6. Plutarque, l. l. : Ἐμβλέψαντος δὲ τοῦ Σύλλα καὶ θαυμάσαντος· « Οὐδὲν, ἔφη, δεινόν, αὐτόκρατορ· ἀλλὰ βούλομαι τῆς σῆς κἀγὼ μικρὸν εὐτυχίας μεταλαβεῖν. » D'après ce passage, j'ajoute avant εὐτυχίας les mots τῆς σῆς qui manquent dans M. A. Mai. Suidas, l. l., confirme cette addition : Ἀλλὰ βούλομαι κἀγὼ τῆς σῆς μικρὸν εὐτυχίας μεταλαβεῖν.

7. Τὸν δὲ ὑπερησθῆναί τε, dans Suidas, l. l.

8. Suidas, l. l. : Καὶ μετὰ μικρὸν ἀγαγέσθαι ταύτην γυναῖκα κτλ.

9. Cf. dans Plutarque, l. l., ἀποθύων δὲ τῆς οὐσίας ἁπάσης — μηδενὸς ἀναλώματος φεισάμενος, le récit de la mort de Métella et des funérailles que Sylla fit célébrer en son honneur.

204 ΔΙΩΝΟΣ ΤΟΥ ΚΑΣΣΙΟΥ ΛΕΙΨΑΝΑ. ΒΙΒΛ. Α–ΛϚ.

CCCXXV. * Ὅτι [1] Σύλλου καὶ Μαρίου στασιασάντων καὶ τυραννικώτερον τῶν πραγμάτων ἁπτομένων [2], μετὰ τὴν τοῦ Μαρίου τελευτὴν ἐς πᾶν ἐπεξῄει Σύλλας τοῖς ἀντιστασιώταις [3], ὡς τοῦ Μαρίου τελευτὴν οὐκ ἀπαλλαγὴν, ἀλλὰ μεταβολὴν τυραννίδος νομισθῆναι· πάσῃ γὰρ εἰς αὐτοὺς ὠμότητι χρώμενος τελευτῶν ἔστιν οὓς ἢ χρημάτων ἢ κτημάτων ἕνεκα [4], ἐπ᾽ ὠφελείᾳ τῶν ἑαυτοῦ φίλων ἐτιμωρεῖτο [5]. λέγεται γοῦν Κόϊντον ἄνδρα ἐπιφανῆ, ἐπιεικῆ τε καὶ σώφρονα, οὐδετέρας μὲν γεγονότα στάσεως [6], ἀδοκήτως δὲ ἐν τοῖς προγεγραμμένοις θεασάμενον ἑαυτόν· Οἴμοι τάλας, εἰπεῖν, διώκει με τὸ ἐν Ἀλβανοῖς χωρίον [7].

CCCXXVI. * Ὅτι [8] ἀποδειχθέντος ὑπάτου τοῦ Λεπί-

---

1. (Exc. Vat. A. M. p. 550, éd. Rom.)
Ce fragment et le suivant se trouvent presque littéralement dans les Extraits de Jean d'Antioche, Exc. Peir. p. 793-794, éd. de H. de Valois : il les avait probablement composés avec des emprunts faits à Plutarque et à Dion Cassius.

2. Cf. Plutarque, l. l. XXX. Dans Jean d'Antioche, l. l., le fragment commence ainsi : Ὅτι ληξάντων τῶν ἐμφυλίων πολέμων, φόνοι καὶ προγραφαὶ τῶν ἐπιφανῶν οἴκων διεδέξαντο τὴν Ῥώμην, ἐς πᾶν ἐπεξιόντος τοῦ Σύλλα τοῖς ἀντιστασιώταις· ὡς τὴν Μαρίου τελευτὴν οὐκ ἀπαλλαγὴν, ἀλλὰ μεταβολὴν τυραννίδος νομισθῆναι Ῥωμαίοις. Dans le manuscrit de Tours, Σύλλου a été changé en Συλλόγου (sic).

3. Jean d'Antioche est plus complet, l. l. : Τὰ μὲν γὰρ πρῶτα τοὺς ἐχθίστους οἱ τῶν πολιτῶν ἐκποδὼν ποιήσασθαι διεγνωκὼς, διὰ πάσης ὠμότητος ἐπεξῄει τήν τε πόλιν καὶ τὴν ἄλλην Ἰταλίαν κτλ.

4. Le même, l. l. : Τελευτῶν δὲ ἔστιν οὓς ἢ χρημάτων ἢ κτημάτων ἕνεκα κτλ. Dans le passage, tel que le donne le compilateur, δέ ne saurait trouver place après ἔστιν ; mais d'après Jean d'Antioche, avant χρημάτων j'ajoute ἤ, qui rend la phrase plus pleine.

5. Διέφθειρε, dans le texte de Jean d'Antioche, l. l.; διέφθειρεν, dans le Ms. de Tours. J'ai traduit d'après cette leçon.
Appien, Guer. Civ. I, 96 : Καὶ ταῦτ᾽ ἤκμαζε μάλιστα κατὰ τῶν πλουσίων. Ὡς δ᾽ ἐξέλιπε τὰ καθ᾽ ἕνα ἄνδρα ἐγκλήματα, ἐπὶ τὰς πόλεις ὁ Σύλλας μετῄει,

CCCXXV. Sylla et Marius avaient excité des troubles civils et opprimé la république. Après la mort de Marius, Sylla poursuivit ses adversaires avec tant d'acharnement, que cette mort parut changer la tyrannie, plutôt que la détruire. Il déploya contre eux une cruauté excessive et finit par faire périr la plupart de ceux qui possédaient des richesses ou des terres, afin de les donner à ses amis. Aussi Quintus, citoyen d'une naissance illustre, d'un caractère doux et modéré, qui ne s'était jamais déclaré pour aucun parti, s'écria, dit-on, en se voyant contre toute attente sur la liste des proscrits : « Malheureux que je suis ! mon domaine d'Albe me poursuit. »

CCCXXVI. Lépidus venait d'être nommé consul. An de Rome 676.

καὶ ἐκόλαζε καὶ τάσδε...... Ταῖς δὲ πλείοσι τοὺς ἑαυτῷ στρατευσαμένους ἐπῴκιζεν, ὡς ἕξων φρούρια κατὰ τῆς Ἰταλίας· τήν τε γῆν αὐτῶν καὶ τὰ οἰκήματα ἐς τούσδε μεταφέρων διεμέριζεν· ὃ καὶ μάλιστ' αὐτοὺς εὔνους αὐτῷ καὶ τελευτήσαντι ἐποίησεν.

6. De même, dans le manuscrit de Tours. Le texte de Jean d'Antioche, l. l., porte μερίδος.

Plutarque, l. l. XXXI : Κόϊντος δὲ Αὐρήλιος, ἀνὴρ ἀπράγμων καὶ τοσοῦτον αὐτῷ μετεῖναι τῶν κακῶν νομίζων, ὅσον ἄλλοις συναλγεῖν ἀτυχοῦσιν, εἰς ἀγορὰν ἐλθών, ἀνεγίνωσκε τοὺς προγεγραμμένους· εὑρὼν δὲ ἑαυτὸν κτλ.

7. Le même, l. l. : « Οἴμοι τάλας, εἶπε,· διώκει με τὸ ἐν Ἀλβανῷ χωρίον. » Καὶ βραχὺ προελθὼν ὑπό τινος ἀπεσφάγη καταδιώξαντος. Au lieu de Κόϊντον, on lit Κονῖντον (sic) dans le manuscrit de Tours, où les noms propres sont souvent altérés ; cf. tom. I, p. LX de cette édition.

Je conserve la leçon ἐν Ἀλβανοῖς, avec M. A. Mai, d'après les manuscrits du Vatican : elle est confirmée par celui de Tours. Le texte de Plutarque porte ἐν Ἀλβανῷ, comme on vient de le voir.

8. (Exc. Vat. A. M. p. 550-551, éd. Rom.)

Ce fragment se trouve aussi dans les Extraits de Jean d'Antioche, l. l., où il est précédé de quelques détails qu'on ne sera pas fâché de lire ici : Καὶ ὀρθῶς γε Σαλούστιος ὁ Ῥωμαῖος συγγραφεὺς ἔφη καλοῖς αὐτὸν ἐγχειρήμασι κάκιστον ἐπενηνοχέναι τὸ τέλος. Εἰ μὲν γὰρ τὴν Μαρίου καταβαλὼν δυναστείαν ἀνδρὸς ἀρχῆθέν τε χαλεποῦ, καὶ ἐπιτείναντος ἐν τῇ ἐξουσίᾳ τὴν

δου¹, χαίροντα Σύλλας τῷ γεγονότι τὸν Πομπήϊον ἰδών². Εὖ γε, ἔφη, τῆς σπουδῆς³, ὦ νεανία, ὅτι καὶ Κατούλου⁴ πρότερον ἀνηγόρευσας Λέπιδον, τοῦ πάντων ἀρίστου τῶν πολιτῶν τὸν ἐμπληκτότατον⁵· ὥρα μέντοι σοι σκοπεῖν ὅπως ἰσχυρὸν γεγονότα καταγωνίσῃ⁶ τὸν ἀντίπαλον· τοῦτο μὲν οὖν⁷ ὁ Σύλλας ὥσπερ ἀπεθέσπισε· μετ' ὀλίγον γὰρ ἐξυβρίσας εἰς τὴν ἀρχὴν⁸ ὁ Λέπιδος πολέμιος κατέστη τοῖς περὶ τὸν Πομπήϊον⁹.

CCCXXVII. Τῶν Κρητῶν¹⁰ πρεσβευσαμένων πρὸς τοὺς Ῥωμαίους, καὶ ἐλπιζόντων τάς τε παλαιὰς σπονδὰς ἀνα-

---

φύσιν, παρέδωκε τῇ Βουλῇ καὶ τῷ Δήμῳ τὴν πολιτείαν, θαυμαστὸς ἂν ἦν· νῦν δὲ μέτριος τὰ πρῶτα καὶ πολιτικὸς φανεὶς, καὶ δόξαν δημωφελοῦς ἡγεμόνος παρασχὼν, ἐπειδὴ τῶν ἐναντίων ἐκράτησεν, αὐτὸς ἀντ' ἐκείνου ἦν. Καὶ τυραννίδα φάσκων ἐλαύνειν ἐκ τῆς πόλεως ἑτέραν εἰσῆγε χαλεπωτέραν. Δικτάτωρα μὲν γὰρ ἀνεῖπεν ἑαυτόν· ἔμπληκτα δὲ καὶ ἀπάνθρωπα ἔς τε τοὺς πολίτας καὶ τοὺς ἄλλους ὑπηκόους ἐπιπολὺ διεπράττετο. Οὐ μὴν ἀλλὰ οὕτω γε τῇ τύχῃ κατεπίστευσε πρὸς ἅπασαν αὐτῷ μεταβολὴν δεξιῶς ἑπομένῃ, ὥστε πολλοὺς μὲν ἀνῃρηκότα, καινότητα δὲ τοσαύτην εἰς τὴν πολιτείαν εἰσενεγκαμένον ἀποθέσθαι τὴν ἀνυπεύθυνον ἀρχὴν, καὶ τὸν δῆμον αὖθις τῶν ὑπατικῶν ἀρχαιρεσιῶν ἀποφῆναι κύριον· καί τοι Λεπίδου παρελθεῖν εἰς τὴν ὑπατείαν διὰ τὴν Πομπηΐου περὶ τὸν ἄνδρα σπουδὴν προσδοκωμένου, ἀνδρὸς θρασυτάτου τε καὶ οἷ τὰ μάλιστα πολεμίου. Cf. Plutarque, Syll. XXX ; XXXIII et XXXIV.

1. Ἀποδειχθέντος δὲ ὑπάτου Λεπίδου, dans Jean d'Antioche, d'après le manuscrit de Tours.

2. De même dans Jean d'Antioche, l. l. ; moins le mot Σύλλας ajouté par le Compilateur, et l'article τόν, qui manque dans M. A. Mai : je l'ajoute, d'après Plutarque, l. l. XXXIV : Διὸ καὶ χαίροντα τῇ νίκῃ τὸν Πομπήϊον ὁ Σύλλας ἰδών κτλ.

3. La même leçon est dans Jean d'Antioche, l. l. Le texte de Plutarque, l. l., porte : Ὡς καλὸν, ἔφη, σοῦ τὸ πολίτευμα, ὦ νεανία. Dans le fragment de Dion, εὖγε a un sens ironique. Suidas : Εὖγε, καλῶς .... λέγεται δὲ καὶ ἐπ' εἰρωνείας πολλάκις. Cf. M. Boissonade, Babrius, p. 50, not. 13.

4. J'ajoute καί, d'après Jean d'Antioche : cette conjonction, qui manque dans le texte de M. A. Mai, donne plus de force à la pensée. Sur l'omission

Sylla dit à Pompée, qu'il voyait se réjouir de ce choix : « Certes, jeune homme, tu as bien sujet de te féliciter « d'avoir par ton zèle fait préférer Lépidus même à Ca- « tulus, c'est-à-dire, l'homme le plus insensé au meilleur « des citoyens ! Mais, il est temps de songer aux moyens « de tenir tête à un adversaire que tu as rendu puissant. » Ces paroles de Sylla furent comme une prophétie. Bientôt Lépidus se montra plein d'insolence dans l'exercice du consulat et se déclara l'ennemi de Pompée.

CCCXXVII. Les Crétois avaient envoyé une ambas- sade aux Romains, dans l'espoir de renouveler les an- ciens traités : ils comptaient aussi sur leur reconnais-

An de Rome 684.

---

de καί par les copistes, cf. p. 121, note 4 de ce volume. Au lieu de Κα- τούλου, on lit Κάτλου dans Plutarque, Syll. XXXIV, τὸ Κάτλου πρότερον ἀναγορεῦσαι Λέπιδον, comme dans Xiphilin, p. 5, éd. de Robert Étienne, Paris, 1551 : Κάτλου δέ τινος τῶν ἀρίστων ἀνδρῶν εἰρηκότος πρὸς τὸν δῆμον κτλ. Cette écriture est confirmée par tous les manuscrits de l'abréviateur de Dion.

5. Ce passage est incorrect et tronqué dans le manuscrit du Vatican, reproduit par M. A. Mai : Τῶν πάντων ἀρίστου πολιτῶν. Je l'ai corrigé et complété d'après le manuscrit de Tours et Jean d'Antioche. Plutarque, l. l., dit : τοῦ πάντων ἀρίστου τὸν ἐμπληκτικώτατον.

6. De même dans Jean d'Antioche. Au lieu de καταγωνίσῃ, le manuscrit de Tours donne καταγονίσῃ, par la permutation d'ω et d'ο. Dans Plutarque, l. l, Sylla s'exprime ainsi : Ὥρα μέντοι σοι μὴ καθεύδειν ὡς ἰσχυρότερον πεποιηκότι κατὰ σαυτοῦ τὸν ἀνταγωνιστήν.

7. Cette conjonction manque dans le texte de M. A. Mai. Je l'ajoute d'après Jean d'Antioche et le manuscrit de Tours. Elle est aussi dans Plu- tarque, l. l.

8. Ἐς τὴν ἀρχὴν, dans Jean d'Antioche et dans le manuscrit de Tours.

9. Plutarque, l. l. : Ταχὺ γὰρ ἐξυβρίσας ὁ Λέπιδος εἰς πόλεμον κατέστη τοῖς περὶ τὸν Πομπήϊον.

10. (Exc. Urs. λη'. CLXXVII. R. p. 74-75.)

Dans le manuscrit de Munich n° 1, cet extrait commence ainsi : Ὅτι τῶν Κρητῶν. Il manque dans le n° 3 et dans le Ms. du Vatican n° 1418.

νεώσεσθαι [1], καὶ προσέτι καὶ εὐεργεσίαν τῆς τοῦ ταμίου τῶν τε στρατιωτῶν [2] αὐτῶν σωτηρίας εὑρήσεσθαι [3], οὗτοι ὀργὴν μᾶλλον ὅτι δὴ ἑάλωσαν [4], λαβόντες, ἢ χάριν αὐτοῖς, ὅτι μὴ ἐκείνους ἔφθειραν, γνόντες, οὔτ' ἄλλως μέτριόν τι ἀπεκρίναντο [5], καὶ τοὺς αἰχμαλώτους τούς τε αὐτομόλους ἅπαντας καὶ ὁμήρους παρ' αὐτῶν ἀπῄτησαν [6]. χρήματά τε πολλὰ αἰτήσαντες [7], τάς τε ναῦς τὰς μείζους, καὶ τοὺς ἄνδρας τοὺς κορυφαίους ἐξαιτήσαντες, οὐκ ἀνέμειναν τὴν οἴκοθεν αὐτῶν ἀπόκρισιν [8]· ἀλλὰ τῶν ὑπάτων [9] αὐτίκα τὸν

---

1. Leçon de Leunclavius : je l'adopte, comme Reimarus et Sturz, au lieu d'ἀνανεώσασθαι, donné par F. Orsini et par le manuscrit de Munich n° 1. Ici, le futur est préférable à l'aoriste. Cf. p. 182, n. 1, de ce volume, une note relative à l'emploi de ces deux temps.

2. Συστρατιωτῶν dans le même manuscrit. Je maintiens l'ancienne leçon, qui donne un sens très-satisfaisant. La conjecture de Reiske, στρατιωτῶν ὑπ' αὐτῶν — *gratiam ob quæstorem et exercitum a se* Cretensibus *servatos* est trop hardie : rien d'ailleurs ne la motive.

3. Appien, V, 6, est trop succinct : Ψηφισαμένων δὲ Ῥωμαίων Κρησὶ πολεμεῖν διὰ τάδε, οἱ Κρῆτες ἐπρέσβευσαν ἐς Ῥώμην περὶ διαλλαγῶν.

Il m'a paru nécessaire d'ajouter quelques détails empruntés à Diodore de Sicile, XL, 1 : Ὅτι Μάρκος Ἀντώνιος συνθέμενος πρὸς Κρῆτας εἰρήνην, μέχρι μέν τινος ταύτην ἐτήρουν. Μετὰ δὲ ταῦτα προτιθεμένης βουλῆς ὅπως ἂν μάλιστα τῆς ὠφελείας προνοήσαιντο, οἱ πρεσβύτατοι καὶ φρονήσει διαφέροντες συνεβούλευον πρέσβεις ἐκπέμπειν εἰς τὴν Ῥώμην καὶ περὶ τῶν ἐπιφερομένων ἐγκλημάτων ἀπολογεῖσθαι καὶ πειρᾶσθαι τὴν σύγκλητον εὐγνώμοσι λόγοις καὶ δεήσεσιν ἐξιλάσκεσθαι. Διόπερ ἀπέστειλαν εἰς τὴν Ῥώμην τριάκοντα πρεσβευτὰς τοὺς ἐπιφανεστάτους ἄνδρας. Οὗτοι δὲ κατ' ἰδίαν περιπορευόμενοι τὰς οἰκίας τῶν συγκλητικῶν καὶ πᾶσαν δεητικὴν προϊέμενοι φωνήν, ἐξεθεράπευον τοὺς τὸ συνέδριον συνέχοντας. Εἰσαχθέντες δὲ εἰς τὴν σύγκλητον, καὶ περί τε τῶν ἐγκλημάτων ἐμφρόνως ἀπολογησάμενοι τάς τε ἰδίας εὐεργεσίας καὶ συμμαχίας πρὸς τὴν ἡγεμονίαν ἀκριβῶς διελθόντες, ἠξίουν αὐτοὺς εἰς τὴν προγεγενημένην εὔνοιάν τε καὶ συμμαχίαν ἀποκατασταθῆναι. Ἡ δὲ σύγκλητος ἀσμένως τοὺς λόγους προσδεξαμένη, δόγμα ἐπεβάλετο κυροῦν δι' οὗ τῶν ἐγκλημάτων τοὺς Κρῆτας ἀπολύουσα φίλους καὶ συμμάχους τῆς ἡγεμονίας ἀνηγόρευεν· ἄκυρον δὲ τὸ δόγμα ἐποίησε Λέντλος ὁ ἐπικαλούμενος Σπινθήρ. Οἱ δὲ Κρῆτες ἀπηλλάγησαν.

sance, parce qu'ils avaient laissé la vie au questeur et aux soldats; mais les Romains se montrèrent plus irrités de ce que le questeur et les soldats avaient été faits prisonniers, que reconnaissants de ce qu'on ne les avait pas mis à mort. Ils ne gardèrent aucune mesure dans leur réponse, et ils exigèrent que les Crétois leur remissent tous les prisonniers, tous les transfuges et des ôtages. Ils exigèrent, en outre, qu'une somme considérable, que les vaisseaux de guerre et les citoyens les plus influents leur fussent livrés; et, sans attendre une réponse de l'île de Crète, ils y envoyèrent sur-le-champ un des deux consuls, avec ordre de se faire remettre tout ce qu'ils avaient demandé, et de déclarer

4. L'ancienne leçon ὅτι μὴ ἑάλωσαν se trouve dans le manuscrit de Munich n° 1; mais elle ne pouvait être maintenue par la raison qu'en donne Reimarus : « Sermo est de Romanis captis, non de Cretensibus non « captis. » En conséquence, il propose ὅτι καὶ ἑάλωσαν. Comme Sturz, j'adopte, d'après Reiske, ὅτι δὴ ἑάλωσαν, correction très-bonne pour le sens, et d'autant plus probable que les copistes ont souvent confondu μή et δή, comme dans ce passage de Platon, Banquet, § 36, tom. V, p. 90, éd. Bekk. Lond. : Διὸ δὴ ἔγωγέ φημι χρῆναι πάντα ἄνδρα τὸν Ἔρωτα τιμᾶν : un Ms. porte διὸ μὴ κτλ. Reiske propose une seconde conjecture : Ὅτι τὴν ἀρχὴν ἑάλωσαν. Elle s'écarte trop du texte primitif.

5. Cette locution se rencontre souvent dans Dion; cf. Fr. CCXVIII, p. 14, de ce volume, et liv. XXXVII, 6 : Ἐπειδή τε οὐδὲν μέτριον ἀπεκρίνατο κτλ., où μέτριον a le sens de ὀρθόν, καλόν, comme dans Platon, Phileb. § 61, l. l., p. 492 : Καὶ ἐνὶ λόγῳ σκόπει εἴ σοι μέτριος ὁ λόγος. Cf. la note de Stallbaum sur ce passage, et les exemples qu'il cite.

6. Dans F. Orsini et dans le manuscrit de Munich n° 1 : ἅπαντας παρ' αὐτῶν ἀπῄτησαν καὶ ὁμήρους.

7. Appien est plus précis, V, 6 : Οἱ δὲ αὐτοὺς ἐκέλευον ἐκδοῦναί τε αὐτοῖς Λασθένη τὸν πολεμήσαντα Ἀντωνίῳ, καὶ τὰ σκάφη τὰ λῃστικὰ πάντα παραδοῦναι, καὶ ὅσα Ῥωμαίων εἶχον αἰχμάλωτα, καὶ ὅμηρα τριακόσια, καὶ ἀργυρίου τάλαντα τετρακισχίλια.

8. Ὑπόκρισιν dans le manuscrit de F. Orsini, par la confusion de ἀπό avec ὑπό. Cf. Bast, Comment. Palæogr., p. 794, 823; M. Hase, Lyd. De Ost. 32, A; M. Boissonade, not. sur Théophyl. Simoc., p. 211, 259 etc.

9. Ce mot est omis dans le manuscrit de Munich n° 1.

ἕτερον ταὐτά τε ληψόμενον, καὶ πολεμήσοντα [1] σφίσιν, ἂν μὴ διδῶσιν, ὥσπερ οὐκ ἔμελλον [2], ἐξέπεμψαν [3].

Οἱ γὰρ ἀπ' ἀρχῆς [4], πρὶν αἰτηθῆναί τι τοιοῦτο, καὶ κρατῆσαι, μὴ θελήσαντες ὁμολογῆσαι, πῶς ἂν μετὰ τὴν νίκην [5] τοσαῦτά τε ἅμα καὶ τοιαῦτα προσταττόμενοι ἤνεγκαν; τοῦτό τε οὖν [6] σαφῶς [7] εἰδότες, καὶ προσυποπτεύσαντες τοὺς πρέσβεις ἐπιχειρήσειν τινάς, ὡς καὶ κωλύσοντας τὴν στρατείαν, διαφθεῖραι [8] χρήμασιν, ἐψηφίσαντο ἐν τῇ βουλῇ μηδένα αὐτοῖς μηδὲν δανεῖσαι.

1. F. Orsini lit πολεμήσαντα, qui est contraire au sens. L'o et l'α sont souvent confondus. « Quod mendum, dit M. Boissonade, l. l. p. 321, valde « nocuit Diodoro in Anth. Pal. 5, 122, cui non potuerunt mederi viri d., « adeo ea sæpe non cernuntur quæ sunt ipsos ante oculos : Μὴ σύ γε.... « ἀμφιδονοίης Τὸν καλόν· οὐ γὰρ ὁ παῖς ἤπιος οὐδ' ἄκακος. Legendum ἀμφι-« δονοίης. Erit δονέω sensu non adeo vulgari pro πειράω, κινέω.»

2. Ὥσπερ ἔμελλεν dans le manuscrit de Munich n° 1, variante doublement fautive, par l'absence de la négation et par la confusion d'o avec ε. Le copiste a fait la faute contraire, en lisant ἔμελλον, au lieu de ἔμελλεν, Fr CCXLIII, p. 56, lig. 4, de ce volume.

3. Appien, l. l. : Οὐ δεξαμένων δὲ ταῦτα Κρητῶν, ᾑρέθη στρατηγὸς ἐπ' αὐτοὺς Μέτελλος.

4. Ὧ γὰρ ἀπ' ἀρχῆς, et un peu plus loin τι τοιοῦτον, dans le manuscrit de Munich n° 1.

5. La victoire remportée sur M. Antoine; Florus, III, 7 : Primus invasit insulam Marcus Antonius, cum ingenti quidem victoriæ spe atque fiducia, adeo ut plures catenas in navibus quam arma portaret. Dedit itaque pœnas vecordiæ; nam plerasque naves intercepere hostes; captivaque corpora religata velis ac funibus pependere; ac sic velificantes triumphantium in modum Cretes portibus suis adremigaverunt.

6. Les mots ont été mal divisés dans le manuscrit de Munich n° 1, qui porte : τοῦ τότε οὖν. Nous avons déjà remarqué, not. 5, p. 145 et not. 11, p. 167 de ce volume, que les copistes ont souvent uni ou séparé certaines syllabes mal à propos : de là, une foule de leçons fautives. Cf. M. Boissonade not. in Theophyl. Simoc., p. 193-194, où il donne de nombreux exemples.

la guerre aux Crétois, s'ils refusaient, comme cela devait arriver.

Et comment un peuple qui n'avait point voulu traiter dès le principe, alors qu'on n'exigeait rien de semblable et qu'il n'avait remporté aucun avantage, aurait-il pu, après la victoire, se soumettre à de si nombreuses et à de si dures conditions? Les Romains avaient prévu le refus des Crétois, et comme ils se doutèrent que les ambassadeurs chercheraient à corrompre certains hommes avec de l'argent, pour empêcher l'expédition, un sénatus-consulte défendit à tous les citoyens de leur prêter la moindre somme.

Je n'en citerai qu'un, tiré d'Eschyle, Suppl. V, 990-991 (ou 983 et 984, dans la Coll. Didot) :

Καί μου τὰ μὲν πραχθέντα πρὸς τοὺς ἐκτενεῖς
φίλους πικρῶς ἤκουσαν αὐτανεψίους.

On sait à combien de conjectures le second vers a donné lieu. « Ipse, dit le célèbre helléniste, nihil mutans interpretationis novæ periculum feci. At nunc, quum in codice 2886 φίλου repererim, conjicio legendum esse divisim, φίλ', οὐ πικρῶς, ἤκουσαν, ut sit φίλα pro φίλως sumtum adverbialiter. » Il arrive ainsi à cette leçon :

Καί μου τὰ μὲν πραχθέντα πρὸς τοὺς ἐκτενεῖς
φίλ', οὐ πικρῶς, ἤκουσαν αὐτανεψίους.

7. Avec Reimarus et Sturz, je substitue cette leçon, d'après Leunclavius, à σφᾶς donné par F. Orsini et par le manuscrit de Munich n° 1.

8. Reimarus a respecté l'ancienne leçon διαφθαρῆναι, tout en déclarant qu'il aimerait mieux διαφθαρεῖν. Comme Sturz, j'adopte διαφθεῖραι, proposé par Reiske.

212 ΔΙΩΝΟΣ ΤΟΥ ΚΑΣΣΙΟΥ ΛΕΙΨΑΝΑ. ΒΙΒΛ. Α-ΑϚ.

CCCXXVIII.[1] Κληρουμένων[2] δὴ τῶν ὑπάτων[3], Ὁρτήσιος τὸν πρὸς Κρῆτας ἔλαχε πόλεμον· ἀλλ᾽ ἐκεῖνος μὲν ὑπό τε τῆς ἐν τῷ ἄστει φιλοχωρίας[4], καὶ ὑπὸ τῶν δικαστηρίων ἐν οἷς πλεῖστον τῶν κατ᾽ αὐτὸν ἀνθρώπων μετά γε τὸν Κικέρωνα ἠδυνήθη, τῷ τε συνάρχοντι τῆς στρατιᾶς ἐθελοντὴς[5] ἐξέστη, καὶ αὐτὸς κατὰ χώραν ἔμεινεν. Ὁ δὲ δὴ Μέτελλος ἐστείλατό τε[6] εἰς Κρήτην[7], καὶ τὴν[8] νῆσον ἅπασαν ἐχειρώσατο μετὰ τοῦτο[9].

1. (CLXXVIII. R. p. 75-76.)
Le Fragment que Reimarus et Sturz ont donné avec le n° CLXXVIII est tiré de Xiphilin, Pompée : Κληρουμένων δὲ τῶν ὑπάτων — περιεσπάσατο αὐτὰ καὶ ἀπέρριψεν, p. 3-4, éd. de R. Étienne, Paris, 1551.
J'extrais de ce fragment le passage κληρουμένων δὴ τῶν ὑπάτων — ἐχειρώσατο μετὰ τοῦτο, qui peut être considéré comme une introduction à ce qui nous reste de Dion sur l'expédition de Q. Cæcilius Métellus en Crète.
Pour abréger, je désignerai, ici et partout ailleurs, les manuscrits de Xiphilin (cf. l'Introduction, tom. I, p. XC et suiv. de cette édition) par les lettres suivantes :

a = n° 145 du Vatican.
b = n° 146 du Vatican.
c = n° 1289 du Vatican.
d = n° 35 du Vatican, fonds d'Ottoboni.
e = n° 193 du Vatican, même fonds.
f = n° 61 du Vatican, fonds Palatin.
g = n° 1691 de la bibliothèque royale de Paris.
h = n° 19 de la bibliothèque de Besançon.

2. ληρουμένων dans h. Le copiste a omis la lettre initiale. Sur ces omissions, cf. tom. I, p. 286, not. 6 de cette édition. J'en citerai deux exemples tirés de Thucydide, 1, 31 : Δίκαιον, ὦ Ἀθηναῖοι, κτλ. Un manuscrit de la bibliothèque du roi porte ικαιον. Même livre, § 37 : Ἀναγκαῖον, Κερκυραίων τῶνδε κτλ. Un manuscrit de la même bibliothèque donne ναγκαῖον. « Omissa, « dit Poppo, pr. litera voc. ἀναγκαῖον, pro qua librarius elegantem majus- « culam exhibere voluit. »
3. Q. Hortensius et Q. Cæcilius Métellus.

CCCXXVIII. Les consuls tirèrent au sort, et la guerre contre les Crétois échut en partage à Hortensius ; mais comme il aimait le séjour de Rome et le barreau, où il éclipsait les orateurs de son temps, à l'exception de Cicéron, il céda volontiers le commandement de l'armée à son collègue et resta à Rome. Métellus s'embarqua donc pour la Crète et fit ensuite la conquête de toute cette île.

An de Rome 685.

4. Φιλοχωρίας, dans *h*, par la perpétuelle confusion d'ω avec ο.
5. *d* : ἔθελον τῆς. Le copiste, en transcrivant le passage sans le comprendre, a mal à propos coupé le mot en deux. Sur des fautes analogues, cf. p. 105, not. 7, et p. 145, not. 5 de ce volume. M. Boissonade, Anecd. gr., t. I, p. 456, corrige une faute semblable : « Συνελόντι φράσαι male divisit typographus Galei in Demetrio Phal. § 274 : καὶ ὅλως συνελόν τι φράσαι, πᾶν τὸ εἶδος τοῦ πυνικοῦ λόγου σαίνοντι ἅμα ἔοικε τῷ καὶ δάκνοντι : corrige συνελόντι, et insuper, ἔοικέ τῳ, quod recte exhibet codex 1741, et ad quam lectionem latina instituebat interpres. »
6. *h* : εἰστείλαι τότε. Le copiste a mal à propos détaché la syllabe το du mot auquel elle appartient, pour la réunir à la particule τέ. De plus, il a lu λαι au lieu de λα, par la fréquente confusion de α avec αι. Cf. Bast, Comment. palæogr., p. 705, 884.
7. *d* : Κρίτην, par la confusion d'η avec ι.
8. Cet article manque dans le Cod. Vratislav., cité par Reimarus. Sur l'omission de l'article par les copistes, cf. p. 124, not. 4 de ce volume.
9. Dans ce qui suit, Xiphilin résume les événements relatifs à l'expédition de Q. Cæc. Métellus : Καίτοι πρὸς τοῦ Πομπηΐου τοῦ Μάγνου, ἤδη τῆς θαλάσσης ξυμπάσης ἄρχοντος, καὶ τῆς ἠπείρου ὅσον ἡμερῶν ἀπὸ θαλάσσης τριῶν, ἐμποδιζόμενός τε καὶ κωλυόμενος, ὡς αὐτῷ προσηκουσῶν καὶ τῶν νήσων· ἀλλ' ὅμως, καὶ ἄκοντος Πομπηΐου, τῷ Κρητικῷ πολέμῳ τέλος ὁ Μέτελλος ἐπιθεὶς (ἐπιθέος est une faute du copiste dans *h* et dans *e*), θρίαμβόν τε ἀπ' αὐτοῦ κατήγαγε, καὶ Κρητικὸς ἐπεκλήθη. L'Abréviateur donne ensuite un récit fort succinct de l'expédition de Lucullus contre Mithridate et ne parle plus de Q. Cæc. Métellus.

CCCXXIX. 1. [1] *** φείδεται [2]. Δυναστείας τε ἐρῶν, καὶ τοῖς Κρησὶ τοῖς ὁμολογήσασιν αὐτῷ προσέβαλλε [3]· καὶ οὔτε τὰς σπονδὰς προτεινομένων σφῶν ἐφρόντιζε, κακῶσαί τε αὐτοὺς, πρὶν τὸν Πομπήϊον ἐπελθεῖν, ἠπείγετο. Ὅ τε γὰρ Ὀκταούϊος [4] ἄνευ δυνάμεως παρὼν (οὐδὲ γὰρ οὐδὲ ἐπὶ πολέμῳ τινὶ, ἀλλ' ἐπὶ παραλήψει τῶν πόλεων ἐπέμπετο [5]) ἡσυχίαν ἦγε· καὶ Κορνήλιος Σισέννας ὁ τῆς Ἑλλάδος ἄρχων ἦλθε μὲν ἐς τὴν Κρήτην, ὡς ταῦτ' ἐπύθετο [6], καὶ παρῄνεσε τῷ Μετέλλῳ φείσασθαι τῶν δήμων· οὐ μέντοι καὶ ἀντέπραξέ τι, μὴ πείσας. Ἄλλοις τε [7] οὖν πολλοῖς ἐκεῖνος ἐλυμήνατο, καὶ Ἐλευθέραν [8] τὴν πόλιν ἐκ προδοσίας ἑλὼν, ἠργυρολόγησε· πύργον γάρ τινα οἱ προδιδόντες ἐκ

---

1. (Liv. XXXVI, 1. R. p. 87.)
Ce fragment et le suivant forment les § 1 et 2 du Liv. XXXVI dans Reimarus et dans Sturz. Sur la place que je leur assigne, cf. l'Avertissement, en tête de ce volume.

Pour ces deux fragments et pour le reste du livre XXXVI, j'ai collationné *sept* manuscrits, à savoir : *un* de Florence (Plut. LXX, VIII); *deux* du Vatican, n° 144 et n° 993; *un* de la bibliothèque de Saint-Marc de Venise, n° 396; *deux* de la bibliothèque royale de Paris, n° 1689 et n° 1690; *un* de la bibliothèque de Besançon.

Je les désignerai de la manière suivante :

A = le manuscrit de Florence, Plut. LXX, VIII.
B = le manuscrit du Vatican n° 144.
C = le manuscrit du Vatican n° 993.
D = le manuscrit de Venise n° 396.
E = le manuscrit de Paris n° 1689.
F = le manuscrit de Paris n° 1690.
G = le manuscrit de Besançon.

2. S.-ent. Ὁ Μέτελλος. Il y a ici une lacune dans tous les manuscrits. De plus, φείδεται manque dans B et dans F. Le premier commence par δυναστείας ἐρῶν. J'ai traduit comme s'il y avait : [Οὐδενὸς] φείδεται, conjecture permise par ce qui suit : Καὶ Κορνήλιος Σισέννας ..... παρῄνεσε τῷ

CCCXXIX. 1. . . . . Métellus n'épargna personne. Avide de dominer, il attaqua les Crétois, quoiqu'ils eussent traité avec lui : en vain invoquèrent-ils la foi jurée ; Métellus n'en tint aucun compte et se hâta de les accabler de maux, avant l'arrivée de Pompée. Octavius, qui était en Crète sans armée (car il y avait été envoyé non pour faire la guerre, mais pour recevoir les villes dans l'alliance du peuple romain), resta dans l'inaction. Cornelius Sisenna, gouverneur de la Grèce, se rendit bien en Crète, aussitôt qu'il apprit ce qui s'y passait, et engagea Métellus à épargner les habitants ; mais il ne fit rien contre lui, quoique ses conseils fussent restés impuissants. Métellus dévasta plusieurs parties de cette île et leva des contributions dans Éleuthéra, après s'en être emparé par trahison : cette ville était défendue par une tour

An de Rome 686.
Q. Marcius Rex, Consul.

Μετέλλῳ φείσασθαι τῶν δήμων. Aussi Reimarus a-t-il traduit : (nullis Q. Cæcilius Metellus) parcit.

3. Προσέβαλε, dans A, E et F. Comme Reimarus et Sturz, je préfère προσέβαλλε, qui concorde mieux avec ἐφρόντιζε et ἠπείγετο.

4. L. Octavius, lieutenant de Cn. Pompée; Plutarque, Pomp. XXIX : Ἔγραφε δὲ καὶ ταῖς πόλεσι μὴ προσέχειν Μετέλλῳ, καὶ στρατηγὸν ἔπεμψε τῶν ὑφ' ἑαυτὸν ἀρχόντων ἕνα, Λεύκιον Ὀκταούϊον, ὃς συνεισελθὼν εἰς ά τ τείχη τοῖς πολιορκουμένοις, καὶ μαχόμενος μετ' αὐτῶν, οὐ μόνον ἐπαχθῆ καὶ βαρὺν, ἀλλὰ καὶ καταγέλαστον ἐποίει τὸν Πομπήιον.

5. Suivant Sturz, A donne ἐπέπεμπτο. Je n'ai point noté cette variante, et je ne crois pas qu'elle ait échappé à mon attention. Ce qui a sans doute donné lieu à l'erreur de Sturz, c'est que dans F, qui est une copie de A, on lit ἐπέπετο, dont il a pu faire ἐπέπεμπτο.

6. Ὡς ταῦθ' ἐπύθετο, faute du copiste dans C, D, F et G.

7. Cette leçon est confirmée par tous les manuscrits, à l'exception de C, qui porte ἄλλως τε.

8. Telle est la leçon de tous les manuscrits : je l'ai maintenue. Pour les variantes, à propos du nom de cette ville, cf. les Éclaircissements, à la fin du volume.

216 ΔΙΩΝΟΣ ΤΟΥ ΚΑΣΣΙΟΥ ΛΕΙΨΑΝΑ. ΒΙΒΛ. Α-ΛϚ.

τε πλίνθων [1] πεποιημένον, καὶ μέγιστον δυσμαχώτατόν τε ὄντα, ὄξει συνεχῶς νυκτὸς διέβρεξαν [2], ὥστε θραυστὸν γενέσθαι. Καὶ μετὰ τοῦτο Λάππαν [3], καί τοι τοῦ Ὀκταουΐου αὐτὴν κατέχοντος, ἐκ προσβολῆς εἷλε· καὶ ἐκεῖνον μὲν οὐδὲν κακὸν εἰργάσατο, τοὺς δὲ δὴ Κίλικας τοὺς σὺν αὐτῷ ὄντας ἔφθειρεν.

2. Ἀγανακτήσας οὖν ἐπὶ τούτῳ ὁ Ὀκταούϊος οὐκέθ᾽ ἡσύχασεν [4], ἀλλὰ πρότερον μὲν τῷ τοῦ Σισέννου στρατῷ (νοσήσας γὰρ ἐκεῖνος ἐτεθνήκει) χρώμενος, ἐπεβοήθει πῃ τοῖς κακουμένοις· ἔπειτα δ᾽ ἀνακομισθέντων [5] αὐτῶν, πρός τε τὸν Ἀριστίωνα ἐς Ἱεράπυτνα [6] ἦλθε, καὶ μετ᾽ αὐτοῦ ἐπολέμει. Οὗτος [7] γὰρ ὡς τότε ἐκ τῆς Κυδωνίας ἀπεχώρησε, Λούκιόν τέ τινα Βάσσον [8] ἀνταναχθέντα οἱ ἐνίκησε, καὶ τὰ Ἱεράπυτνα κατέλαβε. Καὶ χρόνον μέν τινα ἐκαρτέρησαν· τοῦ δὲ δὴ Μετέλλου ἐπιόντος σφίσι, τό τε τεῖχος ἐξέλιπον, καὶ ἐξαναχθέντες, χειμῶνί τε ἐχρήσαντο, καὶ ἐς τὴν γῆν ἐκπεσόντες, συχνοὺς ἀπέβαλον. Κἀκ τούτου ὁ

1. Πλήνθων, dans D et G, par la confusion d'η avec ι. Un peu plus loin, ʽG porte δυσμαχότατον, au lieu de δυσμαχώτατον, par la confusion d'ω avec ο.

2. F : διέβρεξε. A, C et E : διέβρεξεν. La permutation des désinences εν et αν est fréquente. Dans un fragment de Philochore, cité par Denys d'Hal., 1ʳᵉ lettre à Ammæus, § IX : Ὅς..... ἦλθεν εἴς τε Παλλήνην καὶ τὴν Βοττίαιαν μετ᾽ Ὀλυνθίων καὶ τὴν χώραν ἐπόρθησεν, le manuscrit de la bibliothèque du roi n° 1742 porte ἐπόρθησαν. Quelquefois la désinence σεν est confondue avec la première personne σα. Ainsi dans Isocrate, Trapezit., § 3 : Πυνθανόμενος δὲ καὶ περὶ τῆσδε τῆς πόλεως καὶ περὶ τῆς ἄλλης Ἑλλάδος ἐπεθύμησα ἀποδημῆσαι (ἐπεθύμητ᾽ ἀποδημῆσαι, dans la Collect. Didot), le même manuscrit, contenant le Jug. de Denys d'Hal., où ce passage est cité, § XIX, donne : ἐπεθύμησεν.

3. De même dans tous les manuscrits. Sur les variantes à propos du

en briques, d'une grandeur extraordinaire, et presque imprenable ; mais les traîtres ne cessèrent de l'arroser avec du vinaigre, pendant la nuit ; en sorte qu'il fut facile de la renverser. Ensuite Métellus prit Lappa d'emblée, quoique cette ville fût la résidence d'Octavius. Il ne fit aucun mal à ce général ; mais il mit à mort tous les Ciliciens qui étaient avec lui.

2. Indigné de la conduite de Métellus, Octavius ne resta plus dans l'inaction. Il prit le commandement de l'armée placée auparavant sous les ordres de Sisenna, qui était mort de maladie, et secourut les opprimés. Lorsque leurs maux eurent été réparés, il se rendit à Hiérapytna auprès d'Aristion et s'unit à lui pour faire la guerre ; car Aristion avait alors quitté Cydonia et s'était emparé d'Hiérapytna, après avoir remporté une victoire sur Lucius Bassus, qui avait fait voile contre lui. Pendant quelque temps, Octavius et Aristion se soutinrent dans cette place ; mais, Métellus s'étant mis en marche contre eux, ils l'abandonnèrent et s'embarquèrent. Assaillis par une tempête qui les jeta sur

nom de cette ville, cf. les Éclaircissements à la fin du volume.

4. Οὐκ ἔθ' ἡσύχασεν, dans F. De même dans G ; mais avec une faute : le copiste a écrit οὐκ ἔτ' ἡσύχασεν.

5. Comme Reimarus et Sturz, je prends ἀνακομισθέντων dans le sens figuré : *quibus restitutis*.

6. Ici, et un peu plus loin, A et F portent ἱερὰ πύδνα. Sur la leçon que j'adopte, cf. les Éclaircissements à la fin du volume. Reimarus et Sturz ont conservé l'ancienne leçon Ἱεράπυδνα, tirée de E.

7. L'ancienne leçon οὕτως provient de E, où elle est surmontée de deux points, signe d'une leçon vicieuse : les autres manuscrits confirment la correction οὗτος, proposée par Leunclavius et par Turnèbe.

8. Βάσον dans C. Sur les mots écrits par une seule consonne, quand il en faudrait deux, cf. tom. I, p. 14, not. 5, de cette édition. Le même Ms. donne χιμῶνί τε, au lieu de χειμῶνί τε, par la confusion d'ει avec ι.

Μέτελλος πᾶσαν τὴν νῆσον ἐχειρώσατο. Κρῆτες μὲν οὖν οὕτως, ἐλεύθεροί τε πάντα τὸν ἔμπροσθεν χρόνον γενόμενοι, καὶ δεσπότην ὀθνεῖον μηδένα κτησάμενοι, κατεδουλώθησαν. Μέτελλος δὲ τὴν μὲν ἐπίκλησιν ἀπ' αὐτῶν ἔλαβε· τὸν δὲ δὴ Πανάρη, τόν τε Λασθένη (καὶ γὰρ καὶ ἐκεῖνον εἷλεν [1]) οὐκ ἠδυνήθη πέμψαι ἐν τοῖς ἐπινικίοις. Ὁ γὰρ Πομπήϊος, ἀναπείσας τῶν δημάρχων τινὰ [2], προαφείλετο αὐτοὺς, ὡς καὶ ἑαυτῷ κατὰ τὴν ὁμολογίαν, ἀλλ' οὐκ ἐκείνῳ, προσχωρήσαντας [3].

CCCXXX. 1. [4] *** καὶ ὅτι ἰσχυρᾷ τῇ τύχῃ ἐπ' ἀμφότερα ἐκέχρητο [5], ἐπέτρεψεν [6]. Ἡττηθείς τε γὰρ πολλὰ καὶ κρατήσας οὐκ ἐλάττω [7], καὶ στρατηγικώτερος [8] ἀπ' αὐτῶν ἐπεπίστευτο γεγονέναι. Αὐτοί τε οὖν [9], ὡς καὶ τότε

---

1. Εἷλε, dans C. Tous les Ms. confirment l'ancienne leçon que j'ai conservée comme Reimarus. Leunclavius propose de la remplacer par καὶ γὰρ κἀκεῖνον. Sturz lit : Καὶ γὰρ κἀκείνους, en s'appuyant sur Velleius Paterculus, II, 40 : Quippe ornamentum triumphi ejus *captivos duces* subduxerat. Cf. la note de Ruhnken.

2. F : Τινὰ τῶν δημάρχων τινα (sic). Il est question d'A. Gabinius. Au lieu d'ἀναπείσας, Turnèbe propose ἀνέπεισε. L'ancienne leçon doit être maintenue : tous les manuscrits la confirment.

3. Le passage κἀκ τούτου ὁ Μέτελλος — προσχωρήσαντας a été résumé par Xiphilin, qu'il ne sera pas inutile de lire ici. Cf. Fr. CCCXXVIII, p. 213, not. 9, de ce volume.

4. Les § 1-17 se suivent sans interruption et forment ce que mes devanciers ont appelé le Fragment du liv. XXXVe. A mon avis, c'est un fragment du liv. XXXVI, cf. l'Avertissement en tête de ce volume.

J'adopte les mêmes divisions que Reimarus et Sturz. Après avoir donné à ce Fragment le n° CCCXXX, je désigne chaque paragraphe par le même chiffre que Reimarus et Sturz : de cette manière la comparaison sera plus facile.

Pour ces dix-sept paragraphes, j'ai eu les mêmes manuscrits que pour le Fr. CCCXXIX, moins A. Je les désigne par les mêmes lettres.

les côtes, ils perdirent une grande partie de leurs soldats. Dès lors rien n'empêcha plus Métellus de faire la conquête de l'île tout entière : c'est ainsi que furent subjugués les Crétois, libres jusqu'à ce jour et qui n'avaient jamais eu de maître étranger. Cette expédition valut à Métellus le surnom de *Creticus;* mais il ne put orner son triomphe ni de Panarès, ni de Lasthènes qui était aussi son prisonnier. Pompée, avec l'aide d'un tribun qu'il avait gagné, les avait enlevés d'avance sous prétexte que, d'après la convention, ce n'était pas à Métellus, mais à lui-même qu'ils s'étaient soumis.

CCCXXX. 1. . . . . Tigrane confia le commandement de l'armée à Mithridate ; parce qu'il avait éprouvé la bonne et la mauvaise fortune : souvent vaincu, non moins souvent vainqueur, Mithridate était, par cela même, regardé comme plus habile dans l'art de la guerre.

An de Rome 685.

Le commencement de ce paragraphe est tronqué dans tous les manuscrits.

5. Le sens des mots τῇ τύχῃ ἐπ' ἀμφότερα ἐκέχρητο est développé par ce qui suit : Ἡττηθείς τε γὰρ πολλὰ καὶ κρατήσας οὐκ ἐλάττω.

6. S.-ent. Τὴν στρατηγίαν — *den oberbefehl,* dit M. Tafel.

7. Reimarus avait d'abord conservé l'ancienne leçon οὐκ ἐλάττων que Leunclavius voulait mal à propos remplacer par οὐκ ἔλαττον — *nihilominus rei militaris peritior.* Plus tard, dans ses *Addenda,* il se prononça pour la leçon οὐκ ἐλάττω, qui lui avait été indiquée dans le Journal des Savants, Août, 1751, p. 445, d'après F. Nul doute que ce ne soit la véritable : Sturz l'a adoptée. Je suis son exemple, en ajoutant qu'elle se trouve aussi dans B : elle avait échappé à l'attention de l'helléniste qui collationna ce manuscrit pour Reimarus. Les autres manuscrits portent οὐκ ἐλάττων.

8. Le critique, désigné par N dans l'Édition de Reimarus, propose ἀλλὰ καὶ στρατηγικώτερος. Reiske, à son tour, voudrait effacer καί, ou lire ἀνδρειότερος καὶ στρατηγικώτερος ; mais, comme le dit Oddey, aucun changement n'est nécessaire : il suffit de traduire καί par *etiam,* ainsi que l'a fait Sturz.

9. Tigrane fit d'abord un mauvais accueil à Mithridate et lui défendit même de paraître en sa présence ; Appien, Mithridat. LXXXII : Ἐς Τιγράνην ἔφυγε (s.-ent. ὁ Μιθριδάτης) σὺν ἱππεῦσι δισχιλίοις. Ὁ δὲ αὐτὸν ἐς ὄψιν

πρῶτον ἀρχόμενοι τοῦ πολέμου, παρεσκευάζοντο· καὶ πρὸς τοὺς περιχώρους, τούς τε ἄλλους [1], καὶ Ἀρσάκην [2] τὸν Πάρθον, καίπερ ἐχθρὸν τῷ Τιγράνῃ διὰ χώραν [3] τινὰ [4] ἀμφισβητήσιμον ὄντα, ἐπρεσβεύοντο· καὶ ταύτης τε αὐτῷ ἀφίσταντο, καὶ τοὺς Ῥωμαίους διέβαλλον [5], λέγοντες ὅτι, ἂν μονωθέντων σφῶν κρατήσωσι, καὶ ἐπ᾽ ἐκεῖνον εὐθὺς ἐπιστρατεύσουσι [6]. Φύσει τε γὰρ πᾶν τὸ νικῶν ἄπληστον τῆς εὐπραγίας εἶναι, καὶ μηδένα ὅρον [7] τῆς πλεονεξίας ποιεῖσθαι· καὶ τούτους, ἅτε καὶ ἐν κράτει πολλῶν δὴ γεγονότας, οὐκ ἐθελήσειν αὐτοῦ ἀποσχέσθαι [8].

[Ὅτι [9] Λούκουλλος ἔλεγεν ὡς ἕνα βούλοιτο ἂν ἐξελέσθαι

οὐ προσέμενος, ἐν χωρίοις ἐκέλευσε διαίτης βασιλικῆς ἀξιοῦσθαι. Plutarque dit la même chose, Lucull. XXII ; mais il ajoute que Tigrane changea bientôt de conduite, l. l. : Τότε δὲ σὺν τιμῇ καὶ φιλοφροσύνῃ μετεπέμψατο αὐτὸν εἰς τὰ βασίλεια.

1. « Ut Commagenes, dit Fabricius, Arabum, Bithyniæ, Galatiæ, Ciliciæ, « Asiæ, Paphlagoniæ, Mediæ etc.

2. Le nom d'Arsace était commun à tous les rois des Parthes ; Strabon, XV, p. 702, éd. Casaub., Paris, 1620 : Τοιοῦτον δὲ καὶ τὸ παρὰ τοῖς Παρθυαίοις· Ἀρσάκαι γὰρ καλοῦνται πάντες· ἰδίᾳ δὲ ὁ μὲν Ὀρώδης, ὁ δὲ Φραάτης, ὁ δ᾽ ἄλλο τι.

Il est question ici du père de Phraate ; il s'appelait *Sintricus*, suivant Appien, Mithridat., CIV : Ἐς Φραάτην ἐπεφεύγει, τὸν Παρθυαίων βασιλέα, ἄρτι τὴν Σιντρίκου τοῦ πατρὸς ἀρχὴν διαδεδεγμένον, ou bien *Sinatruces*, d'après un fragment de Phlégon, dans Photius, Bibl. Cod. XCVII. Xiphilin, l. l., s'est trompé en l'appelant Pacorus.

3. Τῷ   διὰ χώραν, avec la même lacune, dans C, D, E et G; l'ancienne leçon αὐτῷ a été reproduite par R. Étienne et par Reimarus, qui a tort de dire que les deux manuscrits du Vatican la donnent aussi : B porte τῷ Τιγράνι, par la confusion de η avec ι, au lieu de τῷ Τιγράνῃ que j'adopte d'après F. Sturz l'adopte aussi ; mais avec quelques scrupules, qui l'ont déterminé à mettre ces deux mots entre crochets.

Le conjecture de Leunclavius, qui propose αὐτῶν approuvé par Penzel, et celle d'Oddey qui aimait mieux αὐτοῖς, sont désormais superflues.

Ils firent donc leurs préparatifs, comme si la guerre commençait alors, et ils envoyèrent des ambassadeurs à plusieurs rois des pays voisins et au Parthe Arsace ; quoiqu'il fût en mésintelligence avec Tigrane, à cause d'une contrée dont celui-ci lui disputait la possession. Ils la lui abandonnèrent et cherchèrent à lui rendre les Romains suspects, en répétant qu'après avoir triomphé de Tigrane et de Mithridate, livrés à leurs propres forces, ils tourneraient aussitôt leurs armes contre lui ; car un vainqueur, naturellement insatiable dans la bonne fortune, ne met aucune borne à son ambition ; et les Romains, par cela même qu'ils avaient déjà subjugué plusieurs peuples, ne consentiraient point à respecter son indépendance.

[Lucullus disait qu'il aimerait mieux arracher au dan-

4. Dion veut parler de la Mésopotamie ; cf. p. 236 de ce volume.

5. Διέβαλον, dans C. Sur les mots écrits par une seule consonne, quand il en faudrait deux, et réciproquement, cf. not. 6, p. 14, tom. I de cette édition.

6. Dans la lettre de Mithridate à Arsace, Salluste insiste sur les mêmes dangers : Nunc, quæso, considera, nobis oppressis, utrum firmiorem te ad resistendum, an finem belli futurum putes? Scio equidem tibi magnas opes virorum, armorum et auri esse ; et ea re a nobis ad societatem, ab illis ad prædam peteris.... Nos suspecti sumus æmuli, et in tempore vindices adfuturi : tu vero, cui Seleucia maxima urbium, regnumque Persidis inclutis divitiis est, quid ab illis, nisi dolum in præsens, et postea bellum exspectas?

7. Ὁραν dans G, par la confusion d'ο avec α ; cf. Bast, Comment. Palæogr., p. 906. Cette confusion est d'autant plus facile à comprendre que, dans un grand nombre de pages de C, le copiste représente α par un ο un peu incliné à gauche.

8. Ce passage est altéré dans G qui porte : Αὐτοῦ ἄπου αὐτοῦ ἀποσχέσθαι.

9. Avant les détails de l'expédition de Lucullus contre Mithridate, et afin de ne pas en interrompre le récit, j'insère ici un extrait, trouvé par M. A. Mai dans les manuscrits du Vatican, et publié par lui, p. 551, éd. Rom.

Pour ne pas troubler l'ordre des chiffres destinés à indiquer la correspondance entre mon édition et celle de Reimarus, je ne donne point de

222   ΔΙΩΝΟΣ ΤΟΥ ΚΑΣΣΙΟΥ ΛΕΙΨΑΝΑ. ΒΙΒΛ. Α-ΛϚ.

κινδύνου Ῥωμαίων, ἢ πάντα τὰ τῶν πολεμίων ἀμαχεὶ λαβεῖν [1].]

2. Καὶ οἱ μὲν ταῦτ᾽ ἔπραττον [2]. Λούκουλλος [3] δὲ Τιγράνην μὲν οὐκ ἐπεδίωξεν, ἀλλὰ καὶ πάνυ κατὰ σχολὴν σωθῆναι εἴασε· καὶ ἀπ᾽ αὐτοῦ καὶ αἰτίαν, ὡς οὐκ ἐθελήσας τὸν πόλεμον, ὅπως ἐπὶ πλεῖον ἄρχῃ, καταλῦσαι, παρά τε τοῖς ἄλλοις καὶ παρὰ τοῖς πολίταις ἔσχε [4]· Καὶ διὰ τοῦτο τότε ἐς τοὺς στρατηγοὺς τὴν ἀρχὴν τῆς Ἀσίας ἐπανήγαγον· καὶ μετὰ ταῦθ᾽, ὡς [5] καὶ αὖθις τὸ αὐτὸ τοῦτο πεποιηκέναι ἔδοξε, τὸν ὕπατον [6] αὐτῷ, τὸν κατ᾽ ἐκεῖνον τὸν χρόνον ὄντα, διάδοχον ἔπεμψαν. Τὰ δὲ δὴ Τιγρανόκερτα [7], στασιασάντων πρὸς τοὺς Ἀρμενίους τῶν ξένων, τῶν συνοικούν-

---

numéro à ce petit fragment : je me contente de le mettre entre crochets. Je le place ici, parce que, dans les manuscrits du Vatican, il précède un extrait relatif au siége et à la prise de Tigranocerta par Lucullus ; extrait qui a une grande ressemblance avec Xiphilin, τοσαύτῃ χειρί — πολλοὶ παρεῖεν, p. 4, éd. R. Étienne. Or, le siége et la prise de cette ville étant le sujet du § 2 dans Dion, il semble permis de conclure qu'avant le récit de cet événement, le compilateur avait trouvé dans notre historien, un portrait de Lucullus, d'où ce fragment a été sans doute tiré.

1. Il m'a paru utile de rapprocher de ces lignes le portrait de Lucullus par Plutarque, l. l. XXXIII : Ἐντεῦθεν δ᾽ ὥσπερ πνεύματος ἐπιλιπόντος, προσβιαζόμενος πάντα; καὶ πανταπάσιν ἀντικρούων ἀρετὴν μὲν ἐπεδείκνυτο καὶ μακροθυμίαν ἡγεμόνος ἀγαθοῦ, δόξαν δὲ καὶ χάριν οὐδεμίαν αἱ πράξεις ἔσχον, ἀλλὰ καὶ τὴν προϋπάρχουσαν ἐγγὺς ἦλθε δυσπραγῶν καὶ διαφερόμενος μάτην ἀποβαλεῖν. Τῶν δ᾽ αἰτίων αὐτὸς οὐχὶ τὴν ἐλαχίστην εἰς τοῦτο παρέσχεν, οὐκ ὢν θεραπευτικὸς πλήθους στρατιωτικοῦ καὶ πᾶν τὸ πρὸς ἡδονὴν τοῦ ἀρχομένου γινόμενον ἀρχῆς ἀτιμίαν καὶ κατάλυσιν ἡγούμενος· τὸ δὲ μέγιστον, οὐδὲ τοῖς δυνατοῖς καὶ ἰσοτίμοις εὐάρμοστος εἶναι πεφυκώς, ἀλλὰ πάντων καταφρονῶν καὶ μηδενὸς ἀξίους πρὸς αὐτὸν ἡγούμενος. Ταῦτα γὰρ ὑπάρξαι Λουκούλλῳ κακὰ λέγουσιν ἐν πᾶσι τοῖς ἄλλοις ἀγαθοῖς· καὶ γὰρ μέγας καὶ καλὸς καὶ δεινὸς εἰπεῖν καὶ φρόνιμος ὁμαλῶς ἐν ἀγορᾷ καὶ στρατοπέδῳ δοκεῖ γενέσθαι.

ger un seul Romain, que de s'emparer, même sans combat, de tous les biens des ennemis.]

2. Telles étaient les mesures prises par ces deux rois. Cependant Lucullus, au lieu de poursuivre Tigrane, lui laissa le temps de s'éloigner tout à son aise. Aussi à Rome, comme ailleurs, chacun l'accusa-t-il de n'avoir point voulu terminer la guerre, afin de rester plus longtemps à la tête de l'armée. Le commandement en Asie fut donc confié de nouveau aux préteurs. Plus tard, Lucullus parut avoir fait encore la même faute, et fut remplacé par le consul de l'année. Cependant les étrangers établis à Tigranocerta, s'étant révoltés contre

---

2. Ταῦτα ἔπραττον, dans C et G.
3. Λουκούλος, dans F. Sur les mots écrits avec une seule consonne, quand il en faudrait deux, et réciproquement, cf. tom. I, p. 14, n. 5 de cette édition.
4. Plutarque, Lucull. XXXIII : Οὕτω δὲ διακειμένοις αὐτοῖς τὰς μεγίστας ἐνέδωκαν ἀπὸ τῆς Ῥώμης οἱ δημαγωγοὶ προφάσεις, φθόνῳ τοῦ Λουκούλλου κατηγοροῦντες ὡς ὑπὸ φιλαρχίας καὶ φιλοπλουτίας ἑλκόντος τὸν πόλεμον. Vell. Paterculus dit avec son énergique concision, II, 33 : Ultimamque bello manum pene magis noluerat imponere quam non potuerat.
5. Ταῦτ' ὡς, faute du copiste dans D et G. Cf. § 14.
6. M'. Acilius Glabrion. Dion fait allusion à ce qui se passa, l'an de Rome 687, comme on le voit § 14 : Κἂν τούτῳ ὁ Λούκουλλος .... οὐ μέν τοι καὶ κατέπραξέ τι.... Καὶ τὸ στράτευμα ἐστασίασεν.... Ἐταράχθησαν δὲ καὶ τότε ἄλλως τε καὶ ἐπειδὴ τὸν Ἀκίλιον τὸν ὕπατον, ὅς τῷ Λουκούλλῳ διάδοχος δι' ἅπερ εἶπον ἐξεπέμφθη, πλησιάζοντα ἐπύθοντο · ἐν γὰρ ὀλιγωρίᾳ αὐτόν, ὡς καὶ ἰδιωτεύοντα ἤδη, ἐποιοῦντο.
7. Cette ville avait été fondée par Tigrane; Plutarque, Lucull. XXV : Ἐκ τούτου Τιγράνης μὲν ἐκλιπὼν Τιγρανόκερτα, μεγάλην πόλιν ἐκτισμένην ὑπ' αὐτοῦ, πρὸς τὸν Ταῦρον ἀνεχώρησε καὶ τὰς δυνάμεις πανταχόθεν ἐνταῦθα συνῆγε. Cf. Appien, Mithrid. LXXXVI.

των αὐτοῖς, εἷλε [1]. Κίλικές [2] τε γὰρ οἱ πλείους αὐτῶν ἦσαν [3], ἀνάσπαστοί ποτε γεγονότες, καὶ [4] ἐσήγαγον εἴσω νυκτὸς τοὺς Ῥωμαίους. Καὶ ἐκ τούτου τὰ μὲν ἄλλα διηρπάσθη, πλὴν τῶν ἐκείνοις ὑπαρχόντων [5]· τὰς δὲ δὴ γυναῖκας τῶν δυνατωτάτων πολλὰς ἁλούσας ἀνυβρίστους [6] ὁ Λούκουλλος [7] ἐφύλαξε· καὶ ἀπ' αὐτοῦ καὶ τοὺς ἄνδρας σφῶν προσεποιήσατο [8].

[Λούκουλλος δὲ Λούκιος κατὰ τοὺς καιροὺς τούτους τοὺς τῆς Ἀσίας δυνάστας [9] Μιθριδάτην τε καὶ Τιγράνην [10] τὸν Ἀρμένιον πολέμῳ νικήσας καὶ φυγομαχεῖν ἀναγκάσας τὰ Τιγρανόκερτα [11] ἐπολιόρκει· καὶ αὐτὸν οἱ βάρβαροι τῇ τε τοξείᾳ [12] καὶ τῇ νάφθα [13] κατὰ τῶν μηχανῶν χεομένῃ δει-

---

1. Plutarque, l. l., XXIX : Ἐν δὲ τῇ πόλει τοῖς Τιγρανοκέρτοις τῶν Ἑλλήνων πρὸς τοὺς βαρβάρους στασιασάντων καὶ τῷ Λουκούλλῳ τὴν πόλιν ἐνδιδόντων προσβαλὼν εἷλε.

Dans le passage de Dion, au lieu de εἷλε, B et G portent εἷλεν. Sur ce ν paragogique, cf. tom. I, p. 247, not. 4, de cette édition ; M. Boissonade, not. sur Théophylacte Simoc., p. 226 ; M. Hase, préf. sur Lydus, XIV; Poppo, sur Thucyd., p. 11, tom. I, p. 296.

2. Κίλλικες, dans F : le copiste a mis deux consonnes au lieu d'une. Sur des fautes semblables, cf. tom. I, p. 14, de cette édition. Plus tard, le second λ a été marqué de deux points, pour indiquer que cette lettre doit être effacée.

3. Plutarque, l. l., XXVI : Ἦσαν δ' ἐν αὐτῇ πολλοὶ μὲν Ἕλληνες τῶν ἀναστάτων ἐκ Κιλικίας, πολλοὶ δὲ βάρβαροι τοῖς Ἕλλησιν ὅμοια πεπονθότες, Ἀδιαβηνοὶ καὶ Ἀσσύριοι καὶ Γορδυηνοὶ καὶ Καππάδοκες, ὧν κατασκάψας τὰς πατρίδας, αὐτοὺς δὲ κομίσας ἐκεῖ κατοικεῖν ἠνάγκασεν.

4. Oddey propose de remplacer καί par οἵ, ou par αὐτοί. J'adopterais οἵ de préférence ; mais je conserve l'ancienne leçon, qui est confirmée par tous les manuscrits.

5. Au lieu de ὑπαρχόντων, le copiste a écrit par distraction ὑχόντων dans G.

6. D'après Xiphilin, l. l., p. 4, je substitue ἀνυβρίστους à l'ancienne leçon ἄνευ ὑβρισμοῦ qui, suivant la remarque de H. Étienne, n'était probable-

les Arméniens, Lucullus s'empara de cette ville : c'étaient, pour la plupart, 'des Ciliciens qu'on y avait transférés. Ils introduisirent les Romains pendant la nuit : aussi leurs biens furent-ils respectés, tandis qu'on livra tout le reste au pillage. Les femmes de la plupart des citoyens les plus distingués furent prises ; mais Lucullus les mit à l'abri des outrages et se concilia ainsi l'affection de leurs maris.

[A la même époque, Lucius Lucullus, après avoir vaincu les rois d'Asie, Mithridate et l'Arménien Tigrane, et les avoir forcés à faire retraite, assiégea Tigranocerta. Les barbares lui firent beaucoup de mal avec leurs traits et

---

ment qu'une glose intercalée dans le texte. Au lieu de δυνατωτάτων, G donne δυνατοτάτων, variante fautive.

7. Λούκολλος, dans G, autre faute du copiste.

8. Il y a ici plusieurs lacunes : j'ai tâché de les combler dans les Éclaircissements, à la fin du volume ; elles prouvent que le texte de Dion n'est pas complet. On voit par Xiphilin que, dans notre Historien, les événements étaient présentés à peu près comme dans Plutarque, Lucull., XXV-XXIX. J'ai cru devoir insérer, entre crochets, le résumé de l'Abréviateur.

9. Δυνάστος, dans *e*, par la confusion d'α avec ο. Cf. p. 221, n. 7 de ce vol.

10. Τηγράνην, dans le même manuscrit, par la confusion d'η avec ι.

11. ιγρανόκερτα, dans *f*, par l'omission de la lettre initiale. Cf. t. I, p. 286, not. 6; tom. II, p. 210, not. 1, et p. 212, not. 2 de cette édition.

12. Τοξία dans *b*, par la confusion d'ι avec ει.

13. Τῇ νάφθα, dans R. Étienne, l. l., p. 3. Cette leçon est confirmée par les Ms. Suivant Suidas, νάφθα est des trois genres; tandis qu'Eustathe, Comment. sur l'Iliade, IX, p. 700, 56, ne lui attribue que le féminin et le neutre : Ἡ νάφθα καὶ τὸ νάφθα παρά τε ἄλλοις καὶ παρὰ Πλουτάρχῳ ; mais à tort; cf. un passage de Strabon, à la page suiv., not. 1. Dioscoride, I, 102, définit ainsi la naphthe : Βαβυλωνίου ἀσφάλτου περιήθημα, τῷ χρώματι λευκόν· δύναμιν ἔχον ἁρπατικὴν πυρὸς, ὥστε καὶ ἐκ διαστήματος ἁρπάζειν τοῦτο. Cf. Plutarq. Alex. XXXV ; Saumaise, Exercitat. Plinian., ch. XXI, tom. I, p. 171 et suiv.

Strabon, liv. XVI, p. 743, éd. Casaub., Paris, 1620, cite à ce sujet un fragment curieux d'Ératosthène : Γίνεται δ' ἐν τῇ Βαβυλωνίᾳ ἡ (καὶ dans l'éd. de Coraï, tom. III, p. 166) ἄσφαλτος πολλὴ, περὶ ἧς Ἐρατοσθένης

226 ΔΙΩΝΟΣ ΤΟΥ ΚΑΣΣΙΟΥ ΛΕΙΨΑΝΑ. ΒΙΒΛ. Α-ΛϚ.

νῶς ἐκάκωσαν· ἀσφαλτῶδες δὲ τὸ φάρμακον τοῦτο καὶ διάπυρον οὕτως, ὥσθ' ὅσοις ἂν προσμίξῃ, πάντως αὐτὰ κατακαίειν, οὐδ' ἀποσβεννύται ὑπ' οὐδενὸς ὑγροῦ ῥᾳδίως [1]. Ἐκ τούτου δὲ ὁ Τιγράνης ἀναθαρρήσας, τοσαύτῃ χειρὶ [κατ' αὐτοῦ] ἤλασεν [2], ὥστε καὶ τῶν Ῥωμαίων τῶν ἐκεῖσε παρόντων καταγελάσαι· λέγεται δ' οὖν εἰπεῖν, εἰ μὲν πολεμήσοντες ἥκοιεν [3], ὀλίγοι· εἰ δὲ πρεσβεύσοντες, πολλοὶ παρεῖεν [4]· οὐ μέντοι καὶ ἐπὶ πολὺ ᾔσθη [5], ἀλλ' εὐθὺς ἐξέμαθεν ὅσον ἥ τε ἀρετὴ καὶ ἡ τέχνη παντὸς ὁμίλου [6] κρατεῖ [7]. Φυγόντος δὲ αὐτοῦ τὴν τιάραν τό τε [8] ἀνάδημα

μὲν οὕτως εἴρηκεν· ὅτι ἡ μὲν ὑγρὰ, ἣν καλοῦσι νάφθαν, γίνεται ἐν τῇ Σουσίδι· ἡ δὲ ξηρὰ, δυναμένη πήττεσθαι, ἐν τῇ Βαβυλωνίᾳ. Ταύτης δ' ἐστὶν ἡ πηγὴ τοῦ νάφθα (lis. τοῦ Εὐφράτου d'après Coraï, l. l. p. 167) πλησίον· πλημμύροντος δὲ τούτου κατὰ τὰς τῶν χιόνων τήξεις, καὶ αὐτὴ πληροῦται, καὶ ὑπέρχυσιν εἰς τὸν ποταμὸν λαμβάνει· ἐνταῦθα δὲ συνίστανται βῶλοι μεγάλαι πρὸς τὰς οἰκοδομὰς ἐπιτήδειαι, τὰς διὰ τῆς ὀπτῆς πλίνθου κτλ. Cf. Cramer, Anecd. Gr. Parisiens., t. I, p. 383, Oxonii 1839.

1. Strabon, l. l.: Τὴν δ' ὑγρὰν, ἣν νάφθαν καλοῦσι, παράδοξον ἔχειν συμβαίνει τὴν φύσιν· προσαφθεὶς γὰρ ὁ νάφθας πυρὶ πλησίον, ἀναρπάζει τὸ πῦρ· κἂν ἐπιχρίσας αὐτῷ σῶμα προσαγάγῃς, φλέγεται· σβέσαι δ' ὕδατι οὐχ οἷόν τε· ἐκκαίεται γὰρ μᾶλλον, πλὴν εἰ πάνυ πολλῷ· ἀλλὰ πηλῷ, καὶ ὄξει, καὶ στυπτηρίᾳ, [καὶ ἰξῷ] πνιγὲν κατασβέννυται. D'après Coraï, tom. III, p. 167, et tom. IV, p. 329, au lieu de la leçon vulgaire : πνιγέντα σβέννυται.

2. Cf. p. 227, not. 4. Plutarque, l.l. XXVI, en donne le dénombrement, tel que Lucullus l'avait transmis au sénat : Τοξότας μὲν γὰρ καὶ σφενδονήτας δισμυρίους ἦγεν, ἱππεῖς δὲ πεντακισμυρίους καὶ πεντακισχιλίους, ὧν ἑπτακισχίλιοι καὶ μύριοι κατάφρακτοι ἦσαν, ὡς Λούκουλλος ἔγραψε πρὸς τὴν σύγκλητον, ὁπλιτῶν δὲ, τῶν μὲν εἰς σπείρας, τῶν δ' εἰς φάλαγγας συντεταγμένων, πεντεκαίδεκα μυριάδας, ὁδοποιοὺς δὲ καὶ γεφυρωτὰς καὶ καθαρτὰς ποταμῶν καὶ ὑλοτόμους καὶ τῶν ἄλλων χρειῶν ὑπηρέτας τρισμυρίους καὶ πεντακισχιλίους, οἳ τοῖς μαχομένοις ἐπιτεταγμένοι κατόπιν ὄψιν ἅμα καὶ ῥώμην παρεῖχον.

3. Dans h: Οἴκοιεν, par la confusion d'η avec οι. Cf. M. Boissonade, Anecd. gr. tom. II, p. 109, not. 2; p. 181, not. 3, et surtout not. sur Théophylact. Simoc. p. 211, où il cite plusieurs exemples. Je me contenterai des deux suivants. « Dion Chrys. Orat. X, p. 302 : Εἴ τις αὐλοῖς, οὐκ

avec la naphthe qu'ils versaient sur ses machines de guerre. C'est une matière bitumineuse, tellement inflammable qu'elle consume tout ce qu'elle touche, et qu'on ne peut facilement l'éteindre avec aucune espèce de liquide. Le dommage essuyé par les Romains rendit la confiance à Tigrane : il s'avança contre Lucullus avec des forces considérables et s'écria, dit-on, pour se moquer de l'armée qui assiégeait Tigranocerta : « Ils sont trop peu nom-
« breux, s'ils veulent faire la guerre, et trop nombreux,
« s'ils viennent en ambassade. » Mais sa joie ne fut pas de longue durée : il apprit bientôt combien la valeur et l'art

---

ὦν αὐλητικός, ἐθέλῃ χρῆσθαι. Codex 3009 melius ἐθέλοι..... Dicæarchus, Descript. Pelii, p. 141 : Ὃν ὅταν τις τρίψας λεῖον καταχρίσοι τὸ σῶμα. Editores doctissimi debuerunt corrigere καταχρίσῃ. »

4. Plutarque, l. l. XXVII, rapporte ce mot de Tigrane ; mais avec un léger changement : Εἰ μὲν ὡς πρεσβευταὶ, πολλοὶ πάρεισιν, εἰ δ' ὡς στρατιῶται, ὀλίγοι. Appien se rapproche plus de Plutarque que de Dion; Mithrid. LXXXV : Εἰ μὲν πρέσβεις εἰσὶν οἶδε, πολλοί· εἰ δὲ πολέμιοι, πάμπαν ὀλίγοι.

Le passage, qui nous occupe, concorde avec un fragment publié par M. A. Mai, p. 551, éd. Rom. : Ὅτι Λουκούλλου τὰ Τιγρανόκερτα (lis. Τιγρανόκερτα) πολιορκοῦντος Τιγράνης τοσαύτῃ χειρὶ κατ' αὐτοῦ ἤλασεν, ὥστε καὶ τῶν ἐκεῖ Ῥωμαίων καταγελάσαι καὶ εἰπεῖν, ὡς εἰ μὲν πολεμήσοντες ἥκοιεν, ὀλίγοι· εἰ δὲ πρεσβεύσοντες, πολλοὶ παρεῖεν. D'après ce fragment, j'ai adopté, p. 226, lig. 5, κατ' αὐτοῦ ἤλασεν, préférable à l'ancienne leçon στρατοῦ ἤλασεν, maintenue par Reimarus et par Sturz.

5. D'après tous les manuscrits. Ἦσθαι dans R. Étienne, l. l., p. 4, par la confusion de αι avec η. Cf. Bast, Comment. palæogr., p. 717 et 752.

6. Ὁμίλλου, dans a, b, f et h : sur les mots écrits par deux consonnes, quand il n'en faudrait qu'une, et réciproquement, cf. tom. I, p. 14, not. 6.

7. Ce qui fit dire à Taxile, Plutarque, l. l. : Βουλοίμην ἄν, ...
ὦ Βασιλεῦ, γενέσθαι τι τῷ σῷ δαίμονι τῶν παραλόγων, ἀλλ' οὔτ' ἐσθῆτα λαμπρὰν οἱ ἄνδρες λαμβάνουσιν ὁδοιποροῦντες οὔτε θυρεοῖς ἐκκεκαθαρμένοις χρῶνται καὶ κρανεσὶ γυμνοῖς, ὥσπερ νῦν τὰ σκύτινα τῶν ὅπλων σκεπάσματα περισπάσαντες· ἀλλὰ μαχουμένων ἐστὶν ἡ λαμπρότης αὕτη καὶ βαδιζόντων ἤδη πρὸς τοὺς πολεμίους.

8. Τιάραυτότε, dans h : le copiste a mal à propos réuni les trois mots; cf. p. 167-168, not. 11 de ce volume. De plus, il a confondu αν avec αυ

τὸ περὶ αὐτὴν εὑρόντες οἱ στρατιῶται τῷ Λουκούλλῳ ἔδοσαν[1]. δείσας γὰρ μὴ γνωσθεὶς ἀπ' αὐτῶν ἁλῶ, περιεσπάσατο αὐτὰ καὶ ἀπέρριψεν[2]. Ἑλὼν[3] δὲ τὰ Τιγρανόκερτα μετὰ τοῦτο, τὰ μὲν ἄλλα διήρπασε, τὰς δὲ γυναῖκας ἀνυβρίστους ἐφύλαξεν· ὅπερ αὐτῷ καὶ τοὺς ἄνδρας τοὺς ἐκείνων τοὺς μετὰ Τιγράνου φεύγοντας προσεποίησε[4].]

Τόν τε τῆς Κομμαγηνῆς[5] βασιλέα Ἀντίοχον[6], (ἡ δὲ δὴ χώρα αὕτη τῆς Συρίας πρός τε τῷ Εὐφράτῃ καὶ πρὸς τῷ Ταύρῳ ἐστὶ,) καί τινα Ἀράβιον δυνάστην Ἀλχαυδόνιον[7], ἄλλους τε ἐπικηρυκευσαμένους οἱ, ἐδέξατο[8].

3. Καὶ μαθὼν παρ' αὐτῶν τὴν πρεσβείαν[9], τὴν ὑπό τε τοῦ Τιγράνου καὶ τοῦ Μιθριδάτου[10] πρὸς τὸν Ἀρσάκην πεμφθεῖσαν, ἀνταπέστειλέ τινας ἐκ τῶν συμμάχων[11], ἀπειλάς τε ἅμα αὐτῷ, ἂν ἐκείνοις ἐπικουρήσῃ[12], καὶ ὑποσχέ-

---

par la facile permutation du ν avec l'υ. Cf.Bast, l. l., p. 727, 735, 736, etc.; Schaefer, sur Denys d'Halicarn. π. συνθ., p. 143.

1. Ἔδωκαν, dans *a, c, d, e, f* et *h*. Ἔδωσαν, dans *b*, par la confusion d'ω avec ο. Cf. les Eclaircissements à la fin du volume.

2. Ἀπέριψεν, dans *e* : sur les mots écrits par une seule consonne, quand il en faudrait deux, et réciproquement, cf. t. I, p. 14, not. 6, et tom. II, p. 227, not. 6 de cette édition.

3. Ἑλλόν, dans le même manuscrit : le copiste a mis deux consonnes au lieu d'une, et confondu l'ο avec l'ω.

4. Plutarque, l. l. XXIX : Καὶ τοὺς μὲν ἐν τῇ πόλει θησαυροὺς παρελάμβανε, τὴν δὲ πόλιν διαρπάσαι παρέδωκε τοῖς στρατιώταις μετὰ τῶν ἄλλων χρημάτων ὀκτακισχίλια τάλαντα νομίσματος ἔχουσαν. Χωρὶς δὲ τούτων ὀκτακοσίας δραχμὰς κατ' ἄνδρα διένειμεν ἀπὸ τῶν λαφύρων.

5. Κομαγηνῆς, dans G : le copiste n'a mis qu'un μ, quand il en fallait deux. Cf. Strabon, liv. XI, p. 521, 527; liv. XVI, p. 749, éd. Casaub. Paris, 1620; Spanheim, de Præstant. et Usu Numism., tom. I, p. 364-365; tom. II, p. 443, éd. in-fol.; Mionnet, l. l., tom. V, p. 110-133.

6. Cf. Dion, liv. XLIX, 22.

l'emportent sur le grand nombre. Il prit la fuite, et les soldats romains ayant trouvé sa tiare et la bandelette qui l'entourait, les remirent à Lucullus. Tigrane, dans la crainte que ces ornements ne le fissent reconnaître et ne missent sa liberté en danger, s'en était dépouillé et les avait jetés loin de lui. Lucullus s'empara ensuite de Tigranocerta, qu'il livra au pillage; mais il mit les femmes à l'abri de tous les outrages et gagna ainsi l'amitié de leurs maris qui fuyaient avec Tigrane.

Il fit alliance avec Antiochus, roi de la Commagène, contrée de la Syrie qui touche à l'Euphrate et au Taurus; avec Alchaudonius, souverain d'un petit royaume de l'Arabie, et avec d'autres princes qui lui avaient fait demander la paix.

3. Instruit par eux que Tigrane et Mithridate avaient envoyé une ambassade à Arsace, Lucullus lui députa quelques-uns de ses alliés pour lui faire des menaces, s'il secourait Tigrane et Mithridate, ou des promesses, s'il

---

7. Dion, XL, 20, lui reproche de s'être toujours déclaré pour le plus fort : Καὶ τοῦτο μὲν καὶ ὁ Ἀλχαυδόνιος ὁ Ἀράβιος ἐποίησε· πρὸς γὰρ τὸ ἰσχυρὸν ἀεὶ μεθίστατο. Son nom est écrit de la même manière dans tous les Ms., excepté dans G, qui porte, l. l., Ἀλγαυδόνιος, par la confusion du γ avec le χ. Il est aussi question de cet Alchaudonius, liv. XLVII, 27.

8. Plutarque, l. l. : Καὶ γὰρ Ἀράβων βασιλεῖς ἧκον πρὸς αὐτὸν ἐγχειρίζοντες τὰ σφέτερα καὶ τὸ Σωφηνῶν ἔθνος προσεχώρει. Sur les avantages que Lucullus recueillit de son humanité, cf. les Éclaircissements à la fin du volume.

9. Cf. ce qui a été dit de cette ambassade, § 1, p. 220 de ce volume.

10. Leunclavius propose de lire Μιθραδάτου. Cf. Fr. CCLXXXVIII, not. 2, p. 122 de ce volume.

11. Xiphilin, p. 4, éd. de R. Étienne : Τῷ δὲ Πακόρῳ τῷ Παρθυαίων βασιλεῖ, μαθὼν αὐτὸν τῷ Τιγράνῃ μέλλειν βοηθήσειν, διὰ γραμμάτων ἠπείλησε. Nous avons vu, p. 220, n. 2 de ce vol., que ce roi ne s'appelait point *Pacorus*, mais bien *Sintricus* ou *Sinatruces* : tous les Ms. de Xiphilin portent Πακόρῳ.

12. Ἐπικουρήσει, dans G : j'ai adopté le subjonctif, d'après la note 5, p. 94 de ce volume.

σεις, ἂν τὰ σφέτερα ἀνθέληται, φέροντας. Ὁ οὖν Ἀρσάκης τότε μὲν (ἔτι γὰρ τῷ τε Τιγράνῃ ὀργὴν εἶχε, καὶ ἐς τοὺς [1] Ῥωμαίους οὐδὲν ὑπώπτευε [2]) πρέσβεις τέ οἱ ἀντέπεμψε, καὶ φιλίαν τε καὶ συμμαχίαν [3] ἐσπείσατο· ὕστερον δὲ τὸν Σηκίλιον [4] ἐλθόντα πρὸς ἑαυτὸν ἰδών, ὑπετόπησε κατάσκοπον τῆς χώρας καὶ τῆς δυνάμεως αὐτοῦ παρεῖναι· τούτου γὰρ ἕνεκα [5], ἀλλ᾽ οὐ τῆς ὁμολογίας ἤδη γεγενημένης, ἄνδρα ἐπιφανῆ τὰ πολεμικὰ πεμφθῆναι. Καὶ οὐδεμίαν ἐπ᾽ αὐτῶν [6] βοήθειαν ἐποιήσατο· οὐ μὴν οὐδ᾽ ἠναντιώθη τι, ἀλλ᾽ ἐκ μέσου ἀμφοῖν ἔστη, μηδ᾽ ἑτέρους, ὥσπερ εἰκός, ἐθελήσας αὐξῆσαι. Τὸν γὰρ πόλεμον αὐτὸν [7] ἰσοπαλῆ ὄντα ἀσφάλειάν οἱ μεγίστην οἴσειν ἐνόμιζε. Τούτῳ μὲν δὴ τῷ ἔτει [8] ταῦθ᾽ ὁ Λούκουλλος ἔπραξε, καὶ τῆς Ἀρμενίας συχνὰ προσηγάγετο [9].

1. C : εἰς τούς.
2. Ὑπόπτευε, dans E, F et G, par la confusion de l'ω avec l'o dont nous avons déjà vu plusieurs exemples; cf. p. 228, not. 1 et 3 de ce volume. Je dois ajouter que dans E, un petit blanc, entre l'o et le π, semble indiquer qu'il y avait primitivement ὑπώπτευε.
3. C : Φιλίαν τε συμμαχίαν τε.
4. Plutarque, l. l. XXV, l'appelle toujours Σεξτίλιος (Σεκστίλιος, dans la Coll. Didot).
5. G : ἔνικα, faute du copiste.
6. La leçon ἐπ᾽ αὐτῶν est confirmée par tous les manuscrits, à l'exception de F, qui porte ἔτ᾽ αὐτῶν. H. Etienne propose ἔτι αὐτῷ, c'est-à-dire à Lucullus. Leunclavius adopte la même correction. Fabricius repousse cette leçon : « Paulo post, ἐπ᾽ αὐτῶν βοήθειαν, intellige Ῥωμαίων « quod præcesserat; neque enim audiendus Leunclavius qui rescribit ἔτι « αὐτῷ. » Reimarus maintient ἐπ᾽ αὐτῶν, qu'il explique par *propterea — ideo*. Sturz, qui approuve cette interprétation, comme Penzel l'avait fait avant lui, cite, pour la justifier, deux passages; 1° Fr. CCCXXII, p. 196

embrassait le parti des Romains. Arsace, encore aigri contre Tigrane et n'ayant alors aucun soupçon contre les Romains, envoya de son côté une ambassade à Lucullus et fit paix et alliance avec lui; mais Sécilius s'étant rendu plus tard auprès d'Arsace, ce roi supposa qu'il était venu pour observer secrètement l'état de son armée et du pays : à son avis, c'était dans ce but, et non pour une convention déjà conclue, qu'un homme aussi distingué par ses talents militaires avait été envoyé auprès de lui. Il ne fournit donc aucun secours à personne; mais il ne prit pas non plus une attitude hostile, et resta neutre. Apparemment il ne voulut augmenter ni les forces des Romains ni celles de leurs ennemis; persuadé que, s'ils se faisaient la guerre avec des chances égales, il serait, par cela même, à l'abri de tous les dangers. Voilà ce que fit Lucullus, cette année, et il soumit une grande partie de l'Arménie à la domination des Romains.

de ce volume : Οὐκ ἐξῆν οὐδενὶ οὔτε ἐπὶ φίλων ὀδύρασθαι; 2° Liv. XXXIX, 5 : Οἱ δὲ καὶ ἐφ᾿ἑαυτῶν ἄλλοσε ἀπεχώρησαν. Pour que l'explication de Reimarus fût admissible, il faudrait ἐκ τούτων, au lieu de ἐπ᾿ αὐτῶν. Quant aux exemples invoqués par Sturz, ils ne peuvent s'appliquer ici. Reiske propose de substituer ἐξ αὐτῶν, — ἀπ᾿ αὐτῶν, — ἐπ᾿ αὐτοῖς, à l'ancienne leçon. J'ai maintenu ἐπ᾿ αὐτῶν, par respect pour l'autorité des Ms.; mais je lirais volontiers ἀπ᾿ αὐτῶν, d'après Reiske; cf. Dion, p. 118, lig. 12-13 de ce volume, ou plutôt ἀπ᾿ αὐτοῦ, d'après Dion, Fr. CCCXXX, 2, p. 222, lig. 5, et p. 224, lig. 6 de ce volume.

7. Αὐτῶν, dans C et dans F; variante qui mérite d'être remarquée : *Si bellum inter eos æquis viribus gereretur, summæ sibi id securitati futurum arbitrabatur.*

8. G : τῷ ἔντει, faute du copiste.

9. Xiphilin, l. l. p. 4, résume ainsi tout ce paragraphe : Τῷ δὲ Πακόρῳ τῷ Παρθυαίων βασιλεῖ, μαθὼν αὐτὸν τῷ Τιγράνῃ μέλλειν βοηθήσειν, διὰ γραμμάτων ἠπείλησε. Καὶ ὃς οὔτε Ῥωμαίοις φίλος ἐγένετο, καὶ τῷ Ἀρμενίῳ βοήθειαν οὐκ ἀπέστειλεν. Cf. p. 229, not. 11 de ce volume.

4. Ἐπὶ δὲ δὴ Κυίντου Μαρκίου (οὗτος γὰρ, καίπερ οὐ μόνος ἀποδειχθεὶς, μόνος ὑπάτευσεν· ὅ, τε γὰρ σὺν αὐτῷ χειροτονηθεὶς Λούκιος Μέτελλος ἐν ἀρχῇ τοῦ ἔτους ἀπέθανε· καὶ ὁ ἀνθαιρεθεὶς[1], πρὶν ἐπιβῆναι τῆς ἀρχῆς, μετήλλαξε, καὶ διὰ τοῦτ' οὐδεὶς ἄλλος ἀπεδείχθη)· ἐν οὖν τῷ ἔτει τούτῳ ὁ Λούκουλλος, μεσοῦντος[2] ἤδη τοῦ θέρους (ὑπὸ γὰρ τοῦ ψύχους ἀδύνατος ἦν ἦρι ἐς[3] τὴν πολεμίαν γῆν ἐσβαλεῖν) στρατεύσας, τινά τε τῆς γῆς ἐπόρθησεν, ὅπως ἀμύνοντας αὐτῇ[4] τοὺς βαρβάρους[5] ἐς μάχην ὑπάγηται· καὶ ὡς οὐδὲν μᾶλλον ἐκινοῦντο, ἐπ' αὐτοὺς ὥρμησε.

5. Κἀν τούτῳ τοῖς μὲν ἱππεῦσι τῶν Ῥωμαίων χαλεποὶ οἱ τῶν ἐναντίων ἱππεῖς ἐγίγνοντο, τῷ δὲ πεζῷ οὐδεὶς αὐτῶν ἐς χεῖρας ᾔει· ἀλλ' ὁπότε ἡ ἀσπὶς[6] τοῦ Λουκούλλου τῇ ἵππῳ προσβοηθήσειεν, ἐτρέποντο[7]. Οὐ μέντοι καὶ δεινόν τι ἔπασχον, ἀλλὰ καὶ τοὺς ἐπιδιώκοντας σφᾶς ἐς τοὐ-

---

1. L'ancienne leçon ἀφιτρωθείς, évidemment altérée, a mis les éditeurs à la torture. Leunclavius et Turnèbe vouIaient lire αὖθις αἱρεθείς. Suivant Xylander, dans ἀφιτρωθείς, il y aurait deux mots, ἀφι et τρωθείς. D'après cette hypothèse, H. Étienne voulait lire : Αὐφίδιος τρωθείς, ou bien Αὐφίδιος, ὁ ἀντ' αὐτοῦ αἱρεθείς, τρωθείς. Le Critique, désigné par N dans l'édition de Reimarus, propose ὄψει τρωθείς, conjecture approuvée par Penzel; mais justement condamnée par Sturz. Reimarus a conservé l'ancienne leçon, tout en proposant ὁ ἀνθαιρεθείς que j'adopte. Enfin Reiske flottait entre ἀνθιδρυθείς, ἀνθιδρυνθείς, ou ἐπικληρωθείς.
Une ligature, mal interprétée par quelque copiste, a probablement donné naissance à cet ἀφιτρωθείς, source de tant de tourments et de tant de conjectures. Fabricius, sans le secours d'aucun manuscrit, devina ἀφιερωθείς, cité plus tard, d'après F, par Reimarus (cf. ses *Addenda*), qui n'en fut pourtant point satisfait : *ne sic quidem placet*, dit-il. Cette leçon me paraît très-probable : je l'aurais adoptée, si j'avais cru pouvoir donner à ἀφιερωθείς le sens d'*inauguratus*, d'après Forcellini, au mot *inaugurare* : « transfertur etiam « ad homines, quum aliquod munus suscipiunt. » Cf. Sam. Pitiscus, Ant.

4. Quintus Marcius était seul consul, quoiqu'il n'eût pas été élu seul ; mais Lucius Métellus, son collègue, était mort au commencement de l'année ; le consul, qui avait été substitué à Métellus, mourut avant d'être entré dans l'exercice de ses fonctions, et aucun autre ne fut nommé à sa place. Cette année, Lucullus se mit en campagne, au milieu de l'été ; car le froid ne lui avait point permis d'envahir le territoire ennemi pendant le printemps. Il en ravagea une partie, afin d'amener les barbares à le défendre et de les attirer ainsi au combat ; mais ils ne bougèrent pas davantage, et Lucullus fondit sur eux.

5. La cavalerie ennemie fit alors beaucoup de mal à la cavalerie des Romains ; mais les barbares n'en vinrent pas aux mains avec l'infanterie : ils prirent même la fuite, aussitôt que Lucullus vint au secours de sa cavalerie avec les soldats qui étaient armés de boucliers. Cependant ils n'éprouvèrent point de grandes pertes : bien au

An de Rome 680. Q. Marcius Rex. Consul.

Rom., au mot *inauguratio*. D'après cette leçon, le successeur de L. Métellus aurait été inauguré ; mais il serait mort avant d'avoir exercé ses fonctions.

2. C : ἐμεσοῦντος, sans doute au lieu de ἐμμεσοῦντος, qui serait un composé de μεσόω : il ne se trouve pas dans les lexiques. Au lieu de Λούκουλλος, F porte Λούκουλος (sic).

3. Comme Sturz, je donne cette leçon avec Reimarus, qui l'attribue avec raison à B : elle est aussi dans F. Le passage est altéré dans les autres manuscrits : C et G portent ἦν ἦν εἰς τήν. D donne ἦν ἐς ἥν, — E, ἦν ἐς τήν.

4. D'après Reiske, au lieu de la leçon vulgaire ἀμύνοντας αὐτήν. Le datif est nécessaire, cf. le § 17 : Μήτε ἐκείνου προσαμύνοντος αὐτῇ. Sur la confusion du ν final avec l'ι dont on a fait plus tard l'ι souscrit, cf. tom. I, p. 193, not. 5, et tom. II, p. 33, not. 5 de cette édition.

5. Τὰς βαρβάρους est un solécisme dans G. Sur la confusion de α avec ου par les copistes, cf. Schæfer, sur Grégoire de Corinthe, De Dial., p. 532.

6. Je traduis littéralement. « Eleganti figura, dit Fabricius, Dio ἀσπίδα pro ἀσπιδοφόρους, et hos pro *peditibus* ponit. » Cf. Lexic. Xen. tom. I, p. 444, et Lips. De Milit. Rom. Lib. III, Dial. 2.

7. E : ἐπετρέποντο. F : ἐτράποντο.

πίσω[1] τοξεύοντες[2], πολλοὺς μὲν παραχρῆμα ἀπεκτίννυ-σαν[3], παμπληθεῖς δὲ ἐτίτρωσκον. Καὶ ἦν τὰ τραύματα χαλεπὰ καὶ δυσίατα· ταῖς τε γὰρ ἀκίσι διπλαῖς ἐχρῶντο, καὶ προσέτι καὶ ἐφήρμοττον αὐτὰς, ὥστε τὰ βέλη, εἴτε ἐμμένειέ πη τοῖς σώμασιν, εἴτε καὶ ἐξέλκοιτο, τάχιστα αὐτὰ διολλῦναι· τὸ γὰρ ἕτερον, τὸ δεύτερον, σιδήριον ἔνδον, ἅτε μηδεμίαν ἀνθολκὴν ἔχον, ἐγκατελείπετο[4].

6. Ὁ οὖν Λούκουλλος, ἐπειδή τε πολλοὶ[5] ἐτραυματί-ζοντο, καὶ οἱ μὲν ἔθνησκον, οἱ δ' ἀνάπηροι γοῦν ἐγίγνοντο, καὶ ἅμα καὶ τὰ ἐπιτήδεια αὐτοὺς ἐπέλιπεν[6], ἐκεῖθέν τε ἀπεχώρησε, καὶ ἐπὶ Νίσιβιν[7] ὥρμησεν. Ἡ δὲ δὴ πόλις

1. C : ἐκ τοὐπίσω, variante fautive, mentionnée par Reimarus. Elle est aussi dans D.
2. Sur la manière de combattre en usage chez les Parthes, cf. Virg. Géorg. III, 31; Horace, Od. II, 13; et Plutarque, Crass. XXIV : Ὑπέφευγον γὰρ ἅμα βάλλοντες οἱ Παρθοί, καὶ τοῦτο κράτιστα ποιοῦσι μετὰ Σκύθας· καὶ σοφώτατόν ἐστιν, ἀμυνομένους ἔτι σώζεσθαι, καὶ τῆς φυγῆς ἀφαιρεῖν τὸ αἰσχρόν.
3. Comme Sturz, je remplace l'ancienne leçon ἀπεκτείννυσαν par ἀπεκ-τίννυσαν. Cf. Bekker, Anecd. Gr., tom. I, p. 429, 23 ; Fischer, not. sur Platon, Apol. de Socrate, éd. Bekker, Lond., tom. II, p. 327.
4. Le passage ταῖς τε γὰρ ἀκίσι — ἐγκατελείπετο, donna lieu à une vive polémique entre Reimarus et Reiske. Elle a été résumée par Sturz, tom. V, p. 94-95 de son édition. Je me borne aux résultats les plus importants.

L'ancienne leçon porte : Ταῖς τε γὰρ ἀκίσι διπλαῖς ἐχρῶντο, καὶ προσέτι καὶ ἐφήρμοττον αὐτὰς, ὥστε τὰ βέλη, εἴτε ἐμμένοιέ πῃ τοῖς σώμασιν, εἴτε καὶ ἐξέλκοιτο, τάχιστα αὐτὰ διολλῦναι. Τὸ γὰρ ἕτερον, τὸ δεύτερον σιδήριον ἔνδον, ἅτε μηδεμίαν ἀνθολκὴν ἔχον, ἐγκατελέλειπτο. Elle est tirée de E.

1° Malgré l'autorité de Reiske, qui voulait substituer ἐφάρμοττον à ἐφήρ-μοττον, correction approuvée par Reimarus et par Sturz, à cause des flèches empoisonnées en usage chez les Parthes, cf. Hemsterhuys, sur Lucien, tom. I, p. 79, j'ai conservé l'ancienne leçon, qui fournit un sens très-probable. 2° Je maintiens aussi τὸ δεύτερον, dans le sens de *secundarium* (s.-ent. *ferramentum*), d'après les exemples cités par Reimarus dans sa réponse à Reiske, qui proposait de supprimer ces deux mots ; mais je les place

contraire, lançant leurs flèches en arrière contre ceux qui les poursuivaient, ils en tuèrent plusieurs sur-le-champ et en blessèrent un très-grand nombre. Ces blessures étaient dangereuses et difficiles à guérir; parce que les flèches des Parthes se terminaient par deux pointes en fer, disposées de telle manière qu'elles donnaient une mort prompte, soit qu'on laissât le trait dans la blessure, soit qu'on l'en retirât; car la plus petite de ces pointes, ne pouvant être ramenée en sens contraire, sans se briser, restait dans le corps qui avait été atteint.

6. Beaucoup de soldats romains étaient donc blessés; d'autres mouraient ou perdaient quelque membre : en même temps les vivres commençaient à manquer. Dans cette situation, Lucullus leva le camp et se dirigea en

entre deux virgules, sans ajouter γε après δεύτερον, comme le voulait Sturz. 3° A ἐμμένοιέ πῃ, leçon conservée par Reimarus, je substitue, d'après B, C, D et F, ἐμμένειέ πῃ. Cet ἐμμένοις ne peut provenir que de la confusion du troisième ε avec o. Dans Platon, Apol. de Socr., § 18, éd. Bekker, Lond. tom. II, p. 326 : Οὐ γὰρ οἶμαι θεμιτὸν εἶναι ἀμείνονι ἀνδρὶ ὑπὸ χείρονος βλάπτεσθαι· ἀποκτείνειε μέντ' ἂν ἴσως ἢ ἐξελάσειεν ἢ ἀτιμάσειεν, un Ms. porte ἀποκτείνοις : c'est la même faute que dans le passage de Dion. Sturz lit ἐμμένοι : dans G, ἐμμένει est pour ἐμμένοις, par la confusion d'o avec ε. 4° Au lieu de ἐγκατελέλειπτο, j'adopte ἐγκατελείπετο, l'imparfait s'accordant mieux avec l'enchaînement des idées : cette leçon, qui se trouve dans B et C, comme le dit Reimarus, est aussi dans F. Avec toutes ces modifications, le passage n'est pas encore complétement satisfaisant; car avant τὸ γὰρ ἕτερον, il y a peut-être une lacune que Reiske voulait combler ainsi : Ἐξέλκειν δὲ οὐ πάνυ ῥᾴδιον ἦν· τὸ μὲν γὰρ ἕτερον εἰ καὶ ἐφέποιτο, τὸ δ' αὖ ἕτερόν γε κτλ., en omettant τὸ δεύτερον.

5. G : ἐπειδή ποτε πολλοί.

6. Turnèbe aimerait mieux ἐπέλειπεν, sans doute à cause de l'imparfait ἐγίγνοντο. L'ancienne leçon peut être conservée : je l'ai maintenue, comme Reimarus et Sturz.

7. Plutarque, Lucull. XXXII : Καὶ κατ' ἄλλας ὑπερβολὰς διελθὼν τὸν Ταῦρον, εἰς τὴν λεγομένην Μυγδονικὴν κατέβαινε χώραν, πάμφορον καὶ ἀλεεινὴν καὶ πόλιν ἐν αὐτῇ μεγάλην καὶ πολυάνθρωπον ἔχουσαν, ἣν οἱ μὲν βάρβαροι Νίσιβιν, οἱ δ' Ἕλληνες Ἀντιόχειαν Μυγδονικὴν προσηγόρευον. Sur les variantes à propos du nom de cette ville, cf. les Éclaircissements à la fin du volume.

αὕτη ἐν τῇ Μεσοποταμίᾳ καλουμένῃ πεπόλισται [1]. (οὕτω γὰρ πᾶν τὸ μεταξὺ τοῦ τε Τίγριδος καὶ τοῦ Εὐφράτου ὀνομάζεται). Καὶ νῦν μὲν ἡμετέρα ἐστὶ, καὶ ἄποικος ἡμῶν νομίζεται· τότε δὲ ὁ Τιγράνης τῶν Πάρθων αὐτὴν ἀφελόμενος [2], τούς τε θησαυροὺς ἐν αὐτῇ καὶ τὰ πλεῖστα τῶν λοιπῶν ἀπετίθετο [3], φύλακά οἱ τὸν ἀδελφὸν [4] προστάξας. Πρὸς οὖν ταύτην ὁ Λούκουλλος ἐλθὼν, ἐν μὲν τῷ θέρει [5], καίπερ μὴ παρέργως τὰς προσβολὰς ποιησάμενος, οὐδὲν ἐπέρανε. Τὰ γὰρ τείχη καὶ διπλᾶ καὶ πλίνθινα ὄντα, τήν τε παχύτητα πολλὴν ἔχοντα, καὶ τάφρῳ βαθείᾳ διειλημμένα, οὔτε κατασεισθῆναί [6] πῃ, οὔτε διορυχθῆναι ἠδυνήθη· διόπερ οὐδ' ὁ Τιγράνης ἐπήμυνε σφίσιν.

7. Ὡς δ' ὅ, τε χειμὼν ἐνέστη [7], καὶ οἱ βάρβαροι ἀθυμότερον [8], ἅτε ἐπικρατοῦντες [9], τούς τε Ῥωμαίους ὅσον

---

1. C : πεπόλιται, par la confusion de ς avec τ. Cf. Bast, Comment. palæogr. p. 734 et suiv.

2. De là, de vives inimitiés entre les Parthes et Tigrane; cf. Dion, § 1 de ce fragment : Καὶ πρὸς τοὺς περιχώρους, τούς τε ἄλλους, καὶ Ἀρσάκην τὸν Πάρθον, καίπερ ἐχθρὸν τῷ Τιγράνῃ διὰ χώραν τινὰ ἀμφισβητήσιμον ὄντα, ἐπρεσβεύοντο.

3. Reimarus lit, comme dans tous les Ms. : Τούς τε θησαυροὺς ἐν αὐτῇ καὶ τὰ ἄλλα τὰ πλεῖστα τῶν λοιπῶν ἀπετίθετο. Reiske, justement choqué de τὰ ἄλλα τὰ πλεῖστα τῶν λοιπῶν, refit ainsi le passage : τούς τε θησαυροὺς τοὺς ἄλλους, καὶ τὰ πλεῖστα τῶν ὅπλων (ou mieux τῶν λοιπῶν) ἀπετέθειτο. Je supprime τὰ ἄλλα, et je maintiens, pour tout le reste, l'ancienne leçon, comme Sturz, qui se montre pourtant très-favorable à ἀπετέθειτο, proposé par Reiske, au lieu de ἀπετίθετο.

4. Plutarque fait connaître son nom, l. l. : Ταύτην εἶχεν ἀξιώματι μὲν ἀδελφὸς Τιγράνου Γούρας κτλ.

5. La version en regard du texte de Reimarus porte : Eam urbem, quanquam haud segniter oppugnabat Lucullus, tamen *per totam æstatem* frustra tentavit. Elle est inexacte : « *De reliqua æstatis parte*, dit Sturz, « non *de tota æstate* hæc accipienda esse bene monuit Penzel. » Cette

toute hâte vers Nisibis, ville située dans la Mésopotamie : c'est ainsi qu'on appelle tout le pays qui s'étend entre le Tigre et l'Euphrate. Elle nous appartient aujourd'hui et jouit de tous les droits de colonie romaine : à cette époque Tigrane, après l'avoir enlevée aux Parthes, y avait déposé ses trésors avec beaucoup d'autres objets, et l'avait mise sous la garde de son frère. Arrivé près de cette ville, Lucullus ne put s'en emparer pendant le reste de l'été, quoiqu'il eût poussé l'attaque avec vigueur ; car elle était défendue par une double enceinte de remparts en briques, très-larges, séparés par un fossé profond, et qu'on ne pouvait renverser avec le bélier, ni détruire par la sape. Aussi Tigrane ne songea-t-il pas à la secourir.

7. Cependant l'hiver approchait : les barbares, se regardant comme vainqueurs et espérant que les Romains

---

remarque est justifiée par ce qui a été dit plus haut, p. 232, n° 4 : Ἐν οὖν τῷ ἔτει τούτῳ ὁ Λούκουλλος, μεσοῦντος ἤδη τοῦ θέρους .... στρατεύσας κτλ.

J'ai traduit d'après la remarque de Sturz. M. Tafel a suivi littéralement la version latine, en rendant ἐν μὲν τῷ θέρει par *den ganzen sommer*. La traduction de Wagner, *den sommer über*, n'est pas assez précise.

6. Κατασεθῆναι dans G, variante fautive.

7. Ce passage confirme la leçon ἐνέστη que j'ai substituée à l'ancienne ἀνέστη, Fr. VIII, p. 16, lig. 15, tom. I de cette édition. Cf. l. l. p. 17, n. 13.

8. Comme dans tous les manuscrits. Reimarus et Sturz ont adopté ῥᾳθυμότερον, d'après Xylander, H. Étienne et Turnèbe. Je conserve l'ancienne leçon, qui a été défendue par Leunclavius. Elle s'appuie sur Dion, liv. XLI, 29 : Καὶ τοὺς ἀγαθοὺς προσδιαφθείρουσιν, ἀθυμοτέρους ποιοῦντες κτλ. ; liv. XLV, 45 : Κἀκ τούτου καὶ τὰ τῶν συμμάχων ὑμῖν ἀγρότερα καὶ ἀθυμότερα γένηται. Ici, ἄθυμος est l'opposé de πρόθυμος et doit se traduire par *minime alacer, non alacri animo faciens aliquid*, comme dans les exemples cités par H. Étienne, Thes. gr. ling., tom. I, p. 869, éd. Didot. Ἀθυμότερον a le même sens dans le passage de Dion qui nous occupe. Du reste, la confusion entre ῥᾳθυμότερος et ἀθυμότερος est facile, comme entre ῥᾳθυμία et ἀθυμία, cf. Thes. gr. ling., l. l. p. 868.

9. Leçon adoptée par Reimarus et par Sturz, d'après H. Étienne. Ἐπικρατοῦντας, dans E, F et G, est contraire au sens.

οὐκ ¹ ἀπαναστήσεσθαι ² προσδοκῶντες, διῆγον, ἐτήρησε νύκτα ἀσέληνον, καὶ ὑετῷ ³ λάβρῳ βρονταῖς τε ⁴ χειμέριον· ὥστε μήτε τι προϊδέσθαι, μήτε τι ἐπακοῦσαι αὐτοὺς ἔχοντας, τόν τε ἔξω περίβολον, πλὴν ὀλίγων ⁵, καὶ τὴν ἐν τῷ μέσῳ τάφρον ἐκλιπεῖν. Καὶ προσέμιξε πολλαχῇ τῷ τείχει ⁶, καὶ ἐκείνου τε οὐ χαλεπῶς ἀπὸ τῶν χωμάτων ἐπέβη, καὶ τοὺς φρουροὺς τοὺς ἐγκαταλειφθέντας ⁷ ἐν αὐτῷ ῥᾳδίως, ἅτε μὴ πολλοὺς ὄντας, ἀπέκτεινε· καὶ οὕτω τῆς τε τάφρου μέρος τι (τὰς γὰρ γεφύρας οἱ βάρβαροι προκατέρρηξαν ⁸) συνέχωσεν· οὔτε γὰρ τῇ τοξείᾳ ⁹, οὔτε αὖ τῷ ¹⁰ πυρὶ λυπεῖσθαι ἐν τῷ πολλῷ ὑετῷ ¹¹ ἐδύνατο ¹². Καὶ διαβὰς αὐτὴν, τὰ μὲν ἄλλα, οὐ πάνυ ἰσχυροῦ τοῦ ἔνδον κύκλου ¹³, πίστει

---

1. Peut-être vaudrait-il mieux remplacer ὅσον οὐκ par ὅσον οὔπω, d'après Viger, De gr. Idiotism., p. 131, not. 84, éd. Hermann : « Differunt ὅσον οὔπω, « ὅσον οὐδέπω, etc., ab ὁσονοῦ, seu ὅσον οὐ..... Illa reddenda *tantum* « *nondum, jam jam*. Hæc *tantum non, fere, pene*. E. g., qui e summo « vitæ periculo est liberatus, ait, ὅσον οὐκ ἀπόλωλα, *tantum non*, i. e., « *pene perii* : cui vero præsens mors intentatur, dicit : ὅσον οὔπω ἀπ-« όλωλα, *tantum nondum perii*, i. e., *mox*, vel *jam jam periturus*. Illud « enim notat rem jam cessantem; hoc adhuc durantem. » Dans le passage de Dion le sens est : *mox*, vel *jam jam decessuros*.

2. Fabricius préférerait ἐπαναστήσεσθαι, leçon que j'ai adoptée dans un passage analogue, Fr. CLXII, p. 262, tom. I de cette édition : Ἐλπίσαντες αὐτοὺς (ἤδη γὰρ καὶ χειμὼν ἦν) ἐπαναστήσεσθαι. Je maintiens l'ancienne leçon, qui est confirmée par tous les manuscrits et par Dion, Liv. LXXV, 10 : Ἀπανέστη οὖν ἀπ' αὐτῶν καὶ ἀνέζευξεν ὁ Σεβῆρος.

3. G : καὶ νέῳ, faute du copiste.

4. Τέ manque dans C, D et G : sur l'omission de cette particule, cf. Schæfer, sur Denys d'Hal. π. συνθ. p. 207, et p. 242, not. 1 de ce volume.

5. C : ὀλίγῳ, qui est un solécisme. Le copiste a confondu le ν final avec l'ι dont on a fait plus tard l'ι souscrit. Sur des fautes semblables cf. tom. I, p. 193, not. 5, et tom. II, p. 33, not. 5 de cette édition.

6. Τῷ τύχει, par la confusion d'ει avec υ, dans D et G.

ne tarderaient pas à s'éloigner, se relâchèrent. Lucullus, épiant le moment favorable, profita d'une nuit qui n'était pas éclairée par la lune, et pendant laquelle des torrents de pluie tombaient au milieu des éclats du tonnerre. Les barbares, ne pouvant rien voir ni rien entendre, abandonnèrent, à l'exception d'un petit nombre, l'enceinte extérieure et le fossé qui la sépara*i*t des remparts de l'intérieur. Lucullus donna l'assaut sur plusieurs points, s'élança sans peine du haut des levées sur cette enceinte, et massacra facilement les gardes qu'on y avait laissés en trop petit nombre; puis, comme les flèches et le feu ne pouvaient lui faire du mal, au milieu d'une pluie abondante, il combla une partie du fossé (car les barbares avaient détruit les ponts avant de s'éloigner). Lorsqu'il eut franchi ce fossé, les remparts de l'intérieur n'étant

---

7. D'après B et F; mais C, D, E, G portent ἐγκαταληφθέντας. Les copistes ont perpétuellement confondu λειφθείς et ληφθείς, cf. M. Boissonade, not. sur Planude, Métamorph., p. 19, not. 3; p. 20, not. 3; p. 22, not. 1 ; λείψομαι et λήψομαι, cf. M. Hase, Lydus, De Ost. 100, A etc.

8. B et E : προσκατέρρηξαν. Comme H. Étienne, Leunclavius, Reimarus et Sturz, j'adopte la correction proposée par Xylander.

9. Reimarus développe ainsi le sens : « Laxato scilicet per imbres ar- « cuum tenore ac robore. »

10. Reimarus conserve l'ancienne leçon οὔτε αὐτῷ (οὔτ' αὐτῷ, dans C, E, F et G) ; mais avec cette remarque : forte rectius οὔτε αὖ τῷ, conjecture que j'adopte, comme Sturz. Sur une confusion analogue entre αὖ τῶν et αὐτῶν, cf. p. 92, not. 3 de ce volume.

11. G : ἐν τῷ πολλῶν ετῳ (sic). Le ν et l'υ étant souvent confondus (cf. Bast, Comment. palæogr., p. 727, 735, 736), le copiste a pris la première lettre de ὑετῷ, pour en faire la dernière du mot précédent.

12. C : ἐδύνετο, qui est un barbarisme.

13. « Nota autem, dit Reimarus, jam κύκλον a Dione appellari quod « modo dixerat περίβολον, modo τεῖχος. »

τῶν ἔξωθεν¹ αὐτοῦ προβεβλημένων², ὄντος, εὐθὺς εἷλε· τοὺς δὲ ἐς τὴν ἄκραν ἀναφυγόντας, ἄλλους τε καὶ τὸν ἀδελφὸν τοῦ Τιγράνου μετὰ τοῦτο καθ' ὁμολογίαν παρεστήσατο³· καὶ χρήματά τε πολλὰ ἔλαβε, καὶ ἐκεῖ διεχείμασε.

8. Τὴν μὲν οὖν Νίσιβιν⁴ οὕτως ἐχειρώσατο⁵· τῆς δὲ Ἀρμενίας τῶν τε ἄλλων τῶν περὶ τὸν Πόντον συχνὰ ἀπέβαλεν. Ὁ γὰρ Τιγράνης ἐκείνῃ μὲν, ὡς οὐκ ἂν ἁλούσῃ, οὐκ ἐπεκούρησε· πρὸς δὲ τὰ προειρημένα ὥρμησεν, εἴ πως ἀσχόλου περὶ τὴν Νίσιβιν αὐτοῦ ὄντος φθάσειεν αὐτὰ⁶ κομισάμενος. Καὶ Μιθριδάτην μὲν πρὸς τὴν οἰκείαν ἀπέστειλεν, αὐτὸς δὲ ἐς τὴν ἑαυτοῦ Ἀρμενίαν ἦλθε⁷. Κἀνταῦθα Λούκιον Φάννιον⁸ ἀντιστάντα οἱ ἀπολαβὼν ἐπολιόρκει· μέχρις οὗ⁹ ὁ Λούκουλλος αἰσθόμενος τοῦτο ἐπεβοήθησεν αὐτῷ.

9. Ἐν ᾧ δὲ ταῦτ' ἐγίγνετο¹⁰, Μιθριδάτης ἔς τε τὴν ἑτέραν Ἀρμενίαν¹¹ καὶ ἐς τὰ ἄλλα ἐσβαλὼν, πολλοὺς τῶν

---

1. C : ἔξοθεν, par la confusion d'ο avec ω.
2. Correction de Leunclavius, adoptée par Reimarus et par Sturz, au lieu de l'ancienne leçon προσδεβλημένων. Sur la confusion de πρός avec πρό, cf. d'Orville sur Chariton, p. 266, 286 sq.; Bast, Comment. palæogr. p. 789, 837.
3. C : παρετήσατο, par la confusion de στ avec τ. Cf. Bast, l. l. p. 734 sq.
4. C : Νίσιδεν; de même, lig. 10. Cf. p. 235, not. 7 de ce volume.
5. Xiphilin, l. l. p. 4 : Ὁ δὲ Λούκουλλος καὶ τὴν Νίσιβιν ἐχειρώσατο, τοῦ Τιγράνου ταύτην οὖσαν. Il a supprimé tous les détails contenus dans le § précédent.
6. G : φθάσει αὐτά.
7. Reiske propose ἀνῆλθε, changement que rien n'exige.
8. C'est lui qui conseilla à Mithridate de se déclarer pour Sertorius;

pas très-forts, parce que l'on comptait sur l'enceinte extérieure, Lucullus fut bientôt maître de la ville même. Il força ceux qui s'étaient retirés dans la citadelle, et dans ce nombre se trouvait le frère de Tigrane, à faire leur soumission. Des trésors considérables tombèrent au pouvoir du général romain, qui établit là ses quartiers d'hiver.

8. C'est ainsi que Lucullus s'empara de Nisibis ; mais il perdit plusieurs parties de l'Arménie et des pays voisins du Pont. Tigrane n'avait point secouru Nisibis, comme si elle avait été imprenable ; mais il se dirigea en toute hâte vers les contrées dont je viens de parler, pour tenter de les reprendre, en devançant le général romain, occupé au siége de Nisibis. Il ordonna à Mithridate de rentrer dans ses États, et se rendit de son côté dans son royaume d'Arménie. Là, il enveloppa L. Fannius, qui combattait contre lui, et le tint cerné jusqu'au moment où Lucullus, instruit de la position de Fannius, vint à son secours.

9. Sur ces entrefaites, Mithridate se jette dans la petite Arménie et dans les pays limitrophes. Il tombe à

Appien, Mithrid. LXVIII : Καὶ τάδε μὲν ἦν ἐν Ἀσίᾳ. Σερτώριος δ', Ἰβηρίας ἡγούμενος, αὐτήν τε Ἰβηρίαν καὶ τὰ περίοικα πάντα ἐπὶ Ῥωμαίους ἀνίστη, καὶ βουλὴν ἐκ τῶν οἱ συνόντων, ἐς μίμημα τῆς συγκλήτου, κατέλεγε. Δύο δ' αὐτοῦ τῶν στασιωτῶν, Λούκιοι Μάγιός τε καὶ Φάννιος, Μιθριδάτην ἔπειθον συμμαχῆσαι τῷ Σερτωρίῳ, πολλὰ περὶ τῆς Ἀσίας αὐτὸν καὶ τῶν ἐγγὺς ἐθνῶν ἐπελπίζοντες. Ὁ μὲν δὴ πεισθεὶς, ἐς τὸν Σερτώριον ἔπεμψεν.

9. Sur cette leçon, au lieu de μέχρι οὗ, cf. p. 101, not. 5 de ce volume.

10. C et G : Ταῦτα ἐγίγνετο.

11. C'est-à-dire, dans la petite Arménie. Dion n'est pas d'accord avec Appien, Mithrid., LXXVIII et suiv. Cf. les Éclaircissements à la fin du volume.

Ῥωμαίων, τοὺς μὲν ἀνὰ τὴν χώραν πλανωμένους, ἀπροσδόκητος σφίσι προσπεσὼν, ἔφθειρε· τοὺς δὲ καὶ ἐκ μάχης κατέκοψε· κἀν τούτῳ καὶ τῶν χωρίων τὰ πλείω διὰ ταχέων ἀνεκτήσατο. Οἱ γὰρ ἄνθρωποι ἐκείνου τε [1] εὔνοιᾳ, ἔκ τε τοῦ ὁμοφύλου καὶ ἐκ τῆς πατρίου βασιλείας, καὶ τῶν Ῥωμαίων μῖσος, διά τε τὸ ὀθνεῖον καὶ διὰ τὸ [2] ὑπὸ τῶν ἐφεστηκότων σφίσι κακουχεῖσθαι, ἔχοντες, προσεχώρησάν τε αὐτῷ, καὶ μετὰ τοῦτο τὸν ἄρχοντα τῶν ἐκεῖ Ῥωμαίων Μάρκον Φάβιον ἐνίκησαν. Οἵ τε γὰρ Θρᾷκες οἱ πρότερον μὲν [3] τῷ Μιθριδάτῃ μισθοφορήσαντες, τότε δὲ τῷ Φαβίῳ συνόντες, καὶ οἱ δοῦλοι οἱ ἐν τῷ Ῥωμαϊκῷ στρατοπέδῳ ὄντες, ἰσχυρῶς αὐτοῖς ἐβοήθησαν. Οἵ τε [4] Θρᾷκες ὑπὸ τοῦ Φαβίου ἐς προσκοπὴν πεμφθέντες, οὔ τέ τι ὑγιὲς ἀνήγγειλαν αὐτῷ, καὶ μετὰ τοῦτ', ἐκείνου τε ἀφυλακτότερον προϊόντος, καὶ τοῦ Μιθριδάτου ἐξαίφνης οἱ προσπεσόντος, συνεπέθεντο τοῖς Ῥωμαίοις· καὶ οἱ δοῦλοι ἐν τούτῳ, ἐλευθερίαν σφίσι τοῦ βαρβάρου κηρύξαντος, συνεπελάβοντο τοῦ ἔργου·

---

1. Τέ manque dans D. Cette particule a été souvent omise par les copistes; cf. M. Boissonade, Anecd. Nov., tom. I, p. 213, not. 4. Dans Platon, Phæd. § 77, p. 267, tom. V, éd. Bekk. Lond. : Ἀλλ' ἄτε, οἶμαι, τοῦ Ἀπόλλωνος ὄντες μαντικοί τ' εἰσὶ καὶ προειδότες τὰ ἐν Ἅιδου ἀγαθὰ ᾄδουσί τε καὶ τέρπονται ἐκείνην τὴν ἡμέραν κτλ., plusieurs manuscrits portent ᾄδουσι καὶ τέρπονται. Un peu plus loin, l. l. § 78, p. 267-268 : Ἐγὼ δὲ καὶ αὐτὸς ἡγοῦμαι ὁμόδουλός τε εἶναι τῶν κυκνῶν καὶ ἱερὸς τοῦ αὐτοῦ θεοῦ κτλ, τέ manque aussi dans plusieurs manuscrits. Cf. le même, Banquet, § 36, l. l. p. 90.

l'improviste sur les Romains, qui erraient çà et là, et en tue un grand nombre. Il en massacre d'autres en bataille rangée et recouvre ainsi, en peu de temps, la plus grande partie de ces contrées. Les habitants, pleins de dévouement pour lui, parce qu'il était né au milieu d'eux, et parce qu'ils avaient eu ses ancêtres pour rois, détestaient les Romains, à cause de leur qualité d'étrangers et des mauvais traitements que faisaient subir aux indigènes les gouverneurs qui leur étaient imposés. Ils se déclarèrent donc pour Mithridate et vainquirent ensuite Marcus Fabius, chef de l'armée romaine dans ce pays. Les Thraces, qui avaient été auparavant à la solde de Mithridate et qui servaient alors sous les ordres de ce général, les secondèrent puissamment, ainsi que les esclaves qui se trouvaient dans l'armée romaine. Et en effet, les Thraces, envoyés en reconnaissance par Fabius, ne lui ayant donné aucun renseignement exact, il s'avança imprudemment; et Mithridate l'ayant attaqué à l'improviste, ils se jetèrent avec lui sur les Romains : en même temps, les esclaves, à qui le roi barbare avait promis la liberté, prirent part à cette at-

2. G : διὰ τῶν, variante fautive; de même que διὰ τῷ dans C.

3. Μέν manque dans G. Sur l'omission de cette particule, cf. p. 80, not. 5, et p. 100, not. 3 de ce volume. Au lieu de τῷ Μιθριδάτῃ, C porte τῇ Μιθριδάτῃ, faute du copiste.

4. Reiske aimerait mieux οἵ τέ γε. J'ai maintenu l'ancienne leçon comme Reimarus et Sturz.

244 ΔΙΩΝΟΣ ΤΟΥ ΚΑΣΣΙΟΥ ΛΕΙΨΑΝΑ. ΒΙΒΛ. Α-ΛϚ.

καὶ ἀνάλωσαν ἄν¹, εἰ μὴ ὁ Μιθριδάτης² τοῖς πολεμίοις ἀναστρεφόμενος (καὶ γὰρ ὑπὲρ τὰ ἑβδομήκοντα ἔτη γεγονὼς ἐμάχετο³) λίθῳ τε ἐπλήγη, καὶ δέος τοῖς βαρβάροις μὴ καὶ ἀποθάνῃ παρέσχεν⁴. Ἐπισχόντων γὰρ σφῶν διὰ τοῦτο τὴν μάχην, ἠδυνήθησαν ἄλλοι τε⁵ καὶ ὁ Φάβιος ἐς τὸ ἀσφαλὲς ἀποφυγεῖν.

10. Καὶ μετὰ τοῦτ' ἐς τὰ Κάβειρα⁶ κατακλεισθεὶς

1. Reimarus conserve l'ancienne leçon, καὶ ἐν τούτῳ, ἐλευθερίαν σφίσι τοῦ βαρβάρου κηρύξαντος, συνεπελάβοντο τοῦ ἔργου· καί ἀνάλωσαν ἂν κτλ., avec cette note : « Mendum in his verbis non animadverterunt interpretes « et in sequentibus potius lacunam quæsiverunt, post ἔργου, ubi vel nulla, « vel exigua est. » Avant d'aller plus loin, je dois faire observer que dans D, E et G, après les mots συνεπελάβοντο τοῦ ἔργου, il y a une lacune d'un pouce et demi; puis on lit : ἀνάλωσαν ἄν. Dans B et F, qui donnent καὶ ἐν τούτῳ — ἔργου· καί, c'est après cette conjonction que se trouve la lacune : elle est à peu près d'un pouce et demi.

Revenons à l'ancienne leçon. Reimarus indique très-bien en quoi elle est défectueuse : « Liquet ex antecedentibus voluisse Dionem etiam de « auxilio servorum dicere. Οἵ τε γὰρ Θρᾷκες ... καὶ οἱ δοῦλοι ... αὐτοῖς « ἐβοήθησαν. Jam cœperat de Thracibus distinctius exponere : οἵ τε Θρᾷ« κες ; — Thraces quidem. Debebat ergo sequi καὶ οἱ δοῦλοι — servi au« tem.... Puto igitur καὶ ἐν τούτῳ (quod Dio non facile adhibet, sed κἄν « τούτῳ) natum esse ex vera lectione : καὶ οἱ δοῦλοι, ἐλευθερίαν κτλ..... « Jam lacuna cessat, modo καί ex codice Vaticano a (celui que j'appelle B) « addideris : καὶ ἀνάλωσαν ἄν scilicet τὸν Φάβιον. Nempe connectuntur « hæc cum superioribus : Τὸν ἄρχοντα τῶν ἐκεῖ Ῥωμαίων Μάρκον Φάβιον « ἐνίκησαν.... καὶ ἀνάλωσαν ἂν κτλ. » D'après ces observations, je lis, comme Sturz : Καὶ οἱ δοῦλοι ἐν τούτῳ — καὶ ἀνάλωσαν ἂν κτλ.; mais en rappelant que la conjonction καί avant ἀνάλωσαν, ne se trouve pas seulement dans B : elle est aussi dans F.

H. Etienne propose deux conjectures, pour remplir la lacune qui existe dans tous les manuscrits : Καὶ πάντας τοὺς Ῥωμαίους ἀνάλωσαν ἄν, ou bien : καὶ πάντες οἱ Ῥωμαῖοι ἀναλώθησαν. Oddey n'est content ni de l'une ni de l'autre, et il propose à son tour : 1° Οὕτω γενναίως, ὥστε πάντες οἱ Ῥωμαῖοι ἀναλώθησαν. 2° Οἱ δὲ περὶ τὸν Φάβιον πάντες ἀναλώθησαν ἂν κτλ. Je m'en tiens à la correction proposée par Reimarus.

2. Il y a ici une lacune d'un pouce, dans B, D, E, F et G. Un peu plus

taqué. La perte de Fabius eût été certaine, si Mithridate, poussé par son ardeur au milieu des ennemis (il combattait encore, quoiqu'il fût âgé de plus de soixante et dix ans) et frappé d'un coup de pierre, n'avait inspiré aux barbares des craintes pour ses jours. Troublés par cet événement, ils cessèrent de combattre, et Fabius put se réfugier dans un lieu sûr avec son armée.

10. Ensuite Fabius, enfermé et assiégé dans Cabira,

---

loin, C donne ἐμοίχετο, au lieu de ἐμάχετο, par la confusion de α avec οι. Cf. Bast, Comment. palæogr., p. 722, 769.

3. Appien, Mithrid. LXXXVIII : Ὁ Μιθριδάτης ἐπέθετο Φαβίῳ τῷ δεῦρο ἐκ Λουκούλλου στρατηγεῖν ὑπολελειμμένῳ· καὶ τρεψάμενος αὐτὸν, ἔκτεινε πεντακοσίους. Ἐλευθερώσαντος δὲ τοῦ Φαβίου θεράποντας, ὅσοι ἦσαν ἐν τῷ στρατοπέδῳ, καὶ δι' ὅλης ἡμέρας αὖθις ἀγωνιζομένου, παλίντροπος ἦν ὁ ἀγών· μέχρι τὸν Μιθριδάτην, πληγέντα λίθῳ τε ἐς τὸ γόνυ καὶ ὑπὸ τὸν ὀφθαλμὸν βέλει, κατὰ σπουδὴν ἀποκομισθῆναι, καὶ πολλὰς ἡμέρας τοὺς μὲν φόβῳ τοῦ βασιλέως τῆς σωτηρίας, τοὺς δὲ ὑπὸ πλήθους τραυμάτων ἠρεμῆσαι. Plutarque, Lucull., XXXV, fait mention de cette défaite de M. Fabius par Mithridate.

4. D et G: παρέσχε. Sur l'absence du ν paragogique à la fin des phrases, même lorsque le mot suivant commence par une voyelle, cf. l'Introduction, tom. I, p. LIX de cette édition.

5. G : ἄλλα τε, par la confusion de οι avec α. Cf. ci-dessus, note 2.

6. Lucullus s'en était emparé, Plutarque, Lucull. XVIII : Τὰ δὲ Κάβειρα λαβὼν καὶ τῶν ἄλλων φρουρίων τὰ πλεῖστα θησαυρούς τε μεγάλους εὗρε καὶ δεσμωτήρια κτλ. Il en avait confié la garde à M. Fabius.

Strabon donne la description de Cabira, XII, p. 556, éd. Casaub., Paris, 1620 : Πρὸς αὐτῇ δὲ τῇ παρωρείᾳ τοῦ Παρυάδρου Κάβειρα ἵδρυται, σταδίοις ἑκατὸν (dans Coraï, σταδίοις δ', d'après les Ms. cités par Casaub.) καὶ πεντήκοντά που, νοτιωτέρα αὐτῆς (dans l'édition de M. Cramer, Berlin, 1844-1847, tom. II, p. 543 : νοτιωτέρα τῆς Μαγνοπόλεως, ὅσον καὶ Ἀμάσεια δυσμιχωτέρα αὐτῆς) ἐστιν· ἐν δὲ τοῖς Καβείροις τὰ βασίλεια Μιθριδάτου κατεσκεύαστο, καὶ ὁ ὑδραλέτης, καὶ τὰ ζωγρεῖα καὶ αἱ πλησίον θῆραι, καὶ τὰ μέταλλα· ἐνταῦθα δὲ καὶ τὸ Καινὸν χωρίον προσαγορευθὲν, ἐρυμνὴ καὶ ἀπότομος πέτρα, διέχουσα τῶν Καβείρων ἔλαττον ἢ διακοσίους σταδίους· ἔχει δ' ἐπὶ τῇ κορυφῇ πηγὴν ἀναβάλλουσαν πολὺ ὕδωρ, περί τε τῇ ῥίζῃ (de même dans M. Cramer, l. l.; τὴν ῥίζαν dans Coraï d'après les manuscrits cités par Casaubon) ποταμὸν, καὶ φάραγγα βαθεῖαν. κτλ.

ἐπολιορκήθη μὲν, ἐσώθη δὲ ὑπὸ τοῦ Τριαρίου [1]. Οὗτος γὰρ ἐκ τῆς Ἀσίας ταύτῃ πρὸς τὸν Λούκουλλον διϊὼν, καὶ γνοὺς τὰ πεπραγμένα, δύναμίν τε ὅσην οἷόν τ' ἦν ἐκ τῶν παρόντων ἤθροισε, καὶ τὸν Μιθριδάτην, ὡς καὶ Ῥωμαϊκοῦ στρατοῦ πλήθει προσιὼν, ἐξέπληξεν· ὥστ' ἀναστῆναι ποιῆσαι, πρὶν καὶ ἐς ὄψιν αὐτῷ ἐλθεῖν [2]. Κἀκ τούτου ἐπιθαρσήσας [3], καὶ μέχρι τῶν Κομάνων [4] ὑποφυγόντα αὐτὸν ἐπεδίωξε, κἀνταῦθα ἐνίκησεν. Ηὐλίζετο μὲν γὰρ ὁ Μιθριδάτης ἐπὶ θάτερα τοῦ ποταμοῦ [5], ᾗ οἱ Ῥωμαῖοι προσῄεσαν· βουληθεὶς δὲ σφίσι κεκμηκόσιν ἐκ τῆς πορείας συμμίξαι, αὐτός τε προαπήντησε, καὶ ἑτέρους δι' ἄλλης γεφύρας ἐν τῷ τῆς μάχης καιρῷ διαβάντας ἐπιθέσθαι προσέταξε. Καὶ αὐτὸν ἀγχώμαλα ἐπὶ πλεῖστον ἀγωνιζόμενον ἡ γέφυρα [6], πολλῶν

---

1. B et F : Τριβίου, par la confusion d'α avec β, cf. Bast, Comment. palæogr., p. 707, et par l'omission du second ρ. Par une faute contraire, le copiste, dans le manuscrit de Tours, a ajouté un ρ et lu Φρούριος, au lieu de Φούριος, Fr. CCLXXIX, p. 110 de ce volume; cf. p. 111, not. 1. De même dans Arrien, Expéd. d'Alex. I, 20, 5, p. 24 de la Collect. Didot : Οὐ πολλαῖς δὲ ὕστερον ἡμέραις Ἀλέξανδρος ἀναλαβὼν τούς τε ὑπασπιστὰς καὶ τὴν τῶν ἑταίρων ἵππον..... περιῆλθε τῆς πόλεως τὸ πρὸς Μύνδον μέρος κτλ. Un manuscrit porte τὸ πρὸς Μύνδου μέρος, et un autre, par l'insertion du ρ : τὸ πρὸς Μύνδρου μέρος. Cf. M. Dübner, Annot. Critic. l. l. p. IX.

2. A l'ancienne leçon ἐς ὄψιν αὐτοῦ ἐλθεῖν, confirmée par tous les manuscrits, je substitue avec Sturz ἐς ὄψιν αὐτῷ ἐλθεῖν, d'après divers passages analogues de Dion, liv. XXXVI, 33 : Ὥστε μηδὲ ἐς ὄψιν αὐτῷ ἐλθεῖν — ; liv. XXXIX, 38 : Πρὶν ἐς ὄψιν τοῖς ἀνθρώποις τὴν σελήνην ἐλθεῖν — ; liv. XLI, 18 : Μηδὲ ἐς ὄψιν τῷ Καίσαρι ἐλθών — ; liv. LXIII, 17 : Πρὶν καὶ ἐς ὄψιν αὐτῷ ἐλθεῖν. Dans l'ancienne leçon, αὐτοῦ provient de la confusion des désinences ου et ῳ. Cf. p. 123, not. 10 de ce volume.

3. Reiske aimerait mieux ἀναθαρσήσας, d'après la note de H. Étienne sur Dion, LXIII, 5 : Ἔπειτα σιωπῆς κηρυχθείσης, ἐπεθάρρησέ τε καὶ ἐκβιασάμενος τὸ φρόνημα κτλ., οὐ ἀνεθάρρησε serait en effet préférable ; mais

fut délivré par Triarius, qui passa par cette ville, en se rendant de l'Asie auprès de Lucullus. Instruit de ce qui était arrivé, il forma un corps, aussi nombreux qu'il put, avec les soldats qui étaient là. Il effraya Mithridate, comme s'il avait eu avec lui toute l'armée romaine, et lui fit ainsi lever le camp, même avant d'être en sa présence. Enhardi par ce succès, Triarius poursuivit le roi dans sa fuite jusqu'à Comana, où il remporta une victoire. Mithridate était campé sur le côté du fleuve opposé à la route que suivaient les Romains : résolu à les attaquer, lorsqu'ils seraient encore fatigués de la marche, il alla lui-même à leur rencontre, et ordonna au reste de son armée de s'avancer par un autre pont et de tomber sur l'ennemi dans le moment décisif. Mithridate soutint longtemps la lutte avec avantage ; mais le pont s'étant rompu sous le poids des soldats qui s'y pressaient en toute hâte pour le traverser ensemble, cet accident priva le roi du secours qu'il attendait et fit

dans le passage qui nous occupe, l'enchaînement des idées exige l'ancienne leçon : je la conserve avec Reimarus et Sturz.

4. B, C et F : Κομαγηνῶν. Les copistes n'ont mis qu'une consonne, quand il en fallait deux. Sur des fautes semblables, cf. tom. I, p. 64, not. 5, et tom. II, p. 130, not. 4 de cette édition. G porte Κομαγινῶν, par la confusion d'η avec ι ; mais on lit dans E, Κομμαγηνῶν ; cf. p. 228, not. 5 de ce volume. Le critique, désigné par N dans Reimarus, propose Κομάνων, qui est la véritable leçon, comme dans le § 11 : Τὰ δὲ δὴ Κόμανα τῆς τε νῦν Καππαδοκίας ἐστὶ κτλ.

5. Fabricius croit qu'il s'agit de l'Euphrate. Reimarus, dans ses *Addenda*, tom. II, p. 1695 de son édition, rejette avec raison cette opinion : « Comana, dit-il, quo fugerat Mithridates ad Iridem fluvium, qui hic forte « intelligendus. Euphrates enim remotior : et ab eo, vicinisque Cabiris, « jam iter ad Occidentem averterant, alter fugiens, alter insequens. » Cf. les Éclaircissements à la fin du volume.

6. Oddey pense qu'il manque ici un participe ; peut-être faudrait-il lire, comme le voulait Xylander : Ἡ γέφυρα λυθεῖσα. Cette conjecture paraît fort probable ; cependant Reimarus la repousse : « Nihil vero, dit-il, aliud Dio

248 ΔΙΩΝΟΣ ΤΟΥ ΚΑΣΣΙΟΥ ΛΕΙΨΑΝΑ. ΒΙΒΛ. Α-ΛϚ.

τε καὶ ἀθρόων ἅμα δι᾽ αὐτῆς ἐπειγομένων, τῆς τε ἐπικουρίας ἀπεστέρησε, καὶ προσδιετάραξε. Καὶ οἱ μὲν μετὰ τοῦτ᾽ (ἤδη γὰρ χειμὼν ἦν) ἀπεχώρησαν ἐς τὰ ἑαυτῶν τείχη [1] ἀμφότεροι, καὶ ἡσύχαζον.

Τὰ δὲ δὴ Κόμανα [2] τῆς τε νῦν Καππαδοκίας ἐστί· καὶ ἐδόκει τό τε τῆς Ἀρτέμιδος βρέτας τὸ Ταυρικὸν [3], καὶ τὸ γένος τὸ Ἀγαμεμνόνειον δεῦρο ἀεὶ ἔχειν. Καὶ ὅπως μὲν ἐς αὐτοὺς ταῦτα [4] ἀφίκετο, ἢ ὅπως διέμεινεν, οὐ δύναμαι τὸ σαφὲς [5], πολλῶν λεγομένων, εὑρεῖν· ὃ δ᾽ ἀκριβῶς ἐπίσταμαι, φράσω. Δύο αὗται πόλεις ἐν τῇ Καππαδοκίᾳ ὁμώνυμοι [6], οὔτε πάνυ πόρρω ἀπ᾽ ἀλλήλων εἰσὶ, καὶ τῶν αὐτῶν

« dicit, quam copias, dum simul confertim per pontem contendunt ad Mi-
« thridatem, sibimet impedimento fuisse, quominus in tempore venirent.»
Penzel se déclare peu satisfait de cette explication, et croit qu'il y a ici
une lacune. Les manuscrits ne donnent aucun moyen de résoudre la difficulté. Je conserve donc l'ancienne leçon; mais j'ai traduit d'après la
conjecture de Xylander.

1. G : τάχη, par la confusion d'ει avec α. Cf. Bast, Comment. palæogr. p. 706, 760.

2. Xylander, H. Étienne et Leunclavius ont cru qu'il y a encore ici une lacune. Leur erreur, ainsi que Reimarus l'a fait observer, vient de ce qu'ils ont lu Κομαγηνῶν, au lieu de Κομάνων, § 10, p. 246, lig. 7; mais, la leçon Κομάνων une fois admise, tout concorde : l'historien, après avoir dit, l. l., que Triarius poursuivit Mithridate jusqu'à Comana, donne ici quelques détails sur cette ville.

3. Reiske propose de substituer à l'ancienne leçon τό τε τῆς Ἀρτέμιδος τὸ Ταυρικὸν βρέτας, maintenue par Reimarus et Sturz, τότε τῆς Ἀρτέμιδος τὸ Ταυρικὸν βρέτας, de manière que τότε soit opposé à νῦν. La véritable leçon est celle que je donne d'après tous les manuscrits, à l'exception de E : il porte τὸ Ταυρικὸν βρέτας, mais avec un signe indiquant que βρέτας doit être placé avant τὸ Ταυρικόν.

4. De même, dans les Ms. B, E et F; mais C, D et G portent : Ταῦτα ἐς αὐτούς.

5. Reimarus dit qu'il a inséré τό d'après B et C : j'ajoute que cet article

échouer ses plans : ensuite, comme l'hiver régnait déjà, Triarius et Mithridate se retirèrent dans leurs forts, et s'y tinrent tranquilles.

An de Rome 686.
Q. Marcius Rex, Consul.

11. Comana est située dans la contrée appelée aujourd'hui la Cappadoce : elle passait pour avoir eu jusqu'à ce jour en sa possession la statue de Diane de Tauride et la famille d'Agamemnon. Comment y vinrent-elles, comment y sont-elles restées; c'est ce qu'il m'a impossible de découvrir clairement, au milieu de mille traditions diverses : je rapporterai donc ce que je sais avec certitude. Il y a en Cappadoce deux villes de ce nom, peu éloignées l'un de l'autre et qui

est aussi dans les autres manuscrits; mais ce passage est altéré dans E, qui porte δυναίτο σαφὲς κτλ. Le copiste, en le transcrivant sans le comprendre, a changé δύναμαι τό en δύναιτο.

6. Strabon, XII, p. 535, éd. Casaub., Paris, 1620 : Ἐν δὲ Ἀντιταύρῳ τούτῳ βαθεῖς καὶ στενοί εἰσιν αὐλῶνες, ἐν οἷς ἵδρυται τὰ Κόμανα, καὶ τὸ τῆς Ἐννοῦς ἱερὸν, ὃ ἐκεῖνοι Κόμανα (dans Coraï, Μᾶς. M. Cramer, l. l., p. 507, adopte Μᾶ) ὀνομάζουσι· πόλις δ' ἐστὶν ἀξιόλογος· πλεῖστον μέν τοι τῶν θεοφορήτων πλῆθος, καὶ τὸ τῶν ἱεροδούλων ἐν αὐτῇ. Κατάονες δέ εἰσιν οἱ ἐνοικοῦντες, ἄλλως μὲν ὑπὸ τῷ βασιλεῖ τεταγμένοι, τοῦ δὲ ἱερέως ὑπακούοντες. Τὸ πλέον δὲ τοῦ θ' (ὑπακούοντες τὸ πλέον· ὁ δὲ τοῦ θ' κτλ. dans M. Cramer; ὑπακούντες τὸ πλέον. Ὁ δὲ τοῦ θ' κτλ. dans Coraï.) ἱεροῦ κυριός ἐστι, καὶ τῶν ἱεροδούλων, οἱ κατὰ τὴν ἡμετέραν ἐπιδημίαν πλείους ἦσαν τῶν ἑξακισχιλίων, ἄνδρες ὁμοῦ γυναιξί. Πρόσκειται δὲ τῷ ἱερῷ καὶ χώρα πολλή· καρποῦται δ' ὁ ἱερεὺς τὴν πρόσοδον· καὶ ἔστιν οὗτος δεύτερος κατὰ τιμὴν [ἐν] τῇ Καππαδοκίᾳ μετὰ τὸν βασιλέα· ὡς δ' ἐπὶ τὸ πολὺ τοῦ αὐτοῦ γένους· ἦσαν οἱ ἱερεῖς τοῖς βασιλεῦσι. Τὰ δὲ ἱερὰ ταῦτα δοκεῖ Ὀρέστης μετὰ τῆς ἀδελφῆς Ἰφιγενείας κομίσαι δεῦρο ἀπὸ τῆς Ταυρικῆς Σκυθίας, τὰ τῆς Ταυροπόλου Ἀρτέμιδος· ἐνταῦθα δὲ καὶ τὴν πένθιμον κόμην ἀποθέσθαι, ἀφ' ἧς καὶ τοὔνομα τῇ πόλει.

Plus loin, l. l. p. 557, le même géographe s'exprime ainsi, à propos de Comana du Pont : Ὑπὲρ δὲ τῆς Φαναροίας ἐστὶ τά τε Κόμανα τὰ ἐν τῷ Πόντῳ, ὁμώνυμα τοῖς ἐν τῇ μεγάλῃ Καππαδοκίᾳ, καὶ τῇ αὐτῇ θεῷ καθιερωμένα, ἀφιδρυθέντα ἐκεῖθεν. Σχεδὸν δέ τι καὶ τῇ ἀγωγῇ παραπλησίᾳ κεχρημένα τῶν τε ἱερουργιῶν, καὶ τῶν θεοφοριῶν, καὶ τῆς περὶ τοὺς ἱερέας τιμῆς κτλ.

250 ΔΙΩΝΟΣ ΤΟΥ ΚΑΣΣΙΟΥ ΛΕΙΨΑΝΑ. ΒΙΒΛ. Α-ΛϚ.

πέρι αὐχοῦσι [1]. Καὶ γὰρ μυθολογοῦσι, καὶ δεικνύουσι τά τε ἄλλα πάντα ἐκ τοῦ ὁμοίου, καὶ τὸ ξίφος [2], ὡς αὐτὸ ἐκεῖνο τὸ τῆς Ἰφιγενείας ὄν, ἀμφότεραι ἔχουσι. Καὶ ταῦτα μὲν εἰς τοσοῦτον [3] εἰρήσθω.

12. Τῷ δὲ ἐπιγιγνομένῳ ἔτει, ἐπί τε Μανίου Ἀκιλίου [4] καὶ ἐπὶ Γαΐου Πείσωνος [5] ὑπάτων, ὁ μὲν Μιθριδάτης τῷ Τριαρίῳ πρὸς Γαζιούροις [6] ἀντεκάθητο· προκαλούμενός τε ἅμα αὐτὸν ἐς μάχην, καὶ ἐξοργίζων. Τά τε γὰρ ἄλλα, καὶ ἐν τῇ ἐπόψει τῇ τῶν Ῥωμαίων αὐτός τε ἤσκει [7], καὶ τοῦ

---

1. Je n'oserais, comme Reiske, défendre l'ancienne leçon τῶν αὐτῶν περιέχουσι, en attribuant à Dion une locution empruntée à une grécité suspecte : j'aimerais mieux sous-entendre avec Sturz μνήματα ; mais il m'a paru plus simple d'adopter l'ingénieuse conjecture de H. Étienne, approuvée par Oddey. La permutation entre ε et αυ est fréquente, cf. Bast, Comment. palæogr., p. 756, 925 : ne peut-on pas supposer que ε a été confondu avec αυ, syllabe si souvent confondue elle-même avec αν?

2. Reiske propose de sous-entendre δεικνύουσι après τὸ ξίφος, et de lire ἔχουσαι, au lieu de ἔχουσι. Ces conjectures sont superflues. L'ancienne leçon peut être maintenue : je l'ai conservée avec Reimarus et Sturz. Au lieu de Ἰφιγενείας, G donne Ἰφιγεννείας : le copiste a mis deux consonnes, quand il n'en fallait qu'une. Sur des fautes semblables, cf. tom. I, p. 64, not. 5, et tom. II, p. 130, not. 4 de cette édition.

Il est question du glaive d'Iphigénie dans Euripide, Iphig. en Taur., v. 1458 et suiv. de la Collect. Didot :

Νόμον τε θὲς τόνδ'· ὅταν ἑορτάζῃ λεώς
τῆς σῆς σφαγῆς ἄποιν', ἐπισχέτω ξίφος
δέρῃ πρὸς ἀνδρὸς, αἷμά τ' ἐξανιέτω
ὁσίας ἕκατι θεᾶς, ὅπως τιμὰς ἔχῃ.

3. F : ἐς τοσοῦτον.

4. C et G : Μανίου Οὐακιλίου : la syllabe ajoutée au commencement du second mot, provient de ου, qui se trouve à la fin de Μανίου.

5. D et F : Πίσωνος, par la confusion d'ι avec ει.

6. Reimarus dit qu'il substitue, d'après B, cette leçon à l'ancienne Γαζιούρσις. Il y a ici deux observations à faire : 1° Γαζιούροις ne se trouve pas

FRAGM. DE DION CASSIUS, L. I-XXXVI.

se vantent de posséder les mêmes antiquités. On y raconte les mêmes fables, on y montre les mêmes objets, et chacune prétend avoir le glaive qui a réellement appartenu à Iphigénie ; mais c'est assez sur ce sujet.

12. L'année suivante, sous le consulat de M'. Acilius et de C. Pison, Mithridate campa en face de Triarius, auprès de Gaziura. Il l'irrita, et le provoqua au combat par tous les moyens ; mais surtout en s'exerçant lui-même et en exerçant ses soldats sous les yeux des Romains. Il voulait en venir aux mains avec Triarius avant l'arrivée de Lucullus, dans l'es-

An de Rome 687.

M'. Acilius et C. Pison Consuls.

---

seulement dans B : il est aussi dans C, D, F et G. 2° Γάζιουρσις dans E, provient de la confusion de σ avec ο : « *Sigma*, dit Bast, dont je transcris la « remarque, parce qu'elle est applicable à l'écriture de E, interdum cum « ο μικρῷ confunditur. Posterior enim littera a priori non differt, nisi ab- « sentia lineolæ, quæ illam cum littera proxime sequente copulat : quæ « lineola si addatur literæ o, justum Sigma nascitur. » Comment. palæogr. p. 734.

Gaziura était déserte du temps de Strabon, qui en parle en ces termes, liv. XII, p. 547, éd. Casaub., Paris, 1620 : Ἐκ μὲν οὖν τούτων πληρούμενος ἁπάντων εἰς ποταμὸς διέξεισι τὸ πεδίον, Θερμώδων καλούμενος..... Ἔχει δὲ τὰς πηγὰς ἐν αὐτῷ τῷ Πόντῳ· ῥυεὶς δὲ διὰ πόλεως μέσης Καμάνων τῶν Ποντικῶν, καὶ διὰ τῆς Δαξιμωνίτιδος (dans M. Cramer, l. l. p. 528 : Δαξιμωνίτιδος,) εὐδαίμονος πεδίου πρὸς δύσιν· εἶτ' ἐπιστρέφει πρὸς τὰς ἄρκτους παρ' αὐτὰ τὰ Γαζίουρα, παλαιὸν βασίλειον, νῦν δ' ἔρημον. Cf. Pline, Hist. Nat., VI, 2.

7. Turnèbe aimerait mieux αὐτόν τε ᾔσκει, et Sturz αὐτόν τε ᾔσκει, d'après Reimarus, qui cite, à l'appui de cette conjecture, Xénoph. Cyrop. VIII, 6, 10, Coll. Didot : Καὶ ἀσκεῖν αὐτόν τε καὶ τοὺς σὺν ἑαυτῷ τὰ πολεμικά. Mais aucun changement n'est nécessaire : ἀσκεῖν est pris ici dans le sens réfléchi, comme dans d'autres passages de Dion ; liv. LIX, 18 : Ἐκείνη ὡς φύλακάς τε ἐφοδεύσασα, καὶ τοὺς στρατιώτας ἀσκοῦντας (*sese exercentes*) ἰδοῦσα, αἰτίαν ἔσχεν. — Liv. LXVII, 12 : Μάτερνον δὲ σοφιστήν, ὅτι κατὰ τυράννων εἶπέ τι ἀσκῶν (*sui exercendi causa*), ἀπέκτεινε. — Liv. LXXII, 19 : Ἤσκει (*sese exercebat*) δὲ καὶ ἐχρῆτο τῇ ὁπλίσει τοῦ Σεκούτορος καλουμένου. A propos de ce dernier passage, cf. l'ingénieuse et savante lettre de M. Letronne à M. Laurin, consul général d'Autriche à Alexandrie, sur une stèle funéraire, dans la Revue Archéologique, 3ᵉ année, 1ʳᵉ livraison, p. 4-5.

στρατοῦ γυμνασίας ἐποιεῖτο [1], ὅπως πρὶν τὸν Λούκουλλον ἐπελθεῖν, ἐκεῖνόν τε συμβαλὼν (ὥσπερ ἤλπισε) κρατήσῃ [2], καὶ τὰ λοιπὰ τῆς ἀρχῆς ἀνασώσηται. Ἐπεὶ δ' οὐκ ἐκινεῖτο, πέμπει τινὰς πρὸς Δάδασα [3] φρούριον, ἐν ᾧ τὰ σκεύη τοῖς Ῥωμαίοις ἀπέκειτο, ἵν' ἐκείνοις γε [4] ἐπαμύνοντα αὐτὸν ἐς χεῖρας ὑπαγάγηται. Καὶ ἔσχεν οὕτως· ὁ γὰρ Τριάριος τέως μὲν τό τε πλῆθος τοῦ Μιθριδάτου φοβούμενος [5], καὶ τὸν Λούκουλλον (μετεπέμπετο γὰρ αὐτὸν) προσδεχόμενος, ἡσυχίαν εἶχεν· ὡς δὲ τά τε Δάδασα πολιορκούμενα ἐπύθετο [6], καὶ οἱ στρατιῶται [7] δείσαντες περὶ αὐτοῖς [8] ἐταράττοντο, καὶ ἐπηπείλουν [9], εἰ σφᾶς [10] μηδεὶς ἐξάγοι, καὶ αὐτοκε-

1. La leçon vulgaire καὶ τοὺς στρατηγοὺς γυμνασίας ἐποιεῖτο, tirée du Ms. E, n'est pas intelligible. H. Étienne propose : καὶ τοὺς στρατηγοὺς διὰ γυμνασίας ἐποιεῖτο, conjecture injustement condamnée, suivant Oddey, par Leunclavius qui voulait lire καὶ τοὺς στρατηγοὺς γυμνάσαι ἐποιεῖτο. Fabricius, à son tour, refit ainsi ce passage : καὶ διὰ τοὺς στρατηγοὺς γυμνασίας ἐποιεῖτο. Enfin Reimarus donne, d'après B : καὶ τοῦ στρατοῦ γυμνασίας ἐποιεῖτο. Cette leçon, que j'adopte, est aussi dans C et F. De plus, D et G portent καὶ τοῦ στρατηγοῦ γυμνασίας ἐποιεῖτο, variante qui mérite d'être remarquée : elle est comme le commentaire de αὐτός τε ἤσκει.

2. E : κρατήσειν, faute du copiste.

3. D'après C, D, E et G. Suivant Reimarus, B, qui un peu plus loin, lig. 9, confirme cette leçon, porte ici Δάδα. Pour être exact, il aurait dû dire que ce manuscrit donne Δαδαφρούριον, en un seul mot. C'est dans F que se trouve Δάδα φρούριον; mais un peu plus loin ce Ms. confirme la véritable leçon Δάδασα. Du reste, on ne sait rien de positif sur ce fort : « Hoc obscuri nominis Castellum, dit Fabricius, in Ponti, ut videtur, con-« finiis situm et Cappadociæ. »

4. Comme Sturz, j'adopte la correction de Leunclavius, au lieu de l'ancienne leçon ἐκείνοις τε. Sur la confusion de τέ avec γέ dont nous avons déjà parlé, cf. M. Boissonade, Anecd. Gr., tom. II, p. 200, not. 1; not. sur Planude, Métam. p. 617; Bast, Comment. palæogr., p. 710. Dans Platon, Polit., I, § 4, tom. VI, p. 269, éd. Bekk. Lond. : Ὥσπερ γὰρ οἱ ποιηταὶ τὰ αὐτῶν ποιήματα καὶ οἱ πατέρες τοὺς παῖδας ἀγαπῶσι, ταύτῃ τε δὴ καὶ οἱ χρηματισάμενοι περὶ τὰ χρήματα σπουδάζουσιν, ὡς ἔργον ἑαυτῶν κτλ., trois

poir de le vaincre et de recouvrir le reste de ses États; mais Triarius n'ayant pas bougé, Mithridate envoya un détachement de son armée assiéger le fort Dadasa, où les Romains avaient déposé leurs bagages. Il espérait amener Triarius à un engagement par la nécessité de le défendre : c'est ce qui arriva. Triarius, redoutant les forces de Mithridate et attendant Lucullus qu'il avait appelé à son secours, s'était tenu tranquille jusqu'alors; mais quand il apprit le siége de Dadasa, comme ses soldats, qui craignaient pour cette place, s'agitaient et menaçaient, s'ils n'avaient point de chef pour les conduire, de voler à la défense de Dadasa, sans attendre les ordres de personne, il se mit en marche malgré lui. Déjà il

manuscrits portent ταύτῃ γε. Krüger, Dion. Hal. Historiogr., p. 127, au lieu de οἵ τε τὴν Ἰάδα προελόμενοι διάλεκτον, τήν τε τοῖς τότε χρόνοις μάλιστ' ἀνθοῦσαν κτλ., voudrait lire τήν γε τοῖς τότε χρόνον : cette conjecture est préférable à la suppression de τέ, proposée par Sylburg. Toutefois, j'aimerais mieux lire, d'après les deux manuscrits de la bibliothèque du roi n° 1657 et 1745 : τὴν ἐν τοῖς τότε χρόνοις κτλ.

5. Les mots οὕτως — φοβούμενος ont été omis dans F.

6. F : πολυορκούμενα ἐπίθετο : le copiste, après avoir remplacé l'ι par l'υ dans le premier mot, a par compensation mis un ι, au lieu d'un υ, dans le second.

7. Ici encore, Dion diffère d'Appien, Mithrid. LXXXIX. Cf. les Éclaircissements à la fin du volume.

8. D'après Fabricius, je substitue cette leçon à l'ancienne αὐτοῖς. Sa correction, tom. I, p. 84, éd. Reimarus, est confirmée par les manuscrits : « Dadasa enim intelliguntur, dit-il, quibus milites metuebant propter res « suas et vasa atque impedimenta, quæ Dadasis expugnatis perventura « essent in hostium potestatem. »

9. C : ἐπηλείλουν, par la confusion du λ avec le π; cf. Bast, l. l. 729 et suiv., 919; M. Boissonade, Notic. des Ms., tom. X, p. 167, 2ᵉ partie. Dans E :
ἐπ
ἐπηλείλουν.

10. C et D : εἰς σφᾶς. Le ς a été ajouté à la conjonction εἰ, parce qu'il se trouve au commencement du mot suivant.

254 ΔΙΩΝΟΣ ΤΟΥ ΚΑΣΣΙΟΥ ΛΕΙΨΑΝΑ. ΒΙΒΛ. Α-ΛϚ.

λευστοὶ βοηθήσειν σφίσι· καὶ ἄκων ἐξανέστη[1]. Καὶ αὐτῷ οἱ βάρβαροι προχωροῦντι ἤδη [2] προσπεσόντες, τοὺς μὲν ἐν χερσὶ τῷ τε πλήθει σφῶν περιέσχον καὶ κατειργάσαντο· τοὺς δὲ καὶ ἐς τὸ πεδίον [3] ἐκφυγόντας, ἀγνοίᾳ τοῦ τὸν ποταμὸν ἐς αὐτὸ [4] ἐκτετράφθαι, περιελαύνοντες ἔκτεινον.

13. Καὶ πασσυδὶ ἂν [5] σφᾶς διέφθειραν, εἰ μὴ τῶν Ῥωμαίων τις πλασάμενος, ὡς καὶ ἐκ τῆς τοῦ Μιθριδάτου συμμαχίδος ὢν [6], (ἐν γὰρ τῷ αὐτῷ αὐτοῖς τρόπῳ συστρατευομένους, ὥσπερ εἶπον [7], οὐκ ὀλίγους εἶχε) προσῆλθέ τέ οἱ, ὡς καὶ εἰπεῖν τι βουλόμενος, καὶ ἔτρωσεν αὐτόν. Οὕτω γὰρ ἐκεῖνος μὲν συλληφθεὶς ἀπεσφάγη [8] · ταραχθέντων δὲ πρὸς τοῦτο τῶν βαρβάρων, συχνοὶ τῶν Ῥωμαίων διέφυγον. Μιθριδάτης μὲν δὴ τό τε τραῦμα ἰᾶτο [9], καὶ προσυποπτεύ-

---

1. Ἐξανέτη, dans C, par la confusion de ς avec τ. Cf. Bast, l. l. p. 734.
2. Xylander traduit *jam castello appropinquantes adorti*, comme s'il y avait καὶ αὐτοῖς προχωροῦσιν ἤδη. Il faut conserver l'ancienne leçon et l'expliquer comme Lambert Bos, Animadv. ad Scriptor. Gr. Frank. 1715. Cap. V : *Et ipsum* (Triarium) *promoventem jam adorti, obvios multitudine sua circumdederunt et obtruncarunt*.
3. C : παιδίον, par la confusion d'ε avec αι.
4. F : ἐς αὐτόν, variante fautive.
5. C : πασσυδίαν σφᾶς. Les mots πασσυδὶ et ἂν ont été mal à propos réunis par le copiste : sur des fautes semblables, cf. p. 167-168, not. 11 de ce volume. Ici, la conjonction ἂν a été prise pour la dernière syllabe d'un mot : d'autres fois, la syllabe αν, au commencement d'un mot, est prise pour la conjonction; par exemple, dans ce passage de Platon, Philèbe, § 18, tom. V, p. 437, éd. Bekk. Lond. : Πάντα γὰρ ὅσα τέχνης ἐχόμενα ἀνευρέθη πώποτε, διὰ ταύτης φανερὰ γέγονε, κτλ., plusieurs lisent ἂν εὑρεθῇ.

Je maintiens l'écriture πασσυδί, comme Poppo dans Thucydide, VIII, 1, où un manuscrit donne πασσυδιέφθαρται, par la suppression de la dernière syllabe de l'adverbe et par la réunion de l'adverbe avec le verbe; faute analogue à celle que j'ai signalée dans B : Δαδαφρούριον, au lieu de Δάδασα φρούριον, p. 252, not. 3 de ce volume.

en approchait, lorsque les barbares fondent sur lui, enveloppent les Romains qui se trouvent sur leur passage et les taillent en pièces : quant à ceux qui avaient fui dans la plaine, parce qu'ils ignoraient qu'on y avait amené les eaux du fleuve, en détournant son cours, les barbares les pressent aussi de toutes parts et en font un grand carnage.

13. Ils les auraient massacrés jusqu'au dernier, si un soldat romain, prétendant qu'il faisait partie des corps auxiliaires (car Mithridate, ainsi que je l'ai déjà dit, en avait plusieurs dans son armée, à l'instar des Romains), ne se fût approché du roi, comme s'il avait eu quelque chose à lui confier et ne l'eût bléssé. Il fut bien arrêté et mis à mort; mais, à la faveur du trouble que cet événement causa parmi les barbares, beaucoup de Romains prirent la fuite. Aussitôt que sa blessure fut guérie, Mithridate soupçonnant qu'il pouvait

---

Quant aux variantes πασσυδί — πανσυδί — πασσευδί — πανσυδεί — πασσευδεί — πασσυδεί, cf. Thucyd. éd. de Poppo, p. 11, tom. IV, p. 452, Photius, Lexic. éd. de Porson, p. 401; Eustathe, l. l., 166, 14; 880, 10, 20; Lobeck, sur Phrynich., p. 515, et Thes. gr. ling., tom. VI, p. 162-163, éd. Didot, où toutes les opinions ont été savamment résumées.

6. Appien, Mithrid. LXXXIX : Ἰσομάχου δ' ἐς πολὺ τοῦ ἀγῶνος ὄντος, ὁ βασιλεὺς ἐς τὸ καθ' αὑτὸν μέρος ἐπιβαρήσας, ἔκρινε τὴν μάχην· καὶ διασπάσας τοὺς πολεμίους, τὸ πεζὸν αὐτῶν κατέκλεισεν ἐς διώρυχα πηλοῦ, ἔνθα διεφθείροντο, στῆναι μὴ δυνάμενοι. Τοὺς δ' ἱππέας ἀνὰ τὸ πεδίον ἐδίωκεν, ἐκθύμως τῇ φορᾷ τῆς εὐτυχίας καταχρώμενος· ἔστε τις αὐτῶν Ῥωμαῖος λοχαγός, οἷα θεράπων αὐτῷ συντροχάζων, ἐς τὸν μηρὸν ἐπάταξε ξίφει πληγὴν βαρεῖαν, οὐκ ἐλπίσης ἐς τὰ νῶτα διὰ τοῦ θώρακος ἐφίξεσθαι κτλ.

7. Le passage auquel Dion fait allusion ne nous est point parvenu.

8. Appien, l. l. : Καὶ τόνδε μὲν εὐθὺς οἱ πλησίον συνέκοπτον· ὁ δὲ Μιθριδάτης ἀπεφέρετο ὀπίσω.

9. Le meilleur commentaire de ce passage est dans Appien, l. l. : Καὶ οἱ φίλοι τὴν στρατιὰν ἀπὸ νίκης λαμπρᾶς ἀνεκάλουν σὺν ἐπείξει βαθείᾳ. Ἐνέπιπτε δὲ τοῖς μαχομένοις ἐπὶ τῷ παραλόγῳ τῆς ἀνακλήσεως θόρυβός τε καὶ ἀπορία, μή τι δεινὸν ἑτέρωθεν εἴη· μέχρι μαθόντες, εὐθὺς ἐν τῷ πεδίῳ τὸ σῶμα

σας καὶ ἄλλους τινὰς τῶν πολεμίων ἐν τῷ στρατοπέδῳ εἶναι, ἐξέτασιν τῶν στρατιωτῶν ὡς καὶ κατ' ἄλλο τι ἐποιήσατο. Καὶ κελεύσας σφᾶς ἐς τὰς ἑαυτῶν σκηνὰς ὡς ἑκάστους κατὰ τάχος ἀναχωρῆσαι, κατεφώρασε, καὶ τοὺς Ῥωμαίους μονωθέντας διέφθειρε [1].

14. Κἂν τούτῳ ὁ Λούκουλλος ἐπελθὼν δόξαν μέν τισι παρέσχεν, ὡς καὶ ἐκείνου [2] ῥᾳδίως κρατήσων, καὶ πάντα τὰ προειμένα [3] δι' ὀλίγου κομιούμενος, οὐ μέν τοι [4] καὶ κατέπραξέ τι. Ὅ τε γὰρ Μιθριδάτης ἐς τὰ μετέωρα πρὸς Ταλαύροις ὄντα ἱδρυθεὶς [5], οὐκ ἀντεπῄει [6] αὐτῷ· καὶ ὁ Μιθριδάτης ὁ ἕτερος [7], ἐκ Μηδίας [8], γαμβρὸς τοῦ Τιγράνου, ἐσκεδασμένοις [9] τοῖς Ῥωμαίοις ἐξαίφνης προσπεσὼν, συχνοὺς ἀπέκτεινεν. Ὅ τε Τιγράνης αὐτὸς προσιὼν ἠγγέλθη, καὶ τὸ στράτευμα ἐστασίασεν. Οἱ γὰρ Οὐαλερίειοι [10]

περιίσταντο, καὶ ἐθορύβουν· ἕως Τιμόθεος αὐτοῖς ὁ ἰατρὸς, ἐπισχὼν τὸ αἷμα, ἐπέδειξεν αὐτὸν ἐκ μετεώρου.

1. La perte des Romains fut considérable; Appien, l. l. : Σκυλευομένων δὲ τῶν νεκρῶν, ἐφαίνοντο χιλίαρχοι μὲν τέσσαρες καὶ εἴκοσι, ἑκατόνταρχοι δὲ πεντήκοντα καὶ ἑκατόν· ὅσον ἡγεμόνων πλῆθος οὐ ῥᾳδίως συνέπεσε Ῥωμαίοις ἐν ἥττῃ μιᾷ.

2. J'adopte ἐκείνου, comme Reimarus, qui déclare emprunter cette leçon à B : elle est aussi dans les autres Ms., excepté dans E, où se trouve l'ancienne ἐκεῖνα, par la confusion d'ου avec α. Cf. Bast. Comment. palæogr. p. 532; Schæfer, sur Denys d'Hal. π. συνθ. p. 260, 261; Melet. p. 86. 93. 96. Turnèbe propose ἐκεῖνον, qui ne déplait pas à Reimarus : j'ai préféré la leçon des Ms.

3. C : προειρημένα. F : πραττόμενα. Je conserve l'ancienne leçon : elle est confirmée par les autres manuscrits.

4. De même dans tous les manuscrits, excepté dans E, qui donne μέν τι. Sur la perpétuelle confusion de τί avec τοί, cf. M. Boissonade, Anecd. Gr., tom. I, p. 456, et not. sur Théophyl. Simoc., p. 320. Je me contente d'en donner un exemple, tiré de Platon, Polit. I, § IV, tom. VI, p. 268, éd. Bekk. Lond. : Καὶ τοῖς δὴ μὴ πλουσίοις, χαλεπῶς δὲ τὸ γῆρας φέρουσιν εὖ

y avoir encore d'autres ennemis dans son armée, la passa en revue, sous un tout autre motif, et ordonna à ses soldats de rentrer sur-le-champ, chacun dans leur tente. Il surprit ainsi dans leurs rangs plusieurs Romains, qui se trouvèrent isolés, et les fit mettre à mort.

14. Sur ces entrefaites arriva Lucullus : on pensait qu'il lui serait facile de vaincre Mithridate lui-même et de recouvrer en peu de temps tout ce que les Romains avaient perdu; mais il ne fit rien de ce qu'on espérait. Mithridate, qui s'était posté sur une hauteur voisine de Talaura, ne marcha pas contre lui; mais un autre Mithridate, venu de la Médie et gendre de Tigrane, fondit inopinément sur les Romains, dispersés çà et là, et en fit un grand carnage. En même temps, le bruit de l'arrivée de Tigrane se répandit, et une sédition éclata dans l'armée romaine. Les soldats Valériens, qui avaient

---

ἔχει ὁ αὐτὸς λόγος, ὅτι οὔτ' ἂν ὁ ἐπιεικὴς πάνυ τι ῥᾳδίως γῆρας μετὰ πενίας ἐνέγκοι : plusieurs manuscrits portent πάνυ τοι.

5. Appien, Mithrid. CXV : Ἐν δὲ Ταλαύροις, ἥντινα πόλιν ὁ Μιθριδάτης εἶχε ταμιεῖον τῆς κατασκευῆς κτλ. Cf. Plutarque, Lucull. XIX.

6. F : ἀντεποίει, par la confusion d'η avec οι.

7. Cf. les Éclaircissements à la fin du volume.

8. E, F et G : ἐκ Μηδείας, par la confusion d'ι avec ει.

9. C : ἐσκεδασμένος, variante fautive, par la permutation des désinences οις et ος. En voici un exemple, tiré d'Isocrate, Trapezit. 7 : Βουλευομένοις οὖν ἡμῖν ἐδόκει βέλτιστον εἶναι κτλ. Le Ms. de la bibliothèque du roi n° 1657, contenant le Jug. de Denys d'Hal. sur Isocr., où ce passage est cité, § XIX, porte βουλευόμενος. G donne ἐσκεδαιμένος, variante doublement fautive.

10. Ici et §§ 15 et 16, tous les Ms. portent Οὐαλέριοι — Οὐαλερίους. La même leçon se trouve encore, liv. LV, 23, dans les Ms., excepté dans G, qui donne Οὐαλερίειοι, correction devinée par Lunclavius, Oddey et Fabricius. Dans Xiphilin, Aug. p. 89, éd. de R. Étienne, qui est l'abrégé du liv. LV, § 23, on lit : Καὶ οἱ εἰκοστοὶ οἱ καὶ Οὐαλέριοι καὶ νικήτορες ὠνομασμένοι; mais les meilleurs Ms. de Xiphilin portent Οὐαλερίειοι, leçon que j'adopte. Elle est conforme aux règles de la formation ; puis-

οἱ¹ τῆς τε στρατείας² ἀφεθέντες, καὶ μετὰ τοῦτ' αὖθις στρατευσάμενοι, ἐκινήθησαν μὲν καὶ ἐν τῇ Νισίβει³, ἔκ τε τῆς νίκης καὶ ἐκ τῆς ἡσυχίας⁴, τοῦ τε τὰ ἐπιτήδεια ἄφθονα ἔχειν, καὶ ἄνευ τοῦ Λουκούλλου τὰ πολλὰ, διὰ τὸ πολλαχόσε⁵ ἐκδημεῖν αὐτὸν, διαιτᾶσθαι· καὶ μάλισθ' ὅτι Πούπλιός τις Κλώδιος (ὃν Κλαύδιόν τινες ἐκάλεσαν) συνεστασίαζε σφᾶς ὑπ' ἐμφύτου νεωτεροποιίας, καίπερ τῆς ἀδελφῆς αὐτοῦ τῷ Λουκούλλῳ συνοικούσης⁶. Ἐταράχθησαν δὲ καὶ τότε ἄλλως τε καὶ ἐπειδὴ τὸν Ἀκίλιον⁷ τὸν ὕπατον, ὃς τῷ Λουκούλλῳ διάδοχος δι' ἅπερ εἶπον⁸ ἐξεπέμφθη, πλησιάζοντα ἐπύθοντο⁹. Ἐν γὰρ ὀλιγωρίᾳ¹⁰ αὐτὸν, ὡς καὶ ἰδιωτεύοντα ἤδη, ἐποιοῦντο.

que ce mot dérive de Οὐαλέριος. « Nomen, dit Fabricius, a L. Valerio « Flacco, consulari viro, de quo Velleius, lib. II, c. 24. » Dans tous les passages précités, Reimarus et Sturz lisent, Οὐαλέρειοι—Οὐαλερείους.

Il est question de cette révolte dans l'Epitome de Tite-Live, XCVIII : Lucullum, ne persequeretur Mithridatem ac Tigranem, summamque victoriæ imponeret, seditio militum tenuit, qui sequi nolebant : id est, *legiones Valerianæ*, impleta a se stipendia dicentes, Lucullum reliquerunt. Un fragment de Salluste, Hist. V, cité par Priscien, XVIII, 4, p. 1130, éd. Putsch, se rapporte à cet événement : Legiones Valerianæ comperto, lege Gabinia Bithyniam et Pontum consuli datam, missos esse.

1. Reiske voulait supprimer cet article. Je le conserve avec Reimarus et Sturz.

2. C et F : στρατιᾶς. Ces deux mots sont souvent confondus.

3. De même dans E ; Νισίβι dans B, C, D, F et G, par la confusion d'ει avec ι. Seulement, dans B, C et G, l'accent est sur le premier ι.

4. G : ἡσχίας, par l'omission de l'υ.

5. G : πολλαχοῦσε, faute du copiste.

6. Plutarque, Lucull. XXXIV : Τούτοις δὲ τηλικούτοις οὖσι προσγίνεται τὸ μάλιστα Λουκούλλῳ διειργασμένον τὰς πράξεις, Πόπλιος Κλώδιος, ἀνὴρ ὑβριστὴς καὶ μεστὸς ὀλιγωρίας ἁπάσης καὶ θρασύτητος. Ἦν δὲ τῆς Λουκούλλου γυναικὸς ἀδελφὸς, ἣν καὶ διαφθείρειν ἔσχεν αἰτίαν ἀκολαστοτάτην οὖσαν. Τότε δὲ τῷ Λουκούλλῳ συστρατεύων οὐχ ὅσης αὐτὸν ἠξίου τιμῆς ἐτύγχανεν

repris du service après avoir reçu leur congé, s'étaient déjà révoltés à Nisibis, à la suite de la victoire, du repos, de l'abondance, et parce qu'ils étaient souvent séparés de Lucullus, qui voyageait sans cesse de divers côtés : un certain Publius Clodius (quelques-uns l'ont appelé Claudius), entraîné par l'amour des changements, les poussait surtout au désordre, quoique sa sœur eût épousé Lucullus. La principale cause des troubles qui éclatèrent alors fut la nouvelle de la prochaine arrivée du consul Acilius, nommé à la place de Lucullus, pour les raisons que j'ai fait connaître. A leurs yeux, Lucullus n'était plus qu'un simple particulier, et ils n'avaient aucune déférence pour lui.

ἠξίου δὲ πρῶτος εἶναι, καὶ πολλῶν ἀπολειπόμενος διὰ τὸν τρόπον ὑποικούρει τὴν Φιμβριακὴν στρατιάν κτλ. Pour plus de détails sur les menées de Clodius contre Lucullus, cf. les Éclaircissements à la fin du volume.

C'est probablement à la parenté de Lucullus et de P. Clodius (cf. Dion, § 17) que se rapporte un petit fragment de Salluste, Hist. V, cité par Arusianus Messus, au mot *frater* : Et uxori ejus frater erat. Cf. Salluste, trad. de Ch. Durozoir, tom. II, p. 362, 408 et 411. L'inconduite de cette sœur de Clodius fut si révoltante, que Lucullus se vit forcé de la répudier. Il épousa Servilia, sœur de Caton ; mais ce second mariage ne fut pas plus heureux. Cf. Plutarque, l. l. XXXVIII.

7. M' Acilius Glabrion.

8. Cf. § 2 : Λούκουλλος δὲ Τιγράνην — διάδοχον ἔπεμψαν.

9. G : ἐπύθουντο, par la confusion du ν avec l'υ : cf. Bast, Comment. palæogr., p. 727, 735, 736 et suiv. ; Schæfer, not. sur Denys d'Hal., π. συνθ., p. 143. Dans ce passage de Démosthène, Disc. contre Conon, § 3 : Ἐσκήνωσαν οὖν οἱ υἱεῖς οἱ Κόνωνος τουτουΐ κτλ., le manuscrit de la bibliothèque du roi n° 1657, contenant le traité de Denys d'Hal. π. τ. λ. Δημοσθένους δεινότ., où ce discours est cité, § XII, porte : Ἐσκήνωσαν οὖν οἱ υἱεῖς οἱ τουτονὶ Κόνωνος κτλ.

10. G : ὀλιγωρίῳ, par la confusion du second φ avec ϙ. Cf. Bast, l. l., p. 748-749.

15. Ὁ οὖν Λούκουλλος ἔκ τε τούτων, καὶ ὅτι παρὰ τοῦ Μαρχίου[1], τοῦ[2] πρὸ τοῦ Ἀκιλίου ὑπατεύσαντος, ἐς Κιλικίαν, ἧς ἄρχειν ἔμελλε, παριόντος, ἐπικουρίαν αἰτήσας[3] οὐκ ἔτυχεν, ἐν ἀπόρῳ ἐγένετο· καὶ ὀκνήσας μὲν διακενῆς ἀναστῆναι, δείσας δὲ καὶ κατὰ χώραν μεῖναι, ἐπὶ τὸν Τιγράνην ὥρμησεν, εἴ πως ἐκεῖνόν τε ἀπροσδόκητόν τε ἅμα καὶ κεκμηκότα ἐκ τῆς ὁδοῦ τρέψαιτο, καὶ τοὺς στρατιώτας τρόπον τινὰ διὰ τούτου παύσειε στασιάζοντας. Οὐ μὴν καὶ ἐπιτυχὴς οὐδετέρου ἐγένετο. Ἀκολουθῆσαν[4] γὰρ αὐτῷ τὸ στράτευμα μέχρι πού τινος, ὅθεν ἐς τὴν Καππαδοκίαν ἐκτραπέσθαι ἦν, ἐκεῖσε[5] πάντες ὁμοθυμαδὸν, μηδὲ φθεγξάμενοί τι, ἀπετράποντο. Καὶ οἵ γε Οὐαλερίειοι[6], μαθόντες ὅτι τῆς στρατείας[7] παρὰ τοῖς οἴκοι τέλεσιν ἀφεῖνται, παντελῶς ἀπεχώρησαν.

---

1. Μάρχου, dans tous les manuscrits : il faut lire Μαρχίου, comme § 4, ἐπὶ δὲ δὴ Κυίντου Μαρχίου, et § 7, Μάρχιος δὲ Λουκούλλῳ μὲν οὐκ ἐπεκούρησε. Dans ces deux passages, les manuscrits confirment la leçon que j'adopte. Elle est aussi dans Plutarque, Cic. XXIX : Πολλὴ δ' ἦν δόξα καὶ ταῖς ἄλλαις δυσὶν ἀδελφαῖς πλησιάζειν τὸν Κλώδιον, ὧν Τερτίαν μὲν Μάρχιος Ῥὴξ, Κλωδίαν δὲ Μέτελλος ὁ Κέλερ εἶχεν.

Il n'est pas inutile de rapprocher de Dion un fragment de Salluste, Hist. V, tiré de Priscien, XVIII, 4, p. 1130, éd. Putsch : At Lucullus, audito Q. Marcium Regem pro consule per Lycaoniam cum tribus legionibus in Ciliciam tendere.

2. Cet article manque dans B. Reimarus et Sturz ne parlent pas de cette omission. L'article est souvent négligé par les copistes; cf. p. 124, not. 4 de ce volume.

3. Leunclavius avait omis αἰτήσας, que Reimarus a rétabli d'après les autres éditions et les manuscrits.

4. Comme Reimarus, d'après B, C et D; ἀκολουθεῖσαν, dans F, par la confusion d'η avec ει. E porte ἀκολουθῇ : le copiste a omis la dernière syl-

15. Dans cette situation, Lucullus, n'ayant pu obtenir le secours qu'il avait demandé à Marcius, qui fut consul avant Acilius et qui se rendait dans la Cilicie pour en prendre le gouvernement, fut en proie à une grande perplexité. Craignant de faire en vain un mouvement, et n'osant rester en repos, il s'avança contre Tigrane dans l'espoir de le surprendre par une attaque inattendue, lorsqu'il serait encore fatigué de la marche, et d'apaiser ainsi la sédition de l'armée ; mais il n'atteignit ni l'un ni l'autre but. Ses soldats le suivirent jusqu'au chemin qui conduit en Cappadoce : arrivés là, par un accord unanime et sans proférer une parole, ils se dirigèrent tous vers ce pays. Quant aux Valériens, informés que les magistrats de Rome leur avaient accordé leur congé, ils abandonnèrent tout à fait les drapeaux.

---

labe σαν. Sur une faute semblable, cf. p. 31, not. 4, tom. I de cette édition. D'autres fois, au contraire, cette syllabe a été ajoutée mal à propos ; cf. ἐπεμελήθησαν pour ἐπεμελήθη, dans le manuscrit de Tours; Fr. XX, et la not. 4 à ce sujet, p. 40, l. l. G donne ἀκουλῆσαν, variante des plus fautives.

5. Cette leçon, attribuée par Reimarus à B et C seulement, se trouve aussi dans les autres manuscrits. L'ancienne ἐκεῖ δὲ provient de ce que le mot ἐκεῖσε a été coupé en deux, et le σ changé en δ. Voici un exemple de cette permutation, tiré de Denys d'Hal., Jug. sur Thucyd. XXXVI : Μέχρι δὲ τούτου σπείσασθαι σφίσιν ἐκέλευον, καὶ τὴν γῆν μὴ δῃοῦν· ὁ δ' ἡμέρας τε ἐσπείσατο ἐν αἷς εἰκὸς ἦν κομισθῆναι κτλ. : le manuscrit de la bibliothèque du roi n° 1657, porte ὁσημέρας. Outre le changement du δ en σ, le copiste a réuni trois mots en un seul.

6. Comme § 14. Cf. not. 10, p. 257.

7. R. Étienne donne στρατιᾶς. Nous avons déjà vu, § 14, un exemple de la confusion de στρατεία avec στρατιά, p. 258, not. 2. Cf. Krüger, Dion. Hal. Historiogr., p. 231, et surtout p. 238, not. 1.

16. Καὶ θαυμάσῃ μηδεὶς ὅτι στρατηγικώτερος[1] ἀνδρῶν ὁ Λούκουλλος γενόμενος, καὶ πρῶτός τε[2] Ῥωμαίων τὸν Ταῦρον[3] σύν τε στρατῷ καὶ ἐπὶ πολέμῳ διαβὰς[4], καὶ δύο βασιλέας οὐκ ἀσθενεῖς[5] ἐπικρατήσας[6] (ἑλών τ' ἂν, εἴπερ ταχέως διαπολεμῆσαι ἐβεβούλητο), [τῆς τε Ἀσίας ἐπὶ μήκιστον προελθών[7],] οὐκ ἐδύνατο τῶν συστρατευομένων οἱ[8] ἄρχειν, ἀλλ' ἀεί τε ἐστασίαζον, καὶ τέλος ἐγκατέλιπον αὐτόν[9]. Πολλά τε γὰρ σφίσι προσέταττε· καὶ δυσπρόσοδος, ἀκριβής τε ἐν ταῖς τῶν ἔργων ἀπαιτήσεσι[10], καὶ ἀπαραίτητος ἐν ταῖς τιμωρίαις ὤν, οὐκ ἠπίστατο οὔτε λόγῳ τινὶ[11] προσαγαγέσθαι, οὔτε ἐπιεικείᾳ[12] ἀναρτήσασθαι, οὐ τιμῆς[13], οὐ χρημάτων μεταδόσει[14] προσεταιρίσασθαι[15]· ὧν πάντων ἄλλως τε, καὶ ἐν πλήθει, καὶ μάλιστα στρατευομένῳ, δεῖ. Καὶ διὰ τοῦθ' οἱ στρατιῶται, ἕως μὲν εὖ τε ἐφέροντο, καὶ

---

1. Leunclavius aimerait mieux στρατηγικώτατος, d'après Xiphilin, l. l. p. 4, ἀλλ' ὅμως καίτοι στρατηγικώτατος ἀνδρῶν κτλ.; mais le comparatif peut être maintenu : je le conserve comme Reimarus, d'après Fabricius. Cf. aussi la note de Sturz à ce sujet, p. 202, tom. I de son édition.
2. Cette particule manque dans Xiphilin, l. l. Nous avons vu qu'elle a été souvent omise par les copistes; cf. p. 242, not. 1 de ce volume.
3. Cf. Plutarque, Lucull. XXXVI—XXXVII.
4. Xiphilin, l. l. : Διαβὰς ἐπὶ πολέμῳ.
5. C : ἀσθενὲς (sic). Xiphilin, l. l. : Καὶ δύο βασιλέων μεγίστων κρατήσας.
6. Allusion à ce qui a été dit § 2 : Λούκουλλος δὲ Τιγράνην μὲν οὐκ ἐπεδίωξεν, ἀλλὰ καὶ πάνυ κατὰ σχολὴν σωθῆναι εἴασε, καὶ ἀπὸ τούτου καὶ αἰτίαν ἔσχε.
7. Après κράτησας, Xiphilin ajoute τῆς τε Ἀσίας ἐπὶ μήκιστον προελθών, passage indubitablement tiré de Dion : je n'hésite donc pas à l'admettre dans le texte, en l'enfermant entre crochets ; mais, au lieu de le placer après ἐπικράτησας, je l'insère après ἐβεβούλητο, parce que les mots ἑλών τ' ἂν — ἐβεβούλητο complètent ce qui précède.
8. Omis dans G.

16. Qu'on ne s'étonne point que Lucullus, qui fut un général très-habile ; qui, le premier des Romains, franchit le Taurus avec une armée, pour porter la guerre dans ces contrées ; qui vainquit deux rois puissants et les aurait faits prisonniers, s'il eût voulu terminer promptement la guerre ; qui enfin pénétra bien avant en Asie, ne put jamais être maître de son armée. Si, après avoir été agitée par de continuelles révoltes, elle finit par l'abandonner, c'est qu'il lui donnait ordres sur ordres : d'un accès difficile, exigeant rigoureusement que chacun remplît son devoir, punissant avec une sévérité inflexible, il ne savait ni subjuguer les cœurs par ses paroles, ni les gagner par la douceur, ni se les attacher par les honneurs ou par des largesses ; moyens qu'il faut toujours employer auprès de la multitude, et surtout auprès d'une armée. Aussi, ses soldats se montrèrent-ils dociles, tant qu'ils eurent des succès, tant que le butin compensa les dan-

---

9. D'après B, C, D, F, G, et Xiphilin, l. l. : Ἀπειθέσιν ὕστερον πρὸς πάντα τοῖς στρατιώταις ἐχρήσατο, καὶ τέλος ἐγκατέλιπον αὐτόν. L'ancienne leçon κατέλιπον, tirée de E, ne déplaît pas à Sturz, qui pourtant adopte ἐγκατέλιπον.

10. C et D : ἀπαιτήσεσιν, καὶ κτλ. Cf. tom. I, p. 247, not. 2 de cette édition, sur le ν paragogique.

11. D'après tous les manuscrits, je conserve cette leçon avec Reimarus. Sturz adopte τινά, proposé par Oddey : cette correction n'est point nécessaire. Xiphilin, l. l. dit : Οὔτε λόγοις ἐπιεικέσι προσαγαγέσθαι.

12. De même, dans B, C et G. Οὔτ' ἐπιεικείᾳ, dans D, E et F.

13. Reiske aimerait mieux τιμαῖς, changement que rien n'exige. Comme Reimarus et Sturz, je conserve l'ancienne leçon : elle est confirmée par tous les manuscrits.

14. Δόσει, dans Xiphilin, l. l. La préposition a été omise, suivant l'usage des copistes.

15. Cf. ce portrait de Lucullus avec celui qu'en fait Plutarque, l. l. XXXIII, et dont j'ai donné un extrait, p. 222, not. 1 de ce volume.

τὰς ἁρπαγὰς ἀνταξίας τῶν κινδύνων εἶχον, ἠκροῶντο αὐτοῦ· ἐπεὶ δὲ ἔπταισαν, καὶ ἐς φόβον ἀντὶ τῶν ἐλπίδων ἀντικατέστησαν, οὐδὲν ἔτι προετίμησαν. Τεκμήριον δὲ, ὅτι τοὺς αὐτοὺς τούτους ὁ Πομπήϊος λαβών [1] (καὶ γὰρ τοὺς Οὐαλεριείους αὖθις κατελέξατο [2]) οὐδ' ὁπωσοῦν [3] στασιάζοντας ἔσχε. Τοσοῦτον ἀνὴρ ἀνδρὸς διαφέρει.

17. Ὡς δ' οὖν τοῦθ' οἱ στρατιῶται ἔπραξαν, πᾶσάν τε ὀλίγου [4] τὴν ἀρχὴν ὁ Μιθριδάτης ἀνεκτήσατο, καὶ τὴν Καππαδοκίαν ἰσχυρῶς ἐλυμήνατο [5]· μήτε Λουκούλλου [6], προφάσει τοῦ τὸν Ἀκίλιον [7] ἐγγὺς εἶναι, μήτε ἐκείνου προσαμύνοντος αὐτῇ [8]. Ἐπειγόμενος γὰρ πρότερον, ὡς καὶ τὴν τοῦ Λουκούλλου νίκην ὑφαρπάσων, τότε, ἐπειδὴ τῶν γεγονότων ᾔσθετο, οὔτε πρὸς τὰ στρατόπεδα ἦλθε, καὶ ἐν τῇ Βιθυνίᾳ ἐχρόνισε. Μάρκιος [9] δὲ Λουκούλλῳ [10] μὲν οὐκ ἐπεκούρησε, πρόσχημα τοὺς στρατιώτας, ὡς οὐκ ἐθελήσαντάς οἱ ἀκολουθῆσαι, ποιησάμενος· ἐς δὲ τὴν Κιλικίαν ἀφικόμενος, Μενέμαχόν τινα ἀπαυτομολήσαντα [11] τοῦ Τιγράνου

---

1. Xiphilin, l. l. : Τεκμήριον δὲ, καὶ γὰρ τοὺς αὐτοὺς τούτους στρατιώτας ὁ Πομπήϊος λαβὼν κτλ. — Παραλαβών, dans Suidas, aux mots ἀνὴρ ἀνδρὸς διαφέρει.
2. Cf. Dion Cassius, XXXVI, 29. Sur la leçon Οὐαλερείους, adoptée par Reimarus et Sturz, cf. p. 257, not. 10 de ce volume.
3. G : ὁποσοῦν, par la confusion d'ω avec ο. Xiphilin, l. l. : Οὐδ' ὁπωσοῦν στασιάζοντας ἔσχεν. « Apud Suidam, dit Sturz, in ἀνὴρ ἀνδρὸς διαφέρει « ..... male scribitur ὁπωστισοῦν. Tolerabilius apud eundem in ὅπως, « ubi hic locus repetitur, scribitur ὁπωστιοῦν, quae est formula Platonica. » L'édition de Gaisford et celle de Bernhardy portent ὁπωστιοῦν. Au mot ὅπως, où le passage de Dion est répété, on lit aussi ὁπωστιοῦν : "Ὅπως καὶ ὁπωσοῦν. Δαβίδ..... Καὶ ὁπωστιοῦν· « τὸ γὰρ Λουκούλλου στράτευμα στασιάζον ἀεὶ τοῦτο παραλαβὼν ὁ Πομπήϊος, οὐδ' ὁπωστιοῦν στασιάζοντας ἔσχε. »

gers ; mais lorsque arrivèrent les revers, lorsque la crainte eut remplacé l'espérance, ils n'eurent plus aucun égard pour lui. Ce qui le prouve, c'est que ces mêmes soldats, sous les ordres de Pompée (car il enrôla de nouveau les Valériens), ne songèrent pas même à se révolter; tant un homme l'emporte sur un autre homme!

17. Tel était l'état de l'armée romaine : Mithridate en profita pour recouvrer à peu près tout son royaume et pour commettre de grands ravages dans la Cappadoce que ne défendaient ni Lucullus, sous le prétexte de la prochaine arrivée d'Acilius, ni Acilius lui-même. Celui-ci avait d'abord fait diligence, dans l'espoir d'enlever la victoire à Lucullus; mais il s'arrêta en Bithynie, au lieu de rejoindre l'armée, lorsqu'il eut appris les événements. Quant à Marcius, il ne secourut point Lucullus; prétendant que ses soldats avaient refusé de le suivre; mais, arrivé en Cilicie, il accepta les services d'un certain Ménémaque, qui avait abandonné Tigrane. En même temps,

---

4. D'après tous les Ms. Turnèbe aimerait mieux πᾶσαν ὀλίγου.

5. Appien, Mithrid. XCI : Ὧν καὶ ὁ Μιθριδάτης αἰσθανόμενος, ἐς Καππαδοκίαν ἐσέβαλε, καὶ τὴν ἰδίαν ἀρχὴν ὠχύρου.

6. G : Λουκούλλου μέν. Sur l'addition de μέν par les copistes, cf. M. Dübner, Annot. Critic. in Arrian., p. X, Anab. I, 28. Coll. Didot.

7. M'. Acilius Glabrion. Cf. p. 259, not. 7 de ce volume.

8. Cette leçon est dans tous les Ms. Turnèbe et Oddey proposent προαμύνοντος : avec cette correction, il faudrait conserver αὐτῆς. Comme Sturz, je maintiens προσαμύνοντος, qui exige αὐτῇ, au lieu de αὐτῆς. Sur la confusion des désinences ῇ et ῆς, cf. p. 138, not. 3 de ce vol.

9. Q. Marcius Rex, chargé du gouvernement de la Cilicie; cf. § 15.

10. C : Λουκούλλου, par la confusion des désinences ῳ et ου. Cf. p. 29, not. 6; p. 123, not 1, et p. 246, not. 2 de ce volume.

11. Ἐπαυτομολήσαντα, non-seulement dans B et C, cités par Reimarus;

ἐδέξατο· καὶ τὸν Κλώδιον ἀποστάντα ἀπὸ τοῦ Λουκούλλου, δέει τῶν ἐν τῇ Νισίβει [1] γενομένων [2], ἐπὶ τὸ ναυτικὸν ἐπέστησεν· ἀδελφὴν γάρ τινα αὐτοῦ καὶ ἐκεῖνος γυναῖκα εἶχε. Καὶ ὁ μὲν ἁλούς τε ἐς καταποντιστὰς, καὶ ἀφεθεὶς ἀπ' αὐτῶν, πρὸς τὸν ἐκ τοῦ Πομπηΐου φόβον, ἔς τε τὴν Ἀντιόχειαν τῆς Συρίας ἦλθεν, ὡς καὶ πρὸς τοὺς Ἀραβίους, πρὸς οὓς τότε διεφέροντο [3], συμμαχήσων [4] σφίσι, κἀνταῦθα στασιάζων τινὰς ὁμοίως, ὀλίγου διεφθάρη [5] . . . . .
. . . .
Λείπει.

mais aussi dans E, F et G. Sur la confusion de ἐπί avec ἀπό, cf. Schæfer, Meletem. p. 93 ; M. Boissonade, not. in Theophyl. Simoc., p. 311. J'en donne un exemple, tiré de Lysias, d'après les manuscrits de la bibliothèque du roi n°s 1657 et 1742, contenant le Jugement de Denys d'Hal. sur Lys., où le passage est cité § XXIV : Ἔτι τοίνυν ἐξήλεγχεν αὐτὸν ἑπτὰ τάλαντα κεκομισμένον ναυτικὰ καὶ τετρακισχιλίας δραχμὰς, καὶ τούτων τὰ γράμματα ἀπέδειξεν, au lieu de ἐπέδειξεν, qui se trouve dans le texte de Denys.

1. D'après E. Νισιβι, dans F, est la même leçon, comme le prouve la place de l'accent : seulement l'ι final est pour ει. Νίσιβι, dans G. Ῥίσιβι, dans C, provient de la confusion du ν avec ρ, cf. Bast. Comment. palæogr., p. 726, 731, 741, 776. L'Historien fait allusion à ce qui a été dit § 14, p. 256-258 de ce volume : Οἱ γὰρ Οὐαλερίειοι οἱ τῆς τε στρατείας ἀφεθέντες, καὶ μετὰ τοῦτ' αὖθις στρατευσάμενοι, ἐκινήθησαν μὲν καὶ ἐν τῇ Νισίβει κτλ. P. Clodius fut le moteur de cette sédition ; elle devint plus tard un chef d'accusation contre lui. Dion, liv. XXXVII, 46 : Τῷ δὲ ἑξῆς ἐπί τε Πίσωνος καὶ ἐπὶ Μάρκου

il confia le commandement de la flotte à Clodius, dont il avait aussi épousé une sœur, et qui, par crainte de ce qui s'était passé à Nisibis, avait abandonné Lucullus. Ce Clodius fut pris par les pirates ; mais ils le remirent en liberté, par la crainte de Pompée. Clodius se rendit alors à Antioche de Syrie, comme pour soutenir les habitants contre les Arabes, avec lesquels ils étaient en état d'hostilité. Là aussi, il essaya d'attiser le feu de la révolte, et peu s'en fallut qu'il ne fût mis à mort...
....

Le reste manque.

Μεσσάλου ὑπάτων, μισοῦντές τε ἄλλως οἱ δυνατοὶ τὸν Κλώδιον ..... δικαστηρίῳ αὐτὸν παρέδωκαν, καὶ κατηγορήθη μὲν τῆς τε μοιχείας, καίπερ τοῦ Καίσαρος σιωπῶντος, καὶ τῆς μεταστάσεως τῆς περὶ Νίσιβιν, καὶ προσέτι καὶ ὅτι τῇ ἀδελφῇ συγγίγνοιτο.

2. Cf. § 14 et la note 1, p. 266.

3. C, D et G : διεφέλοντο, par la confusion du λ avec ρ. Cf. M. Boissonade, not. sur Grégoire de Corinthe, De Dialect., p. 269, éd. Schæfer, Leipzig, 1809.

4. D : συμμαχήσω, le copiste a oublié le ν final.

5. Après ce mot, il y a dans tous les manuscrits une lacune plus ou moins grande : elle est de quatre pages dans C, de deux pages trois quarts dans G, d'une page dans D, de trois quarts de page dans E, d'une ligne et demie seulement dans F. Le mot λείπει est écrit dans C au bas de la page, et en marge dans D et G.

APPENDICE
I.

ΕΠΙΜΕΤΡΟΝ Α΄.

CCXXI. b [1]... μέντοι [2], καὶ ἐθέλησε τοῦτον τίσασθαι [3]. προϋποπτευθεὶς γὰρ ἔφυγε [4], καὶ ἐς τὴν Λιβύην ἐλθὼν, πολλὰ μὲν καθ᾽ ἑαυτὸν, πολλὰ δὲ καὶ μετ[ὰ τ]ῶν [5] Ῥωμαίων, καὶ τὸν Σύφακα καὶ τοὺς Καρχηδονίους ἐλύπησεν· ὁ Σκηπίων δὲ, ἐπειδὴ πάντα τὰ ἐντὸς τοῦ Πυρηναίου, τὰ μὲν βίᾳ, τὰ δὲ καὶ ὁμολογίᾳ προσεποιήσατο, τὸν στόλον τὸν ἐς τὴν Λιβύην ἠτοιμάζετο [6], ὥσπερ οἱ [7] ἠφίετο· καὶ γὰρ τοῦτο, καίτοι πολλῶν ἀντιλεγόντων, ἐ[π]ετράπη τότε· καὶ

---

1. Pag. 14, dans la brochure de M. F. Haase, Bonnæ ad Rhenum, 1839, où cet extrait est ainsi désigné : I. Fol. 214. A. a, c'est-à-dire, Fr. I, Fol. 214, recto, grande colonne, dans le Ms. de la bibliothèque royale de Paris, n° 1397, contenant la Géographie de Strabon. Cf. l'Avertissement en tête de ce vol.

Ce fragment et les trois suivants devraient, d'après leur contenu, être placés après le Fr. CCXI, p. 4 de ce volume : pour cette raison, je les appelle Fr. CCXI. b.

2. Μέντοι, séparé de ce qui précède, ne fournit aucun sens.

3. Nul doute qu'il ne soit question de Masinissa, impatient de se venger d'Asdrubal, qui, pour retenir Syphax dans le parti des Carthaginois, lui avait donné la main de Sophonisbe, promise à Masinissa. Cf. not. 6, p. 3-4 de ce volume, les auteurs cités dans cette note, et Appien, VI, 27.

4. Appien, VIII, 11 : Ὁ (c'est-à-dire Masinissa) δ᾽ αἰσθόμενος, ἐξέφυγέ τε ..... ἱππέας ἀθροίζων, οἷς ἡμέρας τε καὶ νυκτὸς ἦν ἔργον, ἀκοντίοις πολλοῖς χρωμένους ἐπελαύνειν ἀεὶ καὶ ἀναχωρεῖν, καὶ αὖθις ἐπελαύνειν ...... Καρχηδόνιοι δὲ καὶ Σύφαξ, νομίζοντες ἐπὶ σφᾶς εἶναι τὴν παρασκευὴν τοῦ μειρακίου (οὐ γὰρ ἠγνόουν ἃ ἐλελυπήκεσαν αὐτὸν), ἔκριναν προτέρῳ τῷδε πολεμεῖν, ἔστε καθέλωσι, καὶ τότε Ῥωμαίοις ἀπαντᾶν. Tite-Live, XXVIII, 16, s'exprime ainsi sur les raisons qui déterminèrent alors Masinissa à changer de parti :

APPENDICE I.

CCXI. b.......et il voulut se venger de lui : déjà en butte à des soupçons, il avait pris la fuite et s'était rendu en Afrique, où, tantôt seul, tantôt avec le concours des Romains, il fit beaucoup de mal à Syphax et aux Carthaginois. Quant à Scipion, après avoir soumis, soit par la force, soit par des traités, tous les pays situés au delà des Pyrénées, il faisait ses préparatifs d'embarquement, comme il en avait obtenu l'autorisation ; car, malgré ses nombreux adversaires, il lui était alors permis de passer en Afrique. Scipion avait aussi reçu l'ordre de s'aboucher avec

Post profectionem ejus (scil. Scipionis), Masinissa, cum Silano clam congressus, ut ad nova consilia gentem quoque suam obedientem haberet, cum paucis popularibus in Africam trajecit; non tam evidenti eo tempore subitæ mutationis causa, quam documento post id tempus constantissimæ ad ultimam senectam fidei, ne tum quidem eum sine probabili causa fecisse. Ailleurs, XXIX, 23, il raconte le mariage de Syphax avec Sophonisbe; mariage qui fut la principale cause de la défection de Masinissa, d'après Zonaras, IX, 11, p. 436, D. C. : Ὁ μὲν οὖν Σύφαξ διὰ ταῦτα τοῖς Καρχηδονίοις προσέθετο· καὶ ὁ Μασινίσσας τὰ τῶν Ῥωμαίων ἀνθείλετο, καὶ χρησιμώτατος αὐτοῖς διὰ πάντων ἐγένετο.

5. Μετ.. ὦν, dans le Ms. n° 1397. J'emprunte à M. Haase, l. l. p. 14, les lettres placées entre crochets. Comme lui, je lis un peu plus loin ἐ[π]ετράπη, au lieu de ἐ. ετράπη, donné par le Ms.

6. Le passage ὁ Σκηπίων δὲ, ἐπειδὴ πάντα — ἡτοιμάζετο a été copié par Zonaras, l. l. : Σκιπίων δὲ πάντα τὰ ἐντὸς τοῦ Πυρηναίου τὰ μὲν βίᾳ, τὰ δὲ ὁμολογίᾳ προσποιησάμενος, ἐς τὴν Λιβύην στείλασθαι ἡτοιμάζετο.

7. A la leçon ὥσπερ ει, donnée par M. Haase, l. l., d'après le Ms. n° 1397, je substitue ὥσπερ οἱ, par le simple changement d'ε en ο. Cette correction est justifiée par ce qui suit : Καὶ γὰρ τοῦτο..... ἐπετράπη τότε.

τῷ Σύφακι συγγενέσθαι ἐκελεύσθη· κἂν ἐξείργαστό τι τοῦ φρονήματος τοῦ ἑαυτοῦ ἄξιον (ἢ γὰρ Καρχηδόνα εἷλεν ἂν, τὸν πόλεμον αὐτῇ περιστήσας, ἢ τὸν Ἀννίβαν [1] ἐκ τῆς Ἰταλίας ἐξήγαγεν, ὅπερ ὕστερον ἔπραξεν), εἰ μὴ οἱ ἐν οἴκῳ Ῥωμαῖοι, τὰ μὲν φθόνῳ αὐτοῦ, τὰ δὲ καὶ φόβῳ, ἐμποδὼν ἐγένοντο· τό τε γὰρ νέον [2] πᾶν μειζόνων ἀεὶ ἐπορέγεσθαι, καὶ τὸ κατορθοῦν πολλάκις ἄπληστον τῆς εὐπραγίας εἶναι νομίζοντες, χαλεπώτατα ἂν ἡγοῦντο νεανίσκου ψυχὴν αὐχήματι προ[φέροντος] [3] . . . .
. . . .
. . . .
. . . .
. . . . οὐκ ἐκείνῳ [4] πρός τε δυναστείαν καὶ δόξαν, ἀλλ' ἑαυτοῖς πρός τε ἐλευθερίαν καὶ σωτηρίαν συμφέρῃ χρῆσθαι, κατέλυον αὐτόν· καὶ ὃν αὐτοὶ προῆγον ἐς τὰ πράγματα ἐν χρείᾳ αὐτοῦ γενόμενοι, τοῦτον ἐθελονταὶ

---

1. Ἀννιϐαλ dans le manuscrit n° 1397. « Versu 11, dit M. Haase, l. l. p. 23, mirum est quod legitur Ἀννιϐαλ, accentu obscurato pro Ἀννίϐαν, qua forma alibi utitur Cassius. Reliqui tamen illam ; nec dubitare licet de scriptura » Je n'ai pourtant pas hésité à lire Ἀννίϐαν, forme constamment adoptée dans Polybe, Diodore de Sicile, Appien, et dans Dion lui-même, cf. Fr. CLXIX, p. 268-277, tom. I de cette édition, et les notes relatives à ce fragment.

2. Sur le passage τό τε γὰρ νέον — νεανίσκου ψυχήν, et sur celui qui le complète οὐκ ἐκείνῳ — ἀνεκάλεσαν αὐτόν, cf. les Eclaircissements à la fin du volume. Je me borne à transcrire ici le résumé de Zonaras, l. l. : Οἱ δ' ἐν τῇ Ῥώμῃ τὰ μὲν φθόνῳ τῶν κατορθωμάτων αὐτοῦ, τὰ δὲ φόβῳ μὴ ὑπερφρονήσας τυραννίσῃ, ἀνεκαλέσαντο αὐτόν, δύω τῶν στρατηγῶν διαδόχους αὐτῷ πέμψαντες. Καὶ ὁ μὲν οὕτω τῆς ἀρχῆς ἐπαύσθη.

3. Dans le manuscrit n° 1397, les trois lettres προ, quoique mutilées,

Syphax. Il se serait signalé par quelque exploit digne de sa grande âme (il aurait pris Carthage, en portant la guerre autour de ses remparts, ou bien il aurait chassé Annibal de l'Italie, comme il le fit plus tard), si ses ennemis de Rome, les uns par envie, les autres par crainte, ne lui avaient suscité des obstacles. Persuadés que la jeunesse aspire incessamment à des choses toujours plus grandes, et que le succès allume souvent une insatiable soif de succès nouveaux, ils auraient regardé comme un malheur que l'âme d'un jeune homme plein de fierté..........................
....
....
....
............qu'il était utile de s'en servir, non pour lui, dans l'intérêt de sa puissance et de sa gloire; mais pour eux-mêmes, dans l'intérêt de leur liberté et de leur salut, ils le destituèrent. Après l'avoir mis à la tête des affaires, quand ils en avaient eu besoin, ils le renversèrent volontiers du pouvoir; parce que sa grandeur

---

sont assez lisibles. Je propose donc προφέροντος, conjecture autorisée par l'enchaînement des idées et par des passages analogues de Dion; Fr. CCCXIX, p. 180 de ce volume : Ὅτι ὁ Σύλλας τὸ στράτευμα παρέδωκεν...... καίπερ πολλοὺς ἐκ τῶν ἀπ' ἀρχῆς συγγενομένων οἱ ἔχων καὶ ἐμπειρίᾳ καὶ πράξει προφέροντας. Cf. Fr. CCX, l. l. p. 2.

4. Pag. 14, dans M. Haase, l. l., où il est ainsi désigné : II. Fol. 212. A. a, c'est-à-dire, Fr. II, Fol. 212, recto, grande colonne dans le Ms. n° 1397. Entre le fragment qui précède et celui-ci, il y a une lacune de quatre lignes et demie dans le manuscrit; cf. M. Haase, l. l., p. 22-23. Ce manuscrit porte bien οὐκ avant ἐκείνῳ; mais je n'ai pu, comme M. Haase, trouver la trace d'un ρ ou d'un ν avant cette négation.

T. II. 18

καθήρουν, ὅτι μείζων τῆς κοινῆς ἀσφαλείας ἐγεγόνει· καὶ τοῦτο¹, οὐκέτι ὅπως Καρχηδονίους παντελῶς δι' αὐτοῦ καταπολεμήσωσιν, ἀλλ' ὅπως μὴ ἑαυτοῖς τύραννον αὐθαίρετον ἐπασκήσωσιν, ἐσκόπουν. Τῶν οὖν στρατηγῶν δύο αὐτῷ διαδόχους πέμψαντες ἀνεκάλεσαν αὐτόν· καὶ τὰ μὲν ἐπινίκια οὐκ ἐψηφίσαντό οἱ², ὅτι ἰδιώτης τε ὢν ἐστρατεύετο καὶ ἐπ' οὐδεμιᾶς ἐννόμου ἡγεμονίας³ ἐξήταστο. Βοῦς μέντοι ἑκατὸν λευκοὺς ἐν τῷ Καπιτωλίῳ θῦσαι⁴ καὶ πανήγυρίν τινα ἐπιτελέσαι, τήν τε ὑπατείαν⁵ ἐς τὸ τρίτον ἔτος αἰτῆσαι ἐπέτρεψαν· αἱ γὰρ ἐς νέωτα⁶ ἀρχαιρεσίαι, [κατὰ τὸ πάτριον⁷] ἐγεγόνεσαν. Ἐν δὲ τοῖς αὐτοῖς τούτοις χρόνοις⁸, καὶ ὁ Σουλπίκιος μετὰ τοῦ Ἀττάλου Ὠρεὸν μὲν προδοσίᾳ, Ὀποῦντα δὲ κατὰ τὸ ἰσχυρὸν⁹ ἔλαβεν.

1. Τοῦτον est une faute d'impression dans M. Haase, l. l. p. 14. L'écriture est douteuse dans le Ms. n° 1397.
2. Tite-Live, XXVIII, 38 : L. Lentulo et L. Manlio Acidino provincia tradita, decem navibus Romam rediit (s.-ent. P. Scipio); et, senatu extra urbem dato in æde Bellonæ, quas res in Hispania gessisset, disseruit; quoties conlatis signis dimicasset, quot oppida ex hostibus vi cepisset, quas gentes in ditionem populi romani redegisset; « adversus quatuor se « imperatores, quatuor victores exercitus in Hispaniam isse; neminem « Carthaginiensem in iis terris reliquisse. » Ob has res gestas magis tentata est triumphi spes, quam petita pertinaciter; quia neminem ad eam diem triumphasse, qui sine magistratu res gessisset, constabat.
3. Ἡγεμονείας dans le manuscrit n° 1397, par la confusion de ει avec ι.
4. Scipion avait fait vœu, en Espagne, d'immoler cette hécatombe. Tite-Live, l. l. : Convenerant undique non suffragandi modo, sed etiam causâ P. Scipionis, concurrebantque et domum frequentes, et in Capitolium ad immolantem eum, *quum centum bubus votis in Hispania Jovi sacrificaret.*
5. Ὑπατίαν dans le Ms. n° 1397, par la confusion de ι avec ει.
6. Page 15, dans M. Haase, l. l., où il est ainsi indiqué : III. Fol. 214. A. b, c'est-à-dire, Fr. III, Fol. 214, verso, grande colonne, dans le Ms. n° 1397.

leur paraissait dangereuse pour la sécurité publique. Ils ne songeaient plus à battre complétement les Carthaginois par les mains de Scipion ; mais à ne point faire eux-mêmes de lui leur tyran. Ils le remplacèrent donc par deux préteurs et le rappelèrent à Rome : les honneurs du triomphe ne lui furent pas accordés, parce qu'il était simple particulier et n'avait été revêtu d'aucun commandement légal. On lui permit cependant de sacrifier dans le Capitole cent bœufs blancs, de célébrer des jeux publics et de briguer le consulat pour la troisième année ; car les élections pour l'année suivante avaient eu lieu, d'après les lois établies. A cette même époque, Sulpicius et Attale s'emparèrent d'Orée par trahison et d'Oponte de vive force. Philippe,

---

7. M. Haase s'exprime ainsi, à propos de cette lacune, l. l. p. 23 : Obscura admodum est vox tertia, quæ pene legi possit φέρουσιν aut γέρουσιν ; neutrum tamen aptum est, nec est littera ulla plane certa. Il m'a été impossible de retrouver dans le Ms. n° 1397, la trace des lettres qu'il dit avoir distinguées. Pour combler la lacune, je propose κατὰ τὸ πάτριον, conjecture autorisée par l'enchaînement des idées et par un pasage de Dion, Fr. CCXCVIII, p. 140 de ce volume ; mais je place ces mots entre crochets.

8. Sous le consulat de C. Claudius Néron et de M. Livius Salinator, l'an de Rome 547, ou 546, suivant la supputation de Pighius, Annal. Rom., tom. II, p. 201 et 205, éd. Schott.

9. Ici encore, le manuscrit est à peu près indéchiffrable. Item, dit M. Haase, l. l., versu tertio post δέ perierunt duæ litteræ aut una latior ; est enim membrana perforata. Quæ sequuntur obscura sunt : ἰσχυρὸν potest etiam ἰσχυροῦ legi. Je lis κατὰ τὸ ἰσχυρόν, conjecture confirmée par Dion, Fr. CCCX, p. 164 de ce volume : Εἷλε δὲ αὐτοὺς οὐ κατὰ τὸ ἰσχυρόν, ἀλλ' ἀπατήσας. Elle concorde d'ailleurs, pour le sens, avec le résumé de Zonaras, l. l. : Ὁ δέ γε Σουλπίκιος μετὰ τοῦ Ἀττάλου κατὰ τὸν αὐτὸν χρόνον Ὠρεὸν μὲν προδοσίᾳ, Ὀποῦντα δὲ ἰσχύϊ κατέσχεν. Pour les détails sur la prise d'Orée et d'Oponte, cf. les Éclaircissements à la fin du volume.

Ὁ γὰρ Φίλιππος οὐκ ἠδυνήθη σφίσι διὰ ταχέων [1], καίπερ ἐν Δημητριάδι ὢν [2], ἐπαμῦναι· ἐπειδὴ οἱ Αἰτωλοὶ τὰς διόδους προκατέσχον. [Ὀψὲ δ' οὖν ποτε ἐπῆλθε [3]], καὶ καταλαβὼν τὸν Ἄτταλον, τὴν λείαν [τὴν ἐκ τῆς Ὀποῦντος [4]] διατιθέμενον (ἐκείνῳ γὰρ αὕτη, τοῖς δὲ δὴ Ῥωμαίοις ἡ ἐκ τοῦ Ὠρεοῦ ἐγένετο), ἐς τὰς ναῦς αὐτὸν κατήραξεν [5]· ὥστε τὸν Ἄτταλον, διά τε τοῦτο καὶ διὰ Προυσίαν τὸν Βιθυνὸν βασιλέα, ἐσβαλόντα τε ἐς τὴν χώραν αὐτοῦ καὶ πορθοῦντα αὐτήν, ἀποπλεῦσαι κατὰ τάχος οἴκαδε. Ὁ μέντοι Φίλιππος οὐχ ὅσον οὐκ ἐπήρθη τούτῳ, ἀλλὰ καὶ σπείσασθαι τοῖς Ῥωμαίοις ἠθέλησε, καὶ μάλισθ' ὅτι καὶ ὁ Πτολεμαῖος πρέσβεις ἐκ τῆς Αἰγύπτου πέμπων συνήλαττεν αὐτούς· καί τινων λόγων σφίσι γενομένων [6],

---

1. Δια χθ.. dans le manuscrit n° 1397. M. Haase, l. l., remarque qu'on pourrait lire d'après Zonaras διὰ ταχέων ; mais un scrupule l'a arrêté :'Id (ταχέων), dif-il, agnosci in χθ non potest. Rien n'est pourtant plus facile : la confusion entre ταΧϵων et ταΧθων s'explique par la perpétuelle permutation de l'Ϲ et du Θ. Cf. Bast, Comment. palæogr. p. 714. Voici le passage de Zonaras, l. l. : Ὁ γὰρ Φίλιππος οὐκ ἠδυνήθη αὐτοῖς ἐπαμῦναι διὰ ταχέων, τὰς διόδους προκατασχόντων τῶν Αἰτωλῶν.

2. Philippe, pour être en mesure de tenir tête à l'ennemi, s'était d'abord rendu à Démétriade : de là, il était allé à Scotussa, puis à Héraclée. Après avoir dévasté les moissons, surtout autour du golfe des Enians, il ramena ses troupes à Scotussa, où il les laissa, sauf une compagnie de ses gardes, avec laquelle il revint à Démétriade. Cf. Polybe, X, 43, et Tite-Live, XXVIII, 5.

3. Au lieu de ὀψὲ δ' οὖν.. π...θ... ε du Ms. n° 1397. J'ai traduit d'après cette conjecture, qui s'appuie sur Zonaras, l. l. : ὀψὲ δέ ποτε ἐπελθών.

4. M. Haase, l. l., p. 15, lit : Τὴν ἑαυτοῦ ο....τ.. J'adopte τὴν ἐκ τῆς Ὀποῦντος. D'abord ἑαυτοῦ est tellement incertain dans le Ms. n° 1397, que je crois pouvoir sans témérité hasarder une autre leçon. De plus, ἑαυτοῦ est rendu inutile par ce qui suit : ἐκείνῳ μὲν γὰρ αὕτη. Enfin l'ex-

qui était à Démétriade, ne put porter un prompt secours à ces deux villes ; parce que les Étoliens avaient occupé d'avance les chemins qu'il aurait dû traverser. Il y arriva tard ; mais il surprit Attale, au moment où il mettait en ordre le butin fait à Oponte et qui lui appartenait; tandis que les dépouilles d'Orée furent le lot des Romains, et il le repoussa vivement dans ses vaisseaux. Ainsi attaqué, Attale, dont les États étaient envahis et dévastés par Prusias, roi de Bithynie, fit voile en toute hâte vers sa patrie. Cependant Philippe, loin de s'enorgueillir de ce succès, voulut se réconcilier avec les Romains : ce qui lui faisait surtout désirer la paix, c'est que Ptolémée, roi d'Égypte, leur avait envoyé une ambassade, pour traiter avec eux. Après quelques pourparlers,............................

pression τὴν ἐκ τῆς Ὀποῦντος correspond à ἡ ἐκ. τοῦ Ὠρεοῦ. Ainsi, le manuscrit, l'enchaînement des idées et la grécité autorisent également ma conjecture. L'auteur des fragments est d'accord avec Tite-Live, l. l., XXVIII, 7 : Eodem ferme die, ab Attalo rege Opuntiorum urbs capta diripiebatur : concesserat eam praedam regi Sulpicius, quia Oreum, paucos ante dies, ab romano milite, expertibus regiis, direptum fuerat.

5. Zonaras, l. l. : Εἰς τὰς ναῦς αὐτοῦ τὸν Ἄτταλον καταφυγεῖν ἐβιάσατο. Tite-Live donne quelques détails, l. l. : Attalus, ignarus adventus Philippi, pecuniis à principibus exigendis terebat tempus ; adeoque improvisa res fuit, ut, nisi Cretensium quidam, forte pabulatum ab urbe longius progressi, agmen hostium procul conspexissent, opprimi potuerit. Attalus inermis atque incompositus cursu effuso mare ac naves petit ; et molientibus ab terra naves Philippus supervenit, tumultumque etiam ex terra nauticis praebuit........ Attalus primo Oreum se recepit ; inde, quum fama accidisset, Prusiam, Bithyniae regem, in fines regni sui transgressum, omissis rebus atque Aetolico bello, in Asiam trajecit.

6. Zonaras, l. l. : Ὁ μέντοι Φίλιππος σπείσασθαι τοῖς Ῥωμαίοις ἠθέλησε· καί τινων λόγων αὐτοῖς γενομένων κτλ.

....
....
....
....

... ¹ ην ² οὐκέτι ᾔτησεν, ἀλλά...............
τοὺς δ[ὲ Αἰτ]ωλοὺς³ ἀπὸ τῆς συμμαχίας τῆς τῶν Ῥωμαίων χρήματί τινι⁴ ἀποσπάσας, [φίλ]ου[ς]ἐποιήσατο. Οὐ μέντοι καὶ ἐπράχθη τι μνήμης ἄξιον, οὔθ' ὑπ' ἐκείν[ου⁵], οὔτε ὑπ' ἄλλων τινῶν⁶, οὔτε τότε, οὔτε ἐν τῷ ὑστέρῳ ἔτει ἐν ᾧ Λούκιός τε Οὐετούριος καὶ Καικίλιος Μέτελλος ὑπάτευσαν⁷· καίπερ σημείων πολλῶν καὶ δυσχερῶν τοῖς Ῥωμαίοις γενομένων. Ἀρνίον τε γὰρ ἀρρενόθηλυ ἐγεννήθη⁸, καὶ σμῆνος [περί τι προσκήν]ιον ὤφθη⁹· κατά τε τῶν θυρῶν τοῦ ναοῦ τοῦ Διὸς τοῦ Καπιτωλίου ὄφεις δύο κατώλισθον¹⁰ καὶ

1. Pag. 15, dans M. Haase, l. l., où il est ainsi désigné : IV. Fol. 212. A. b, c'est-à-dire, Fr. IV, Fol. 212, verso, grande colonne dans le manuscrit n° 1397.

2. ρηνην dans M. Haase, qui pense, l. l. p. 22, qu'entre ce fragment et le précédent il y a une lacune de quatre lignes. Nul doute que ces deux syllabes ne soient la fin du mot εἰρήνην, comme on le voit par Zonaras, l. l. : Τὰ μὲν τῆς εἰρήνης ἀφείθη. Rien, dans cet Annaliste ni dans le manuscrit, ne se prête à une conjecture probable pour remplir la lacune après ἀλλά. Cf. les Eclaircissements à la fin du volume.

3. Comme M. Haase, je lis : Τοὺς δ[ὲ Αἰτ]ωλούς, d'après Zonaras, l. l. : Τοὺς δ' Αἰτωλοὺς ἀπὸ τοῦ συμμαχεῖν τοῖς Ῥωμαίοις μεταθέμενος, φίλους ἑαυτοῦ ἐποιήσατο.

4. Le Ms. n° 1397 porte ρ..... τινι. Je lis χρήματί τινι, d'après un passage analogue de Denys d'Hal., A. R. VI, 96 : Καὶ αὐτίκα φέροντος ἑκάστου τὸ ταχθὲν, πολύ τι χρῆμα συνήχθη. Un peu plus loin, au lieu de ...ου. ἐποιήσατο, j'adopte φίλους ἐποιήσατο, d'après Zonaras, cf. la note 3 ; et je place entre crochets les lettres qui manquent dans le Ms.

5. L'état du Ms. n° 1397 permet cette leçon. Je la préfère à ἐκείνων,

. . . .
. . . .
. . . .
. . . .

.... Philippe ne demanda plus la paix; mais .... il détacha les Étoliens de l'alliance des Romains et les gagna, en leur donnant une somme d'argent. Philippe et les autres ne firent rien de mémorable pendant cette année, ni pendant la suivante, qui eut pour consuls Lucius Véturius et Cæcilius Métellus; quoique les Romains eussent eu de nombreux et tristes présages. Il était né un agneau, tout à la fois mâle et femelle; on avait vu un essaim d'abeilles sur l'avant-scène d'un théâtre; deux serpents s'étaient glissés sous les portes du temple de Jupiter Ca-

---

donné par M. Haase, l. l.; parce qu'elle présente un sens plus net. Elle est d'ailleurs autorisée par la fréquente confusion d'ου avec ων.

6. Zonaras, l. l. : Ὁ δ' Ἀννίβας τέως ἡσυχίαν ἦγεν, ἀγαπῶν εἰ τὰ ὑπάρχοντα οἱ διασώσαιτο. Καὶ οἱ ὕπατοι νομίζοντες αὐτὸν καὶ ἄνευ μάχης ἐκτρυχωθῆναι, ἀνεῖχον.

7. L'an de Rome 548, ou 547 suivant Pighius, l. l., tom. II, p. 207.

8. A Céré. Tite-Live, XXVIII, 11 : Cære porcus biceps, et agnus mas idemque femina natus erat. Cf. Jul. Obsequens, De Prodigiis, XLI.

9. M. Haase, l. l. p. 15, lit : Καὶ σμῆνος ὁ .... ετιον ὤφθη. Il ajoute, p. 24 : Versu 9 quale σμῆνος narretur, extricare non possum; nec Livius hic apum aut vesparum examen memorat. Dans le Ms. n° 1397, la trace des lettres υ et ετ est imperceptible; mais on lit clairement καὶ σμῆνος.... ..... ιον ὤφθη. J'ai cru devoir chercher une conjecture fondée sur les mots et sur les lettres qui ne laissent aucun doute. Je propose donc : Καὶ σμῆνος [περί τι προσκήν]ιον ὤφθη. A Rome, l'apparition d'un essaim d'abeilles sur un théâtre, au moment de la représentation des jeux, passait pour un présage funeste; Cicéron, Disc. Sur la Réponse des Aruspices, XII : Si examen apum ludis in scenam venisset, aruspices acciendos ex Etruria putaremus..... Atque in apum fortasse examine, nos ex Etruscorum scriptis aruspices, ut a servitio caveremus, monerent.

10. Tite-Live, l. l. rapporte un prodige semblable : Satricanos

280 ΔΙΩΝΟΣ ΤΟΥ ΚΑΣΣΙΟΥ ΛΕΙΨΑΝΑ. ΒΙΒΛ. Α-ΛϚ.

ἱδρῶτι πολλῷ αἵ τε θυραὶ τοῦ Ποσειδωνίου καὶ ὁ βῶμος ἐῤῥύη [1]. ἔν τε Ἀντίῳ στάχυες αἱματώδεις θερίζουσί τισιν ὤφθησαν. [2]. καὶ ἑτέρωθι γυνὴ κέρατα ἔχουσα ἀνεφάνη [3]. κεραυνοί τε ἐς ναοὺς πολλοί [4] . . . .

CCXIV. b. [5] σχόντες [6]. στρατόπε[δ]όν τε ἐν ἐπιτηδείῳ ἐποιήσαντο, καὶ πᾶν αὐτὸ σταυρώμα[σι] περιέ[φ]ραξαν [7], χάρακας ἐπ' αὐτὸ τοῦτ' ἐνεγκάμενοι [8]. [οὐκέ]τι τε

haud minus terrebant in ædem Jovis foribus duo perlapsi angues. Cf. Jul. Obsequens, De Prodigiis, l. l.

1. Dans le Cirque Flaminien. Tite-Live, l. l. : Ara Neptunis multo sudore manasse in Circo Flaminio dicebatur. Cf. Jul. Obsequens, l. l.

2. De même dans Tite-Live et dans Jul. Obsequens, l. l.

3. Tite-Live et Jul. Obsequens ne parlent point de ce prodige; mais, en revanche, ils en rapportent d'autres : Et Albæ, dit Tite-Live, l. l., duo soles visos referebant, et nocte Fregellæ lucem obortam. Et bos in agro locutus . . . . . dicebatur.

4. Tite-Live, l. l. : Multa prodigia nunciabantur; Terracinæ Jovis ædem, Satrici Matris Matutæ de cœlo tactam. . . . Et ædes Cereris, Salutis, Quirini de cœlo tactæ. Cf. Jul. Obsequens, l. l.

5. Page 16, dans M. Haase, l. l., où ce fragment est ainsi désigné : V. Fol. 213. a. De plus, on lit dans une annotation marginale, placée au haut de la page : Fol. 214. B. a. Une autre, entre la ligne 20 et la ligne 21, porte : Fol. 212. B. a. Ces indications signifient que ce fragment se trouve : 1° Fol. 213, recto, colonne unique, pour la seconde moitié de chaque ligne, depuis la première jusqu'à la trente-quatrième inclusivement, c'est-à-dire, pour tout le fragment; 2° Fol. 214, verso, petite colonne, pour la première moitié de chaque ligne, depuis la première jusqu'à la seizième inclusivement; 3° Fol. 212, verso, petite colonne, pour la première moitié de chaque ligne, depuis la vingtième jusqu'à la trente-quatrième inclusivement.

M. Haase ajoute, l. l., p. 24 : « Pagina ima ad summam in duas partes « fere pares divisa . . . . quarum exterior una integra schedula continetur; « interior vero duabus. Neque eæ tamen tam accurate cohærent, ut non « aliqua certe desint; nam primum inter duas illas interioris partis sche- « dulas perierunt quatuor versus dimidii; deinde vero hæ ipsæ schedulæ, « quum semel a tertia divisæ essent, iterum eis tenuis margo ablatus est, et « quidem is ipse quo tertiæ schedulæ adhæserant; quo factum est, ut, ubi

pitolin; les portes et l'autel du temple de Neptune avaient été inondés de sueur; à Antium, des moissonneurs avaient vu du sang couler des épis; ailleurs une femme avait apparu avec des cornes; enfin la foudre était fréquemment tombée sur divers temples..........

CCXIV. b. ...... ils établirent leur camp dans un lieu bien choisi et l'entourèrent de palissades avec les pieux qu'ils avaient apportés pour cela. Ce travail n'é-

« eas conjungas, non integri versus consistant, sed desint in medio aut « una aut duæ vel etiam tres literæ; non enim pari ubique latitudine fuit « margo e medio sublatus. Accedit præterea, quod schedula illa tertia 213 « in pagina recta magnam partem pessumdata est glutine; qua de re pa- « gina hæc integra restitui non potest. »

Ce fragment et le précédent ne se suivent pas : il y avait probablement entre l'un et l'autre deux feuillets qui contenaient le récit des événements présentés sommairement par Zonaras, IX, 11. Il faut remarquer aussi qu'il n'a que 33 lignes dans M. Haase, au lieu de 34 : la ligne 23 a échappé à son attention.

En comparant les événements rapportés dans ce fragment et dans le suivant, avec le résumé de Zonaras, l. l., p. 437-438, D. C, on voit que ces deux fragments devraient être placés, p. 8 de ce volume, avant le Fr. CCXV. Pour cette raison, je les appelle Fr. CCXIV, b.

6. D'après le passage de Zonaras, l. l., p. 437-438, καὶ πρὸς τὸ ἀκρωτήριον — ἐστρατοπεδεύσαντο, cf. not. 8, on pourrait lire ici : [Καὶ τῷ ἀκρωτηρίῳ Ἀπολλωνίῳ τῷ καλουμένῳ Ἀπολλωνίῳ προσ]σχόντες. Cette conjecture m'a été indiquée par le savant M. Ch. Müller.

7. M. Haase, l. l., p. 26, dit qu'il ne sait s'il doit lire περιεχάραξαν ou περιέφραξαν. Et, en effet, le manuscrit n° 1397 ne présente rien de positif. J'adopte περιέφραξαν, qui est le mot propre.

8. Zonaras, l. l. XII, p. 437-438 donne des détails qui jettent quelque jour sur ce fragment; j'extrais les plus importants : Ὁ δὲ Σύφαξ .... στείλας πρὸς τὸν Σκιπίωνα παρῄνει μὴ ποιήσασθαι τὴν διάβασιν. Ἀκούσας δὲ ταῦτα δι' ἀποῤῥήτων ὁ Σκιπίων, ἵνα μὴ γνῶσιν οἱ στρατιῶται, τόν τε κήρυκα αὐθημερὸν ἀπέπεμψε, μηδενὶ ἄλλῳ προσομιλήσαντα. Καὶ τὸ στράτευμα συγκαλέσας, ἐπέσπευδε τὴν διάβασιν, ἔτι τοὺς Καρχηδονίους ἀπαρασκεύους λέγων εἶναι, καὶ πρότερον μὲν τὸν Μασινίσσαν, τότε δὲ καὶ τὸν Σύφακα μεταχαλεῖσθαι αὐτοὺς καὶ χρονίζουσιν ἐγκαλεῖν. Ταῦτα εἰπών, μηδὲν ἔτι μελλήσας ἐξανήχθη καὶ πρὸς τὸ ἀκρωτήριον τὸ καλούμενον Ἀπολλώνιον

282 ΔΙΩΝΟΣ ΤΟΥ ΚΑΣΣΙΟΥ ΛΕΙΨΑΝΑ. ΒΙΒΛ. Α-ΛϚ.

κατεσκεύαστο, καὶ δράκων παρ' αὐτὸ μέγας διὰ [τ]ῆς ἐπὶ τὴν Καρχηδόνα φερούσης ὁδοῦ παρείρπυσεν· ὥστε καὶ ἐκ τούτου τὸν Σκηπίωνα κατὰ τὴν περὶ το[ιούτων ἑ]αυτοῦ φήμην ἐπιθαρσήσαντα [1] προθυμότ[ε]ρ[ον τήν τε χώ[ρ]αν πορθῆσαι καὶ ταῖς πόλεσι προσμί[ξα]ι· κ[αί τινας κα]ὶ εἷλεν αὐτῶν [2]. Οἵ τε Καρχηδόνιοι μηδ[έπ]ω [ἐ]φ[ορμᾶν π]α[ρ]εσκευασμένοι [3] ἡσύχαζον. Καὶ ὁ Σύφαξ [τῇ γ]ε μ[ὲν δόξῃ φίλ]ος αὐτῶν ἦν· τῷ δὲ ἔργῳ ἐκ μέσου εἱστή[κει]· κελ[εύων γὰρ] πρὸς τὸν Σκηπίωνα καταλλαγὰς [4] αὐτοῖς [πράττεσθαι [5], οὐκ ἠ]βούλετο κρατήσαντας τοὺς ἑτέρο[υς τῶν τε ἑτέρων] ἅμα καὶ ἑαυτοῦ δεσπότας γενέσθα[ι, ἀλλ' ἀεὶ ἀντιπάλο]υς ὅτι μάλιστα ἀλλήλοις ὄντας, ἑ[αυτῷ] δ[ια]λλ[άξαι. Ἐγ]κειμένου δ' οὖν τῇ χώρᾳ τοῦ Σκη[πίωνος, Ἄννων ὁ [6] Ἵππαρ]χος (ἦν δὲ [υἱὸς τοῦ Ἀσδρούβου

προσορμίσας τὰς ναῦς ἐστρατοπεδεύσατο. Cf. Tite-Live, XXIX, 24, sqq., et les Eclaircissements à la fin du volume.

1. M. Haase, l. l., p. 16, lit : "Ὥστε καὶ ἐκ τούτου τὸν Σκιπίωνα κατὰ τὴν περὶ το[ύτ]ων .. [ἑ]αυτοῦ φήμην ἐπιθαρσήσαντα κτλ., avec cette remarque, p. 26 : De portento ...... alibi nihil traditum reperio.

D'abord, à la place de Σκιπίωνα, je mets Σκηπίωνα que le manuscrit n° 1397 donne presque partout. Sur cette variante, cf. tom. I, p. 321, not. 3 de cette édition. Quant au prodige, j'y vois une allusion à la tradition rapportée par Dion lui-même, Fr. CCII, tom. I, p. 320-322 de cette édition : Καὶ διὰ τοῦτο φήμην ἔλαβεν ἐκ τοῦ Διὸς ἐς δράκοντα ἐν τῇ πρὸς μητέρα αὐτοῦ συνουσίᾳ μεταβαλόντος γεγεννῆσθαι. Καί τινας καὶ ἐκ τούτου πολλοῖς ἐλπίδας ἐς αὐτὸν ἐνεποίει. D'après cette tradition, je lis : "Ὥστε καὶ ἐκ τούτου τὸν Σκηπίωνα κατὰ τὴν περὶ το[ιούτων ἑ]αυτοῦ φήμην ἐπιθαρσήσαντα κτλ. Cette conjecture fournit un sens probable.

2. J'adopte ici les mêmes leçons que M. Haase, l. l., p. 16. Zonaras a résumé les faits, l. l., p. 438 : Καὶ τὴν χώραν ἐπόρθει· προσέμιγέ τε ταῖς πόλεσι καὶ εἷλέ τινας. Cf. Tite-Live, l. l., 28-29.

3. Dans M. Haase, l. l. : Μηδ[έπ]ω. φ.... [π]α[ρ]εσκευασμένοι. Versu 9,

tait pas encore achevé, lorsqu'un énorme serpent se glissa furtivement jusqu'à ce camp par le chemin qui conduit à Carthage. Cet événement inspira une grande confiance à Scipion, à cause de la tradition répandue sur son compte au sujet d'un serpent : il ravagea le pays avec plus d'ardeur, attaqua les villes et en prit même plusieurs. Les Carthaginois, qui n'étaient nullement préparés à marcher contre lui, se tinrent tranquilles. Syphax était leur ami en apparence ; mais, en réalité, il se renfermait dans la neutralité. Tout en les engageant à traiter avec Scipion, il ne voulait pas que l'un des deux peuples, devenu maître de l'autre, le soumît en même temps lui-même à sa domination ; mais que les Romains et les Carthaginois, toujours ennemis implacables les uns des autres, fissent la paix avec lui. Scipion s'étant établi là, Hannon, le maître de la cavalerie (il était fils d'Asdrubal

---

dit-il, p. 26, ante φ apparent vestigia aut η aut ες aut ευ litterarum : supplendum videtur verbum quod fere significet ἐπικουρεῖν aut ἐφορμᾶν. Je me décide pour ἐφορμᾶν, qui s'adapte très-bien à la lacune et donne un sens satisfaisant.

4. Zonaras, l. l., p. 437 : Ὁ δὲ Σύφαξ τὰ τῶν Λιβύων πράττων, ἐπλάττετο Ῥωμαίοις ἔνσπονδος εἶναι.

5. M. Haase, l. l., p. 26 : Versu 11 scripserim πράττεσθαι, aut simile quid ; admodum enim dubiæ sunt quas posui literas. J'adopte cette leçon. On pourrait aussi lire ποιεῖσθαι, qui donne le même sens et qui se rencontre souvent dans des passages analogues. Je me contente d'un exemple tiré de Dion, Fr. CCXVIII, p. 14-16 de ce volume : Καὶ διὰ τοῦτο ὁ Σκηπίων, καίπερ ἐπελθόντων ἐν τούτῳ τῶν τὴν εἰρήνην αὐτοῖς φερόντων, οὐκέτι αὐτὴν ἐποιήσατο.

6. Dans M. [Haase, l. l., p. 16 : Ἐγ]κειμένου δ' οὖν τῇ χώρᾳ τοῦ Σκι- [πίωνος].......... χος ἦν δὲ ....φ.ξ. Zonaras, l. l., p. 438, peut servir à combler une partie de cette lacune. Ἐγκειμένων δὲ, dit-il, τῶν Ῥωμαίων τῇ χώρᾳ, Ἄννων ὁ Ἵππαρχος, υἱὸς ὢν τοῦ Ἀσδρούβου τοῦ Γίσγωνος. D'après ce passage, j'adopte : Ἐγ]κειμένου δ' οὖν τῇ χώρᾳ

284 ΔΙΩΝΟΣ ΤΟΥ ΚΑΣΣΙΟΥ ΛΕΙΨΑΝΑ. ΒΙΒΛ. Α–ΛϚ.

τοῦ Γίσγωνος] φ. ξ¹.........................
[ἀ]νεπείσθη πρὸς [τοῦ Μασινίσσου].......χω....[Κα]ρ-
χηδονίοις ²............................ν πολεμικῶν
ομ...ριας ἐν π.......νε...ε.φ...σιν ἐπιστεύετο ³.
Κἀκ τούτου προ[πέμψας ὁ Σκηπίων ἱππέας] τινὰς ἐκ τῆς
συμβουλίας [τοῦ Μασινίσσου, παραυτίκα] ἐνήδρευσεν ἐς χωρία
ἐπιτήδ[εια ἐλθών· ἵν'] οἱ Ῥωμαῖοι, καταδρομὴν ποιούμενοι,
ὑποφεύ[γωσι καὶ] ἐπι[σπάσωνται] τοὺς ἐπιδιῶξαι·⁴ σφᾶς
ἐθελήσοντ[ας. Γ]ενομ[ένου] δὲ τούτου, καὶ τῶν Καρχηδονίων
ἐπεξελθ[όντων] ἐκ[είνοις], καὶ δι...ου ⁵ κατὰ τὸ συγκείμενον τρ[απομ]ένοις ἀνὰ κράτος ἐπισπομένων, ὅ τε Μασινίσ-
σα[ς, μετὰ] τῶν ἀμφ' αὐτὸν ἱππέων ὑπολειφθείς, κατὰ νώ-
[του τοῖς] διώκου[σι]ν ἐγένετο· καὶ Σκηπίων ἐξαναστὰς
ἐ[κ τοῦ λόχου], ἐ[πι]ὼν ἀπήντησεν αὐτοῖς, ὥστ' ἀμφιβό-
λους [δί]χα ἀποληφθέντας καὶ ἀποθανεῖν πολλούς, καὶ

τοῦ Σκη[πίωνος, Ἄννων ὁ Ἵππαρ]χος (ἦν δὲ [υἱὸς τοῦ Ἀσδρούβου τοῦ Γίσγω-
νος], Σύφαξ κτλ.

1. M. Ch. Müller m'a proposé de lire : Σύφαξ δὲ τὴν ἀδελφὴν αὐτοῦ γυναῖκα εἶχε), conjecture fort ingénieuse.

2. Ἀ]νεπείσθη πρὸς [τοῦ Μασινίσσου]......χω....[Κα]ρχηδονίοις.....
.... dans M. Haase, l. l., p. 16. Il propose, p. 26-27 : Ἀνεπείσθη κατὰ χωρία Καρχηδονίοις ἀνεπιτήδεια ἐπιθέσθαι τοῖς Ῥωμαίοις. J'ai traduit d'après cette conjecture; mais comme elle ne s'appuie ni sur le Ms. n° 1397, ni sur Zonaras, j'ai laissé la lacune.

3. Les secours m'ont manqué pour arriver à une conjecture probable. Toutefois, l'opinion de M. Haase me paraît assez fondée : Verisimile est, dit-il, p. 27, causas exponi, cur fides habita sit Masinissae, quod inest in ἐπιστεύετο, inter quas putem τῶν πολεμικῶν ἐμπειρίαν fuisse.

4. Il y a ici une omission dans le texte de M. Haase, qui lit, l. l., p. 16 :
κἀκ τούτου προ.................δ..ν.. ἐνήδρευσεν
ἐς χωρία ἐπιτήδ[εια, οὗ ἔμε]λλον...χα καταδρομὴν ποιούμενοι ὑποφε[ύγειν]. ἐπι............τοὺς ἐπιδιῶξαι

Gisgon)........., persuadé par Masinissa, attaqua les Romains dans un endroit peu favorable aux Carthaginois..................................
....
..................Alors Scipion, d'après les conseils de Masinissa, envoya en avant un certain nombre de cavaliers, et se mit aussitôt en embuscade dans un lieu convenablement choisi ; afin que les Romains, après avoir fait une incursion contre les Carthaginois, pussent simuler la fuite et attirer sur leurs pas ceux qui seraient tentés de les poursuivre : c'est ce qui arriva. Les Carthaginois ayant fondu sur les Romains, ceux-ci prirent la fuite, comme il avait été convenu, et les Carthaginois les poursuivirent vivement. En ce moment, Masinissa, laissé en réserve avec ses cavaliers, prit les Carthaginois à dos. Scipion, à son tour, sortit du lieu où il était en embuscade et s'élança sur les barbares, qui furent ainsi surpris et attaqués de deux côtés. Plusieurs périrent : beaucoup d'autres, et Hannon lui-

---

Le Manuscrit n° 1397 porte très-lisiblement :

κἀκ τούτου προ........................ τινὰς, ἐκ
τῆς συμβουλίας .... ἐνήδρευσεν
ἐς χωρία ἐπιτήδ................. καταδρομὴν ποιούμενοι ὑποφευ........ ἐπι.......... τοὺς ἐπιδιῶξαι

En rapprochant ce passage de Zonaras, l. l., p. 438, Ὁ οὖν Σκιπίων ἱππέας πέμψας τινὰς, χωρία πρὸς καταδρομὴν ἐπιτήδεια ἐλῄζετο, ἵν' ὑποφεύγοντες ἐπισπάσωνται τοὺς ἐπιδιώκοντας, j'ai cru pouvoir, sans trop de hardiesse, adopter : Κἀκ τούτου προ[πέμψας ὁ Σκηπίων ἱππέας] τινὰς ἐκ τῆς συμβουλίας [τοῦ Μασινίσσου, παραυτίκα] ἐνήδρευσεν ἐς χωρία ἐπιτήδ[εια ἐλθών· ἵν' οἱ Ῥωμαῖοι], καταδρομὴν ποιούμενοι, ὑποφεύγ[ωσι καὶ] ἐπι[σπάσωνται] τοὺς ἐπιδιῶξαι κτλ.

5. M. Haase, l. l., p. 16, lit, d'après le Ms n° 1397 : Καὶ δι...ου. Les lettres δι étant fort incertaines dans le manuscrit, j'ai négligé δι...ου dans la traduction. On pourrait peut-être admettre μετὰ ou ἐκ δόλου.

ἁλῶναι πολλοὺς δὲ καὶ τὸν Ἄννωνα[1]. Πυθόμενος δὲ τοῦτ[ο ὁ Ἀσδρ]ούβας, τὴν μητέρα τοῦ Μασινίσσου[2] συνέλαβε· καὶ ἐκεῖνοι μὲν ἀν[τ]απεδόθησαν[3]. Ὁ δὲ δὴ Σύφαξ, εὖ τε εἰδὼς ὅτι ὁ Μασινί[σ]σας οὐ Καρχηδονίοις μᾶλλόν τι ἢ καὶ αὐτῷ πολεμήσ[ει], καὶ φοβηθεὶς μὴ ἐν ἐρημίᾳ συμμάχων, ἄν τι ἐκεῖν[οι] ἐγκαταλειφθέντες ὑπ' αὐτοῦ πάθωσι, γένηται, τήν[τε] προσποίησιν πρὸς τοὺς Ῥωμαίους φιλίαν ἀπεῖπε, [καὶ] τοῖς Καρχηδονίοις φανερῶς συνήρ[ατο[4].] Οὐ μέντοι [γε] καθαρῶς, ὥστε καὶ ἀνθίστασθαί σφισιν· ἀλλὰ ἀδεῶς [ἐ]κεῖνοι καταθέοντες λείαν τε πολλὴν ἦγον, καὶ συχνοὺ[ς τ]ῶν ἐκ τῆς Ἰταλίας ὑπὸ τοῦ Ἀννίβου πρότερον ἐς τὴ[ν Λι]βύην πεμφθέντων ἐκομίσαντο[5]. Καταφρονήσαντές τ[ε α]ὐτῶν διὰ ταῦτα καὶ ἐπὶ τὴν Οὐτίκην ἐπεστράτευσαν[6]. [Ἰ]δόντες οὖν τοῦτο ὅ τε Σύφαξ καὶ ὁ Ἀσδρού-

---

1. Καὶ ἁλῶναι .... δ.ε. καὶ τὸν Ἄννωνα, dans M. Haase, l. l., p. 16. Je lis : καὶ ἁλῶναι πολλοὺς δὲ καὶ τὸν Ἄννωνα, d'après Zonaras, l. l. : Τῶν οὖν Καρχηδονίων ἐπισπομένων αὐτοῖς, κατὰ τὰ συγκείμενα τραπομένοις, ὁ Μασινίσσας τε κατὰ νώτου γενόμενος, μετὰ τῶν ἀμφ' αὐτὸν ἐπέθετο τοῖς διώκουσι, καὶ ὁ Σκιπίων ἐκ τοῦ λόχου ἐπεκδραμὼν προσέμιξεν αὐτοῖς. Καὶ πολλοὶ μὲν ἐφθάρησαν, πολλοὶ δὲ καὶ ἑάλωσαν, καὶ ὁ Ἄννων αὐτός. Ce résumé confirme la plupart des conjectures de M. Haase que j'ai adoptées : seulement, au lieu de ὑποληφθείς qu'il donne d'après le Ms. et qui ne fournit pas un sens satisfaisant, je lis ὑπολειφθείς : nous avons déjà parlé de la fréquente confusion de ces deux mots. Quant à ἐπισπομένων, substitué ici à ἐπισπωμένων donné par le manuscrit n° 1397, cf. la note de M. Haase, l. l., p. 27.

2. Dans M. Haase, l. l., p. 17 : VI. Fol. 213. B; puis en marge, vis-à-vis de la première ligne : Fol. 214. B. b., et en regard de la ligne vingtième, Fol. 212. B. b.; ce qui signifie que, dans le manuscrit n° 1397, ce fragment se trouve 1° pour les deux premiers tiers de chaque ligne à gauche, dans le fol. 213 verso, du haut en bas; 2° pour le dernier tiers des seize premières lignes, à droite, dans le folio 214 recto, petite colonne; 3° pour le

même, furent faits prisonniers. Instruit de ces événements, Asdrubal s'empara de la mère de Masinissa, et il se fit un échange entre elle et Hannon. Syphax, sachant bien que c'était autant à lui-même qu'aux Carthaginois que Masinissa ferait la guerre, craignit de se trouver sans alliés; si les Carthaginois, abandonnés par lui, éprouvaient quelque désastre. Il renonça donc à sa feinte amitié pour les Romains et favorisa ouvertement les Carthaginois. Toutefois il n'agit pas avec assez de franchise, pour lutter contre les Romains. Aussi firent-ils sans crainte des excursions dans tout le pays : ils emportèrent un butin considérable et emmenèrent les prisonniers Italiens qu'Annibal avait auparavant envoyés en Afrique. Ce succès leur inspira un tel mépris pour les Carthaginois, qu'ils marchèrent contre Utique. A cette nouvelle, Syphax et

---

dernier tiers des lignes 21-34 du même côté, dans le folio 212 recto, petite colonne. Le dernier tiers des lignes 17-20, à droite, est tronqué.

3. Appien, VIII, 14 : Μασσανάσσης .... ἀπήντα τῷ Ἄννωνι κατὰ σπουδὴν, ὡς φίλος, ἐπανιόντι· καὶ συλλαβὼν αὐτὸν, ἀπῆγεν ἐς τὸ τοῦ Σκιπίωνος στρατόπεδον, καὶ ἀντέδωκεν Ἀσδρούβᾳ τῆς μητρὸς τῆς ἑαυτοῦ. Pour les détails, cf. les Éclaircissements à la fin du volume. Zonaras a reproduit ce passage à peu près littéralement, l. l., p. 438, D. C : Διὸ Ἀσδρούβας τὴν μητέρα τοῦ Μασινίσσου συνέλαβε, καὶ ἀνταπεδόθησαν.

4. Συνῇρεν est une leçon fautive dans M. Haase, l. l., p. 17; cf. p. 192, not. 2 de ce volume. Je le remplace par συνήρατο, d'après cette note et d'après Zonaras, l. l. : Ὁ δὲ Σύφαξ τῆς πρὸς Ῥωμαίους φιλίας τὴν δόκησιν ἀπειπὼν, φανερῶς τοῖς Καρχηδονίοις συνήρατο. Le manuscrit n° 1397 porte συνῇρ très-lisiblement ; mais la fin du mot est effacée.

5. Zonaras, l. l. : Οἱ δὲ Ῥωμαῖοι καὶ ἐλῄζοντο τὴν χώραν, καὶ συχνοὺς τῶν ἐκ τῆς Ἰταλίας ὑπὸ τοῦ Ἀννίβου πρὸς τὴν Λιβύην πεμφθέντων ἀνεκομίσαντο, καὶ κατὰ χώραν ἐχείμασαν. Cf. Polybe, XIV, 6; Appien, VIII, 25.

6. Tite-Live, XXIX, 35 : Inde, omissis expeditionibus parvis populatio-

ΔΙΩΝΟΣ ΤΟΥ ΚΑΣΣΙΟΥ ΛΕΙΨΑΝΑ. ΒΙΒΛ. Α-ΛϚ.

6ας καὶ δείσαν[τες] περὶ αὐτῆς οὐκέτ' ἐκαρτέρησαν, ἀλλ' ἀντεπελθόντ[ες ἐλ]υσαν τὴν πολιορκίαν, μὴ τολμησάντων αὐτῶν καὶ [πρὸς] ἀμφοτέρους ἅμα ἀγωνίσασθαι. Καὶ οἱ μὲν ἐκ τούτ[ου κα]τὰ χώραν ἐχείμασαν, τὰ ἐπιτήδεια τὰ μὲν αὐτόθεν [λαμβανόμενοι, τὰ δὲ ἐκ] τῆς Σικελίας τῆς τε Σαρδοῦς μ[εταπεμπόμενοι. Αἱ γὰρ] νῆες σφίσιν, αἵ τὰ λάφυρα [εἰς Ἰταλίαν ἄγουσαι, καὶ] τροφὴν ἀνεπῆγον[1]. Ἐν δὲ τῇ [Ἰταλίᾳ κατὰ τὸν πρὸς Ἀννίβαν] πόλεμον οὐδὲν μέγα ἐπράχθη. Π[ούπλιος γὰ]ρ Σεμπρώνιος μάχῃ τινὶ βραχείᾳ νικηθεὶς [ὑπὸ τ]οῦ Ἀννίβου ἀντεπεκράτησεν αὐτοῦ[2]. Ὁ δὲ δὴ Λιο[ύιος καὶ] ὁ Νέρων τιμητεύσαντες τοῖς τε Λατίνοις το[ῖς προ]λιποῦσι τὴν συστρατείαν καὶ διπλοῦν ἀποδι[δόναι] πλῆθος τῶν στρατιωτῶν προσταχθεῖσι, διδό[ναι ἀπ]ογραφὰς ἐπήγγειλαν· ὅπως καὶ ἄλλοι χρήμα[τά σφ]ισι συνεισφέρωσι[3]. Καὶ τοὺς ἅλας, ἀτελεῖς μέχρι τότ[ε πῶς

nibusque, ad oppugnandam Uticam omnes belli vires convertit (s.-ent. Scipio): eam deinde, si cepisset, sedem ad cetera exsequenda habiturus. Pour les détails, cf. Appien, l. l., 16-23, et les Eclaircissements à la fin du volume.

1. Tite-Live, l. l. : Eodem forte, quo hæc gesta sunt, die, naves, quæ prædam in Siciliam vexerant, cum commeatu rediere; velut ominatæ ad prædam alteram repetendam sese venisse. Et un peu plus loin, l. l., 36 : Præter convectum undique ex populatis circa agris frumentum, commeatusque ex Sicilia atque Italia advectos, Cn. Octavius propraetor ex Sardinia ab Tib. Claudio prætore, cujus ea provincia erat, ingentem vim frumenti advexit; horreaque non solum quæ jam facta erant repleta, sed nova ædificata. L'armée manquait aussi d'habillements. Octavius se concerta avec le préteur et mit tant d'activité dans cette affaire, qu'il reçut bientôt après douze cents toges et douze cents tuniques.

2. Le même l. l. 36 : Æstate ea, qua hæc in Africa gesta sunt, P. Sempronius consul cui Bruttii provincia erat, in agro Crotoniensi cum Annibale, in ipso itinere, tumultuario prælio conflixit : agminibus magis quam

Asdrubal, craignant pour cette ville, ne purent contenir leur indignation. Ils se mirent en marche contre les Romains et firent lever le siége; car ceux-ci n'osèrent point combattre simultanément contre ces deux antagonistes. Après ces événements, les Romains établirent là leurs quartiers d'hiver. Ils tirèrent des vivres du pays même et ils en firent venir aussi de la Sicile et de la Sardaigne. Les vaisseaux, sur lesquels ils envoyaient en Italie les dépouilles des ennemis, leur rapportaient des subsistances. Dans l'Italie, la guerre contre Annibal ne fut marquée par rien de mémorable. Publius Sempronius, vaincu par Annibal dans une escarmouche, le vainquit à son tour. Les censeurs Livius et Néron ordonnèrent aux Latins, qui avaient déserté les drapeaux de l'armée romaine et furent condamnés à fournir un contingent double, de livrer leurs registres; afin que d'autres fussent également soumis à l'impôt envers les Romains. Ils établirent aussi un impôt sur le sel,

---

acie pugnatum est. Romani pulsi, et tumultu verius quam pugna ad mille et ducenti de exercitu consulis interfecti; in castra trepide reditum. Neque oppugnare tamen ea hostes ausi : ceterum silentio proximæ noctis profectus inde consul, præmisso nuntio ad P. Licinium proconsulem, ut suas legiones admoveret, copias conjunxit : ita duo duces, duo exercitus ad Annibalem redierunt, nec mora dimicandi facta est, quum consuli duplicatæ vires, Pœno recens victoria animo esset. In primam aciem suas legiones Sempronius induxit; in subsidiis locatæ P. Licinii legiones. Consul, principio pugnæ, ædem Fortunæ Primigeniæ vovit, si, eo die, hostes fudisset : composque ejus voti fuit. Fusi ac fugati Pœni; supra quatuor millia armatorum cæsa ; paulo minus trecenti vivi capti, et equi quadraginta, et undecim militaria signa. Perculsus adverso prælio Annibal, Crotonem exercitum abduxit.

3. Pour les détails, cf. les Éclaircissements à la fin du volume. Je me contente ici d'un passage de Pighius, tom. II, p. 217, éd. Schott., qui a un rapport frappant avec ce fragment : « Principes coloniarum, majore « belli metu sublato, Romam evocati sunt, et *duplex militum numerus* « *imperatus, stipendiumque gravius annuum.* »

ὄντ]ας, ὑποτελεῖς ἐποίησαν[1]. Τοῦτο δὲ οὐκ ἄλλων [ἕνεκ]α, ἀλλ' ὅτι ὁ Λιούιος ἔπραξέ τε αὐτὸ, ἀμυνόμενος το[ὺς πολί]τας ἐπὶ τῇ καταψηφίσει, καὶ ἐπίκλησιν ἀπ' αὐτο[ῦ ἔλαβε[2]]. Σαλινάτωρ γὰρ ἐπωνομάσθη. Διά τε οὖν τοῦτο [περιβ]όητοι οἱ τιμηταὶ οὗτοι ἐγένοντο, καὶ ὅτι τε ἀλλήλου[ς τῶν] τε ἵππων παρείλοντο καὶ Αἰραρίους ἐποίησαν[3].

....

CCXX. b. Ἐν[4] μὲν τῷ δήμ[ῳ βουλευόμενοι περὶ τῆς πρεσβείας] πάντες τὴν εἰρήν[ην ὁμοθυμαδὸν ἐψηφίσαντο[5].]

1. Dans M. Haase, l. l. p. 17 : Μέχρις τότ[ε οὖσ]ας κτλ. Je lis μέχρι τότε πως ὄντας, correction exigée par la grammaire et par l'exactitude historique. Le sel n'était pas alors tout à fait exempt d'impôt; Tite-Live, l. l. 37 : Vectigal etiam *novum* ex salaria annona statuerunt; sextante sal, et Romæ et per totam Italiam erat. Romæ, pretio eodem, pluris in foris et conciliabulis, et alio alibi pretio præbendum locaverunt.

2. L'Auteur du fragment semble avoir traduit Tite-Live, l. l. 37 : Id vectigal commentum alterum ex censoribus satis credebant, populo iratum, quod iniquo judicio quondam damnatus esset; et in pretio salis maxime oneratas tribus, quarum opera damnatus erat, credebant; inde Salinatori Livio inditum cognomen.

3. Cf. pour les détails les Éclaircissements, à la fin du volume. Après ἐποίησαν, on lit dans le manuscrit n° 1397 : ετ[   ]όντες κατὰ τὴν, mots qui ne fournissent aucun sens. Quant à Αἰραρίους, c'est le mot *Ærarios*, écrit en grec. « Ærarii, dit Forcellini, Lexic., tom. I, dicebantur qui ob noxam aliquam privabantur jure suffragii et foris stipendia faciendi; tribu etiam quandoque movebantur, atque ad hoc solum inter cives numerabantur, ut pro suo capite tributi nomine *æra* penderent; unde et nomen accepere......... Qui hujusmodi pœna afficiebatur, dignitates, si quas haberet, amittebat : senator movebatur senatu; eques equo, miles stipendiis militaribus spoliabatur. Cf. Sam. Piliscus, Antiq. Rom., tom. I, p. 45-46, et M. Walter, Histoire du Droit Rom., tom. I, p. 11 et sqq.

4. Les fragments VII, VIII et IX roulent sur le traité de paix conclu entre Rome et Carthage, à la fin de la seconde guerre punique. Ils devraient donc être placés p. 18, à la suite du Fr. CCXX. Pour cette raison, je les appelle Fr. CCXX. b.

Ces trois fragments sont ainsi indiqués dans M. Haase, l. l. p. 18-19 :

qui jusqu'alors en avait été en quelque sorte exempt. La seule cause de cette mesure fut la vengeance que Livius voulut tirer de la condamnation prononcée contre lui par ses concitoyens : il reçut, à cette occasion, le surnom de Salinator. Livius et Néron devinrent fameux non-seulement par ces mesures ; mais encore parce qu'ils se privèrent réciproquement du cheval public, et furent cause que chacun d'eux fut relégué dans la classe des *Ærarii*.

CCXX. b. Cependant une délibération eut lieu dans l'assemblée peuple, au sujet de l'ambassade, et l'on décréta la paix d'une voix unanime.................

VII. Fol. 220, B. a. VIII. Fol. 219. a. IX. Fol. 220. B. b., c'est-à-dire : Fr. VII, Fol. 220, verso, petite colonne ; — Fr. VIII, Fol. 219, recto, petite colonne; — Fr. IX. Fol. 220, recto, petite colonne, dans le manuscrit n° 1397.

Entre les fragments VI et VII, il y a une lacune dont M. Haase apprécie ainsi l'étendue avec assez de vraisemblance : « Inter fragmenta VI et VII, dit-il, p. 28, quot folia fuerint, haud facile dixerim ; neque enim sciri potest ex quinque his schedulis quot cujusque fasciculi folia fuerint. Si quatuor fuisse ponamus, id quod mihi quidem verisimillimum videtur, quoniam probabile est schedulas duas reliquas non secundi et tertii, sed primi et quarti foliorum partes esse, statuendum est post fragm. VI totum aliquem fasciculum periisse. Contra, si sex folia fasciculi cujusque fuerint, putabimus prioris fasciculi sextum, sequentis vero primum hic deesse, quæ duo vix potuerunt capere bellum totum in Africa gestum et quæ alia narranda fuerunt usque ad pacem cum Carthaginiensibus factam. Sur l'ordre dans lequel ces fragments ont dû être placés, cf. le même, l. l.

5. Les mots, placés entre crochets, ont été ajoutés par M. Haase, l. l. p. 18.*J'adopte sa conjecture, qui fournit un sens probable, outre qu'elle est en partie confirmée par Zonaras, l. l. XIV, p. 443 : Τοιούτων δὲ γενομένων τῶν ὁμολογιῶν, πρέσβεις ἐπὶ Ῥώμην οἱ Καρχηδόνιοι ἐστάλκασι. Καὶ οἱ μὲν ἀπῆλθον· οὐ μέντοι καὶ ἡ Γερουσία τὴν πρεσβείαν ἑτοίμως ἐδέξατο, ἀλλ' ἐπὶ πολὺ ἠμφισβήτησαν, ἀλλήλοις ἐναντιούμενοι. Ὁ δὲ δῆμος τὴν εἰρήνην ὁμοθυμαδὸν ἐψηφίσατο, καὶ τὰς ὁμολογίας ἐδέξαντο. Cf. Tite-Live, XXX, 43-45.

La suite du fragment ne présente aucun sens. Zonaras, l. l., a résumé les faits en quelques lignes : Καὶ ἔπεμψαν δέκα ἄνδρας, ἵνα μετὰ τοῦ Σκιπίωνος ἅπαντα διοικήσωσι · καὶ αἱ συμβάσεις ἐπράχθησαν, καὶ αἱ τριήρεις ἐδόθησαν, καὶ ἐκαύθησαν κτλ.

292 ΔΙΩΝΟΣ ΤΟΥ ΚΑΣΣΙΟΥ ΛΕΙΨΑΝΑ. ΒΙΒΛ. Α-ΛϚ´.

.... ἐπεπόνθεσαν ....
αὐτῶν ἤμελλον ....
κινδύνων τε ταλ......................
τῶν πραγμάτων ....
ἐδικαίωσαν· ὁ........................
.τες καὶ ἐκεῖνα ....
..τ.. ἐκ μεγάλω[ν.....
..α.αε.ν οἱ δὲ ὁ.....
.....ντες ἐπτ......
....
....
.... [καὶ τῶν ἐλεφάντων τοὺς μὲν [1]]
πλείους ἐς τὴν Ῥ[ώμην ἀπάγεσθαι· τοὺς δὲ λοιποὺς τῷ]
Μασινίσσᾳ ἔδ[οξε δωρεῖσθαι ....
Καρχηδονίων· [καὶ αὐτούς τε τὴν Ἰταλίαν, Ῥωμαίους]
τε τὴν Λιβύην [εὐθὺς μετὰ τὴν εἰρήνην ἐκλείπειν. Τοῖς]
δὲ δὴ πρεσβευ[σαμένοις τῶν Καρχηδονίων εἰς Ῥώμην]
συμβαλεῖν τοῖς [ἑκάστῳ προσήκουσιν αἰχμαλώτοις ἐ-]
πέτρεψαν. Καὶ ὡ[ς διακόσιοι αὐτῶν ἐς τὴν Λιβύην ἀπεσ-]
τάλησαν. Τῷ Σκη[πίωνι δὲ προσετάχθη ἄνευ λύτρων
αὐτοὺς] μετὰ τὴν σύμβα[σιν τοῖς Καρχηδονίοις ἀποδοῦναι[2]]

1. Ici commence le Fr. VIII dans M. Haase, l. l. p. 18. Tous les mots placés entre crochets sont suppléés d'après Zonaras, l. l. p. 443.
2. Pour ces additions, j'ai suivi surtout Tite-Live, XXX, 43 : Gratias deinde Patribus egere Carthaginienses, petieruntque ut sibi in urbem introire, et colloqui cum civibus suis liceret, qui capti in publica custodia essent....... Quibus conventis, quum rursus peterent, ut sibi quos

...... ils avaient souffert ....
d'eux ils devaient............................
des dangers.................................
des choses..................................
ils trouvèrent juste ....
..... et ces choses-là ....
..... d'après de grands ....
....
....
....
....
.... On résolut que la plupart des éléphants seraient transportés à Rome, et qu'on donnerait le reste à Masinissa............................... des Carthaginois ; qu'immédiatement après la conclusion de la paix, ceux-ci quitteraient l'Italie, et les Romains l'Afrique. On permit aux Carthaginois qui avaient été envoyés en ambassade à Rome d'avoir un entretien avec ceux des prisonniers qui leur étaient unis par quelque lien de parenté. Environ deux cents de ces prisonniers furent renvoyés dans leur pays : on ordonna, en outre, à Scipion de les rendre aux Carthaginois sans rançon,

---

vellent ex iis redimendi potestas fieret, jussi nomina edere : et quum ducentos ferme ederent, senatus-consultum factum est, « Ut legati romani ducentos ex captivis, quos Carthaginienses vellent, ad P. Cornelium Scipionem in Africam deportarent, nunciarentque ei, ut, si pax convenisset, sine pretio eos Carthaginiensibus redderet. »

294 ΔΙΩΝΟΣ ΤΟΥ ΚΑΣΣΙΟΥ ΛΕΙΨΑΝΑ. ΒΙΒΛ. Α-ΛϚ.

τήν τε φιλίαν[1] κ...................... [ἐβε-]
βαίωσαν· καὶ τ....................... [εἰρή-]
νην ἐχαρίσαντο.......................
....
....
....
....
....
....
.... αἰχμαλώτους[2]·
.... ε Τερέντιος[3] εἰς
.... β]ουλῆς ὢν πίλιον
....................ν· καὶ ὥς τινα
.... υθῆσαι· Σκηπίων
[μὲν οὖν μέγας ἐκ τούτων ἤρετο· Ἀννί]βας δὲ καὶ ἐς δί-
[κην παρὰ τοῖς οἰκείοις ἤχθη, καὶ ὡς τὴν τ]ε Ῥώμην. δυνη-
[θεὶς λαβεῖν καὶ μὴ θελήσας, καὶ] τὴν λείαν τὴν
[ἐκ τῆς Ἰταλίας σφετερισάμενος κατηγορή]θη· οὐ μέντοι καὶ
[ἑάλω, ἀλλὰ καὶ τὴν μεγίστην τῶν Καρ]χηδονίων ἀρ-
[χὴν οὐκ εἰς μακρὰν ἐπετράπη]........ τὰ[4] μὲν ἐπί τε

1. La suite du fragment ne fournit aucun sens.
2. Ici commence le Fr. IX dans M. Haase, l. l. p. 19. Entre ce fragment et le précédent il y a une lacune de six lignes. Cf. le même, l. l. p. 29.
3. C'est le sénateur dont parle Tite-Live, XXX, 43 : Ita dimissi ab Roma Carthaginienses, quum in Africam venissent ad Scipionem, quibus ante dictum est legibus, pacem fecerunt. Naves longas, elephantos, perfugas, fugitivos, captivorum quatuor millia tradiderunt, inter quos Q. Terentius Culleo senator fuit. Un peu plus loin, l. l. 45, il ajoute que, d'après Polybe, Syphax orna le triomphe de Scipion. Q. Terentius Culleo suivit le char du triomphateur, le chapeau d'affranchi sur la tête, et

après la convention, et l'amitié..................
ils confirmèrent et..............................
ils accordèrent la paix..........................
....
....
....
....
....
....
......................................des prisonniers
....Térentius, un
..................étant du sénat, le bonnet d'affranchi
....comme un certain
.... Cette guerre
éleva Scipion au faîte de la gloire. Annibal, au contraire, fut accusé par ses concitoyens de n'avoir point voulu prendre Rome, quoiqu'il l'eût pu, et de s'être emparé de tout le butin de l'Italie. Cependant il ne fut pas condamné : la plus grande magistrature lui fut même déférée à Carthage peu de temps après..............

---

pendant tout le reste de sa vie, il l'honora comme son libérateur. Le passage de l'historien grec auquel Tite-Live fait allusion ne nous est point parvenu.

Les cinq premières lignes ne fournissent aucun sens. Je place ici un passage de Zonaras, l. l., qui peut servir de transition entre ce fragment et le précédent : Ὁ μὲν οὖν δεύτερος πόλεμος τῶν Καρχηδονίων ἔτει ἑκκαιδεκάτῳ εἰς τοῦτο κατήντησε. Κἀντεῦθεν ὁ Σκιπίων ἐλελάμπρυστο, καὶ Ἀφρικανὸς ἐπεκέκλητο (Ἀφρικὴ γὰρ ἤδη ἡ περὶ Καρχηδόνα Λιβύη ὠνόμαστο)· πολλοῖς δὲ καὶ Ἐλευθερωτὴς προσηγόρευτο, πολλοὺς πολίτας κομίσας αἰχμαλώτους.

4. Les mots placés entre crochets ont été en grande partie ajoutés d'après

296 ΔΙΩΝΟΣ ΤΟΥ ΚΑΣΣΙΟΥ ΛΕΙΨΑΝΑ. ΒΙΒΛ. Α-ΛϚ.

.................................ν ὑπάτων γει-
........................τ]ῆ Σικελία¹ βε-
....
....
....

CCXXI. b.² ....νῳ Μάρκος³
.............[πρὸς τὸν Φίλιπ]πον πεμφθείς·
........................ὑ]πὸ τῶν στρατη-
[γῶν].........................παρ' αὐτῶν ἤ-
.........................ὤ]ρθωσε· πρεσβείαν....................ην τοῦ Φιλίππου καὶ
........................τέ τινα ὃν αὐτὸς
...............Καρχηδο]νίοις ἐπεπόμφει·
........................υτος οὐδὲν εἰρη-
........................ν κεκρατηκότες
........................πολέμους· τῷ μὲν
........................ε δὴ δόξῃ οὐδὲν σμι-

Zonaras, l. l. : Καὶ ὁ μὲν μέγας ἐκ τούτων ᾔρετο· Ἀννίβας δὲ κατηγόρητο παρὰ τοῖς οἰκείοις, ὡς τήν τε Ῥώμην λαβεῖν δυνηθεὶς καὶ μὴ θελήσας, καὶ τὴν λείαν τὴν ἐκ τῆς Ἰταλίας σφετερισάμενος. Οὐ μὴν καὶ ἑάλω, ἀλλὰ καὶ τὴν μεγίστην τῶν Καρχηδονίων ἀρχὴν οὐκ εἰς μακρὰν ἐπετράπη. Sur le triomphe de Scipion à Rome, cf. Tite-Live, l. l. 45; Polybe, XVI, 23; Appien, VIII, 55.

1. Les dernières lignes de ce fragment ne fournissent aucun sens.

2. Page 19, dans M. Haase, l. l., où il est ainsi indiqué : X. Fol. 219, B. b, c'est-à-dire, Fr. X, Fol. 219, verso, petite colonne.
Ce fragment et les deux suivants se rapportent à la première guerre contre Philippe, roi de Macédoine. Ils devraient donc être placés après le Fr. CCXXI, p. 18. Pour cette raison, je les appelle CCXXI. b.

3. Les noms Μάρκος, lig. 6, et Φιλίππου, lig. 11, permettent de croire qu'il était question dans ce fragment de l'ambassade envoyée par les Romains

.... des consuls...
.... à la Sicile
....
....
....

CCXXI. b........................... Marcus
.... ayant été envoyé vers Philippe
.... par les généraux............................... d'auprès d'eux
.... il réussit : l'ambassade................................ de Philippe et
.... un certain que lui-même
.... avait envoyé aux Carthaginois
....ne dit rien
.... ayant vaincu
.... des guerres
.... mais dans l'opinion, nullement

à Philippe; cf. Tite-Live, XXX, 26. Zonaras, l. l. XV, p. 443-444, D. C.
donne à ce sujet des détails intéressants : Εἰς ἑτέρους δ' αὖθις πολέμους οἱ
Ῥωμαῖοι κατέστησαν, γενομένους πρὸς Φίλιππόν τε τὸν Μακεδόνα καὶ τὸν
Ἀντίοχον. Μέχρι γὰρ ἡ πρὸς Καρχηδονίους ἤκμαζε μάχη, κἂν μὴ φίλια σφίσι
τὰ περὶ τὸν Φίλιππον ἦν, ἐθεράπευον αὐτὸν, ἵνα μὴ τοῖς Καρχηδονίοις συν-
άροιτο, ἢ εἰς τὴν Ἰταλίαν στρατεύσοιτο. Ἐπεὶ δὲ τὰ κατ' ἐκείνους ἠρέμησαν,
οὐκέτ' ἐμέλλησαν· ἀλλ' ἐς πόλεμον αὐτῷ κατέστησαν φανερὸν, πολλὰ ἐγκαλοῦντες αὐτῷ. Πρέσβεις οὖν οἱ Ῥωμαῖοι πρὸς αὐτὸν πέμψαντες, ἐπεὶ μηδὲν ὧν
ἐπετάττετο ἔπραττε, τὸν πόλεμον ἐψηρίσαντο, χρώμενοι μὲν τῇ τῶν Ἑλλήνων
ἐπιβασίᾳ λαβῇ· τὸ δ' ἀληθὲς, ἀγανακτοῦντες ἐφ' οἷς ἐδεδράκει, καὶ προκατα-
λαμβάνοντες αὐτὸν, ἵνα μὴ καταδουλωσάμενος ἐκεῖνος, ἐπὶ τὴν Ἰταλίαν στρα-
τεύσῃ κατὰ τὸν Πύρρον.

Μάρκος doit s'appliquer à M. Aurelius, l'un des ambassadeurs romains;
cf. Tite-Live, l. l.

298 ΔΙΩΝΟΣ ΤΟΥ ΚΑΣΣΙΟΥ ΛΕΙΨΑΝΑ. ΒΙΒΛ. Α–ΛϚ.

.........................κροτέρους κατέστησαν.

...... καὶ [1] διέτριψαν συχνὰς ἡμέρας, ἐς μὲν παράταξιν μὴ συνιόντες, ἀκροβολισμοῖς δέ τισι καὶ πείραις τῶν τε ψιλῶν καὶ τῶν ἱππέων χρώμενοι [2]. Οἱ μὲν γὰρ Ῥωμαῖοι ἠπείγοντο ὅτι τάχιστα συμβαλεῖν· τῇ τε γὰρ δυνάμει ἔρρωντο, καὶ τροφὴν οὐ πολλὴν εἶχον· καὶ διὰ ταῦτα πολλάκις καὶ πρὸς τὸ χαράκωμα σφῶν προσέμισγον. Ὁ δὲ δὴ Φίλιππος, τοῖς μὲν ὅπλοις ἀσθενέστερος ὤν, τῇ δὲ παρασκευῇ τῶν ἐπιτηδείων, διὰ τὸ τὴν οἰκείαν οἱ ἐγγὺς εἶναι, προφέρων ἀνεῖχεν· ἐκτρυχοῦσθαι [3] αὐτοὺς ἀμαχεὶ προσδοκήσας. Καί, εἴπερ ἐκεκρατήκει τῆς γνώμης, πάντως ἄν τι ἐξείργαστο· νῦν δὲ καταφρονήσας τῶν Ῥωμαίων ὡς φοβουμένων αὐτὸν, ὅτι πρὸς χωρίον τι ὅθεν ἐπισιτίσασθαί σφισι λῷον ἦν, μετέστησαν· ἐπῆλθέ τε αὐτοῖς ἁρπαγὰς ποιουμένοις ἀπροσδόκητος, καί τινας καὶ διέφθειρεν [4]. Αἰσ-

1. Dans M. Haase, l. l. p. 20 : XI. Fol. 220. A. a, c'est-à-dire, Fr. XI, Fol. 220, recto, grande colonne, dans le manuscrit n° 1397.

2. Zonaras, l. l. p. 444, a résumé en quelques lignes les événements de la guerre de Macédoine antérieurs aux faits racontés par l'Auteur de ces fragments : on peut les lire aussi dans Tite-Live, XXXI, 5 sqq. Voici le récit de l'Annaliste grec : Ψηφισάμενοι δὲ τὸν πόλεμον, τά τε ἄλλα παρεσκευάσαντο εὖ, καὶ στρατηγὸν ἐπὶ τοῦ ναυτικοῦ Λούκιον Ἀπούστιον Σουλπικίῳ Γάλβᾳ δεδώκασι. Καὶ ὁ Γάλβας τὸν Ἰόνιον κόλπον διαλαβὼν ἐπὶ πολὺ ἐνόσησε.

Παραλαβόντες οὖν τὴν δύναμιν πᾶσαν ὅ τε ῥηθεὶς στρατηγὸς καὶ Κλαύδιος Κέντων ὁ ὑποστράτηγος, αὐτὸς μὲν τῷ ναυτικῷ τὰς Ἀθήνας ὑπὸ τῶν Μακεδόνων πολιορκουμένας ἐρρύσατο, καὶ Χαλκίδα κατεχομένην ὑπ' αὐτῶν ἐπόρθησε. Κἂν τούτῳ Φίλιππος ταῖς Ἀθήναις ἐπιστρατεύσαντος, ἐπανελθὼν τότε αὐτὸν ἀπεώσατο, καὶ μετὰ τοῦτο αὖθις προσβαλόντα ἀπεκρούσατο. Ἀπούστιος δ' ἐς τὴν Μακεδονίαν, ἀσχόλου περὶ τὴν Ἑλλάδα τοῦ Φιλίππου ὄντος, ἐμβαλὼν, τήν τε γῆν ἐληΐζετο, καὶ φρούρια καὶ πόλεις ἐχειρώσατο. Φίλιππος δὲ διὰ ταῦτα ἐν ἀμηχανίᾳ γενόμενος, τέως μὲν ἄνω καὶ κάτω περιέθει, ἄλλοτε ἄλλοις ἀμύνων. Ὡς δὲ ὁ Ἀπούστιος τῇ χώρᾳ αὐτοῦ ἰσχυρῶς ἐνέκειτο, καὶ οἱ Δάρδανοι τὴν

....
...... et ils passèrent un grand nombre de jours sans en venir à une bataille rangée, se bornant à des escarmouches et à quelques attaques de la cavalerie et des soldats armés à la légère. Les Romains étaient impatients d'engager la lutte ; parce que leurs forces étaient redoutables, et parce qu'ils n'avaient pas beaucoup de vivres : aussi allaient-ils souvent attaquer les Macédoniens jusques dans leurs retranchements. Quant à Philippe, son armée était plus faible; mais il avait plus de provisions, attendu qu'il était près de son pays, et il temporisait dans l'espoir d'écraser les Romains sans combattre. Et en effet, s'il avait su se maîtriser, il aurait certainement eu l'avantage ; mais les Romains s'étant retirés dans un lieu où il leur était plus facile de se procurer des vivres, Philippe n'eut pour eux que du mépris ; comme s'ils s'étaient éloignés par crainte. Il se jeta sur eux à l'improviste, au moment où ils enlevaient quelque butin, et il en fit

πρόσορον σφίσι Μακεδονίαν ἐκακούργουν .... Ἰλλύριοί τέ τινες καὶ Ἀμύνανδρος Ἀθαμανίας, Θεσσαλικοῦ γένους, βασιλεὺς ὤν, σύμμαχοι πρότερον ὄντες αὐτοῦ, πρὸς τοὺς Ῥωμαίους μετέστησαν· ἐκ τούτου καὶ τὰ τῶν Αἰτολῶν ὑπώπτευσε, καὶ περὶ τοῖς οἴκοι ἔδεισε, καὶ ἐκεῖσε μετὰ τοῦ πλείονος στρατεύματος ἔσπευσε. Γνοὺς δὲ τὴν πρόσοδον αὐτοῦ ὁ Ἀπούστιος ἀνεχώρησεν· ἤδη γὰρ καὶ χειμὼν ἦν.

Ῥαΐσας δ' ἐκ τῆς νόσου ὁ Γάλβας πλείω παρεσκευάσατο δύναμιν, καὶ ἅμα ἔαρι εἰς τὴν Μακεδονίαν ἠπείγετο. Ἐπεὶ δ' ἐπλησίασαν ἀλλήλοις ἀντεστρατοπεδεύσαντο, καὶ ἀκροβολισμοῖς ἐχρῶντο τῶν ἱππέων καὶ τῶν ψιλῶν.

3. D'après M. Haase, I. l. p. 31. Ἐκτρυχοῦσθαι, dit-il, hausi ex alio quodam loco Zonaræ, qui legitur IX, 11, p. 436, ubi aut Cassius locutionem eamdem repetivit, aut Zonaras eam ex hoc loco mutuatus est. Scribit autem : Καὶ οἱ ὕπατοι νομίζοντες αὐτὸν καὶ ἄνευ μάχης ἐκτρυχωθῆναι, ἀνεῖχον. Et ἐκτρυχωθῆναι quidem, quum propter latiores litteras ωθη longior vox sit pro relicto spatio, in quo nihil video nisi hoc fere ἐκτρυχ..τει.., posui præsentis infinitivum, qui ab illis vestigiis non nimis longe recedit.

4. Tite-Live, XXXI, 34-37, décrit longuement ce combat : je me contente

θόμενος δὲ τοῦτο ὁ Γάλβας ἐπεξέδρα[μεν ἐκ τοῦ στρατο]-
πέδου ¹, καὶ προσπεσὼν αὐτῷ μὴ προδεχομένῳ ² πολλῷ
πλείους ἀνταπέκτεινεν· [ἡττη]θείς ³ τε καὶ προσέτι καὶ
τρωθεὶς οὐκέτι κατὰ χώραν ἔμεινεν· ἀλλ' ἡμέρας τινὰς πρὸς
ἀναίρεσιν καὶ ταφὴν δὴ τῶν νεκρῶν σπεισάμενος ⁴, ἔπειτα
ὑπὸ τὴν πρώτην νύκτα ἀπανέστη. Οὐ μέντοι ὁ Γάλβας
ἐπεδίωξεν αὐτόν· τῇ τε γὰρ ἀπορίᾳ τῶν τροφῶν καὶ τῇ
ἀπειρίᾳ τῶν χωρίων, τὸ δὲ δὴ πλεῖστον καὶ τῇ ἀγνωσίᾳ
τῆς παρασκευῆς αὐτοῦ, καὶ δέει μὴ ἀπερισκέπτως ποι προ-
χωρῶν σφαλῇ, οὐκ ἠθέλησεν περαιτέρω προχωρῆσαι· ἀλλ'
εἰς τὴν Ἀπολλωνίαν ἀνεκομίσθη ⁵. Κἀν τούτῳ καὶ ὁ Ἀπούστιος μετὰ τῶν Ῥοδίων καὶ μετὰ τοῦ Ἀττάλου περιπλέων
συχνὰς μὲν νήσους ἐχειρώ[σατο ⁶]...............

de quelques lignes, tirées du § 37 : Multi cominus congressi, multi fugientes interfecti; nec ferro tantum periere, sed in paludes quidam conjecti, profundo limo cum ipsis equis hausti sunt. Rex quoque in periculo fuit; nam, ruente saucio equo, præceps ad terram datus, haud multum abfuit quin jacens opprimeretur. [Saluti]fuit eques, qui raptim ipse desiluit, pavidumque regem in equum subjecit. Ipse, quum pedes æquare cursu fugientes non posset equites, ab hostibus ad casum regis concitatis confossus periit.

Le passage νῦν δὲ — ἀπανέστη est reproduit presque littéralement dans Zonaras, l. l., p. 444 : Μεταστάντων δὲ τῶν Ῥωμαίων ἔς τι χωρίον, ὅθεν ῥᾷον ἦν αὐτοῖς ἐπισιτίσασθαι, νομίσας ὁ Φίλιππος ὡς φοβουμένους αὐτὸν μεταστῆναι, ἐπῆλθεν αὐτοῖς ποιουμένοις ἁρπαγὰς ἀπροσδόκητος, καί τινας διέφθειρε. Καὶ ὁ Γάλβας τοῦτο αἰσθόμενος ἐπεξέδραμεν ἐκ τοῦ στρατοπέδου. Καὶ προσπεσὼν αὐτῷ, πολλῷ πλείους ἀπέκτεινεν. Ὁ δέ γε Φίλιππος ἡττηθεὶς καὶ τρωθεὶς ὑπὸ νύκτα ἀπανέστη.

1. Les lettres placées entre crochets manquent dans le manuscrit n° 1397. Comme M. Haase, l. l. p. 20, je les ajoute d'après Zonaras, l. l.

2. Dans M. Haase, l. l. p. 20 : XII. Fol. 219. A. a, c'est-à-dire, Fr. XII, Fol. 219, verso, grande colonne, dans le manuscrit n° 1397.

3. Les deux syllabes ἡττη manquent dans le manuscrit : je les ajoute d'après Zonaras, l. l.

même périr plusieurs. A la nouvelle de cet événement, Galba s'élança hors de son camp, tomba sur Philippe qui ne s'y attendait pas, et tua beaucoup plus de Macédoniens que Philippe n'avait tué de Romains. Vaincu, et même blessé, le roi ne se tint pas tranquille. Après avoir obtenu une trêve de quelques jours pour l'enlèvement et la sépulture des morts, il partit la nuit suivante. Cependant Galba ne se mit pas à sa poursuite : manquant de vivres, n'ayant aucune connaissance du pays; mais surtout ignorant les ressources de Philippe et craignant de tomber dans quelque danger, s'il pénétrait inconsidérément plus loin, il ne voulut pas s'avancer davantage et retourna à Apollonie. Dans le même temps, Apustius, parcourant la mer avec les Rhodiens et Attale, subjugua un grand nombre d'îles.........

4. Tite-Live, l. l. 39 : Corpus jam curabat consul, quum venisse caduceatorem, et quid venisset, nunciatum est : responso tantum dato, mane, postero die, fore copiam conveniendi, id quod quæsitum erat, nox dieique insequentis pars ad præcipiendum iter Philippo data est : montes, quam viam non ingressurum gravi agmine Romanum sciebat, petit. Consul, prima luce, caduceatore, datis induciis, dimisso, haud ita multo post, abiisse hostem quum sensisset, ignarus qua sequeretur, in iisdem stativis frumentando dies aliquot consumsit.

5. Cf. Tite-Live, l. l. 40. M. Haase, l. l., lit ἀνεκομίσθησαν, d'après le manuscrit : cette leçon peut se défendre, en sous-entendant, comme sujet du verbe, Galba et son armée. J'ai pourtant mieux aimé lire ἀνεκομίσθη, d'après Zonaras, l. l. : Οὐ μέντοι αὐτὸν ὁ Γάλβας ἐδίωξεν, ἀλλ' εἰς τὴν Ἀπολλωνίαν ἀνεκομίσθη. Nous avons vu une faute analogue, Fr. XX, tom. I, p. 40 de cette édition : Τότε γὰρ τῶν τε ἄλλων θεῶν δι' ἀκριβείας ἐπεμελήθη. Dans le manuscrit de Tours, ἐπεμελήθησαν est une faute : le copiste a ajouté la syllabe σαν. Quelquefois cette syllabe a été supprimée; par exemple, dans le Fr. XIV, p. 30, l. l. : Τρισχίλιοι γὰρ ὄντες ὁπλῖται Ῥωμύλῳ ..... εἰς τρεῖς ἐνεμήθησαν μοίρας. Le manuscrit, suivi par Labbe, donne ἐνεμήθη.

6. J'ajoute les deux syllabes σατο, d'après Zonaras, qui reproduit ce fragment, l. l. : Καὶ Ἀπούστιος δὲ μετὰ τῶν Ῥοδίων καὶ τοῦ Ἀττάλου περιπλέων

CCXXI. c. [1] Οἱ Ἰνσοῦμβροι [2] ἐταράχθησαν. Ἀμίλκας γάρ [τις Καρ]χηδόνιος, τῷ τε Μάγωνι συστρατεύσας καὶ ἐν τοῖς χωρίοις ἐκείνοις ὑπομείνας, τέως μὲν ἡσυχίαν εἶχεν· ἀγαπῶν εἰ διαλάθοι. Ἐπεὶ δ' ὁ Μακεδόνιος πόλεμος ἐνέστη, τούς τε Γαλάτας ἀπέστησε τῶν Ῥωμαίων, καὶ μετ' αὐτῶν ἐπὶ Λίγυας στρατεύσας, ἐκείνων τινὰς προσεποιήσατο [3]. Μάχης δέ σφισι μετὰ ταῦτα πρὸς τὸν Λούκιον Φούριον [4] γενομένης [5] ἐπρεσβεύσαντο, σπονδῶν δεόμε[νοι [6]]. Καὶ οἱ μὲν [Λίγυες [7]] ἔτυχον αὐτῶν. Τότε δὲ ἄλλοι [8] . . . .
. . . . .χ. . ἄλλους Γαλάτας

νήσους συχνὰς ἐχειρώσατο. Pour les détails, cf. les Éclaircissements à la fin du volume.

1. Dans M. Haase, l. l.: XIII. Fol. 220. A. b, c'est-à-dire, Fr. XIII, Fol. 220, verso, grande colonne, dans le manuscrit n° 1397.

Ce fragment et le suivant sont relatifs à l'expédition de L. Furius contre les Gaulois Cisalpins, l'an de Rome 554, ou 553, suivant la supputation de Pighius, Annal. Rom.; tom. II, p. 243, éd. Schott. Elle eut donc lieu l'année qui suivit la première guerre contre Philippe; cf. Pighius, l. l. p. 241. Pour cette raison, ces deux fragments devraient être placés après les trois précédents : je les appelle CCXXI. c.

2. Telle est, sans aucun doute, la leçon du manuscrit. M. Haase, l. l. p. 32, dit à ce propos : « Singulare est, quod Insubres Ἰνσουμκροι appellantur; sed scriptura hic dubia non est; accentum nullum video. » Il est évident que le κ et le 6 ont été confondus par le copiste, comme cela arrive fréquemment; cf. Bast, Comment. Palæograph., p. 708, 721, 816, 906. Le nom de ce peuple est écrit d'une autre manière, Fr. CLXV, tom. I, p. 264 de cette édition : Ὅτι Αἰμίλιος τοὺς Ἰνσούβρας νικήσας κτλ. Polybe, II, 17 sqq., les appelle Ἴσομβρες, où il faut remarquer l'insertion du μ attiré par le 6. Zonaras, VIII, 20, p. 403, D. C, les appelle Ἰνσοῦβροι : en insérant le μ avant le 6, comme dans Polybe, on arrive à Ἰνσούμβροι, leçon du manuscrit n° 1397.

3. Le passage Ἀμίλκας γάρ — προσεποιήσατο se trouve littéralement dans Zonaras, l. l. p. 444 : Κατὰ δὲ τὸν αὐτὸν χρόνον καί τις Ἀμίλκας Καρχηδόνιος τῷ Μάγωνι συστρατεύσας ἐν Ἰταλίᾳ, κἀκεῖ ὑπομείνας, τέως μὲν ἡσυχίαν ἦγεν. Ὡς δ' ὁ Μακεδονικὸς πόλεμος ἐνέστη, τούς τε Γαλάτας τῶν Ῥω-

CCXXI. c. Des troubles éclatèrent chez les Insubres. Un Carthaginois, nommé Amilcar, après avoir fait la guerre avec Hannon, était resté dans leur pays. Il se tint tranquille pendant quelque temps, s'estimant heureux d'être ignoré; mais lorsque la guerre contre la Macédoine fut imminente, il détacha les Gaulois du parti des Romains, se mit à leur tête, marcha contre les Liguriens et en entraîna une partie dans ses intérêts. Ensuite, une bataille ayant été livrée contre Lucius Furius, ils furent vaincus et lui envoyèrent une ambassade, pour demander la paix. Les Liguriens l'obtinrent, et alors d'autres................ le reste des Gaulois

μαίων ἀπέστησε· καὶ μετ' αὐτῶν ἐπὶ Λιγύας στρατεύσας, τινὰς κἀκείνων προσεποιήσατο.

Pour les détails sur l'expédition d'Amilcar contre les Gaulois Cisalpins, cf. Tite-Live, XXXI, 10-11; 21-22, et les Éclaircissements à la fin du volume. Je me contente ici du résumé d'Orose, IV, 20 : Eodem tempore Insubres, Boii atque Cœnomani, contractis in unum viribus, Amilcare Pœno duce, qui in Italia remanserat, Cremonam Placentiamque vastantes, difficillimo bello a L. Furio prætore superati sunt.

4. Φρούριον, dans le manuscrit n° 1397. « Apertum vitium est, dit M. Haase, l. l. p. 32, in versu 8, ubi scriptum est Φρούριον. » Nous avons déjà remarqué la même faute, Fr. CCLIV, p. 70 de ce volume : Ὅτι ὁ Φούριος ἐξήγαγεν κτλ. Le manuscrit de Tours porte ὁ Φρούριος. Cf. p. 71, not. 11 de ce volume.

5. Il y a une lacune, après ce mot, dans le manuscrit n° 1397, et dans M. Haase, l. l. p. 21. Je sous-entends οἱ πολέμιοι, mots indiqués par l'enchaînement des idées.

6. Δεομε..., dans le même manuscrit : je lis δεόμενοι, comme M. Haase, l. l.

7. Ce mot ne se trouve pas dans le manuscrit n° 1397. Je l'ajoute entre crochets, d'après M. Haase, l. l.

8. Zonaras, l. l. p. 444-445 : Λουκίῳ δὲ Φουρίῳ στρατηγοῦντι πολεμηθέντες ἡττήθησαν, καὶ περὶ σπονδῶν ἐπρεσβεύσαντο. Καὶ οἱ μὲν Λίγυες ἔτυχον αὐτῶν· τοῖς ἄλλοις δὲ οὐκ ἐδόθησαν, ἀλλ' ἀντεστράτευσεν ἐπ' αὐτοὺς Αὐρήλιος ὁ ὕπατος, φθονήσας τῆς νίκης τῷ στρατηγῷ.

La suite de ce fragment ne fournit aucun sens.

304 ΔΙΩΝΟΣ ΤΟΥ ΚΑΣΣΙΟΥ ΛΕΙΨΑΝΑ. ΒΙΒΛ. Α–ΛϚ.

. . . . αἴρεσιν . . . . . . κ . σ . .

. . . . κ . σ . . . . δεινὸν μὲν . . . η . συνε . ημ . δ .

μ . . ν . . . .

ἐκυρίευεν ἐ . . . .

ταῖς ἐπε . φακ . εστ . . δ . γεω . . . . ν . . . . . .

. . . οὐκ . . ε . . . . ε . . . υ . εστην μν . μην . . . ιχθεῖο . . .

. . . . διη . η . . . .

. . . . [1] [τῶν ἐπινικίων τυ]χεῖν [2] ἠξίου. Λόγων τε ἐπ' ἀμφότερα πολλῶν γενομένων [3], οἱ μὲν γὰρ ἄλλως τε καὶ πρὸς τὴν τοῦ Αὐρηλίου κακοήθειαν συνεσπούδαζον αὐτῷ, καὶ τήν τε νίκην ἐμεγάλυνον, καὶ παραδείγμασι πολλοῖς ἐχρῶντο [4]. οἱ δὲ τῇ τε τοῦ ὑπάτου ἰσχύϊ ἠγωνίσθαι αὐτὸν ἔλεγον, μηδεμίαν ἰδίαν αὐτοκράτορα ἀρχὴν ἔχοντα [5]. καὶ προσέτι καὶ λόγον παρ' αὐτοῦ ἀπῄτουν, ὅτι τὰ προσταχθέντα οὐκ ἐπεποιήκει· ὅμως ἔλαβεν αὐτά [6]. Καὶ ὁ μὲν ἐκεῖνος, πρὶν τὸν

---

1. Dans M. Haase, l. l. : XIV. Fol. 219. A. b, c'est-à-dire, Fr. XIV, Fol. 219, recto, grande colonne, dans le manuscrit n° 1397.
2. J'emprunte à M. Haase, l. l., les mots placés entre crochets et qui manquent dans le manuscrit. Il s'agit de la demande adressée au sénat par L. Furius; Tite-Live, XXXI, 47 : L. Furius, simul quod in Etruria nihil erat rei quod gereret, simul gallico triumpho imminens quem, absente consule irato atque invidente, facilius impetrari posse ratus, Romam inopinato quum venisset, senatum in aede Bellonae habuit; expositisque rebus gestis, ut triumphanti sibi in urbem invehi liceret, petit.
3. Cf. Tite-Live, l. l. 48-49.

....
....
....
....
....
....
....
....
.... L. Furius croyait mériter les honneurs du triomphe : plusieurs discours furent prononcés pour et contre sa demande. Parmi les sénateurs, les uns lui étaient favorables, surtout à cause de la méchanceté d'Aurélius : ils exagéraient la victoire de L. Furius et invoquaient de nombreux exemples. Les autres, au contraire, disaient qu'il avait rivalisé de puissance avec le consul, quoiqu'il ne fût point revêtu d'une autorité indépendante. En même temps, ils lui demandaient compte de ce qu'il ne s'était pas conformé aux ordres qui lui avaient été donnés. Malgré cette opposition, il obtint les honneurs du triomphe, et les reçut

---

4. Sur l'accueil fait par un grand nombre de sénateurs à la demande de L. Furius, cf. Tite-Live, l. l. 48.

5. C'étaient les sénateurs les plus âgés ; Tite-Live, l. l. : Majores natu negabant triumphum, et « quod alieno exercitu rem gessisset, et quod provinciam reliquisset, aviditate rapiendi per occasionem triumphi ; id vero eum nullo exemplo fecisse. »

6. Tite-Live, l. l. 49 : Hujus generis orationibus ipsius amicorumque victa est, *præsentis gratia prætoris, absentis consulis majestas* ; triumphumque frequentes L. Furio decreverunt.

Αὐ[ρήλιον ἐπανελθεῖν εἰς Ῥώμην ¹], ἑώρτασεν ². Ὁ δὲ δὴ Οὐερμίνα ³..................εστ..ε μὲν παρὰ τῶν .χ............................

1. Ici le manuscrit n'est pas lisible; j'ai traduit comme si le texte portait πρὶν τὸν Αὐρήλιον ἐπανελθεῖν εἰς Ῥώμην, d'après le passage de Tite-Live que je viens de citer, et d'après le suivant, l. l. 48 : Consulares præcipue, « exspectandum fuisse consulem dicebant; potuisse enim, castris prope urbem positis, tutanda colonia, ita ut acie non decerneret, in adventum ejus rem extrahere; et, quod prætor non fecisset, senatui faciendum esse. *Consulem exspectarent : ubi coram disceptantes consulem et prætorem audissent,* verius de causa existimaturos esse. » Cf. l. l. 49, les plaintes du consul Aurélius lui-même, lorsqu'il fut de retour à Rome.

avant le retour d'Aurélius à Rome. Vermina........
.... d'auprès des ....
....
....

2. Tite-Live, l. l. 49 : Triumphavit de Gallis in magistratu L. Furius prætor. In ærarium tulit trecenta viginti millia æris, argenti centum septuaginta millia pondo : neque captivi ulli ante currum ducti, neque spolia prælata, neque milites secuti; omnia, præter victoriam, penes consulem esse apparebat.

3. Dans la suite du fragment il était probablement question des négociations qui eurent lieu entre les Romains et Vermina, fils de Masinissa ; cf. Tite-Live, l. l. 11 et 19.

APPENDICE
II.

ΕΠΙΜΕΤΡΟΝ Β'.

Α'.

Νομίζω [1], νομοθετῶ, αἰτιατικῇ [2]. Δίων πρώτῳ βιβλίῳ·
« Ταῦτά τε ὁ Νουμᾶς [3] ἐνόμισεν. »

Ὀριγνῶμαι [4], τὸ ἐπιθυμῶ, γενικῇ. Πρώτῳ βιβλίῳ Δίων·
« Καὶ γὰρ ἐν ἀρχαῖς τισὶ τελευταίων ὀριγνώμενοι, καὶ τὰς δαπάνας οὐκ ἀκουσίους ὑπομένομεν. »

Πρὸς [5], ἀντὶ τῆς [6] ὑπό. Δίων πρώτῳ· « Οὕτω που φύσει πᾶν τὸ ἀνθρώπινον οὐ φέρει πρός τε τοῦ ὁμοίου καὶ τοῦ συνήθους, τὰ μὲν φθόνῳ, τὰ δὲ καταφρονήσει αὐτοῦ, ἀρχόμενον. »

1. La plupart de ces fragments sont tirés du traité Περὶ συντάξεως, publié par Bekker dans ses *Anecdota græca*, tom. I, p. 117-180, Berlin, 1814, d'après le manuscrit de la bibliothèque du Roi n° 345, où il se trouve, fol. 257 verso — 269 recto. Cf. l'Avertissement en tête de ce volume.

Ce traité est intitulé : Περὶ συντάξεως· ποῖα τῶν ῥημάτων γενικῇ, καὶ δοτικῇ, καὶ αἰτιατικῇ συντάσσονται. Un peu au-dessus, on lit dans le Ms. : γενικὰ καὶ δοτικὰ καὶ αἰτιατικά, mais ces mots sont d'une main moderne.

Dans le manuscrit et dans Bekker, les mots auxquels se rapportent les exemples, tirés de Dion Cassius et d'autres écrivains, sont rangés dans l'ordre alphabétique. Comme Sturz, tom. I, p. 172-179 de son édition, j'ai réuni ceux qui appartiennent à chaque livre de notre Historien, et, pour plus de clarté, j'ai désigné chaque livre par les lettres de l'alphabet grec, prises numériquement, comme l'a fait Bekker dans son *Index*, l. l., tom. III, p. 1444-1445. Enfin j'ai collationné de nouveau le manuscrit n° 345.

2. Bekker, l. l. tom. I, p. 158, 23-24.

3. Ici, comme Fr. XVI, tom. I, p. 32 de cette édition, au lieu de ὁ

APPENDICE II.

I.

Νομίζω, comme νομοθετῶ, avec l'accusatif. Dion, dans le premier livre : « Telles sont les lois qu'établit Numa. »

Ὀριγνῶμαι, comme ἐπιθυμῶ, avec le génitif. Dion, dans le premier livre : « En effet, pour ce qui a rapport à certaines magistratures, nous ambitionnons les dernières, et nous supportons volontairement les dépenses. »

Πρός, au lieu de ὑπό. Dion, dans le livre premier. « Ainsi, par une loi de la nature, l'homme, autant par envie que par mépris, ne supporte d'être commandé ni par son semblable, ni par celui avec lequel il a coutume de vivre. »

Νούμας, accentuation adoptée par H. de Valois, Exc. Peir. p. 569 de son édition, je lis ὁ Νουμᾶς, d'après Denys d'Hal. Ant. Rom. II, 58, et Plutarque, Numa, I et suiv., qui l'appellent Νομᾶς. Cf. Appien, I, 2.

4. Bekker, l. l., p. 161, 3, lit, d'après le manuscrit n° 345, ὀριγνῶ. Cette leçon a été reproduite par Sturz, l. l., p. 172. J'adopte ὀριγνῶμαι, qui est la seule forme correcte; cf. Thes. gr. ling. tom. V, p. 2191, éd. Didot, et Ast, Lex. Plat. tom. III, p. 471. Sylburg a donc eu raison de proposer ὀριγνᾶται, au lieu de ὀρίγναται, dans Clément d'Alexandrie, Strom. III, p. 439, D, éd. de Paris, 1631 : Λέληθε δὲ αὐτοὺς, ὅτι καὶ τὰ ἀνωτέρω μέρη τῆς τροφῆς ὀριγνᾶται καὶ λαχνεύει τισίν. Le même, Pædagog. II, p. 188, dans l'édition précitée, adopte ἐπικαίρου τροφῆς ὀριγνώμενος, correction indispensable, au lieu de la leçon vulgaire, ὀριγνάμενος.

5. Bekker, l. l., p. 164, 15.

6. Sous-ent. προθέσεως. D'autres fois, le Grammairien emploie la préposition comme un substantif neutre : Παρὰ, ἀντὶ τοῦ διά. Ἐκ τοῦ κατὰ Μειδίου, passage cité par Bekker, l. l., p. 163, 16, où il lit ἀντὶ τῆς διά; mais dans le tom. III, p. 1092, il cite la leçon du manuscrit n° 345, ἀντὶ τοῦ διά.

Προβαλλόμενος [1], προδιδούς, αἰτιατικῇ. Πρώτῳ βιβλίῳ Δίων· « Ἐν ᾧ καὶ τὸ σῶμα καὶ τὴν ψυχὴν παραβαλλόμενος [2] ὑπὲρ ὑμῶν ἐκινδύνευσεν. »

Β'.

Ἐπίπροσθεν [3], τὸ ἐμπόδιον, γενικῇ. Δίωνος δευτέρῳ βιβλίῳ· « Δόξαν τὴν ἐκείνων ἐπίπροσθέν σφισι τῆς αὐξήσεως ἔσεσθαι. »

Ἐπιτιθέναι [4], δοτικῇ. Δίωνος βιβλίον δεύτερον· « Καὶ μηδὲν ἕτερον δεινὸν προσδεχομένοις ἐπιθέμενος. »

Ἐξεργάζομαι [5], αἰτιατικῇ. Δίωνος βιβλίον δεύτερον· « Καὶ τὸν ἀδελφόν, ὅτι μὴ συνῄρετο, λάθρα διὰ τῆς γυναικὸς αὐτοῦ φαρμακοῖς ἐξειργάσατο. »

Ἐν [6], μετὰ γενικῆς, συνυπακουομένης τῆς δοτικῆς. Ἐν δευτέρῳ βιβλίῳ Δίων· « Ἔπειτα ἐν τοῦ Πυθίου εὑρέθη, » ἀντὶ τοῦ, ἐν τοῖς [τοῦ [7]] Πυθίου.

Λοιδοροῦμαι [8], δοτικῇ. — Δίων δὲ ἐν δευτέρῳ βιβλίῳ,

---

1. Bekker, l. l. tom. 1, p. 165, 27.
2. « Utrum προβαλλόμενος an παραβαλλόμενος verum sit, dit Sturz, l. l., p. 172, dicere nescio. » Par respect pour l'autorité du manuscrit, je conserve παραβαλλόμενος, qui provient probablement de la confusion de παρά avec πρός (cf. Bast, Comment. palæogr. p. 837, 934), si souvent confondu lui-même avec πρό. Cf. le même, l. l. p. 789, 837.
3. Bekker, l. l., p. 139, 12.
4. Le même, l. l., p. 139, 15.
5. Le même, l. l., p. 139, 17.
6. Le même, l. l., p. 139, 20.
7. Le Grammairien a eu tort de supprimer τοῦ. Je rétablis cet article; mais je le place entre crochets.
8. Bekker, l. l., p. 154, 32 et p. 155, 1-4. Ce passage m'a paru avoir

Προβαλλόμενος, comme προδιδούς, avec l'accusatif. Dion, dans le premier livre : « Où, sacrifiant son corps et son âme, il brava le danger pour vous. »

II.

Ἐπίπροσθεν, comme τὸ ἐμπόδιον, avec le génitif. Dans le second livre de Dion : « Que leur gloire serait un obstacle à leur propre agrandissement. »

Ἐπιτιθέναι, avec le datif. Dans le second livre de Dion : « Il les attaqua, lorsqu'ils croyaient n'avoir plus rien à craindre. »

Ἐξεργάζομαι, avec l'accusatif. Dans le deuxième livre de Dion : « Il empoisonna secrètement son frère, par le moyen de sa femme ; parce qu'il ne l'aidait pas. »

Ἐν, avec le génitif, en sous-entendant un datif. Dion, dans le second livre : « Ensuite, on trouva dans les oracles d'Apollon Pythien. » Ἐν τοῦ Πυθίου, au lieu de ἐν τοῖς τοῦ Πυθίου.

Λοιδοροῦμαι, avec le datif. Dion, dans le deuxième livre, l'emploie avec l'accusatif : « Lançant, ainsi qu'il avait

---

besoin de quelques éclaircissements. Λοιδοροῦμαι se construit avec le datif : quant à λοιδορέω, il exige l'accusatif, et je crois pouvoir avancer qu'on ne le trouve jamais avec le datif, du moins dans les écrivains attiques. Les deux exemples où λοιδορέω est suivi du datif, dans le Thes. gr. ling. tom. V, p. 379, éd. Didot, appartiennent à une grécité peu correcte. Aussi, dans les passages de Dion, cités par le Grammairien, l'accusatif est-il toujours le complément d'un temps de λοιδορέω. Cf. p. 314, lig. 1-3, et cet autre fragment, tiré de Bekker, l. l., p. 155, 4-5 : Καὶ τριακοστῷ ἐνάτῳ· « Ἀλλ' ἐλοιδόρουν ἀλλήλους καὶ διέβαλλον. » Pour que la règle établie ici fût exacte, il faudrait donc la formuler ainsi : Λοιδοροῦμαι, δοτικῇ. Ἐκ τοῦ περὶ τοῦ στεφάνου· « Κἂν εὕρῃς τὴν ἐμὴν βελτίω τῆς σῆς, παῦσαι λοιδορούμενος αὐτῇ. » Δίων δὲ ἐν δευτέρῳ βιβλίῳ, Λοιδορῶ, αἰτιατικῇ· « Τὸν γὰρ πατέρα — λοιδορήσας. » Καὶ τριακοστῷ ἐνάτῳ· « Ἀλλ' ἐλοιδόρουν ἀλλήλους καὶ διέβαλλον. »

αἰτιατικῇ· « Τὸν γὰρ πατέρα πολλὰ καὶ ἄτοπα, ὡς καὶ τυραννοῦντα καὶ παρασπονδοῦντα φανερῶς, ἐκ συνθήκης λοιδορήσας. »

Πειθαρχῶ[1], δοτικῇ. Δευτέρῳ βιβλίῳ Δίων· « Ὡς δὲ οὐδὲν ὅ τι οὐκ ἐπειθάρχουν αὐτῷ. »

Πειρῶ[2], γενικῇ. Δίων δευτέρῳ βιβλίῳ· « Καὶ ἐκχωρήσας ἐκ τῆς τῶν Ῥωμαίων γῆς, πολλαχῇ μὲν τῶν προσοίκων ἐπείρασεν. »

Σχολάζω[3]· Δίων δευτέρῳ, δοτικῇ· « Αὐτοί τε γὰρ ἄμεινον πολεμήσουσι, τούτῳ μόνῳ τῷ ἔργῳ σχολάζοντες. »

Ὑστεραίας[4]· τῇ ἐπαύριον. Δίων δευτέρῳ βιβλίῳ· « Μαθὼν οὖν τοῦτο ἐκεῖνος, ἦλθέ τε τῆς ὑστεραίας πρὸς αὐτούς. »

Γ'.

Ἄρχω[5], γενικῇ[6]. Ἐν τρίτῳ βιβλίῳ Δίωνος· « Οὗ γε καὶ ὁ πατὴρ ἀμέμπτως ὑμῶν ἦρξεν. »

Βασιλεύειν[7], γενικῇ. Τρίτῳ Δίωνος βιβλίῳ· « Οὐχ ὅπως πρὸς αὐτῶν τῶν βασιλευόντων σφῶν, ἀλλὰ καὶ πρὸς τῶν παραδυναστευόντων αὐτοῖς γίνεται[8]. »

Ἐφιέναι[9], γενικῇ. Δίωνος τρίτῳ βιβλίῳ· « Ὅτι μὲν γὰρ

---

1. Bekker, l. l., p. 164, 19.
2. Le même, l. l., p. 164, 25.
3. Le même, l. l., p. 174, 1.
4. Le même, l. l., p. 177, 20.
5. Bekker, l. l., p. 120, 24.
6. Il se construit aussi avec le datif. Le Grammairien en donne deux exemples, dans Bekker, l. l., 25-28 : Ἀππιανὸς δὲ δοτικῇ· « Διεχρήσατο

été convenu, plusieurs invectives absurdes contre son père, il l'accusait de régner en tyran et de violer ouvertement les traités. »

Πειθαρχῶ, avec le datif. Dion, dans le deuxième livre : « Comme ils ne se montraient jamais indociles envers lui. »

Πειρῶ, avec le génitif. Dion, dans le deuxième livre : « S'étant retiré du pays des Romains, il inquiéta les voisins sur plusieurs points. »

Σχολάζω. Dion, dans le deuxième livre, l'emploie avec le datif : « Et en effet, ils feront mieux la guerre, en s'occupant de ce seul objet. »

Ὑστεραίας, comme τῇ ἐπαύριον. Dion, dans le deuxième livre : « A cette nouvelle, il se rendit auprès d'eux le lendemain. »

III.

Ἄρχω, avec le génitif, dans le troisième livre de Dion : « Dont le père vous commanda irréprochablement. »

Βασιλεύειν, avec le génitif, dans le troisième livre de Dion : « Cela se pratique non-seulement parmi ceux qui exercent chez eux le pouvoir royal, mais encore parmi les grands de l'État. »

Ἐφιέναι, avec le génitif. Dans le troisième livre de

Νέρων, ὅτε ἦρχε Ῥωμαίοις » · ὡς καὶ παρ' Ὁμήρῳ·

Ἄρχευ Ἀργείοισιν.

7. Bekker, l. l., p. 130, 23.

8. Ce passage est de nouveau cité par le Grammairien, au mot παραδυναστεύω, l. l., p. 164, 32 et p. 165, 1-2.

9. Bekker, l. l., p. 139, 26.

ἀγαπᾷ ὑμᾶς, οὐδὲν ἂν μεῖζον τεκμήριον λάβοιτε, ἢ ὅτι τοῦ τε βίου τοῦ παρ' ὑμῖν ἐφίεται. »

Ἐπισκήπτω [1], παραγγέλλω, δοτικῇ. Δίωνος τρίτον βιβλίον· « Ὥσπερ που καὶ Ῥωμύλος ἡμῖν ἐπέσκηψεν. »

Λυσιτελεῖ, δοτικῇ [2]. Δίων βιβλίῳ τρίτῳ· « Πῶς δ' ἂν καὶ λυσιτελήσειέ τινι τοῦτο πρᾶξαι. »

Πρὸ [3] πολλοῦ [4], ἀντὶ τοῦ περὶ πολλοῦ. Τρίτῳ βιβλίῳ Δίων· « Καὶ πρὸ πολλοῦ κομίσασθαι τὰ προϋπάρξαντά οἱ ποιεῖται. »

Παραδυναστεύω [5], δοτικῇ [6]. Δίων τρίτῳ· « Οὐχ ὅπως πρὸς αὐτῶν τῶν βασιλευόντων σφῶν, ἀλλὰ καὶ πρὸς τῶν παραδυναστευόντων αὐτοῖς γίνεται. »

Δ'.

Δωροῦμαι [7]· ἐπὶ τοῦ παρέχω, δοτικῇ. Δίωνος τετάρτῳ

---

1. Bekker, l. l., p. 139, 29. « Ἐπισκήπτειν, dit Budée, p. 128, est etiam obtestari et mandare; ususque ejus verbi extremis mandatis accommodatus est, hominumque morientium precibus, quippiam ab amicis et necessariis hæredibusve contendentium, quasique fidei eorum committentium. » Cf. les exemples dans le Thes. gr. ling., tom. III, p. 1775-1776, éd. Didot.

2. Le même, l. l., p. 155, 14. Je lis : Λυσιτελεῖ, δοτικῇ. Δίων κτλ., d'après le manuscrit n° 345. Le mot δοτικῇ manque dans Bekker, l. l., et dans Sturz, qui l'a copié. Cf. tom. I, p. 174 de son édition.

3. Le même, l. l., p. 164, 28.

4. La préposition πρό manque dans le manuscrit n° 345. Dans le second exemple, cité par le Grammairien, καὶ Θουκυδίδης πρώτῳ· « εἰ ἦν ὑμεῖς ἂν πρὸ πολλῶν χρημάτων καὶ χάριτος ἐτιμήσασθε », le copiste a écrit, en réunissant mal à propos deux mots en un seul : προπολλῶν (sic).

5. Bekker, l. l., p. 164, 32, et p. 165, 1-2. Cf. p. 314 de ce volume.

6. Le manuscrit n° 345 porte γενικῇ, leçon fautive qui a été maintenue

Dion : « Il vous aime, et la plus grande preuve que vous puissiez en avoir, c'est qu'il désire vivre avec vous. »

Ἐπισκήπτω, comme παραγγέλλω, avec le datif. Dans le troisième livre de Dion : « Comme nous le recommanda Romulus. »

Λυσιτελεῖ, avec le datif. Dion, dans le livre troisième : « Et comment serait-il utile à quelqu'un de faire cela ? »

Πρὸ πολλοῦ, au lieu de περὶ πολλοῦ. Dion, dans le troisième livre : « Il attache le plus grand prix à recouvrer ce qu'il possédait auparavant. »

Παραδυναστεύω, avec le datif. Dion, dans le troisième livre : « Cela se pratique non-seulement parmi ceux qui exercent chez eux le pouvoir royal, mais encore parmi les grands de l'État. »

IV.

Δωροῦμαι, au lieu de παρέχω, avec le datif. Dans le

---

par Bekker, l. l., et par Sturz, l. l. Probablement le copiste a mis γενικῇ ici, comme p. 314, lig 17 de ce volume, au mot βασιλεύειν, sans tenir compte de la citation qui aurait dû lui rappeler que le datif est nécessaire avec παραδυναστεύω. Outre le passage cité par le Grammairien, cf. Dion, liv. LIII, 19 : Καὶ γὰρ λέγεσθαι καὶ πράττεσθαι πάντα πρὸς τὰ τῶν ἀεὶ κρατούντων τῶν τε παραδυναστευόντων σφίσι βουλήματα ὑποπτεύεται. Liv. LXXV, 14 : Πλαυτιανὸς δὲ παραδυναστεύων τῷ Σεβήρῳ κτλ. Liv. LXXVIII, 27 : Καὶ χρήματα, καὶ αὐτῷ τῷ Ἀρταβάνῳ καὶ τοῖς παραδυναστεύουσιν οἱ ἐδαπάνησεν. Dans un autre passage, liv. LXVI, 18, οὐ γὰρ ὁμοίως ἄλλοι τέ τινες παραδυναστεύουσι, καὶ αὐτοὶ αὐταρχοῦσιν, leçon confirmée par tous les manuscrits de Xiphilin, la conjecture de Sylburg, qui propose ἄλλῳ ou ἄλλοις, est justifiée par la grammaire, en même temps qu'elle donne plus de force à la pensée.

7. Bekker, l. l., p. 133, 8.

βιβλίῳ· «Καὶ τῇ γε κόρῃ καὶ ὅπλα, ὥς φασί τινες, καὶ ἵππον ἐδωρήσατο ¹. »

Διαλλάττω ², γενικῇ. Δίωνος τετάρτῳ βιβλίῳ· «Καὶ τά τε ἄλλα αὐτοῖς πολὺ διαλλάττοντα ἀλλήλων, καὶ τὰς ἐπικλήσεις διαφόρους παρέθεσαν ³. »

Κακουργῶ ⁴, αἰτιατικῇ, ἐπὶ τοῦ ληΐζομαι. Δίων τετάρτῳ βιβλίῳ· « Πάντα τὰ μέχρι τείχους ἐκακούργουν. »

Κατέδραμον ⁵, ἐπὶ βλάβης, γενικῇ. Δίωνος ἐκ τοῦ τετάρτου βιβλίου· « Ἀλλὰ τῆς τε χώρας τῆς Ῥωμαϊκῆς κατέδραμον. »

Ε'.

Ἐπελπίζω ⁶· τὸ ὑποσχέσθαι, αἰτιατικῇ. Δίων πέμπτῳ βιβλίῳ· «Ἐπελπίζοντές τινα αὐτοὺς οἱ δυνατοί ⁷. »

Τιμῶ ⁸ ἐπὶ τιμῆς καὶ δόξης, αἰτιατικῇ τὸ τιμώμενον

---

1. Ce qui suit, dans Bekker, l. l., p. 133, 12-15, complète la règle établie par le Grammairien ; j'ai cru devoir le transcrire. Ἐπὶ δὲ τοῦ τιμῶ, αἰτιατικῇ· τὸ δὲ δεδομένον, ἤτοι τὸ δῶρον, δοτικῇ. Προκοπίου Γαζαίου ἐπιταφίῳ Σαλαμινίου· « Λάφυρα δὲ τῷ κειμένῳ προσέφερον, τοῖς ἀριστεῦσι καὶ τεθνηκότα δωρούμενοι. » Τοῦτο πολὺ παρὰ Ἰωσήπῳ καὶ Προκοπίῳ τῷ Καισαρεῖ. Au lieu de τὸ δὲ δεδομένον, le manuscrit n° 345 porte τὸ δεδομένον. Ici la particule δέ a été omise, à cause de sa ressemblance avec la première syllabe du mot suivant. D'autres fois elle est omise, lorsque le mot qui la précède se termine par la syllabe δε, comme dans ce passage de Platon, Ménon, § I, tom. IV, p. 6, éd. Bekk. Lond. : Ἐνθάδε δὲ, ὦ φίλε Μένων, τὸ ἐναντίον περιέστηκεν. Trois Ms. portent ἐνθάδε, ὦ φίλε κτλ. Pour d'autres omissions de δέ, cf. Platon, Théagès, § 10, l. l. tom. VI, p. 15 ; Ménexène, § 19, l. l., p. 173 ; § 21, l. l., p. 179, etc.
2. Bekker, l. l., p. 133, 16.
3. Le passage ἡγοῦμαι, δοτικῇ. Δίων τετάρτῳ βιβλίῳ· « Ὑπὸ δὲ τὸν αὐτὸν χρόνον — ἡγουμένης σφίσι Κανδάκης (Bekker, l. l., p. 147, 25-29), ne se

quatrième livre de Dion : « Il donna à la jeune fille, comme le rapportent certains historiens, des armes et un cheval. »

Διαλλάττω, avec le génitif. Dans le quatrième livre de Dion : « Ils leur donnèrent diverses choses qui différaient beaucoup les unes des autres, et des surnoms différents. »

Κακουργῶ, avec l'accusatif, au lieu de ληίζομαι. Dion, dans le quatrième livre : « Ils portèrent partout le pillage, jusqu'aux remparts de la ville. »

Κατέδραμον, exprimant le dommage, avec le génitif, d'après le quatrième livre de Dion : « Mais ils dévastèrent les terres des Romains. »

V.

Ἐπελπίζω, comme τὸ ὑποσχέσθαι, avec l'accusatif. Dion, dans le cinquième livre : « Les citoyens puissants leur donnant quelques espérances. »

Τιμῶ, exprimant l'idée d'honneur et de gloire, prend à l'accusatif le nom de la personne qui reçoit l'honneur,

---

rapporte pas au livre IV°; mais au liv. LIV, 5, tom. I, p. 734, éd. de Reimarus. Il faut donc lire, d'après la remarque de Bekker, l. l. tom. III, p. 1091, Δίων πεντηκοστῷ τετάρτῳ, au lieu de Δίων τετάρτῳ. Dans le manuscrit n° 345, le copiste a écrit Δ͂, au lieu de ΝΔ͂. Ce passage ne peut donc trouver place ici.

4. Bekker, l. l. tom. I, p. 152, 1.
5. Le même, l. l., 3.
6. Bekker, l. l., p. 140, 10.
7. Je me suis appuyé sur ce passage, pour substituer ἐπελπίσας à la leçon ἀντελπίσας, donnée par M. A. Mai, Fr. XXXVIII, p. 82, lig. 6, tom. 1 de cette édition ; cf. l. l., p. 83, not. 4. Souvent ἐπελπίζω a le même sens que ἐλπίζω. Voir les exemples dans le Thes. gr. ling. tom. III, p. 1477, éd. Didot.
8. Bekker, l. l., p. 175, 14-16 et 18-20.

πρόσωπον, ἡ δὲ τιμὴ δοτικῇ[1]. Δίων πέμπτῳ βιβλίῳ· « Τούτῳ τε οὖν αὐτὸν ἐτίμησεν[2]. »

Ϛ'.

Ζημιῶ[3]· τὸ μὲν ζημίωμα δοτικῇ, τὸ δὲ ζημιούμενον πρόσωπον αἰτιατικῇ. — Δίωνος ἕκτῳ βιβλίῳ· « Ἐπειδὴ ἦρξεν, εἰσήγαγεν[4] καὶ χρήμασιν ἐζημίωσεν, οὔτε περὶ τοῦ σώματος εἰς κίνδυνον καταστήσας. »

---

1. Avant de citer Dion, le Grammairien donne un exemple tiré de Démosthène : Κατὰ Ἀριστοκράτους· « Ὑμεῖς δὲ, ὦ ἄνδρες Ἀθηναῖοι, πάσης τῆς πόλεως μεταδόντες αὐτῷ, καὶ τετιμηκότες ἀλλήλοις (faute du copiste ; lis. ἄλλοις, comme dans le Démosth. de la Coll. Didot, tom. I, p. 361). Καὶ Δίων κτλ.

2. Le Grammairien fait connaître en même temps deux autres emplois de τιμῶ, et donne, à l'appui de son explication, des exemples tirés de Démosthène.
Bekker, l. l., 7-14 : Τιμῶ, ἀντὶ τοῦ προκρίνω καὶ ἄξιον ἡγοῦμαι, γενικῇ. Ἐκ τοῦ παραπρεσβείας· « Καί τοι τοῦτο Φίλιππος ἁπάντων ἂν ἐτιμήσατο πλείστου τοῦ τοῦτον τὸν τρόπον πραχθῆναι. » Καὶ ἐκ τοῦ κατὰ Ἀριστοκράτους· « Τρεῖς δὲ μόναι ψήφῳ διήνεγκαν τὸ μὴ θανάτου τιμῆσαι. » Καὶ κατὰ Ἀνδροτίωνος· « Εἰ τοσούτου τιμᾶσθε τὴν πόλιν (dans le Ms. n° 345 : εἰς τοσούτῳ τιμήσασθαι τὴν πόλιν, les trois premiers mots sont fautifs, et au lieu de τὴν πόλιν, il vaut mieux lire τὴν πολιτείαν, comme dans la Coll. Didot, l. l., p. 316; 381). » Καὶ ἐκ τοῦ κατὰ Ἀριστογείτονος· « Ὅς αὐτὸς αὑτῷ (d'après Bekker, l. l. ; αὐτοῦ, dans le Ms. n° 345, par la confusion des désinences ω et ου, dont nous avons vu plusieurs exemples) θανάτου τετίμηκε. La véritable leçon est celle qui a été adoptée dans la Coll. Didot, l. l. p. 414 : ὃς αὐτὸς αὑτῷ θανάτου τετίμηκε. Pour que le sens soit plus facile à comprendre, je complète la citation : Πλὴν ἔστι, νὴ Δία, ἔστιν ἀδελφός· τις οὗτος αὐτῷ ὁ παρὼν καὶ τὴν καλὴν δίκην αὐτῷ λαχών...... Οὗτος οὖν αὐτὸν ἐξαιτήσεται, ὁ φαρμακός, ὁ λοιμός ; Ὃν οἰωνίσαιτ' ἄν τις μᾶλλον ἰδών, ἢ προσειπεῖν βούλοιτο, ὃς αὐτὸς αὑτῷ θανάτου τετίμηκεν, ὅτε τοιαύτην δίκην ἔλαχεν.
Bekker, l. l. 20-30. : Τιμῶ· ἐπὶ προστιμήσεως, γενικῇ. Κατὰ Τιμοκράτους· « Ἐὰν δὲ ἀργυρίου προστιμηθῇ. » De même, dans le Ms. n° 345 ; mais la leçon τιμηθῇ doit être maintenue ici. Cf. la Coll. Didot, l. l. p. 376 :

et au datif celui de l'honneur qu'elle reçoit. Dion, dans le cinquième livre : « Il lui accorda donc cet honneur. »

VI.

Ζημιῶ, avec le nom de la peine au datif et celui de la personne à l'accusatif. Dans le sixième livre de Dion : « Lorsqu'il eut le souverain pouvoir, il les traduisit en justice et les condamna à une amende pécuniaire; mais il n'exposa pas leur personne au danger. »

Ἐὰν δ' ἁλῷ, τιμάτω ἡ ἡλιαία περὶ αὐτοῦ, ὅ τι ἂν δοκῇ ἄξιος εἶναι παθεῖν ἢ ἀποτῖσαι. Ἐὰν δ' ἀργυρίου τιμηθῇ, δεδέσθω τέως ἂν ἐκτίσῃ ὅ τι ἂν αὐτοῦ καταγνωσθῇ. Le copiste a probablement écrit προστιμηθῇ, parce que ce mot se trouve dans un autre passage, où le verbe composé est nécessaire : Τιμοκράτης εἶπε· καὶ εἴ τινι τῶν ὀφειλόντων τῷ δημοσίῳ προστετίμηται κατὰ νόμον ἢ κατὰ ψήφισμα δεσμοῦ, ἢ τὸ λοιπὸν προστιμηθῇ, εἶναι αὐτῷ ἢ ἄλλῳ ὑπὲρ ἐκείνου ἐγγυητὰς καταστῆσαι, dans la Coll. Didot, p. 377. — Καὶ ὑποκατιὼν ἐκ τοῦ νόμου· « Καὶ εἴ τινι τῶν ὀφειλόντων τῷ δημοσίῳ προστετίμηται κατὰ νόμον ἢ κατὰ ψήφισμα δεσμοῦ. » Καὶ πάλιν· « Καὶ μόνον οὐ προσέγραψε (dans le Ms. n° 345, προσέγραψεν) δίκην ἐξεῖναι λαχεῖν αὐτῷ κατὰ τῶν δικαστῶν τῶν προστιμησάντων (προτιμησάντων dans le même Ms., par la confusion de πρός avec πρὸ) τοῦ δεσμοῦ. » Ἐὰν δὲ ἔχῃ δοτικὴν τοῦ πάσχοντος, αἰτιατικὴ ἔσται τῆς τιμωρίας, οἷον τοῦ αὐτοῦ· « Ἐάν τις ἁλῷ κλοπῆς, καὶ μὴ τιμηθῇ θανάτου, προστιμᾶν αὐτῷ δεσμόν. »
3. Bekker, l. l., p. 146, 15-16 et 21-24.
4. Le même, l. l., donne εἰσήγαγον et ἐζημίωσαν, leçons fautives, qui ont été reproduites par Sturz, tom. I, p. 175 de son édition. Reimarus, tom. I, p. 6, en publiant ce fragment, d'après la Biblioth. Coisl. de Montfaucon, p. 496, soupçonna qu'il fallait remplacer εἰσήγαγον par εἰσήγαγεν, et adopta ἐζημίωσεν. Telle est en effet la véritable leçon : c'est celle que fournit le Ms. n° 345. Il porte εἰσηγαγ = εἰσήγαγεν. Quant à ἐζημίωσεν, le manuscrit porte ἐζημίωσ, mais le σ est surmonté d'une abréviation qui représente la désinence εν, comme pour διώρισεν, dans ce passage cité par Bekker, Anecd. gr. tom. I, p. 138, 15-17 : Ὁ δὲ τὸ ψήφισμα γράφων πολλοῦ γε δεῖ διώρισεν, ὅς γε πάντα τούτοις τἀναντία εἴρηκεν. Sur la confusion des désinences σα, σαν et σεν, cf. p. 216, not. 2 de ce volume.

Z'.

Ἀνταίρω[1], δοτικῇ. Δίωνος ἑβδόμῳ βιβλίῳ· « [Τουσ]-κουλανοὶ[2] δὲ χεῖρας μὲν οὐκ ἀντήραντο αὐτῷ. »

Δικαιῶ[3]· τιμωροῦμαι, αἰτιατικῇ. Δίωνος ἑβδόμῳ βιβλίῳ· « Καὶ διὰ τοῦτό σε δικαιώσω· ἵνα, ὥσπερ τὸ τῆς ἀριστείας ἆθλον, οὕτω καὶ τὸ τῆς ἀνηκουστίας τίμημα ἀπολάβῃς[4]. »

H'.

Ἀφροντιστῶ[5], γενικῇ. Δίωνος ὀγδόῳ βιβλίῳ· « Ἦν γὰρ καὶ πάνυ αὐτὸς ἑαυτῷ πρὸς πάντα τὰ τοιαῦτα ἀρκῶν[6]. »

Προσποιοῦμαι[7], αἰτιατικῇ. Δίων ὀγδόῳ βιβλίῳ· « Καὶ προσποιοῦμαι τὸ ἀδίκημα καὶ ὁμολογῶ τὴν ἐπιορκίαν[8]. »

---

1. Bekker, l. l., p. 123, 32.
2. κουλανοί dans le manuscrit n° 345, dans Bekker, l. l., et dans Sturz, tom. I, p. 175 de son édition, est évidemment un mot tronqué. Je lis [Τουσ]κουλανοί, comme dans le Fr. LXV, tom. I, p. 120 de cette édition : Ὅτι πρὸς Τουσκουλανοὺς ἐστράτευσε Κάμιλλος. Il est bon de remarquer, en passant, que Dion écrit Τουσκουλανοί, l. l., et Τούσκουλον, Fr. XLVIII, l. l., p. 98 ; tandis que Denys d'Hal. a adopté Τοῦσκλον, Ant. Rom., V, 36 et 76 ; X, 22 ; et Τυσκλάνοι, l. l., X, 16, 22, 43, etc. Plutarque écrit Τουσκλάνοι, Camill. XXXVIII.

La suppression de la syllabe initiale Τουσ n'a rien qui doive surprendre. On trouve une faute analogue dans le manuscrit n° 345, qui porte νυσιοδώρου, au lieu de Διονυσιοδώρου, dans ce passage, Bekker, l. l., p. 144, 15 : Καὶ ἐν τῷ κατὰ Διονυσιοδώρου· « Δεινὸν οὖν εἰ μὴ ἡμεῖς συγχωρήσομεν. »

Quant au fait historique, il se rapporte probablement à l'arrivée de Camille chez les habitants de Tusculum et à la conduite qu'ils tinrent envers

VII.

Ἀνταίρω, avec le datif. Dans le septième livre de Dion :
« Les Tusculans ne levèrent point les mains sur lui. »

Δικαιῶ, dans le sens de τιμωροῦμαι, avec l'accusatif. Dans le septième livre de Dion : « A cause de cela, je te punirai ; afin que tu reçoives la peine de ton indocilité, comme tu as obtenu la récompense de ta bravoure. »

VIII.

Ἀφροντιστῶ, avec le génitif. Dans le huitième livre de Dion : « Car il se suffisait à lui-même pour toutes les entreprises de cette nature. »

Προσποιοῦμαι, avec l'accusatif. Dion, dans le huitième livre : « Je revendique l'injustice et j'avoue le parjure. »

---

l'armée romaine et envers son général; cf. Fr. LXV, et les notes, l. l., p. 120-122.

3. Bekker, l. l., p. 133, 19.

4. J'ai déjà cité ce fragment dans la note 4 du Fr. LXXV. Cf. tom. I, p. 136-137 de cette édition.

5. Bekker, l. l., p. 124, 1.

6. L'exemple ne se rapporte point à la règle. « Verba Dionis, dit Sturz, tom. I, p. 175 de son édition, hic allata ad glossam non pertinere, non est quod moneam. »

7. Bekker, l. l., p. 165, 13.

8. Le Grammairien ajoute que προσποιοῦμαι se construit aussi avec le génitif (ce qui est exact, cf. p. 338 de ce volume) *et avec le datif*. Sur ce dernier point il se trompe : l'exemple qu'il cite se rapporte à la forme et au sens de l'actif προσποιέω. Cf. p. 340, et p. 341, not. 5 de ce volume.

Θ'.

Ναυαρχῶ [1], δοτικῇ [2]. Δίων ἐνάτῳ [3] βιβλίῳ· « Λούκιος Οὐαλέριος, ναυαρχῶν τε Ῥωμαίοις καὶ σταλείς ποι ὑπ' αὐτῶν [4]. »

Ι'.

Ὑποπτεύω [5], αἰτιατικῇ [6]. Δίων δεκάτῳ βιβλίῳ· « Οὗτοι δὲ καὶ προσυποπτεύουσιν ὑμᾶς. »

ΙΑ'.

Γέμω [7], γενικῇ. Δίωνος ἑνδεκάτῳ βιβλίῳ· « Οἱ δὲ Καρχηδόνιοι, τὰς ναῦς αὐτῶν ἀναπλεούσας οἴκαδε τηρήσαντες, συχνὰς χρημάτων γεμούσας εἷλον. »

---

1. Bekker, l. l., p. 158, 25.
2. Il se construit avec le génitif comme ἄρχω. Cf. p. 314 de ce volume.
3. « Cod. ἐννάτῳ, dit Bekker, Anecd. Gr. tom. III, p. 1092 ; » mais le manuscrit n° 345 porte très-clairement : Δίων Θ' (h. e. ἐνάτῳ) βιβλίῳ. Je préfère ἐνάτῳ à ἐννάτῳ, d'après le Thes. gr. ling. tom. III, p. 1010, éd. Didot.
4. J'ai cité ce passage, tom. I, p. 180, not. 4 de cette édition, à propos du Fr. CV, où il est question de L. Valérius.
5. Bekker, l. l., p. 177, 28.
6. On trouve, en effet, ὑποπτεύω avec le nom de la personne à l'accusatif, dans Hérodien, IV, 12 : Ἀεί τε πάντας ὑπώπτευεν, ὡς ἐπιβουλεύοντας. Mais le plus souvent c'est le nom de la chose que ce verbe régit à l'accusatif: Platon, Cratyl., § 57, p. 256, tom. IV, Bekk. éd. Lond. : Σκέψαι δὴ ὃ ἐγὼ ὑποπτεύω περὶ αὐτοῦ ; cf. § 49, l. l. p. 247. Le même, Théæt. § 117, l. l. tom. III, p. 522 : Ἆρα λέγεις ὃ καὶ ἐγὼ τότε ὑπώπτευσα. Lorsqu'il a deux compléments, le nom de la chose se met à l'accusatif, comme com-

IX.

Ναυαρχῶ, avec le datif. Dion, dans le neuvième livre :
« Lucius Valérius, commandant les vaisseaux des Romains et envoyé par eux quelque part. »

X.

Ὑποπτεύω, avec l'accusatif. Dion, dans le dixième livre :
« Ceux-ci vous soupçonnent aussi. »

XI.

Γέμω, avec le génitif. Dans le onzième livre de Dion :
« Les Carthaginois ayant guetté les vaisseaux sur lesquels les ennemis voguaient vers leur patrie, en prirent un très-grand nombre qui étaient chargés de richesses. »

plément direct, et celui de la personne à l'accusatif avec une préposition, comme complément indirect; Dion, Fr. CLXIX, p. 272, tom. I de cette édition : Καὶ ἐς ἐκείνους ταὐτὸν ὑπώπτευεν. Le même, liv. XLV, 14 : Ὁ Δέκιμος οὔτε τι ἐς τὸν Καίσαρα ὑποπτεύων. Dans les phrases suivantes et dans celles qui sont construites d'une manière analogue, le nom de la personne à l'accusatif n'est pas le complément du verbe ὑποπτεύειν ; mais bien le sujet d'une proposition infinitive; Platon, Polit. VIII, § 16, l. l. tom. VII, p. 138 : Καὶ ἄν γέ τινας, οἶμαι, ὑποπτεύῃ ἐλεύθερα φρονήματα ἔχοντας μὴ ἐπιτρέψειν αὐτῷ ἄρχειν κτλ. Le même, Gorg. § 21, l. l. tom. III, p. 155 : Καὶ ἐγώ τοι ὑπώπτευον ταύτην σε λέγειν τὴν πειθὼ καὶ περὶ τούτων, ὦ Γοργία, κτλ. De même avec προσυποπτεύειν, Dion, Fr. CCCXXVII, p. 210 de ce volume : Τοῦτό τε οὖν σαφῶς εἰδότες, καὶ προσυποπτεύσαντες τοὺς πρέσβεις ἐπιχειρήσειν τινὰς κτλ. Il est probable que le passage cité par le Grammairien n'est pas complet, et que le pronom ὑμᾶς était suivi d'un verbe à l'infinitif.

7. Bekker, l. l., p. 131, 11.

326   ΔΙΩΝΟΣ ΤΟΥ ΚΑΣΣΙΟΥ ΛΕΙΨΑΝΑ. ΒΙΒΛ. Α-ΛϚ.

Δειπνίζω[1], αἰτιατικῇ· ἀντὶ τοῦ ἐστιῶ. Δίωνος ἑνδεκάτῳ βιβλίῳ· « Τὸν δῆμον ἐδείπνισεν. »

Ἐπικουρῶ[2], δοτικῇ. Δίων ἑνδεκάτῳ βιβλίῳ· « Οὐ πρότερον αὐτοῖς ἐπείσθη ὁ Ῥηγοῦλος, πρὶν Καρχηδονίους οἱ ἐπιτρέψαι[3]. »

Προέσθαι[4], ἀντὶ τοῦ προτιμήσασθαι, αἰτιατικῇ. Δίων ἑνδεκάτῳ βιβλίῳ· « Οὔτε γὰρ πρὸς ἐμοῦ, οὔτε πρὸς ἄλλου ἀνδρὸς ἀγαθοῦ οὐδενός ἐστι προέσθαι τι τῶν κοινῇ συμφερόντων[5]. »

Παραμυθοῦμαι[6], αἰτιατικῇ. [Δίων[7]] ἑνδεκάτῳ βιβλίῳ· « Ἄλλος ἄν τις, παραμυθήσασθαι τὴν καθ' ἑαυτὸν συμφορὰν ἐθελήσας, ἐξῆρεν ἂν τὰ τῶν πολεμίων[8]. »

Σφῆλαι[9], αἰτιατικῇ, ἀντὶ τοῦ σφαλῆναι καὶ πλανηθῆναι ἐποίησεν. Δίωνος ἑνδεκάτῳ βιβλίῳ· « Ἐπειδὴ δὲ ὅ τε χειμὼν ἐπέμενε καὶ[10] ὁμίχλη προσεγένετο, ἔσφηλε δι' αὐτομόλων δή τινων τὸν Ἀννίβαν. »

Συμφέρει[11], δοτικῇ. Δίων ἑνδεκάτῳ βιβλίῳ· « Σὺ μὲν καὶ τοῖς φίλοις τοῖς τι πλημμελήσασιν ἐξέρχῃ, ἐγὼ δὲ καὶ τοῖς ἐχθροῖς συγγινώσκω[12]. »

1. Bekker, l. l., p. 133, 23.
2. Le même, l. l., p. 140, 20.
3. L'exemple ne se rapporte pas à la règle. Ἐπιτρέπω venant après ἐπικουρῶ, dans l'ordre alphabétique, on peut supposer qu'il y a ici une lacune et qu'on lisait dans le Lexique : Ἐπικουρῶ, δοτικῇ..... Ἐπιτρέπω, δοτικῇ. Δίων κτλ. Le copiste a probablement sauté d'un δοτικῇ à l'autre. J'ai déjà cité cet extrait, Fr. CLIII, tom. I, p. 248 de cette édition.
4. Bekker, l. l., p. 165, 23.
5. J'ai déjà cité cet extrait, tom. I, l. l.
6. Bekker, l. l., 30.
7. Comme Sturz, l. l., p. 176, je place ce mot entre crochets. Il ne se

Δειπνίζω, avec l'accusatif, au lieu de ἑστιῶ. Dans le onzième livre de Dion : « Il donna un festin au peuple. »

Ἐπικουρῶ, avec le datif. Dion, dans le onzième livre : « Régulus ne se rendit point à leurs instances, avant que les Carthaginois lui en eussent donné la permission. »

Προέσθαι, avec l'accusatif, au lieu de προτιμήσασθαι. Dion, dans le onzième livre : « Je ne dois, et aucun autre bon citoyen ne doit préférer quoi que ce soit à l'intérêt public. »

Παραμυθοῦμαι, avec l'accusatif. Dion, dans le onzième livre : « Un autre, voulant se consoler de sa défaite, aurait exagéré les forces des ennemis. »

Σφῆλαι, avec l'accusatif, au lieu de il trompa, il fit tomber dans l'erreur. Dans le onzième livre de Dion : « Le mauvais temps s'étant prolongé, et un brouillard s'étant formé, il trompa Annibal par le moyen de quelques transfuges. »

Συμφέρει, avec le datif. Dion, dans le onzième livre : « Tu poursuis même tes amis, lorsqu'ils ont commis quelque faute ; moi, au contraire, je pardonne même à mes ennemis. »

---

trouve ni dans le manuscrit n° 345, ni dans Bekker, l. l.; parce que le § παραμυθοῦμαι venant immédiatement après le § προβαλλόμενος, qui commence ainsi : Προβαλλόμενος· προδιδοὺς, αἰτιατικῇ. Πρώτῳ βιβλίῳ Δίων κτλ., la répétition de Δίων était inutile.

8. Le passage ἄλλος — τὰ τῶν πολεμίων a été cité, tom. I, p. 248.

9. Bekker, l. l., p. 171, 25. Je n'ai pas hésité à substituer σφῆλαι à σφήλω, qui est un barbarisme dans Sturz, l. l., comme dans Bekker, l l., et dans le manuscrit n° 345. On pourrait aussi mettre le présent de l'indicatif, σφάλλω.

10. Ἐπέμενεν, καὶ κτλ., dans le manuscrit n° 345. Sur ce ν paragogique, cf. tom. I, p. LIX de cette édition.

11. Bekker, l. l., p. 171, 29.

12. Encore un extrait où l'exemple ne se rapporte pas à la règle.

ΙΒ'.

[Ἀπ]αλλοτριοῦμαι¹, γενικῇ. Δίωνος δωδεκάτῳ βιβλίῳ· « Ἐκεῖνος μὲν γὰρ ἀπαλλοτριωθῆναι ὑμῶν τρόπον τινὰ ἠδυνήθη. »

Δὲ² περισσὸν, ἢ μᾶλλον ὑπερβεβηκός³. Δίωνος δωδεκάτῳ βιβλίῳ· « Τεθνᾶσι δὲ οἱ μὲν, οἱ δὲ ἑαλώκασιν οἵ γε καὶ λόγου τινὸς ἄξιοι⁴·» ἀντὶ τοῦ· « οἱ δὲ λόγου ἄξιοι, οἱ μὲν τεθνᾶσιν, οἱ δὲ ἑαλώκασιν. »

ΙΓ'.

Ὡς ἐπίπαν· ὡς ἐπιπολύ. Λέγεται δὲ τοῦτο καὶ ὡς πλήθει. Δίων ὁ συγγραφεὺς πολλαχοῦ κέχρηται τῇ λέξει, καὶ ἐν Ῥωμαϊκῶν ιζ'..... Καὶ ἐν τρισκαιδεκάτῳ⁵· « Καί τοι πέφυκεν, ὡς πλήθει, τὸ μὲν βέβαιον ἐκ βραδύτητος, τὸ δ' ὀξύρροπον ἐκ ταχείας⁶ διανοίας ὑπάρχειν. »

---

1. Pour que la règle soit d'accord avec l'exemple, je lis [ἀπ]αλλοτριοῦμαι, au lieu du simple ἀλλοτριοῦμαι, donné par Bekker, l. l., p. 124, 3, d'après le manuscrit n° 345, et conservé par Sturz, l. l., p. 176. Cependant le Grammairien, après s'être servi du verbe simple en tête de la glose, met souvent le composé dans l'exemple; cf. p. 324, § X.

2. Bekker, l. l., p. 133, 25.

3. Ὑποβεβηκός, dans le manuscrit n° 345. Je lis, avec Bekker, l. l., ὑπερβεβηκός, correction exigée par le sens et justifiée par la confusion d'ὑπό avec ὑπέρ. Cf. Bast, Comment. palæogr. p. 846.

4. L'observation assez futile du Grammairien ne porte que sur le δέ placé après τεθνᾶσι. Quant à l'emploi de μέν et de δέ, correspondant l'un à l'autre, cf. Viger, Idiotism. gr. p. 531 et suiv., 699, 841, éd. de Hermann; Henr.

XII.

['Απ]αλλοτριοῦμαι, avec le génitif. Dans le douzième livre de Dion : « Celui-là, en effet, put d'une certaine manière être détaché de vous. »

Δέ explétif, ou plutôt surabondant. Dans le douzième livre de Dion : « Quant aux hommes dignes de quelque estime, les uns ont péri, les autres ont été faits prisonniers. » Au lieu de : Οἱ δὲ λόγου ἄξιοι, οἱ μὲν τεθνᾶσιν, οἱ δὲ ἑαλώκασιν.

XIII.

Ὡς ἐπίπαν, comme ὡς ἐπιπολύ. On exprime aussi la même idée par ὡς πλήθει. L'historien Dion se sert de cette locution dans un grand nombre de passages, et dans le dix-septième livre de son Histoire romaine.... Il l'emploie également dans le treizième livre du même ouvrage : « Cependant, par une loi de notre nature, les résolutions fermes exigent le plus souvent de la lenteur; tandis que les résolutions soudaines demandent un esprit prompt. »

Hoogeveen, Doctr. Particul. Ling. Gr. Epitom. ed. Schütz, Lips. 1806; et surtout le Thes. gr. ling. tom. V, p. 768-770, et p. 1706.

5. Cet extrait est tiré de Suidas, aux mots ὡς ἐπίπαν ; cf. Exc. Vales, n° XIX, p. 7, tom. I de l'édition de Reimarus, et dans celle de Sturz, tom. I, p. 16. Je l'ai déjà cité, Fr. CLXIX, tom. I, p. 270, d'après le même Lexicographe et d'après les Exc. Vat. de M. Mai, n° 67, p. 187, éd. Rom., qui nous apprennent que ce passage est tiré du portrait d'Annibal.

6. Au lieu de ἐκ τάχους, donné par Suidas et par M. A. Mai, d'après les manuscrits du Vatican. Cf. l. l., p. 270, not. 4.

ΙΕ'.

Ἀπέγνων¹· γενικῇ.... Αἰτιατικῇ² δὲ, Δίων ἐν πεντεκαιδεκάτῳ βιβλίῳ· « Μὴ οἱ Συρακούσιοι νεωτερίσωσί τι, τὴν βοήθειαν ἀπογνόντες ³. »

ΙΖ'.

Ἐπέστησεν ⁴, ἀντὶ τοῦ ἔπαυσεν, γενικῇ. Δίων βιβλίῳ ἑπτακαιδεκάτῳ· « Ἐπέστησεν ἐξαίφνης τοῦ δρόμου. »

Ὡς ἐπίπαν ⁵, ὡς ἐπιπολύ. Λέγεται δὲ τοῦτο καὶ ὡς πλήθει. Δίων ὁ συγγραφεὺς πολλαχοῦ κέχρηται τῇ λέξει καὶ ἐν Ῥωμαϊκῶν ιζ'· « Πέφυκε γὰρ καὶ ἄλλως, ὡς πλήθει, τὸ μὲν εὐτυχοῦν θρασύνεσθαι, τὸ δὲ κακοπραγοῦν μετριάζειν· κἀκ τούτου τὸ μὲν δεδιὸς σωφρονεῖν, τὸ δὲ θαρσοῦν ἀκολασταίνειν· ἐπὶ πλέον δὲ ἐν ἐκείνῳ τοῦτ' ἐφωράθη. »

Ἐδημώθη ⁶, ὡς ἐν τῷ δήμῳ διεδόθη, δῆλος πᾶσιν ἐγένετο. Οὕτω Δίων ἐν Ῥωμαϊκῶν ιζ'· « Καί τις λόγος περὶ αὐτῶν τοιόσδε ἐδημώθη. »

---

1. Bekker, l. l., p. 119, 19.
2. Quoique l'accusatif avec ἀπογινώσκω soit moins usité que le génitif, on en trouve pourtant des exemples dans les meilleurs écrivains. Cf. Thes. gr. ling. tom. I, p. 1851 de l'ancienne édition.
3. Cf. un autre extrait du XVᵉ livre, Fr. CCVI, tom. I, p. 326 de cette édition et les notes 1, 2 et 3, l. l. Il nous reste du XVIᵉ livre de Dion deux fragments que j'ai donnés dans le tom. I de cette édition : Fr. CCII, p. 320 ; Fr. CCVII, p. 326. Il serait inutile de les transcrire de nouveau ; mais je dois rappeler, en passant, que le Fr. CCII, p. 320, est le même que celui qui est rapporté par Suidas au mot ἠγαλλεν, et dans la Bibl. Coisl. de Montfaucon, p. 771, d'après le Ms. n° 345.

XV.

Ἀπέγνων, avec le génitif. Dion l'emploie avec l'accusatif, dans le quinzième livre : « De peur que les Syracusains, ayant désespéré du secours, ne fissent quelque tentative nouvelle. »

XVII.

Ἐπέστησεν, au lieu de ἔπαυσεν, avec le génitif. Dion, dans le livre dix-septième : « Il fit sur-le-champ cesser la course. »

Ὡς ἐπίπαν, comme ὡς ἐπιπολύ. On exprime aussi la même idée par ὡς πλήθει. L'historien Dion se sert de cette locution dans un grand nombre de passages et dans le dix-septième livre de son Histoire romaine : « D'ailleurs, il est naturel que les hommes se montrent d'ordinaire insolents dans la prospérité et pleins de modération dans le malheur : par suite, la crainte est modeste; tandis que la présomption ne reconnaît point de frein. Cet homme en a offert un éclatant exemple. »

Ἐδημώθη, comme ἐν τῷ δήμῳ διεδόθη — δῆλος πᾶσιν ἐγένετο. Dion l'emploie ainsi dans le dix-septième livre de son Histoire romaine : « Un bruit de cette nature se répandit sur leur compte parmi la multitude. »

---

4. Bekker, l. l., p. 140, 23.
5. Cf. Exc. Val. n° XIX, tom. I, p. 7 de l'édition de Reimarus, celle de Sturz, tom. I, p. 16, et p. 328 de ce volume; Suidas, aux mots ὡς ἐπίπαν. Sur le sens ὡς πλήθει, *fere, plerumque,* cf. l'*Index* de Reimarus, tom. II, p. 1625. Plusieurs interprètes ont mal expliqué cette locution, cf. Paul. Leopard. Emendatt. V, 19.
6. Tiré de l'Etymologic. Magn., au mot ἐδημώθη. Cf. Suidas, à ce mot, M. Cramer, Anecdot. Paris, tom. IV, p. 168, et Lexic. Bachmann. p. 206, qui porte περὶ αὐτοῦ, au lieu de περὶ αὐτῶν.

Ἐνθυμιζόμενοι [1] · λογιζόμενοι. Οὕτω Δίων ἐν ἑπτακαιδεκάτῳ Ῥωμαϊκῶν [2].

Δοξασίας [3] · δόξης, ὑπολήψεως. Δίων ἐν Ῥωμαϊκῶν ιζ' · « Προσέσται δὲ καὶ τῆς ἐμῆς δοξασίας [4] . . . . . »

ΙΘ'.

Ἀντεπεξελθεῖν [5], δοτικῇ. Δίωνος ἐννεακαιδεκάτῳ βιβλίῳ· « Καὶ τούς τε ἀντεπεξελθόντας οἱ ἀνέκοψαν. »

Προτιμῶ [6], ἀντὶ τοῦ ἀξιώτερον ἡγοῦμαι. Δίων ἐννεακαιδεκάτῳ βιβλίῳ · « Ταραντῖνοι μὲν οὖν οὐδὲν οὐδὲ ἐκείνου προτιμήσαντες. »

Προστατῶ [7], αἰτιατικῇ [8]. Δίων ἐννεακαιδεκάτῳ βιβλίῳ· « Περὶ... τάδε ὑμέτερα ἐγώ τε ἀεὶ προστατῶ [9] . . . . . »

Περιῆν [10], γενικῇ. Δίων ἐκ τοῦ αὐτοῦ · « Περιῆν αὐτοῖς τῆς [11] σχολῆς [12]. »

---

1. Cf. Suidas, à ce mot; M. Cramer, l. 1., p. 169, et Lexic. Bachmann, p. 222.

2. Bekker, l. l., p. 133, 29, cite le passage suivant, comme un extrait de Dion : Διατίθημι, ἀντὶ τοῦ διαπράττομαι, αἰτιατικῇ. Δίωνος ὀκτωκαιδεκάτῳ βιβλίῳ· « Καὶ πάντα μὲν τὰ βέλτιστα τῆς φιλοσοφίας ἄνθη δρεπόμενος. » Je me contente de le transcrire ici, 1° parce qu'il n'appartient pas à Dion, suivant toutes les probabilités ; 2° parce que l'exemple ne se rapporte pas à la règle. Cf. Sturz, tom. I, p. 177.

3. Cet extrait est emprunté à M. Cramer, l. l., p. 168.

4. Cet exemple est probablement tronqué : j'ai traduit comme si le texte portait : Πρόσεσται δὲ καὶ τῆς ἐμῆς δοξασίας τι . . . . .

5. Bekker, l. l., p. 124, 7.

6. Le même, l. l., p. 165, 20.

7. Le même, l. l., p. 166, 1.

8. De même dans Suidas : Προστατεῖ, αἰτιατικῇ, προηγεῖται, προέστηκε, παρακολουθεῖ. Cependant l'emploi de προστατεῖ avec l'accusatif est assez

Ἐνθυμιζόμενοι, dans le sens de λογιζόμενοι, comme on le voit dans le dix-septième livre de Dion.

Δοξασίας, comme δόξης et ὑπολήψεως. Dion, dans le dix-septième livre de son Histoire romaine : « A cela se joindra encore une chose tirée de ma conjecture..... »

XIX.

Ἀντεπεξελθεῖν, avec le datif. Dans le dix-neuvième livre de Dion : « Ils forcèrent ceux qui avaient marché contre lui à rebrousser chemin. »

Προτιμῶ, au lieu de ἀξιώτερον ἡγοῦμαι. Dion, dans le dix-neuvième livre : « Les Tarentins n'ayant donc rien mis au-dessus de lui. »

Προστατῶ, avec l'accusatif. Dion, dans le dix-neuvième livre : « ..... Quant à moi, je suis toujours à la tête de vos affaires..... »

Περιῆν, avec le génitif. Dion, dans le même livre : « Ils avaient du loisir surabondamment. »

---

rare. Dion, dans les parties de son ouvrage qui nous sont parvenues intactes, met toujours le génitif avec ce verbe ; par exemple, liv. LII, 24 : Τῶν δ' ἄλλων τῶν ἐν τῇ Ἰταλίᾳ στρατιωτῶν οἱ ἔπαρχοι ἐκεῖνοι προστατείτωσαν. De même dans Platon ; cf. Lachès, § 28, tom. II, p. 33, éd. Bekk., Lond. : Πρέπει μέντοι, ὦ μακάριε, τῶν (dans un Ms. τῷ, par la confusion de ων avec ῳ) μεγίστων προστατοῦντι μεγίστης φρονήσεως μετέχειν κτλ.; Gorgias, § 158, l. l., tom. III, p. 350 : Προστάτης γὰρ πόλεως οὐδ' ἄν εἷς ποτὲ ἀδίκως ἀπόλοιτο ὑπ' αὐτῆς τῆς πόλεως ἧς προστατεῖ.

9. Le premier mot se trouvant tronqué, et le Grammairien s'étant borné à citer ce qui était nécessaire pour justifier l'emploi de προστατῶ avec l'accusatif, il est difficile de déterminer le sens de ce passage. Les mots ἐγώ τε semblent indiquer un second membre commençant par καί.

10. Bekker, l. l., p. 166, 3.

11. Τοῖς, dans le manuscrit n° 345, par la confusion d'η avec οι.

12. Ce passage est cité plus longuement, p. 334, lig. 4-6.

Προσκατεργάζομαι [1], αἰτιατικῇ. Δίων ἐννεακαιδεκάτῳ βιβλίῳ· « Ῥᾷον καὶ τὰ λοιπὰ προσκατεργάζεσθαι. »

Περιεῖναι [2], τὸ κατισχύειν· γενικῇ τὸ πρᾶγμα, τὸ δὲ πρόσωπον δοτικῇ. Δίων ἐννεακαιδεκάτῳ βιβλίῳ· Ἐπειδὴ δὲ καὶ ὡς περιῆν [3] αὐτοῖς τῆς σχολῆς, τὰς ὁδοὺς δι' αὐτῶν κατεσκευάσαντο.

ΚΑ'.

Ἀπογινώσκω [4], αἰτιατικῇ [5]. Δίωνος εἰκοστῷ πρώτῳ βιβλίῳ· « Ὅ τε Φαμέας ἀπογνοὺς τὰ τῶν Καρχηδονίων πράγματα [6]. »

ΚΒ'.

Καρποῦνται [7], αἰτιατικῇ. — Δίωνος εἰκοστῷ δευτέρῳ βιβλίῳ [8]· « Πολυειδῆ ἀπόλαυσιν καρπούμενοι τῶν κοινῶν ἀγαθῶν. »

Παρίστημι [9], λαμβάνω [10], αἰτιατικῇ. Δίων εἰκοστῷ δευ-

1. Bekker, l. l., p. 166, 11.
2. Le même, l. l., 13.
3. Ὥσπερ ἦν, dans le manuscrit n° 345, variante fautive.
4. Bekker, l. l., p. 124, 9.
5. Il se construit le plus souvent avec le génitif ; Dion XLI, 21: Οἱ ἐν οἴκῳ Ῥωμαῖοι, ἐκείνου τε, ὡς οὐκέτι πλείω χρόνον περιοίσοντος, ἀπέγνωσαν. Le même, XLII, 1 : Καὶ ἀπ' αὐτῆς ὁ Πομπήιος πάντων τῶν ἑαυτοῦ πραγμάτων παραχρῆμα ἀπέγνω. Liv. XLVII, 20 : Τότε γὰρ τῆς τε δημοκρατίας ἅμα ἀπογνόντες, καὶ ἐκεῖνον φοβηθέντες, ἀπῆραν. Cependant il emploie très-fréquemment ἀπογινώσκω avec l'accusatif; liv. XXXIX, 16 : Καὶ αὐτὰ ὁ Πτολεμαῖος μαθών, τήν τε κάθοδον ἀπέγνω κτλ. ; liv. XL, 43 : Μέχρις οὗ ἀπογνοὺς τὰ πράγματα.
6. J'ai déjà cité cet extrait, p. 56 de ce volume, Fr. CCXLIV. Le Grammairien donne ensuite des exemples d'ἀπογινώσκω avec le génitif, l. l.,

Προσκατεργάζομαι, avec l'accusatif. Dion, dans le dix-neuvième livre : « Il fut plus facile d'exécuter même le reste. »

Περιεῖναι, comme κατισχύειν, avec le nom de chose au génitif et celui de la personne au datif. Dion, dans le dix-neuvième livre : « Et comme, même en cet état, ils avaient du loisir surabondamment, on se servit d'eux pour la construction des routes. »

XXI.

Ἀπογινώσκω, avec l'accusatif. Dans le vingt et unième livre de Dion : « Phaméas ayant désespéré des affaires des Carthaginois. »

XXII.

Καρποῦνται, avec l'accusatif. Dans le vingt-deuxième livre de Dion : « Profitant de mille manières des avantages communs. »

Παρίστημι, comme λαμβάνω, avec l'accusatif. Dion, dans

11-13 : Ὁ δὲ Ἀππιανὸς ἐν τῇ Ἀννιβαϊκῇ διχῶς, αἰτιατικῇ μὲν, « ἀπογνοὺς ἅπαντα ». Πρὸ δὲ ἑκατὸν στίχων, γενικῇ· « ἀπογνοὺς οὖν ἑαυτοῦ Ἀννίβας. » Cf. Suidas, au mot ἀπογινώσκω, la note de Bernhardy, et l'Etym. Gudian. p. 589.

7. Bekker, l. l., p. 149, 24-27.

8. Voici le texte complet : Καρποῦνται, αἰτιατικῇ· ἐν τῷ αὐτῷ λόγῳ (h. e. Ὀλυνθιακῷ πρώτῳ)· « Μικρὰ ἀναλίσκοντες, τὰ λοιπὰ καρποῦνται ἀδεῶς. » Καὶ Δίων εἰκοστῷ δευτέρῳ βιβλίῳ κτλ.

9. Bekker, l. l., p. 166, 5.

10. Ce n'est point l'actif παρίστημι, mais le moyen παρίσταμαι qui peut avoir ce sens, comme on le voit par l'exemple que rapporte le Grammairien, et par Dion lui-même, liv. XXXIX, 5 : Μέχρι τῶν Ἀλπέων οἰκοῦντας, τοὺς μὲν βίᾳ, τοὺς δὲ καὶ ὁμολογίᾳ παρεστήσατο. D'autres citations seraient superflues.

τέρῳ βιβλίῳ· "Ὧν τὰ μὲν βίᾳ ᾕρει· τὰ δὲ καὶ ὁμολογίᾳ παρίστατο."

ΚΗ'.

Ἐπιβουλεύω [1], δοτικῇ. — Δίων εἰκοστῷ ὀγδόῳ βιβλίῳ [2]· "Καὶ τοῖς ὑπάτοις ἐπιβουλεύοντα [3]."

Πείθω [4], αἰτιατικῇ, κἂν τὸ πείθομαι δοτικῇ [5]. Εἰκοστῷ ὀγδόῳ βιβλίῳ Δίων· "Οὐχ ὅπως οὐκ ἔπεισέ τινας, καίπερ τινὰ ἀληθῆ λέγων....."

ΛΑ'.

Δημοσιῶ [6], ἀντὶ τοῦ ἀπέκτεινεν [7], αἰτιατικῇ. Δίωνος τριακοστῷ πρώτῳ βιβλίῳ· "Κἀνταῦθα ἀπογνοὺς μηδὲν οἱ τὸν θεὸν ἐπαρκέσειν, Νικομήδην ἐδημοσίωσεν."

---

1. Bekker, l. l., p. 136, 28-32, et p. 137, 1-2.
2. Voici le texte complet : Ἐπιβουλεύω δοτικῇ. Ἐκ τοῦ περὶ συμμοριῶν· « Μήτε ἐκεῖνος ὃν ἡμεῖς ἐπιβουλεύειν ἡγούμεθα τοῖς Ἕλλησι. » Καὶ Δίων εἰκοστῷ ὀγδόῳ βιβλίῳ κτλ.
3. Ἐπιβουλεύω, dit le Grammairien, se construit aussi avec l'accusatif : Καὶ πρὸς αἰτιατικὴν ὁ αὐτός· « Ὕπατοί τε ἀποδειχθέντες καὶ δεκασμοῦ ἁλόντες, ἐπεβούλευσαν τοὺς κατηγορήσαντας σφῶν, Κότταν τε καὶ Τορκουᾶτόν. Mais cette citation est tronquée; il manque ici le verbe ἀνελεῖν. Cf. Dion Cassius, liv. XXXVI, 27, d'où ce passage est tiré; Plutarque, Public. XVII : Ἐπιβουλεύων δὲ τὸν Πορσήναν (Πορσίναν, dans la Coll. Didot) ἀνελεῖν παρεισῆλθεν εἰς τὸ στρατόπεδον, et Démosthène, Disc. contre Midias, XIII, tom. I, p. 270 de la Coll. Didot : Τὴν γὰρ ἐσθῆτα τὴν ἱεράν...... καὶ τοὺς στεφάνους τοὺς χρυσοῦς, οὓς ἐποιησάμην ἐγὼ κόσμον τῷ χορῷ, ἐπεβούλευσεν, ὦ ἄνδρες Ἀθηναῖοι, διαφθεῖραί μου κτλ. En effet, ἐπιβουλεύειν suivi seulement d'un complément direct à l'accusatif signifie *aliquid insidiose moliri*, et alors ce complément doit être un nom de chose; Thucydide, VII, 51 : Ὡς καὶ αὐτῶν (s. ent. τῶν Ἀθηναίων) κατεγνωκότων ἤδη μηκέτι κρεισσόνων εἶναι σφῶν, μήτε ταῖς ναυσὶ,

le vingt-deuxième livre : « Il en subjugua une partie par la force, et il soumit le reste par des traités. »

XXVIII.

Ἐπιβουλεύω, avec le datif. — Dion, dans le vingt-huitième livre : « Et que tendant des piéges aux consuls. »

Πείθω, avec l'accusatif; quoique πείθομαι se construise avec le datif. Dion, dans le vingt-huitième livre : « Bien loin de persuader personne, même en disant certaines choses conformes à la vérité..... »

XXXI.

Δημοσιῶ, au lieu de ἀπέκτεινεν, avec l'accusatif. Dans le trente et unième livre de Dion : « Alors, ayant désespéré que Dieu vînt à son secours, il tua Nicomède. »

μήτε πέζῳ· οὐ γὰρ ἂν τὸν ἔκπλουν ἐπιβουλεῦσαι κτλ. Le même, VIII, 60 : Ξυνέπραξαν δὲ Ἐρετριέων τε ἄνδρες καὶ αὐτῶν Ὠρωπίων, ἐπιβουλεύοντες ἀπόστασιν τῆς Εὐβοίας κτλ. Dans ce sens, il s'emploie souvent avec le nom de la chose à l'accusatif, et celui de la personne au datif; mais je ne connais point d'exemple de ἐπιβουλεύειν avec le nom de la personne à l'accusatif.

4. Bekker, l. l., p. 166, 8-10.

5. La différence de construction s'explique par la différence de signification : πείθω = *suadeo, persuadeo*, etc.; πείθομαι = *persuadeor, assentior, adduci* ou *perduci me patior, credo, obsequor*. Il est bon de rappeler, à cette occasion, que πείθω se construit avec deux accusatifs, celui de la personne et celui de la chose; Platon, Phædon, § 132, tom. V, p. 366, éd. de Bekk. Lond. : Περὶ γάρ τοι τῆς γῆς καὶ αὐτὸς πολλὰ δὴ ἀκήκοα, οὐ μέντοι ταῦτα ἅ σε πείθει. Le même, Apolog. de Socr. § 27, l. l. tom. II, p. 349-350 : Πέπεισμαι ἐγὼ ἑκὼν εἶναι μηδένα ἀδικεῖν ἀνθρώπων, ἀλλὰ ὑμᾶς τοῦτο οὐ πείθω.

6. Bekker, l. l., p. 133, 32, et p. 134, 1-2.

7. Mieux ἀποκτείνω, d'après Sturz, l. l., p. 178.

Ἐπιμνησθῆναι [1], γενικῇ. — Δίωνος [2] τριακοστῷ πρώτῳ βιβλίῳ· « Τῶν δὲ ἄλλων, ὡς καὶ ἐπικουρίας τινὰς παρ' ἑαυτοῦ δεομένων, ἐπιμνησθείς. »

Προστάσσω [3], δοτικῇ. Δίων τριακοστῷ πρώτῳ βιβλίῳ· « Καὶ τῷ Μιθριδάτῃ αὐτὸς [4] πρός τε τοῦ δήμου καὶ πρὸς τῆς βουλῆς προστετάχθαι.... »

Ἐπαρκῶ [5], δοτικῇ. Δίων τριακοστῷ πρώτῳ βιβλίῳ· « Κἀνταῦθα ἀπογνοὺς μηδέν οἱ τὸν θεὸν ἐπαρκέσειν, ἑαυτὸν διεχρήσατο. »

ΛΓ'.

Πιστεύω [6], αἰτιατικῇ. — Δίων τριακοστῷ τρίτῳ βιβλίῳ δοτικῇ [7]· « Πῶς δ' ἄν τις πιστεύσειεν αὐτῷ; » Ἀλλὰ τοῦτο μὲν ἐπὶ προσώπου [8]· ἐκεῖνο δὲ ἐπὶ πράγματος.

Προσποιοῦμαι [9], αἰτιατικῇ. Δίων ὀγδόῳ βιβλίῳ· « Καὶ προσποιοῦμαι τὸ ἀδίκημα, καὶ ὁμολογῶ τὴν ἐπιορκίαν [10]. » Ἐν δὲ τριακοστῷ τρίτῳ βιβλίῳ γενικῇ [11]· « Δι' οὖν ταῦτα

---

1. Bekker, l. l., p. 137, 18-22.
2. Voici le passage complet, l. l. : Ἐπιμνησθῆναι· γενικῇ. Ἐκ τοῦ πρὸς Λεπτίνην· « Οὐ μὴν κωλύει γε οὐδὲν κἀμὲ διὰ βραχέων ἐπιμνησθῆναι τῶν πεπραγμένων αὐτῷ ». Καὶ Δίωνος κτλ. »
3. Bekker, l. l., p. 166, 18.
4. La citation étant incomplète, je n'ai pu préciser le sens de ce passage, ni déterminer le rôle de αὐτός dans la phrase. J'ai donc traduit, sans tenir compte de ce mot.
5. Bekker, l. l., p. 140, 25.
6. Le même, l. l., p. 162, 17.
7. Voici le passage complet : Πιστεύω αἰτιατικῇ. Ἐκ τοῦ παραπρεσβείας· « Καὶ οὔτε ἀκούειν ἠθέλετε, οὔτε πιστεύειν ἐβουλεύεσθε ἄλλα (mieux ἠβούλεσθ' ἄλλα, dans le Démosthène de la Coll. Didot, tom. I, p. 183), πλὴν ἃ οὗτος ἀπήγγελκει. » Δίων τριακοστῷ τρίτῳ βιβλίῳ δοτικῇ κτλ.

Ἐπιμνησθῆναι, avec le génitif. Dans le trente et unième livre de Dion : « Se souvenant que les autres lui demandaient quelques secours. »

Προστάσσω, avec le datif. Dion, dans le trente et unième livre : « Qu'il avait été enjoint à Mithridate par le peuple et par le sénat.... »

Ἐπαρκῶ, avec le datif. Dion, dans le livre trente et unième : « Alors, ayant désespéré que Dieu vînt à son secours, il se tua lui-même. »

XXXIII.

Πιστεύω, avec l'accusatif. — Dion, dans le trente-troisième livre, l'emploie avec le datif : « Et comment pourrait-on se fier à lui ? » Mais on met au datif le nom de la personne, et à l'accusatif le nom de la chose.

Προσποιοῦμαι, avec l'accusatif. Dion, dans le huitième livre : « Je revendique l'injustice et j'avoue le parjure. » Dans le trente-troisième, il l'emploie avec le génitif :

---

8. Sturz s'arrête à ce mot : pour que la règle soit complète, j'ajoute avec le Grammairien, comme dans Bekker, l. l., et dans le Ms. 345 : ἐκεῖνο δὲ ἐπὶ πράγματος.

9. Bekker, l. l., p. 105, 13.

10. Cet exemple a été déjà cité au mot προσποιοῦμαι, p. 322.

11. Dion fournit plusieurs exemples de cette construction ; liv. XLII, 15 : Καὶ τῶν μὲν ὑπὲρ τοῦ κρατήσαντος γεγονότων προσποιούμενος (cf. la note de Sturz sur ce passage). Liv. LXXI, 34 : Καὶ ἐχρῆτο εἰς ἐκεῖνο αὐτῷ, τῶν δὲ ἑτέρων οὐ προσεποιεῖτο. Cf. Aristophane, Eccles., v. 870-871 de la Coll. Didot :

Δέδοικα γὰρ μὴ καὶ παρὰ τῇ στρατηγίδι,
ὅταν κατατιθῶ, προσποιῇ τῶν χρημάτων.

ἐκεῖνος τὸν μὲν ἄλλον χρόνον οὔ τέ τι προσεποιεῖτο αὐτῶν [1]. »

Ὑπερδικῶ [2], ἀντὶ τοῦ ἐκδικῶ, αἰτιατικῇ. Δίων τριακοστῷ τρίτῳ βιβλίῳ· " Καὶ γὰρ γελοῖόν ἐστιν, ἐν Καμπανίᾳ τε αὐτοῦ ὄντος, καὶ δυναμένου διὰ ταχέων ἰὼν αἰτίαν ἔχει λόγον ὑποσχεῖν, ἐμὲ ὑπερδικεῖν. »

ΛΕ'.

Προσποιοῦμαι [3]. [Δίων [4]] ἐν τριακοστῷ πέμπτῳ βιβλίῳ δοτικῇ, ἀντὶ τοῦ ἀγαθὸν ποιῆσαί τι· " Ἢ τοῖς πολεμίοις ἡμῶν προσποιῆσαι [5], » ἤγουν συνάρασθαι.

Στάδιον. Δίων ἐν τριακοστῷ πέμπτῳ Ῥωμαϊκῶν [6]. " Τῷ δὲ δὴ σταδίῳ τῶν σκαφῶν προδιδόμενοι δεινῶς ἠσχαλλον· » ἀντὶ τοῦ τῇ στάσει καὶ ἀκινησίᾳ τῶν σκαφῶν.

ΛϚ'.

Κατασχὼν [7], αἰτιατικῇ. Δίων τριακοστῷ ἕκτῳ βιβλίῳ· « Ταῦτα ἑτέροις ἐγκαλεῖ, καὶ καταψευδόμενος ὑμῶν καὶ προσβάλλων ὑμᾶς [8]. »

---

1. Ainsi qu'on vient de le voir, p. 339, not. 11, la règle du Grammairien est juste; mais son exemple ne paraît point décisif; car ici le génitif peut dépendre de τί, comme dans un passage analogue de Dion, liv. XLVIII, 46 : Καὶ διὰ τοῦτο οὔτε ἐκεῖνος προεποιήσατό τι τῆς νίκης κτλ.
2. Bekker, l. l., p. 177, 30.
3. Le même, l. l., 17.
4. Je mets ce mot entre crochets, parce que je l'emprunte à la première ligne des règles établies pour προσποιοῦμαι par le Grammairien; cf. p. 322, lig. 12, et p. 338, lig. 15. Quant à la règle relative à l'emploi de

« C'est pourquoi, dans la suite, il ne les réclamait plus en aucune manière. »

Ὑπερδικῶ, au lieu de ἐκδικῶ, avec l'accusatif. Dion, dans le trente-troisième livre : « Il est ridicule, lorsqu'il se trouve lui-même en Campanie et qu'il peut promptement se justifier sur les faits qui lui sont imputés, que je sois chargé de sa défense. »

XXXV.

Προσποιοῦμαι. Dion, dans le trente-cinquième livre, l'emploie avec le datif, au lieu de ἀγαθὸν ποιῆσαί τι : « Que d'avoir aidé nos ennemis, » comme s'il y avait συνάρασθαι.

Στάδιον. Dion, dans le trente-cinquième livre de son histoire romaine : « Trahis par l'immobilité de leurs navires, ils tombèrent dans une excessive affliction, » au lieu de τῇ στάσει καὶ ἀκινησίᾳ τῶν σκαφῶν.

XXXVI.

Κατασχών, avec l'accusatif. Dion, dans le trente-sixième livre : « Il reproche ces choses à d'autres, tout en vous attaquant par des mensonges et en vous calomniant. »

---

ce verbe avec le datif, elle est ainsi formulée, dans le Ms. 345 et dans Bekker, l. l. lig. 17-18 : Ἐν τριακοστῷ πέμπτῳ βιβλίῳ δοτικῇ κτλ., sans la répétition de Δίων.

5. Il faut remarquer qu'avec cette construction et dans ce sens, le verbe doit être à la voix active.

6. Cet extrait est tiré des Anecdota Parisiensia de M. Cramer, tom. I, p. 398. Cf. Le même, tom. IV, p. 175.

7. Bekker, l. l., p. 152, 9.

8. L'exemple ne se rapporte point à la règle. Probablement καταψευδό-

Μοναρχῶ[1], γενικῇ. Δίωνος τριακοστῷ ἕκτῳ βιβλίῳ· « Οὔτε ἀνεπίφθονον ἔσται αὐτῷ πάντων τῶν ὑμετέρων μοναρχῆσαι. »

Προνοῶ[2], γενικῇ. Δίων τριακοστῷ ἕκτῳ βιβλίῳ· « Δεῖ δὲ δή που καὶ τοῦ τοιούτου τὸν φρόνιμον ἄνδρα περινοεῖσθαι[3]. »

Προσπολεμῶ[4], αἰτιατικῇ, ἀντὶ τοῦ πολεμίους καθιστῶ[5]. Δίων τριακοστῷ ἕκτῳ βιβλίῳ· « Καὶ βασιλέας προσεπολεμώσατο· τοὺς δὲ προσεποιήσατο[6]. »

―――――

μενος venait après κατασχών dans le Lexique, où il y a une lacune : le copiste a sans doute sauté d'un mot à l'autre.

1. Bekker, l. l., p. 157, 30.
2. Le même, l. l., p. 166, 21.
3. Mieux προνοεῖσθαι. La leçon περινοεῖσθαι peut provenir de la fréquente confusion de περί avec πρός, qui est souvent confondu lui-même

Μοναρχῶ, avec le génitif. Dans le trente-sixième livre de Dion : « Et il n'échappera point à la haine, lui qui vous a tous soumis à son despotisme. »

Προνοῶ, avec le génitif. Dion, dans le trente-sixième livre : « Certes l'homme sensé doit porter son attention sur un pareil sujet. »

Προσπολεμῶ, avec l'accusatif, au lieu de πολεμίους καθιστῶ. Dion, dans le trente-sixième livre : « Il fit des rois ses ennemis : quant aux autres, il gagna leur amitié. »

---

avec πρό. Cf. Schæfer, Meletem. p. 103 ; Bast, Comment. palæogr. p. 838 et p. 789, 837.

4. Bekker, l. l., 24-26.

5. Lisez καθίστημι.

6. Pour d'autres exemples de προσποιοῦμαι avec la signification de *mihi concilio*, très-fréquente dans Dion Cassius, cf. l'*Index* de Reimarus, tom. II, p. 1621 de son édition.

ÉCLAIRCISSEMENTS.

CCX. *Masinissa* (p. 3). Polybe, XIV, 3, 8; XV, 4, 3, 4; 5, 12, 13; 9, 8; 2 et 6; 14, 7 et suiv.; 18, 5; XXI, 9, 7; XXII, 4, 2; XXXII, 2; XXXVII, 3; Tite-Live, XXVIII, 35; XXIX, 29-34; XXX, 1-17; Appien, VIII, 10-12, 13, 14-28, 32, 37, 41-48 et suiv., donnent sur l'histoire de Masinissa des détails qui permettent de combler en partie les lacunes que le temps a faites dans Dion. Je me contente de transcrire le résumé d'Appien, VIII, 106 : Ἀνὴρ ἐς πάντα ἐπιτυχής, ᾧ τὴν μὲν ἀρχὴν τὴν πατρῴαν θεὸς ἔδωκεν, ἀφαιρεθέντι πρὸς Καρχηδονίων καὶ Σύφακος, ἀναλαβεῖν, καὶ προαγαγεῖν ἐπὶ μέγιστον, ἀπὸ Μαυρουσίων τῶν παρ' Ὠκεανῷ μέχρι τῆς Κυρηναίων ἀρχῆς ἐς τὰ μεσόγαια· ἡμερῶσαι δὲ γῆν πολλήν, τὰ πολλὰ τῶν Νομάδων ποηφαγούντων διὰ τὸ ἀγεώργητον· θησαυρούς τε μεγάλους χρημάτων καταλιπεῖν, καὶ στρατιὰν πολλὴν γεγυμνασμένην· τῶν δ' ἐχθρῶν, Σύφακα μὲν αἰχμάλωτον ἑλεῖν αὐτοχειρί· Καρχηδόνι δ' αἴτιον τῆς ἀναστάσεως γενέσθαι, πάμπαν ἀσθενῆ Ῥωμαίοις καταλιπόντα. Ἔφυ δὲ καὶ τὸ σῶμα μέγας τε καὶ εὔρωστος ἐς γῆρας πολύ, καὶ μάχης ἐπειρᾶτο μέχρι τοῦ θανάτου, ἵππου τε χωρὶς ἀναβολέως ἐπέβαινε. Cf. Diodore de Sicile, XXXII, 17.

Un naturel perfide (Ibid.). Il faut lire, à ce sujet, Salluste, Jugurtha, XLVI; LVI; LXI; LXVI, etc. La fidélité de Masinissa envers les Romains ne se démentit pas, une fois qu'il eut embrassé leur cause; mais sa qualité d'Africain avait d'abord inspiré de la défiance à Scipion lui-même; Tite-Live, XXVIII, 44.

CCXI. *Épris de Sophonisbe (Ibid.).* Elle avait été fiancée à Masinissa, avant d'être l'épouse de Syphax; Diodore de Sic., XXVII, 7. Au moment où Masinissa, maître de Cirta, entra dans le vestibule du palais du roi, Sophonisbe vint à sa rencontre, se jeta à ses pieds et lui demanda la mort pour se soustraire au despotisme de Rome. Masinissa, subjugué par la beauté de sa captive et ne consultant que sa passion, résout de la prendre pour épouse et célèbre ses noces, le jour même. Blâmé par Scipion, il se retire dans sa tente, pousse de profonds gémissements, appelle un esclave de confiance, chargé de garder le poison réservé contre les coups imprévus de la Fortune, le mêle dans une coupe et lui ordonne de le porter à Sophonisbe. Cf. Tite-Live, XXX, 11-15, dont le récit se termine par une scène dramatique : « Venenum ferens minister quum ad Sophonisbam venisset, — Accipio, inquit, nuptiale munus, neque ingratum, si nihil majus vir uxori præstare potuit. Hoc tantum nuncia, melius me morituram fuisse, si non in funere meo nupsissem. — Non locuta est ferocius, quum acceptum poculum, nullo trepidationis signo dato, impavide hausit. » Appien, l. l., 28, d'ailleurs beaucoup plus simple, n'est pas d'accord sur toutes les circonstances avec l'Historien latin : Ὤχετο οὖν ὁ Μασσανάσσης μετά τινων Ῥωμαίων, παραδώσων αὐτοῖς τὴν Σοφονίδαν. Κρύφα δὲ αὐτῇ, φέρων φάρμακον, πρῶτος ἐνέτυχε · καὶ τὰ παρόντα προύθηκεν, ἢ πιεῖν, ἢ Ῥωμαίοις δουλεύειν ἑκοῦσαν. Οὐδέν τε εἰπὼν ἔτι, ἐξήλασε τὸν ἵππον. Ἡ δὲ τῇ τροφῷ δείξασα τὴν κύλικα, καὶ δεηθεῖσα μηδὲν ὀδύρασθαι καλῶς ἀποθανοῦσαν, ἔπιε τοῦ φαρμάκου. Καὶ αὐτὴν ὁ Μασσανάσσης τοῖς ἥκουσι Ῥωμαίοις ἐπιδείξας, καὶ θάψας βασιλικῶς, ὑπέστρεψε πρὸς Σκιπίωνα. Cf. Diodore de Sicile, XXVII, 7.

« On remarque avec intérêt, dit M. Ph. Le Bas dans son savant commen« taire sur Tite-Live, XXX, 14, que l'art tragique a commencé par une « Sophonisbe, en Italie comme en France. Ainsi, ce sujet fut adopté d'a« bord en 1514 par Trissino, qui le premier appliqua rigoureusement à la « tragédie la règle des trois unités. En 1633, quelques années avant l'appa« rition du Cid, Mairet le transporta sur la scène française, et sa Sopho« nisbe, qui, au milieu d'un style ampoulé ou bassement familier, offre « quelques lueurs de génie, fut la première pièce régulière jouée devant « Louis XIII. Corneille et Voltaire ont composé chacun une Sophonisbe, « sans réussir à l'élever au niveau des chefs-d'œuvre qu'ils nous ont laissés.»

CCXII. *A cause de sa douceur et de son opulence* (p. 5). Ainsi que je l'ai déjà dit, p. 4, not. 3, je regarde la leçon ὑπό τε ἐπιεικείας καὶ κάλλους, πλούτου τε κτλ., comme altérée, et je n'ai pas rendu les mots καὶ κάλλους. Suivant toute apparence, ils ont été interpolés. Pour s'en convaincre, il suffit de résumer les faits.

P. Scipion, après avoir remis le gouvernement de l'Espagne à L. Lentulus et à L. Manlius Acidinus, était revenu à Rome avec dix vaisseaux; Tite-Live, XXVIII, 38. Le sénat lui donna audience hors de la ville, dans le temple de Bellone. Là, Scipion raconta ce qu'il avait fait en Espagne et les batailles qu'il avait livrées : il rappela combien de villes il avait prises d'assaut, combien de peuples il avait soumis à la domination romaine. La séance levée, il entra dans Rome, faisant porter devant lui quatorze mille trois cent quarante-deux livres d'argent en lingots, et beaucoup d'argent monnayé, qu'il alla déposer dans le trésor public; Tite-Live, l. l. Ensuite L. Veturius Philon tint les comices pour l'élection des consuls : toutes les centuries, avec une faveur marquée, portèrent P. Scipion au consulat. On lui donna pour collègue P. Licinius Crassus, grand pontife. Scipion eut pour destination la Sicile, et Crassus le Bruttium. L'occasion était favorable pour Scipion, qui brûlait de porter la guerre en Afrique, et qui savait que le peuple lui destinait ce département; mais au sénat il trouva des adversaires acharnés ; le grand Fabius surtout, qui voyait un rival dans le jeune héros. Fabius s'appliqua à faire ressortir tous les dangers de l'expédition d'Afrique, et conclut à ce qu'elle ne fût point confiée à un général qui avait laissé échapper de l'Espagne Asdrubal, le plus redoutable ennemi de Rome, après Annibal. Cependant il fut décidé que Scipion aurait la Sicile, avec les trente galères qui, l'année précédente, avaient été sous les ordres de C. Servilius, et qu'il pourrait passer en Afrique, s'il le jugeait utile à la République; cf. Tite-Live, l. l., 40-45.

Plutarque, Fab. Maximus, XXV, raconte les faits en quelques lignes et finit par ces réflexions : Ἔοικε δ' ὁρμῆσαι μὲν ἐξ ἀρχῆς ὁ Φάβιος πρὸς τὸ ἀντιλέγειν ὑπὸ πολλῆς ἀσφαλείας καὶ προνοίας μέγαν ὄντα δεδιὼς τὸν κίνδυνον, ἐντεῖναι δέ πως μᾶλλον ἑαυτὸν καὶ πορρωτέρω προαχθῆναι φιλοτιμίᾳ τινὶ καὶ φιλονεικείᾳ κωλύων τοῦ Σκηπίωνος τὴν αὔξησιν, ὅς γε καὶ Κράσσον ἔπειθε, τὸν συνυπατεύοντα τῷ Σκηπίωνι, μὴ παρεῖναι τὴν στρατηγίαν μηδ᾽ ὑπείκειν· ἀλλ᾽ αὐτὸν, εἰ δόξειεν, ἐπὶ Καρχηδονίους περαιοῦσθαι, καὶ χρήματα δοθῆναι πρὸς τὸν πόλεμον οὐκ εἴασε. Χρήματα μὲν οὖν Σκηπίων ἑαυτῷ πορίζειν ἀναγκαζόμενος ἤγειρε παρὰ τῶν ἐν Τυρρηνίᾳ πόλεων ἰδίᾳ πρὸς αὐτὸν οἰκείως διακειμένων καὶ χαριζομένων· Κράσσον δὲ τὰ μὲν ἡ φύσις οὐκ ὄντα φιλόνεικον, ἀλλὰ πρᾷον, οἴκοι κατεῖχε· τὰ δὲ καὶ νόμος θεῖος, ἱερωσύνην ἔχοντα τὴν μεγίστην.

Ainsi, d'après Plutarque, Fabius, aveuglé par l'envie, ne se contenta pas de faire refuser de l'argent à Scipion : il alla jusqu'à conseiller à un grand pontife d'enfreindre la loi qui lui défendait de sortir de l'Italie; mais Crassus ne s'associa pas à la jalousie du vieux Fabius. La douceur de son caractère l'éloigna de ces luttes, suscitées par l'envie et par l'ambition, comme son opulence le dispensa de courir après les richesses nouvelles qu'il aurait pu amasser dans un pays ennemi : en même temps son respect pour la dignité dont il était revêtu ne lui permit pas de quitter l'Italie. Il accepta donc le Bruttium et abandonna la Sicile à son collègue, sans consulter le sort. Ici, tout concorde, et je ne vois point de place pour κάλλους τε. Quant à la signification que je donne à ὑπό dans ce passage, il suffira, pour la justifier, de citer un passage analogue de Dion, Fr. CCCXXVIII, p. 212 de ce volume: Ἐκεῖνος μὲν ὑπό τε τῆς ἐν τῷ ἄστει φιλοχωρίας καὶ ὑπὸ τῶν δικαστηρίων.... κατὰ χώραν ἔμεινεν.

Wagner et M. Tafel supposent qu'il manque, après les génitifs ἐπιεικείας — κάλλους — πλούτου, un adjectif qui correspondrait à l'adjectif allemand *ausgezeichnet* : « Licinius Crassus, distingué par sa douceur, par sa beauté et par son opulence, etc. »; mais alors il faudrait ἐπιεικείᾳ — κάλλει — πλούτῳ.

CCXIII. *Publius Scipion.... fut préféré à tous les citoyens* (p. 7). Dion semble avoir puisé aux mêmes sources qu'Appien, VII, 56 : Ῥωμαίοις δὲ..... ἐκέλευε τὰ Σιβύλλεια, διὰ τοῦ παρὰ σφίσιν ἀρίστου τὸ βρέτας ἐκ Φρυγίας μεταγαγεῖν. Καὶ τὸν ἄριστον ἐν τῷ τότε σφίσι δοκοῦντα εἶναι, Σκιπίωνα, τὸν

Νασικᾶν ἐπίκλην, ἐπεπόμφεσαν, υἱὸν μὲν ὄντα Γναίου Σκιπίωνος τοῦ στρατηγήσαντος ἐν Ἰβηρίᾳ καὶ ἐν αὐτῇ πεσόντος, ἀνεψιὸν δὲ Σκιπίωνος τοῦ Καρχηδονίους ἀφελομένου τὴν ἡγεμονίαν, καὶ πρώτου κληθέντος Ἀφρικανοῦ. Ὧδε μὲν ἡ θεὸς ἐς Ῥώμην δι' ἀνδρῶν καὶ γυναικῶν ἀρίστων ἀφικνεῖτο. Suivant Tite-Live, XXIX, 10, d'après une prophétie trouvée dans les livres Sibyllins, les Romains avisèrent aux moyens de transporter de Pessinonte à Rome la Mère Idéa. Ils envoyèrent en ambassade auprès d'Attale, roi de Pergame, dont l'oracle de Delphes avait déclaré l'entremise nécessaire pour transférer à Rome la Déesse protectrice, M. Valerius Lévinus, qui avait été deux fois consul; M. Cécilius Métellus, déjà honoré de la préture; Ser. Sulpicius Galba, autrefois édile; Cn. Tremellius Flaccus et M. Valerius Falton, tous deux anciens questeurs. Arrivés à Pergame, ils trouvèrent un bienveillant accueil auprès d'Attale, qui les conduisit à Pessinonte, leur remit une pierre sacrée que les habitants assuraient être la mère des Dieux et les invita à la transporter à Rome. Envoyé en avant par ses collègues, M. Valerius Falton annonça aux Romains l'arrivée de la Déesse et leur dit que, d'après l'oracle de Delphes, il fallait chercher le citoyen le plus vertueux pour la recevoir dignement. Lorsqu'on apprit que la Déesse était déjà à Terracine, Tite-Live, l. l. 14, le sénat se montra fort embarrassé pour décider quel était l'homme le plus irréprochable : enfin l'opinion publique désigna P. Scipion, qui fut chargé d'aller à Ostie, avec les dames romaines, pour recevoir la Déesse au sortir du vaisseau et la remettre aux dames qui devaient la porter. Aussitôt que le vaisseau fut parvenu à l'embouchure du Tibre, Scipion se rendit à bord, prit la Déesse des mains des prêtres et la transféra sur le rivage, où elle fut reçue par les dames des familles les plus distinguées. Celles-ci, se succédant les unes aux autres, pour partager l'honneur d'un si glorieux fardeau, traversèrent la foule, l'encensoir à la main, priant la Déesse d'entrer dans Rome avec bienveillance, et la déposèrent dans le temple de la Victoire, sur le mont Palatin, la veille des Ides d'avril, qui fut depuis un jour de fête.

Les différences que présentent le récit de l'Historien latin et celui de l'Historien grec doivent être attribuées au Compilateur, qui, en abrégeant, a bien pu confondre certaines circonstances. Cf. dans les *Mémoires de l'Académie des Inscriptions et Belles-Lettres*, Mém. Vol. XXIII, p. 213, 225; Vol. XXXVII, 392-396.

CCXIV. *Instruits des excès commis à Locres (p. 7).* La ville de Locres avait embrassé le parti des Carthaginois, Tite-Live, XXIX, 6; lorsqu'une circonstance inattendue donna aux Romains l'espoir de la reprendre. Après une lutte acharnée, l. l. 6-7, Scipion, maître de cette ville, y laissa en garnison Q. Pleminius avec les troupes qui avaient pris la citadelle, et repassa à Messine avec celles qu'il avait amenées. Pleminius et ses soldats se portèrent à tous les excès. Les femmes, les enfants furent en butte à mille

ECLAIRCISSEMENTS.

outrages. L'avidité du chef et de la soldatesque ne respecta pas même les temples des Dieux : ils pillèrent les trésors de Proserpine, restés intacts depuis le sacrilége de Pyrrhus. Cf. Valère-Maxime, I, 1, 21 ; Diodore de Sicile, XXVII, 4.

Furent indignés contre lui (Ibid.). Personne ne montra plus d'acharnement que Fabius contre Pléminius et contre Scipion. Il fut d'avis qu'il fallait faire venir à Rome Pléminius, chargé de chaînes, et, si les accusations des Locriens étaient fondées, le mettre à mort dans sa prison et confisquer ses biens. Quant à Scipion, il voulait qu'on le rappelât, pour être sorti de la province, sans l'ordre du sénat, et qu'on engageât les tribuns à proposer au peuple sa destitution ; cf. Tite-Live, l. l. 19, et Diodore de Sicile, l. l.

De ce qu'il avait adopté les mœurs grecques (p. 9). Tite-Live, l. l., est d'accord avec Dion sur tous les points.

Ces menées furent déjouées par l'affection du peuple (Ibid.). Surtout par l'influence de Q. Métellus. Sur son avis, le sénat décréta que M. Pomponius, à qui le sort avait donné le département de la Sicile, partirait, sous trois jours, pour sa destination. Les consuls furent chargés de choisir dans le sénat dix députés pour accompagner le préteur, ainsi que deux tribuns du peuple et un édile. Le préteur, avec cette commission, prendrait connaissance de l'affaire. Si les violences dont se plaignaient les Locriens avaient été commises par l'ordre ou de l'aveu de P. Scipion, on lui ordonnerait de quitter sa province. Dans le cas où il serait déjà passé en Afrique, le tribun du peuple et l'édile partiraient pour cette contrée, avec deux députés, au choix du préteur; les tribuns et l'édile, pour ramener Scipion ; les députés, pour prendre le commandement de l'armée, jusqu'à l'arrivée d'un nouveau général. Si, au contraire, M. Pomponius et les dix commissaires reconnaissaient que ces violences n'avaient été commises, ni par l'ordre ni de l'aveu de Scipion, il conserverait le commandement de l'armée et il pourrait suivre le plan de campagne qu'il aurait formé. En même temps, on concerta, avec le collége des pontifes, les moyens d'expier la profanation, le sacrilége et le vol commis dans le temple de Proserpine. Les tribuns du peuple désignés pour partir avec le préteur et les commissaires, furent M. Claudius Marcellus et M. Cincius Alimentus. On leur adjoignit un édile plébéien qui, sur leur ordre, devait arrêter Scipion, dans le cas où il refuserait d'obéir, en Sicile, au préteur ; ou s'il était déjà passé en Afrique, de le ramener à Rome, en vertu de l'autorité inviolable du tribunat.

Les Locriens déclarèrent au préteur et aux commissaires qu'à leur avis, P. Scipion n'avait ni ordonné ni permis les maux dont ils se plaignaient: seulement, il avait eu trop de confiance dans Pléminius et trop de défiance envers les Locriens.

De Locres, les commissaires se rendirent auprès de Scipion pour juger, comme témoins oculaires, de ce qu'on disait de son faste, de son indolence et du relâchement de la discipline. Le lendemain de leur arrivée, Scipion fit paraître à leurs yeux l'armée et la flotte. Il conduisit ensuite le préteur et les députés dans les arsenaux, dans les magasins, et leur montra ses approvisionnements, ses munitions de guerre, etc. Les commissaires, pénétrés d'admiration, déclarèrent qu'un tel chef et une telle armée triompheraient de Carthage, ou que cette conquête serait à jamais impossible, et ils engagèrent Scipion à passer en Afrique; cf. Tite-Live, l. l. 20-22.

Quant à Pléminius, il mourut en prison; ses biens furent vendus, et l'on en versa le prix dans le temple de Proserpine. Tout l'argent de la Déesse qui, après les plus exactes recherches, fut trouvé soit chez Pléminius, soit chez ses soldats, fut replacé dans le trésor de ce temple. Enfin on combla le déficit aux dépens du trésor public. Cf. Tite-Live, l. l. 22; Appien, VII, 55, et Diodore de Sic. XXVII, 4.

CCXVI. *Il se rappela l'hospitalité qu'il avait reçue chez lui* (p. 11). Allusion au voyage de Scipion, parti de Tarragone avec deux vaisseaux pour se rendre en Afrique et faire alliance avec Syphax. On sait qu'il trouva chez ce roi de Numidie Asdrubal, fils de Gisgon, et qu'ils soupèrent ensemble; cf. Tite-Live, XXVIII, 17-18; XXIX, 33.

Et le traita avec beaucoup d'égards (p. 13). Polybe ne dit rien de l'entrevue de Syphax et de Scipion. Il se borne au récit de la captivité et de la mort du roi de Numidie; liv. XVI, 23 : Καὶ γὰρ ὁ Σύφαξ ὁ τῶν Μασαισυλίων βασιλεὺς, ἤχθη τότε διὰ τῆς πόλεως ἐν τῷ θριάμβῳ μετὰ τῶν αἰχμαλώτων· ὃς καὶ μετά τινα χρόνον ἐν τῇ φυλακῇ τὸν βίον μετήλλαξε. Dion a copié en partie Tite-Live, XXX, 13. Si nous avions tout son ouvrage, peut-être y trouverions-nous un entretien entre Scipion et Syphax. L'Historien latin se contente d'une partie de la réponse de Syphax à Scipion; mais il est probable que Dion n'était pas resté en arrière d'Appien, VIII, 27 : Σκιπίων δὲ ἤρετο Σύφακα· « Τίς σε δαίμων ἔβλαψε, φίλον ὄντα μοι, καὶ ἐπὶ Λιβύην ἐλθεῖν προτρέψαντα, ψεύσασθαι μὲν θεοὺς οὓς ὤμοσας, ψεύσασθαι δὲ μετὰ τῶν θεῶν Ῥωμαίους, καὶ μετὰ Καρχηδονίων ἀντὶ Ῥωμαίων ἑλέσθαι πολεμεῖν, τῶν ἐπὶ Καρχηδονίους οὐ πρὸ πολλοῦ σοι βεβοηθηκότων; » — Ὁ δ' εἶπε· « Σοφονίβα, Ἀσδρούβα θυγάτηρ· ἧς ἐγὼ ἤρων ἐπ' ἐμῷ κακῷ. Φιλόπατρις δ' ἐστὶν ἰσχυρῶς, καὶ ἱκανὴ ἅπαντά τινα πεῖσαι πρὸς ἃ βούλεται. Αὕτη με καὶ ἐκ τῆς ὑμετέρας φιλίας ἐς τὴν ἑαυτῆς μετέθηκε πατρίδα, καὶ ἐς τόδε συμφορᾶς ἐκ τοσῆσδε εὐδαιμονίας κατέβαλε. Σοὶ δὲ παραινῶ (χρὴ γὰρ, ὑμέτερον γενόμενον, καὶ Σοφονίβας ἀπηλλαγμένον, νῦν γε εἶναι ὑμῖν βέβαιον), φύλασσε Σοφονίβαν, μὴ Μασσανάσσην ἐς ἃ βούλεται μεταγάγῃ. Οὐ γὰρ δὴ, μὴ τὸ γύναιόν ποτε ἕληται τὰ Ῥωμαίων, ἐλπίζειν ἄξιον· οὕτως ἐστὶν ἰσχυρῶς φιλόπολις. »

ÉCLAIRCISSEMENTS. 351

CCXVII. *Ils promirent tout ce qu'il demanda* (p. 13). Voici, d'après Tite-Live, XXX, 16, quelles furent les conditions imposées par Scipion : « Les Carthaginois rendront les prisonniers, les transfuges, les esclaves ; « ils retireront leurs troupes de l'Italie et de la Gaule ; ils renonceront à « l'Espagne, ils évacueront toutes les îles situées entre l'Italie et l'Afrique ; « ils livreront tous leurs vaisseaux de guerre, à l'exception de vingt ; ils « fourniront cinq cent mille mesures de froment et trois cent mille me-« sures d'orge. » Quant à la somme d'argent exigée par Scipion, Tite-Live déclare qu'il ne peut rien affirmer : « Les Historiens, dit-il, sont peu « d'accord sur ce point : je trouve qu'il demanda, suivant ceux-ci, cinq « mille talents ; suivant ceux-là, cinq mille pesant d'argent ; enfin, d'après « d'autres, une double paye pour ses soldats. » Appien, l. l., 32, ne parle que de seize cents talents d'argent ; mais il mentionne trois conditions importantes, sur lesquelles Tite-Live garde le silence : 1° Καὶ τοῦ λοιποῦ Καρχηδονίους μὴ ξενολογεῖν.... 2° Μηδὲ πολυπραγμονεῖν τι πέρα ὧν ἔχουσιν ἐντὸς τῶν λεγομένων Φοινικίδων τάφρων..... 3° Ἔχειν δὲ Μασσανάσσην Μασσυλίους τε, καὶ τῆς Σύφακος ἀρχῆς ὅσα δύναιτο.

Lorsque Annibal et Magon se furent embarqués (p. 15). Magon, marchant à grandes journées, autant que sa blessure lui permettait de supporter les fatigues de la route, était arrivé près de la mer, dans le pays des Liguriens Ingaunes : c'est là qu'une députation de Carthage lui apporta l'ordre de repasser au plus tôt en Afrique. Il s'embarqua avec ses troupes ; mais il avait à peine doublé l'île de Sardaigne, qu'il mourut de sa blessure ; Tite-Live, XXX, 19. Un ordre semblable fut donné à Annibal, dont Tite-Live a peint le désespoir et l'indignation en termes énergiques, l. l. 20 : « Jam non perplexe, inquit, sed palam revocant, qui, vetando sup-« plementum et pecuniam mitti, jam pridem retrahebant. Vicit ergo Anni-« balem, non populus romanus toties cæsus fugatusque, sed senatus car-« thaginiensis obtrectatione atque invidia : neque hac deformitate reditus « mei tam P. Scipio exsultabit atque efferet sese, quam Hanno, qui domum « nostram, quando alia re non potuit, ruina Carthaginis oppressit. »...... Respexisse (s.-ent. ferunt) sæpe Italiæ littora, et deos hominesque accusantem, in se quoque ac suum ipsius caput exsecratum, « Quod non « cruentum ab Cannensi victoria militem Romam duxisset. Scipionem ire « ad Carthaginem ausum, qui consul hostem in Italia pœnum non vidisset ; « se, centum millibus armatorum ad Trasimenum et Cannas cæsis, circa « Casilinum Cumasque et Nolam consenuisse. »

CCXVIII. *Tendirent des piéges à ses députés* (p. 15). Cf. les détails dans Polybe, XV, 2 : il a été en grande partie copié par Tite-Live, XXX, 25. Appien les a trop abrégés, l. l. 34.

CCXIX. *Voici quelles étaient les conditions du traité* (p. 17). Elles nous ont été transmises par Polybe, par Tite-Live et par Appien. J'ai pensé que le lecteur ne serait pas fâché de trouver ici les trois textes, pour les comparer avec le fragment de Dion.

1° *Texte du traité d'après Polybe*, XV, 18 : "Ἦν δὲ τὰ κεφάλαια τῶν προτεινομένων ταῦτα· « Πόλεις ἔχειν κατὰ Λιβύην, ἃς καὶ πρότερον εἶχον ἢ
« τὸν τελευταῖον πόλεμον ἐξενεγκεῖν Ῥωμαίοις, καὶ χώραν, ἣν καὶ τὸ παλαιὸν
« εἶχον, κτήνη, καὶ σώματα, καὶ τὴν ἄλλην ὕπαρξιν. Ἀπὸ δὲ τῆς ἡμέρας ἐκείνης
« ἀσινεῖς Καρχηδονίους ὑπάρχειν, ἔθεσι καὶ νόμοις χρῆσθαι τοῖς ἰδίοις,
« ἀφρουρήτους ὄντας....... Τὰ κατὰ τὰς ἀνοχὰς ἀδικήματα γενόμενα πάντα
« Καρχηδονίους ἀποκαταστῆσαι Ῥωμαίοις· τοὺς αἰχμαλώτους καὶ δραπέτας ἐκ
« παντὸς ἀποδοῦναι τοῦ χρόνου· τὰ μακρὰ πλοῖα παραδοῦναι πάντα, πλὴν δέκα
« τριηρῶν. Ὁμοίως καὶ περὶ τοὺς ἐλέφαντας. Πόλεμον μηδενὶ τῶν ἔξω τῆς
« Λιβύης ἐπιφέρειν καθόλου, μηδὲ τῶν ἐν τῇ Λιβύῃ, χωρὶς τῆς Ῥωμαίων
« γνώμης. Οἰκίας, καὶ χώραν, καὶ πόλεις, καὶ εἴ τι ἕτερόν ἐστι Μασσανάσσου
« τοῦ βασιλέως, ἢ τῶν προγόνων, ἐντὸς τῶν ἀποδειχθησομένων ὅρων αὐτοῖς,
« πάντα ἀποδοῦναι Μασσανάσσῃ. Σιτομετρῆσαί τε τὴν δύναμιν τριμήνου, καὶ
« μισθοδοτῆσαι μέχρι ἂν ἐκ Ῥώμης ἀντιφωνηθῇ τι, κατὰ τὰς συνθήκας.
« Ἐξενεγκεῖν ἀργυρίου τάλαντα μύρια Καρχηδονίους ἐν ἔτεσι πεντήκοντα,
« φέροντας καθ' ἕκαστον ἐνιαυτὸν Εὐβοϊκὰ τάλαντα διακόσια. Ὁμήρους δοῦναι
« πίστεως χάριν ἑκατὸν, οὓς ἂν προγράψῃ τῶν νέων ὁ στρατηγὸς τῶν Ῥωμαίων,
« μὴ νεωτέρους τεσσαρεσκαίδεκα ἐτῶν μηδὲ πρεσβυτέρους τριάκοντα. »

2° *Texte du traité d'après Tite-Live*, XXX, 37 : « Ut liberi legibus
« suis viverent; quas urbes, quosque agros, quibus finibus ante bellum
« tenuissent, tenerent, populandique finem, eo die, Romanus faceret.
« Perfugas, fugitivosque, et captivos omnes redderent Romanis, et naves
« rostratas præter decem triremes, traderent, elephantosque, quos habe-
« rent domitos, neque domarent alios. Bellum neve in Africa, neve extra
« Africam, injussu populi romani, gererent. Masinissæ res redderent,
« fœdusque cum eo facerent. Frumentum stipendiumque auxiliis, donec
« ab Roma legati redissent, præstarent. Decem millia talentum argenti,
« descripta pensionibus æquis in annos quinquaginta, solverent. Obsides
« centum, arbitratu Scipionis, darent, ne minores quatuordecim annis, neu
« triginta majores. »

3° *Texte du traité d'après Appien*, VIII, 54 : « Δίδομεν ὑμῖν καὶ ἔτι τὴν
« εἰρήνην, ὦ Καρχηδόνιοι, ἢν τάς τε ναῦς τὰς μακρὰς παραδίδωτε Ῥωμαίοις,
« χωρὶς δέκα μόνων, καὶ τοὺς ἐλέφαντας ὅσους ἔχετε, καὶ ὅσα ἡρπάσατε
« πρώην, ἢ τῶν ἀπολωλότων τὴν τιμὴν, ἐμοῦ τὰ ἀμφίβολα κρίνοντος, καὶ
« αἰχμάλωτα πάντα, καὶ αὐτομόλους, καὶ ὅσους Ἀννίβας ἐξ Ἰταλίας ἤγαγε.
« Ταῦτα μὲν ἐν τριάκοντα ἡμέραις, ἀφ' οὗ ἂν ἡ εἰρήνη κριθῇ. Ἐν δ' ἑξήκοντα
« ἡμέραις, Μάγωνα χρὴ Λιγύων ἀποστῆναι, καὶ τὰς φρουρὰς ὑμᾶς ἐξαγαγεῖν
« ἐκ τῶν πόλεων, ὅσαι τῶν Φοινικίδων τάφρων ἐκτός εἰσι, καὶ, ὅσα αὐτῶν
« ἔχετε ὅμηρα, ἀποδοῦναι· καὶ ἐς Ῥώμην ἑκάστου ἔτους ἀναφέρειν Εὐβοεικὰ
« τάλαντα διακόσια, ἐπὶ πεντήκοντα ἐνιαυτούς. Καὶ μήτε ξενολογεῖν ἀπὸ

« Κελτῶν ἢ Λιγύων ἔτι· μήτε Μασσανάσσῃ, μήτε ἄλλῳ Ῥωμαίων φίλῳ
« πολεμεῖν· μηδὲ στρατεύειν τινὰ Καρχηδονίων ἐπ᾽ ἐκείνους, ἀπό γε τοῦ
« κοινοῦ. Τὴν δὲ πόλιν ὑμᾶς ἔχειν, καὶ τὴν χώραν, ὅσην ἐντὸς τῶν Φοινικίδων
« τάφρων εἴχετε ἐμοῦ διαπλέοντος ἐς Λιβύην. Ῥωμαίων τε εἶναι φίλους καὶ
« συμμάχους κατὰ γῆν καὶ κατὰ θάλασσαν· ἢν ἀρέσκῃ ταῦτα τῇ βουλῇ.
« Ἀρεσάντων δὲ, Ῥωμαίους ἀναχωρεῖν ἐκ Λιβύης, πεντήκοντα καὶ ἑκατὸν ἡμέ-
« ραις. Ἀνοχὰς δὲ ἣν ἐθέλητε λαβεῖν, ἔστε πρεσβεύσητε ἐς Ῥώμην, δώσετε
« μὲν ἡμῖν αὐτίκα ὅμηρα, πεντήκοντα καὶ ἑκατὸν παῖδας, οὓς ἂν αὐτὸς ἐπι-
« λέξομαι· δώσετε δὲ ἐς δαπάνην τῇ στρατιᾷ ἄλλα τάλαντα χίλια, καὶ ἀγοράν.
« Καὶ γενομένων τῶν σπονδῶν, ἀπολήψεσθε τὰ ὅμηρα. »

CCXXII. *Celui-ci.... consentit à la paix* (p. 21). Après la bataille de Cynoscéphales, Flamininus accorda une trêve de quinze jours à Philippe et fixa l'époque de son entrevue avec le roi de Macédoine. Il profita de cette trêve pour convoquer les alliés et pour débattre avec eux les conditions auxquelles il conviendrait d'accorder la paix ; cf. Polybe, XVIII, 19, et Tite-Live, XXXIII, 12. Amynandre, roi des Athamanes, se borna à demander que le traité fût conclu de manière que la Grèce pût maintenir la paix et défendre sa liberté, même après le départ des Romains. L'Étolien Alexandre, qui prit la parole après lui, se montra beaucoup moins modéré. Tite-Live résume ainsi son opinion, l. l. : « Recte atque ordine
« imperatorem romanum facere, quod quos belli socios habuisset, cum iis
« communicaret pacis consilia : falli autem eum tota re, si aut Romanis
« pacem, aut Græciæ libertatem satis firmam se credat relicturum, nisi
« Philippo aut occiso, aut regno pulso : quæ utraque proclivia esse, si
« fortuna uti vellet. » C'est la traduction presque littérale de Polybe, l. l. :
Μετὰ δὲ τοῦτον Ἀλέξανδρος ὁ Αἰτωλὸς ἀναστὰς — Τοῦτο δ᾽ εἶναι καὶ λίαν
εὐχερὲς, ἐὰν μὴ παρῇ τὸν ἐνεστῶτα καιρόν.
Flamininus, instrument habile de la politique romaine, oppose à ce langage une modération hypocrite. Son discours, cf. Polybe, l. l. 20, montre avec quelle adresse le sénat et ses agents cachaient leurs projets ultérieurs sur la Grèce. Je le donne littéralement d'après l'Historien grec :
« Titus répondit : — Alexandre se trompe sur les vues des Romains, sur
« les miennes, et plus encore sur les intérêts des Grecs. Jamais on n'a vu
« les Romains détruire sur-le-champ la puissance des peuples avec les-
« quels ils ont été en guerre. Annibal et les Carthaginois sont une preuve
« de ce que j'avance : ils avaient fait beaucoup de mal aux Romains ;
« mais lorsque, plus tard, les Romains purent disposer à leur gré du sort
« des Carthaginois, ils ne se montrèrent nullement cruels envers eux.
« Moi-même, je n'ai jamais eu la pensée de faire à Philippe une guerre
« d'extermination. Si, avant le combat, il avait consenti à ce que nous lui
« demandions, j'aurais été prêt à faire la paix avec lui. Aussi, ajouta Fla-
« mininus, je m'étonne qu'après avoir tous assisté à l'assemblée tenue

« alors pour arriver à la paix, quelques-uns d'entre nous se prononcent
« contre toute réconciliation. Est-ce parce que nous avons vaincu ? Mais
« ce serait le comble de la démence. Des hommes de cœur doivent être
« terribles et pleins de colère, pendant le combat; courageux et d'une
« force d'âme indomptable, s'ils sont vaincus; modérés, doux et humains,
« s'ils sont vainqueurs; et vous, Étoliens, vous conseillez d'agir tout autre-
« ment. Quant à l'intérêt des Grecs, il exige que la puissance de la Macé-
« doine soit considérablement affaiblie; mais non pas qu'elle soit anéantie;
« car ils peuvent encore être exposés aux attaques des Thraces et des
« Gaulois; comme cela est déjà tant de fois arrivé. En résumé, si Philippe
« se soumet à tout ce que les alliés lui ont ordonné, dès le principe, je
« pense, et les Romains ici présents sont de cet avis, qu'il y aura lieu de
« lui accorder la paix, après avoir pris l'avis du sénat. Quant aux Étoliens,
« ils sont maîtres de prendre pour eux-mêmes telle résolution qu'il leur
« conviendra. » (Traduction nouvelle.)

Ce discours a été reproduit en grande partie par Tite-Live, l. I, 12. Cf. Appien, IX, 7.

Une trêve de quatre mois fut accordée à Philippe, pour réfléchir sur les clauses du traité; Appien, l. l. A l'expiration de ce délai, la paix fut faite aux conditions que Tite-Live nous a transmises, l. l., 30, probablement d'après Polybe :

« Toutes les villes grecques d'Europe et d'Asie seront libres et se gou-
« verneront d'après leurs lois.

« Philippe retirera ses garnisons des villes dont il s'est emparé et les
« livrera aux Romains, avant la célébration des jeux Isthmiques : en Asie,
« ses troupes évacueront aussi Eurome, Pédase, Bargylies, Iassos, Myrine,
« Abydos, Thasos et Périnthe, qui recouvreront aussi leur liberté. Quant
« à la liberté des Cyaniens, Quinctius écrira à Prusias, roi de Bithynie,
« pour l'informer de ce qui aura été résolu par le sénat et par les com-
« missaires.

« Philippe rendra aux Romains les prisonniers et les transfuges.

« Il leur livrera aussi tous ses vaisseaux pontés, à l'exception de cinq, et
« d'un vaisseau royal à seize rangs de rames et que sa grandeur démesurée
« rendait presque inutile.

« Il ne conservera pas plus de cinq mille hommes sous les armes et ne
« gardera pas un seul éléphant.

« Il ne portera point la guerre hors de la Macédoine, sans l'aveu du
« sénat.

« Il payera au peuple romain mille talents; moitié comptant, moitié
« dans l'espace de dix ans; cinquante chaque année, en forme de tribut. »

Sur cette dernière clause, les historiens ne sont pas d'accord. Tite-Live, l. l., ajoute que, suivant Valerius d'Antium, on imposa à Philippe un tribut annuel de *quatre mille livres* pesant d'argent, pendant *dix* ans : Claudius porte le nombre des années à *trente*, le tribut à *quatre mille deux cents livres* pesant d'argent, et dit qu'on lui en fit payer *vingt mille* comptant. Quant à la clause relative aux otages donnés en garantie de l'exécution de ces conditions, et au nombre desquels se trouvait Démétrius, fils de Philippe, il en est question aussi dans Appien, IX, 7.

On croyait que les Romains useraient des droits de la guerre et feraient passer sous leurs lois les nations soumises à Philippe; mais Flamininus poursuivit son rôle de libérateur et proclama, au milieu des Grecs assemblés pour la célébration des jeux Isthmiques, le sénatus-consulte suivant : « Le sénat romain et le général T. Quintus Flamininus, proconsul, après « avoir vaincu Philippe et les Macédoniens, rétablissent dans la jouissance « de leur liberté, de leurs lois et de leurs immunités, les Corinthiens, les « Phocidiens, tous les Locriens, les Eubéens, les Achéens Phthiotes, les « Magnètes, les Thessaliens et les Perrhèbes. » Cf. Tite-Live, l. l. 32, et Plutarque, T. Q. Flamin. X. On sait avec quels transports de joie les Grecs imprévoyants accueillirent ce sénatus-consulte.

Très-fiers d'avoir puissamment contribué à la victoire (Ibid.). Plutarque, l. l., a conservé le chant qui fut répandu dans la Grèce, et où tout l'honneur de la victoire de Cynoscéphales est reporté aux Étoliens :

Ἄκλαυστοι καὶ ἄθαπτοι, ὁδοιπόρε, τῷδ' ἐπὶ νώτῳ
Θεσσαλίης τρισσαὶ κείμεθα μυριάδες·
Αἰτωλῶν δμηθέντες ὑπ' Ἄρεος ἠδὲ Λατίνων,
Οὓς Τίτος εὐρείης ἤγαγ' ἀπ' Ἰταλίης,
Ἠμαθίῃ μέγα πῆμα. Τὸ δὲ θρασὺ κεῖνο Φιλίππου
Πνεῦμα θοῶν ἐλάφων ᾤχετ' ἐλαφρότερον.

« Sans pleurs, sans honneurs funèbres, nous gisons, passant, dans les « champs de Thessalie, au nombre de trente mille sous ce tertre : nous « avons succombé sous la valeur des Étoliens et des Latins, amenés par « Titus des vastes régions de l'Italie, pour le malheur de l'Émathie. Phi-« lippe, avec sa fière audace, s'est enfui plus agile que le cerf léger. »

Le Biographe ajoute que ces vers, composés par Alcée, et dans lesquels le nombre des morts était exagéré à dessein, causèrent plus de dépit à Titus qu'à Philippe, qui répondit par ce distique :

Ἄφλοιος καὶ ἄφυλλος, ὁδοιπόρε, τῷδ' ἐπὶ νώτῳ
Ἀλκαίῳ σταυρὸς πήγνυται ἠλίβατος.

« Passant, le poteau sans écorce et sans feuilles, planté sur ce tertre « escarpé, attend Alcée. »

CCXXIV. *Chalcis corrompit Antiochus et ses généraux* (p. 23). Chalcis d'Eubée, où Antiochus avait établi ses quartiers d'hiver, fut pour ce roi et pour ses lieutenants une nouvelle Capoue. La soif des plaisirs se répandit jusque parmi les soldats : ils ne se revêtaient plus de leurs armes, ne restaient plus à leurs postes, ne montaient plus la garde; la discipline n'avait aucun empire sur eux. Aussi, lorsqu'Antiochus, au commencement du printemps, après avoir traversé la Phocide, arriva à Chéronée, où il avait donné rendez-vous à son armée, il ne tarda pas à reconnaître que ses soldats avaient passé l'hiver dans la même licence que leurs chefs; cf. Tite-Live, XXXVI, 11; la note 7, p. 22-23 de ce volume, et Diodore de Sicile, XXIX, 2. Florus, II, 8, décrit en rhéteur la vie molle et efféminée d'Antiochus à Chalcis : Occupatis statim insulis Græciæque littoribus otia et luxus tanquam victor agitabat. Eubœam insulam, continenti adhærentem tenui freto, reciprocantibus aquis Euripus abscidit. Hic ille positis aureis sericisque tentoriis, sub ipso freti murmure, quum inter fluenta tibiis fidibusque concineret, collatis undique, quamvis per hiemem, rosis, ne non aliquo ducem genere agere videretur, virginum puerorumque delectus habebat, etc.

CCXXV. *Le fils de Scipion l'Africain .... fut pris par Antiochus* (*Ibid.*). Appien, Hist. de la Syrie, ch. XXIX, donne à ce sujet des détails précis : Ἥκει γὰρ αὐτὸν ἐν τῇ Ἑλλάδι ὁ Ἀντίοχος, ἐς Δημητριάδα ἐκ Χαλκίδος διαπλέοντα· καὶ ἦν ὁ παῖς Σκιπίων, ὁ Καρχηδόνα ὕστερον ἑλών τε καὶ κατασκάψας, καὶ δεύτερος ἐπὶ τῷδε τῷ Σκιπίωνι Ἀφρικανὸς ὀνομασθείς· Παύλου μὲν υἱὸς ὤν, τοῦ Περσέα τὸν Μακεδόνα ἑλόντος, Σκιπίωνος δὲ τῷ γένει θυγατριδοῦς, καὶ θέσει παῖς.

Enfin il le renvoya sans rançon (p. 25). Bien plus, il le combla de présents d'un grand prix, d'après un nouveau fragment de Diodore de Sicile, trouvé par M. A. Mai, liv. XXIX, 8, tom. II, p. 479 de la Collect. Didot : Ὅτι ὁ Ἀντίοχος πρὸς τὰ παράλογα τῆς τύχης ἔκρινε συμφέρειν ἀποδοῦναι τῷ Σκιπίωνι τὸν υἱόν, καὶ τοῦτον ἀπέστειλε κοσμήσας πολυτελέσι κατασκευαῖς.

Quoiqu'il n'eût pas obtenu la paix (*Ibid.*). Cf. Polybe, XXI, 10-12. Plus tard, la paix fut accordée à Antiochus, après la bataille de Magnésie; alors que ses revers le forcèrent de se soumettre aux conditions imposées par les Romains. Les voici, d'après Tite-Live, XXXVIII, 38 :

« Antiochus ne permettra à aucune armée, se disposant à faire la guerre
« au peuple romain ou à ses alliés, de passer sur son territoire ou sur celui
« des peuples de sa dépendance ; il ne lui fournira ni vivres, ni secours
« quelconques.

« Les Romains et leurs alliés en useront de même à l'égard d'Antiochus
« et des peuples soumis à sa domination.

« Antiochus n'aura point le droit de faire la guerre aux habitants des
« îles, ni de passer en Europe.

ÉCLAIRCISSEMENTS.

« Il abandonnera les villes, campagnes, bourgs et châteaux en deçà du
« mont Taurus jusqu'au fleuve Halys, et depuis la vallée du Taurus jus-
« qu'aux sommets de ce mont qui regardent la Lycaonie.

« Il n'emportera aucune espèce d'armes des villes, territoires et châteaux
« qu'il est tenu d'abandonner, et fera une exacte restitution de toutes
« celles qu'il aura pu emporter.

« Il ne recevra dans ses États aucun soldat, aucun sujet du roi Eumène.

« Les citoyens des villes cessant d'appartenir à Antiochus, s'il en est
« qui se trouvent présentement soit auprès de sa personne, soit dans l'en-
« ceinte de ses États, devront revenir tous à Apamée, avant le jour qui
« sera strictement fixé. Quant aux habitants du royaume d'Antiochus qui
« sont chez les Romains ou chez leurs alliés, ils auront le droit de s'en
« aller ou de demeurer.

« Antiochus rendra aux Romains et à leurs alliés les esclaves fugitifs ou
« pris à la guerre, les transfuges et les personnes de condition libre que
« le sort des armes aura fait tomber au pouvoir du roi.

« Il livrera tous ses éléphants et ne pourra en avoir d'autres.

« Il livrera pareillement ses vaisseaux de guerre avec tous leurs agrès ;
« il ne conservera que dix bâtiments légers de trente rames au plus, et
« n'emploiera aucun bâtiment à un seul rang de rames, dans les guerres
« où il sera l'agresseur. » (Le texte porte *naves actuarias* — *moneres*.
Les bâtiments appelés *moneres*, dit M. Ph. le Bas, dans son commentaire
sur Tite-Live, liv. XXXVIII, 38, étaient des vaisseaux longs de la plus petite grandeur, et n'avaient qu'un seul rang de rames : les *actuariæ* étaient
moins forts encore et n'étaient pas pontés.)

« Aucun de ses vaisseaux ne naviguera au delà des promontoires Caly-
« cadnus et Sarpédon, excepté ceux qui transporteront l'argent, les con-
« tributions, les ambassadeurs, ou les otages.

« Antiochus n'aura pas le droit de prendre des troupes à sa solde chez
« les nations soumises au peuple romain, ni même de recevoir des volon-
« taires de ces nations.

« Les Rhodiens et leurs alliés jouiront des bâtiments et des édifices qui
« leur appartiennent dans les États d'Antiochus, au même droit qu'ils les
« possédaient avant la guerre.

« S'il est dû quelques sommes, les créanciers auront le droit d'en pour-
« suivre le payement : s'il a été commis des spoliations, chacun aura pa-
« reillement le droit de rechercher les effets dont il aura été dépouillé, de
« les reconnaître et d'en exiger la restitution.

« Si quelques-unes des villes qu'Antiochus est tenu de livrer se trouvent
« au pouvoir de ceux à qui il les a données, il en fera sortir les garnisons,
« et il aura soin qu'elles soient livrées en bon état.

« Il donnera, dans l'espace de douze ans, en douze payements égaux,
« douze mille talents attiques de bon aloi (chacun du poids romain de

« quatre-vingts livres), et cinq cent quarante mille *mesures* de blé. »
(Dans le texte, quingenta quadraginta millia *modium* : « le *modius*, dit
M. Ph. le Bas, l. l., contenant huit litres soixante-quatre hectolitres, cela
faisait quarante-six mille six cent cinquante-six hectolitres. »)

« Il payera au roi Eumène, dans l'espace de cinq ans, trois cent cin-
« quante talents ; plus, cent vingt-sept talents pour le blé, suivant l'éva-
« luation qui en sera faite. »

« Il donnera aux Romains vingt otages qui seront changés tous les trois
« ans : les moins âgés ne pourront être au-dessous de dix-huit ans, ni les
« plus âgés au-dessus de quarante-cinq. »

« Si quelques alliés du peuple romain faisaient d'eux-mêmes la guerre
« à Antiochus, il aura le droit de repousser la force par la force ; pourvu
« qu'il ne garde aucune ville à titre de conquête, ou qu'il ne fasse alliance
« avec aucune cité. Les deux parties termineront leurs différends par les
« voies juridiques, ou, si elles l'aiment mieux, par la voie des armes. »

On stipula en outre, d'après Tite-Live, l. l., l'extradition du Carthagi-
ginois Annibal, de l'Étolien Thoas, de l'Acarnanien Mnasiloque, et des
Chalcidiens Eubilidas et Philos. Il fut convenu aussi qu'on pourrait faire
telles additions, suppressions ou modifications qu'on jugerait convenables ;
et cela sans porter atteinte aux bases du traité. Cf. Polybe, XXI, 13-14,
et Appien, Hist. de la Syrie, 38-39 : il n'est pas tout à fait d'accord avec
Tite-Live sur la clause relative aux vaisseaux : Ναῦς δὲ καταφράκτους ἔχειν
δώδεκα μόνας, αἷς ἐς τοὺς ὑπηκόους πολέμου κατάρχειν · πολεμούμενον δὲ, καὶ
πλέοσι χρῆσθαι. Un peu plus loin, à propos des otages qui devaient être
changés tous les trois ans, Appien dit qu'il y eut pour le fils d'Antiochus
une exception dont ne parle pas Tite-Live : Καὶ τὰ ὅμηρα διὰ τριετίας ἐναλ-
λάσσειν, χωρίς γε τοῦ παιδὸς Ἀντιόχου.

CCXXVI. *L'envie s'acharna* (p. 25). Ici et dans le Fr. CCXXVIII,
F. 27-29, le Compilateur s'est contenté d'extraire de Dion Cassius les faits
les plus importants du procès intenté aux deux Scipion, à l'instigation de
Caton, leur implacable ennemi. On trouve des détails sur cette mémorable affaire dans Tite-Live, XXXVIII, 50-60, Plutarque, Cat. Maj., XV;
Appien, Hist. de Syrie, 40-41, Valère-Maxime, III, 7, Aulu-Gelle, IV,
18, et VII, 19; Sext. Aurel. Vict. De Vir. Illustr., XLIX, LIII, LVII, avec
les notes d'Arntzen.

Les accusateurs des Scipion, c'est-à-dire les Pétilius ou M. Nævius, cf. Tite-
Live, l. l. 50 et 56, Aulu-Gelle, IV, 18, furent les instruments de M. Porcius
Caton, à qui la gloire conquise par les Scipion ne laissait point de repos : les
sommes détournées, la paix accordée à Antiochus n'étaient qu'un prétexte
sous lequel se cachait la jalousie. Zonaras, qui le plus souvent copie Dion
Cassius littéralement, ne laisse aucun doute à ce sujet, IX, 20, p. 454 Du C. :
Ὁ μὲν Λούκιος κατεψηφίσθη, ὡς τάχα πολλὰ ἐκ τῆς λείας σφετερισάμενος

Ἀφρικανὸς δὲ, ὡς ἐπιεικεστέρας τὰς συνθήκας διὰ τὸν υἱὸν ποιησάμενος· τὸ δ' ἀληθὲς, διὰ φθόνον. Plutarque, l. l., en parlant du zèle que Caton ne cessa de déployer contre les mauvais citoyens, dit que l'inflexible censeur regardait comme le premier devoir d'un homme d'état le soin de poursuivre les méchants en justice ; et il fait cette réflexion au moment même où il va rapporter la plainte portée contre les Scipion par les Pétilius : Αὐτός τε γὰρ ἐδίωξε πολλοὺς, καὶ διώκουσιν ἑτέροις συνηγωνίσατο, καὶ παρεσκεύασεν ἄλλους διώκοντας, ὡς ἐπὶ Σκηπίωνα τοὺς περὶ Πετίλλιον. Et un peu plus loin : Λεύκιον δὲ, τὸν ἀδελφὸν αὐτοῦ, μετὰ τῶν κατηγόρων συστὰς, καταδίκῃ περιέβαλε χρημάτων πολλῶν πρὸς τὸ δημόσιον. Le biographe n'est-il pas trop indulgent en faveur de Caton ? N'a-t-il pas cherché à l'affranchir de l'odieux que l'impartiale histoire doit faire peser sur le persécuteur de deux grands hommes ? C'est là un de ces ménagements signalés par Pighius, Annal. Rom., tom. II, p. 298, éd. Schott. : « Ex his cognosces, Lector, quam diversimode turpis illius judicii historia referatur ab antiquioribus, ob familiarum fortassis adulationem, omnibus inexpiabilis infamiæ invidiam a se declinantibus. » Je crois devoir signaler ici à l'attention du lecteur une savante dissertation de M. Franz Doroth. Gerlach, intitulée : *P. Corn. Scipio und M. Porcius Cato*, p. 171-201, dans ses *Historiche Studien*, *Hamburg und Gotha*, 1841. C'est un travail remarquable par la solidité de l'érudition, par l'originalité et la justesse des aperçus. On lira surtout avec intérêt le portrait de Scipion, p. 195; celui de Caton, p. 195-198, et le tableau de la lutte entre ces deux grands hommes, toujours opposés l'un à l'autre.

Certain que la pureté de sa vie triompherait de ses ennemis (p. 27). Dans Tite-Live, l. l. 51, P.[1] Scipion s'avance entouré de ses nombreux amis et de ses clients, se fait jour à travers la foule, monte à la tribune et fait entendre ces immortelles paroles : *Hoc, inquit, die, tribuni plebis, vosque Quirites, cum Annibale et Carthaginiensibus, signis collatis, bene ac feliciter pugnavi*, etc. Le récit d'Appien, l. l. 40, est plus saisissant encore par les détails : Ἐπεὶ συνῆλθε τὸ δικαστήριον ἧς ἡμέρας ποτὲ Καρχηδόνα παρεστήσατο, θυσίαν προὔπεμψεν ἐς τὸ Καπιτώλιον, καὶ ἐς τὸ δικαστήριον αὐτὸς παρῆλθεν ἐπὶ λαμπροῦ σχήματος, ἀντὶ οἰκτροῦ καὶ ταπεινοῦ τῶν ὑπευθύνων· ὡς εὐθὺς ἐπὶ τῷδε πάντας, ἐκπλῆξαί τε, καὶ ἐς εὔνοιαν, ὡς ἐπὶ χρηστῷ δὴ συνειδότι μεγαλοφρονούμενον, προσάγεσθαι. Λέγειν δὲ ἀρξάμενος, τῆς μὲν κατηγορίας οὐδ' ἐπεμνήσθη· τὸν δὲ βίον ἑαυτοῦ, καὶ ἐπιτηδεύματα καὶ ἔργα πάντα ἐπεξῄει, καὶ πολέμους ὅσους ἐπολέμησεν ὑπὲρ τῆς πατρίδος· καὶ ἕκαστον αὐτῶν ὡς ἐπολέμησεν, ὁσάκις τε ἐνίκησεν· ὡς ἐγγένεσθαι τοῖς ἀκροωμένοις τι καὶ ἡδονῆς, διὰ τὴν ἱστορίαν τῆς σεμνολογίας. Ἐπεὶ δέ ποτε προῆλθεν ἐπὶ Καρχηδόνα, ἐξάρας ἐς φαντασίαν τάδε μάλιστα, καὶ ὁρμῆς αὐτός τε ἐμπλησθεὶς, εἶπεν· ὅτι, Τῆςδε ἡμέρας ἐγὼ τάδε ἐνίκων, καὶ Καρχηδόνα ὑμῖν, ὦ πολῖται, περιεποίουν κτλ.

360   ÉCLAIRCISSEMENTS.

Le langage de Scipion n'est pas exempt d'une afféterie de rhéteur, dans Tite-Live, l. l.; à la fin surtout : *Quum hodie litibus et jurgiis supersederi æquum sit, ego hinc extemplo in Capitolium ad Jovem Optimum Maximum, Junonemque et Minervam, ceterosque deos, qui Capitolio atque aris præsident, salutandos ibo : hisque gratias agam, quod mihi et hoc ipso die, et sæpe alias egregie Reipublicæ gerendæ mentem facultatemque dederunt. Vestrum quoque quibus commodum est, ite mecum, Quirites, et orate deos, ut mei similes principes habeatis* : *ita, si ab annis septemdecim ad senectutem semper vos ætatem meam honoribus vestris anteistis, ego vestros honores rebus gerendis præcessi.* La vérité historique a été probablement plus respectée par Aulu-Gelle, IV, 18 : *Memoria*, inquit, *Quirites, repeto diem esse hodiernum, quo Hannibalem Pœnum imperio nostro inimicissimum, magno prœlio vici in terra Africa ; pacemque et victoriam vobis peperi insperabilem. Non igitur simus adversum deos ingrati; sed censeo relinquamus nebulonem hunc, eamus hinc protinus Jovi Optimo Maximo gratulatum.* Du moins, il affirme avoir fidèlement reproduit les paroles de Scipion : *Fertur etiam oratio, quæ videtur habita eo die a Scipione*, et, *qui dicunt eam non veram, non eunt inficias, quin hæc quidem verba fuerint, quæ dixi, Scipionis.* Appien, l. l., a visé plutôt à l'effet qu'à l'exactitude historique : Τῆςδε ἡμέρας ἐγὼ τάδε ἐνίκων, καὶ Καρχηδόνα ὑμῖν, ὦ πολῖται περιεποίουν, τὴν τέως ὑμῖν ἐπιφοβωτάτην. Ἄπειμι δὴ θύσων τῆς ἡμέρας ἐς τὸ Καπιτώλιον. Καὶ ὑμῶν ὅσοι φιλοπόλιδες, τῆς θυσίας μοι, γιγνομένης ὑπὲρ ὑμῶν, συνάψασθε. Contre son habitude, Valère-Maxime, III, 7, 1, a su être exempt d'enflure sur ce sujet : « Hac ego, inquit, Quirites, die Carthaginem magna sperantem leges vestras accipere jussi : proinde æquum est, vos mecum ire in Capitolium supplicatum. »

CCXXVIII. *Né dans les rangs du peuple, Gracchus* (p. 27). « Il était,
« dit Saint-Réal (Conj. des Gracques), en parlant de Tib. Gracchus, de la
« famille plébéienne appelée Sempronia, l'une des plus nobles et des plus
« illustres de toutes les maisons romaines. Outre plusieurs triomphes,
« plusieurs combats, plusieurs dignités et plusieurs dignités fameuses
« dont l'histoire de ses ancêtres était remplie, son père, Tiberius Sempro-
« nius Gracchus, lui laissait un exemple récent d'une vertu la plus uni-
« versellement reconnue. Après avoir été deux fois consul, une fois cen-
« seur et avoir mérité deux fois l'honneur du triomphe par la défaite des
« Celtibériens et par la réduction de la Sardaigne, il mérita que tout le
« monde dît *qu'il était moins illustre par tous ces avantages que par
« sa propre vertu.* » Cf. Mém. Vol. XXXVII, p. 296, dans les *Mémoires
de l'Académie des Inscriptions et Belles-Lettres.*

Sturz explique ἐκ τοῦ πλήθους ἦν par *e plebe erat, id est, commodis plebis studebat, pro plebeio se gerebat, plebis mores et partes seque-*

batur. Cette interprétation me paraît contraire à l'enchaînement des idées. Dion met en parallèle Tiberius Sempronius Gracchus et M. Porcius Caton. Il veut montrer en quoi ils se ressemblaient, en quoi ils différaient, et il commence par dire qu'ils étaient l'un et l'autre d'origine plébéienne. Sur ἐκ employé dans ce sens, cf. Thes. gr. ling. t. III, p. 347, éd. Didot. Wagner et M. Tafel viennent à l'appui du sens que j'adopte. *Tiberius Gracchus war zwar von bürgerlicher Geburt.—Gracchus, plebeischer Geburt.*

Malgré une ancienne haine — qui était alors absent (p. 29). Un ajournement ayant été prononcé, P. Scipion s'était retiré à Liternum : il ne comparut plus en justice. Aussi, quand arriva le jour auquel la cause avait été remise, L. Scipion essaya de justifier l'absence de son frère, en déclarant qu'il était malade; mais les tribuns n'admirent pas cette excuse. Suivant eux, c'était l'orgueil qui empêchait P. Scipion de venir rendre compte de ses actions devant les juges. Cependant les instances de L. Scipion triomphèrent des mauvaises dispositions des tribuns; et un nouveau délai fut accordé. Ce fut au milieu de ces débats que Tib. Sempronius Gracchus, imposant silence à sa haine, déclara qu'il ne souffrirait point que l'on poursuivît l'accusation contre P. Scipion, avant son retour à Rome. Sur la belle conduite de Tib. Gracchus dans cette circonstance, il faut lire M. Franz Doroth. Gerlach, l. l., p. 195.

S'il faut en croire Tite-Live, XXXVIII, 57, et Aulu-Gelle, VII, 19, T. Sempronius Gracchus jura, dans ce moment solennel, que son inimitié contre les Scipion était toujours la même et qu'il ne cherchait aucunement à se réconcilier avec eux. N'est-il pas permis de voir dans cette protestation une sorte de précaution oratoire par laquelle T. Sempronius Gracchus voulut mettre ses sentiments antérieurs (cf. T.-Liv. l. l. 52) d'accord avec le langage qu'il allait tenir et qui devait lui attirer, de la part du sénat, d'éclatants témoignages de gratitude : *ibi gratiæ ingentes ab universo ordine, præcipue a consularibus senioribusque Tib Graccho actæ sunt, quod rempublicam privatis simultatibus potiorem habuisset.* T. Liv. l. l. 53.

D'après Tite-Live, l. l. 51, les ennemis de P. Scipion ne cherchèrent, du vivant de ce grand homme, qu'à le rendre odieux, en répétant qu'il n'avait rien négligé pour faire croire à Antiochus que Rome l'avait établi arbitre de la paix et de la guerre, dans la vue de persuader à la Grèce, à l'Asie et à l'Orient tout entier qu'il était seul le chef et la colonne de l'empire romain. L'accusation de péculat ne fut rédigée en rogation qu'après la mort de P. Scipion; Tite-Live, l. l. 54. Suivant cet historien, l. l. 55, on demanda, en plein sénat, à P. Scipion la même somme qu'à Lucius. Ce fut à cette occasion que Publius, ayant chargé son frère de produire ses comptes, les arracha des mains de Lucius et les lacéra sous les yeux des sénateurs. Tite-Live applique ici aux comptes de Publius seul un fait qui, suivant toutes les probabilités, se rapporte aux comptes des deux frères; Val. Maxime, III, 7, 1 : Quum a L. Scipione ex Antiochensi pecunia H. S. quadragies ratio in curia reposceretur, prolatum ab eo librum, quo acceptæ et expensæ summæ continebantur, et refelli inimicorum accusatio poterat, discerpsit, indignatus de ea re dubitari, quæ sub ipso legato administrata fuerat.

Quant à Lucius, il fut accusé et condamné du vivant de Publius, qui appela du jugement rendu contre son frère. Aulu-Gelle, VII, 19, nous a conservé, à ce sujet, un texte que je crois devoir mettre sous les yeux du lecteur : QUOD. P. SCIPIO. AFRICANUS. POSTULAVIT. PRO. L. SCIPIONE. ASIATICO. FRATRE. QUUM. CONTRA. LEGES. CONTRA. Q. MOREM. MAJORUM. TRIBUNUS. PLEBEI. HOMINIBUS. ACCITIS. PER. VIM. INAUSPICATO. SENTENTIAM. DE. EO. TULERIT. MULTAM. Q. NULLO. EXEMPLO. IRROGARIT. PRÆDES. Q. OB. EAM. REM. DARE. COGAT. AUT. SI. NON. DET. IN. VINCULA. DUCI. JUBEAT. UT. EUM. A. COLLEGÆ. VI. PROHIBEAMUS. ET. QUOD. CONTRA. COLLEGA. POSTULAVIT. NE. SIBI. INTERCEDAMUS. QUO. MINUS. SUAPTE. POTESTATE. UTI. LICEAT. DE. EA. RE. NOSTRUM. SENTENTIA. OMNIUM. DATA. EST. SI. L. CORNELIUS. SCIPIO. ASIATICUS. COLLEGÆ. ARBITRATU. PRÆDES. DABIT. COLLEGÆ. NE. EUM. IN. VINCULA. DUCAT. INTERCEDEMUS. SI. EJUS. ARBITRATU. PRÆDES. NON. DABIT. QUO. MINUS. COLLEGA. SUA. POTESTATE. UTATUR. NON. INTERCEDEMUS.

Que l'Asiatique ne fût mis en prison (Ibid.). Tite-Live, l. l. 60, prête à Tib. Sempronius Gracchus des paroles éloquentes, mais qui ne sont pas exemptes de déclamation. La pièce qui nous a été transmise par Aulu-Gelle, l. l., a un caractère beaucoup plus historique : CUM. L. CORNELIUS. SCIPIO. ASIATICUS. TRIUMPHANS. HOSTIUM. DUCES. IN. CARCEREM. COJECTAVERIT. ALIENUM. VIDETUR. ESSE. DIGNITATE. REIPUBLICÆ. IN. EUM. LOCUM. IMPERATOREM. POPULI. ROMANI. DUCI. IN. QUEM. LOCUM. AB. EO. CONJECTI. SUNT. DUCES. HOSTIUM. ITA. Q. L. CORNELIUM. SCIPIONEM. ASIATICUM. A. COLLEGÆ. VI. PROHIBEO.

Sur l'accusation de péculat, intentée à P. Corn. Scipion par les tribuns du peuple, et sur sa noble conduite dans cette circonstance, cf. *Mém.* Vol. XXXIX, p. 325-326, *dans les Mémoires de l'Académie des Inscriptions et Belles-Lettres.*

CCXXIX. *Persée espérait chasser entièrement les Romains de la Grèce* (p. 29). La guerre contre Persée, à laquelle ce fragment se rapporte, est racontée en détail par Polybe, XXII, 22; XXVII, 1, 4, 5, 7, 8; XXVIII, 8 et suiv.; XXIX, 1, 2, 3, 5, 7, 8; XXX, 6, sqq., et *Frag. Hist.* 38-40; par Tite-Live, liv. XLII, XLIII, XLIV et XLV; par Plutarque, Vie de Paul-Emile, qu'il faut lire en entier; par Appien, Hist. de la Macédoine, IX, 1-4; X; XIII; XIV; XVI; XVII; Hist. de l'Illyrie, IX; et par Diodore de

Sicile, 11, 17, 3; XXIX, 25, 30, 33; XXX, 1, 4, 5, 7, 9, 10, 11, 19, 21, 23; XXXI, 8-9. Cf. aussi Vell. Paterculus, I, 10; Florus, II, 12; Eutrope, IV, 6-8, et Orose, IV, 20, à la fin du chapitre.

Les événements antérieurs aux faits contenus dans le Fragment de Dion ont été abrégés par Zonaras, liv. IX, 22, p. 455-457, Du C. Je traduis son résumé : « Philippe, roi de Macédoine, ayant mis à mort son fils Démé-
« trius, mourut, au moment de faire périr Persée, son autre fils. Démétrius
« était devenu l'ami des Romains dont il avait été l'otage, et il espérait
« succéder à Philippe : tous les Macédoniens l'espéraient aussi; mais Per-
« sée, son frère aîné, poussé par la jalousie, l'accusa de tramer la perte
« de son père. Démétrius fut forcé de boire du poison et mourut. Philippe
« connut bientôt la vérité et voulut se venger; mais il ne le put et mourut
« à son tour : Persée recueillit son héritage. Les Romains lui assurèrent la
« royauté et renouvelèrent avec lui l'alliance qu'ils avaient contractée
« avec son père. Dans les temps qui suivirent, il se passa quelques évé-
« nements qui ne méritent point d'être recueillis par l'histoire. Plus tard,
« Persée se déclara l'ennemi des Romains, et, pour obtenir que la guerre
« fût différée jusqu'à ce qu'il eût fait ses préparatifs, il envoya à Rome
« des députés chargés de le défendre contre les griefs qui lui étaient im-
« putés. Les Romains ne les admirent point dans leurs murs : ils s'abou-
« chèrent avec eux à l'entrée de la ville et se bornèrent à leur répondre
« qu'ils enverraient un consul avec lequel Persée pourrait discuter comme
« il le voudrait. Ils ordonnèrent aux ambassadeurs de partir, le jour même,
« et les firent accompagner par une escorte, afin qu'ils ne pussent entrer
« en pourparlers avec personne. En même temps, ils défendirent à Persée
« de mettre jamais le pied en Italie.

« Ensuite les Romains firent partir le préteur Cn. Sicinius avec un petit
« corps d'armée (ils n'en avaient point préparé de plus considérable).
« Persée envahit la Thessalie et s'empara de la plus grande partie de cette
« contrée. A l'approche du printemps, les Romains envoyèrent contre lui
« Licinius Crassus et donnèrent le commandement de la flotte au préteur
« C. Lucretius. Crassus, dans un engagement de cavalerie contre Persée,
« éprouva d'abord un échec auprès de Larisse; mais il le vainquit plus
« tard et le força de se retirer dans la Macédoine. Crassus attaqua les villes
« grecques conquises par Philippe; mais la plupart le repoussèrent. Il
« s'empara pourtant de quelques-unes, en détruisit quelques autres et
« vendit les habitants tombés en son pouvoir. Cette nouvelle fit éclater à
« Rome l'indignation publique : bientôt après, Crassus fut condamné à
« une amende pécuniaire. On rendit la liberté aux villes qui avaient été
« prises. La rançon de ceux de leurs habitants, qui avaient été vendus
« et que l'on put trouver encore en Italie, fut payée à ceux qui les avaient
« achetés. Voilà ce que les Romains firent alors : dans la guerre contre
« Persée, ils essuyèrent de nombreux et grands revers. Souvent la fortune

« leur fut contraire. Persée s'empara d'une grande partie de l'Épire et de
« la Thessalie. Il réunit des troupes formidables et forma contre les élé-
« phants des Romains une phalange de soldats pesamment armés, dont
« les boucliers et les casques étaient hérissés de clous de fer pointus. En
« même temps, afin que les éléphants n'effrayassent pas ses chevaux, il
« construisit des figures d'éléphants qu'il fit couvrir d'un enduit qui exha-
« lait une odeur fétide, et dont l'aspect n'était pas moins terrible pour la
« vue que pour l'ouïe; car, à l'aide d'une certaine mécanique, elles ren-
« daient un son semblable au bruit du tonnerre. Persée fit conduire les
« chevaux auprès de ces figures, jusqu'à ce qu'ils n'en fussent plus effrayés.
« Enorgueilli de ses succès, il espéra éclipser Alexandre par sa gloire
« et par la grandeur de son empire. Dès que la nouvelle de ces événe-
« ments fut parvenue à Rome, le consul Marcius Philippus reçut l'ordre de
« partir en toute hâte. Arrivé auprès de l'armée en Thessalie, il exerça si
« habilement les soldats romains et leurs alliés, que Persée, saisi de crainte,
« se renferma paisiblement dans les limites de son royaume de Macédoine,
« auprès de Tempé. Philippe, enhardi par son inaction, franchit les mon-
« tagnes intermédiaires et prit quelques terres appartenant à Persée. Il
« s'avança même jusqu'à Pydna; mais le manque de vivres le força de
« rentrer dans la Thessalie. Alors Persée reprit confiance, recouvra tout
« ce que Philippe lui avait enlevé, fit beaucoup de mal aux Romains avec
« sa flotte, attira dans ses intérêts de puissants alliés et conçut l'espérance
« de chasser les Romains de la Grèce entière, etc. » (Traduction nouvelle.)

Parmi les modernes, outre les *Mémoires de l'Académie des Inscriptions et Belles-Lettres*, Mém. Vol. XII, p. 266-281, je dois surtout citer
l'*Histoire romaine* de M. Poirson, tom. II, p. 212-251, et celle de M. Duruy, tom. I, ch. XVII, p. 522-549. Les deux savants professeurs ne jugent
pas du même point de vue les hommes et les événements; mais cette di-
versité donne à leur récit un caractère d'originalité qui éveille et soutient
l'intérêt.

Ni à Eumène ni à Gentius (p. 31). Les conditions du marché conclu
entre Eumène et Persée, par la médiation du Crétois Cydas, sont exposées
dans plusieurs extraits de Polybe, trouvés par M. A. Mai dans les manuscrits du Vatican, XXIX, f c. d. e. f. g. h., tom. II, p. 39-42. Coll. Didot. Cf.
Tite-Live, XLIV, 24-25. L'historien grec les flétrit avec une juste indignation, comme également dégradantes pour les deux parties, l. l. g-h.

On peut en dire autant de la convention entre Gentius et le roi de Macédoine. Cf. Polybe, XXVIII, 8; Tite-Live, l. l., 26-27; mais surtout Appien, Hist. de la Macédoine, XVI, et Diodore de Sicile, XXX, 9.

C'est l'affligeant tableau de l'avarice et de la faiblesse aux prises avec la
cupidité et la mauvaise foi. Les Historiens romains, qui, suivant la judi-

cieuse remarque de M. Duruy, l. l. p. 529, voulaient déshonorer Persée après l'avoir vaincu, ont à dessein gardé le silence sur les défauts des hommes avec lesquels il se trouva en contact. Avec moins de partialité, ils auraient reconnu que ce roi ne fut ni meilleur ni pire que les principaux personnages de son temps.

Ainsi que celui des Thraces (Ibid.). Dion veut probablement parler du fait rapporté par Tite-Live, XLII, 67, au sujet de Cotys, roi des Thraces Odryses : Quum Pellam venisset (s.-ent. Perseus)...... eo fama adfertur, Atlesbim, regulum Thracum, et Corragum, Eumenis præfectum, in Cotyis fines impetum fecisse, et regionem, Marenem quam vocant, cepisse. Itaque, dimittendum Cotyn ad sua tuenda ratus, magnis proficiscentem donis prosequitur; ducenta talenta, *semestre stipendium*, equitatui numerat, quum primo *annuum* dare constituisset.

CCXXXI. *Persée se trouvait dans un temple de Samothrace, etc.* (p. 33). Les Samothraces, sensibles aux reproches de L. Atilius, qui les accusait de permettre que la sainteté de leur île fût souillée par la présence d'Évandre qui avait attenté aux jours d'Eumène; mais voulant surtout éviter la colère des Romains, maîtres de leur île et de leur temple, font déclarer à Persée par leur *Théondas*, ou premier magistrat auquel ils donnent aussi le titre de roi, « que le Crétois Évandre, accusé de « meurtre, doit se présenter devant le tribunal établi par leurs ancêtres « pour juger ceux qui sont désignés comme coupables d'avoir porté des « mains impures dans l'enceinte sacrée du temple. Si Évandre peut « prouver son innocence, il doit se justifier. S'il a des raisons pour « craindre un jugement, il doit s'éloigner du temple profané par sa pré- « sence et pourvoir à sa sûreté. » Persée fit appeler Évandre et l'engagea à ne point courir les risques d'un jugement : il craignait que la condamnation d'Évandre ne le fît connaître lui-même comme l'auteur de l'attentat. Il l'engagea donc à se donner la mort. Évandre se montra disposé à suivre ce conseil; mais il se prépara secrètement à prendre la fuite. Le roi, averti de son projet, craignit d'être accusé d'avoir soustrait le coupable au châtiment et de s'attirer la colère des Samothraces. Il fit donner la mort à Évandre; et pour écarter de lui l'odieux de ce crime, il gagna à force d'argent le *Théondas*, qui déclara au peuple qu'Évandre s'était suicidé. Cf. Tite-Live, XLV, 5.

A Eumène dans la ville de Delphes (Ibid.). Selon Valérius d'Antium, Attale, frère d'Eumène, était allé à Rome, en qualité d'ambassadeur, pour dénoncer les projets de Persée et ses préparatifs de guerre; mais le plus grand nombre des historiens, et les plus dignes de foi, attestent qu'Eumène s'y rendit en personne; cf. Tite-Live, XLII, 11.

Reçu à Rome avec distinction et introduit dans le sénat, Eumène s'attacha à montrer que Persée, héritier des projets de son père Philippe et de son trône, faisait de la guerre contre les Romains l'objet de ses constantes méditations. A la fleur de l'âge, maître d'un royaume riche et que la paix avait repeuplé d'une jeunesse florissante ; formé à la guerre par son père, il avait déjà mis fin avec succès à plusieurs entreprises que Philippe n'avait pu heureusement terminer, ni par la force ni par la ruse. Les cités de la Grèce et de l'Asie révéraient la majesté de son nom. Il avait donné sa sœur pour épouse à Prusias, roi de Bithynie, et il était devenu le gendre de Séleucus, qui lui avait offert lui-même la main de sa fille. Les peuples les plus puissants de la Grèce étaient ses alliés : il avait déjà une armée de trente mille fantassins et de cinq mille cavaliers, des approvisionnements de blé pour dix ans et des trésors assez considérables pour solder, pendant un égal nombre d'années, dix mille mercenaires, outre les troupes macédoniennes.

Le discours d'Eumène fit une profonde impression ; aussi le sénat ne prêta-t-il aucune attention aux apologies et aux prières des ambassadeurs de Persée. A leur retour en Macédoine, le roi, instruit de ce qui s'était passé à Rome, résolut de se venger d'Eumène. Informé que le roi de Pergame devait se rendre à Delphes, pour offrir un sacrifice à Apollon, il gagne le Crétois Évandre et trois Macédoniens, qui se chargent de lui donner la mort. Munis d'une lettre pour Praxo, amie de Persée, et qui, par son crédit et son opulence, tenait le premier rang parmi les Delphiens, Évandre et ses trois complices se dirigent vers Delphes; ils se postent près des ruines d'un édifice dont il ne restait que les fondements, et qui bordaient un sentier par où l'on ne pouvait passer qu'un à un. Là, ils épient le moment où Eumène devait pénétrer dans le sentier, et aussitôt qu'ils le voient s'avancer avec le fidèle Pantaléon, ils font rouler deux grosses pierres dont l'une l'atteignit à la tête et l'autre à l'épaule. Eumène tombe à la renverse. Ses courtisans et ses gardes prennent aussitôt la fuite, à l'exception de Pantaléon, qui demeura seul pour le défendre.

Les assassins, croyant le meurtre consommé, se réfugient sur le sommet du Parnasse. Les courtisans d'Eumène, ses gardes et les gens de sa suite, reviennent auprès de lui et l'enlèvent, encore tout étourdi de ses blessures. A peine reste-t-il quelque espoir de lui conserver la vie. Cependant on put, dès le lendemain, le transporter dans son navire. On quitta Delphes pour se rendre à Corinthe et de Corinthe à Egine. Là, on ne laissa approcher personne du roi, et sa guérison s'opéra tellement en secret, que le bruit de sa mort se répandit en Asie et parvint aussi à Rome ; Tite-Live, XLII, 11-16. Cette tentative d'assassinat devint un grief contre Persée, qui crut nécessaire d'envoyer des députés au sénat, pour se disculper; cf. Polybe, XXII, 22. a, 5 et 22 b. 2 ; XXVII, 7, 2 ; Appien, Hist. de la Macédoine, IX, 4.

CCXXXIII. *Et fut conduit à Amphipolis* (p. 35). La perfidie et la cruauté de Persée envers Evandre (cf. Fr. CCXXXI et les Éclaircissements) lui aliénèrent tous les esprits. Chacun s'empressa de passer du côté des Romains. Ainsi abandonné, le roi de Macédoine prit la fuite et traita avec un Crétois, nommé Oroandre, qui connaissait la côte de Thrace et qui s'engagea à le prendre sur un bâtiment léger, pour le conduire chez Cotys. Ce bâtiment était dans un port de Samothrace, nommé Démétrie : au coucher du soleil, on y transporta toutes les choses nécessaires et autant d'argent qu'il fut possible d'en enlever secrètement. Au milieu de la nuit, Persée, avec trois compagnons, arrive furtivement au bord de la mer ; mais il ne trouve aucun navire dans le port. A peine l'argent avait-il été embarqué, qu'Oroandre avait gagné le large, à l'arrivée de la nuit, pour faire voile vers la Crète. Persée erra quelque temps sur le rivage ; mais, craignant d'être surpris par le jour et n'osant rentrer dans son premier asile, il se cacha dans un recoin du temple. Cependant Cn. Octavius avait fait proclamer par un héraut, *que les enfants royaux et les autres Macédoniens, alors à Samothrace, qui passeraient du côté des Romains, conserveraient la vie, la liberté et tout ce qui leur appartenait, tant ce qu'ils avaient laissé en Macédoine que ce qu'ils avaient avec eux*. Cette proclamation occasionna une désertion générale. Persée, resté seul avec Philippe, son fils aîné, se livra à Octavius, qui le fit monter à bord du navire prétorien, et la flotte reprit le chemin d'Amphipolis ; Tite-Live, XLV, 6. Sur l'accueil que Persée trouva auprès de Paul-Émile, cf. Diodore de Sicile, XXX, 23, tom. II, p. 491 dans la Coll. Didot ; Plutarque, Æmil. Paul. XXVII.

CCXXXV. *Une seule tache sembla flétrir une si belle vie* (p. 37). Allusion au pillage des villes d'Épire qui avaient abandonné les Romains, pour embrasser le parti de Persée. Tite-Live, XLV, 34, s'exprime ainsi sur cette terrible exécution : « Edita tribunis centurionibusque erant quæ agerentur ; mane aurum omne argentumque collatum ; hora quarta signum ad diripiendas urbes datum est militibus ; tantaque præda fuit, ut in equitem quadringeni denarii, peditibus duceni dividerentur, centum quinquaginta millia capitum humanorum abducerentur. Muri deinde direptarum urbium diruti sunt : ea fuere oppida circa septuaginta. Vendita præda omnium, de ea summa militi numeratum est. » Cf. Plutarque, l. l., XXIX.

CCXXXVI. *Un décret contre les citoyens qui avaient embrassé le parti opposé aux Romains* (p. 39). C. Popilius, chargé de se rendre en Égypte, à la tête d'une ambassade, était arrivé à Loryme, en face de Rhodes. Les principaux Rhodiens vinrent l'y trouver pour le prier de se rendre dans leur ville avec les ambassadeurs. Popilius et les ambassadeurs résistèrent d'abord ; mais ils finirent par consentir à suspendre un moment leur voyage pour visiter une ville alliée. Introduit avec ses compagnons dans l'assemblée du peuple, Popilius reprocha aux Rhodiens leur conduite pendant la guerre contre Persée. Son discours fut regardé comme une menace ; mais C. Décimius, plus modéré, les rassura en disant que les reproches de Popilius ne s'adressaient qu'à quelques agitateurs. Les Rhodiens reconnurent la nécessité de punir les coupables, et rendirent sur-le-champ un décret, portant *que tous ceux qui seraient convaincus de quelques propos ou de quelques démarches favorables à Persée et contraires aux intérêts des Romains seraient punis de la peine capitale.* Quelques-uns de ceux qu'atteignait ce décret avaient quitté la ville, à l'arrivée des ambassadeurs romains : les autres s'étaient donné la mort ; Tite-Live, l. l., 10.

CCXXXVII. *Maintenant, au contraire, ils faisaient tout pour obtenir ce titre* (p. 41). Sur les ambassadeurs envoyés à Rome par les Rhodiens, sur l'accueil qu'ils y trouvèrent et pour le discours qu'ils prononcèrent, quand ils eurent obtenu d'être introduits dans le sénat, cf. Polybe, XXIX, 7 ; XXX, 4, 5 ; Diodore de Sicile, XXXI, 5 ; Tite-Live, XLV, 20-24. Les Rhodiens eurent un puissant défenseur dans M. Porcius Caton. Tite-Live, l. l., dit qu'il n'a point voulu rapporter sommairement, dans la crainte de l'affaiblir, l'éloquente harangue que Caton prononça dans cette circonstance et qui se trouvait dans le cinquième livre de ses *Origines*. Nous n'en avons que quelques fragments, conservés par Aulu-Gelle, VII, 3, Leyde, 1706, édition de Gronove, p. 377-389. Ils ont été reproduits et commentés par M. J. Hug. Van Bolhuis, dans une dissertation intitulée : *Diatribe litteraria in M. P. Catonis Censorii quæ supersunt scripta et fragmenta*, Utrecht, 1826 ; dans les *Fragmenta Oratorum Romanorum de Henr. Meyer*, p. 152-155, éd. de M. Dübner, Paris, 1837. Cf. M. Egger, *Latini Sermonis vetustioris Reliquiæ*, Paris, 1843, p. 161-162.

CCXLII. *Le Lusitanien Viriathe*, etc. (p. 51). L'héroïque lutte de Viriathe contre les Romains forme un récit des plus intéressants dans Appien, VI, 60-74. On trouve aussi quelques détails curieux dans Diodore de Sicile, XXXIII, 1. 7. 21. 22. J'ai pensé que le lecteur ne serait pas fâché de pouvoir comparer le portrait de Viriathe par Diodore, l. l. I, avec celui que nous a laissé Dion. Le voici : « Viriathe était né parmi les Lusitaniens qui
« habitent sur les côtes de l'Océan : chargé, dès son enfance, de la garde
« des troupeaux, il s'accoutuma à vivre sur les montagnes et trouva un
« puissant auxiliaire dans sa constitution physique. Par sa force, par sa
« prestesse, par l'agilité de ses membres, il l'emportait de beaucoup sur
« les Ibères. Habitué à manger peu, à s'exercer beaucoup, à ne dormir que
« le temps nécessaire ; mais surtout à être constamment couvert de fer
« pour combattre contre les bêtes et contre les voleurs, il devint le héros

« de la multitude qui le choisit pour chef : bientôt il réunit autour de lui
« un corps de brigands. Il fit de rapides progrès dans l'art de la guerre et
« fut admiré non-seulement pour sa bravoure, mais comme un général
« éminent. Juste dans la distribution du butin, il proportionnait les ré-
« compenses au mérite de ceux qui s'étaient distingués par leur valeur.
« Plus puissant de jour en jour, il quitta le nom de brigand et prit celui
« de chef, fit la guerre aux Romains, gagna plusieurs batailles, lutta à la
« tête d'une armée contre Vitellius, un de leurs généraux, le fit prisonnier,
« lui trancha la tête avec son épée et obtint de nombreux succès dans la
« guerre, jusqu'au moment où Fabius fut chargé de le combattre. Dès lors
« il commença à déchoir considérablement ; mais il se releva bientôt, rem-
« porta de nouveaux avantages contre Fabius et le força de consentir à un
« traité indigne de Rome, etc. » (Traduction nouvelle.)

CCXLIII. *Les Achéens — auraient tué ou chassé ces ambassadeurs, s'ils ne s'étaient échappés par la fuite* (p. 53-55). Dion semble avoir puisé aux mêmes sources que Trogue-Pompée, autant que nous pouvons en juger par l'abrégé de Justin, XXXIV, 1 : « Carthage et la Macé-
« doine étaient soumises; l'Étolie avait perdu sa force par la captivité de
« ses chefs, et seuls, dans la Grèce entière, les Achéens semblaient alors
« trop puissants aux yeux de Rome; non qu'elle craignît la puissance de
« chaque cité, mais l'alliance étroite qui les unissait entre elles; car les
« Achéens, divisés en plusieurs peuples, comme en autant de membres, ne
« forment cependant qu'un seul corps, une même puissance, et les dangers
« de chaque ville sont repoussés par les forces communes. »
« Rome cherchait un prétexte de guerre, quand la fortune lui offrit à
« propos les plaintes des Spartiates, dont le pays était ravagé par les
« Achéens : une haine mortelle animait les deux peuples. Le sénat promit
« aux Spartiates d'envoyer des députés en Grèce, pour reconnaître l'état
« de ses alliés et assurer les droits de chacun ; mais ces envoyés reçurent,
« pour instruction secrète, l'ordre de dissoudre la Ligue Achéenne et de
« rendre chaque ville indépendante, pour en faciliter la soumission. Les
« députés, convoquant à Corinthe les chefs de toutes les cités, publient le
« décret du sénat, et proclament hautement leurs projets. *Il est*, disent-ils,
« *de l'intérêt général d'assurer à chaque ville ses lois et sa liberté.*
« Cette nouvelle s'étant répandue, les Achéens, dans leur fureur, égorgent
« tous les étrangers : ils auraient outragé jusqu'aux envoyés romains, si,
« instruits de la révolte, ceux-ci ne s'étaient hâtés de fuir. » (Traduction de MM. Pierrot et Boitard.) Cf. pour les détails, Pausanias, VII, 12-15.

CCXLV. *Jaloux de Métellus, son collègue* (p. 57). Q. Cæcilius *le Ma-cédonique* avait deux fois échoué dans la brigue du consulat; cf. Sext. Aurel. Victor, De Vir. Illustr. LXI, p. 236, éd. Arntzen, et Val. Max. VII, 5, 4. Il ne l'obtint donc que dans la troisième année, après son triomphe

Son extrême sévérité, comme général, lui avait aliéné l'esprit de la multitude.

Au sujet de l'eau nécessaire pour l'exploitation des mines d'or (p. 59). Sur les contestations et sur les guerres que les Salasses eurent à soutenir, à l'occasion de la rivière dont ils détournaient les eaux pour le lavage de ces mines, cf. *Mém*. Vol. XLVI, p. 503-504, *dans les Mémoires de l'Académie des Inscriptions et Belles-Lettres*.

CCXLVI. *Claudius savait bien qu'il n'avait remporté aucune victoire*, etc. (*Ibid.*). Dans une première bataille, il perdit *cinq mille* hommes ; dans une seconde, il tua *cinq mille* ennemis ; Orose, V, 4. S'il avait demandé le triomphe, en vertu de la loi qui l'accordait à tout général qui avait fait périr cinq mille ennemis (cf. Casaub. sur Suétone, Jul. Cæs. LXXVI), il ne l'aurait pas obtenu, à cause de sa défaite : *Iste quoque*, dit Orose, l. l., *triumphum expetisset; propter superiora vero damna non impetravisset*. Aussi triompha-t-il de son autorité privée. Dion ajoute qu'il demanda une somme pour célébrer son triomphe. Sans doute elle lui fut refusée, puisqu'il supporta lui-même la dépense ; Orose, l. l. : *Infami impudentia atque ambitione usus*, privatis sumtibus *triumphavit*.

Un tribun, indigné de tant d'audace, voulut arracher Appius Claudius de son char de triomphe ; mais il fut arrêté par le caractère sacré de la jeune Claudia. Val. Max. V, 4, 6 : Nescio an his omnibus valentius et animosius Claudiæ Vestalis virginis factum, quæ, quum patrem suum triumphantem e curru violenta tribuni plebis manu detrahi animadvertisset, mira celeritate utrisque se interponendo, amplissimam potestatem inimicitiis accensam depulit, etc. »

CCXVII. *Popilius remplit Viriathe d'un tel effroi* (*Ibid.*). Quelques détails historiques m'ont paru nécessaires, pour montrer que la leçon ὁ Ποπίλιος est vicieuse. Viriathe, par un double succès obtenu sur Fabius Servilianus, près d'*Itucca*, dans la Bétique, et à *Erisane*, avait forcé le consul de souscrire un traité portant qu'il y aurait paix et alliance entre Viriathe et le peuple romain ; Appien, VI, 66-69. Ce traité fut ratifié à Rome ; mais la paix ne fut pas de longue durée. Le sénat permit à Q. Servilius Cæpion de recommencer la guerre ; cf. le même, l. l. 70. Surpris par cette rupture imprévue, le chef Lusitanien, dont les alliés avaient abandonné les drapeaux, ne voulut point risquer une bataille, et demanda la paix. Il résulte de ce qui précède que c'est ὁ Σερουίλιος qu'il faut lire, au lieu de ὁ Ποπίλιος. Je propose la même correction pour un fragment de Diodore de Sicile, trouvé par M. A. Mai dans les manuscrits du Vatican, liv. XXXIII, 20, tom. II, p. 529 de la Coll. Didot : Ὅτι ὁ ὕπατος Ποπίλλιος (sic), Ὑριάτθου (sur cette écriture cf. la note 2, p. 50 de ce volume) περὶ διαλέξεως ἀξιοῦντος, ἔκρινε προστάττειν καθ' ἕκαστα τῶν ἀρεσκόντων, ὅπως μὴ λεχθέντων ἀθρόον ἀπογνοὺς ἀποθηριωθῇ πρὸς πόλεμον ἀκατάλλακτον. C'est ainsi que Métellus, traitant avec Jugurtha, ne lui fit connaître qu'une à une les conditions qu'il voulait lui faire accepter. Cf. Fr. CCLXIV, p. 91 de ce volume.

Qu'il leur remît même les armes (p. 61). Sur l'usage, adopté par les Romains, d'imposer cette condition aux peuples qui obtenaient la paix, cf. les notes d'Arntzen sur Sext. Aurel. Victor, De Vir. Illustr. LXXI, p. 262 de son édition.

CCXLIX. *Pompée* (p. 63). Il commandait, dans l'Espagne Citérieure, l'armée romaine, composée de trente mille fantassins et de deux mille cavaliers, à la place de Métellus, qui, pour satisfaire son mécontentement, n'avait pas craint de compromettre sa gloire et celle de sa patrie, en affaiblissant cette armée autant qu'il avait pu. Valère Maxime, IX, 3, 7 : Q. Metellus...... postquam cognovit Q. Pompeium consulem inimicum suum successorem sibi mitti, omnes, qui modo militiam suam voluerunt finiri, dimisit; commeatus petentibus, neque causis excussis, neque constituto tempore, dedit; horrea, custodibus remotis, opportuna rapinæ præbuit; arcus sagittasque Cretensium frangi, atque in amnem abjici jussit; elephantis cibaria dari vetuit. Quibus factis ut cupiditati suæ indulsit, ita magnifice gestarum rerum gloriam corrupit, etc. Pompée commença le siége de Numance et de Termantia, où il éprouva des échecs; mais il fut plus heureux à Malia, à Sedetania, et il alla reprendre le siége de Numance; Appien, VI, 76-77. C'est alors que se passa le fait rapporté par Dion.

Un fleuve du pays des Numantins (*Ibid.*). Il servait probablement à transporter des vivres à Numance, puisque, suivant Appien, l. l. 78, Pompée voulait, en le détournant de son cours, affamer la ville : Ὁ δὲ Πομπήϊος αὖθις ἐλάσας ἐπὶ Νομαντίαν, ποταμόν τινα μετωχέτευεν ἐς τὸ πεδίον, ὡς λιμῷ πιέσων τὴν πόλιν. Οἱ δὲ ἐργαζομένῳ τε ἐπέκειντο, καὶ σαλπιγκτῶν χωρὶς ἐκτρέχοντες ἀθρόοι, τοὺς ὀχετεύοντας ἠνώχλουν.

CCL. *Aucune défaite qui mérite d'être citée* (p. 65). Q. Servilius Cæpion, frère et successseur de Q. Fabius Max. Servilianus, avait fini par obtenir du sénat la violation de la convention conclue avec Viriathe. Il recommença donc la guerre contre le chef des Lusitaniens, et remporta, grâce à la supériorité du nombre de ses soldats, quelques avantages contre les Carpétans, les Vettons et les Callaïques; Appien, l. l. 70. Toutefois ce furent moins ces avantages que les exploits de Sext. Junius Brutus, qui déterminèrent Viriathe à députer vers Cæpion trois de ses amis, pour traiter de nouveau avec les Romains; cf. le même, l. l. 71-72.

Où Viriathe avait dressé sa tente (*Ibid.*). Appien, l. l. 70 : Ὁ Οὐρίατθος οὐ δοκιμάζων αὐτῷ (s.-ent. τῷ Καιπίωνι) συμπλέκεσθαι, διὰ τὴν ὀλιγότητα, κατὰ μέν τινα φάραγγα ἀφανῆ τὸ πλέον τοῦ στρατοῦ περιέπεμψεν ἀπιέναι · τὸ δὲ λοιπὸν αὐτὸς ἐντάξας ἐπὶ λόφου, δόξαν παρεῖχε πολεμήσοντος. Ὡς δ' ᾔσθετο τῶν προαπεσταλμένων ἐν ἀσφαλεῖ γεγονότων, ἐξίππευσεν ἐς αὐτοὺς μετὰ καταφρονήσεως, ὀξέως οὕτως ὡς μηδ' αἰσθέσθαι τοὺς διώκοντας, ὅποι διέδραμεν.

CCLI. *Pendant que Cæpion* (p. 67). Le texte de M. A. Mai porte : Σκηπίωνος μαχομένου τοῖς Ἴβηρσιν. Ici, et lig. 13, j'ai remplacé Σκηπίωνος et Σκηπίωνα par Καιπίωνος et Καιπίωνα.

Dion, dont la réserve a été imitée par Eutrope, IV, 16, et par Orose, V, 4, ne dit point que Viriathe fut tué à l'instigation du général romain. Il se contente de rapporter que le chef Lusitanien fut assassiné par ses propres soldats, qui vinrent ensuite demander une récompense au chef de l'armée romaine, et que celui-ci blâma énergiquement leur crime. Florus, II, 17, l'Epitome de Tite-Live, LIV, Velleius Paterculus, II, 1, s'accordent à dire que le général romain l'avait conseillé. Valère-Maxime et Appien sont encore plus formels. Nous lisons dans le premier, IX, 6, 4 : Viriathi etiam cædes duplicem perfidiæ accusationem recepit ; in amicis, quod eorum manibus interemptus est ; in Q. Servilio Cæpione, quia *is sceleris hujus auctor, impunitate promissa, fuit* ; victoriamque non meruit, sed emit ; et dans le second, VI, 74 : Οὐρίατθος Καιπίωνι περὶ συμβάσεων τοὺς πιστοτάτους αὐτοῦ φίλους ἐπέπεμπεν, Αὔδακα, καὶ Διτάλκωνα καὶ Μίνουρον· οἳ διαφθαρέντες ὑπὸ τοῦ Καιπίωνος δώροις τε μεγάλοις καὶ ὑποσχέσεσι πολλαῖς, ὑπέστησαν αὐτῷ κτενεῖν τὸν Οὐρίατθον. D'après ces autorités, il ne peut rester aucune incertitude sur la nécessité de substituer dans ce premier passage Καιπίωνος à Σκηπίωνος.

En est-il de même, lig. 13, ὧν ἀφικόμενοί τινες πρὸς Σκηπίωνα? Dans le texte d'Eutrope, l. l., *Et quum interfectores ejus præmium a Cæpione consule peterent, responsum est : nunquam Romanis placuisse imperatorem a suis militibus interfici*, Glareanus propose de lire : *A. Scipione*. Sylburg, au contraire, dans une note sur la traduction grecque d'Eutrope par Pæanius, p. 583-584, éd. de Ver Heyk, pense que cette réponse fut faite, non par Cæpion, mais par le sénat. En d'autres termes, il reproduit le récit d'Appien, l. l. : Οὐδεμιᾶς δ' αἰσθήσεως γενομένης.... διέδρασαν ἐς Καιπίωνα, καὶ τὰς δωρεὰς ᾔτουν. Ὁ δ' αὐτίκα μὲν αὐτοῖς ἔδωκεν, ἀδεῶς ἔχειν ὅσα ἔχουσι· περὶ δὲ ὧν ᾔτουν, ἐς Ῥώμην αὐτοὺς ἔπεμπεν. D'après ce récit, pour conserver dans ce second passage la leçon Σκηπίωνα, il faudrait admettre que les assassins de Viriathe, d'après l'invitation de Cæpion, allèrent demander à Rome la récompense de leur crime, et qu'au moment où ils comparurent devant le sénat, ce fut Scipion qui leur fit la réponse rapportée par Dion ; mais cette hypothèse est peu vraisemblable. En nous renfermant dans le texte de Dion, et en lisant

Καιπίωνος et Καιπίωνα, tout concorde : Cæpion fait la guerre contre Viriathe; des soldats du chef Lusitanien lui donnent la mort par la crainte du général romain; Eutrope, IV, 16. Puis, les assassins, qui ont cru faire une chose agréable à Cæpion, viennent lui demander leur récompense, et il leur répond μηδαμῶς εἶναι Ῥωμαίοις κτλ., avec toute la fierté d'un homme qui n'a point trempé dans le crime.

Dans Suidas, Kuster a conservé l'ancienne leçon Σκηπίωνος, sans observation; mais Gaisford ne doute pas qu'il ne faille lire Καιπίωνος; cf. les notes de son édition, tom. I, p. 757-758. Cette correction, dans le texte du Lexicographe, est d'autant plus admissible, que l'assassinat de Viriathe est raconté de telle manière qu'il ne peut être imputé à Cæpion; cf. p. 67, not. 4.

Enfin, la leçon Καιπίωνος, au lieu de Σκηπίωνος, ne doit point laisser de scrupule; puisque ces deux noms ont été souvent confondus. Cf. Schweigheuser, Appien, VI, 70; Perizon. Animadv. Hist. X, p. 426, Wesseling, dans Diod. de Sic., tom. II, p. 524, et la correction proposée par Reimarus sur un passage de Zonaras, cité not. 8, p. 9-10 de ce volume.

Cette feuille était imprimée, lorsque M. Ch. Müller voulut bien me communiquer un fragment inédit de Diodore de Sicile sur la mort de Viriathe, tiré d'un manuscrit de l'Escurial. Je n'ai donc pu l'insérer ici; mais on le trouvera à la dernière page de ces Éclaircissements.

CCLII. *Les Romains auraient craint de paraître ratifier la convention* (p. 69). En refusant d'admettre les ambassadeurs de Numance dans l'intérieur de la ville, les Romains les traitèrent comme les envoyés d'un peuple ennemi. Cf. tom. I, p. 248, et tom. II, p. 13-15, de cette édition. Ces ambassadeurs vinrent à Rome, lorsque Mancinus y fut rappelé pour rendre compte de sa conduite; Appien, VI, 80.

La convention entre Mancinus et les Numantins fut signée l'an de Rome 617. C. Hostilius Mancinus, choisi pour successeur de M. Popilius dans l'Espagne Citérieure, partit sous les plus funestes présages; cf. Jul. Obsequens, De prodig. LXXXIII; Orose, V, 4, et l'Épitome de Tite-Live, LV. Après avoir été battu dans plusieurs rencontres par les Numantins, une fausse nouvelle lui apprend l'arrivée prochaine des Cantabres et des Vaccæens. Éperdu, il prend la fuite et se réfugie, à la faveur des ténèbres, dans un lieu désert, où rien ne le protége. Au point du jour, cerné par les Numantins qui le menacent d'une mort inévitable, il consent à leur accorder la paix; Appien, l. l. Cf. Plutarque, Tib. Gracch., V-VII; Velleius Paterculus, II, 1; Florus, II, 18; Sext. Aur. Victor, De Vir. Illustr., LIX, et les notes d'Arntzen; Eutrope, IV, 17, éd. Ver Heyk; Osose, l. l. Elle fut négociée par Tiberius Gracchus, son questeur; cf. Plutarque, l. l. et Fr. CCLV, p. 73 de ce volume.

Et du parjure de Pompée (p. 71). L'an de Rome 614, Pompée, après avoir essuyé plusieurs échecs, entama des négociations secrètes avec les Numantins, avant l'arrivée de Popilius, qui devait le remplacer au commencement du printemps. De leur côté, les Numantins, qui avaient perdu leurs meilleurs soutiens, commençant à manquer de vivres et voyant la guerre se prolonger contre leur attente, accueillirent avec empressement les ouvertures de Pompée. Ils lui donnèrent des otages, lui rendirent les prisonniers et les transfuges, et s'engagèrent à lui payer trente talents d'argent : une partie de cette somme fut comptée sur-le-champ.

A l'arrivée de Popilius (an de Rome 615), les Numantins se présentèrent pour payer le complément des trente talents ; mais Pompée, rassuré contre les suites de la guerre par la présence de son successeur, soutint, malgré le témoignage des sénateurs, des officiers de la cavalerie et des tribuns légionnaires, qu'il n'avait fait aucun traité avec les Numantins. Popilius déféra le jugement de ce différend au sénat. Pompée et une députation des Numantins se rendirent à Rome : après de vifs débats, il fut décidé qu'une convention, faite à l'insu du sénat et du peuple, n'était pas obligatoire, et qu'il y avait lieu de continuer la guerre contre Numance. Cf. Appien, I, l. 79.

C'est à cette mauvaise foi de Pompée que Dion fait allusion. Elle a été flétrie par Cicéron, De Finib. II, 17 : Non igitur de improbo, sed callide improbo quærimus, qualis Q. Pompeius in fœdere Numantino infitiando fuit, etc. Du reste, le caractère de Pompée s'était déjà révélé ; lorsqu'il parvint (an de Rome 613) à supplanter son ami Lælius dans la brigue du consulat. Plutarque, Apophtheg. OEuvr. Moral., tom. I, p. 242 de la Collect. Didot : Γαίῳ δὲ Λαιλίῳ τῷ φιλτάτῳ τῶν ἑταίρων — ἀλλὰ θεοὺς παρακαλεῖν, πάλαι διατρίβομεν αὐλητὴν ἀναμένοντες.

Le sénat délibéra sur la question de savoir si Pompée devait être livré aux Numantins. Un passage de Cicéron, De Offic. III, 30, où la conduite de ce général est mise en parallèle avec celle de C. Hostil. Mancinus, ne laisse aucun doute à ce sujet : C. Mancinus qui, ut Numantinis, quibuscum sine senatus auctoritate fœdus fecerat, dederetur, rogationem suasit eam, quam L. Furius et S. Attilius ex senatus-consulto ferebant : qua accepta, est hostibus deditus. Honestius hic, quam *Q. Pompejus, quo, quum in eadem causa esset, deprecante, accepta lex non est.* Mais son crédit et la faveur populaire lui assurèrent l'impunité ; cf. Vell. Paterculus, II, 1. L'année suivante (Pighius, Annal. Rom, tom. II, p. 492, éd. Schott.), accusé de concussion par Cn. et Q. Servilius Cæpion et par Q. et L. Métellus, il fut absous, non qu'on soupçonnât ses accusateurs de mauvaise foi, dit Valère-Maxime, VIII, 5, 1 ; mais on voulut empêcher que le prévenu ne parût sacrifié à des ennemis puissants.

Les Romains annulèrent la convention et décrétèrent que Mancinus serait livré aux Numantins (p. 71). D'après Cicéron, De Offic. l. l.,

C. Hostilius Mancinus appuya la proposition de L. Furius et de S. Attilius, qui demandaient qu'il fût livré aux Numantins. Vell. Paterculus, l. l., dit seulement qu'il consentit à *être livré nu, les mains liées derrière le dos*. Suivant Plutarque, Tib. Gracch. VII, Mancinus fut ainsi livré, en vertu d'un décret : Τὸν μὲν γὰρ ὕπατον ἐψηφίσαντο γυμνὸν καὶ δεδεμένον παραδοῦναι τοῖς Νομαντίνοις. Orose suit la même tradition, V, 4. Elle est confirmée par Appien, l. l. 83. Mancinus fut conduit en Espagne par L. Furius; mais les Numantins refusèrent de le recevoir; *parce que*, disaient-ils, *le sang d'un seul homme n'expiait point la violation de la foi publique;* cf. Vell. Paterculus, l. l. Orose, l. l. 5, fait ressortir l'injustice de la conduite des Romains envers Mancinus. Son langage n'est pas exempt de déclamation; mais, à la fin du § 4, son récit se recommande par la force et la concision du style : « Senatus dissolvi fœdus et Mancinum dedi Numantinis præcepit, « qui, nudato corpore, manibus post tergum revinctis, ante portas Nu- « mantinorum expositus, ibique usque in noctem manens, a suis desertus, « ab hostibus autem non susceptus, lacrymabile utrisque spectaculum « præbuit. »

Mancinus fut livré seul; Tibérius Gracchus fut absous, ainsi que les autres auteurs de la convention, grâce à l'affection que le peuple avait pour lui; Plutarque, l. l.

CCLIII. *Si Quintus, son collègue* (p. 71). Appius Claudius Pulcher et Quintus Fulvius Nobilior étaient censeurs; cf. les notes de H. de Valois et de Reimarus. Ce dernier a justement insisté sur l'importance de ce petit fragment : « Corrigendus ex hoc loco *Fulvius Ursinus*, qui fragmentum *Festi*, in *Religionis*, ubi Censores ordine temporis recenset, sic explevit ut Q. Fulvio Nobiliori, qui distincte in Farnesiano monumento legebatur, collegam jungeret T. Annium Luscum; Tito Sempronio autem collegam Claudium. Sed is est C. Claudius Appii fil. A. V. C. 585. »

Cette année, eut lieu, à Rome, le cinquante-huitième lustre. Il fut constaté que le nombre des citoyens s'élevait à 323,000; cf. l'Epitome de Tite-Live, LVI. Sur les noms des Censeurs, cf. Pighius, Annal. Rom. tom. II, p. 499, éd. Schott.

CCLV. *Malgré son illustre naissance — et une âme élevée* (p. 73). Tibérius Gracchus était fils d'un père qui fut deux fois consul, petit-fils du vainqueur de Carthage, par sa mère Cornélie, gendre d'Appius Claudius, et beau-frère du second Africain. Les avantages qu'il tenait de la nature et de la fortune, son éducation, ses talents, ses qualités, ses défauts, ont été éloquemment retracés, d'après les historiens anciens, par un écrivain moderne que je laisse parler :

« Il était de la famille plébéienne appelée Sempronia, l'une des plus « nobles et des plus illustres de toutes les maisons romaines. Outre plu- « sieurs triomphes, plusieurs combats et plusieurs actions fameuses, dont

« l'histoire de ses ancêtres était remplie, son père, Tibérius Sempronius
« Gracchus, lui laissait un exemple récent d'une vertu la plus universelle-
« ment reconnue. Après avoir été deux fois consul, une fois censeur, et
« avoir mérité deux fois l'honneur du triomphe par la défaite des Celtibé-
« riens et par la réduction de la Sardaigne, il mérita que tout le monde dît
« qu'il était moins illustre par tous ces avantages, que par sa propre vertu.

« Le mérite de son père, quelque grand qu'il fût, n'était pas supérieur
« à celui de sa mère, Cornélie, fille du premier Scipion, dont le grand
« cœur a passé en proverbe, et qui n'est pas même plus glorieuse par sa
« naissance, qui la faisait issue du premier homme de la République, que
« pour avoir donné le jour et l'éducation aux deux Gracques..........
« Quelque grands que fussent les avantages de la naissance de Tibérius
« Gracchus, on doit avouer, avec tout ce qu'il y a d'écrivains, que ses
« vertus personnelles ne cédaient ni à celles de son père, ni à celles de sa
« mère, ni peut-être à celles de Scipion, son aïeul.

« Avec tous les avantages d'une belle taille, de la bonne mine, de beau-
« coup d'agréments dans le visage, et ceux d'un esprit fin et pénétrant, il
« avait une éloquence douce et naturelle, des manières insinuantes, un
« air persuasif, et le génie du monde le plus vif et le plus cultivé. Il joi-
« gnait à toutes ces qualités un cœur ferme, une droiture et une intégrité
« inaltérables, un amour de la justice qui soutenait l'innocent et punissait
« le crime, sans perdre tout à fait et sans détruire le coupable : il ajoutait
« à cela une sobriété, une vertu pure, des mœurs sévères pour lui seul,
« sans vouloir faire participer les autres à cette austérité. Il soutenait toutes
« ces qualités par un mérite acquis à la guerre, où il avait prouvé en di-
« verses actions d'éclat qu'il n'était pas moins propre à commander qu'à
« obéir, et que, selon l'état où il se trouvait et les besoins de la République,
« il obéissait avec le même plaisir que les autres commandaient. Libéral
« jusqu'à la profusion, et donnant tout sans réserve, pitoyable pour les
« malheureux, qui étaient assurés de trouver chez lui une protection in-
« faillible; on a dit de lui qu'il était doué de toutes les vertus que le na-
« turel, l'éducation, le soin et l'expérience peuvent donner à un homme
« sur la terre.

« Mais comme rien n'est parfait ici-bas, on ne doit pas dissimuler qu'il
« était d'ailleurs obstiné dans ses résolutions jusqu'à la dernière opiniâ-
« treté, fier et hautain quand il trouvait de la résistance, conservant na-
« turellement sa vengeance contre ceux qui lui avaient voulu nuire, et si
« fort porté pour le peuple contre le sénat, qu'il hasardait tout pour le
« servir; moins peut-être par rapport à cette justice qu'il aimait tant en
« effet, que séduit par une ambition démesurée, dont tous ses ennemis
« l'ont accusé, et qui était, sans contestation, son véritable vice. » (Saint-
Réal, Conjuration des Gracques.)

M. Franz Doroth. Gerlach, dont j'ai déjà mentionné une excellente dissertation sur Caton et sur Scipion, p. 359 de ce volume, a publié aussi sur les Gracques un travail remarquable, intitulé : *Tiberius und Caius Gracchus, Ein Historicher vortrag*; Basel 1843.

Il fut involontairement entraîné aux entreprises les plus condamnables (Ibid.). Ce jugement de Dion sur Tibérius Gracchus et celui qu'il porte sur Caïus, Fr. CCLIX, p. 81-83 de ce volume, sont justement censurés par M. Gerlach, l. l. p. 63.

La conduite de Tibérius Gracchus a été diversement appréciée. Suivant les uns, Tibérius, frappé par un décret du sénat, comme Mancinus, à raison de la capitulation souscrite à Numance, n'avait été sauvé que par le second ordre : de là, sa haine implacable contre le sénat. Il ne fut pas moins excité par l'ambition de sa mère Cornélie et par un sentiment de rivalité pour Spurius Posthumius. Suivant d'autres, l'état dans lequel, en revenant de Numance à Rome, il trouva l'Italie, qui n'avait pour laboureurs et pour pâtres que des étrangers et des barbares; la crainte de voir Rome dans l'impuissance de recruter ses armées après l'extinction de la population libre, furent les plus puissants motifs qui lui firent tenter une réforme qu'approuvaient des personnages graves; entre autres, Crassus, le grand pontife, Mutius Scævola, le célèbre jurisconsulte, et son beau-père, Appius Claudius, à qui ses vertus acquirent le titre de prince du sénat. Cf. Cicéron, Brutus, XXVI; Plutarque, Tib. Gracch., V-IX; Vell. Paterculus, II, 2; Florus, III, 14.

Pour juger équitablement Tibérius Gracchus, qui montra peut-être plus de courage que de prudence, il faut, avant tout, considérer quel était alors l'état de la société romaine, dont le tableau a été tracé par Appien, Guer. Civ. I, 1-9. C'est ce qu'a fait M. Édouard Laboulaye, en éclaircissant le récit de l'historien grec, à l'aide des lumières que la critique a portées sur quelques points obscurs ou douteux. « Quel fut donc, dit le
« savant Académicien, le mobile de Tibérius? Le sentiment le plus vif
« dans une âme romaine, l'amour du nom romain, le désir d'assurer à la
« ville éternelle la souveraineté du monde, en lui conservant cette forte
« et patiente race italienne, devant laquelle avait déjà cédé la moitié de la
« terre. En se rendant à l'armée d'Espagne, Gracchus avait été frappé de
« la solitude et de la désolation de l'Étrurie, abandonnée à des mains ser-
« viles : à son retour, il se fit nommer tribun, pour appeler l'attention pu-
« blique sur l'affaiblissement de la population libre de l'Italie. Cet affai-
« blissement, la cause en était connue, c'était l'avarice des grands. C'étaient
« les accapareurs des terres publiques, qui, changeant les guérets en pâ-
« tures, pour obtenir un produit net plus considérable et plus sûr, rempla-
« çaient partout l'homme libre par une main-d'œuvre moins coûteuse,
« celle des esclaves mal nourris, mal vêtus, sans famille à élever, sans
« charges civiques à remplir, et dont on se débarrassait comme d'animaux

« inutiles, dès que venaient la vieillesse ou la maladie. Gracchus s'éleva
« avec véhémence contre cette culture par les esclaves, qui, multipliant
« une race dangereuse pour les propriétaires et pour l'État, comme le
« montrait l'exemple récent de la Sicile, ne donnait point un soldat à la
« République. » (Revue de Législation et de Jurisprudence, Examen de
l'ouvrage de M. Macé, intitulé : *Des lois agraires chez les Romains*, tom.
III, p. 6.)

CCLVI. *La loi tribunicienne servait de prétexte* (p. 75-76). Tibérius
fixait à 500 jugères le maximum de la possession permise, et faisait rentrer
dans les mains de l'État le surplus des terres publiques; mais il transformait en pleine propriété une jouissance révocable, accordait une indemnité
pour la portion du sol que perdait le détenteur, et laissait 250 jugères
pour chaque enfant; cf. M. Ed. Laboulaye, l. l. p. 8-9; son *Essai sur
les lois criminelles* des Romains, p. 206-207, et les auteurs qu'il cite.

L'opposition violente que souleva cette loi dans Rome et dans l'Italie,
la lutte entre Tibérius et M. Octavius Cæcina, son collègue et son ami,
qui, malgré tous les efforts de Tibérius, se déclara son adversaire le plus
implacable, la déposition d'Octavius, forment, dans l'histoire de cette
époque, le tableau le plus dramatique, et pour lequel il faut recourir aux
auteurs originaux; Appien, l. l. 9-12, et Plutarque, l. l. 7-12. Voici
quelques faits capitaux que M. Ed. Laboulaye a établis par des arguments décisifs (Revue de Législation et de Jurisprudence, l. l. p. 11-21) :
je les reproduis, en les abrégeant.

1° La déposition d'Octavius était une atteinte à la constitution. A la
vérité, la souveraineté du peuple romain était illimitée, et rien ne pouvait
empêcher les comices de retirer à Octavius le pouvoir dont ils l'avaient
investi; mais si la déposition de ce tribun fut rigoureusement légale, on
n'en saurait dire autant de la conduite du magistrat qui, en provoquant
la destitution de son collègue, minait une des plus puissantes garanties
de la liberté, l'inviolabilité du tribunat. Aussi les ennemis de Gracchus,
tout en respectant les votes des comices, rejetèrent-ils une terrible responsabilité sur l'audacieux tribun, qu'ils représentèrent comme un criminel de lèse-nation. Et en effet, Tibérius, en défendant une bonne cause
par la violence, ne fut pas seulement téméraire; il fut coupable.

2° Suivant Plutarque (Tib. Gracch. X), Tibérius, irrité de l'opposition
d'Octavius, renonça à sa première proposition, et demanda la reprise pure
et simple des terres illégalement possédées. Faut-il admettre cette seconde
loi de Gracchus, quoiqu'Appien, toujours si exact, n'en fasse pas mention?
M. Ed. Laboulaye n'hésite pas à se prononcer pour l'affirmative, d'après
un texte formel de l'Épitome de Tite-Live, LVIII : *Promulgavit et aliam
legem agrariam, qua sibi latius agrum patefaceret, ut iidem triumviri judicarent : qua publicus ager, qua privatus esset.* Les triumvirs,

institués par Gracchus, exercèrent une juridiction exceptionnelle. Ce qui le prouve, c'est que le sénat, aussitôt qu'il se crut assez fort pour s'en débarrasser, renvoya aux consuls les contestations non décidées; c'est que la loi Thoria (ch. XVII, lig. 35) s'en remettait, pour les contestations de ce genre, aux consuls, aux préteurs et aux censeurs. Gracchus, qui craignit que sa loi ne fût paralysée dans l'exécution par le mauvais vouloir des magistrats, voulut donner à ses triumvirs des pouvoirs extraordinaires; mais cette innovation devait être consacrée par une loi spéciale. Il est donc certain que Gracchus conféra une juridiction extraordinaire aux triumvirs; et cette juridiction est un fait qui confirme et accorde le récit de Plutarque et celui de l'Épitome.

3° Le choix des triumvirs (c'étaient Tiberius lui-même, Caïus, son frère, et Appius Claudius, son beau-père), et la puissance qui leur était conférée, ne laissèrent à la noblesse aucun doute sur l'exécution imminente de la loi. Scipion Nasica, qui possédait une grande quantité de terres publiques, eut recours à la violence, et se mit à la tête des meurtriers qui assassinèrent le tribun du peuple au Capitole. Cependant, même après la mort de Tibérius, on n'osa pas toucher à la loi agraire. Le sénat comprit qu'il fallait ménager le peuple, et déclara qu'il ne s'opposait pas à la distribution des terres. Publius Licinius Crassus fut nommé triumvir, à la place de Tibérius.

Bientôt la mort d'Appius et de Crassus fit arriver au triumvirat Fulvius Flaccus et Papirius Carbo : la noblesse trembla devant une ruine imminente. Grâce au pouvoir judiciaire que la loi leur conférait, les triumvirs triomphèrent de toutes les résistances. Un édit suscita des accusations aux possesseurs qui ne faisaient point la déclaration prescrite. L'Italie entière fut mise en feu par les contestations qui s'élevaient de toutes parts; tant il était difficile de distinguer ce qui, dans un domaine, était propriété publique ou privée. La loi trouva un nouvel obstacle dans l'opposition des Latins et des *Socii*, possesseurs d'une part considérable des terres publiques. Inquiétés par les triumvirs et menacés d'être sacrifiés les premiers, les *Socii* prirent pour défenseur Scipion, qui, n'osant attaquer directement la loi de Gracchus, demanda qu'on donnât aux intéressés des juges moins suspects. Le sénat accueillit cette réclamation, et, tout en restant dans la limite de ses droits, il chargea le consul de prononcer sur les questions dans lesquelles étaient engagés les *Socii*. Les triumvirs n'eurent plus qu'un pouvoir nominal : ils n'eurent plus des terres à partager; il leur fallait attendre les décisions du consul. Tuditanus, chargé de cette mission délicate, trouva des prétextes pour ne pas juger, c'est-à-dire, pour laisser aux *Socii* la jouissance de leurs possessions. Le parti démocratique comprit tout ce qu'avait de redoutable cette alliance des *Socii* avec le sénat, et s'appliqua à la rompre. Le triumvir Fulvius Flaccus, devenu consul, proposa de donner droit de cité aux *Socii*, dans l'espoir qu'ils ne mettraient pas en balance la possession de quelques pièces de terre et les priviléges de citoyen romain, et qu'ainsi tomberait leur opposition à la loi agraire. Le sénat se débarrassa de Fulvius en l'envoyant secourir Marseille; mais les idées que le consul avait jetées dans toute l'Italie, portèrent leurs fruits. La question du droit de cité, désormais inséparable des lois agraires, mit les citoyens pauvres et les alliés dans une conspiration permanente contre la noblesse et le sénat.

CCLVII. *Il se verrait en butte à la haine de ses ennemis* (p. 77-79). Le jour même de la déposition d'Octavius, les ennemis de Tibérius le menacèrent d'une vengeance terrible; Appien, Guer. Civ., I, 13 : « Les vain-« cus, indignés de leur défaite, restèrent dans Rome et disaient tout haut : « Gracchus, aussitôt qu'il sera redevenu simple citoyen, n'aura pas à se « féliciter d'avoir porté atteinte à une magistrature sainte, inviolable, et « d'avoir jeté dans l'Italie entière des brandons de discorde. »

CCLVIII. *A peine fut-il mort* (p. 79). Toutes les questions relatives à la mort de Scipion ont été traitées avec une érudition et une justesse qui ne laissent rien à désirer, par M. Franz Doroth. Gerlach, dans une dissertation intitulée : *Der Tod des P. Cornelius Scipio Æmilianus*, dans ses *Historiche Studien, Hamburg und Gotha*, 1841, p. 201-254. Après un coup d'œil rapide sur la vie de Scipion, sur la situation de Rome et sur l'état des esprits à cette époque, l'auteur, p. 229-231, se pose ces deux questions : 1° *la mort de Scipion doit-elle être attribuée à une cause naturelle ou à un suicide? 2° fut-elle le résultat d'une violence extérieure?*

Dans une discussion lumineuse, toujours appuyée sur les meilleures autorités et sur la plus exacte appréciation des faits, il démontre : 1° que cette mort n'eut point une cause naturelle (p. 231-237) et ne fut point non plus le résultat d'un suicide (p. 238-240); — 2° qu'elle fut un acte de violence extérieure (p. 240-248); — 3° que cet acte de violence doit être attribué à Carbon (p. 248-249).

On trouvera aussi des détails intéressants dans l'ouvrage intitulé : *P. Cornelii Scipionis Æmiliani Africani Minoris vita, vel ejus dispersæ potius reliquiæ, ex multis probatissimorum auctorum scriptis collectæ et in ordinem ac modicum quoddam corpus redactæ, per Antonium Bendinellium Lucensem : additi sunt præterea quidam loci controversi, etc. Editio quarta, cura et studio Isidori Bianchi, Hanoviæ,* 1776. *Typis viduæ A. H. Godicke.*

« Scipion, dit M. Ed. Laboulaye, l. l. p. 19-20, paya de sa popularité, et « peut-être de sa vie, le fatal subterfuge qu'il avait indiqué; et telle était « l'irritation générale, qu'on n'ordonna point d'instruction sur une mort « qui présentait tous les caractères de la violence et du meurtre. On n'osa « même pas honorer de funérailles publiques le vainqueur de Carthage et

ÉCLAIRCISSEMENTS.

« de Numance; car on craignait que l'indignation de la multitude ne res-
« pectât pas les restes d'un homme longtemps le favori du peuple; mais
« considéré maintenant comme un aristocrate, qui avait sacrifié les droits
« des pauvres citoyens aux intérêts des Italiens et du sénat. » Cf. Gerlach,
Tib. und C. Gracchus, p. 32-33.

CCLIX. *Plus richement pourvu des ressources de l'éloquence* (p. 81).
Sur Tibérius et Caïus Gracchus, considérés comme orateurs, cf. Wester-
mann, *Geschichte der Beredsamkeit in Griechenland und Rom*, tom.
II, § 34-35, p. 68-71; § 39-40, p. 82-87; Meyer, *Orator. Roman. Fragmenta*, XXVI, p. 222-225; XXXI, p. 227-240, éd. de M. Dübner, Paris,
1837; M. Egger, *Latin. Serm. Reliq.*, p. 181-183 (pour C. Gracchus seulement), et les auteurs qu'ils citent; Orelli, *Onomastic. Tullian.*, aux mots
Tib. et C. Gracchus.

Tel était l'homme (p. 83). Saint-Réal, l. l., a tracé un brillant portrait
de C. Gracchus : « Il s'appliqua avec soin à l'étude de l'éloquence, en la-
« quelle il surpassa tous les orateurs de son temps, et ne céda point même
« à son frère, qui avait passé pour le premier de tous; et il est sûr qu'il
« lui fut supérieur, au moins quant à la vivacité et à la véhémence du
« discours, qui entraînait dans son sens tous ceux qui l'écoutaient...... »
« Il était bien fait de sa personne, et d'une taille imposante et majes-
« tueuse; la parole facile, le ton de voix agréable, l'air un peu grave et
« sérieux; mais il savait au besoin le radoucir, et ses civilités, pour être
« générales, ne laissaient pas d'être proportionnées à tout le monde :
« instruit dans toutes les sciences et dans les arts; capable également de
« l'administration des affaires de la guerre et du gouvernement; expéditif
« d'ailleurs, et finissant dans un jour ce que d'autres avaient peine à ter-
« miner dans un mois. Pour les mœurs, on ne saurait en trouver dans
« quelque autre que ce soit de plus pures et de plus irréprochables ; pa-
« tient, quand il ne s'agissait que de lui-même, jusqu'à l'insensibilité ;
« sobre au milieu des délicatesses qui l'environnaient; libéral, jusqu'à la
« profusion, d'un patrimoine que son frère avait déjà presque épuisé ;
« abhorrant le mensonge et la calomnie, dont il prenait soin de garantir
« ses plus cruels ennemis; imitateur parfait de son frère dans l'amour
« qu'il avait pour l'équité, qui ne lui laissa jamais souffrir l'injustice sans
« la démasquer et sans la poursuivre, sous quelque voile qu'elle fût dé-
« guisée, et de quelque puissance qu'elle fût soutenue; sévère pour lui-
« même et pour les autres; différent en cela de son frère, qui gardait pour
« lui seul toute son austérité; se mêlant de toutes sortes d'affaires, et
« voulant lui-même les exécuter toutes, persuadé avec raison que per-
« sonne n'en était plus capable que lui ; et ses ennemis étaient forcés d'ad-
« mirer la facilité avec laquelle il répondait en même temps aux ambas-
« sadeurs étrangers, aux officiers de guerre, aux magistrats de justice,

« aux gens de lettres et aux ouvriers, maçons, sculpteurs, etc., qui sans
« cesse avaient affaire à lui. »

Il aurait détruit la noblesse et le sénat (p. 83). C'est dans ce but que
furent calculées toutes les lois proposées par C. Gracchus.

Par la loi *Frumentaria*, qui ordonnait des distributions de grains presque gratuites, il s'attacha la plèbe. « Cette loi, dit M. Ed. Laboulaye,
« *Essai sur les Lois criminelles des Romains*, p. 210, qui n'était évi-
« demment qu'un moyen d'acheter les suffrages de la plèbe, fut une dé-
« testable mesure; car, par l'avilissement du prix des grains, elle ruinait
« l'agriculture que Caïus espérait faire revivre par ses lois agraires; et,
« en même temps, elle entretenait le peuple dans l'oisiveté et la corruption,
« en faisant de la vénalité du suffrage un moyen d'existence. »

Par la loi agraire et par celle qui faisait habiller les soldats aux frais du
trésor, il s'assura le dévouement de tous les citoyens pauvres. Sur l'usage
que C. Gracchus fit de son pouvoir, au moins en ce qui regarde la loi
agraire, il faut lire les savantes considérations de M. Ed. Laboulaye, dans
la Revue de Législation et de Jurisprudence, l. l. p. 22-30. On y trouve
des renseignements pleins d'intérêt et qu'on chercherait vainement ailleurs, sur l'établissement des colonies dans les parties de l'Italie où Rome
possédait d'immenses territoires.

Quant à la loi qui conférait aux alliés le droit de cité, C. Gracchus ne
l'avait point fait encore adopter, quand il fut assassiné.

La loi *Sempronia de provinciis consularibus* enleva au sénat le droit
de disposer des provinces, en ordonnant qu'avant les comices d'élection,
et par conséquent avant de connaître les futurs consuls, le sénat fixât
quels seraient les gouvernements consulaires. Elle apporta aussi quelque
soulagement à la province d'Asie, en lui permettant de percevoir elle-
même ses impôts, et en la débarrassant des publicains. (M. Ed. Laboulaye,
Essai sur les lois Criminelles des Romains, p. 211. Cf. le même, l. l.
p. 168.)

La loi *Sempronia de capite civium Romanorum* fut faite moins
pour garantir la liberté et la vie des citoyens, que pour proscrire à jamais
les tribunaux d'exception. (Cf. le même, l. l. p. 212-213), et surtout la note
3 de la page 212, où l'auteur expose les raisons qui l'ont déterminé à
réunir sous ce titre les *trois* dispositions de la loi *Sempronia*, dont Sigonius a fait trois lois séparées; distinction généralement adoptée après lui.
Voici ces trois dispositions :

1° *Ne de capite civium injussu populi judicaretur.*

2° *Ut qui magistratus indicta causa in civem romanum animadvertisset, de eo populi judicium constitueretur.*

3° *Ne quis coiret quo quis judicio publico circumveniretur.*

Mais le coup le plus hardi contre le sénat fut, sans contredit, la loi par laquelle C. Gracchus transféra le pouvoir judiciaire du sénat aux chevaliers. Les graves questions qu'elle souleva sont examinées par M. Ed. Laboulaye, dans l'*Essai sur les lois Criminelles des Romains*, ch. VIII, p. 219-228.

Je dois me borner à ces indications générales; pour les détails on pourra consulter : 1° parmi les Anciens, Plutarque, Vie de C. Gracchus, en entier; Appien, Guer. Civ. I, 22-24, 35-37; II, 13 ; Cicéron, De Harusp. Resp. 20 et Schol. Bobb. Orelli, p. 305; De Offic. II, 72; De Provinc. Cons. II, 2 ; In Catil. IV, 5 et Schol. Gronov. Orell. p. 413; Pro Cluent. 35, 55, 56 et Schol. Bobb. Orell. p. 252 ; Pro Flacc. 31; In Verr. I, 13, etc., l'Epitome de Tite-Live, LX; Salluste, Jugurth. XXVII; Varron, Ap. Nonn. in voc. Bicipitem; Vell. Paterc. II, 6, 16; Florus, III, 11, 13, 16, 17; Pline, H. N. XXXIII, 7. 2° Parmi les Modernes, les *Mémoires de l'Académie des Inscriptions et Belles-Lettres*, Mém. Vol. XXXVII, p. 296 et suiv. ; l'Histoire Romaine de M. Poirson, tom. II, p. 561-589; celle de M. Duruy, tom. II, p. 128-137, et surtout M. Gerlach, *Tiberius und Caius Gracchus*, p. 37-45.

Il périt victime de ses propres machinations (*Ibid.*). Après Plutarque, Vie de C. Gracch. XVIII; Appien, Guer. Civ. I, 26, cf. sur la mort de Caïus Gracchus, M. Ed. Laboulaye, l. l. ch. IX, p. 228-234, et en particulier M. Gerlach, l. l. p. 44-53. Je me contente de quelques traits, empruntés au récit de ce tragique événement par Saint-Réal, l. l. : « Le défenseur du
« peuple, cet homme qui avait tant de mille citoyens sous sa protection,
« resta seul avec quelques-uns de ses amis qu'il ne voulut point commettre
« à un combat si inégal. Il est cependant peu concevable combien cet
« homme, qui avait montré tant de vivacité et tant de valeur en diverses
« occasions, montra d'indolence et d'insensibilité dans celle-ci. Il entra
« dans le temple de Diane : *Déesse*, lui dit-il, *que le peuple, pour qui je*
« *me suis sacrifié, sente à jamais l'effet de son ingratitude, et que les*
« *fers qu'on lui fera porter soient tels qu'il ne sorte jamais de son*
« *esclavage!* Souhait qui fut depuis très-exactement accompli. Se saisis-
« sant ensuite de son épée, il voulut s'en frapper, quand ses deux plus
« fidèles amis la lui arrachèrent et l'encouragèrent à fuir. Il suivit leur
« avis, et ce fut dans cette fuite que Pomponius et Licinius firent tant de
« belles actions, pour empêcher la prise du tribun que ses ennemis pour-
« suivaient. Enfin, ne pouvant plus être secouru, voyant tous ses amis
« morts ou pris, avec la douleur d'un homme abandonné et trahi par ceux
« dont il a défendu la cause, il se jeta dans un bocage consacré aux Furies,
« où son serviteur Philocrate le tua et se tua lui-même aussitôt après.

« Ceux qui le poursuivaient coupèrent sa tête ; et comme Opimius avait
« promis de la payer au poids de l'or, ainsi que celle de Fulvius, un cer-
« tain Septimuleius s'en empara, et en ayant tiré secrètement la cervelle,

« il y fit couler du plomb ; ce qui la fit peser dix-sept livres et demie. Le
« corps et ceux de trois mille, qui périrent dans ce malheureux désordre,
« furent jetés dans le Tibre, etc. »

CCLXII. *Trois Vestales* (p. 87). Les faits contenus dans ce fragment sont résumés en quelques lignes par Orose, V, 15 : « Parvo post hoc in-
« tercessu temporis L. Veturius, eques Romanus, Æmiliam virginem
« Vestalem furtivo stupro polluit. Duas præterea virgines Vestales eadem
« Æmilia ad participationem incesti sollicitatas, contubernalibus sui cor-
« ruptoris exposuit ac tradidit. Indicio per servum facto, supplicium de
« omnibus sumtum est. » Aux autorités mentionnées dans les notes de Fabricius sur Orose, p. 326, éd. d'Havercamp, il faut ajouter Dion Cassius, qui a été oublié. Dans le passage de Plutarque, cité not. 3, p. 88 de ce volume, au lieu de Βουτέτιος βάρβαρος, Fabricius (not. sur Orose, p. 325, l. l.) lit Βετούτιος Βάρρος, correction qui repose sur des autorités incontestables.

Le sénat, après avoir consulté les livres Sibyllins, décréta : 1° qu'une statue serait consacrée à Vénus *Verticordia* (c'est-à-dire *convertissante*), comme le plus sûr moyen de détourner du vice les filles et les femmes, et de les ramener à la vertu ; 2° que cent femmes seraient choisies entre les mères de famille, et que sur ce nombre le sort en désignerait dix, parmi lesquelles serait prise celle qui paraîtrait la plus irréprochable et la plus digne de consacrer la statue à la Déesse : Sulpicia fut jugée la plus vertueuse de toutes. Elle était, suivant Valère-Maxime, VIII, 15, 12, femme de Q. Fulvius Flaccus que Solin, ch. VII, appelle M. Fulvius Flaccus ; cf. Pline, VII, 35.

D'après Ovide, *Fastes*, IV, 157 et suiv., ce fut un temple que l'on consacra à Vénus, et non pas une statue :

Roma pudicitia proavorum tempore lapsa est :
Cumæam, Veteres, consuluistis anum.
Templa jubet Veneri fieri : quibus ordine factis,
Inde Venus verso nomina corde tenet.

Jul. Obsequens, l. l. XCVII, est d'accord avec Ovide. Orose, l. l., place à tort cet événement après la guerre de Jugurtha ; tandis qu'il eut lieu, l'an de Rome 640, sous le consulat de M'. Acilius et de C. Porcius Caton. Cf. Jul. Obsequens, l. l. et Pighius, Annal. Rom. tom. III, p. 104, éd. Schott.

Les scholies d'Asconius sur le discours de Cicéron pour Milon, ch. XII, renferment un passage curieux concernant le jugement des Vestales : Ob
« quam severitatem quo tempore Sex. Peducæus Trib. pleb. criminatus
« est L. Metellum Pont. Maximum, totumque collegium Pontificum male
« judicasse de incestu Vestalium, quod unam modo Æmiliam damnaverat ;
« absolverat autem duas, Marciam et Liciniam ; populus L. Cassium

« prætorem creavit, qui de iisdem virginibus quæreret. Isque et utras-
« que eas, et præterea complures alias nimia, ut existimabatur, aspe-
« ritate usus damnavit. »

Licinia fut défendue par l'orateur L. Licinius Crassus, alors âgé de vingt-sept ans, et dont l'éloquence ne jeta jamais plus d'éclat, suivant Cicéron, Brut., XLIII, qui avait sous les yeux quelques parties du plaidoyer prononcé dans cette affaire.

CCLXIV. *Jugurtha avait envoyé des députés à Métellus* (p. 91). Bomilcar, séduit par les promesses de Métellus (Sallust. Jugurth. LXI), était parvenu à décider enfin Jugurtha à la soumission. Des ambassadeurs furent envoyés au général romain pour lui déclarer que Jugurtha était prêt à souscrire à tout ce qui lui serait ordonné et à mettre sa personne et ses États à la merci de Métellus. Aussitôt le consul fit venir des divers cantonnements les sénateurs qui s'y trouvaient, et en forma un conseil auquel il adjoignit d'autres officiers; puis, en vertu d'un décret rendu par ce conseil, il fixa les conditions auxquelles il entendait traiter avec Jugurtha; cf. Salluste, l. l. LXII.

C'est ainsi qu'il obtint (*Ibid.*). Salluste, l. l. LXII, ne dit rien des otages; mais sur les autres points, il est plus explicite que le compilateur de Dion : Per legatos Jugurthæ imperat argenti pondo ducenta millia, elephantos omnis, equorum et armorum aliquantum. Quæ postquam sine mora facta sunt, jubet omnis perfugas adduci. Eorum magna pars, ut jussum erat, adducti.

L'Historien latin ne dit pas que les ambassadeurs de Jugurtha furent gagnés par Métellus; mais Frontin ne laisse aucun doute sur ce point; Stratag. I, 8, 8, éd. d'Oudendorp. Lugdun. Batav. 1731 : « Métellus, faisant
« la guerre à Jugurtha, engagea les ambassadeurs que lui envoya ce prince
« à trahir leur maître. D'autres lui ayant succédé, il en usa de même,
« aussi bien qu'avec ceux qui vinrent vers lui en troisième lieu. S'il ne
« put réussir à ce que Jugurtha lui fût livré vivant, il retira cependant un
« avantage réel de toutes ces trahisons; car les lettres qu'il avait écrites
« aux confidents du roi ayant été interceptées, Jugurtha sévit contre eux
« tous; et après s'être privé de ses conseillers, de ses amis, il ne put en
« trouver d'autres. »

Jugurtha ..... ne voulut pas se rendre auprès de lui (*Ibid.*). Dion fait probablement allusion à la résolution prise par Jugurtha de continuer la guerre, plutôt que de se rendre à Tisidium; Salluste, l. l.

Dans toute cette négociation, Métellus se montre l'instrument fidèle de la politique romaine, si judicieusement appréciée par Montesquieu : « Quel-
« quefois ils traitaient de la paix avec un prince sous des conditions
« raisonnables, et lorsqu'il les avait exécutées, ils en ajoutaient de telles

« qu'il était forcé de recommencer la guerre. Ainsi, quand ils se furent
« fait livrer par Jugurtha ses éléphants, ses chevaux, ses trésors, ses
« transfuges, ils lui demandaient de livrer sa personne ; chose qui, étant
« pour un prince le dernier des malheurs, ne peut jamais être une condi-
« tion de paix. » (Grandeur et Décadence des Romains, ch. VI.)

Marius et Cnœus (p. 91). Reimarus déclare ne pouvoir rien affirmer sur ce Cnæus : « Quis vero alter ille legatus Cneius sit, hic Dioni memo-
« ratus, non jam succurrit certo pronuntiare. » Peut-être est-il question de Cn. Octavius, qui, en qualité de questeur, avait apporté la solde des troupes en Afrique ; cf. Salluste, Jugurth. CIV. Pighius Annal. Rom. l. l. p. 139, place la questure de Cn. Octavius dans l'an de Rome 646, ou 647 d'après la supputation que j'ai adoptée : cette différence chronologique laisse des doutes sur le personnage dont parle ici Dion.

L'Historien a pu avoir en vue Manlius (ou plutôt Mallius) Maximus, qui fut consul, l'an de Rome 649, avec P. Rutilius Rufus. Malheureusement le prénom de ce Manlius est très-incertain ; cf. Pighius, Annal. Rom. III, p. 145, éd. Schott. Salluste, Jugurth. LXXXVI, parle bien d'un Manlius, lieutenant de Marius, l'an de Rome 647 ; mais il lui donne le prénom d'*Aulus*. Ailleurs, il mentionne aussi un Manlius, qui fut battu par les Cimbres avec Q. Cæpion ; et cette fois il lui donne le prénom de *Marcus*. A la vérité, parmi les manuscrits que Cortius a eus sous les yeux, l'un porte C. Manlius, l'autre Cn. Manlius. Dans Cicéron, Disc. pour Muréna, § XVII, et Disc. pour Plancius, § V, le consul de l'an de Rome 649 a le prénom de Cnæus ; mais il ne pouvait être de l'illustre maison *Manlia;* car s'il en eût été, il n'aurait pu porter le prénom de *Cnæus*, qui, comme on le sait, avait été interdit aux Manlius. Je pense donc que le véritable nom de ce consul est Cn. Mallius Maximus, d'après Valère-Maxime, II, 3, 2 et une inscription citée par Pighius, l. l. p. 145 (Cf. Orelli, Inscript. lat. tom. II, p. 154) :

AB. COLONIA. DEDVCTA. ANNO. XC.
N. FVFIDIO. N. F. M. PVLLIO. DVO. VIR.
P. RVTILIO. CN. MALLIO. COS.
OPERVM. LEX. II.

CCLXVI. *A l'élévation de Marius* (p. 95). In utroque, dit Salluste, Jugurth. LXXIII, magis studia partium, quam bona aut mala sua, mo-
derata. Præterea seditiosi magistratus volgum exagitare, Metellum omni-
bus concionibus capitis arcessere, Marii virtutem in majus celebrare. Denique plebes sic accensa, uti opifices agrestesque omnes, quorum res fidesque in manibus sitæ erant, relictis operibus, frequentarent Marium, et sua necessaria post illius honorem ducerent. Ita, perculsa nobilitate, post multas tempestates novo homini consulatus mandatur.

ÉCLAIRCISSEMENTS. 387

Reiske propose d'expliquer τὰς ἐπαγγελίας par *Editionem sui nominis in candidatis consulatus*, en se fondant sur la signification de ἐπαγγέλλεσθαι — *candidatum magistratus se profiteri* — *magistratum ambire;* comme si le texte portait : τὸν δὲ ἐπαγγελλόμενον ηὔξουν. Cette conjecture et cette explication paraissent fort plausibles ; j'ai cru néanmoins devoir respecter l'ancienne leçon et l'entendre, comme Wagner et M. Tafel. Le premier traduit : *Weil viele jenen aus Neid stürzen, ihn wegen vorgespiegelter Versprechungen heben wolten*. Le second : *Die Menge war geneigt, den einen aus Neid zu demüthigen, den andern wegen der versprechungen, die er machte, emporzuheben*. Il promit, entre autres choses, de livrer à ses concitoyens Jugurtha mort ou vif; Plutarque, Marius, VIII. Toutes ses promesses étaient accueillies avec confiance par le parti populaire, qui attachait les plus belles espérances à la grandeur future de Marius.

CCLXVII. *Gauda* (p. 95). Il était mal disposé envers Métellus, par les motifs exposés dans le fragment de Dion. Marius l'attira dans ses intérêts, en lui promettant la pleine possession du royaume de Numidie, aussitôt que Jugurtha serait pris ou tué ; ce qui ne devait pas tarder à arriver, si Marius, devenu consul, était chargé de cette guerre, à la place de Métellus ; Salluste, Jug. LXV.

Gauda était frère de Jugurtha, comme on le voit par ce tableau généalogique, tiré des notes de Du Rozoir sur Salluste :

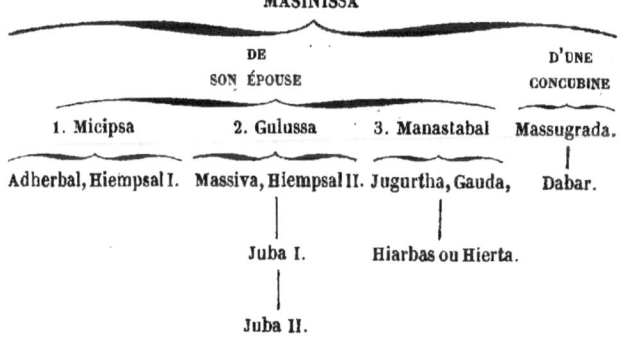

CCLXIX. *Ce qui eut lieu en effet* (p. 97). Aux autorités citées, p. 97, not. 6, il faut ajouter Florus, III, 1 ; l'Epitome de Tite-Live, liv. LXVI ; Eutrope, IV, 25, éd. de Ver Heyk; Orose, V, 15. « Il (Marius) n'eut pour« tant pas l'honneur de finir cette guerre : car Lucius Sylla, son questeur, « usant à son égard de la même infidélité dont il avait usé à l'égard de

« Métellus, pratiqua l'amitié de Bocchus, roi de la Haute-Numidie, et
« beau-père de Jugurtha; et ce dernier ayant été contraint de se retirer
« chez lui, ce perfide beau-père le livra entre les mains de Sylla, qui se
« crut assez glorieux de cette affaire, pour en faire graver l'acte sur une
« pierre qui lui servait ordinairement de cachet. Il est vrai que la récep-
« tion de ce dangereux ennemi lui fit à Rome d'autant plus d'honneur
« qu'on s'y attendait moins et qu'on le souhaitait davantage. » (Saint-Réal,
« Affaires de Marius et de Sylla.) Cf. Plutarque, Marius, X.

CCLXX. *Entraînés par les promesses des Cimbres* (p. 97-99). Les habitants de Toulouse furent poussés à cette défection par les succès obtenus dans la Gaule Narbonnaise contre M. Scaurus. Cf. Pighius, Annal. Rom., tom. III, p. 129-130, éd. Schott, et les auteurs qu'il cite.

CCLXXI. *Servilius fit beaucoup de mal à l'armée* (p. 99). Q. Servilius Cæpion était proconsul, et Cn. Manlius consul.

On voit par le Fr. CCLXX que le proconsul était un homme cupide, qui, pour s'enrichir, ne reculait ni devant le sacrilége ni devant le pillage. Son collègue n'était pas plus recommandable ; s'il faut en croire Cicéron, dans les deux passages déjà cités, cf. la note sur le Fr. CCLXIV, p. 386. « Quis Q. Catulum, dit-il dans le Disc. pour Muréna, § XVII, humanitate, sapientia, integritate antecellentem, a Cn. Mallio (s.-ent. superari posse arbitratus est)? Dans le Disc. pour Plancius, § V, il le caractérise ainsi : Cn. Manlium, non solum ignobilem, verum sine virtute, sine ingenio, vita etiam contemta ac sordida. » La division se mit entre ces deux chefs, et leur séparation causa à la République un des plus grands désastres qu'elle eût jusqu'alors éprouvés. Leurs armées furent attaquées, l'une par les Cimbres, l'autre par les Gaulois, et entièrement taillées en pièces. Quatre-vingt mille soldats, Romains ou alliés, périrent dans cette funeste journée, avec les deux fils du consul. Il ne s'échappa que dix hommes, à la suite des deux chefs : les autres furent ou tués sur le champ de bataille, ou pendus par les Barbares, qui avaient fait vœu de sacrifier aux dieux les prisonniers et le butin. L'argent trouvé dans les deux camps fut jeté dans le Rhône avec les bagages et les habits des Romains : on noya même leurs chevaux.

Cette défaite causa à Rome une consternation indicible : « Timor « Romæ grandis fuit, dit Eutrope, V, 1, quantus vix Hannibalis tem-« pore Punici belli, ne iterum Galli Romam venirent. » Elle s'accrut encore, lorsque le bruit se répandit que les ennemis allaient franchir les Alpes. Pour mettre la capitale en sûreté, on fit prendre les armes à tous les jeunes gens en âge de les porter. Alors, pour la première fois, on leur donna de ces maîtres qui n'avaient été employés auparavant qu'à dresser des gladiateurs, et qui dans la suite furent souvent admis dans les camps sous le nom de *Campidoctores*. Tous ces soins furent

ÉCLAIRCISSEMENTS.

confiés au consul P. Rutilius. Cæpion avait été révoqué : depuis ce temps, il courut de malheurs en malheurs, jusqu'à ce qu'enfin il périt de misère dans une prison. Cette triste fin fut regardée comme la juste punition du pillage de Toulouse. Cf. *Mém.* Vol. XLVI, p. 618, *dans les Mémoires de l'Académie des Inscriptions et Belles-Lettres.* De là le proverbe : *il a de l'or de Toulouse*, quand on voulait parler d'un homme malheureux.

Je viens de résumer en quelques lignes l'Epitome de Tite-Live, liv. LXVII; Eutrope, V, 1, et les notes de l'édition de Ver Heyk ; mais surtout Orose, XV, 16, éd. d'Havercamp.

Sur l'institution des *Campidoctores* par P. Rutilius, collègue de Cn. Mallius, cf. Valère-Maxime, II, 3, 2. C'est par erreur qu'on les a quelquefois appelés *Campiductores*. Cf. Pighius, Annal. Rom., tom. III, p. 152, éd. Schott. dont je crois devoir transcrire la remarque : « Perpe- « ram *Campiductores* appellantur apud Scriptores, librariorum ni fallor « scriptorum errore, Lampridium scilicet, Marcellinum Ammianum atque « Vegetium ; quum in antiquis marmorum inscriptionibus semper rectius « CAMPI. DOCTORES. vocentur De quibus in epigrammatum antiquorum « scholiis edendis aliquanto latius egi. »

CCLXXIII. *Cnœus Domitius avait cité Scaurus en justice* (p. 103). Il est question de M. Æmilius Scaurus, le premier citoyen de la République. Cn. Domitius, qui fut plus tard consul, censeur et souverain pontife (Cic. Disc. pour Déjotarus, XI), était alors tribun du peuple. Dans un fragment du Disc. de Cicéron pour M. Æmilius Scaurus, fils du précédent, ce procès est mentionné dans l'énumération des jugements que Scaurus le père avait eus à subir ; cf. les œuvres complètes de Cicéron, tom. XXXV, p. 188, éd. in-18 de M. J. V. Le Clerc; et les scholies d'Asconius.

Cn. Domitius, pour se venger de Scaurus, qui ne l'avait pas admis dans le collège des Augures, l'accusa d'avoir négligé les sacrifices qui se célébraient à Lanuvium, au nom du peuple romain, en l'honneur des dieux Pénates; mais son ressentiment n'alla point jusqu'à tirer parti de la bassesse d'un délateur. Il sera bon de rapprocher de notre Compilateur Valère-Maxime, VI, 5, 5, dont le récit est moins aride.

CCLXXIV. *Publius Licinius Nerva, préteur en Sicile (Ibid.).* Ce Fragment et le suivant se rapportent à la seconde guerre des esclaves. La première avait eu lieu dans les premiers temps de Rome, sous la conduite du Sabin Herdonius : ce fut même plutôt un tumulte qu'une guerre ; Florus, III, 19.

Les deux extraits de Dion, qui nous ont été transmis par le Compilateur, ne peuvent donner une idée exacte des faits ; mais ils permettent de penser qu'il avait puisé à peu près aux mêmes sources que Diodore de Sicile (cf. p. 103, note 2), XXXVI, 3-9, auquel il faut recourir pour les détails dont l'Abréviateur de Dion nous a privés. Je vais les résumer en quelques mots.

Le préteur P. Licinius Nerva, en vertu d'un décret du sénat, avait donné le signal de l'affranchissement des esclaves, lorsque les réclamations des hommes libres le forcèrent de suspendre l'exécution de ce décret, et jetèrent ainsi dans la révolte et dans le brigandage les esclaves désespérés.

Ils élurent pour premier roi (Diod. de Sic. l. l. 4) Salvius, qui les divisa en trois corps d'armée, et plaça chaque corps sous le commandement d'un chef spécial. En même temps, pour se rendre plus agréable à ses sujets, Orientaux pour la plupart, il prit le nom de Tryphon. Bientôt il fut en état de former le siége de Morgantia, place très-forte, et il aurait fini par s'en emparer, en promettant la liberté aux esclaves qui se trouvaient dans cette ville; mais les maîtres de ces esclaves leur firent la même promesse, et les assiégeants furent repoussés. Le préteur Licinius s'étant ensuite opposé à l'exécution de cette promesse, cette nouvelle injustice augmenta le nombre des rebelles. La révolte, comme une contagion, gagna le territoire d'Egeste et de Lilybée : les insurgés de cette partie de la Sicile avaient pour chef le Cilicien Athénion. Tryphon, occupé du projet de prendre Triocale, lieu extrêmement fort, et d'y établir le siége de ses États, fait offrir à Athénion le titre de général et l'invite à se joindre à lui. On supposait qu'Athénion voudrait avoir le premier rang, et que la révolte s'éteindrait au milieu des divisions de ces deux chefs; mais Athénion se rendit auprès de Tryphon, avec trois mille hommes et accepta le titre de général. Tant d'abnégation ne le sauva point des soupçons de Tryphon, qui ne tarda pas à le priver de la liberté.

Triocale tomba au pouvoir de Tryphon et devint le siége de sa domination. Lucius Licinius Lucullus fut chargé par le sénat d'aller combattre les révoltés, avec une armée de dix-sept mille hommes. Tryphon rendit la liberté à Athénion et délibéra avec lui sur les mesures à prendre. Le premier était d'avis de rester à Triocale et d'y tenir tête aux Romains. Athénion, au contraire, pensait qu'il ne fallait point se renfermer dans l'intérieur d'une place, et qu'il valait mieux combattre en plein champ. Cette opinion l'emporta, et les esclaves, au nombre de 40,000, allèrent camper non loin de Scirthæa. Les Romains n'étaient qu'à une distance de douze stades.

Après quelques escarmouches, on en vint à une action décisive. L'avantage fut d'abord du côté des insurgés; mais, blessé aux deux genoux et frappé ensuite d'une autre blessure, Athénion fut hors d'état de diriger utilement les siens au milieu de la mêlée, et les esclaves prirent la fuite. Il se déroba à tous les regards, comme s'il était mort, en attendant que la nuit lui permit de chercher son salut dans la fuite. Tryphon avait fui lui-même avec les esclaves, après avoir laissé vingt mille morts sur le champ de bataille. Ce fut pour les Romains une éclatante victoire.

ÉCLAIRCISSEMENTS. 391

Lucullus aurait facilement détruit jusqu'aux derniers débris des esclaves, s'il n'avait pas dédaigné de les poursuivre; mais ils purent se réfugier dans Triocale, dont le général romain dut encore faire le siége. Forcé de s'éloigner de cette place, après une alternative de succès et de revers, Lucullus, qui ne semblait plus avoir le sentiment du devoir, soit que son âme se fût énervée, soit qu'il se fût laissé corrompre par des présents, fut cité en justice et condamné à une amende. Instruit que C. Servilius allait arriver pour le remplacer, il donna de nombreux congés, mit le feu aux retranchements et à toutes les munitions de guerre, afin que son successeur ne trouvât aucune ressource. Aussi C. Servilius ne fit-il rien de mémorable : traduit en justice, il fut condamné à l'exil. Tryphon était mort; Athénion, qui lui avait succédé, s'empara de plusieurs villes, porta la dévastation dans toute la contrée et amassa un immense butin.

Nommé consul avec C. Marius, l'an de Rome 653, M' Aquilius eut le commandement de la Sicile, livrée aux brigandages des esclaves, depuis la défaite du préteur Servilius. Il termina cette guerre par une seule bataille, où il tua lui-même Athénion, après avoir été blessé à la tête. De ce grand nombre d'esclaves, qui avaient pris les armes, mille restaient à peine. Ils se rendirent par composition avec Satyras, leur commandant. « Lucullus les emmena à Rome et les força de combattre contre les bêtes « féroces; mais on raconte qu'ils mirent à leur vie par le plus noble « trépas : au lieu de se mesurer avec les bêtes, ils s'égorgèrent les uns les « autres, au pied des autels. Satyras, qui resta le dernier, se donna hé- « roïquement la mort. Ainsi la guerre des esclaves en Sicile dura près de « quatre ans et finit par un dénoûment tragique (Diodore de Sicile, l. l. 10). » Cf. Florus, III, 19; Orose, V, 6 et 9.

CCLXXVI. *Plusieurs restèrent sur le champ de bataille* (p. 107). Sur la situation des *Raudii Campi*, où Marius battit les Cimbres, cf. le savant Mémoire de M. de Walckenaër, Vol. VI, p. 361, *dans les Mémoires de l'Académie des Inscriptions et Belles-Lettres*. Nouvelle Série.

Tous, spontanément et d'une voix unanime, lui décernèrent le consulat (p. 109). Dans ce qui précède, Dion est d'accord avec l'Epitome de Tite-Live, liv. LXVIII : Cimbri .... junctis ejusdem Catuli et C. Marii exercitibus, prælio victi sunt ab eis : in quo cæsa traduntur hostium centum quadraginta millia, capta sexaginta. Marius, *totius civitatis consensu exceptus*, pro duobus triumphis qui offerebantur, uno contentus fuit. Primores civitatis, etc., cf. p. 108, note 2 de ce volume. Suivant l'historien latin, cette unanimité de sentiments, en faveur de Marius, fut le résultat de la victoire qu'il avait remportée sur les Cimbres. C'est également après ce mémorable succès qu'au dire de Plutarque, l. l., XXVII, le peuple appela Marius le troisième fondateur de Rome : Μάλιστα δὲ οἱ πολλοὶ κτίστην τε Ῥώμης τρίτον ἐκεῖνον ἀνηγόρευον, κτλ. Tout cela se passa pendant le vᵉ consulat, qui avait été décerné à Marius après la bataille d'Aix, gagnée sur les Teutons; sans qu'il fût venu à Rome pour le solliciter. Plutarque, l. 1, XXII.

Quant au vıᵉ consulat, Marius ne l'obtint qu'à force de largesses; cf. l'Epitome de Tite-Live, LIX. Plutarque, l. l. XXVIII, nous a conservé sur ce fait un témoignage précieux : c'est un passage tiré d'une Vie de Marius, écrite en latin par P. Rutilius Rufus, qui avait été consul en 649, et dont il est question dans les Fr. CCLXXXIII et CCLXXXIV, p. 115-117 de ce volume. Le voici : Ὡς δὲ 'Ρουτίλιος ἱστορεῖ, τὰ μὲν ἄλλα φιλαλήθης ἀνὴρ καὶ χρηστὸς, ἰδίᾳ δὲ τῷ Μαρίῳ προσκεκρουκώς, καὶ τῆς ἕκτης ἔτυχεν ὑπατείας ἀργύριον εἰς τὰς φυλὰς καταβαλὼν πολὺ καὶ πριάμενος τὸν Μέτελλον ἐκκροῦσαι τῆς ἀρχῆς, Οὐαλλέριον δὲ Φλάκκον ὑπηρέτην μᾶλλον ἢ συνάρχοντα τῆς ὑπατείας. Marius ajouta à la corruption la plus basse popularité; cf. Plutarque, l. l.

Dion Cassius paraît avoir puisé aux mêmes sources que Velleius Paterculus, II, 12.

CCLXXVIII. *Le fils de Métellus sollicita*........ *le retour de son père* (p. 109-111). Q. Métellus le Numidique s'était exilé pour ne pas jurer les lois imposées par la violence de Saturninus.

Quelques détails sur les rogations de ce tribun qui avait repris, en les exagérant, les propositions des Gracques (cf. Florus, III, 16) ne m'ont point paru déplacés ici. Saturninus proposa :

1° Le renouvellement de la loi frumentaire : elle avait éé portée par C. Sempronius Gracchus, sous le consulat de Q. Caecilius Métellus et de T. Quintius Flamininus, l'an de Rome 630. Cette loi ordonnait de distribuer du blé, au prix d'un *demi-as* et d'un *tiers* par boisseau. Q. Caepion, questeur de la ville, empêcha la promulgation de la loi *Apuleia frumentaria*. Cf. la Rhétorique à Herennius, I, 12 et les notes de M. J. V. Le Clerc, OEuv. de Cic. tom. I, éd. in-18.

2° Une nouvelle loi agraire, portant qu'on partagerait entre les légions romaines le territoire que les Cimbres avaient occupé dans les Gaules pendant leur invasion, et qu'on donnerait cent jugères en Afrique aux vétérans de Marius. (Cf. Cic. Disc. pour Sextius, 101; l'Epitome de Tite-Live, LXIX; Appien, Guerr. Civ. I, 29; Sext. Aur. Vict., De Vir. Illustr. LXII, et les notes d'Arntzen). « Cette loi, dit M. Edouard Laboulaye, dans « son Examen critique de l'ouvrage de M. Macée *sur les lois agraires* « *chez les Romains* (Revue de Législation et de Jurisprudence, septembre « 1846, p. 41), a toutefois ceci de remarquable qu'elle ne touche pas au « sol de l'Italie, et qu'ainsi elle respecte la loi Thoria. »

Elle portait aussi que l'on fonderait en Achaïe et en Macédoine des colonies nouvelles, dans chacune desquelles Marius aurait le droit de donner à trois personnes le titre de citoyen romain; enfin que l'on achèterait des terres avec les trésors enlevés à Toulouse par Cæpion; cf. Sext. Aur. Vict. l. l. LXXIII, dont le texte porte dans les éditions ordinaires et même dans celle d'Arntzen : *Aurum, dolo an scelere Cæpionis partum, ad emtionem agrorum convertit*. M. Edouard Laboulaye, l. l. p. 41, not. 4, félicite avec raison Orelli de lire Aurum *Tolosanum*, etc. Et, en effet, cette correction n'est pas moins indispensable qu'ingénieuse; mais il est juste d'ajouter qu'elle vient de Pighius, Ann. Rom. tom. III, p. 175, éd. Schott. D'après M. Edouard Laboulaye, l. l., j'ai réuni dans le paragraphe les propositions que le savant Académicien considère comme les chapitres d'une même loi. Cf. Orelli, *Index legum*, v° *Appuleia agraria; Appuleia, de coloniis deducendis*.

Saturninus ordonna que dans les cinq jours qui suivraient l'adoption de ses propositions par les comices, le sénat en jurerait l'observation, sous peine de la déchéance et d'une amende. (Cf. l'Epitome de Tite-Live, LXIX ; Appien, I, 29.)

Plutarque, Marius, XXVIII-XXIX, et Appien, Guer. Civ. I, 28-31, fournissent d'utiles détails sur les orages soulevés par les propositions de Saturninus et sur leur adoption. Les comices devinrent un champ de bataille où dominait Saturninus. Il triompha, avec l'aide des tribus rustiques, qui avaient un grand intérêt à l'adoption de la nouvelle loi agraire. Marius, qui s'était engagé solennellement à ne point jurer d'obéir à cette loi, oublia cette promesse. Cinq jours s'étaient à peine écoulés, qu'il prêta le serment exigé par Saturninus; Métellus, au contraire, aima mieux s'exiler que de jurer. J'emprunte à M. Edouard Laboulaye, l. l., quelques considérations qui ne se recommandent pas moins par l'originalité des vues que par une connaissance approfondie de la jurisprudence romaine.
« Ce ne fut point par scrupule de for intérieur que Métellus refusa d'obéir
« à l'injuste loi du tribun. C'était comme sénateur et comme citoyen,
« qu'il protestait contre la violation flagrante de la constitution. Non-
« seulement le plébiscite atteignait une prérogative que le sénat avait dé-
« fendue contre les Gracques, je veux dire la libre administration des
« provinces; mais de plus, c'était sous l'empire de la violence et de la ter-
« reur qu'avait été votée cette rogation, présentée au mépris des auspices
« et du véto d'un collègue, par un tribun irrégulièrement nommé. La loi
« était nulle dans la forme et dans le fond ; un simple sénatus-consulte
« eût suffi pour l'abroger. C'était pour couvrir ce vice originaire, que le
« tribun avait imaginé de faire sanctionner par le sénat une proposition
« qui, autrement, n'était pas née viable : prêter serment, c'était pour le
« sénat abdiquer ses droits. Métellus ne voulut point se faire le complice
« d'une pareille lâcheté : il usa jusqu'au bout de sa prérogative, en pro-
« testant contre la nullité de mesures qui n'avaient de loi que le nom.
« Pour venir à bout de cette résistance, il fallut que le tribun, poussant
« les choses à l'extrême, violât une fois de plus la constitution. »

Suivant Pighius, Ann. Rom. l. l. p. 175, Saturninus, dans le but de consolider son ouvrage, proposa aussi une loi de *lèse-majesté*; mais les deux seuls textes où il soit parlé de la *Lex Apuleia majestatis*, Cicéron, De Orator. II, 107, 199 et suiv., sont trop incomplets pour en tirer une conclusion de quelque valeur. Cf. M. Edouard Laboulaye, Essai sur les Lois criminelles des Romains, ch. XI, p. 236.

Le sénat comprit qu'il devait, avant tout, rompre la fatale alliance formée entre Marius, Saturninus et Glaucia. Une occasion favorable ne tarda pas à se présenter. Glaucia, qui prétendait au consulat pour l'année suivante, avait un compétiteur redoutable dans la personne de Memmius : Saturninus le fit assassiner. Aussitôt le sénat s'assemble et donne aux consuls un pouvoir illimité par la formule solennelle, *ne quid detrimenti Respublica caperet*. Marius abandonne ses amis, les assiége dans le Capitole et les force de se rendre, à condition qu'ils auront la vie sauve. Il aurait bien voulu les sauver en effet; mais le peuple en fureur se jeta sur eux et les massacra. L'année suivante (an de Rome 655), Q. Métellus fut rappelé, sur la proposition de Q. Calidius (*Calidia Rogatio*).

CCLXXX. *P. Furius fut mis en accusation* (p. 111). Il fut traduit devant le peuple par C. Canuléius, l'un de ses successeurs ; Appien, Guer. Civ. I, 33. Le peuple le mit en pièces, sans vouloir entendre sa justification. Aussitôt Métellus fut rappelé de l'exil : il se trouvait alors à Tralles, et il assistait à une représentation théâtrale; lorsqu'on lui apporta la lettre dans laquelle on lui annonçait que le sénat et le peuple, d'un consentement unanime, avaient décrété son rappel. Il ne voulut point lire les dépêches, ni quitter l'amphithéâtre avant la fin du spectacle, et ne laissa point apercevoir sa joie aux spectateurs assis autour de lui. A son retour à Rome, une journée entière ne lui suffit point pour recevoir les félicitations des amis qui étaient venus à sa rencontre. Marius ne voulut pas être témoin du triomphe de son ennemi; il s'était embarqué pour la Cappadoce, sous prétexte d'aller s'acquitter d'un vœu envers la Mère des dieux. Cf. l'Epitome de Tite-Live, LXIX, Cicéron, Disc. pour Cn. Plancius, XXVIII-XXIX; Plutarque, Marius, XXXI; Appien, l. l.; Valère-Maxime, IV, I, 13; Sext. Aur. Vict. De Vir. Illustr. LXIII, et les notes d'Arntzen.

Métellus Pius n'oublia pas le service de A. Calidius. Plus tard, il n'hésita pas, tout consul qu'il était, de supplier le peuple en faveur de ce Calidius, l'un des candidats à la préture, et il l'appela toujours le protecteur de sa famille et de sa maison ; Valère-Maxime, V, 2, 7.

CCLXXXI. *Marius d'un côté et Quintus de l'autre* (p. 113). Sur le caractère de M. Liv. Drusus et sur celui de Q. Servilius Cæpion ; sur l'origine de leurs démêlés et pour les détails de la lutte qui s'éleva entre ces deux personnages, cf. *Mém.* Vol. XXVII, p. 410-422, *dans les Mémoires*

ÉCLAIRCISSEMENTS.

de l'Académie des Inscriptions et Belles-Lettres; et *Mém.* Vol. XXXVII, p. 293 et suiv. , *De la Loi Sempronia,* par Gautier de Sibert.

CCLXXXIII. *Pour Quintus Mucius* (p. 115). Il est question ici du préteur Quintus Mucius Scævola. Il gouverna l'Asie avec tant de justice et de fermeté, l'an de Rome 654, que le sénat, toutes les fois qu'il envoya des gouverneurs dans cette province, proposa pour règle l'exemple et la conduite de Scævola; Valère-Maxime, VIII, 15, 6. On établit en son honneur un jour de fête et des sacrifices appelés *Sacra Mucia;* cf. les scholies d'Asconius sur Cicéron, Verrine IVᵉ. Cicéron, Lettr. à Atticus, VI, 1, dit qu'il le prit pour modèle, lorsqu'il gouverna, en qualité de proconsul, une partie de l'Asie.

H. de Valois fait observer que Rutilius dut être lieutenant de Q. Mucius Scævola, et non pas son questeur, titre qu'il n'aurait pu accepter, parce qu'il avait été préteur et consul. Reimarus adopte l'explication donnée par Pighius, Annal. Rom. l. 1. p. 179, qui admet deux Quintus Mucius : Scævola, surnommé *le Pontife* et qui fut consul avec son gendre Crassus, l'an de Rome 658 ; l'autre, son parent, mais plus âgé que lui, fut surnommé l'*Augure.* Consul, l'an de Rome 637, il triompha des Dalmates avec Q. Cæcilius Métellus, son collègue : il n'était pas moins habile jurisconsulte qu'homme de guerre. Scævola *le Pontife,* qui fut aussi très-versé dans la science des lois, avait donné des leçons à Cicéron encore jeune. D'après Reimarus, Rutilius aurait été questeur du premier et lieutenant du second. Cf. sa note, p. 44, tom. 1 de son édition.

P. Rutilius Rufus, le meilleur citoyen non-seulement de son temps, mais de tous les temps (Vell. Paterc. II, 13), avait, de concert avec son préteur, défendu l'Asie contre la rapacité des publicains, ou fermiers généraux de la province, qui tous étaient de l'ordre des Chevaliers. En vertu de la *Loi Sempronia* (cf. Gautier de Sibert, l. l.), les Chevaliers étaient les seuls *Traitants* de la République, soit comme fermiers en titre, soit comme associés ou comme garants. Ainsi, à une profession lucrative s'ajoutaient les honneurs de la judicature : de cette disposition de la loi, qui choquait tous les principes de la constitution républicaine, naissaient les plus graves conséquences et des vexations qu'il était souvent impossible de réprimer ; car les Chevaliers ayant seuls le droit d'affermer les impôts et le droit de connaître des concussions, les proconsuls, les propréteurs, les lieutenants de province, retrouvaient à Rome, pour juges de leur administration ceux dont ils avaient arrêté les injustices, ou leurs associés. C'est ainsi que Rutilius fut sacrifié à leur vengeance.

Traduit en justice, il ne prit point l'habit de deuil; il ne quitta pas même les marques distinctives de la dignité de sénateur et s'inquiéta si peu de cette affaire, qui pourtant faillit renverser l'état, qu'il ne voulut appeler à son aide ni L. Crassus ni M. Antonius, les orateurs les plus éloquents de son temps. Il plaida lui-même sa cause. Cotta, le fils de sa sœur, ajouta quelques considérations à sa défense; et, quoiqu'il fût fort jeune, il s'acquitta de sa tâche en orateur consommé. Q. Mucius prit aussi la parole pour Rutilius : il parla avec clarté et méthode, selon sa manière ordinaire; mais il était loin de posséder cette force et cette abondance qu'auraient exigées ce genre de débats et l'importance de la cause. Cf. l'Epitome de Tite-Live, LXX; Cicéron, De Orat. I, 53-54, et Brutus, XXX; Valère-Maxime, VI, 4, 4; Orose, V, 17.

Sur P. Rutilius Rufus, considéré comme historien, cf. Aug. Krause, *Vitæ et Fragmenta Veterum Historicorum romanorum*, Berlin, 1833, p. 227-232.

CCLXXXV. *Lupus* (p. 119). Nous sommes arrivés à la Guerre Sociale, dont Appien caractérise le principe et les conséquences avec une raison et une force remarquables, Guer. Civ. I, 34 : Ὁ Συμμαχικὸς καλούμενος Πόλεμος ἐπιγίγνεται, ἐθνῶν ἀνὰ τὴν Ἰταλίαν πολλῶν ἀρξάμενός τε παραδόξως, καὶ ἀθρόως ἐπὶ μέγα προελθών, καὶ τὰς στάσεις ἐν Ῥώμῃ σβέσας ὑπὸ δέους ἐπὶ πολύ. Λήγων δὲ καὶ ὅδε στάσεις τε ἄλλας καὶ στησιάρχας δυνατωτέρους ἀνέθρεψεν, οὐ νόμων εἰσηγήσεσιν ἔτι, οὐδὲ δημοκοπίαις, ἀλλ' ἀθρόοις στρατεύμασι κατ' ἀλλήλων χρωμένους. On trouve dans le même historien, l. l. 39, l'énumération des divers peuples qui se liguèrent contre Rome.

Le consul P. Rutilius Lupus dont il est ici question commandait une partie de l'armée romaine. Il avait pour lieutenants Pompée, père du grand Pompée, Q. Cæpion, C. Perpenna, Valerius Messala. Le reste avait pour chef l'autre consul, Sext. Julius Cæsar, dont les lieutenants étaient : P. Lentulus, son frère, T. Didius, Licinius Crassus, Cornelius Sylla, M. Marcellus; cf. Appien, l. l. 40.

Du côté des alliés, les généraux étaient Titus Afranius, C. Pontidius, Marius Egnatius, Q. Pompædius, C. Papius, M. Lamponius, C. Judantius, Herius Asinius, Vettius Caton. Cf. Appien, l. l.

CCLXXXVI. *Il l'engageait donc à temporiser* (p. 121). Rutilius en vint aux mains avec les Marses, contre l'avis de Marius : il fut vaincu et tué. Huit mille hommes périrent avec lui. Pour les détails de ce désastre, je renvoie à Appien, l. l. 43; mais je crois devoir transcrire le passage où il est question d'un sénatus-consulte mémorable : Ῥουτιλίου δὲ τοῦ σώματος καὶ πολλῶν ἄλλων ἐπιφανῶν ἐπὶ ταφὴν ἐς Ῥώμην ἐνεχθέντων, ἥ τε ὄψις ἀηδὴς ἦν ὑπάτου καὶ τοσῶνδε ἄλλων ἀνῃρημένων καὶ πολυήμερον ἐπὶ τῷδε πένθος ἠγέρθη. Καὶ ἀπὸ τοῦδε ἡ βουλὴ τοὺς ἀποθνήσκοντας ἐν τοῖς πολέμοις ἔκρινεν, ἔνθαπερ ἂν θάνωσι, θάπτεσθαι· τοῦ μὴ τοὺς λοιποὺς ἐκ τῆς ὄψεως ἀποτρέπεσθαι τῶν στρατειῶν. Τὸ δ' αὐτὸ καὶ οἱ πολέμιοι, πυθόμενοι, περὶ σφῶν ἐψηφίσαντο. P. Rutilius ne fut point remplacé comme consul, pour le reste de l'année; parce que Sext. Jul. Cæsar n'avait pas le temps de se rendre aux comices. Les débris de son armée furent confiés à Q. Cæpion, qui se laissa attirer par Q. Pompædius dans un piége où il trouva la mort avec la plus grande partie de ses soldats. Le sénat donna alors le commandement à Marius, qui ne fit rien d'important ; Appien, l. l. 44. Soit défiance, soit prudence de vieillard, car il avait déjà 68 ans, il se renferma dans ses retranchements. C'est alors que Q. Pompædius vint lui adresser à haute voix cette insultante provocation : *Si vous êtes un grand général, Marius, descendez dans la plaine, pour venir vous mesurer avec nous.* Marius lui répondit : *Et vous, si vous êtes un grand général, mettez-moi donc dans la nécessité de combattre sans le vouloir ;* Plutarque, Marius, XXXIII.

Dans une guerre dont leur propre territoire était le théâtre (p. 121). Sext. Julius Cæsar avait été chargé de faire la guerre dans le Samnium, et et P. Rutilius Lupus dans le pays des Marses. Cf. Pighius, Ann. Rom. tom. III, p. 222, éd. Schott.

CCLXXXVIII. *Mithridate ne s'émut point de la présence des ambassadeurs romains* (p. 123). Mithridate avait été forcé d'abandonner la Cappadoce à Ariobarzane, sur l'injonction du sénat romain ; mais, pour enlever à Nicomède III la Bithynie dont un sénatus-consulte l'avait mis en possession, il fit marcher contre ce prince son propre frère, Socrate, surnommé Chrestus, qui, soutenu par une armée puissante, s'empara de la Bithynie. A la même époque, Mithraas et Bagoas dépouillèrent Ariobarzane du royaume de Cappadoce et mirent Ariarathe à sa place.

Ce fut alors que les Romains, par une intervention menaçante, voulant rétablir sur le trône Nicomède et Ariobarzane, envoyèrent en Asie Maltinus et M' Aquilius, chargés de travailler à ce rétablissement, avec l'aide de Lucius Cassius et de Mithridate. Celui-ci, toujours indisposé contre les Romains qui lui avaient enlevé la Phrygie et l'avaient forcé d'abandonner la Cappadoce à Ariobarzane, refusa son concours ; cf. Appien, Mithrid. X-XI ; Justin, XXXVIII, 1-31. Outre les sources anciennes, il sera bon de consulter le savant article de Saint-Martin sur Mithridate VII, dans la Biographie Universelle de Michaud, d'après les écrivains arméniens.

Par divers griefs (*Ibid.*). Appien les a mis dans la bouche de Pélopidas, l. l. XII : Ἀνεμίμνησκε φιλίας καὶ συμμαχίας ἰδίας ; τε καὶ πατρῴας. Ἀνθ' ὧν αὐτὸν ὁ Πελοπίδας ἔφη Φρυγίαν ἀφῃρῆσθαι καὶ Καππαδοκίαν · τὴν μὲν ἀεὶ τῶν προγόνων αὐτοῦ γενομένην, καὶ ὑπὸ τοῦ πατρὸς ἀναληφθεῖσαν · Φρυγίαν δὲ ἐπινίκιον ἐπὶ Ἀριστονίκῳ παρὰ τοῦ ὑμετέρου στρατηγοῦ δοθεῖσάν τε, καὶ οὐχ ἧσσον παρὰ τοῦ αὐτοῦ στρατηγοῦ, πολλῶν χρημάτων ἐωνημένην.

Les sommes considérables qu'il avait dépensées (*Ibid.*). Sur l'argent répandu à Rome par Gordius, envoyé de Mithridate, pour obtenir que la Cappadoce fût donnée à son fils Ariarathe, cf. les notes de J. F. Gronove sur Aulu-Gelle, XI, 10. Dans un entretien avec Sylla, Mithridate se plaignit

vivement de la cupidité des généraux romains : « Ils ont fait tout cela
« pour l'argent qu'ils ont tour à tour reçu de moi et de mes adversaires ;
« car, Romains, ce qu'on peut surtout reprocher à la plupart d'entre vous,
« c'est l'amour du gain. » Appien, Mithrid. LVI.

Nicomède — envahit les États de Mithridate (p. 123). Cassius et Marius, n'ayant pu obtenir aucun secours de Mithridate, tirèrent de la Galatie et de la Phrygie de nombreux auxiliaires et parvinrent à rendre la Bithynie à Nicomède et la Cappadoce à Ariobarzane. Sans perdre un moment, ils les engagèrent à se venger de Mithridate, leur voisin, et à faire des incursions dans les pays soumis à sa domination. S'il leur déclarait la guerre, ils trouveraient dans les Romains un appui assuré. Malgré cette promesse solennelle, Nicomède et Ariobarzane n'osèrent d'abord allumer si près d'eux une guerre dont les conséquences pouvaient être désastreuses. A la fin, Nicomède, incessamment obsédé par les ambassadeurs de Rome auxquels il avait promis des sommes considérables pour prix de son rétablissement sur le trône, outre celles qu'il avait empruntées aux Romains d'Asie et dont on lui demandait alors le payement (ce que le Compilateur de Dion a sans doute voulu exprimer en deux mots, χρημάτων δεηθείς) se jette dans les États de Mithridate, et porte la dévastation jusqu'à la ville d'Amastris, sans rencontrer le moindre obstacle. Mithridate avait bien une armée capable d'opposer une vive résistance ; mais il reculait sans cesse, afin de pouvoir s'appuyer sur des griefs nombreux et d'une justice incontestable, quand l'heure de la guerre serait venue ; cf. Appien, l. l. XI. Il savait bien que Nicomède était l'instrument des Romains ; le même, l. l. XII.

CCLXXXIX. *Les Romains — avant de s'être soumis à leur volonté* (p. 125). Le Compilateur a supprimé les détails : ils offrent un grand intérêt dans Appien, l. l. XII-XVI, qui mêle heureusement la forme dramatique au récit. Je vais extraire les plus importants.

Pélopidas conjure les Romains de mettre un terme aux dégâts commis par Nicomède dans les États de Mithridate. Les députés de Nicomède parlent, à leur tour, et rappellent avec énergie les torts de Mithridate envers leur roi et envers les Romains. Ces récriminations réciproques aboutissent à cette déclaration de la part des représentants de Rome : « Nous « ne pouvons admettre que Mithridate éprouve des dommages par le fait « de Nicomède, et nous ne souffrirons pas qu'on fasse la guerre à Nico- « mède ; attendu qu'à notre avis, la République n'aurait rien à gagner dans « le mal qui pourrait être fait à ce roi. » Dès ce moment, Mithridate se croit lésé par les Romains, et il donne des troupes à son fils Ariarathe, pour aller faire la conquête de la Cappadoce. Bientôt Ariobarzane est détrôné et remplacé par Ariarathe.

Cette expédition à peine accomplie, Pélopidas se rendit de nouveau

ÉCLAIRCISSEMENTS.

auprès des députés et des généraux romains, pour déclarer qu'eux seuls étaient responsables de ce qui venait de se passer ; que Mithridate allait envoyer des ambassadeurs à Rome pour porter ses plaintes au sénat ; qu'il les informait de sa résolution, afin qu'ils pussent s'y rendre eux-mêmes pour se défendre ; qu'en attendant, ils ne devaient point commencer la guerre contre Mithridate, tant qu'elle n'aurait pas été décrétée par le peuple et par le sénat romain.

A ce langage, déjà fort blessant, Pélopidas ajouta le tableau de la puissance de Mithridate, une longue énumération de ses alliés et des peuples qui embrasseraient sa cause, si Rome lui déclarait la guerre, au moment surtout où elle était exposée à tant de dangers par la Guerre Sociale. Il conclut en ces termes : « Empêchez Nicomède de faire du mal à vos amis, « ou rompez une amitié qui n'existe à notre égard qu'en apparence ; ou « bien allons nous faire juger à Rome. » Les Romains répondirent qu'ils ordonnaient à Mithridate de respecter Nicomède et la Cappadoce, à Pélopidas de sortir du camp à l'instant même et de n'y plus revenir ; à moins que le roi n'exécutât leurs ordres.

CCXC. *Caton* (p. 125). Lucius Porcius Caton, fils de Marcus, l'un des généraux de l'armée romaine dans la Guerre Sociale : il fut consul, l'an de Rome 665, avec Cn. Pompée Strabon. Après avoir battu les Étrusques, Orose, V, 18, il périt sur les bords du lac Fucin, au moment où il combattait contre les Marses. Suivant Velleius Paterculus, II, 13, il fut tué par les ennemis. Appien, Guer. Civ. I, 50, se contente de mentionner sa mort, sans dire comment il périt : Τοῦ δ' αὐτοῦ χειμῶνος Πόρκιος μὲν Κάτων, ὁ σύναρχος τοῦ Πομπηΐου, Μάρσοις πολεμῶν ἀνῃρέθη. Orose, qui avait puisé dans des historiens que nous n'avons plus, dit qu'il fut tué par le fils de Marius, l. l. ; renseignement d'autant plus précieux, qu'il ne se trouve pas ailleurs : Porcius Cato consul, Marianas copias habens, quum aliquanta strenue gessisset, gloriatus est C. Marium non majora fecisse ; et ob hoc quum ad lacum Fucinum contra Marsos bellum gereret, *a filio C. Marii in tumultu belli, quasi ab incerto auctore prostratus est*. Dion Cassius est le seul, ainsi que Reimarus en a fait la remarque, qui parle du peu d'autorité de Caton et de la faiblesse de ses soldats.

Cette émeute fut une suite des troubles et des séditions qui régnaient alors parmi les Romains. « Rome, dit M. Duruy, Hist. Rom., tom. II, p. 199, « disposait de forces trois ou quatre fois supérieures à celles des alliés : « ajoutons l'habitude du commandement et de grandes entreprises, l'unité « de direction, l'expérience de ses généraux et la discipline de ses troupes, « qui venaient de se retremper dans deux grandes guerres.

« Aussi Rome se trouva-t-elle assez forte pour porter encore sans chan- « celer, au milieu de cette lutte, le poids des troubles et des séditions. « Dans la ville, un préteur intègre (A. Sempronius Asellio ; cf. l'Epitome

« de Tite-Live, LXXIV; Appien, Guer. Civ., I, 54) fut massacré par les
« créanciers qu'il voulait rappeler au respect des lois ; à l'armée, un légat
« consulaire (A. Albinus ; cf. l'Epitome de Tite-Live, LXXV, et Valère-
« Maxime, IX, 8, 3) fut tué par ses propres soldats ; un consul même,
« Porcius Caton, périt, peut-être de la main des siens, après avoir échappé
« à une première émeute, etc. »

CCXCI. *Tous les peuples de l'Asie massacrèrent les Romains. Seuls,
les habitants de Tralles* (p. 127). Cicéron demanda une éclatante vengeance de cette cruauté inouïe, Disc. pour la loi Manilia, III. Valère-Maxime, IX, 2, 3, porte à 80,000 le nombre des citoyens massacrés dans cette boucherie. Suivant Plutarque, Sylla, XXIV, il fut de 150,000 ; Dion adopte ailleurs le même nombre que Plutarque ; cf. Fr. CCCXXIV, p. 175 de ce volume.

Les habitants de Cos cachèrent dans leur temple d'Esculape des citoyens romains ; tandis qu'on les égorgeait dans toutes les îles et dans toutes les villes de l'Asie ; cf. Tacite, Annal., IV, 14.

CCXCIV. *A peine revêtu du consulat, Cinna* (p. 131). L. Cornelius Cinna, créé consul pour la première fois, l'an de Rome 667, par l'influence de Sylla, entreprit de rétablir la loi du tribun Sulpicius (Appien, Guer. Civ., I, 55-56), qui donnait aux alliés, ou *nouveaux citoyens*, les mêmes droits qu'aux anciens. Une sédition violente éclata ; on en vint aux mains, et dix mille des *nouveaux citoyens* restèrent sur le champ de bataille. Les autres furent obligés de sortir de Rome, et Cinna avec eux. Le sénat le déclara déchu de la dignité consulaire, et nomma à sa place le flamine L. Cornélius Mérula.

Cinna ne tarda pas à rentrer dans Rome, à la tête d'une armée, avec le titre de consul. Il se désigna même consul pour l'année suivante, sans consulter les comices, et nomma Marius avec lui, de sa propre autorité.

Il fut encore consul, l'an de Rome 669, avec Cn. Papirius Carbon, ainsi que l'an 670. Pendant ce dernier consulat, il s'était fait précéder en Dalmatie par une partie de ses troupes. Celles qui étaient restées en Italie refusèrent de s'embarquer : une émeute éclata. Un licteur du consul frappa un soldat, au milieu du tumulte : ce licteur fut frappé à son tour par un soldat que Cinna fit arrêter aussitôt ; mais il tomba lui-même percé de mille coups.

Pour d'autres détails, cf. Vell. Paterculus, II, 19-24 ; Appien, Guer. Cic., I, 34-78. Plutarque, Pomp., V, ne raconte pas tout à fait de la même manière la mort de Cinna. D'après ce biographe, Pompée, qui s'était rendu dans le camp de Cinna, fut injustement calomnié : mécontent, il ne se montra plus, et le bruit courut qu'il avait été tué par Cinna. Il n'en fallut pas davantage pour que les ennemis de ce dernier cherchassent à le perdre. Cinna prit la fuite ; mais un centurion ne tarda pas à l'atteindre, et il s'apprêtait à le frapper de son épée, lorsque Cinna, tombant à ses genoux, lui présenta son cachet, qui était d'un grand prix. Le centurion lui dit insolemment : « Je ne suis point venu pour sceller une promesse ; mais « pour punir un méchant et cruel tyran, » et il lui donna la mort.

Sylla se trompa complétement dans cette circonstance (p. 133). Saint-Réal (Affaires de Marius et de Sylla) porte un tout autre jugement sur la conduite de Sylla dans cette circonstance : « Sylla donc consentit « et donna les mains à l'élection de Lucius Cinna qu'il savait bien être « de la faction opposée, et dont le caractère violent et audacieux lui était « parfaitement connu. Il lui offrit lui-même son crédit et ses amis, et souf- « frit les serments que lui fit Cinna de ne se détacher jamais de ses inté- « rêts auxquels il s'allait lier indissolublement ; serments qu'il eut toujours « dessein de ne jamais exécuter.

« C'est en cette occasion que Sylla donna une des plus grandes mar- « ques de prudence et d'habileté qu'on remarque dans tout le reste de sa « vie ; car, ne doutant point de la mauvaise foi de Cinna, qui n'était pas « homme à se lier par des serments et qui effectivement ne fut pas plus « tôt en possession du consulat qu'il songea à faire le procès à Sylla et « lui suscita pour accusateur Verginius, l'un des tribuns du peuple, il ne « songea point à se défendre dans une ville où la monarchie, qu'il avait « exercée pendant quelque temps, l'avait rendu odieux, et où l'on n'aurait « que trop facilement les moyens de le convaincre de beaucoup de choses « contraires aux lois.

« Ainsi, prenant dans cette occasion un parti digne de son esprit et de « sa réputation, il assembla le peuple et lui dit qu'il se ressouvenait très- « bien qu'on lui avait commis l'expédition contre le roi Mithridate dont « les conquêtes commençaient à devenir dangereuses, et que, n'ayant « différé de remplir sa commission que pour s'opposer à quelques sédi- « tieux qui avaient voulu troubler la ville et lui disputer l'honneur que « le peuple romain lui avait fait, il allait, toutes choses étant devenues « tranquilles, achever cette guerre étrangère, où il espérait de rendre le « nom romain pleinement victorieux. »

CCXCV. *La nature avait refusé à Octavius* (*Ibid.*). Grand homme de bien, prenant toujours pour règle de conduite la justice la plus sévère ; à tel point, dit Plutarque, Vie de Marius, XLII, que ce fut moins par incapacité que par une excessive délicatesse de conscience, qu'il négligea des mesures conformes à l'intérêt public. Cn. Octavius ne s'écarta jamais des lois et des coutumes anciennes qu'il regardait comme un formulaire immuable ; mais il eut la faiblesse d'avoir plus souvent autour de lui des pronostiqueurs et des diseurs de bonne aventure que de bons politiques et des généraux habiles, qui sont les véritables devins pour un homme d'État et pour un homme placé à la tête des armées. Plutarque et Dion sont d'accord sur la pusillanimité politique de Cn. Octavius. Elle fut noblement rachetée par le courage qu'il montra dans ses derniers moments. « Marius et Cinna, dit Appien, Guer. Civ. I, 71, avaient promis par serment à Octavius qu'il aurait la vie sauve ; les aruspices et les devins lui avaient prédit qu'il ne lui serait fait aucun mal; mais ses amis lui conseillaient de fuir. Octavius répétait que, revêtu du consulat, il ne quitterait jamais Rome, et, s'éloignant de la multitude, il se rendit au Janicule, escorté par les citoyens les plus illustres et par quelques débris de ses troupes. Là il s'assit sur la chaise curule, revêtu de la toge consulaire, entouré des faisceaux et des haches, insignes de sa dignité. A la vue de Censorius, qui courait à sa poursuite avec quelques cavaliers, les amis d'Octavius et les soldats, placés autour de lui, le pressent encore de fuir et lui amènent un cheval ; mais Octavius ne daigne pas même se lever et attend la mort. Censorius abat la tête d'Octavius et la porte à Cinna : elle fut suspendue à la tribune aux harangues. Ce fut la première qu'on y attacha : après lui chaque parti y suspendit les têtes des citoyens massacrés au milieu des dissensions intestines; et cet horrible usage, qui commença par Octavius, se perpétua dans les siècles suivants. » (Traduction Nouvelle.)

CCXCVI. *Les Romains, au moment où la guerre civile était imminente* (p. 135). Il y a une analogie frappante entre le récit de Dion et celui d'Appien, Guer. Civ. I, 68 : Οἱ δὲ ὕπατοι, δεδιότες καὶ στρατιᾶς ἄλλης δεόμενοι — ὧδε μὲν δὴ καὶ Σαυνῖται Μαρίῳ συνεμάχουν.

CCXCVII. *A peine Cinna eut-il renouvelé*, etc. (*Ibid.*). Le tribun Sulpicius, Marius et son fils, P. Céthégus, J. Brutus, Cn. et Q. Granius, P. Albinovanus et d'autres citoyens, qui avaient pris les armes contre les consuls et appelé les esclaves à la liberté, s'étaient exilés de Rome. On les déclara ennemis de la patrie : il fut permis à tout citoyen qui les rencontrerait de leur donner la mort, ou de les ramener aux consuls ; leurs biens furent vendus au profit du trésor public. On envoya même des émissaires, de divers côtés, pour découvrir leur retraite. Sulpicius périt par leurs mains, dans les marais de Laurente ; Vell. Paterculus, II, 19 ; mais ces exilés avaient à Rome un parti influent par son crédit, par ses richesses, et qui travaillait pour leur retour, en semant l'or et en tramant la perte des consuls. Après la mort du consul Q. Pompeius, les amis des exilés poursuivirent l'exécution de leurs projets, avec l'appui de Cinna ; Appien, l. l. 73, 74 et suiv.

Marius et les autres bannis.... s'élancèrent dans Rome (*Ibid.*). Le sénat avait envoyé des députés à Marius et à Cinna, pour les prier de rentrer dans Rome avec des sentiments pacifiques et de n'y point faire couler le sang. Cinna les reçut, assis sur sa chaise curule, en sa qualité de consul, et leur fit une réponse douce et bienveillante. Marius, qui se tenait debout à ses côtés, ne proféra pas une parole; mais à l'austérité de son visage et à la fierté de son regard, il était facile de deviner qu'il remplirait la ville de carnage. Cinna entra dans Rome entouré de ses satellites : Marius s'arrêta à la porte, et mêlant la raillerie à la colère, il déclara qu'ayant été banni par une loi, il fallait que son bannissement fût annulé par une loi nouvelle. Le peuple s'assembla aussitôt pour procéder à son rappel; mais trois ou quatre tribuns n'avaient pas encore voté, lorsque Marius entra dans Rome, ayant pour cortége une troupe d'esclaves dissolus et audacieux, qui, à une seule parole, à un seul clin d'œil de Marius, portaient partout la violence et la mort. Cf. Plutarque, l. l. XLIII, et Appien, l. l. 70-71.

Cette boucherie dura cinq jours et tout autant de nuits (p. 141). Ce paragraphe peut être regardé comme un abrégé de Plutarque, Marius, XLIII-XLIV. Cf. Vell. Paterculus, II, 22, traduit presque littéralement par Saint-Réal, l. l. : « Tout ce qu'il y eut dans la ville de plus élevé et de « plus considérable périt par divers genres de supplices. Le consul Octa- « vius, cet homme si droit, si intègre, si doux et si entendu, fut mis à « mort par ordre de Cinna. Mérula, qui, à l'arrivée de Cinna, s'était démis « du consulat, se fit couper les veines, et, après avoir arrosé de son sang « les mêmes autels sur lesquels il avait si souvent sacrifié pour la prospé- « rité de la république, il mourut en détestant les noms de Marius et de « Cinna. Marc-Antoine, l'orateur, cet homme qui fut surnommé le prince « de la république, et qui le fut toujours de l'éloquence, fut tué par les « ordres des vainqueurs. Q. Catulus, qui, outre mille actions d'éclat qui le « rendaient respectable, était encore célèbre par la défaite des Cimbres « à laquelle il avait si glorieusement participé, et qui lui était pour le « moins commune avec Marius, voyant qu'on le cherchait pour le tuer, « s'enferma dans un cabinet où il mit le feu, et finit ainsi sa vie, moins « par l'ordre de ses ennemis que de son plein gré.

« On ne saurait exprimer l'état pitoyable où se trouvait la ville dans « ces temps les plus malheureux qu'on puisse imaginer. Tout le monde « craignait, et on soupçonnait tout le monde. Les infâmes esclaves, dé- « voués aux violences de Marius, tuaient à la fin, sans distinction, et ceux « qui leur avaient été désignés et ceux dont ils n'étaient point chargés ; « et après avoir coupé leurs têtes, qui était la marque de leur salaire, ils « jetaient leurs corps dans les rues ; ce qui donnait un spectacle horrible « et effroyable. Ils volaient et pillaient dans toutes les maisons où ils en- « traient, et forçaient, sans distinction, les filles et les femmes de ces « malheureux que la haine de Marius ou de Cinna avait rendus criminels. » Cf. Appien, l. l. 72 ; Orose, V, 19.

CCXCVIII. *Le fils de Marius tua lui-même un tribun* (*Ibid.*). L. Corn. Cinna et C. Marius s'étaient nommés eux-mêmes consuls pour cette année, sans l'intervention des comices; cf. l'Epitome de Tite-Live, LXXX. Ainsi s'accomplit pour Marius cette prophétie, qui lui avait promis sept consulats; Appien, Guer. Civ. I, 75 : Ὦ, μετὰ φυγὴν καὶ ἐπικήρυξιν, εἴ τις ὡς πολέμιον ἀνέλοι, τὸ μάντευμα ὅμως ἀπήντα τὸ τῶν ἑπτὰ νεογνῶν αἰετῶν. Mais il ne jouit pas longtemps de cet honneur. Attaqué d'une pleurésie, il mourut le dix-septième jour de sa dignité, en proie à de continuelles inquiétudes; cf. Appien, l. l., et Plutarque, Marius, XLV, où nous trouvons un passage fort curieux de l'historien Pison : Γάϊος δέ τις Πείσων, ἀνὴρ ἱστορικὸς, ἱστορεῖ τὸν Μάριον ἀπὸ δείπνου περιπατοῦντα μετὰ τῶν φίλων ἐν λόγοις γενέσθαι περὶ τῶν καθ' ἑαυτὸν πραγμάτων ἄνωθεν γενομένων ἀρξάμενον, καὶ τὰς ἐπ' ἀμφότερα πολλάκις μεταβολὰς ἀφηγησάμενον εἰπεῖν, ὡς οὐκ ἔστι νοῦν ἔχοντος ἀνδρὸς ἔτι τῇ τύχῃ πιστεύειν ἑαυτόν· ἐκ δὲ τούτου τοὺς παρόντας ἀσπασάμενον καὶ κατακλιθέντα συνεχῶς ἡμέρας ἑπτὰ τελευτῆσαι.

Plutarque, l. l., attribue à Marius les faits mis par Dion sur le compte de son fils. Reimarus a tâché de concilier ces deux opinions, en disant que, dans cette circonstance, le fils ne fit qu'exécuter les ordres du père. Le tribun, précipité de la roche Tarpéienne, s'appelait Sext. Licinius; cf. Plutarque, l. l.

CCC. *Sylla, pressé par le besoin d'argent* (p. 143). Il était parti de Rome avec cinq légions et le peu d'or qu'on avait retiré de la vente des biens consacrés autrefois par Numa au culte des Dieux ; cf. Appien, Mithrid. XXII. Il trouva des auxiliaires dans la Thessalie, l'Étolie, la Béotie, et se dirigea sur Athènes. Il abattit les arbres du Lycée et de l'Académie, pour construire des machines, et fut réduit à piller les temples pour payer ses soldats; cf. Plutarque, Syll. XII.

Aux Amphictyons de Delphes (*Ibid.*). Ils étaient surtout préposés à la garde du temple et de ses trésors; Strabon, IX, p. 420, éd. Casaub., Paris, 1620.

Sylla envoya à Delphes Caphis, un de ses amis, en lui recommandant de peser tout ce qu'il prendrait. Arrivé au temple, Caphis n'osa toucher aux choses saintes et pleura sur la pénible mission dont il était chargé. Quelques-uns des assistants s'écrièrent alors qu'ils avaient entendu résonner au fond du sanctuaire la lyre du Dieu. Caphis informa de ce présage Sylla qui lui répondit, en se moquant : « Je m'étonne que vous « ne compreniez pas que ces sons sont un signe de joie et non de tris- « tesse : prenez donc avec confiance ce que le Dieu vous donne avec « plaisir. » Plutarque, l. l. XII.

Après la bataille de Chéronée, Sylla consacra à Jupiter Olympien et à Apollon Pythien la moitié du territoire de Thèbes, et ordonna que le revenu fût destiné à payer les sommes qu'il avait enlevées de leurs temples; Plutarque, l. l. XIX.

CCCI. *Titus Flamininus* (p. 145). T. Quintius Flamininus, qui fut consul l'an de Rome 556, vainquit Philippe, roi de Macédoine, et rendit la liberté aux villes de la Grèce; cf. p. 353-355 de ce volume.

Manius Aquilius (*Ibid.*). Manius Aquilius Glabrion, qui fut consul l'an de Rome 563, et chassa Antiochus de la Grèce; cf. Pighius, Ann. Rom., tom. II, p. 280, éd. Schott.

Paul-Émile (*Ibid.*). Le célèbre vainqueur de Persée; cf. Fr. CCXXXII-CCXXXIII, p. 85 de ce volume.

Et de Fimbria (p. 149). Appien, Mithrid. LII, raconte la mort de Flaccus : Ὁ μὲν Φλάκκος, εἴς τινα οἰκίαν καταφυγὼν καὶ νυκτὸς τὸ τεῖχος ὑπερελθὼν — καὶ τὸ λοιπὸν ἄταφον ἐκρίψας, αὐτὸν αὐτοκράτορα ἀπέφηνε τοῦ στρατοῦ.

CCCII. *Aristion, chargé de la défense d'Athènes* (p. 151). Dion, qui a puisé aux mêmes sources que Plutarque, Syll. XIII, ne se montre pas moins sévère envers Aristion. Appien ne le juge pas avec indulgence : il lui reproche sa dureté politique et profite de cette occasion, pour faire une sortie contre les philosophes, Mithrid., XXVIII ; mais il n'attaque point ses mœurs. Strabon, IX, p. 398, éd. Casaub., Paris, 1620, se borne, comme Appien, à blâmer la tyrannie de son administration. Enfin, Pausanias, I, 20, ne parle pas non plus de cette dissolution de mœurs et de ces excès de table qui, suivant Reimarus, n'ont été probablement reprochés avec tant d'aigreur à Aristion, que parce qu'il professait la philosophie d'Épicure. Plutarque, Appien et Dion ont sans doute pris leurs renseignements dans les Mémoires de Sylla, qui n'avait pas ménagé son ennemi. J'ai cru devoir placer à côté de leur jugement le récit de Pausanias : « Aristion, que Mithridate employait dans ses ambassades aux « villes grecques, était Athénien : ce fut lui qui engagea les habitants « d'Athènes à préférer Mithridate aux Romains. Toutefois il ne les en-« traîna pas tous ; mais seulement le bas peuple, ou même ce qu'il y « avait de plus turbulent. Les Athéniens de quelque distinction se décla-« rèrent d'eux-mêmes pour les Romains. Un combat fut livré : les Romains « obtinrent un très-grand avantage, mirent leurs ennemis en fuite et « poursuivirent, jusque dans la ville, Aristion et les Athéniens, et jusque « dans le Pirée Archélaüs et les barbares. » Cf. dans *les Mémoires de l'Académie des Inscriptions et Belles-Lettres, Mém.* vol. XXVIII, p. 395 et suiv.; *Mém.* vol. XLVIII, p. 204.

Les mauvaises qualités de Mithridate (*Ibid.*). Ici encore, Dion s'est fait, comme Plutarque, l'écho de Sylla contre Mithridate, « ce roi « magnanime, qui dans les adversités, tel qu'un lion qui regarde ses « blessures, n'en était que plus indigné. » (Montesquieu, Grandeur et Déc.

des Romains, ch. VII.) Appien, Mithrid. CXII, rend hommage à sa grandeur d'âme, à son courage dans les fatigues et dans les revers, à sa sobriété, à son goût pour les lettres grecques et pour la musique; tout en lui reprochant une cruauté qui alla jusqu'à répandre le sang d'une mère, d'un frère, de trois fils et de trois filles ; mais n'oublions pas qu'il s'agit d'un prince qui fit la guerre aux Romains pendant quarante-six ans. Battu par Sylla, par Lucullus et par le grand Pompée lui-même, il reprit toujours les armes avec plus de vigueur et d'éclat, comme si ses défaites l'avaient rendu plus terrible (Justin, XXXVII, 1). N'était-ce pas là un crime irrémissible aux yeux des Romains? Leurs historiens ne durent-ils pas se croire obligés de flétrir, toutes les fois qu'ils en trouveraient l'occasion, le nom d'un ennemi qui osa si longtemps disputer la victoire à Rome? Il faut pourtant excepter Trogue-Pompée ; autant du moins que nous pouvons en juger par son abréviateur : il écrivit plutôt un panégyrique qu'une histoire de ce terrible roi du Pont (cf. Justin, l. l. 2-4). Sur Mithridate, sur son génie, sur sa lutte contre Rome et sur l'importance de sa défaite pour la République romaine, cf. dans les *Mémoires de l'Académie des Inscriptions et Belles-Lettres*, *Mém.* vol. V, p. 358-359; *Mém.* vol. X, p. 480-481; *Mém.* vol. XIV, p. 303 et suiv.; *Hist.* vol. XLII, p. 48; *Mém.* vol. XLVI, p. 169 et suiv.

Le médimne de blé s'y vendait alors mille drachmes (p. 151). Le médimne = 51 l. 84. En prenant pour base de l'évaluation 88 c., valeur de la drachme attique, après Alexandre, on arrive au chiffre énorme de 880 fr. de notre monnaie, pour les 51 l. 84.

Ou quelques huiliers en cuir, ramollis dans l'eau bouillante (p. 153). Appien donne des détails sur la famine qui régnait alors dans Athènes; Mithrid. XXXVIII : Καὶ κτήνη πάντα καταθύσαντας, δέρματά τε καὶ βύρσας ἕψοντας, καὶ λιχμωμένους τὸ γιγνόμενον ἐξ αὐτῶν· τινὰς δὲ καὶ τῶν ἀποθνησκόντων ἁπτομένους. Lorsque Sylla, maître d'Athènes, abandonna la ville au pillage, les soldats, en fouillant dans les parties les plus secrètes de plusieurs maisons, y trouvèrent de la chair humaine que les malheureux habitants avaient cachée, pour se nourrir : Καὶ ἕτοιμοι σάρκες ἀνθρώπων ἐς τροφὴν ἐν πολλοῖς οἰκήμασιν εὑρέθησαν. Le même, l. l.

A boire et à manger (*Ibid.*). Dans l'opinion des Anciens, de tels excès, en plein jour, ne convenaient qu'à des hommes perdus de débauches. Ainsi, d'après Plutarque, Aratus, VI, les émissaires de Nicoclès, chargés d'épier à Sicyone la conduite d'Aratus, ayant vu ce jeune homme parcourir les places publiques, fréquenter la palestre, passer le temps à boire et à faire bonne chère avec des amis, ne purent s'empêcher de rire et de dire qu'il n'y avait rien de plus lâche qu'un tyran; puisque Nicoclès, maître d'une si grande ville et investi d'une si grande puissance, craignait un homme qui dépensait pour ses plaisirs et dans des festins, en plein jour, un argent dont il aurait grand besoin dans son exil.

La lampe consacrée à Minerve (p. 153). Pausanias la décrit, I, 26 : « La lampe d'or consacrée à la Déesse est l'ouvrage de Callimaque. « On ne la remplit d'huile qu'une fois l'an, et cette huile suffit jusqu'à pa- « reil jour de l'année suivante; quoique la lampe soit allumée sans inter- « ruption, la nuit et le jour. La mèche est de lin Carpasien, le seul qui brûle « sans se consumer. Au-dessus de la lampe est placé un palmier de bronze, « qui s'élève jusqu'au plafond : c'est par là que la fumée se dissipe. » Cf. Strabon, IX, p. 396, éd. Casaub., Paris, 1620; et Plutarque, Numa, IX, où il est dit que cette lampe était surveillée par des femmes auxquelles leur âge ne permettait plus de se marier, et qu'elle s'éteignait, pendant qu'Athènes gémissait sous la tyrannie d'Aristion.

Il dispersa à coups de flèches (*Ibid.*). Aristion s'était décidé à envoyer à Sylla deux ou trois de ses commensaux les plus intimes pour négocier la paix; mais ces messagers, au lieu de s'efforcer d'obtenir des conditions favorables pour Athènes, se mirent à célébrer Thésée, Eumolpus, et les exploits des Athéniens dans les guerres Médiques. « Retirez-vous, « beaux discoureurs, leur dit Sylla, et emportez vos magnifiques haran- « gues. Les Romains ne m'ont pas envoyé à Athènes pour prendre des « leçons de rhétorique, mais pour dompter les rebelles qui ont déserté « leur cause. »
Après la prise de la ville, Aristion se réfugia dans la citadelle; mais la faim et la soif le forcèrent bientôt à se soumettre. Aristion, ses satellites et tous ceux qui avaient rempli des charges publiques, ou qui s'étaient écartés de la constitution donnée à Athènes par les Romains, furent punis de mort. Sylla fit grâce à tous les autres. Cf. Appien, l. l. XXXIX; Plutarque, Syll., XIV.

CCCIV. *Hortensius était un général* (p. 155). Il contribua puissamment à la victoire de Chéronée dans laquelle, s'il faut en croire Sylla, les Romains ne perdirent que quatorze ou quinze hommes; tandis que sur cent vingt mille ennemis, dix mille à peine échappèrent à la mort. Cf. Plutarque, l. l., XVII-XIX; Appien, Mithrid. XLI-XLIV.

CCCVI. *Fimbria, son lieutenant* (p. 157-159). Cicéron l'appelle l'homme le plus audacieux et le plus forcené qui ait jamais existé dans Rome, Disc. pour Sext. Roscius, XII. Cf. l'Epitome de Tite-Live, LXXXII; Appien, Mithrid. LI; Valère-Maxime, IX, 11, 2; Orose, V, 20. C'est lui qui avait pris des mesures, pour faire égorger Q. Scævola aux funérailles de C. Marius. Informé que Scævola n'était pas mort et qu'il guérirait même de ses blessures, Fimbria résolut de le citer en justice; et comme on lui demandait de quoi il accuserait un citoyen dont la vertu et la probité étaient

Contre Flaccus (p. 159). C'est-à-dire L. Valerius Flaccus. L'année précédente (an de Rome 668), Cinna, qui s'était lui-même nommé consul pour la troisième fois, sans assembler les comices, choisit pour collègue L. Val. Flaccus, après la mort de Marius. Suivant Plutarque, Syll.; XX, le sénat chargea Flaccus de la guerre contre Mithridate; mais, en réalité, sa mission était dirigée contre Sylla, qui ne s'y trompa point. A peine informé de l'arrivée prochaine de Flaccus, il se dirigea vers la Thessalie, pour se trouver sur son passage. Appien, Mithrid. LI, dit formellement que Flaccus fut chargé de la guerre contre Mithridate, à la place de Sylla, déjà déclaré ennemi public.

Il partit avec deux légions; mais comme il était complétement étranger à l'art de la guerre, il s'adjoignit, en qualité de lieutenant, C. Flavius Fimbria, qui avait de l'autorité parmi les soldats. Ils s'embarquèrent à Brindes; mais à peine partis, ils essuyèrent une tempête désastreuse; et bientôt après, des soldats de Mithridate mirent le feu aux vaisseaux romains.

Le choix de Cinna fut malheureux. Méchant, avare et cruel, Flaccus ne tarda pas à s'attirer la haine de ses soldats : aussi tous ceux qu'il envoya en Thessalie passèrent-ils du côté de Sylla. Les autres furent retenus par l'influence de Fimbria, qui, malgré tous ses défauts, était du moins un général habile et traitait son armée avec douceur. Cf. Appien, l. l.

CCCVIII. *A la suite d'un différend* (p. 161). Ce différend éclata, dans une auberge, au sujet d'un logement, cf. Appien, l. l. LII : il suit une autre version que Dion, d'après le passage cité, p. 160, not. 4 de ce volume. Fimbria et le Questeur prirent pour juge Flaccus, qui donna tort à Fimbria.

Aussi chassèrent-ils Thermus (p. 163). Un successeur avait été donné à Fimbria qui jura, dès lors, à Flaccus une haine implacable. Celui-ci, s'étant embarqué pour Chalcédon, Fimbria profita de son absence pour enlever les faisceaux à Thermus, nommé propréteur, et pour se les arroger; comme si l'armée les lui avait déférés. Flaccus arrive bientôt, la menace et la colère à la bouche. Fimbria le poursuit, le force à se cacher dans la maison d'un simple particulier et le réduit à profiter des ténèbres pour s'échapper. Flaccus se réfugie d'abord à Chalcédon, puis à Nicomédie dont il ferme les portes; mais Fimbria s'attache à ses pas. On vit alors un consul romain, chargé d'une expédition capitale, retiré du fond d'un puits, son dernier asile, et mis à mort par l'ami qu'il avait engagé lui-même à l'accompagner! Fimbria trancha la tête de Flaccus, la jeta dans la mer et abandonna sur le rivage son corps privé de sépulture; Appien, l. l.

ÉCLAIRCISSEMENTS. 409

CCCX. *Après s'être emparé d'Ilion* (p. 165). Fimbria, après s'être emparé du commandement par le meurtre de Flaccus, remporta quelques succès contre le fils de Mithridate. Il poursuivit ensuite Mithridate lui-même jusqu'à Pergame et le contraignit d'abandonner cette ville, pour se retirer à Pitane. Fimbria tenta de l'y renfermer; mais Mithridate parvint à s'embarquer et à gagner Mitylène. Ce fut alors que Fimbria, après avoir puni ceux qui soutenaient les Cappadociens, alla former le siége d'Ilion. Les habitants de cette ville demandèrent du secours à Sylla : il promit qu'il se rendrait bientôt auprès d'eux et les engagea à déclarer, en attendant, à Fimbria qu'ils s'étaient livrés à Sylla. Fimbria les félicita d'avoir déjà fait amitié et alliance avec les Romains : en même temps il demanda à être admis, en sa qualité de Romain, dans les murs d'Ilion, et à cette occasion, il parla avec une amère ironie des liens qui unissaient cette ville à Rome. A peine reçu dans Ilion, il porta partout la mort et l'incendie et fit périr, au milieu des supplices, les députés qui s'étaient rendus auprès de Sylla. Les habitants, qui s'étaient réfugiés dans le temple de Minerve, furent, par son ordre, brûlés avec ce temple. Enfin il détruisit les remparts. Le lendemain, il fit le tour d'Ilion, pour voir par lui-même si quelque partie de la ville était encore intacte. Elle fut donc traitée par un Romain avec plus de barbarie qu'elle ne l'avait été autrefois par Agamemnon; pas une maison ne fut respectée, pas un temple, pas une statue. Cf. Appien, l. l. LIII.

CCCXI. *Archélaüs engageait Sylla à faire la paix (Ibid.).* Après la bataille d'Orchomène, Mithridate, effrayé des pertes qu'il avait essuyées coup sur coup, écrivit à Archélaüs de traiter avec Sylla. Appien, l. l. LIV et LV, rapporte la négociation qui eut lieu entre les deux généraux et les conditions imposées par Sylla. Cf. Vell. Paterculus, II, 23 ; Plutarque, Syll. XXII et suiv.

Dix mille plèthres de terre (p. 169). Ou bien 90,000 ares; puisque le plèthre vaut 9 ares.

CCCXII. *Que la Paphlagonie ne lui fût point enlevée* (p. 169). Les députés ajoutèrent, d'après Appien, l. l. LVI, que leur roi aurait obtenu de Fimbria des conditions plus avantageuses. Indigné du parallèle, Sylla répondit que Fimbria aurait bientôt à lui rendre compte de sa conduite, qu'il serait très-prochainement lui-même en Asie, et qu'alors il verrait si Mithridate voulait sincèrement la paix ou la guerre.

CCCXIV. *Après avoir fait la paix avec Mithridate* (p. 175). Pour les détails de la négociation, il faut lire Plutarque, Syll. XXII-XXIV ; Appien Mithrid. LIV-LVIII.

Soutenir simultanément la guerre contre Fimbria et contre Mithri-

date (p. 177). Sylla n'avait accordé la paix à Mithridate que pour être plus libre de faire la guerre à Fimbria. Aussi, à peine cette paix fut-elle conclue, que Sylla donna à Fimbria l'ordre de lui livrer une armée dont il avait usurpé le commandement. Fimbria répondit que Sylla exerçait lui-même une autorité illégitime. Bientôt cerné par Sylla et abandonné par une grande partie de ses soldats qui déclarent ne point vouloir combattre contre des concitoyens, il déchire sa tunique et a recours à d'humiliantes supplications; mais toutes ses instances sont impuissantes; la désertion continue. L'or même ne peut arrêter les transfuges : Nonius refuse un serment de fidélité que Fimbria exige, le glaive à la main et en le menaçant de la mort. Dans ce cruel abandon, il promet la liberté et une somme considérable à un esclave, s'il veut passer comme transfuge dans le camp ennemi et assassiner Sylla. L'esclave hésite, au moment de commettre le crime : arrêté, il fait des aveux complets qui attirent sur Fimbria la colère et le mépris de l'armée de Sylla. Fimbria alors demande une entrevue à Sylla : celui-ci la refuse, et Fimbria, qui ne voulut point quitter l'Asie pour sauver ses jours, comme Sylla l'exigeait par la médiation de Rutilius, retourna à Pergame. Là, il entra dans le temple d'Esculape et se frappa de son épée; mais le coup n'avait pas été mortel : par son ordre, un esclave prit le fer, lui donna la mort et se tua lui-même. Sylla permit à des affranchis de rendre les derniers devoirs aux restes de Fimbria. Délivré de cet ennemi redoutable, il s'occupa aussitôt de l'organisation du gouvernement de l'Asie; Appien, l. I. LIX-LXI.

CCCXVI. *Vaincu par Cinna* (p. 177). Ou plus exactement par C. Fabius, qui était du parti de Cinna; Cf. l'Epitome de Tite-Live, LXXXIV, et Pighius, Ann. Rom. tom. III, p. 247, éd. Schott. Suivant Appien, Guer. Civ. 1, 79-80, Q. Cæcilius Métellus Pius alla au-devant de Sylla, au moment où celui-ci venait de débarquer à Brindes. Métellus n'était point rentré dans Rome, par la crainte de Cinna et de Marius. Il avait donc encore le titre de proconsul d'après un usage mentionné par Appien, l. l. 80, et qui mérite d'être remarqué : Ἀνθύπατος ἔτι ὤν· ἔστι γὰρ εἶναι τοῖς αἱρεθεῖσιν, ἔστε ἐπανέλθοιεν ἐς Ῥώμην.

CCCXVIII. *Il rassembla un corps de troupes* (p. 179-181). Pompée, dégoûté de ce qui se passait à Rome, s'était retiré dans le Picenum, où il possédait plusieurs domaines; mais surtout, parce que les habitants de ce pays étaient très-bienveillants pour lui, en souvenir de l'administration de son père. Voyant que les Romains les plus recommandables se réfugiaient dans le camp de Sylla, comme dans un port, il résolut de s'y rendre aussi; mais non pas en fugitif et comme un homme qui ne cherchait qu'à se sauver. Il voulut s'y présenter comme un auxiliaire utile; afin que Sylla l'accueillît avec reconnaissance. Il commença donc par sonder les habitants; et ces mêmes hommes qui n'avaient rien voulu faire pour Carbon se montrèrent à son égard pleins de zèle et de bonne volonté. En peu de temps, il eut sous ses ordres trois légions, des munitions abondantes, des vivres et tous les moyens de transport. Il se mit aussitôt en marche pour se joindre à Sylla, non pas à grandes journées et comme un homme qui aurait craint d'être rencontré; mais séjournant partout où il pouvait parler contre les ennemis de Sylla et lui faire des partisans. Il se mesura avec les capitaines de Carbon et eut l'avantage sur Brutus. Le consul L. Corn. Scipion lui-même, s'étant approché de lui pour le combattre, fut abandonné de ses soldats, qui passèrent du côté de Pompée, et se vit réduit à prendre la fuite. Enfin, près de l'Arsis, il força plusieurs compagnies de la cavalerie de Carbon à demander quartier et à lui livrer leurs armes et leurs chevaux.

Sylla reconnaissant décerna à Pompée, à peine âgé de vingt-trois ans, le titre d'*imperator*, qui ne s'accordait qu'aux généraux les plus expérimentés; Plutarque, Pomp., V-VII; Appien, Guer. Civ., I, 80.

CCCXIX. *Sylla confia son armée* (p. 181). Dans la bataille de Sacriportus, le jeune Marius remporta d'abord un léger succès; mais bientôt une partie de ses troupes se déclara pour Sylla. Le reste prit la fuite et se dirigea vers Préneste. Les habitants reçurent les premiers fuyards; mais quand ils virent l'ennemi s'approcher, ils fermèrent les portes de la ville: Marius ne put y être introduit qu'au moyen d'une corde qu'on lui jeta du haut des remparts. Il se fit autour de Préneste un grand carnage : tous les Samnites qui tombèrent entre les mains de Sylla furent mis à mort, comme éternels ennemis du nom romain.

Sylla chargea Lucretius Ofella du siége de Préneste et se rendit à Rome. Après la défaite de Carbon et de Norbanus, les Prénestins livrèrent leur ville à Ofella : Marius se donna la mort. Sur les diverses traditions concernant la mort du jeune Marius, cf. Vell. Paterc. II, 27; Orose, V, 21, et les notes de Fabricius, p. 351, éd. d'Havercamp. Ofella envoya sa tête à Sylla, qui l'exposa à la tribune aux harangues, en prononçant cette amère dérision contre l'âge du jeune consul : *Il faut manier la rame avant le gouvernail*. Maître de Préneste, Ofella fit mettre à mort ou jeter dans les fers tous les partisans de Marius. Sylla ne tarda pas à retourner dans cette ville, qu'il livra au pillage, après avoir fait couler des flots de sang; cf. Plutarque, Syll. XXVIII; Appien, Guer. Civ. I, 88, 94; Vell. Paterculus II, 26; Florus, III, 21.

Ce même Lucretius Ofella, lié d'abord au parti de Marius, l'avait trahi pour Sylla (Vell. Patercul. II, 27) : il fut mis à mort par l'ordre de Sylla, l'an de Rome 673, parce qu'il avait brigué le consulat avant d'avoir rempli la questure et la préture. Cf. Appien, l. l. 101, et Plutarque, l. l. XXXIII.

CCCXX. *Sylla vainquit les Samnites* (p. 183). Dans la bataille livrée

près de la porte Colline; cf. Plutarque, l. l. XXIX; Appien, l. l. XCIII; Vell. Patercul., II, 27; Florus, III, 21. Elle décida du sort des Samnites, qui combattirent sous les ordres de Télésinus, politique habile, vaillant guerrier, implacable ennemi du nom romain. « Rome, dit Velléius Pater-
« culus, l. l., ne courut pas, lorsqu'Annibal campait à trois milles de ses
« murailles, un plus grand danger qu'au moment où Télésinus, volant de
« rang en rang, déclarait à son armée que le dernier jour des Romains
« était venu, et s'écriait qu'il fallait renverser et détruire à jamais leur
« ville; que ces loups, ravisseurs de la liberté de l'Italie, seraient toujours
« menaçants, tant qu'on n'aurait pas abattu la forêt qui leur servait de
« repaire. » La conduite de Télésinus fut digne de ce langage. Le lendemain on le retrouva presque sans vie : sa figure fut plutôt celle d'un vainqueur que d'un homme expirant.

Il s'opéra chez lui un tel changement (p. 185). Vell. Paterculus porte sur Sylla le même jugement, II, 17 : « L. Cornelius Sylla, vir, qui neque ad finem victoriæ satis laudari, neque post victoriam abunde vituperari potest. » Et, ch. 25 : « Adeo enim Sylla dissimilis fuit bellator ac victor, ut, dum vincit, mitissimo ac justissimo lenior, post victoriam audito fuerit crudelior. » Cf. Val.-Maxime, IX, 2, 1.

Les têtes de Damasippe et de ses complices (p. 187). Damasippe était préteur de Rome : il se rendit à Préneste avec Marcius et Carinas pour délivrer C. Marius, assiégé par L. Ofella; mais ils furent tous les trois battus et mis en fuite; Appien, Guer. Civ. I, 92. Le même historien, l. l. 93, rapporte que Marcius et Carinas ayant été faits prisonniers, Sylla les fit mettre à mort et qu'il envoya leurs têtes à L. Ofella, avec ordre de les promener autour des murs de Préneste; mais il ne dit rien de la fin de Damasippe. Nous apprenons par Dion qu'il fut traité comme Marcius et Carinas. Télésinus eut le même sort; Vell. Paterc. II, 27.
Damasippe paya de sa mort le sang qu'il avait fait couler : tandis qu'on se battait à Sacriportus, il fit égorger dans la Curie Hostilia, par l'ordre du jeune Marius, comme favorables au parti de Sylla, L. Domitius, le grand-pontife Mucius Scævola, célèbre auteur d'un traité sur le droit divin et sur les lois humaines, le prétorien Papirius Carbon, frère du consul, et l'ancien édile P. Antistius. Leurs cadavres furent jetés dans le Tibre. C'est au milieu de ces massacres qu'on vit la généreuse Calpurnia, fille de Bestia et femme d'Antistius, se percer le sein pour ne pas survivre à son époux; cf. Appien, l. l. 88, et Vell. Paterculus, l. l.

Qui s'étaient rendus volontairement (*Ibid.*). Leur nombre varie singulièrement dans les Historiens. L'Epitome de Tite-Live, LXXXVIII, parle de *huit* mille; Strabon, V, p. 249, éd. Cas., Paris, 1620, de *quatre ou cinq* mille; Florus, III, 21, de *quatre* mille; S. Augustin, Cité de Dieu,

III, 28, de *sept* mille; Valère-Maxime, IX, 2, 1, de *quatre* légions; Sénèque, Des Bienf., V, 16, de *deux* légions; Sext. Aur. Victor, De Vir. Illustr. LXXVI, de *neuf* mille hommes; Orose, V, 21, de *trois* mille. Ces différences proviennent, suivant Arntzen, de ce que quelques-uns de ces écrivains n'ont compris dans leur calcul que les citoyens; tandis que les autres y ont fait entrer les Samnites. Le chiffre le plus vraisemblable paraît être celui de *six* mille, donné par Plutarque, Syll. XXX.

Dans le temple de Bellone (p. 187). Il était situé hors de Rome. Lorsqu'un général prétendait à l'honneur du triomphe, il venait avec son armée jusqu'aux portes de la ville : là il devait s'arrêter et se démettre du commandement. Il ne lui était point permis d'entrer dans Rome, avant que sa demande eût été accueillie ou rejetée. Le sénat s'assemblait dans le temple de Bellone : si le triomphe était demandé pour une victoire remportée sur terre, le général devait envoyer des lettres couronnées de laurier et qui contenaient, outre le récit de ses exploits, les motifs de sa demande. Si c'était pour une victoire remportée sur mer, il envoyait à Rome un vaisseau couronné de laurier, pour en porter la nouvelle. Quand le sénat avait jugé que le triomphe était mérité, il l'accordait par un décret; mais il fallait que l'affaire fût portée devant le peuple; attendu que, pour honorer davantage le triomphateur, on lui déférait le commandement dans Rome, le jour de la cérémonie; or, le sénat seul ne pouvait accorder ce commandement. Souvent les décrets concernant le triomphe trouvaient une violente opposition dans les tribuns, qui ne manquaient jamais de prétexte pour l'empêcher ou le suspendre, lorsque celui qui l'avait obtenu ne plaisait pas au peuple. Cf. Samuel Pitiscus, Ant. Rom., t. II, p. 1009-1011, et les auteurs qu'il cite.

Dans la ferme publique (*Ibid.*). Elle était située dans le Champ de Mars : c'est là qu'on recevait les ambassadeurs ennemis, la prudence ne permettant point de les introduire dans la ville.

CCCXXII. *Comme l'Album sénatorial, ou comme le Catalogue officiel de l'armée* (p. 195). Cf. Sam. Pitiscus, Ant. Rom., t. I, p. 69, où l'on trouve avec l'indication des sources, tous les détails nécessaires sur l'*Album* des décurions, sur l'*Album* du préteur, sur l'*Album* des juges et sur celui des sénateurs.

Plus tard, Auguste ordonna qu'un *Album*, portant les noms des sénateurs, serait renouvelé tous les ans et exposé dans le Palais du Sénat; Dion, LV, 3 : Τά τε ὀνόματα συμπάντων τῶν βουλευόντων ἐς λεύκωμα ἀναγράψας ἐξέθηκε · καὶ ἐξ ἐκείνου καὶ νῦν κατ' ἔτος οὕτω ποιεῖται.

Quant au *Catalogue des soldats*, c'était le registre officiel de l'armée. Cf. dans les *Mémoires de l'Académie des Inscriptions et Belles-Lettres*, *Mém.* vol. XXXII, p. 330. On n'avait le titre de soldat que lorsqu'on y était inscrit. Ulpien, lib. XXIX, D. tit. I : Qui nondum in numeris sunt, *licet etiam lecti tirones sint*, et publicis expensis iter faciant, *nondum milites sunt : debent enim in numeros referri.* Les soldats portés sur ce registre sont ceux que Dion appelle ici στρατιῶται νομιζόμενοι — *legitimi, justi milites.* Cf. les notes de H. de Valois sur ce fragment.

Mais encore tous les autres citoyens (p. 201). Après Plutarque, Syll. XXX - XXXI; Appien, Guer. Civ. I, 95-96; Vell. Paterculus, II, 28; Valère-Maxime, IX, 2, 1; Florus, III, 21, il faut lire sur les proscriptions de Sylla, Orose, V, 21. Cicéron, Disc. pour Sext. Roscius, XXXII, donne le nom de *Nouvelle bataille de Cannes* à ces massacres qui firent couler le sang de tant de citoyens : Hæc tu, Eruci, tot et tanta si nactus esses in reo, quamdiu diceres?...... *Te pugna Cannensis* accusatorem sat bonum facit. Multos cæsos non ad Trasimenem lacum, sed ad Servilium videmus.

Quis ibi non est vulneratus ferro Phrygio?

On sait que le *Lac de Servilius* était un réservoir placé dans l'enceinte de Rome, non loin du Forum, et auprès duquel les sicaires de Sylla avaient commis de nombreux massacres; Sénèque, *De la Providence*, III : Videant largum in foro sanguinem et supra Servilium Lacum (id etiam proscriptionis Sullanæ spoliarium est) senatorum capita et passim vagantes per urbem percussorum greges, etc.

CCCXXIV. *Sylla ordonna qu'on lui donnât le nom d'Heureux* (p. 203). Il se fit donner, en apprenant la mort du jeune Marius. « Cependant le
« jeune Marius, s'étant sauvé de Préneste par des trous qu'il avait fait prati-
« quer dans la terre, fut tué, dit-on, par quelques-uns des siens qui le
« trahirent. Quelques autres ont écrit qu'il voulut mourir avec un frère
« de Télésinus, en combattant l'un contre l'autre. De quelque manière
« qu'il soit mort, la suprême puissance de Sylla commença pour lors;
« et, du jour qu'il apprit cette nouvelle, il prit le surnom d'*Heureux*. On
« peut, par là, juger combien il estimait cet ennemi, qui, quoique jeune
« et malheureux, s'est fait une assez grande réputation, pour n'être point
« obscurcie par le grand éclat du nom et de la gloire de son père.
« L'*Heureux* Sylla institua pour lors et fit célébrer des jeux dans le
« Cirque, en mémoire de la défaite de Télésinus et de son propre bonheur,
« et il aurait pris justement le nom d'*Heureux*, si, immédiatement après
« cette victoire, il eût lui-même cessé de vivre et épargné, par sa mort,
« tout le sang que sa cruauté fit répandre. » (Saint-Réal, Affaires de Marius et de Sylla.)

CCCXXV. *Ceux qui possédaient des richesses ou des terres* (p. 205). Saint-Réal, l. l. : « Rien ne pouvait sauver un homme qui avait été écrit
« dans ces tables fatales. Point d'asile, point de temple, point de lieu sacré,

« point de service, point d'amitié, point de parenté : ceux qui auraient
« eu assez de pitié pour vouloir secourir quelqu'un, devenaient proscrits
« eux-mêmes; et ni le sang, ni la nature, ni le droit des gens ne furent
« plus à Rome d'aucune considération. Les biens des proscrits furent con-
« fisqués et donnés aux amis de Sylla. Ce jardin fit proscrire un tel; sa
« belle maison en fit proscrire un autre. On récompensa les services par la
« mort des innocents. Les charges étaient données selon la volonté du vain-
« queur, auquel on avait donné un pouvoir suprême et universel avec le
« nom de dictateur. »

CCCXXVI. *Lépidus venait d'être nommé consul* (p. 205). Il est question de M. Æmilius Lépidus : fauteur du parti populaire, édile curule sous le 7ᵉ consulat de Marius, il fut un des premiers à se déclarer pour Sylla et s'enrichit des biens des proscrits. Après avoir exercé la préture, il commit des déprédations tellement scandaleuses, que Cicéron ne trouva rien de plus fort contre Verrès, que de lui reprocher d'avoir fait ce que n'autorisait pas même l'exemple de Lépidus (In Verr. Actio II, lib. III, de Re Frument. XCI). A son retour à Rome, il fut cité en justice par Métellus Nepos et par Métellus Celer ; mais ses accusateurs se désistèrent, à la demande du peuple, et Lépidus brigua le consulat. Il avait d'abord compté sur l'appui de Sylla; mais le dictateur lui ayant défendu de se mettre sur les rangs, il se tourna du côté de Pompée. Celui-ci, flatté de voir que Lépidus comptait sur son influence pour obtenir ce que Sylla ne voulait pas accorder, saisit avec empressement l'occasion de montrer son crédit sur le peuple, en faisant préférer Lépidus à Catulus. Sylla, déjà décidé à abdiquer la dictature, fut peu sensible à cette espèce d'affront et se contenta de prédire à Pompée les maux qu'annonçait l'élection de Lépidus. Sur cette élection, cf. Appien, Guer., Civ. I, 105 ; Plutarque, Syll. , XXXIV, où les paroles mises dans la bouche de Sylla ne sont pas tout à fait les mêmes que celles que ce biographe lui prête dans la vie de Pompée, XV : Θεασάμενος αὐτὸν ἀπιόντα μετὰ πλήθους δι' ἀγορᾶς ὁ Σύλλας·
« Ὁρῶ σε, εἶπεν, ὦ νεανία, χαίροντα τῇ νίκῃ. Πῶς γὰρ οὐχὶ γενναῖα ταῦτα καὶ καλά, Κάτλου τοῦ πάντων ἀρίστου Λέπιδον τὸν πάντων κάκιστον ἀναδειχθῆναι πρότερον ὕπατον, σοῦ τὸν δῆμον οὕτω παρασκευάσαντος ; Ὥρα μέντοι σοι μὴ καθεύδειν, ἀλλὰ προσέχειν τοῖς πράγμασιν· ἰσχυρότερον γὰρ τὸν ἀνταγωνιστὴν σεαυτῷ παρεσκεύακας. »

Même à Catulus (p. 207). Il s'agit de Q. Lutatius Catulus, fils de Lucius Catulus, qui avait puissamment contribué à la victoire remportée sur les Cimbres (Plutarque, Marius, XXV-XXVII), et que Marius enveloppa dans ses cruelles proscriptions.

Q. Lutatius Catulus hérita des vertus de son père et se montra toujours calme et modéré, au milieu des discordes civiles; Salluste, Fragm., liv. I, 34, et Val.-Max., II, 8, 7. Sur son éloquence et sur celle de son père, cf. Cicéron, Brutus, XXXV.

Ces paroles de Sylla furent comme une prophétie (p. 207). Lépidus, aussitôt qu'il eut été désigné consul, cabala pour s'emparer du gouvernement à la place de Sylla. Il travailla secrètement au renversement des lois établies, rallia les familles des proscrits, exagéra ses ressources, se vanta d'avoir de nombreux partisans en Étrurie, dans la Gaule Cisalpine, et d'exercer un grand ascendant sur Pompée. D'abord, il ne révéla ses projets que dans des entretiens particuliers; ensuite il se démasqua dans une réunion secrète de ses partisans les plus influents. Alors fut prononcé le discours que lui attribue Salluste, Frag. I, XXVIII : *Clementia et probitas vestra, Quirites — bene juvantibus Diis, M. Æmilium, consulem, ducem et auctorem sequimini ad recipiundam libertatem.*

« Jusqu'au président De Brosses, dit Ch. Du Rozoir (cf. les notes de sa
« traduction de Salluste, tom. I, p. |392-393, dans la Bibliothèque latine-
« française de Panckoucke), tous les critiques et traducteurs s'étaient
« trompés sur la date de ce discours de Lépidus, en supposant qu'il ne
« l'avait tenu qu'en l'année 676, pendant l'exercice de son consulat,
« c'est-à-dire depuis le décès de Sylla, qui mourut quelques jours avant
« que Lépidus entrât en charge. Il n'ont pu croire que ce dernier eût eu
« la hardiesse de parler ainsi de cet homme terrible, s'il avait été encore
« vivant. On voit clairement, au contraire, par vingt endroits de ce dis-
« cours, que Sylla n'était pas mort et que Lépidus le prononça, aussitôt
« après qu'il eut été désigné consul. Décimus Junius Brutus et Mamercus
« Emilius Lépidus Livianus, qui sollicitaient le consulat pour l'année 677,
« attachés comme Catulus à la faction patricienne, étaient déjà sur les
« rangs, selon l'usage qui existait alors de briguer cette magistrature deux
« ans d'avance. Et si, dans son exorde, Lépidus les désigne avec Catulus,
« comme ennemis de la liberté, ce n'est pas une raison de croire qu'il ait
« prononcé ce discours à une époque plus reculée. Au reste, et le président
« De Brosses n'en disconvient pas, on peut supposer que cette harangue est
« purement de l'invention de Salluste; car qui pouvait avoir recueilli ce
« que Lépidus avait dit dans un conciliabule secret ? Mais il est à supposer
« aussi que notre historien a eu l'intention de ne rien inventer qui ne fût
« conforme aux circonstances et au caractère du personnage qu'il mettait
« en scène. »

A la nouvelle de la mort de Sylla, Lépidus tenta d'empêcher qu'on lui rendît des honneurs publics; mais il échoua devant la résistance de Catulus et des partisans de Sylla; cf. Appien, Guer. Civ. I, 105, qui décrit pompeusement les funérailles de l'ex-dictateur, l. l. et § 106. Je me contente de transcrire le passage suivant : Ἐφέρετο ὁ νέκυς ὁ τοῦ Σύλλα διὰ τῆς Ἰταλίας ἐς τὸ ἄστυ ἐπὶ κλίνης χρυσηλάτου καὶ κόσμου βασιλικοῦ. Σαλπιγκταί τε πολλοὶ καὶ ἱππεῖς, καὶ ἄλλος ὅμιλος ἐκ ποδὸς ὡπλισμένος εἵπετο. Οἵ τε ὑποστρατευσάμενοι αὐτῷ πανταχόθεν ἐπὶ τὴν παραπομπὴν ὡπλισμένοι συνέθεον, καὶ, ὡς ἕκαστος ἀφίκνοῖτο, εὐθὺς ἐκ κόσμου καθίσταντο. Ἄλλο τε πλῆθος, ὅσον ἐπ' οὐδενὶ ἔργῳ, συνέτρεχεν. Ἡγεῖτο δ᾽ αὐτοῦ σημεῖα καὶ πελέκεις, ὅσοις περιὼν ἔτι καὶ ἄρχων ἐκοσμεῖτο κτλ. Cf. Plutarque, Syll., XXXVIII.

Lépidus, en parlant de l'abolition des lois de Sylla et du rétablissement de la puissance tribunitienne, retrouva un parti puissant. Sur la *loi somptuaire* qu'il fit durant son consulat, cf. Aulu-Gelle, II, 24, éd. de Leyde, 1706, et Macrobe, II, 13, éd. de Leyde, 1670. Lépidus renouvela, en l'étendant, la Loi Plautia, *De vi publica*; Pighius, Annal. Rom. tom. III, p. 279, éd. Schott. Nommé proconsul dans la Gaule Narbonnaise, il s'y fit de nombreux adhérents. Bientôt il put marcher vers Rome avec une armée considérable, et il s'avança jusqu'au pied du Janicule. Pompée et Catulus, à la tête des vétérans, le battirent non loin du pont Milvius. Après deux autres défaites, Lépidus se réfugia en Sardaigne, où une phthisie, jointe aux chagrins que lui causa l'inconduite de sa femme, ne tarda pas à mettre fin à ses jours ; cf. Appien, l. l. 107 ; Plutarque, Pomp. XVII ; et surtout les Fragments de Salluste, avec les Eclaircissements de Ch. Du Rozoir, tom. I, p. 346-377 de sa traduction de cet historien.

CCCXXVII. *Et de déclarer la guerre aux Crétois, s'ils refusaient, comme cela devait arriver* (p. 209-211). Appien, V, 6 : « Dès le commen-
« cement, la Crète semblait bien disposée pour Mithridate, roi du Pont : on
« disait qu'elle lui fournissait des soldats mercenaires, pendant qu'il fai-
« sait la guerre aux Romains. On disait aussi qu'elle avait, pour complaire
« à Mithridate, aidé les pirates qui s'étaient alors fort multipliés, et qu'elle
« leur avait ouvertement fourni des secours, au moment où ils étaient
« poursuivis par Antoine : lorsque celui-ci envoya une ambassade aux
« Crétois, ils n'en tinrent aucun compte et firent une réponse arrogante.
« Pour venger cet affront, Antoine leur fit aussitôt la guerre ; mais il n'ob-
« tint point de succès : cependant cette campagne lui valut le surnom
« de *Creticus*. (Ce surnom lui fut donné par dérision : Salluste parle de cet
« Antoine avec un souverain mépris ; Fr. liv. IV, CCCLXXXII : Antonius
« ille *trium Antoniorum corruptor*....). C'était le père de M. Antoine
« qui, plus tard, combattit auprès d'Actium contre César, surnommé
« Auguste. Les Romains, par suite de ces événements, ayant décrété la
« guerre contre les Crétois, ces insulaires envoyèrent des ambassadeurs à
« Rome, pour demander la paix. Les Romains ordonnèrent aux Crétois de
« leur livrer Lasthènes, qui avait combattu contre Antoine, ainsi que tous
« les navires employés à la piraterie, tous les Romains qui étaient pri-
« sonniers en Crète, trois cents otages et quatre mille talents d'argent.
« Les Crétois ayant refusé ces conditions, Métellus fut élu général pour
« leur faire la guerre. » (Traduction Nouvelle).

Métellus.... fit ensuite la conquête de toute cette île (p. 213). Les quelques lignes de l'abrégé de Xiphilin, citées p. 213, not. 9, καί τοι πρὸς τοῦ Πομπηίου—καὶ Κρητικὸς ἐπεκλήθη, et deux § du Frag. CCCXXIX, p. 215-219 de ce volume, voilà tout ce qui nous reste de Dion sur la guerre contre la Crète. Cf. Appien, VI, 1-2 et les renseignements épars dans l'Epitome de Tite-Live, XCVIII-C ; Vell. Patercul. II, 23 ; Florus, III, 7 ; Eutrope, VI, 11 et 16 ; Orose, VI, 4. Je me contente de traduire la fin de l'extrait d'Appien, V, 6 (*voy.* p. 417), où les faits les plus importants sont résumés : « Métellus remporta auprès de Cydonia une victoire sur Lasthènes : celui-ci « s'étant enfui vers Cnosse, Panarès livra Cydonia à Métellus, à condi- « tion qu'il n'aurait aucun mal à souffrir. Puis Métellus ayant assiégé « Cnosse, Lasthènes entassa tous ses trésors dans sa maison, la livra aux « flammes et s'enfuit de Cnosse. Les Crétois envoyèrent au grand Pom- « pée, qui était chargé de la guerre contre les pirates et contre Mithridate, « des ambassadeurs pour lui déclarer qu'ils se mettraient à sa discrétion, « s'il venait dans leur île. Pompée, alors occupé d'autres soins, or- « donna à Métellus de sortir de la Crète ; parce qu'il ne fallait pas faire « plus longtemps la guerre à un peuple qui s'était soumis : il ajouta qu'il « se rendrait lui-même dans cette île et qu'il la recevrait dans l'alliance « du peuple romain. Métellus ne tint point compte de cet ordre et con- « tinua la guerre, jusqu'à ce qu'il eût achevé la conquête de la Crète : il « accorda à Lasthènes les mêmes conditions qu'à Panarès. Il reçut les « honneurs du triomphe, et, après avoir soumis cette île à la domination « romaine, il fut, à plus juste titre qu'Antoine, surnommé Creticus. » (Traduction Nouvelle.)

CCCXXIX. *Dans Eleuthera* (p. 215). D'après les manuscrits de Dion, cf. p. 215, not. 8 de ce volume, le nom de cette ville de la Crète devrait s'écrire comme son homonyme de la Cilicie. Étienne de Byzance : Ἐλευθέρα Κιλικία..... Οἱ οἰκήτορες, Ἐλευθεροκίλικες · νῦν δὲ Ἐλευθερῖται. Quant aux deux villes du même nom situées, l'une en Béotie et l'autre en Crète, elles sont appelées Ἐλευθεραί, dans Strabon, VIII, p. 375, éd. Casaub., Paris, 1620. Cf. Pausanias, I, 38 ; Étienne de Byzance, p. 339, éd. d'Abrah. Berkelius, Leyde, 1694. Mais ce géographe a probablement confondu avec le nom de la ville de Béotie celui de la ville de Crète, qui ne s'appelait ni Ἐλευθέρα, comme dans les manuscrits de Dion, ni Ἐλευθεραί, comme dans Étienne de Byzance ; mais bien Ἐλευθέρνα (cf. le même, l. l.), ou mieux Ἐλευθέρναι, d'après Scylax : Μετὰ δὲ Ὀσμίδα, Ἐλευθέρναι πρὸς βορέαν. Les habitants s'appelaient Ἐλευθερναῖοι, ou Ἐλευθερνεῖς, cf. Étienne de Byzance, l. l., et Athénée, XIV, p. 638, éd. Casaub., 1597 : Ἄλλοι δὲ πρῶτον φασὶ παρ' Ἐλευθερναίοις · κιθαρίσαι τὰς ἐρωτικὰς ᾠδὰς Ἀμήτορα τὸν Ἐλευθερναῖον, οὗ καὶ τοὺς ἀπογόνους ἀμήτορας καλεῖσθαι. Les formes Ἐλευθέρναι et Ἐλευθερναῖοι sont confirmées par toutes les Médailles citées dans Mionnet, l. l., tom. II, p. 275-276.

Avec du vinaigre (p. 217). Cf. la note de Fabricius sur ce passage, dans l'édition de Reimarus, tom. I, p. 87.

Lappa (p. 217). Étienne de Byzance, l. l., p. 507 : Λάμπη, πόλις Κρήτης... Τὸ ἐθνικὸν, Λαμπαῖος.... Ξενίων δὲ ἐν Κρητικοῖς, διὰ δύο ππ γράφει τὴν πόλιν τὴν Κρητικὴν, καὶ διὰ δύο αα, καὶ διὰ τοῦ η. Cf. Meursius, Crète, p. 41; Ezech. Spanheim, De Præst. et Usu Numism. tom. I, éd. Nouv. p. 342; Christoph. Cellar. Notit. Orbis Ant. tom. I, p. 1271. Dans l'édition que j'ai citée, les notes sur Étienne de Byzance donnent des autorités à l'appui de chacune de ces orthographes. J'ai adopté celle qui est confirmée par les médailles citées dans Mionnet, l. l., p. 285-286.

Il se rendit à Hiérapytna (p. 217). Aux autorités mentionnées par Fabricius, tom. I, p. 87 dans l'édition de Reimarus, et par Mionnet, l. l. p. 283-284, en faveur de Ἱεράπυτνα, préférable à l'ancienne leçon Ἱεράπυδνα, j'en ajoute une qui n'a été connue d'aucun de mes devanciers, ni de Mionnet lui-même. Je veux parler de trois inscriptions grecques, recueillies, en 1844, sur une plaque de marbre, au fond de la bibliothèque de Saint-Marc à Venise, par M. Léon De Laborde, Membre de l'Académie des Inscriptions et Belles-Lettres, qui a bien voulu m'en communiquer l'estampage.

M. Ph. Lebas, Membre de la même Académie et dont l'érudition épigraphique fait justement autorité, a donné une explication de ces trois inscriptions dans la Revue de Philologie, n° du mois de mars 1846. Suivant le savant Académicien, deux de ces inscriptions, celles qu'il appelle 1 et 2, appartiennent à la fin du IVe siècle avant notre ère, et se placent entre les années 408-355 av. J. C. La troisième doit dater des soixante premières années du même siècle.

La première renferme un traité d'alliance entre les Rhodiens et les Hiérapytniens. La seconde est également un traité d'alliance entre deux villes de la Crète, Hiérapytna et Lyttos, ou Lyctos ; car les deux orthographes sont employées indistinctement dans l'inscription. Enfin la troisième contient un traité d'alliance entre Hiérapytna et Magnésie de Crète.

Ces trois inscriptions portent toujours Ἱεραπύτνα, et les habitants de cette ville y sont appelés Ἱεραπύτνιοι.

Aristion avait alors quitté Cydonia (*Ibid.*). Florus, III, 7, l'appelle *Cydonea*; mais Strabon, VIII, p. 376, éd. Casaub., Paris, 1620; X, p. 478-479, et Étienne de Byzance lui donnent le même nom que Dion Cassius, ainsi que l'Épitome de Tite-Live, XCIX : Q. Metellus proconsul Cnoson et Lyctum et Cydoniam et alias plurimas civitates expugnavit.

Le surnom de Creticus (p. 219). Lorsque Métellus se fut emparé de Cydonia, de Cnosse et de Lyctos, il lui restait peu de chose à faire pour achever la conquête de la Crète entière ; mais il eut à combattre contre les embarras et les obstacles que lui suscita Pompée ; cf. Xiphilin, p. 3-4, éd. de Robert Étienne, Paris, 1551, et p. 213 not. 9 de ce volume. Sur la proposition du tribun Gabinius, une loi avait accordé à Pompée, chargé de la guerre contre les pirates, cinq cents vaisseaux, cent vingt mille fantassins, cinq mille chevaux, le proconsulat des mers pour trois ans, avec le commandement sur toutes les côtes, jusqu'à cinquante milles dans l'intérieur des terres. En vertu de ces pouvoirs extraordinaires, Pompée prétendait avoir aussi le droit de terminer la guerre contre la Crète, au préjudice de Métellus; mais celui-ci soutint son autorité par la force des armes et contraignit L. Octavius, lieutenant de Pompée, à se rembarquer, après avoir été témoin de la prompte réduction de toute la Crète. Métellus obtint le surnom de *Creticus*; mais, par l'opposition de Pompée, il ne triompha que trois ans après.

CCCXXX. *Parce qu'il avait éprouvé la bonne et la mauvaise fortune* (p. 219). Mithridate, qui avait profité de la guerre sociale pour pousser ses conquêtes en Asie, porta ses vues ambitieuses sur la Cappadoce et sur la Bithynie. Il aida Tigrane, son gendre, roi d'Arménie, à s'emparer une seconde fois de la Cappadoce, marcha contre la Bithynie avec deux cent cinquante mille fantassins et quarante mille chevaux, vainquit, mit en fuite et détrôna Nicomède, battit les troupes que les commissaires romains et L. Cassius, proconsul de Pergame, commandaient en divers lieux. Joignant l'insulte à la vengeance, il fit promener sur un âne le chef des commissaires romains, M'. Aquilius, et le conduisit à Pergame, où il fit verser de l'or fondu dans sa bouche, pour venger les habitants de l'avarice des Romains; cf. Appien, Mithrid. XVIII-XXII. Après de rapides succès, Mithridate éprouva un échec devant Rhodes qu'il était allé assiéger, pour la punir de sa fidélité envers les Romains. D'autres revers ébranlèrent à Athènes, à Chéronée, à Orchomène la fortune du roi du Pont, qui se vit réduit à souscrire aux dures conditions imposées par Sylla; cf. p. 173-175 de ce volume. Bientôt il s'empara de nouveau de la Cappadoce, au mépris du dernier traité, et de la Bithynie qu'un testament de Nicomède avait léguée aux Romains. M. Cotta, à la première nouvelle de l'approche de Mithridate, avait abandonné la Bithynie qu'il était chargé de défendre, et s'était réfugié dans la ville de Chalcédoine; mais, instruit que Lucullus s'avançait à grandes journées, il voulut avoir la gloire de vaincre seul, livra inconsidérément bataille et fut défait par Mithridate, qui, fier de ce succès, courut en toute hâte assiéger Cyzique : là de nouveaux revers lui étaient réservés. Lucullus, sachant bien que d'un côté les habitants de cette ville étaient résolus à une défense opiniâtre, et de l'autre que Mithridate, avec les trois cent mille hommes qui marchaient avec lui, ne pourrait trouver assez de vivres, si le siége traînait en longueur, le laissa faire et le suivit prudemment à la piste. Ses prévisions ne tardèrent pas à se réaliser. Le roi du Pont fut bientôt forcé de renvoyer une partie de son armée, à demi vaincue par la disette et par les fatigues. Lucullus fondit alors sur lui et battit sans peine des troupes délabrées. Mithridate s'embarqua, laissant à ses lieutenants le soin de reconduire à Lamsaque les débris de son armée. Lucullus les atteignit sur les bords du Granique et en eut bon marché : il reprit aussi toute la Bithynie, à l'exception de Nicomédie, où Mithridate s'était réfugié, et détruisit la flotte que ce roi envoyait en Italie. Désespéré par tous ces désastres, Mithridate se retira dans son royaume, et Lucullus l'y poursuivit. Cf. Appien, Mithrid. LXXI-LXXVIII ; Plutarque, Lucull. VIII-XIV.

Lucullus s'empara de cette ville (p. 225). Tout ce récit de Dion est sec et incomplet, ainsi que je l'ai déjà dit ; cf. p. 225, not. 8 de ce volume. Il m'a paru nécessaire d'ajouter quelques développements.

Lucullus avait pénétré dans le Pont, après avoir laissé Cotta soumettre les villes de la Bithynie. Il ravagea le pays et, sans tenir compte des murmures de son armée, il s'arrêta au siége d'Amisus. Au printemps suivant, il laissa Muréna devant cette ville et marcha contre Mithridate, qui avait réuni à Cabira quarante mille fantassins et quatre mille chevaux. Guidé par Artémidore, qui lui fit connaître les lieux ; mais exposé à perdre la vie par le traître Olthacus, il eut recours à la tactique qui lui avait réussi à Cyzique, réduisit Mithridate à battre en retraite et à chercher un asile auprès de Tigrane. Mithridate fugitif pense à ses sœurs, à ses femmes qu'il avait enfermées dans Pharnacie et leur envoie par l'eunuque Bacchide l'ordre de se donner la mort, plutôt que de tomber entre les mains des vainqueurs. La belle Monime voulut s'étrangler avec son diadème ; mais il se rompit, et c'est alors qu'elle s'écria : « Maudit tissu, tu ne me rendras « donc pas le service de me donner la mort ! » A ces mots, elle le jeta à ses pieds, cracha dessus et tendit la gorge à Bacchide.

Maître de Cabira et de plusieurs autres places fortes, Lucullus poursuivit Mithridate jusqu'à Talaura. Là il apprit que quatre jours avant son arrivée, Mithridate était allé demander un asile à Tigrane, et il s'en retourna, après avoir subjugué les Chaldéens et les Tibaréniens. Puis il envoya Appius sommer Tigrane de livrer Mithridate aux Romains, et se rendit, de son côté, à Amisus qui, défendue par l'ingénieur Callimaque, tenait toujours ferme contre Muréna. Lucullus s'empara par un stratagème de cette ville qu'il ne put sauver du pillage, ni de l'incendie allumé par Callimaque.

Après la prise d'Amisus, le proconsul romain s'appliqua à alléger les maux des villes que les publicains accablaient de leurs exactions. Il soulagea bien des misères ; mais il suscita contre lui-même des haines implacables qui, dès lors, travaillèrent à sa ruine.

Tigrane, depuis vingt-cinq ans qu'il était monté sur le trône, avait marché de conquête en conquête et était parvenu à se rendre maître de la Syrie. Fier de sa prospérité, il prenait le titre de *Roi des rois*. Aussi, lorsque Appius Clodius vint le sommer, de la part de Lucullus, de livrer Mithridate, ce prince rejeta-t-il cette demande avec dédain. Il manda auprès de lui Mithridate, que jusqu'alors il n'avait pas voulu recevoir, et déclara qu'il était prêt à faire la guerre, si les Romains l'attaquaient.

Lucullus se mit en marche avec une armée de douze mille fantassins et de trois mille cavaliers, passa l'Euphrate à la hauteur de Mélitène, entra dans la Sophène et franchit le Tigre. Le roi d'Arménie, plein de confiance dans une armée de deux cent cinquante mille hommes et dans sa bonne fortune, se crut tellement insulté par celui qui, le premier, annonça l'arrivée des Romains, qu'il lui fit trancher la tête. Il ne commença à s'émouvoir qu'en apprenant la défaite et la mort de Mithrobarzane, l'un de ses généraux. A cette nouvelle, Tigrane abandonna Tigranocerta, sa ville favorite, et se retira vers le mont Taurus; mais Lucullus envoya, d'un côté, Muréna pour lui couper le chemin, et de l'autre Sextilius, pour arrêter une troupe d'Arabes qui venaient au secours de Tigrane. Pendant que Muréna suivait le roi d'Arménie, Lucullus s'avança vers Tigranocerta pour en faire le siége. Tigrane, malgré les conseils de Mithridate et de Taxile qui le conjuraient d'envelopper et d'affamer les Romains, leur présenta la bataille. Lucullus laissa Muréna avec 6,000 auxiliaires sous les murs de Tigranocerta et marcha contre le roi avec une petite armée qui ne paraissait à Tigrane qu'un point imperceptible, et dont il disait en se moquant : *s'ils viennent comme ambassadeurs, ils sont beaucoup ; mais si c'est comme ennemis, ils sont bien peu.* Lucullus n'attendit pas que le roi s'avançât à sa rencontre; il gravit une colline occupée par une partie de la cavalerie arménienne qui, tournant bride à l'instant même, heurta l'infanterie et la fit reculer en désordre. Tigrane fut des premiers à prendre la fuite, laissant sa tiare et son diadème entre les mains des vainqueurs. Suivant Plutarque, il perdit plus de cent mille fantassins et presque toute sa cavalerie ; tandis que, du côté des Romains, il y eut à peine cinq soldats tués et cent blessés. Le philosophe Antiochus disait, en parlant de ce combat, que jamais le soleil n'en avait vu de semblable. Suivant Strabon, dans ses Commentaires historiques, les Romains eurent honte d'avoir cru devoir recourir aux armes contre de tels esclaves, et Tite-Live rapporte que jamais ils n'avaient combattu contre un ennemi aussi supérieur en nombre ; car leur armée formait à peine le vingtième de celle des barbares. Tigranocerta tomba bientôt après au pouvoir des Romains. Tigrane y avait transporté une grande partie de ses richesses : elles devinrent la proie des vainqueurs. Ils y trouvèrent, sans parler d'autre butin, 8,000 talents d'argent monnayé, et chaque soldat reçut de Lucullus 800 drachmes. Appien, l. l. LXXXIV, donne en quelques lignes la description de Tigranocerta. Cf. Plutarque, Lucull. XIV-XXIX; Appien, Mithrid. LXXX-LXXXVI.

Sa tiare et la bandelette qui l'entourait (p. 229). En rapprochant ce

passage d'un autre, liv. XXXVI, 35, τὴν δὲ δὴ τιάραν τό τε ἀνάδημα εἶχε, et de Plutarque, Pomp. XXXIII, καὶ ταῦτα οὖν ὁ Τιγράνης ἐπείθετο καὶ τὸ ξίφος αὐτοῖς ἀπολυσάμενος παρεδίδου· καὶ τέλος, ὡς πρὸς αὐτὸν ἦλθε τὸν Πομπήϊον, ἀφελόμενος τὴν κίταριν ὥρμησε πρὸ τῶν ποδῶν θεῖναι κτλ., on peut conclure que la Τιάρα et la Κίταρις étaient une seule et même chose; mais la Tiare des rois d'Arménie était essentiellement différente de celle des Arsacides. A ce sujet, je ne puis rien faire de mieux que de transcrire les observations d'Ezech. Spanheim, De Præstant. et Usu Numismat. tom. I, p. 470, éd. in-fol., Lond. 1706 : « Diversa quidem haud pa-
« rum ea Tigranis Cidaris, quod paulo ante etiam vidimus, ab iis *Tiaris*
« quas exhibent adducti supra Arsacidarum nummi, rotundis quippe et quas
« ambit supra desuper circulus ex unionibus contextus ; hæc autem qua-
« drata et turrita quodammodo, haud aliter ac sunt adductæ supra unius
« ex ejus in Armeniæ regno successoribus Artauasdæ *Tiaræ*, ac præterea
« cum pendentibus retro infulis. Cui accedit cæteroquin *hanc Tiaram*
« circa frontem quoque ambiens *Diadema* : quale nempe a fugiente eo-
« dem Tigrane capiti jam olim detractum ac in victoris Luculli manus
« delapsum, ab hoc in triumpho prælatum, auctor itidem in ejus vita
« Plutarchus. Ad *Tiaram* enim Regum Orientis *Diadema* vulgo acces-
« sisse, præter veterum Auctorum fidem, ex adductis paulo ante insigni-
« bus Arsacidarum, et nunc insuper e præclaris hisce Tigranis nummis,
« idoneis utique hujus rei testibus, sat, ut opinor, liquet. Unde Curtio
« (Lib. III, 3) lux non mediocris accedit : « *Cidarim* Persæ regium
« capitis vocabant insigne. Hoc cærulea *Fascia* albo distincta circuibat.» —
« Notum enim promiscue *Cidarim* et *Tiaram*, quod supra itidem vidi-
« mus, dici de hoc regio capitis insigni ; unde quam *Dio Tiaram Tigranis*
« vocat in superiori nummo conspicuam (l. l. p. 469), eandem *Cidarim*
« dixit Plutarchus locis modo allegatis. Hinc autem liquet minus accurate
« locutum Philonem dum in genere *Reges Orientis Cidari loco Diade-
« matis usos* tradit : Κιδάρει γὰρ οἱ τῶν Ἑώων βασιλεῖς ἀντὶ Διαδήματος
« εἰωθάσι χρῆσθαι (Mos. Vit. p. 671). »

Il fit alliance, etc. (p. 229). Maître de Tigranocerta, Lucullus renvoya dans leur pays les Grecs et les barbares qu'on avait transportés par force dans cette ville. Il mettait l'humanité et la clémence bien au-dessus de toutes les victoires ; parce que, disait-il, son armée pouvait jusqu'à un certain point revendiquer celles-ci et que la fortune y avait une grande part ; tandis que la gloire qu'il devait à sa douceur et à sa justice appartenait à lui seul. Aussi gagna-t-il le cœur des barbares, et l'on vit bientôt les rois des Arabes se mettre, eux et leurs biens, à sa discrétion. Les habitants de la Sophène et de la Gordyène en firent autant ; cf. Plutarque, l. l. XXIX.

Lucullus leva le camp et se dirigea en toute hâte vers Nisibis

(p. 235-237). Lucullus, voyant le roi des Parthes se renfermer dans une neutralité suspecte, se préparait à lui faire la guerre. Il écrivit donc à Sornatius et à d'autres capitaines romains qu'il avait chargés de la défense du Pont, de lui amener les forces qui étaient sous leurs ordres; parce qu'il comptait partir bientôt de la Gordyène, pour gagner le pays des Parthes; mais ses lieutenants se trouvaient dans l'impossibilité de lui obéir, à cause des mauvaises dispositions des soldats, qui avaient déclaré hautement qu'au lieu de se rendre auprès de Lucullus, ils étaient décidés à quitter le Pont pour rentrer dans leur patrie. A cette nouvelle, Lucullus renonça à ses projets contre le roi des Parthes et alla mettre le siége devant Artaxata, capitale de l'Arménie; persuadé que Tigrane affronterait une bataille pour la défense d'une ville qui renfermait ses femmes et ses enfants. Le roi d'Arménie, avec toute son armée, vint attendre l'ennemi sur les bords du fleuve Arsanias, que les Romains devaient nécessairement traverser pour arriver sous les murs d'Artaxata. Après un vif combat, marqué par la fuite honteuse de Mithridate et *par la mort des personnages qui tenaient le premier rang parmi les barbares*, suivant un mot de Tite-Live, rapporté par Plutarque, Lucullus voulait poursuivre le cours de ses succès; mais son armée, arrêtée tout à coup par le froid et par une neige abondante, refusa d'aller plus loin. Lucullus fut donc forcé d'abandonner le siége d'Artaxata, de repasser le Taurus et de descendre dans la Mygdonie, *pays fertile et chaud*, dit Plutarque, *où se trouve une ville grande et populeuse que les barbares appelaient Nisibis, et les Grecs Antioche de Mygdonie.* Cf. Strabon, XVI, p. 747, éd. Casaub., Paris, 1620, et Julien, Disc. 11, p. 62 : Ἡ δὲ Μυγδόνιος ποταμῶν κάλλιστος τὴν αὑτοῦ προστίθησι φήμην· οὔσῃ γε καὶ Ἀντιόχου βασιλέως ἐπωνύμῳ. Γέγονε δὲ αὐτῇ καὶ ἕτερον ὄνομα βάρβαρον, σύνηθες τοῖς πολλοῖς ὑπὸ τῆς πρὸς τοὺς τῇδε βαρβάρους ἐπιμιξίας. Pour plus de détails sur les événements, cf. Plutarque, Lucull. XXX-XXXII.

Le nom de cette ville a été écrit de différentes manières chez les Anciens. Νίσιβις, dit Étienne de Byzance, l. l. p. 593, πόλις ἐν τῇ περαίᾳ, τῇ πρὸς τῷ Τίγρητι ποταμῷ. Φίλων ἐν Φοινικικοῖς, Νάσιβίς φησι διὰ τοῦ α. Οὐράνιος δὲ διὰ τοῦ ε, Νέσιβις........ Στράβων δὲ ἑκκαιδεκάτῃ, διὰ τοῦ ι. De ces trois orthographes la plus usitée est Νίσιβις, cf. Plutarque, Lucull. XXXII et XXXVI; Dion Cassius, p. 234, 240, 258, 266 de ce volume; liv. LXVIII, 23, 30; liv. LXXV, 2, 9, et liv. LXXVIII, 26. Les variantes Νίσιβεν (p. 240, not. 4) et Ῥίσιβι (p. 266, not. 1) sont des fautes de copiste. Partout ailleurs, la leçon Νίσιβις est confirmée par les manuscrits de Dion et par ceux de Xiphilin; notamment par le n° 1288, l'un des plus anciens manuscrits grecs qui nous soient connus. Les médailles, au contraire (cf. Ezech. Spanheim, l. l. p. 605-608, et Mionnet, l. l. p. 626), portent *Nesibis*, à l'exception d'une seule citée par Mionnet, où on lit ΝΕϹΒΕΙ.

J'ai adopté Nisibis, pour me conformer à l'usage.

ÉCLAIRCISSEMENTS.

C'est ainsi que Lucullus s'empara de Nisibis (p. 241). Ce fut le dernier de ses succès : à partir de ce jour, le vent de la Fortune abandonna Lucullus. Les échecs reçus par ses lieutenants, Fabius et Triarius, l'esprit de révolte soufflé dans tous les rangs de l'armée par Clodius, son beau-frère; les intrigues des Publicains et de ses autres ennemis, soutenus à Rome par Lucius Quintius; tout annonçait à Lucullus une déchéance prochaine.

Mithridate se jette dans la petite Arménie (Ibid.). Les événements ne sont pas présentés de la même manière dans Appien, Mithrid. LXXXVII-XC (LXXVIII est une faute d'impression, p. 241, not. 11 de ce volume). Voici, en quelques mots, comment ils sont racontés par cet historien : après la prise de Tigranocerta, l. l. LXXXVII, Tigrane et Mithridate levèrent une armée dont le commandement fut donné au roi du Pont. Lucullus marcha contre eux; Mithridate resta sur une colline avec toute l'infanterie et une partie de la cavalerie : avec le reste, Tigrane attaqua les fourrageurs romains et fut repoussé. Après cet échec, Tigrane et Mithridate se concertèrent pour cerner l'armée romaine. Lucullus empêcha l'exécution de leurs projets, en envoyant contre Tigrane la fleur de sa cavalerie et en s'efforçant d'appeler Mithridate à un engagement; mais il ne put y parvenir, et l'hiver vint suspendre les opérations des deux parties belligérantes.

Tigrane rentra dans l'Arménie, et Mithridate dans le Pont : Lucullus l'y suivit; mais le manque de vivres le força de revenir sur ses pas. Mithridate attaqua Fabius, lieutenant du proconsul romain, et le mit en fuite, après avoir massacré cinq cents soldats romains. Le lendemain, Fabius recommença le combat avec désavantage. Heureusement Mithridate fut blessé d'un coup de pierre au genou et emporté hors du champ de bataille. On ne se battit plus, pendant quelques jours. Bientôt arriva avec sa propre armée un autre lieutenant de Lucullus, Triarius, à qui Fabius remit les débris de ses troupes et le commandement. Une bataille allait s'engager entre Triarius et Mithridate, lorsqu'un ouragan des plus terribles causa de grands dégâts dans les deux armées, qui se retirèrent sans combattre. Cependant Triarius, instruit de la prochaine arrivée de Lucullus et voulant lui enlever l'honneur de la victoire, attaqua les avant-postes de Mithridate, pendant qu'il faisait encore nuit. Romains et barbares déployèrent la même valeur. A la fin, Mithridate tomba impétueusement sur les ennemis placés près de lui. Déjà il faisait pencher la victoire de son côté et s'ouvrait un passage à travers leurs rangs, après avoir enfermé dans un fossé fangeux l'infanterie romaine; déjà il s'apprêtait à poursuivre leur cavalerie dans la plaine, lorsqu'un centurion romain le blessa grièvement à la cuisse. Ce centurion fut massacré; mais Mithridate fut emporté dans les derniers rangs de l'armée, et ses amis donnèrent le signal de la retraite.

La consternation et l'effroi se répandirent dans son armée ; mais le médecin Timothée étancha la blessure du roi et le montra aux soldats. A peine Mithridate eut-il repris ses esprits, qu'il ordonna d'arrêter ceux qui avaient donné le signal de la retraite et fit marcher, ce jour même, son armée contre les Romains ; mais ceux-ci s'étaient déjà retirés. Ce fut alors, suivant Appien, l. l., XC, que Mithridate se retira dans la Petite-Arménie, emportant avec lui toutes les provisions de bouche, afin qu'elles ne tombassent point au pouvoir de Lucullus.

Ainsi, d'après cet historien, la rentrée de Mithridate dans la Petite-Arménie suivit les échecs éprouvés par Fabius et par Triarius ; tandis que, d'après Dion, elle les aurait précédés. Il faut aussi remarquer, en passant, qu'Appien ne parle ni du siége, ni de la prise de Nisibis.

Dans Cabira (p. 245). Plus tard, Pompée lui donna le nom de *Diospolis*, et la reine Pythodoris celui de Sébaste. Cf. dans les *Mémoires de l'Académie des Inscriptions et Belles-Lettres, Mém.*, vol. XXIV, p. 72 ; XLII, p. 383.

Jusqu'à Comana (p. 247). Il s'agit de Comana du Pont, *Comana Pontica*, située sur l'Iris : il ne faut pas la confondre avec Comana de Cappadoce, *Comana Cappadocica*, située sur le Sarus, dans une profonde vallée de l'Anti-Taurus ; cf. p. 249, not. 6 de ce volume, les *Mémoires de l'Académie des Inscriptions et Belles-Lettres, Mém.*, vol. XXIV, p. 72 ; *Hist.*, vol. XXXI, p. p. 112, et pour les détails, la note ci-après.

Il y a en Cappadoce deux villes de ce nom (p. 249). Dion désigne ici la Cappadoce, par sa dénomination la plus étendue, embrassant toute cette partie de l'Asie comprise entre le Pont-Euxin au nord, et le mont Taurus au midi, depuis le fleuve Halys jusqu'à l'Euphrate ; telle qu'elle était, avant de former deux grands États ; l'un situé vers le Pont-Euxin, appelé *Pontus* ou *Cappadocia Pontica ;* l'autre, appelé *Cappadocia major* ou *Cappadocia ad Taurum*, borné au nord par le Pont et la Galatie, à l'ouest par la Phrygie et la Lycaonie, au sud par la Cilicie, et à l'est par l'Euphrate. Cf. Strabon, XII, p. 533, 534, 539, éd. Casaub., Paris, 1620, et dans les *Mémoires de l'Académie des Inscriptions et Belles-Lettres, Mém.*, vol. VI, p. 346 et suiv. ; XII, p. 258 ; XIX, p. 35 ; XXI, p. 410 ; *Hist.*, vol. XL, p. 127-130.

C'est en se plaçant à ce point de vue que Dion a pu dire *qu'il y avait en Cappadoce deux villes du nom de Comana ;* tandis qu'en adoptant une division plus précise, il aurait dit que l'une était dans la Cappadoce et l'autre dans le Pont ; cf. la note précédente.

Chacune de ces villes avait un temple dédié à Bellone et formait une espèce de souveraineté ecclésiastique : leurs terres étaient sacrées. Pompée donna la grande prêtrise de Comana du Pont au fils d'Archélaus ; César donna celle de Comana de Cappadoce à Lycomède : plus tard, Auguste la confia à un brigand. On trouvera, à ce sujet, de plus amples renseignements dans les *Mémoires de l'Académie des Inscriptions et Belles-Lettres*, *Mém.*, vol. XIX, p. 54; XXIV, p. 72; *Hist.*, vol. XXXI, p. 112; *Mém.*, vol. XLII, p. 387.

Il se mit en marche malgré lui (p. 253). Appien, Mithrid., LXXXIX, dit au contraire que Triarius attaqua le premier. Je traduis littéralement : « A la nouvelle de la prochaine arrivée de Lucullus, Triarius se hâta de « prendre les devants et attaqua les avant-gardes de Mithridate, lorsqu'il « faisait encore nuit. Longtemps le combat fut incertain ; mais Mithridate, « s'étant vivement jeté sur les ennemis qui étaient autour de lui, fit pen- « cher la victoire de son côté. Il entr'ouvrit les rangs des Romains et en- « ferma leurs fantassins dans un fossé fangeux où, ne pouvant se tenir « debout, ils furent mis en pièces. Mithridate, profitant avec ardeur de « son succès, poursuivit leur cavalerie dans la plaine, jusqu'au moment « où un centurion romain, courant à cheval à côté de Mithridate, comme « un de ses serviteurs, lui fit à la cuisse une profonde blessure avec son « épée, n'espérant point l'enfoncer dans son corps à cause de la cui- « rasse. » (Traduction nouvelle.)

Voisine de Talaura (p. 257). Appien parle de cette ville, l. l. CXV, et dit que Pompée y trouva un riche butin : Ἐν δὲ Ταλαύροις, ἥντινα πόλιν ὁ Μιθριδάτης εἶχε ταμιεῖον τῆς κατασκευῆς, δισχίλια μὲν ἐκπώματα λίθου τῆς ὀνυχίτιδος λεγομένης εὑρέθη χρυσοκόλλητα, καὶ φιάλαι καὶ ψυκτῆρες πολλοὶ, καὶ ῥυτὰ, καὶ κλῖναι, καὶ θρόνοι κατάκοσμοι, καὶ ἵππων χαλινοὶ καὶ προστερνίδια καὶ ἐπωμίδια, πάντα ὁμοίως διάλιθα καὶ κατάχρυσα, κτλ.

Un autre Mithridate, venu de la Médie, et gendre de Tigrane (*Ibid.*). Il était roi de la Médie-Atropatène, nom donné à la partie la plus septentrionale de la Médie, à cause du satrape Atropate. Sur l'étendue, le climat et les productions de cette contrée, sur sa conquête par les Parthes et sur le culte de la déesse Anaïtis, qui y était adorée, il faut lire un mémoire remarquable de G. E. J. Guilhem de Sainte-Croix, p. 108-121, dans les *Mémoires de l'Académie des Inscriptions et Belles-Lettres*, *Mém.*, vol. XLV. Elle était séparée de la Grande-Médie par l'Amardus : sur l'époque où elle quitta le nom d'Atropatène, pour prendre celui d'Aderbijan; cf. l. l., p. 125-126.

Les soldats Valériens (p. 257). Plutarque, Lucull., XXXIV, les appelle *les soldats de Fimbria* : Ἠξίου δὲ πρῶτος εἶναι (s.-ent. Πόπλιος Κλώδιος), καὶ πολλῶν ἀπολειπόμενος διὰ τὸν τρόπον ὑποικούρει τὴν Φιμβριανὴν στρατιὰν καὶ παρώξυνε....... Οὗτοι γὰρ ἦσαν οὓς καὶ πρότερον ἀνέπεισε Φιμβρίας ἀποκτείναντας τὸν ὕπατον Φλάκκον αὐτὸν ἑλέσθαι στρατηγόν.

ÉCLAIRCISSEMENTS.

Un certain Publius Clodius.... les poussait surtout au désordre
(p. 258). Plutarque, l. l. : « Ils écoutaient Clodius avec plaisir et l'appelaient
« *l'ami des soldats;* parce qu'il feignait de compatir à leur sort, s'indignant
« de ce que tant de guerres et tant de fatigues n'avaient point de terme;
« de ce qu'ils usaient leur vie à combattre tantôt contre une nation et tantôt
« contre une autre, à errer de pays en pays, sans recevoir aucun prix de
« tant d'expéditions; servant seulement de cortége aux charriots et aux
« chameaux de Lucullus, chargés de coupes d'or enrichies de pierres
« précieuses. Les soldats de Pompée, au contraire, redevenus citoyens,
« possesseurs de terres fertiles, vivant au sein des villes, goûtaient déjà le
« repos au milieu de leurs femmes et de leurs enfants; et cependant ils
« n'avaient point chassé Mithridate et Tigrane dans des lieux déserts et
« incultes; ils n'avaient point renversé les monarchies de l'Asie et n'a-
« vaient eu à combattre que quelques bannis en Espagne et quelques
« esclaves fugitifs en Italie. » — « *Si nous ne devons jamais cesser*
« *d'être en campagne,* s'écriait Clodius, *pourquoi ne réserverions-nous*
« *pas désormais nos corps et nos âmes pour un général qui ne connaît*
« *point de plus bel ornement que d'enrichir ses soldats?* » (Traduction
Nouvelle.)

Sous les ordres de Pompée (p. 265). Dion Cassius, XXXVI, 29 : Ὁ
οὖν Πομπήϊος, ἐπειδὴ πολεμητέα οἱ ἔγνω εἶναι, τά τε ἄλλα παρεσκευάσατο,
καὶ τοὺς Οὐαλεριείους (Οὐαλερείους, dans Reimarus, tom. I, p. 104 de son
édition; cf. p. 257, not. 10, et p. 264, not. 2 de ce volume) προσκατελέξατο.

Mithridate en profita pour recouvrer à peu près tout son royaume
(p. 265). Appien, Mithrid. XC-XCI : « Aussitôt que Lucullus eut transporté
« son camp en face de celui de Mithridate, le proconsul de l'Asie envoya
« des hérauts de divers côtés, pour proclamer que les Romains accusaient
« leur général de prolonger la guerre au delà de toute mesure, que l'armée
« qui servait sous lui était licenciée, et que les biens de tous ceux qui ne
« se soumettraient point à cet ordre, seraient vendus au profit du trésor
« public. A cette nouvelle, l'armée fut sur-le-champ dissoute, à l'excep-
« tion d'un très-petit nombre de soldats qui, extrêmement pauvres et ne
« redoutant pas la peine pécuniaire dont ils étaient menacés, restèrent
« auprès de Lucullus.

« Ainsi, la guerre contre Mithridate n'aboutit, sous la conduite de Lu-
« cullus, à rien de fixe et de décisif. Les Romains, inquiétés par les dé-
« fections de l'Italie, pressés par la famine à cause des ravages commis
« sur la mer par les pirates, pensèrent que le moment n'était point venu
« de se jeter de nouveau dans une guerre aussi terrible, et qu'il fallait
« avant tout sortir d'une situation critique. Mithridate, qui le comprit
« bien, envahit la Cappadoce et fortifia son propre royaume. Les Ro-
« mains le laissèrent agir et dissimulèrent leurs ressentiments jusqu'au

« jour où ils eurent purgé la mer, en chassant les pirates. » (Traduction Nouvelle.)

CCXI. b. *Malgré ses nombreux adversaires, il lui était alors permis de passer en Afrique* (p. 271). Scipion fut nommé consul par le consentement unanime des centuries. Bientôt le bruit se répandit que l'Afrique formerait une nouvelle province hors des chances du sort, et que la faveur populaire la destinait à Scipion. Lui-même disait que c'était pour terminer la guerre qu'on l'avait nommé consul, qu'il ne pouvait atteindre ce but qu'en passant en Afrique avec une armée, et qu'il s'adresserait ouvertement au peuple pour en obtenir l'autorisation, si le sénat s'y opposait. Ses vues trouvèrent de nombreux adversaires; elles furent surtout combattues par Q. Fabius Maximus. On peut voir dans Tite-Live, XXVIII, 40-45, le discours de Fabius, celui de Q. Fulvius et la réponse de Scipion. Après de vifs débats, Scipion eut la Sicile et les trente galères qui, l'année précédente, avaient été sous les ordres de C. Servilius : on lui permit de passer en Afrique, s'il le jugeait utile à la République. Licinius eut le Bruttium et la conduite de la guerre contre Annibal, avec l'armée de L. Véturius et de Q. Cæcilius; cf. Tite-Live, l. l. 45.

D'un jeune homme plein de fierté (p. 273). Le caractère, attribué à Scipion par l'auteur des fragments, est d'accord avec le langage plein de fierté que Tite-Live met dans sa bouche, l. l. 43 : « Fabius, pour détruire
« tout reproche d'envie, a pompeusement parlé des honneurs qu'il a ob-
« tenus et de la gloire de ses exploits, comme si j'avais à craindre d'avoir
« pour rival le dernier des Romains, et non pas un homme qui, monté au
« faîte de la supériorité, où je ne dissimule pas vouloir m'élever moi-
« même, redoute que je ne devienne un jour son égal ! Il a montré sa vieil-
« lesse chargée d'honneurs et il m'a placé au-dessous même de l'âge de
« son fils; comme si la passion de la gloire ne s'élançait pas au delà des
« bornes de la vie humaine, et ne cherchait pas surtout son éclat dans le
« souvenir de la postérité. Les âmes élevées, j'en suis certain, aiment à se
« comparer non-seulement aux grands hommes de leur siècle; mais aussi
« à ceux de tous les âges. Oui, je n'en disconviens pas, Q. Fabius, oui,
« je veux égaler votre gloire, et (permettez-moi de le dire) la surpasser
« même, s'il est possible. »

Qu'il était utile de s'en servir, non pour lui .... mais pour eux-mêmes (*Ibid.*). L'auteur des fragments semble avoir copié Tite-Live, l. l. 42. Je cite textuellement l'historien latin : « Ego, P. Cornelium, patres conscripti, reipublicæ nobisque, non sibi ipsi privatim creatum consulem existimo; exercitusque ad custodiam Urbis atque Italiæ scriptos esse, non quos, regio more, per superbiam consules, quo terrarum velint, trajiciant. »

Sulpicius et Attale s'emparèrent d'Orée par trahison et d'Oponte de vive force (p. 275). De retour à Démétriade, Philippe envoya dans la Phocide et dans les îles d'Eubée et de Péparèthe des affidés, avec ordre de se poster sur les hauteurs et d'y allumer des feux qui, répétés par une vigie placée sur le mont Tisée, lui feraient connaître en un moment tout mouvement hostile. De leur côté, Sulpicius et Attale passèrent, avec leur flotte, de Péparèthe à Nicée et de là dans l'Eubée, pour assiéger Orée. Ils convinrent que les Romains attaqueraient du côté de la mer, et les troupes du roi du côté de la terre. Ils donnèrent l'assaut quatre jours après l'arrivée de la flotte : ils avaient employé ce temps en conférences secrètes avec Plator, chargé par Philippe de la défense de la ville. Il y avait deux citadelles : l'une dominait la mer, l'autre s'élevait au centre de la place. De ce point jusqu'à la côte régnait un souterrain fermé par une tour à cinq étages. Ce fut là d'abord que s'engagea le combat le plus acharné. Plator profita de cette première lutte pour ouvrir aux Romains la porte de la citadelle qui domine sur la mer : elle fut envahie en un instant. Les habitants, refoulés vers le centre de la ville, se dirigent du côté de l'autre citadelle; mais des gens apostés la tiennent fermée, et les malheureux habitants, pressés de toutes parts, sont tués ou pris. La garnison macédonienne se rallia sous les murs de la citadelle et s'y maintint, sans prendre ouvertement la fuite; mais aussi sans résister avec opiniâtreté. Plator, qui avait obtenu qu'elle conserverait la vie et la liberté, la fit embarquer pour Démétrie de Phthiotide : quant à lui, il se retira auprès d'Attale.

Sulpicius, animé par ce succès, conduisit aussitôt à Chalcis sa flotte victorieuse; mais l'événement ne répondit point à son attente. La mer se resserre, devant cette ville, en un canal étroit et présente au premier coup d'œil un double port, ayant chacun son ouverture; mais il n'est point de rade plus dangereuse. Sulpicius ne tarda pas à reconnaître qu'une ville fermée d'un côté par la mer, et défendue de l'autre par des fortifications solides, par une garnison nombreuse, par la fidélité des chefs et des principaux citoyens, serait inexpugnable. Il se retira donc promptement à Cynos, ville de Locride, située à un mille de la mer, et qui sert de marché aux Opontiens.

Des feux, allumés sur les tours d'Orée, avaient averti Philippe; mais trop tard, grâce à la fraude de Plator. Il ne put arriver à temps : d'ailleurs il lui eût été difficile d'aborder dans l'île, à cause de l'infériorité de ses forces. Mais, au premier signal, il vole au secours de Chalcis, pénètre dans cette ville, chasse la garnison étolienne qui fermait la gorge des Thermopyles, passe de Démétriade à Scotussa, part de cette ville, repousse les ennemis en désordre jusqu'à Héraclée et se rend à Élatia dans la Phocide, après avoir fait, en un jour, plus de soixante milles. Le même jour, Attale prit et pilla Oponte; cf. Tite-Live, XXVIII, 5-7.

ÉCLAIRCISSEMENTS.

Attale.... fit voile, en toute hâte vers sa patrie (p. 277). Il se retira d'abord à Orée; mais, à la nouvelle que Prusias avait pénétré dans ses États, il repassa en Asie. Quant à Sulpicius, il revint à Égine qu'il avait quittée au commencement du printemps; cf. Tite-Live, I. l. 7.

CCXIV. b. *Ils établirent leur camp*, etc. (p. 281). Les Carthaginois avaient conclu, pour leur défense et pour celle de l'Afrique, une alliance avec le roi Syphax, sur l'amitié duquel ils pensaient que le général romain fondait le succès de son expédition. Il avait déjà été question du mariage de Syphax avec la fille d'Asdrubal. Aussitôt qu'elle fut nubile, Asdrubal se rendit auprès du roi numide et hâta le moment des noces. Syphax reconnaissant scella par une alliance publique son union particulière; et les Carthaginois et ce roi s'engagèrent par serment à avoir les mêmes amis et les mêmes ennemis.

Asdrubal, qui n'avait pas oublié les engagements pris antérieurement par Syphax avec Scipion et qui se défiait de son humeur inconstante, profita du moment où le Numide était sous le charme d'un premier amour, pour l'engager à envoyer à Scipion des ambassadeurs, chargés de détourner le général romain du projet de passer en Afrique. Ces ambassadeurs trouvèrent Scipion à Syracuse. Il les congédia, avant que le sujet de leur mission pût être connu, et leur remit pour Syphax une lettre dans laquelle il le pressait de ne pas violer les engagements qu'il avait contractés avec le peuple romain. Mais comme il eût été difficile pour Scipion de cacher l'arrivée des Numides qu'on avait vus aller et venir autour de sa demeure; comme il devait craindre, en gardant le silence sur le but de leur voyage, que cette affectation à cacher la vérité ne la fît découvrir, et que les soldats ne s'effrayassent à la pensée qu'ils auraient à combattre à la fois Syphax et les Carthaginois; le général romain, voulant prévenir les esprits par une fausse nouvelle, rassembla son armée et lui déclara qu'il n'y avait plus un instant à perdre; que les rois, ses alliés, le pressaient d'effectuer sans retard son passage en Afrique; qu'ainsi il avait le dessein de diriger sa flotte sur Lilybée, d'y rassembler toutes ses troupes et de s'embarquer aussitôt que le vent serait favorable. En même temps, il écrivit à M. Pomponius de se rendre à Lilybée, pour arrêter avec lui le choix des légions et le nombre des troupes qu'il pourrait emmener en Afrique. Tout ce qu'il y avait en Sicile de soldats et de bâtiments se réunit dans cette ville. L'empressement fut si vif et si général, qu'on semblait aller chercher, non pas les chances de la guerre, mais le prix assuré de la victoire.

Le nombre des troupes qui suivirent Scipion en Afrique varie dans les historiens. Les uns le portent à 10,000 fantassins et 2,200 chevaux; les autres à 16,000 fantassins et 1,600 chevaux; quelques-uns enfin à 35,000 hommes, infanterie et cavalerie. Tite-Live se prononce pour ceux qui n'ont point cru devoir adopter un nombre fixe dans une matière si incertaine.

Lorsque tout fut prêt, Scipion parut, au point du jour, sur le vaisseau amiral, invoqua les dieux, immola une victime dont il jeta, suivant l'usage, les entrailles crues à la mer, et fit donner le signal du départ. La flotte perdit bientôt de vue le rivage. Vers midi, il s'éleva un brouillard épais, et les vaisseaux couraient risque de s'entre-heurter. Le vent devint plus doux en pleine mer; mais la brume dura la nuit suivante, et ne se dissipa qu'au lever du soleil. Peu de temps après, le pilote annonça qu'il apercevait la terre, qu'on n'était plus qu'à cinq milles de la côte d'Afrique, qu'il distinguait le promontoire de Mercure, et que, s'il recevait l'ordre de se diriger sur ce point, toute la flotte serait bientôt dans le port. Scipion lui ordonna d'aborder un peu plus loin. Le même vent poussait les navires; mais il s'éleva, comme la veille, une brume qui déroba la vue de la terre et fit tomber le vent. La nuit augmenta l'incertitude : on jeta l'ancre pour empêcher les bâtiments de s'entre-choquer, ou d'échouer sur le rivage. Enfin le jour ramena le vent, dissipa le brouillard et découvrit toutes les côtes d'Afrique. Scipion demanda le nom du cap le plus voisin : on lui répondit qu'il s'appelait le Beau. « J'accepte l'augure, s'écria-t-il ; « c'est là qu'il faut aborder. » La flotte longea la côte, et toutes les troupes prirent terre. Après le débarquement, les Romains établirent leur camp sur les hauteurs voisines; cf. Tite-Live, XXIX, 23-27; Appien, VIII, 13.

Il se fit un échange entre elle et Hannon (p. 287). A la nouvelle du débarquement de l'armée romaine, les Carthaginois et Syphax prirent la résolution de s'unir avec Masinissa par une amitié feinte, jusqu'au moment où ils auraient vaincu Scipion. Leurs pensées secrètes n'échappèrent pas à Masinissa; mais, opposant la ruse à la ruse, il instruisit le général romain de tout ce qui se passait et se rendit avec sa cavalerie auprès de Syphax, comme s'il était réconcilié avec lui. Asdrubal, Syphax et Masinissa campèrent les uns auprès des autres, à une petite distance de la ville d'Utique, non loin de laquelle Scipion s'était lui-même établi. Asdrubal, avec 20,000 fantassins, 10,000 cavaliers et 140 éléphants, était le plus rapproché du général romain.

Syphax, soit par crainte, soit par une fidélité toujours chancelante, prétexta que son royaume était attaqué par les nations limitrophes et rentra dans ses foyers. Scipion livra contre Asdrubal quelques escarmouches et s'empara de plusieurs villes. Masinissa se rendit secrètement auprès de Scipion, pendant la nuit, et l'engagea à mettre en embuscade, dès le lendemain, cinq mille hommes au plus auprès de la *Tour d'Agathocle*, située à trente stades d'Utique. Puis, au point du jour, il conseilla à Asdrubal d'envoyer Hannon, chef de la cavalerie, avec ordre d'observer l'armée romaine et de se rendre à Utique pour empêcher les habitants de tenter une révolte, à l'approche des ennemis. Hannon partit avec l'élite de la cavalerie carthaginoise et une troupe d'Africains; Masinissa, avec ses Numides. Dès qu'ils furent arrivés auprès de la *Tour d'Agathocle*, et qu'Hannon, à la tête de quelques cavaliers, se fut dirigé vers Utique, une partie des Romains, qui se tenaient en embuscade, se montra à découvert. En ce moment, Masinissa engagea le chef de la cavalerie carthaginoise à fondre sur les ennemis, qui étaient peu nombreux, et il le suivit à une petite distance, comme pour lui prêter main forte. Ce fut alors que les Romains s'élancèrent, en grand nombre, hors de leur cachette : les Africains, cernés de toutes parts, tombèrent percés de coups, à l'exception de quatre mille qui furent faits prisonniers. Masinissa alla, comme un ami, au-devant d'Hannon qui approchait; mais il l'arrêta et le conduisit dans le camp de Scipion. Ensuite il l'échangea contre sa mère, qui était captive auprès d'Asdrubal; cf. Appien, VIII, 13-14.

Contre Utique.... et firent lever le siége (p. 287-289). Après s'être emparé de Locha, Scipion forma le siége d'Utique, par terre et par mer. A cette nouvelle, Syphax accourut avec une armée et campa non loin d'Asdrubal; mais alors, comme auparavant, feignant d'être l'ami des Romains et des Carthaginois, et voulant prolonger la guerre jusqu'à ce que les soldats mercenaires, Gaulois et Liguriens, et les vaisseaux que construisaient les Carthaginois, fussent arrivés, il essaya d'amener les deux peuples à faire la paix. En même temps, il cherchait à gagner Masinissa, en lui promettant de le confirmer dans la possession de ses Etats et en lui offrant la main de celle de ses filles qu'il choisirait lui-même. Le messager, chargé de ces propositions, emporta de l'or destiné à payer l'assassin qui donnerait la mort à Masinissa, dans le cas où celui-ci n'accepterait pas les offres de Syphax. Masinissa les ayant refusées, l'or fut donné; mais celui qui l'avait reçu pour assassiner Masinissa lui découvrit tout, et le messager de Syphax fut arrêté.

Syphax, voyant que la ruse était désormais impuissante, favorisa ouvertement les Carthaginois et s'empara, grâce à des traîtres, de la ville de Tholus. Les vaisseaux Carthaginois et les troupes mercenaires étaient alors arrivés. Asdrubal et Syphax se concertèrent pour repousser les Romains. Syphax fut chargé de marcher contre ceux qui assiégeaient Utique; Asdrubal contre le camp de Scipion. De plus, on devait opposer flotte à flotte : l'attaque fut fixée au lendemain.

Masinissa, instruit, pendant la nuit, de tous ces projets par quelques Numides, se hâta de les porter à la connaissance de Scipion. Aussitôt le général romain assemble les chefs de l'armée, leur expose le danger de la situation et leur demande conseil. Tous sont d'avis qu'il faut attaquer sur-le-champ, et les rôles de chacun sont assignés. Masinissa se tiendra en embuscade pour se jeter sur Syphax, si, contre toute attente, il quitte son camp; l'infanterie attaquera les retranchements d'Asdrubal, qui est la tête de cette guerre. Quant à la cavalerie, comme on ne pouvait s'en servir pendant la nuit, Scipion lui donna l'ordre de former, à une certaine distance, un cercle autour du camp de l'ennemi ; afin de protéger l'armée romaine dans sa retraite, si elle avait le dessous, ou de poursuivre et de massacrer l'ennemi dans sa fuite, si les Romains étaient vainqueurs. Ces dispositions arrêtées, l'assemblée fut congédiée. Scipion offrit un sacrifice à l'Audace et à la Peur ; afin qu'aucune terreur panique ne s'emparât de ses soldats, pendant cette expédition nocturne. A la troisième veille, l'infanterie romaine se dirige en silence vers le camp d'Asdrubal. A peine est-elle parvenue aux premiers retranchements, qu'elle pousse mille cris confus qui se mêlent aux sous des trompettes. Les sentinelles d'Asdrubal sont chassées, les pieux renversés, les tentes livrées aux flammes. Les Africains surpris courent aux armes, mais en désordre ; Asdrubal lui-même ne peut se faire entendre. Les Romains, portant partout la flamme et le fer, restent maîtres du camp. Tous ceux qui peuvent échapper à leurs mains cherchent leur salut dans la plaine ; mais ils y trouvent la mort, sous les coups de la cavalerie romaine que Scipion y avait envoyée.

Syphax entendit les cris des combattants et vit les lueurs de l'incendie ; mais il ne se mit pas en marche et se contenta d'envoyer au secours d'Asdrubal un détachement de cavalerie que Masinissa tailla en pièces. Au point du jour, dès qu'il apprit qu'Asdrubal avait pris la fuite et que son camp était au pouvoir des Romains, il abandonna lui-même le sien, qui tomba au pouvoir de Masinissa. Ainsi, en une seule nuit, les Romains s'emparèrent de deux camps, battirent deux armées, qui leur étaient supérieures en nombre, et firent un butin considérable. Asdrubal blessé se retira avec cinq cents cavaliers à Anda, où il rassembla quelques Numides fugitifs, et il excita les esclaves à la liberté. Instruit qu'il avait été condamné à la peine capitale par ses concitoyens et qu'Hannon lui avait été donné pour successeur, il réunit tous les malfaiteurs aux trois mille cavaliers et aux huit mille fantassins, qui lui restaient encore, et résolut de chercher une existence dans le pillage et dans la vie d'aventurier.

Quelques engagements ont lieu entre Amilcar et Scipion, entre Masinissa et Syphax, qui est fait prisonnier et livré à Scipion. Sophonisbe devient l'épouse de Masinissa, qui n'a pas la force de la refuser aux Romains ; mais au moment de tomber dans leurs mains, elle boit un poison mortel. Asdrubal, avec sa petite armée, vient offrir ses services à Hannon, qui les accepte artificieusement. Des assassins, stipendiés par les Carthaginois, menacent les jours de Scipion : celui-ci découvre leur projet, leur fait subir la peine capitale et jette leurs cadavres hors de son camp. Au milieu de tous ces événements, Amilcar attaque la flotte romaine, prend une trirème et six vaisseaux de transport. Hannon, de son côté, attaque l'armée qui assiège Utique ; mais il est repoussé. Cependant Scipion, fatigué d'un long siége qui n'aboutit à rien, prend le parti de l'abandonner ; cf. Appien, VIII, 15-30.

ÉCLAIRCISSEMENTS.

Les Censeurs Livius et Néron (p. 289). Il est question de M. Livius Salinator et de C. Claudius Néron, qui avaient été consuls ensemble, l'an de Rome 547, ou 546 suivant la supputation de Pighius; cf. Annal. Roman., tom. II, p. 201, éd. Schott.

Ils dressèrent une nouvelle liste du sénat : Q. Fabius Maximus fut nommé une seconde fois prince de ce corps, et sept membres furent notés d'infamie. Les censeurs obligèrent les entrepreneurs à réparer, comme ils le devaient, les édifices publics. Ils donnèrent à l'entreprise l'établissement de la rue qui conduit du marché aux bœufs au temple de Vénus, la construction des loges publiques autour de ce marché et celle d'un temple sur le mont Palatin, en l'honneur de la mère des Dieux. Ils mirent aussi un nouvel impôt sur le sel.

Quant au dénombrement, il se fit plus tard; parce que les censeurs envoyèrent dans les provinces, pour connaître d'une manière positive le nombre des citoyens romains dont les armées étaient composées : le lustre fut fermé par C. Claudius Néron.

Les censeurs entreprirent alors, ce qui ne s'était jamais encore fait, le dénombrement des douze colonies. Ils se le firent donner par les colonies mêmes, et l'on consigna dans les registres publics ce que chacune avait de soldats et de revenus; cf. Tite-Live, XXIX, 37.

La vengeance que Livius voulut tirer de la condamnation prononcée contre lui (p. 291). Accusé de péculat, pour n'avoir pas également distribué le butin fait en Illyrie, il fut condamné par toutes les tribus, à l'exception de la tribu Mæcia ; cf. Frontin, Stratag. liv. IV, ch. I, § 45; Sext. Aur. Vict. De Vir. Illustr. L. Il fut si sensible à cet affront, qu'il se retira pendant huit ans à la campagne, sans fréquenter personne. Enfin les consuls M. Claudius Marcellus et M. Valérius Lævinus, l'an 544, ou 543 suivant la supputation de Pighius, l. l. tom. 2, p. 187, le décidèrent à revenir à Rome; mais ses vêtements en désordre, ses cheveux négligés, sa barbe longue, son extérieur, tout annonçait en lui un profond ressentiment de l'outrage qu'il avait reçu. Les censeurs L. Véturius et P. Licinius l'obligèrent à se faire couper la barbe et les cheveux, à prendre un vêtement plus convenable, à venir au sénat et à remplir les autres fonctions publiques; mais, pendant quelque temps, il donna son avis par un mot, ou en passant du côté de ceux dont il adoptait l'opinion ; cf. Tite-Live, XXVII, 34.

Du cheval public..... dans la classe des contribuables (*Ibid.*). Après le dénombrement des colonies, M. Livius et C. Claudius procédèrent au cens des chevaliers : chacun des deux censeurs avait par hasard un cheval entretenu par la République. Quand on en fut venu à la tribu Pollia dont M. Livius faisait partie, comme le héraut hésitait à citer le censeur lui-même : *Citez*, lui dit Néron, *citez M. Livius ;* et soit par un reste d'inimitié, soit par une ostentation de sévérité hors de saison, il l'obligea à vendre son cheval, parce qu'il avait été condamné par un jugement du peuple. M. Livius, de son côté, lorsque vint le tour de la tribu Arnia et le nom de C. Claudius, obligea son collègue à se défaire pareillement de son cheval; d'abord pour avoir porté contre lui un faux témoignage, ensuite pour ne s'être pas franchement réconcilié avec lui. Puis, Claudius monta au trésor public et mit son collègue parmi ceux qu'il laissait au nombre des simples contribuables. Bientôt M. Livius s'y rendit à son tour, et, à l'exception de la tribu Mæcia, qui ne l'avait ni condamné ni créé consul et censeur après sa condamnation, il mit aussi au nombre des simples contribuables les trente-quatre tribus qui formaient tout le peuple romain, pour l'avoir condamné, malgré son innocence, et nommé consul et censeur après l'avoir condamné. « Le peuple, disait M. Livius, « ne pouvait nier de s'être rendu coupable, ou une fois par son jugement, « ou deux fois par ses élections. C. Claudius partagerait le sort des trente- « quatre tribus ; si quelque exemple l'eût autorisé à infliger deux fois la « même peine à un citoyen, il aurait en particulier laissé C. Claudius parmi « les simples contribuables. » Cf. Tite-Live, XXIX, 37.

Apustius, parcourant la mer avec les Rhodiens et Attale, subjugua un grand nombre d'îles (p. 301). La flotte romaine, partie de Corcyre, sous les ordres de L. Apustius, après avoir doublé le cap de Malée, s'était réunie à celle d'Attale, aux environs du promontoire Scyllæum, dans le voisinage d'Hermione. A l'approche d'un secours si puissant, Athènes, laissant éclater toute sa haine contre Philippe, rendit, sur la proposition des rhéteurs, une loi qui prescrivait d'anéantir les statues et les images du roi de Macédoine avec leurs inscriptions, de supprimer les fêtes, les sacrifices et les prêtres, institués en l'honneur de ce prince et de ses aïeux. Les endroits où l'on avait élevé des édifices ou placé des inscriptions en son honneur, furent déclarés infâmes; les pontifes durent joindre à chaque prière des imprécations contre Philippe, ses enfants, son royaume, ses troupes de terre et de mer, contre la race et le nom des Macédoniens. Toute flétrissure contre Philippe serait ratifiée à l'instant; quiconque hasarderait un mot en sa faveur, pourrait être mis à mort, et le meurtrier ne serait point poursuivi en justice. Enfin tout ce qui avait été décrété contre les Pisistratides fut déclaré applicable à Philippe.

Attale et les Romains se rendirent d'Hermione au Pirée. Du Pirée, ils firent voile vers Andros, dont ils s'emparèrent, après une assez vive résistance de la part des habitants. D'Andros ils allèrent à Cythnos, d'où ils se rembarquèrent après avoir perdu quelques jours. Vers Prasies, vingt esquifs des Isséens se joignirent à la flotte romaine et furent chargés de ravager les côtes de Caryste : en attendant leur retour, le reste de la flotte se tint à Géræste, port de l'Eubée. Lorsque tous les vaisseaux furent réunis, on gagna la pleine mer, et, après avoir côtoyé Scyros, on arriva à Icos. Puis on cingla vers Sciathos : de Sciathos on se dirigea vers Cassandrée. Dans ce trajet, on s'arrêta près de Mendis, bourgade qui dépend de cette cité; et lorsque la flotte eut doublé le promontoire, elle fut assaillie par une affreuse tempête, qui fut comme un présage de la catastrophe qu'on allait éprouver sur terre. Les Romains et leurs alliés débarquèrent et attaquèrent la place; mais ils furent repoussés avec une grande perte. Après cet échec, ils passèrent près du promontoire Canastræum : de là, franchissant le promontoire de Torone, ils se portèrent sur Acanthe, dévastèrent la campagne, prirent la ville d'assaut et la livrèrent au pillage. Puis, reprenant la route qu'ils avaient déjà suivie, ils regagnèrent Sciathos, et de Sciathos ils se rendirent dans l'Eubée; Tite-Live, XXXI, 44-45. Pour d'autres détails, cf. le même, l. l., 46-47.

Un Carthaginois, nommé Amilcar, etc. (p. 303). La guerre de Macédoine occupait tous les esprits, lorsqu'on apprit qu'il y avait *tumulte*. Les Insubres, les Cénomans et les Boïens avaient soulevé les Salyens, les Ilvates et d'autres peuples de la Ligurie. Sous la conduite d'Amilcar, tous ces peuples envahirent Plaisance, la pillèrent et l'incendièrent en grande partie; puis, laissant à peine deux mille hommes au milieu des cendres et des ruines, ils passèrent le Pô et marchèrent droit à Crémone pour la piller. Les habitants, avertis par le désastre de Plaisance, fermèrent leurs portes et s'apprêtèrent à soutenir un siége, en même temps qu'ils expédièrent des courriers au préteur romain L. Furius Purpuréon. Celui-ci, d'après un sénatus-consulte, avait licencié l'armée, à l'exception de cinq mille hommes, avec lesquels il était venu camper dans les environs d'Ariminum. C'est de là qu'il écrivit au sénat qu'il y avait *tumulte* dans la province, que de deux colonies échappées à la tempête de la guerre punique, l'une était prise et saccagée, l'autre bloquée par l'ennemi; qu'il n'avait pas assez de troupes pour secourir efficacement les assiégés; qu'avec cinq mille hommes en attaquer quarante mille, ce serait vouloir faire égorger ses soldats et accroître, par cette catastrophe, l'orgueil des barbares. Après la lecture de cette lettre, le sénat décréta que le consul L. Aurélius ordonnerait à son armée, qui devait se rendre en Étrurie à un jour convenu, de se trouver à pareil jour à Ariminum. Le consul devait, si la chose lui était possible, aller repousser en personne les attaques des Gaulois, ou bien il écrirait à L. Furius de prendre le commandement des légions à leur arrivée de l'Étrurie, en les faisant remplacer par ses cinq mille auxiliaires, et de partir sur-le-champ pour faire lever le siége de Crémone. En même temps, le sénat envoya une ambassade pour signifier à Carthage que, si elle désirait conserver la paix, elle devait rappeler et livrer au peuple romain Amilcar, qui avait levé une armée de Gaulois et de Liguriens, et qui faisait la guerre contre la foi des traités; cf. Tite-Live, XXXI, 10-11.

Aussitôt que les légions furent arrivées d'Étrurie, L. Furius partit d'Ariminum, marcha à grandes journées contre les Gaulois qui assiégeaient Crémone et campa à quinze cents pas de l'ennemi. Il commandait la division de droite : M. Cæcilius commandait les légions, et L. Valérius Flaccus la cavalerie. Le préteur avait près de lui C. Létorius et P. Titinius, pour surveiller l'ennemi et prévenir toute surprise. Après une lutte sanglante, la victoire resta aux Romains. Six mille Gaulois à peine trouvèrent leur salut dans la fuite ; trente-cinq mille furent tués ou faits prisonniers. Les Romains prirent soixante-dix étendards et plus de deux cents chariots chargés de butin : Amilcar périt avec trois des plus illustres chefs de l'armée gauloise. Deux mille captifs de Plaisance, tous de condition libre, furent repris et rendus à leur patrie; cf. Tite-Live, l. l. 21.

Phaméas, ayant désespéré des affaires des Carthaginois (p. 334). Aux passages relatifs à la défection de Phaméas, cf. Fr. CCXLIV, p. 56, et p. 334, not. 6 de ce volume, j'ajoute un extrait inédit de Diodore de Sicile, tiré des manuscrits de l'Escurial, ω, 1, N. 11, fol. 182 verso. Je le dois à l'obligeance de M. Ch. Müller. Le voici : ῞Οτι ὁ Σκιπίων εἰς λόγους συνελθὼν τῷ Φανέᾳ (sic) καὶ μεγάλας αὐτῷ προτείνων ἐλπίδας, ἔπεισεν ἀποστῆναι τῶν Καρχηδονίων μεθ᾽ ἱππέων χιλίων καὶ διακοσίων.

Fragment inédit de Diodore de Sicile sur la mort de Viriathe, trouvé par M. Ch. Müller dans le manuscrit de l'Escurial ω, I, 11, fol. 184, 15. Cf. p. 373, lig. 18-21 de ce volume.

῞Οτι Αὔδας καὶ Διταλκὴς καὶ Νικορόντης (sic. Μίνουρος, dans Appien, VI, 74) ἐκ πόλεως ῎Ορσωνος, οἰκεῖοι δὲ ἀλλήλων καὶ φίλοι, θεωροῦντες τὴν περὶ τὸν Ὑρίατθον ὑπεροχὴν καταπονουμένην ὑπὸ Ῥωμαίων, καὶ περὶ αὑτῶν δείσαντες, καταθέσθαι τινὰ χάριν τοῖς Ῥωμαίοις ἔκριναν, δι᾽ ἧς ἑαυτοῖς περιποιήσασθαι τὴν ἀσφάλειαν [δύναιντο]· ὁρῶντες γὰρ τὸν Ὑρίατθον ἐπιθυμοῦντα καταλύσασθαι τὸν πόλεμον, ἐπηγγείλαντο πείσειν Καιπίωνα συνθέσθαι τὴν εἰρήνην, ἐὰν αὐτοὺς ἀπολύσῃ πρεσβευτὰς περὶ διαλύσεων. Προθύμως δὲ τοῦ δυνάστου συγχωρήσαντος, οὗτοι μὲν συντόμως γενόμενοι πρὸς τὸν Καιπίωνα, ῥᾳδίως ἔπεισαν δοῦναί σφισιν αὐτοῖς τὴν ἀσφάλειαν ἐπαγγελλομένοις δολοφονήσειν τὸν Ὑρίατθον. Δόντες οὖν καὶ λαβόντες περὶ τούτων πίστεις, ταχέως ἐπανῆλθον εἰς τὴν παρεμβολήν· εἰπόντες δὲ πεπεικέναι τοὺς Ῥωμαίους περὶ τῆς εἰρήνης, εἰς ἐλπίδας ἤγαγον τὸν Ὑρίατθον, σπεύδοντες τῆς ἀληθοῦς ἐννοίας ἀπαγαγεῖν αὐτοῦ τὴν διάνοιαν ὡς πορρωτάτω. Πιστευόμενοι δὲ αὐτοῦ διὰ τὴν φιλίαν, νυκτὸς ἔλαθον εἰς τὴν σκηνὴν παρεισελθόντες, καὶ τοῖς ξίφεσι διαχρησάμενοι τὸν Ὑρίατθον πληγαῖς εὐκαίροις, ἐκ τῆς παρεμβολῆς ἐκπηδήσαντες παραχρῆμα, διὰ τῆς ὀρεινῆς ἀνοδίαις χρησάμενοι, διεσώθησαν πρὸς Καιπίωνα.

FIN DU DEUXIÈME VOLUME.

TABLE DES MATIÈRES

CONTENUES DANS LE DEUXIÈME VOLUME.

	Pages.
Avertissement	V—XV
CCX. Portrait de Masinissa	3
CCXI. Passion de Masinissa pour Sophonisbe	3— 5
CCXII. Licinius Crassus reste en Italie	5
CCXIII. La statue de la mère des Dieux est transportée de Pessinonte à Rome	5— 7
CCXIV. Excès commis à Locres ; menées contre Scipion, elles sont déjouées	7— 9
CCXV. Noble conduite de Scipion envers l'équipage d'un vaisseau carthaginois dont il s'était emparé	9— 11
CCXVI. Entrevue de Scipion et de Syphax captif	11— 13
CCXVII. Les Carthaginois négocient avec Scipion	13— 15
CCXVIII. Perfidie des Carthaginois envers Scipion	15— 17
CCXIX. Traité entre Rome et Carthage	17— 19
CCXX. Opinion de Cn. Cornélius Lentulus sur la destruction de Carthage	19
CCXXI. Enrôlements pour la guerre contre Philippe, roi de Macédoine	ibid.
CCXXII. Flamininus accorde la paix à Philippe	21
CCXXIII. Insulte faite à des ambassadeurs carthaginois	23
CCXXIV. Vie efféminée d'Antiochus à Chalcis	ibid.
CCXXV. Belle conduite d'Antiochus envers le fils de Scipion l'Africain	25
CCXXVI. L'envie s'acharne contre les Scipion	25— 27
CCXXVII. La corruption asiatique pénètre jusqu'à Rome	27
CCXXVIII. Noble conduite de Tib. Gracchus envers les Scipion	27— 28
CCXXIX. Avarice de Persée	29— 31
CCXXX. Persée demande la paix ; l'orgueil des Rhodiens l'empêche de l'obtenir	31— 33
CCXXXI. Persée à Samothrace ; mort d'Évandre	33— 35
CCXXXII. Persée se livre à Paul-Émile	35
CCXXXIII. Il est conduit à Amphipolis	ibid.
CCXXXIV. Vaisseau de Persée garni de seize rangs de rames	37
CCXXXV. Caractère de Paul-Émile	37— 39
CCXXXVI. Les Rhodiens rendent un décret contre ceux de leurs	

concitoyens qui avaient embrassé le parti opposé aux Romains 39
CCXXXVII. Les Rhodiens recherchent le titre d'alliés des Romains .... 39— 41
CCXXXVIII. Prusias à Rome........................... 41
CCXXXIX. Scipion, chef de l'armée à vingt-quatre ans......... 43
CCXL. Réflexions morales et politiques................... 43— 47
CCXLI. Portrait de Scipion, le second Africain.............. 47— 51
CCXLII. Portrait de Viriathe........................... 51— 53
CCXLIII. Différends entre les Achéens et les Lacédémoniens.... 53— 57
CCXLIV. Défection de Phaméas......................... 57
CCXLV. Appius Claudius Pulcher chez les déesses........... 57— 59
CCXLVI. Il se décerne lui-même le triomphe................ 59
CCXLVII. Viriathe demande la paix aux Romains............ 59— 61
CCXLVIII. Mummius et Scipion l'Africain.................. 61— 63
CCXLIX. Fautes de Pompée............................. 63— 65
CCL. Mécontentement des soldats de Cæpion............... 65— 67
CCLI. Mort de Viriathe................................. 67— 69
CCLII. Mancinus est livré aux Numantins.................. 69— 71
CCLIII. Caractère d'Appius Claudius Pulcher............... 71
CCLIV. Furius prend Pompée et Métellus pour lieutenants.... *ibid.*
CCLV. Tibérius Gracchus embrasse le parti populaire......... 73— 75
CCLVI. Rivalité entre Tibérius Gracchus et M. Octavius...... 75— 77
CCLVII. Innovations de Tib. Gracchus..................... 77— 79
CCLVIII. Réflexions sur la mort de Scipion l'Africain......... 79— 81
CCLIX. C. Gracchus, son caractère et ses projets............ 81— 83
CCLX. Sur la 635ᵉ Olympiade........................... 85
CCLXI-CCLXII. Condamnation et punition de trois Vestales... 85— 89
CCLXIII. Expédition de M. Drusus contre les Scordisques..... 89— 91
CCLXIV. Négociations entre Jugurtha et Métellus............ 91
CCLXV. Caractère de Marius............................ 91— 93
CCLXVI. Ses menées contre Métellus..................... 93— 95
CCLXVII. Haine de Gauda contre Métellus................. 95
CCLXVIII. Bocchus envoie des députés à Marius............. 95— 97
CCLXIX. Marius exige que Jugurtha lui soit livré............ 97
CCLXX. Les Romains s'emparent de l'or de Toulouse......... 97— 99
CCLXXI. Jalousie de Q. Servilius Cæpion contre Cn. Manlius Maximus, son collègue............................... 99—101
CCLXXII. Les soldats de Q. Servilius Cæpion le forcent de s'aboucher avec lui................................... 101—103
CCLXXIII. Noble conduite de Cn. Domitius envers Scaurus.... 103
CCLXXIV. Pub. Licinius Nerva, préteur en Sicile, et les esclaves. 103—105
CCLXXV. Les Mamertins et le Cilicien Athénion............. 105—107

TABLE.

CCLXXVI. Défaite des Cimbres par Marius.................. 107—109
CCLXXVII. Changement dans les mœurs des Cimbres......... 109
CCLXXVIII. Le jeune Métellus sollicite le rappel de son père... 109—111
CCLXXIX. Haine de P. Furius contre Métellus................ 111
CCLXXX. P. Furius mis en accusation : il est massacré dans l'assemblée du peuple............................... 111—113
CCLXXXI. M. Livius Drusus et Q. Servilius Cæpion, chefs de parti... 113
CCLXXXII. Ils deviennent ennemis, après avoir vécu dans une étroite amitié....................................... 113—115
CCLXXXIII. Condamnation de P. Rutilius.................... 115
CCLXXXIV. Son exil volontaire............................. 115—117
CCLXXXV. Soupçons de P. Rutilius Lupus contre les patriciens. 119
CCLXXXVI. Jalousie de Marius envers P. Rutilius Lupus...... 119—121
CCLXXXVII. Cruauté des Picentins.......................... 121
CCLXXXVIII. Fermeté de Mithridate, en présence des ambassadeurs romains... 123
CCLXXXIX. Mithridate envoie une ambassade aux Romains.... 123—125
CCXC. Soldats mutinés contre Caton........................ 125—127
CCXCI. Mithridate donne à tous les peuples de l'Asie l'ordre de massacrer les Romains.............................. 127
CCXCII. Les Thraces dévastent l'Épire et d'autres contrées..... *ibid.*
CCXCIII. Prodiges qui annoncent la guerre civile............. 129—131
CCXCIV. Cinna éloigne Sylla de l'Italie .... 131—133
CCXCV. Caractère d'Octavius............................... 133
CCXCVI. Métellus est mandé à Rome....................... 135
CCXCVII. Marius et les autres bannis remplissent Rome de carnage... 135—141
CCXCVIII. Le fils de Marius tue un tribun du peuple ; il en précipite un autre de la roche Tarpéienne............... 141
CCXCIX. Sylla fait abattre les arbres de l'Académie et du Lycée. 141—143
CCC. Il enlève les trésors sacrés d'Épidaure et d'Olympie...... 143—145
CCCI. Parallèle entre les anciens généraux romains et Sylla.... 145—151
CCCII. Portrait d'Aristion.................................. 151—153
CCCIII. Conduite de Sylla envers les Athéniens............... 155
CCCIV. Caractère d'Hortensius............................. *ibid.*
CCCV. Sylla arrête ses soldats dans leur fuite................ 155—157
CCCVI. Fimbria indispose les soldats contre Flaccus.......... 157—159
CCCVII. Accusations de Fimbria contre Flaccus............... 159—161
CCCVIII. Fimbria est forcé de partir pour Rome.............. 161—163
CCCIX—CCCX. Cruauté de Fimbria......................... 163—165
CCCXI. Archelaüs engage Sylla à faire la paix avec Mithridate ; conditions imposées par Sylla ; les bons procédés de celui-ci

T. II. 29

envers Archélaüs le rendent suspect.................... 165—169
CCCXII. Colère de Sylla, en apprenant que Mithridate n'accepte point les conditions qu'il lui a imposées.................... 169—173
CCCXIII. Entrevue de Sylla et de Mithridate à Dardanus...... 173—175
CCCXIV. La paix conclue avec Mithridate mécontente les soldats romains.................... 175—177
CCCXV. Excès commis à Rome par Cinna et par Carbon....... 177
CCCXVI. Métellus embrasse le parti de Sylla................. 177—179
CCCXVII. La foudre tombe sur le Capitole................... 179
CCCXVIII. Pompée dans le Picénum.......................... 179—181
CCCXIX. Sylla confie son armée à Lucullus Ofella........... 181—183
CCCXX. Sylla vainqueur des Samnites; changement dans ses mœurs.................... 183—189
CCCXXI. Massacre des prisonniers près du temple de Bellone... 189—193
CCCXXII—CCCXXIII. Proscriptions de Sylla.................. 193—201
CCCXXIV. Sylla se fait donner le surnom d'*Heureux*......... 203
CCCXXV. Après la mort de Marius, Sylla poursuit avec acharnement les partisans de son rival.................... 205
CCCXXVI. Lépidus est nommé consul par l'influence de Pompée; mot de Sylla à ce sujet.................... 205—207
CCCXXVII. Ambassade des Crétois à Rome.................... 207—211
CCCXXVIII. Métellus part pour la Crète.................... 213
CCCXXIX. Il fait la conquête de cette île.................. 215—219
CCCXXX. Expédition de Lucullus contre Tigrane et contre Mithridate.................... 219—267
Prise de Tigranocerta par Lucullus......................... 223—229
Une partie de l'Arménie est soumise aux Romains........... 229—231
Exploits de Lucullus et prise de Nisibis................... 233—241
Pertes éprouvées par Lucullus.............................. 241
M. Fabius est battu par Mithridate......................... 241—245
Assiégé dans Cabira, il est sauvé par Triarius............. 245—249
Détails sur les deux Comana................................ 249—251
Triarius à Gaziura; les Romains essuient de grandes pertes.... 251—257
Révoltes de l'armée de Lucullus............................ 257—263
Caractère de Lucullus...................................... 263—265
Mithridate profite des révoltes de l'armée romaine pour recouvrer son royaume.................... 265—267
Appendice I.. 269—307
Appendice II... 309—343
Éclaircissements... 345—438

FIN DE LA TABLE DU DEUXIÈME VOLUME.

ERRATA.

P. 7, l. 2, *effacez* pendant qu'elle serait. — P. 83, l. 19, *lis.* ταύτης. — P. 88, l. 26, *lis.* Stallbaum. — P. 173, l. 4, *lis.* Dardanus. — P. 183, l. 9, *après le mot* bienfait, *ajoutez* : qu'ils ne se laisseraient jamais aveugler par l'orgueil. — P. 192, l. 28, *lis.* voie. — P. 213, l. 15, *lis.* Κυνικοῦ. — P. 233, en marge, *lis.* 686. — P. 249, l. 8-9, *lis.* qu'il m'a été impossible. — P. 255, l. 24, *lis.* ἔκρινε. — P. 257, l. 31, *lis.* Leunclavius. — P. 331, l. 27, *lis.* de ὡς πλήθει. — P. 349, l. 37, *lis.* le ramener, *au lieu de* de le ramener. — P. 359, l. 30, *lis.* in Africa bene. — P. 373, l. 39, *lis.* Orose. — P. 393, l. 8-9, *lis.* dans le même paragraphe.

www.ingramcontent.com/pod-product-compliance
Lightning Source LLC
Chambersburg PA
CBHW070218240426
43671CB00007B/695